BEITRÄGE ZUR HISTORISCHEN THEOLOGIE

HERAUSGEGEBEN VON JOHANNES WALLMANN

74

Rudolf Bultmann
in seiner Frühzeit

von

Martin Evang

J. C. B. Mohr (Paul Siebeck) Tübingen

CIP-Titelaufnahme der Deutschen Bibliothek

Evang, Martin:
Rudolf Bultmann in seiner Frühzeit / von Martin Evang. –
Tübingen: Mohr, 1988
   (Beiträge zur historischen Theologie; 74)
   ISBN 3-16-145316-6
   ISSN 0340-6741
NE: GT

© 1988 J. C. B. Mohr (Paul Siebeck) Tübingen.

Satz und Druck von Gulde-Druck GmbH in Tübingen. Einband von Heinrich Koch in Tübingen.

Printed in Germany.

Vorwort

Die vorliegende Untersuchung wurde im Wintersemester 1986/87 unter dem Titel »Der junge Rudolf Bultmann (bis ca. 1920)« von der Evangelisch-Theologischen Fakultät der Rheinischen Friedrich-Wilhelms-Universität Bonn als Dissertation angenommen. Für den Druck habe ich sie geringfügig überarbeitet.

Bei der Entstehung der Arbeit habe ich von vielen Menschen vielfältige Unterstützung erfahren. Den Gesprächs- und Briefpartnerinnen und -partnern, den Mitarbeiterinnen und Mitarbeitern von Bibliotheken und Archiven danke ich herzlich.

Namentlich danke ich an erster Stelle Herrn Professor Dr. Erich Gräßer, Bonn. Er hat mir als seinem Assistenten ermöglicht, diese Arbeit zu schreiben. Ihre Entstehung und Fertigstellung hat er durch sein Interesse am Gegenstand, durch wissenschaftliche Beratung und nicht zuletzt durch seine freundliche Geduld sehr gefördert. Er hat auch das Hauptreferat geschrieben.

Für das Schreiben des Korreferats und für manchen wertvollen Hinweis danke ich Herrn Professor Dr. Gerhard Sauter, Bonn.

Mit großer Dankbarkeit nenne ich auch den Namen von Frau Professor Antje Bultmann Lemke, Syracuse/N. Y. Sie hat mir großzügig wichtige Quellen zum Verständnis der Frühzeit ihres Vaters erschlossen und hat die allmähliche Gestaltwerdung der Arbeit mit persönlicher Anteilnahme begleitet.

Herrn Verleger Georg Siebeck, Tübingen, und Herrn Professor Dr. Johannes Wallmann, Bochum, danke ich für ihre freundliche Bereitschaft, das Buch in die Reihe »Beiträge zur Historischen Theologie« im Verlag J. C. B. Mohr (Paul Siebeck) aufzunehmen, und für die gute Atmosphäre der Zusammenarbeit.

Den Freunden Dieter Culp, Sankt Augustin–Menden, und Hans Lohmann, Bochum, danke ich für ihre treue, gründliche Hilfe beim Lesen der Korrekturen.

Auch Annette Evang, meine liebe Ehefrau, hat Korrekturen gelesen. Auch das danke ich ihr von Herzen.

Sankt Augustin–Meindorf, im April 1988   Martin Evang

Inhaltsverzeichnis

Erstes Kapitel

Der akademisch-theologische Werdegang Rudolf Bultmanns bis in die beginnenden 1920er Jahre

Zweites Kapitel

Die kirchliche Orientierung Rudolf Bultmanns in seiner Frühzeit

Drittes Kapitel

Das Exegese-Verständnis des jungen Rudolf Bultmann in Grundzügen

Viertes Kapitel

Die Konzentration des jungen Rudolf Bultmann auf das Thema wahrer Religion

Einleitung

1. Eine umfassende wissenschaftliche Darstellung von Leben und Werk Rudolf Bultmanns (20. 8. 1884–30. 7. 1976) steht noch aus. Bultmann selbst hat einer solchen nicht vorgearbeitet. Er hat, als er »in seinen letzten Jahren seine Papiere sichtete und manches zu vernichten begann«[1], es der Nachwelt nicht gerade erleichtert, sie zu schreiben. Auch dadurch eigentlich nicht, daß er »Manuskripte Freunden und Kollegen gezielt bereits zu Lebzeiten zur Durchsicht und weiteren Auswertung« übergab.[2] Der aus dieser teils vernichtenden, teils verstreuenden Tätigkeit zu erschließenden Reserve Bultmanns selbst zum Trotz: eine auf detaillierter Erforschung und Auswertung des veröffentlichten Werks und nicht veröffentlichter Quellen (Manuskripte, Briefe v. a.) beruhende Lebens- und Werkbeschreibung ist angesichts der Bedeutung Rudolf Bultmanns in Theologie und Kirche des 20. Jahrhunderts ein unabweisbares wissenschaftliches Desiderat. Ein erster wichtiger Schritt zu seiner Erfüllung ist getan: »Der größte Teil des Nachlasses« – soweit er sich noch im Besitz der Familie Bultmann befand – »wurde im August 1982 der Universitätsbibliothek Tübingen übergeben.«[3] Er wurde dort systematisch geordnet und erschlossen, und es ist zu hoffen, daß er weitere verstreute Materialien, die das Verständnis des wissenschaftlichen Werks Bultmanns zu bereichern vermögen, an sich ziehen wird.

2. Den Plan, den *frühen* Rudolf Bultmann zum Gegenstand einer Untersuchung zu machen, faßte ich bereits 1981. Gleichermaßen eingenommen von Karl Barths und Rudolf Bultmanns theologischem Denken, wollte ich vor allem einer präzisen Beschreibung der spezifischen Nähe und des spezifischen Abstands dieser beiden Theologen zu- bzw. voneinander durch die Erforschung der Herkunft von Bultmanns Theologie einen guten Schritt näherkommen. Dabei gedachte ich, der damaligen Quellenlage entsprechend, die Untersuchung lediglich auf das bereits veröffentlichte Material zu stützen. Dieses Vorhaben wurde im Jahr 1982 dadurch überholt, daß ich nicht nur Kenntnis von den frühen Predigten Bultmanns erhielt, bei deren Datierung, Lokalisierung und Teiledition durch Erich Gräßer ich mitwirken durfte[4], sondern auch von Antje Bultmann Lemke gezielt auf die den »frühen« Bultmann betreffenden Teile des von ihr vorgeordneten Nachlasses ihres Vaters hingewiesen wurde. Gestützt auf

---

[1] Bultmann Lemke, Nachlaß, 194.

[2] Merk, Apostelgeschichte, 303. Auch der Verkauf der Bibliothek nach Mainz und Bochum kommt hier in Betracht.

[3] Bultmann Lemke, Nachlaß, 195.

[4] Vgl. R. Bultmann, VW, bes. Anhang, 311–347.

diese Hinweise, konnte ich in den Jahren 1982–1984 mehrmals in der Universitätsbibliothek Tübingen Teile des – seinerzeit noch nicht systematisch erschlossenen – Bultmann-Nachlasses benutzen. Auf den mir dabei zu Gesicht gekommenen Schriftstücken, außerdem auf Dokumenten aus Archiven in Berlin, Marburg, Oldenburg und Tübingen, schließlich auch auf weiteren mir von Antje Bultmann Lemke zur Kenntnis gegebenen Briefen Rudolf Bultmanns beruhen wesentliche Teile der folgenden Untersuchung.

Infolge der Verbreiterung der Quellenbasis änderte sich die ursprüngliche Konzeption. Es ergab sich die Möglichkeit, die akademisch-theologische Biographie des »frühen« Rudolf Bultmann, seinen Weg vom Studenten zum Professor der Theologie, in Grundzügen darzustellen. Es ergab sich ferner die Möglichkeit, insbesondere anhand der frühen Predigten Bultmanns den materiellen Gehalt seiner Theologie als einer von vornherein der evangelischen *Kirche* verpflichteten Theologie entwicklungsgeschichtlich darzustellen. Es ergab sich schließlich die Möglichkeit, gründlicher als bisher das für Bultmann in seiner Frühzeit maßgebliche Verständnis von der Aufgabe biblischer Exegese zu erforschen.

Die neuen Möglichkeiten, unter diesen unterschiedlichen Perspektiven dem Verständnis der Theologie des frühen Rudolf Bultmann näherzukommen, ließen es mir als geraten (und der drohende Umfang der Arbeit auch als geboten) erscheinen, den Zeitraum der Untersuchung auf die Jahre *bis ca. 1920* zu begrenzen und außerdem bestimmte sich aus der Folgezeit ergebende Fragehinsichten auszuschließen, namentlich die ursprünglich intendierte Perspektive auf das 1922 einsetzende hermeneutisch-theologische Gespräch zwischen Bultmann und Barth, gleichfalls die seit längerem der Bultmann-Forschung aufgegebene Frage nach den Voraussetzungen, die Bultmann in seine Begegnung mit Martin Heidegger einbrachte, und nach dem möglichen Einfluß Bultmanns auf Heidegger.[5]

Aber auch innerhalb der neu eröffneten Forschungsfelder galt es, Grenzen zu ziehen.

Da vom *akademisch-theologischen Werdegang* Bultmanns bisher nur wenig mehr als seine äußeren Stationen bekannt ist[6] und da er zweifellos einen wichtigen Sektor der »Herkunft« von Bultmanns Theologie darstellt, glaubte ich auf seine relativ ausführliche Skizzierung nicht verzichten zu sollen; sie bildet das *erste Kapitel* der Arbeit.

Die Durchführung des kurz erwogenen Plans, Gehalt und Genese der frühen Theologie Bultmanns als einer dezidiert kirchlichen Theologie durch eine theologische (Herkunfts-)Analyse seiner frühen Predigten darzustellen, hätte, wie

---

[5] Diese Frage hat wiederholt W. SCHMITHALS gestellt, vgl. *Art.* Bultmann, 389; DERS., Das wiss. Werk, 24; vgl. auch HÜBNER, Rückblick, 650.

[6] Vgl. bes. die beiden im Dokumentenanhang von Barth-Bultmann-Briefwechsel als Nr. 39 (313–321) und Nr. 40 (322–324) abgedruckten autobiographischen Skizzen Rudolf Bultmanns von 1959 und 1969.

sich bald zeigte, den Umfang dieser Studie gesprengt; um aber dem *kirchlich-praktischen Gefälle* im theologischen Selbstverständnis schon des frühen Bultmann Rechnung zu tragen, habe ich im *zweiten Kapitel* seine Intention, »unser modernes Christentum den Gemeinden zu bringen«[7], unter mehreren, teils nur locker zusammenhängenden Einzelaspekten darzustellen versucht.

Das *dritte Kapitel* erschließt, ausgehend von einer zentralen Reflexion zur Theorie der Exegese innerhalb von Bultmanns Habilitationsschrift[8], seine Veröffentlichungen bis ca. 1913 unter der Fragestellung nach dem ihn leitenden *Exegeseverständnis* und dessen Herkunft.

Zu der Bultmann von Beginn seiner theologischen Existenz an beschäftigenden systematisch-theologischen Grundsatzfrage nach dem *Wesen wirklicher Religion* hat er sich 1916/17, 1919/20 und 1920 in drei gewichtigen Aufsätzen bzw. Vorträgen[9] öffentlich zu Wort gemeldet; indem ich im *vierten Kapitel* diese Arbeiten analysiere, meine ich einen nicht unwesentlichen Beitrag zu einem Bultmann-Verständnis zu erbringen, in welchem sein theologischer Weg – in Übereinstimmung mit der Selbstauffassung Bultmanns – viel mehr als ein kontinuierlicher denn als ein diskontinuierlicher (»Wende«[10]) erscheint.

3. Mir selbst ist die Vorläufigkeit, die Ergänzungs- und Vertiefungsbedürftigkeit meiner Arbeit sehr bewußt. Dabei denke ich nicht in erster Linie an ihren Charakter als einer um das *Verstehen* bemühten historischen *Darstellung*, die sich im Urteilen über die Tauglich- oder Untauglichkeit der (frühen) Theologie Bultmanns für *heutige* theologische Aufgaben und erst recht in ihrer Aburteilung unter modernen Gesichtspunkten, die seinerzeit überhaupt nicht im Blickfeld lagen, entschieden zurückhält. Ich denke auch nicht daran, daß ich um der Anschaulich- und Verständlichkeit willen im Zitieren[11] eher zu viel als zu wenig des Guten getan habe. Vielmehr stehen mir vier mit guten Gründen zu erhebende Einwände besonders vor Augen: erstens der Einwand, daß der wissenschaftliche Nachlaß Bultmanns nun doch noch nicht in seinem ganzen Umfang herangezogen worden sei, die Arbeit also »zu früh« komme; zweitens der Einwand, daß das umfangreiche Predigtwerk des frühen Bultmann nicht in dem gebotenen Ausmaß ausgewertet worden sei; drittens der Einwand, daß die besonders interessierende Perspektive vom »frühen« auf den »späteren« Bultmann, auf den Kombattanten und Kontrahenten Karl Barths, auf den Gesprächspartner und Rezipienten Martin Heideggers, auf den kerygmatisch orientierten Existential-

---

[7] Die Formulierung stammt aus Bultmanns Brief an W. Fischer vom 19. 4. 1906.

[8] Vgl. R. BULTMANN, Exegese, 83f.

[9] 1916/17: Bedeutung der Eschatologie; 1919/20: Religion und Kultur; 1920: Ethische und mystische Religion.

[10] JASPERT, Wende, fragt gar nicht nach dem Recht der Rede von einer »Wende«, sondern lediglich nach ihrem Datum und kommt zu dem Ergebnis: »Bultmanns Wende von der liberalen zur dialektischen [Theologie] war schon im Jahre 1920 vollzogen« (38, dort hervorgehoben).

[11] Bei Zitaten aus unveröffentlichten Quellen wurde in der Regel nach den in R. BULTMANN, VW, Anhang, 311f. (»Zur Textgestalt«), aufgestellten Grundsätzen verfahren.

Interpreten der neutestamentlichen Überlieferung entweder gar nicht oder nur am Rande zur Sprache komme; viertens – minder gewichtig – der Einwand, daß die »Geschichte der synoptischen Tradition« zu geringe Berücksichtigung erfahren habe.

Der Berechtigung dieser Einwände kann ich selbst mich am allerwenigsten verschließen. Ich bitte die Leser, mir angesichts der gegebenen Umstände das »*Ultra posse nemo obligatur*« zuzugestehen, und gebe meiner Hoffnung Ausdruck, meine Arbeit möge zu vertiefenden Einzelstudien über den »frühen« Rudolf Bultmann anregen und auch dereinst von dem Autor einer umfassenden wissenschaftlichen Darstellung von Leben und Werk Rudolf Bultmanns als eine *Vorarbeit* nicht ohne Gewinn benutzt werden.

Erstes Kapitel

Der akademisch-theologische Werdegang Rudolf Bultmanns bis in die beginnenden 1920er Jahre

Ich unterscheide vier Phasen: 1. Zeit der Ausbildung (bis 1907); 2. Repetenten- und Privatdozentenzeit in Marburg (1907–1916); 3. Zeit als außerordentlicher Professor in Breslau (1916–1920); 4. Zeit als Ordinarius in Gießen (1920–1921) und Marburg (1921 ff.).

1. Zeit der Ausbildung (bis 1907)

Nach Abschluß der Oldenburger Schulzeit (bis 1903; 1.1) studierte Bultmann 1903–1904 drei Semester in Tübingen (1.2), 1904–1905 zwei Semester in Berlin (1.3) und 1905–1906 zwei Semester in Marburg (1.4); während und nach der Erledigung des »Tentamens« beim Oldenburgischen Oberkirchenrat (1906/07; 1.5) übte er ein Jahr lang eine vertretende Lehrertätigkeit am Gymnasium in Oldenburg aus (1906–1907; 1.6).

1.1 Bis zum Beginn des Studiums (1903)

»Vita. Ego, Rudolphus Carolus Bultmann, anno p. Chr. n. millesimo octingentesimo octogesimo quarto a. d. tertium decimum Kalendas Augusti[1] natus sum in vico Wiefelstede, qui situs est in Magno ducato Oldenburgensi. –

Sexennium nondum peregeram, cum pater meus, qui sacerdotio in illo vico fungebatur, mutato sacerdotio in alio vico collocatus est, cui nomen Rastede est. Quo in vico permansit pater usque ad annum millesimum octingentesimum nonagesimum septimum. Quare factum est, ut pueritiam

»Curriculum vitae. Natus sum Rudolfus Carolus Bultmann a. d. XII.[1] cal. sept. a. MDCCCLXXXIV. in vico Oldenburgensi, cui nomen Wiefelstede, patre Arthuro, pastore illius vici, matre Helena e gente Stern. fidem profiteor evangelicam. cum essem puer quinque annorum, pater in vicum Rastede migravit, ubi primis litterarum elementis imbutus sum. patre autem Oldenburgensis urbis pastore nominato in hac urbe per septem annos gymnasium frequentavi et maturitatis testimonium anno h. s. tertio adeptus . . . «[2]

---

[1] Richtig müßte es heißen: *a. d. XIII. Kal. Sept.* (= 20. August).

[2] R. Bultmann, *Curriculum vitae,* Anlage zum Gesuch um Zulassung zur Promotion vom 14. 3. 1910 bei der Theologischen Fakultät der Universität Marburg, aufbewahrt im Hessischen Staatsarchiv Marburg (Bestand 307ª, Nr. 63, acc. 1950/1).

meam ruri agerem et rudimentis litterarum cum ceteris pueris illorum vicorum in ludo instituerer. Sed cum duodecimum annum agerem, in gymnasio Oldenburgensi linguas et artes discere coepi. Deinde, ut multa minus necessaria omittam, mensi Martio anni millesimi nongentesimi tertii satis eruditus probatus sum, qui in academiam transirem. «[3]

Familie: Rudolf Bultmanns Vater war der lutherische Pastor Arthur Kennedy Bultmann (1854–1919), seine Mutter die gleichaltrige, aus dem Badischen stammende, pietistisch geprägte Helene Bultmann geb. Stern; Rudolf Bultmann hatte eine Schwester, Helene (1885–1974), und zwei Brüder, Peter (1888–1942) und Arthur (1897–1917).[4]

Heimat: Von Kindheit an war und bis ins hohe Alter hinein blieb Rudolf Bultmann seiner Oldenburgischen Heimat zutiefst verbunden[5], mehr noch als der Stadt selbst den Oldenburgischen Dörfern, namentlich Hammelwarden/ Unterweser und Ganderkesee, wo er zwischen 1907 und 1916 in Vertretung verwandter Pastoren häufig predigte[6]. »*Ruri*«, »auf dem Lande«[7] – das ist nicht die unerheblichste Antwort auf die Frage nach Bultmanns Herkunft.

Orientierungen: Bultmann selbst nennt in seinen autobiographischen Bemerkungen von 1959 als besondere Interessen seiner Schülerzeit »außer dem Religionsunterricht« den »Unterricht im Griechischen und in der deutschen Literaturgeschichte«, »Konzerte und . . . Theater«[8]. In der späteren Schülerzeit wurzelte die Freundschaft mit Leonhard Frank; eine briefliche Erinnerung an ihn von 1917 vermittelt einen atmosphärischen Eindruck:

»In Obersekunda begann dann die eigentliche Freundschaft. Schon damals besuchte ich ihn immer in den Ferien in Westerstede. Wie manchen Abend saßen wir bis spät zusammen und dachten nach über den freien Willen oder die Unsterblichkeit der Seele. In den Jahren, da die Kritik am Überlieferten erwacht und das Interesse für die philosophischen Fragen lebendig wird, tauschten wir das alles miteinander aus. Und es war so schön, weil bei ihm nie ein Spielen mit den Dingen oder Eitelkeit dabei war, sondern nur das Dringen auf das Wahre und Gute. Wir haben viel zusammen gelesen und sind viel zusammen

---

[3] R. BULTMANN, *Vita,* Anlage zum Gesuch um Zulassung zur ersten theologischen Prüfung vom 23. 3. 1906 beim Oberkirchenrat der Evangelisch-Lutherischen Kirche Oldenburg, aufbewahrt im Archiv ebd. (»B. XXIX. – 316. Oberkirchenrath. Acta betreffend Prüfung des Kandidaten der Theologie Rudolf Karl *Bultmann* aus Wiefelstede. *1906.* Best. 250 N° 316«).

[4] Angaben nach RAMSAUER, Rudolf Bultmann, 11 f.

[5] Vgl. ebd., 17; SCHMITHALS, Das wiss. Werk, 19 f.

[6] Vgl. die »Tabellarische Übersicht« im Anhang von R. BULTMANN, VW, 316 ff., sowie die zugehörigen »Anmerkungen«, ebd., 324 ff.

[7] Vgl. R. BULTMANN, VW, 135 (Pfingstpredigt 1917 in Breslau).

[8] Barth-Bultmann-Briefwechsel, 313.

gewandert; gerade in den Wanderungen mit ihm hat sich mir die Schönheit der heimatlichen Landschaft zuerst erschlossen. Ich las ihm damals auch meine Gedichte vor, und in seiner nüchternen Art war er immer ein unbestechlicher Richter und konnte bei aller Freundschaft und Güte auch ironisch sein.«[9]

Reifeprüfung: Am 23. Februar 1903 wurde Bultmann von der Prüfungskommission des Großherzoglichen Gymnasiums zu Oldenburg, das er seit dem 2. Dezember 1895[10] »7¼ Jahre ... und zwar 2 Jahre in Prima«[11] besucht hatte, aufgrund guter oder sehr guter Leistungen in allen Fächern (einschließlich Griechisch und Hebräisch), »da er jetzt das Gymnasium verläßt, um Theologie und Philosophie zu studieren, das Zeugnis der Reife zuerkannt«[12].

1.2 Studienzeit in Tübingen (1903–1904)

»Itaque in oppidum Tübingen me contuli, ubi duodeviginti menses commoratus sum, ut theologiae studerem. Quo in spatio per egregios viros ad omnes disciplinas theologiae admovebar. Praeter cetera autem studio historiae ecclesiasticae multum operae dabam, cum et rerum ipsarum varietas atque magnitudo summa delectatione me retineret et Carolus Müller, qui historiam ecclesiasticam docebat, auctoritate sua animum meum excitaret. Atque etiam Theodorus Häring auctoritate ingenii sui me tenebat, qui respondendo consulentibus et suadendo imperitis semper patrem commilitonum se praestabat.«[13]

»... Tubingam me contuli, ut theologiae operam darem. ... Viros doctissimos, quorum sapientia atque benignitate magnopere fructus sum, omnes enumerare nullo modo possum. nomina autem C. Müller et H. Gunkel praeterire silentio non possum, qui quippe viri clarissimi in prioribus studii mei annis animum meum ad theologiam litterasque tractandas maxime excitaverunt.«[14]

---

[9] Brief an H. Feldmann vom 12. 7. 1917. Seinem am 8. 7. 1917 im Felde tödlich verunglückten jüdischen Freund Leonhard Frank (* 12. 8. 1884) hat Bultmann auf Wunsch von dessen Mutter einen Nachruf in »Der Ammerländer« (= Westersteder Zeitung) gewidmet, vgl. Nr. 162 vom 14. Juli 1917, S. 3 Sp. 3. Im Bultmann-Nachlaß in der UB Tübingen sind ca. 70 Briefe und Karten L. Franks an R. Bultmann aus den Jahren 1903–1917 erhalten.

[10] In der mir von OStD D. Jungehülsing, Oldenburg, mit Schreiben vom 11. 10. 1983 übersandten Kopie einer Schülerliste ist für Rudolf Bultmann (= Nr. 1043) das Eintrittsdatum »2. Dec. 1895« angeführt. Aus dieser Liste ist zu schließen, daß Bultmann in die laufende Quinta aufgenommen und dafür – neben bzw. nach dem Besuch der Volksschule (Barth-Bultmann-Briefwechsel, 313: »1892 bis 1895 ... Volksschule in Rastede«) – durch »Privatunterricht« vorbereitet wurde.

[11] Reifezeugnis Rudolf Bultmanns, in Abschrift als Anlage zum Gesuch um Zulassung zur Promotion, s. o. S. 5 Anm. 2.

[12] Ebd.

[13] R. BULTMANN, *Vita,* s. o. S. 6 Anm. 3.

[14] R. BULTMANN, *Curriculum vitae,* s. o. S. 5 Anm. 2.

Vom 7. 5. 1903 bis zum 9. 8. 1904 war Bultmann an der Eberhard-Karls-Universität Tübingen immatrikuliert.[15] Er belegte dort die folgenden Lehrveranstaltungen[16]:

Sommersemester 1903

Johannes Gottschick	Theologische Encyklopädie (2stdg.)
Karl Müller	Kirchengeschichte, erster Teil (5stdg.)
Adolf Schlatter	Geschichte Israels von Alexander dem Großen bis Hadrian (neutestamentliche Zeitgeschichte) (4stdg.)
Theodor Haering	Die evangelische Mission (1stdg.)
Christoph v. Sigwart	Metaphysik (4stdg.)
Heinrich Maier	Geschichte der neueren Philosophie (5stdg.)
Karl Voretzsch	Über Volkslieder und Märchen nebst Einleitung in die Volkskunde (1stdg.)
Konrad Lange	Kunsthistorische Exkursionen in Tübingen und Umgebung (Do nachm.).

Einem »in den ersten Wochen« des ersten Studiensemesters geschriebenen Brief an seine Mutter zufolge hörte Bultmann im Sommersemester 1903 außerdem, und zwar sicher nur in den ersten Semesterwochen, »*Spitta*: Einleitung in die Philosophie« und »den Theologen [von] *Buder* [›Erklärung der synoptischen Reden Jesu‹, ›Erklärung der *Confessio Augustana*‹], der aber mir zu langweilig ist« und von dem Bultmann zu dem gleichzeitig lesenden Heinrich Maier überwechselte.[17]

Wintersemester 1903/04

Karl Müller	Kirchengeschichte, Teil 2 (bis 1560) (5stdg.)
Karl Müller	Luthers Leben und Schriften (2stdg.)
Theodor Haering	Erklärung des Römerbriefs (4stdg.)
Adolf Schlatter	Das Leben Jesu (4stdg.)
Heinrich Maier	Psychologie[18]
Hermann v. Fischer	Geschichte der deutschen Literatur bis zur Reformation (3stdg.)
Hermann v. Fischer	Lessings Leben und Werke (2stdg.)

---

[15] Studentenakte »Bultmann, Rudolf, Pastors Sohn von Oldenburg«, Universitätsarchiv Tübingen, 40/33 Nr. 100. Auf dem Belegbogen seines ersten Semesters gibt Bultmann als Studienfächer »*theol. et phil.*« an; das »*phil.*« fehlt in den späteren Belegbögen und ist auch in den anderen Studiendokumenten (Sittenzeugnisse, Abgangszeugnis) nicht vermerkt.

[16] Angaben unter Beibehaltung der Reihenfolge aus den Belegbögen, ergänzt nach den betreffenden Vorlesungsverzeichnissen.

[17] Vgl. BULTMANN LEMKE, Nachlaß, 197.

[18] Im Vorlesungsverzeichnis ist für Wintersemester 1903/04 eine Psychologie-Vorlesung nicht angezeigt.

Heinrich Maier   Übungen über Kants Kritik der reinen Vernunft
                         (1½stdg.)

Sommersemester 1904

Theodor Haering   Theologische Encyklopädie (2stdg.)
Theodor Haering   Christliche Ethik (erster Teil) (4stdg.)
Theodor Haering   Erklärung der Johannisbriefe (2stdg.)
Julius v. Grill   Erklärung ausgewählter Psalmen (4stdg.)
Johannes Gottschick   Luthers Theologie (2stdg.)
Karl Müller   Kirchengeschichte, 3. Teil (von 1560 an)
                         (5stdg.)
Karl Müller   Konfessionskunde (Symbolik) (4stdg.)
Karl Müller   Kirchengeschichtliches Seminar[19] (2stdg.).

Den Ertrag seiner Tübinger Zeit faßt Bultmann im Brief an seinen dortigen
Studienfreund Eberhard Teufel[20] vom 28. 10. 1904 so zusammen: »Ich verdanke
den dort verlebten Semestern sehr viel, vor allem das, daß ich einen festen Punkt
für meine Arbeit gefunden habe.« Und am 25. 6. 1906 heißt es an denselben:
»Wie oft habe ich schon gewünscht, wieder einmal im Stiftshörsaal am Neckar
sitzen zu können und wieder die Männer zu hören, die mir zuerst das Verständnis
und die wahre Liebe für die Theologie einpflanzten.«
Unter diesen steht an erster Stelle der Kirchenhistoriker *Karl Müller,* den
Bultmann im Brief an E. Teufel vom 31. 12. 1904 als seinen »liebsten verehrten
Lehrer« der Tübinger Zeit bezeichnet und den er noch in den autobiographi-
schen Bemerkungen von 1959, als einzigen der Tübinger Lehrer, mit besonderer
Dankbarkeit nennt[21]. Schon in den ersten Wochen des Studiums schreibt Bultmann über Müller: Er »gefällt mir außerordentlich. Er ist kein großer Redner,
aber fein, geistreich, durchdacht, und fesselnd ist alles, was er sagt.«[22] Der
Vergleich mit Harnack aus Berliner Blickwinkel fällt so aus: »Harnack läßt zu
gern seinen Geist leuchten und spielt mit den Dingen, während Müller in
Tübingen immer ernst und immer gründlich war.«[23] Die Dankbarkeit für das
bei Müller Gelernte klingt auch in der Erinnerung durch, die in Bultmanns Brief
an H. Feldmann vom 24. 8. 1916 enthalten ist: »Übrigens ist Müller auch
derjenige, der mich zuerst für die historische Wissenschaft begeisterte, und ich

---

[19] Das genaue Thema ist weder im Vorlesungsverzeichnis noch im Belegbogen angegeben.
[20] Für die Briefe Bultmanns an Eberhard Teufel aus den Jahren 1904 bis 1908 wurde in R.
BULTMANN, VW, Anhang 2: Gesamtübersicht über Rudolf Bultmanns Predigtwerk, 324–326,
Anm. 1–3.10, fälschlich *Hermann Noltenius* als Empfänger angenommen. Der Irrtum beruht auf
einer Fehlinformation, die erst nach Erscheinen von R. BULTMANN, VW, durch die Gegenüberstellung der genannten Briefe Bultmanns mit denen von H. Noltenius an Bultmann
einerseits, mit denen von E. Teufel an Bultmann andererseits korrigiert werden konnte.
[21] Vgl. Barth-Bultmann-Briefwechsel, 314.
[22] BULTMANN LEMKE, Nachlaß, 197.
[23] Brief an W. Fischer vom 7. 7. 1905.

verdanke seinen Vorlesungen wie dem persönlichen Verkehr mit ihm sehr viel. Ich war damals in meinen ersten Tübinger Semestern sehr jugendlich draufgängerisch samt meinen Freunden [Hermann] Noltenius und [Hermann] Lahusen, und Müller sagte mir später einmal, die drei Semester, in denen wir mit unter den Studenten in seinem Hause verkehrt hätten, seien für ihn die schönsten im Verkehr mit den Studenten gewesen. «

Über die Grundsätze seiner wissenschaftlichen Arbeit und seiner akademischen Tätigkeit hat sich Müller in einer »Selbstdarstellung« erklärt; zwei Ausschnitte daraus charakterisieren die Einführung in die historische Wissenschaft, die Bultmann bei ihm genoß:

> »Ich habe bei meiner Seminartätigkeit nie den Ehrgeiz gehabt, Schule zu machen. Es lag mir mehr daran, die künftigen Pfarrer in den Betrieb der Wissenschaft einzuführen und ihnen einen Eindruck davon mitzugeben, was zu geschichtlicher Arbeit erforderlich sei. Ich hoffte dadurch auch das Verständnis dafür zu erwecken, daß geschichtliche Fragen in der Theologie, auch in der Urgeschichte des Christentums, nicht so einfach und rasch zu erledigen und auch die angefochtenen Ergebnisse der Kritik nicht so willkürlich und grundlos seien, wie man sich das in Laien- und pastoralen Kreisen so gerne vorstellt. «[24] Und: »Für meine wissenschaftliche Arbeit standen mir von Anfang an zwei Gesichtspunkte fest, einmal: die Kirchengeschichte bildet trotz ihrer Eigenart nur einen Teil der allgemeinen Geschichte und kann nur in stetem Zusammenhang mit ihr geschrieben werden, und sodann: sie darf nicht mit festen, vorgefaßten Meinungen betrieben werden. Das durfte natürlich nicht bedeuten, was man da und dort unter ›Voraussetzungslosigkeit‹ versteht. Die gibt es ein für allemal nicht: jedermann bringt ›Voraussetzungen‹ von Haus aus mit. Aber das kann man von jedem Forscher verlangen, daß er an seinen Voraussetzungen nicht festhält, wenn ihm aus gewissenhafter Arbeit sich Tatsachen aufdrängen, die damit nicht zu vereinigen sind, daß er also lerne, sich zu fügen, umzulernen und immer neu zu lernen, sich führen zu lassen auch dahin, wo er zuerst nicht hin will. «[25]

Die Briefe und Karten Karl Müllers an Bultmann aus der Zeit zwischen 1908 und 1925 belegen die andauernde Freundschaft zwischen Lehrer und Schüler.

Entsprechendes gilt von *Theodor Haering,* von dem Postkarten an Bultmann von 1917, 1925 und 1928 erhalten sind. Er »ist ein überaus herzlicher, einfacher Mann. Sein Vortrag ist anziehend, tief innerlich, und dabei oft humorvoll«, schreibt Bultmann in den ersten Wochen an die Mutter.[26] Das bleibt der vorherrschende Eindruck, wie der in Berlin vorgenommene Vergleich zeigt: »Kaftan hier ist ein schrecklicher Sophist und Scholastiker; Häring in Tübingen nimmt alles so durchaus persönlich, bei ihm ist nichts tote Formel. «[27] Haering – »eine Predigt von Häring würde ich oft gern wieder hören; so manche, die ich damals hörte, ist mir unvergeßlich geblieben«[28] – muß unter die bedeutenden Lehrer Bultmanns gerechnet werden und darf neben Wilhelm Herrmann nicht einfach

---

[24] KARL MÜLLER, Selbstdarstellung, 32.
[25] Ebd., 12.
[26] BULTMANN LEMKE, Nachlaß, 197.
[27] Brief an W. Fischer vom 7. 7. 1905.
[28] Brief an E. Teufel vom 25. 7. 1906.

vergessen werden. Außer in den fünf Vorlesungen (darunter zwei Exegetica über Röm und 1–3 Joh), die Bultmann bei ihm hörte, wirkte Haering auf Bultmann besonders durch seine systematisch-theologischen Hauptwerke, »Das christliche Leben (Ethik)«[29] und »Der christliche Glaube (Dogmatik)«[30], die Bultmann in der Zeit der Examensvorbereitung durcharbeitete und die ihren Niederschlag vor allem in seinen frühen Predigten gefunden haben. Am 25. 7. 1906 schreibt Bultmann an E. Teufel: »Herrmann sagte vor einigen Tagen im Kolleg: ›Eben ist ein Buch erschienen, das ich gern in Ihrer aller Hand sehen möchte, der ‚christliche Glaube‘ von Theodor Häring.‹ Er redete dann in warmen Worten von diesem Buch, es sei die Dogmatik, die am besten die Forderung, eine *Glaubenslehre* zu sein, erfüllte.« Und nach der Lektüre am 25. 3. 1907 an denselben: »Es ist wundervoll, wie er zeigen kann, was es um das Glauben ist; was persönliches Glauben heißt, wie es in der Offenbarung des persönlichen Gottes begründet ist, der Liebe und Heiligkeit ist (vgl. im Gegensatz dazu, wie wenig es Kaftan, trotz aller Bemühungen, gelingt, die Einheit von Liebe und Heiligkeit aufzuzeigen![31]), welches seine Konsequenzen sind: wahrer *Stolz* und wahre *Demut*[32]. Grade auch das letzte ist mir mit wundervoller Klarheit aus dem Buch entgegengetreten, oder sage ich besser: aus der Persönlichkeit, die hinter dem Buche steht und die man stets zu sich reden hört?«

Dem Exegeten Haering erweist Bultmann noch über zwei Jahrzehnte später seine Reverenz. In dem seine »Analyse des ersten Johannesbriefes«[33] begleitenden Schreiben an Haering erklärt er 1927: »Mein Kollegheft von damals dient mir immer noch als Kommentar zu 1. Joh., aus dem ich gelernt habe und lerne. Und wenn Sie gewiß auch nicht diese kritische Frucht aus Ihrer exegetischen Saat erwartet haben, so steht hinter meiner Analyse doch die exegetische Arbeit, zu der Sie mir damals den Weg gewiesen haben.«[34]

Die anderen Tübinger Lehrer treten in ihrer Bedeutung für Bultmann hinter Müller und Haering zurück. Begeistert äußert sich Bultmann in den ersten Wochen über den – im Jahr darauf verstorbenen – Philosophen *Christoph von Sigwart,* der ihm »von allen bei weitem am besten« gefalle: »Er ist zwar schon sehr alt, aber er hat einen wunderschönen Vortrag. Die Sprache ist reich, fließend, musterhaft, und alles ist voll Geist und Gedanken. Ich muß ganz außerordentlich aufpassen, um ihm immer folgen zu können. Sigwart ist, wie

---

[29] ¹1902 unter dem Titel: Das christliche Leben auf Grund des christlichen Glaubens. Christliche Sittenlehre.

[30] ¹1906; Bultmann erhielt das Buch als Geschenk von seinem Freund E. Teufel, vgl. Brief an E. Teufel vom 25. 6. 1906.

[31] Vgl. J. KAFTAN, Dogmatik[(5.6)], § 18 (= S. 198ff.).

[32] Vgl. das Thema von Bultmanns Predigt vom 11./18. 8. 1907 über 1 Kor 15,9f.: »Die Einheit von Stolz und Demut in der christlichen Religion« (s. R. BULTMANN, VW, Anhang, 316 und 326, jew. Nr. 7).

[33] 1927, wieder abgedruckt in: R. BULTMANN, Exegetica, 105–123.

[34] Mitgeteilt von H. HAERING, Theodor Haering 1848–1928, 400 Anm. 277.

wohl von allen anerkannt wird, der bedeutendste der hiesigen Professoren und der Stolz der Tübinger Universität.«[35]

Adolf Schlatter wurde zwar nicht, wie einige Jahre später von Karl Barth, »mit heftigster Renitenz«[36], aber doch mit beträchtlicher Enttäuschung gehört: »Nachdem, was ich von *Schlatter* gehört hatte, war ich *sehr* enttäuscht. Er *langweilt* mich außerordentlich. Er spricht zwar frei und lebhaft, aber pedantisch und gedankenarm.«[37] Rezensionen und Forschungsberichte Bultmanns aus späterer Zeit lassen einen bemerkenswerten Respekt vor der eigenständigen und eigentümlichen Theologie Schlatters erkennen, der auch durch z. T. scharfe Kritik an Schlatter nicht aufgehoben wird.[38]

Nicht durchschlagend war der Einfluß von *Johannes Gottschick* auf Bultmann, jedenfalls nicht von vornherein. »Was ich von Gottschick gehabt habe, wird mir erst jetzt allmählich klar«, schreibt Bultmann 1906 aus Marburg.[39] Es ist gut möglich, daß der im RE³-Artikel über Johannes Gottschick von dessen Sohn Wilhelm Gottschick, einem Studienfreund Bultmanns, mitgeteilte Eindruck, in seiner Lehrtätigkeit habe er sich besonders jüngeren Studenten nicht so leicht erschlossen[40], auch auf die (nicht erhaltene) Antwort zurückgeht, mit der Bultmann die am 21. 5. 1911 brieflich an ihn gerichtete Anfrage Wilhelm Gottschicks beschied: »Wie würdest *Du* den Gewinn Deines Hörens bei ihm kurz zusammenfassen?«

Zu dem Literaturhistoriker *Hermann von Fischer* ist zu bemerken, daß er der Vater Walther Fischers war; mit diesem, »der später Pathologe in Rostock und Jena wurde«[41], blieb Bultmann seit der gemeinsamen Zeit im Tübinger »Igel« in lebenslanger Freundschaft verbunden.

Am 10. August 1969 schreibt Bultmann an die Witwe Walther Fischers: »Die Nachricht von seinem Tode hat mich . . . als ein harter Schlag getroffen. Seit Jahrzehnten war ich mit ihm in herzlicher Freundschaft verbunden. Sie nahm ihren Anfang, als ich 1903 in Tübingen mein Studium begann und im ›Igel‹ sein Bundesbruder wurde. Er gehörte zur Elite des Bundes, ausgezeichnet durch seine Bildung und seinen Geist, allgemein beliebt auch durch seinen Humor und Witz. Für mich war es beglückend, daß er, der ältere, mir seine Freundschaft schenkte, die durch Jahrzehnte bis heute festgehalten hat.«

Zur Akademischen Verbindung »Igel« und Bultmanns Zugehörigkeit zu ihr sei außerdem, daß Bultmann ihren Namen auch in der Praxis jedenfalls von dieses Tieres *Stachligkeit* und keinesfalls von dessen *Vorliebe für Milch* her verstand, folgendes angemerkt: Nach Auskunft des Betreuers des »Igel«-Archivs, Dr. Robert Uhland, vom 18. 5. 1983 wurde Bultmann im Sommersemester 1903 durch seinen Vetter, *stud. iur.* Peter Ramsauer, zunächst als »Keilgast« in die Verbindung eingeführt, und er erhielt auf Antrag Ramsauers

---

35 BULTMANN LEMKE, Nachlaß, 197.
36 So K. BARTH in einer autobiographischen Skizze von 1927, vgl. Barth-Bultmann-Briefwechsel, 304.
37 BULTMANN LEMKE, Nachlaß, 197.
38 Vgl. MPTh 8, 1911/12, 440–443; Oldenburgisches Kirchenblatt 25, 1919, 122.
39 Brief an E. Teufel vom 25. 6. 1906.
40 Vgl. W. GOTTSCHICK, *Art.* Gottschick, bes. 581 f.
41 BULTMANN LEMKE, Nachlaß, 198.

per Konventsbeschluß vom 23. 5. 1903 das »Verkehrsgastrecht«; der Antrag eines Bundesbruders, Bultmann »›wegen seines Interesses und [seiner] Verdienste an der Verbindung‹ zum ›offiziellen Gast‹ zu machen«, fand nach längeren Beratungen im Burschenkonvent am 2. 8. 1904 zwar die einfache, nicht aber die erforderliche Zweidrittelmehrheit. Zu einem späteren Zeitpunkt muß Bultmann dann aber doch als »offizieller Gast« anerkannt worden sein; »im jetzigen Igel-Verzeichnis wird er als Mitglied Nr. 299 aufgeführt und somit als aktives Mitglied betrachtet.« Die offizielle Aufnahme Bultmanns scheint seinem Brief an W. Fischer vom 13. 6. 1911 zufolge Anfang Juni 1911 während einer (Freiburg- und) Tübingen-Reise vollzogen worden zu sein; Bultmann berichtet von der Feier seiner »Einsprungskneipe«. Am 25. Juli 1954 hielt Bultmann in Tübingen beim Stiftungsfest des »Igel« den »Gottesdienst zum Gedenken unserer gestorbenen u. gefallenen Bundesbr(üder)«[42].

1.3 Studienzeit in Berlin (1904–1905)

»Postea mensi Octobri anni millesimi nongentesimi quarti Berolinum transii. Qua in urbe quanto impetu omnia, quae videndo vel audiendo cognoscebam, animum meum ceperint, enarrare non possum. Quis est, cui illa nomina Adolphus Harnack et Arminius Gunkel ignota sint? Quorum doctrina meus theologiae amor in dies magis crescebat. Permultum etiam debeo Julio Kaftan et Ottoni Pfleiderer, quorum alter temperantia atque sagacitate plurimum valebat, alter varietate considerationis audiendi studiosos delectabat.«[43]

»Deinde autumno anni MDCCCCIV Berolinum transmigravi. ... nomina autem C. Müller et H. Gunkel praeterire silentio non possum, qui quippe viri clarissimi in prioribus studii mei annis animum meum ad theologiam litterasque tractandas maxime excitaverunt.«[44]

An der Königlichen Friedrich-Wilhelms-Universität zu Berlin war Bultmann vom 28. 10. 1904 bis zum 15. 9. 1905 immatrikuliert.[45] Er belegte dort die folgenden Lehrveranstaltungen[46]:

Wintersemester 1904/05[47]

| Adolf Harnack | Dogmengeschichte (2stdg.) |

---

[42] Vgl. R. BULTMANN, VW, Anhang, 324f. und 342, jew. Nr. 124.
[43] R. BULTMANN, *Vita,* s. o. S. 6 Anm. 3.
[44] R. BULTMANN, *Curriculum vitae,* s. o. S. 5 Anm. 2.
[45] Abgangszeugnis Rudolf Bultmann (samt zugehörigen Dokumenten) vom 15. 9. 1905, aufbewahrt im Archiv der Humboldt-Universität zu Berlin, Bestand »Abgangszeugnisse vom 1.–20. September 05, Bl. 52«.
[46] Angaben unter Beibehaltung der Reihenfolge aus dem Belegbogen (ebd.), ergänzt nach den betreffenden Vorlesungsverzeichnissen.
[47] Vgl. Brief an W. Fischer vom 29. 10. 1904: »Ich hoffe in diesem Semester mit meinen historischen Fächern zu Ende zu kommen; dann bleibt noch Einzelarbeit und einige Technik zum Examen. Nach zwei Jahren hoffe ich mein erstes Examen machen zu können; ich denke doch in Oldenburg.«

Julius Kaftan	Dogmatik, I. (allgemeiner) Teil (Apologetik) (4stdg.)
Hermann Gunkel	Alttestamentliche Theologie (4stdg.)
Hermann Gunkel	Entstehung des Alten Testaments (1stdg.)
Otto Pfleiderer	(Über die) Entstehung des Christentums (1stdg.)
Carl Schmidt	Kirchengeschichtliche Übungen (apostolische Väter) (1½stdg.)

Sommersemester 1905

Adolf Harnack	Geschichte des Protestantismus (im 19. Jahrhundert) (2stdg.)
Julius Kaftan	Dogmatik (zweiter spezieller Teil) (5stdg.)
Hermann Gunkel	Einleitung in das Alte Testament (4stdg.)
Gustav Hoennicke	Erklärung der (drei) ersten Evangelien (5stdg.)
Hermann Gunkel	Alttestamentliche Übungen (im Anschluß an seine Vorlesung über Einleitung) (2stdg.)
Gustav Hoennicke	Neutestamentliche Übungen (2stdg.).

In dem Belegbogen sind nur Veranstaltungen der theologischen Fakultät (richtiger: der Abteilung »Gottesgelahrtheit«) aufgeführt. Daß Bultmann in Berlin weitere Vorlesungen gehört hat, ist in einem Fall belegt: »Ein besonderer Genuß sind mir jetzt [im Sommersemester 1905] die Vorlesungen Eduard Meyers (Historiker) über das Judentum.«[48] Somit kann nicht ausgeschlossen werden, daß Bultmann weitere Vorlesungen gehört hat, etwa bei den Philosophen Wilhelm Dilthey und Georg Simmel; dafür liegen jedoch keine unmittelbaren Indizien vor. Für das Wintersemester 1904/05 heißt es jedenfalls: »Dilthey liest leider nicht.«[49]

Wenn Bultmann am 8. 10. 1905 an Fischer schreibt: »Meine Berliner Zeit ist nun vorüber. Schön war's trotz allem«, so liegen darin positive und negative Eindrücke dicht beieinander. Auf der positiven Seite ist sicherlich überwiegend der wissenschaftliche Ertrag der beiden Berliner Semester zu verbuchen; »da habe ich es gradezu ideal getroffen«, heißt es schon ganz zu Anfang im Blick auf die zu besuchenden Vorlesungen.[50]

Von *Adolf Harnack* war schon im Abschnitt über Karl Müller kurz die Rede.[51] Über den allerersten Eindruck seiner Vorlesungen berichtet Bultmann seinem Freund E. Teufel am 28. 10. 1904: »Harnack hatte ich mir ganz anders vorgestellt. Ich fürchtete, daß bei ihm der Redner im Vordergrund stände, wurde aber da angenehm enttäuscht. Er spricht *ganz* frei, ruhig, ohne Pathos und ohne

---

[48] Brief an W. Fischer vom 7. 7. 1905.
[49] Brief an E. Teufel vom 28. 10. 1904.
[50] Ebd.
[51] S. o. S. 9.

blendenden Schmuck, langsam, aber eindrucksvoll. Jeder Satz ist vor dem Aussprechen genau durchdacht, und der Hörer wird von dem Nachdruck seiner Worte gezwungen, ihn wieder mitzudenken. Er fordert große Aufmerksamkeit, aber wer könnte auch nur einen Augenblick die Aufmerksamkeit fallen lassen bei diesem interessanten Vortrag, wo Gedanke sich an Gedanke drängt. Ich glaube, daß man Harnack als Dozenten ideal nennen kann.« Dieser Eindruck bestätigte sich für Bultmann zunächst, gewann aber bald eine nicht leicht deutbare, von Bultmann selbst wie in der schon mitgeteilten Charakterisierung vom Sommer 1905 mit Bezug auf K. Müller zur Sprache gebrachte Nuance; im Silvesterbrief 1904 berichtet Bultmann E. Teufel: »Harnack lerne ich von Stunde zu Stunde mehr verehren, ebenso aber lerne ich täglich deutlicher erkennen, was ich Tübingen, besonders meinem liebsten verehrten Lehrer, Prof. Müller, verdanke. Ohne ihn wäre mir Harnack wohl nicht nur nicht verständlich, sondern gefährlich geworden. Ich glaube, Du würdest das verstehen, wenn Du Harnack einmal hörtest.« Wahrscheinlich steht die Witterung des Gefährlichen, über die Bultmann selbst noch keine hinreichende Klarheit gewonnen zu haben scheint, im Zusammenhang mit den ihn in der Berliner Zeit verstärkt bewegenden Fragen nach der Zukunft der Kirche und *seiner* Zukunft in ihr sowie nach dem Zusammenhang der wissenschaftlichen Theologie (insbesondere der eines Harnack) mit der Kirche – Fragen, die uns besonders im zweiten Kapitel noch einmal beschäftigen werden. In diesen Bereich scheint jedenfalls die Erwähnung Harnacks im Brief an W. Fischer vom 5. 6. 1905 zu weisen, wo Bultmann das Fehlen eines theologischen Kopfes beklagt, der, wie einst Schleiermacher, »alle Errungenschaften der historischen Theologie umfaßte und systematisch verwertete, der wirklich eine von Grund aus neue Theologie schaffen würde. So ein Mann ist auch Harnack nicht; er ist zu sehr Gelehrter.« Gewiß, von E. Teufel um Rat gefragt, ob ein Berliner oder ein Marburger Semester mehr Gewinn verspräche, antwortet Bultmann am 19. 1. 1908: »Harnack nicht gehört zu haben, ist ja ein Unglück.« Dem folgt jedoch ein Aber: »Jülicher und Herrmann nicht gehört zu haben, erst recht.« Offenbar empfand Bultmann schon früh bei Harnack ein gewisses Ungenügen hinsichtlich einer Theologie, die auch darin ihren Namen verdient, daß sie sich ihrer kirchlichen Bezogenheit und Verantwortung bewußt ist – ein Ungenügen freilich, das dem Respekt vor dem Gelehrten Harnack keinen Abbruch tat.

Trotz großen Bemühens – »Gottschick will mir eine Empfehlung schicken«[52] – gelang es Bultmann nicht, im Sommersemester 1905 als ordentliches Mitglied in Harnacks Seminar aufgenommen zu werden. »Habe ich einst als Student am Harnackschen Seminar auch nur als Gast teilnehmen können, so habe ich doch auch als ein solcher den ›ernsten und freudigen Geist‹ jener Donnerstag-Abend-Stunden aufs stärkste empfunden.« Wenn Bultmann noch im Jahr 1930 mit solcher »Erinnerung an jene Stunden spannungsreicher und fruchtbarer Arbeit«

[52] Brief an E. Teufel vom 28. 10. 1904.

seine Anzeige des ihm von Harnack offenbar persönlich zugesandten Buches
»Einführung in die alte Kirchengeschichte« – »Abschiedsgruß an seine alten
Seminarmitglieder« – in ChW einleitet[53], so spricht sich darin neben der Dankbarkeit sicher auch ein leises Bedauern aus, vielleicht aber auch das Selbstbewußtsein des trotz jenes bedauerlichen Umstands inzwischen im eigenen Fache
ebenbürtig Gewordenen. Als solcher, freilich formgerecht als »Eurer Exzellenz
ergebenster R. Bultmann«, richtet er denn auch am 18. 2. 1930 das die Zusendung der Buchanzeige begleitende kurze Schreiben an von Harnack, versehen
mit Dank, Zustimmung, Ergänzung, Kritik.[54] Das ist überhaupt ein Schema,
das in Bultmanns rezensorischen Bezugnahmen auf (von) Harnack häufig wie-
derkehrt[55] – bis hin zum »Geleitwort«, das Bultmann zur Neuauflage der
Vorlesungen »Das Wesen des Christentums« im Jahr 1950 schrieb.[56] Bultmann
und sein jüdischer Freund Leonhard Frank hatten sich, einer dem anderen, dieses
Buch in der gemeinsamen Berliner Zeit zum Geschenk gemacht[57]; unmittelbare
Äußerungen Bultmanns über das Buch aus der Frühzeit sind mir leider nicht
begegnet.

In Bultmanns erster Eindrucksschilderung vom 28. 10. 1904[58] war auch *Julius
Kaftan* noch sehr gut weggekommen: »Er ist klar, scharf *[vita: ›sagacitas‹]*,
interessant, aber wohl am schwersten zu hören, denn auch er ist überaus reich an
Gedanken und überraschenden Wendungen, und er sagt nie ein Wort zu viel
[vita: ›temperantia‹].« Im Falle Kaftans gilt besonders die Einschränkung, mit der
Bultmann diese ersten »äußere(n) Eindrücke« von seinen Lehrern versieht: »Was
ich von ihnen lerne, das kann ich erst später schreiben; ich meine, wie ich mich zu
ihnen stelle und was ich für meine persönliche Überzeugung von ihnen gewinne.«[59] Nun, Kaftan stellte sich bald, wie gehört, als ein »schrecklicher Sophist
und Scholastiker«[60] heraus (vgl. auch hier: *»sagacitas«* und *»temperantia«*!). Wenn
Bultmann im Sommersemester 1905 an W. Fischer schreibt: »Augenblicklich ist
mein größter Ärger die Dogmatik«[61], dann ist Kaftan sicher nur zum Teil die
Ursache solchen Ärgers; zum anderen Teil ist er die unfreiwillige, allerdings
nicht ganz untaugliche Zielscheibe des tiefen Unmuts, den Bultmann angesichts
der »unglaublichen Zähigkeit« empfindet, mit der »die alten Traditionen festgehalten werden« – und das nicht zuletzt »im eigenen Hause und in der weiteren
Familie«. Aus dieser Perspektive – eigener Herkunft, existentieller Betroffenheit

[53] R. BULTMANN, ChW 44, 1930, 182.
[54] Briefkarte an A. v. Harnack vom 18. 2. 1930, aufbewahrt im Nachlaß Harnack in der
Deutschen Staatsbibliothek Berlin/DDR, Handschriftenabt./Literaturarchiv.
[55] Vgl. MPTh 5, 1908/09, 127.128.159; 7, 1910/11, 27–29; ThR 18, 1915, 147 f.; ChW 30,
1916, 523–526; Ethische und mystische Religion, 30 f.
[56] VII–XVI.
[57] Vgl. Brief an H. Feldmann vom 12. 7. 1917.
[58] Im Brief an E. Teufel.
[59] Ebd.
[60] S. o. S. 10 mit Anm. 27.
[61] Brief an W. Fischer vom 5. 6. 1905.

– müssen Sätze verstanden werden wie: »Was wird da noch für ein Unsinn beibehalten von ›Offenbarung‹, ›Trinität‹, ›Wunder‹, ›göttliche Eigenschaften‹, es ist fürchterlich. Und alles geschieht nur zu Liebe der Tradition.«[62] Da Kaftan dem Erfordernis einer gegen den theologischen Traditionalismus zu entwerfenden überzeugenden modernen Theologie – in der Dogmatik »brauchen wir wirklich eine Reform« – nicht genügt, sondern auf (allenfalls) halbem Wege stehen bleibt, richtet sich auf ihn der besondere Grimm Bultmanns, der ein Jahr später mit W. Herrmann an Haerings Dogmatik vor allem das begrüßt, daß sie *Glaubenslehre* ist. – Was Kaftans »Fernwirkung« auf Bultmann betrifft, so ist eigentlich auf nicht mehr zu verweisen als auf ein *dictum* Kaftans, das Bultmann zeitlebens im Ohr behielt und das er 1939 und 1958/64 verwendete: »Ich entsinne mich noch, wie Julius Kaftan im Kolleg über Dogmatik sagte: ›Ist das Reich Gottes eine eschatologische Größe, so ist es ein für die Dogmatik unbrauchbarer Begriff.‹«[63]

Daß Bultmann im »*curriculum vitae*« von 1910, wie aus der Tübinger Zeit Karl Müller, so aus dem Berliner Jahr *Hermann Gunkel* als einzigen Lehrer erwähnt (und A. Harnack übergeht), beruht formal wohl auf dem Umstand, daß er, wie bei Müller am kirchengeschichtlichen Seminar, so bei Gunkel an den alttestamentlichen Übungen teilgenommen hatte. Aber die exklusive Hervorhebung Gunkels entspricht auch inhaltlich dem überragenden Gewinn, den Bultmann, beginnend in den beiden Berliner Semestern, aus der literatur- und religionsgeschichtlichen Arbeit Gunkels am Alten und Neuen Testament zog. Vor allen anderen – nicht nur zeitlich, sondern auch sachlich, wie die nachfolgende Untersuchung im dritten Kapitel erkennen lassen wird – war Gunkel Bultmanns Gewährsmann für die religionsgeschichtlich fragende Bibelexegese. Gerade deshalb ist es bedauerlich, von Bultmann selbst über das von Gunkel Empfangene nur spärliche Äußerungen zu besitzen. »Gunkel ist jung, lebendig, feurig. Er ist äußerst interessant, polemisch, ist aber immer fein und vornehm«, lautet die Wiedergabe erster Kolleg-Impressionen im Brief an E. Teufel vom 28. 10. 1904. Angesichts der im selben Brief enthaltenen Ankündigung, Gunkel (wie auch Kaftan) »nächstens« besuchen zu wollen – »Müller war so freundlich, mir an beide Empfehlungen mitzugeben« –, und der Teilnahme an Gunkels alttestamentlichen Übungen im Sommersemester 1905 verwundert es, in Bultmanns Brief an W. Fischer vom 17. 1. 1909 zu lesen: »Gerade komme ich von einer kleinen Reise nach Gießen wieder; ich besuchte dort heute nachmittag Professor Gunkel, den ich auf Wangeroog diesen Sommer [also 1908] kennengelernt hatte.« Erst im Jahre 1908 begann demnach die persönliche Bekanntschaft zwischen Bultmann und Gunkel. Von deren Art zeugt der im selben Brief als Kontrast zu Bultmanns Bedauern über den anfänglichen Mangel an wissen-

---

[62] Ebd.

[63] R. BULTMANN, Johannes Weiß zum Gedächtnis, ThBl 18, 1939, 243 (= R. BULTMANN, Geleitwort zu: J. WEISS, Die Predigt Jesu vom Reiche Gottes, Göttingen ³1964, V). Vgl. R. BULTMANN, Jesus Christus und die Mythologie (1958/64), GuV IV, 142.

schaftlichem Austausch mit dem neu nach Marburg gekommenen Wilhelm Heitmüller ausgebrachte Ausruf: »Welche Erquickung war dagegen der heutige Nachmittag bei Gunkel! Da habe ich wieder so viel gelernt wie sonst in Wochen nicht.« Minder plerophor, aber nicht minder glaubwürdig nennt Bultmann zwölf Jahre später im Vorwort zur »Geschichte der synoptischen Tradition« unter den Forschern, »von denen ich in erster Linie für diese Arbeit gelernt habe«, »aus meiner Studentenzeit« – nicht Johannes Weiß!, sondern – »H. Gunkel, dem ich auch weiterhin reiche Förderung verdanke«[64]. Zu diesem Zeitpunkt war Bultmann bereits als Nachfolger von Wilhelm Bousset zum Mitherausgeber der »Forschungen zur Religion und Literatur des Alten und Neuen Testaments« (FRLANT) geworden – neben Gunkel, der das Vorhaben des Verlags, Heitmüller um diese Aufgabe zu bitten, unter Hinweis auf die fehlende »freundschaftliche u. vertrauensvolle Beziehung« zu diesem am 26. 6. 1920 brieflich abgelehnt und gleichzeitig stattdessen Bultmann vorgeschlagen hatte: »Am liebsten aber sähe ich neben mir Bultmann, den ich persönlich genau kenne u. hoch schätze, u. der in diesen Tagen Ordinarius in Gießen für Bousset wird.«[65] Es mögen auch die bei den noch mehrfach gemeinsam an der Nordsee verbrachten Ferien gewonnenen Eindrücke sein, die Gunkel bereits am 22. 9. 1917 an Ruprecht schreiben ließen, daß er Bultmann »schon viele Jahre als begabt, tüchtig und strebsam« kenne.[66] Ob diese Bultmann-Kenntnis bei Gunkel ins Sommersemester 1905 zurückreicht, muß offen bleiben. Für Bultmanns Hochschätzung Gunkels ist dies sicher; daß er am 19. 1. 1908 die briefliche Empfehlung an E. Teufel, statt nach Berlin nach Marburg zu gehen, mit dem Zusatz versieht: »Wäre Gunkel noch in Berlin, würde ich sehr schwanken«, und auf die Nähe Gießens, der von Marburg aus leicht erreichbaren neuen Wirkungsstätte Gunkels, verweist, unterstreicht lediglich, was nach den Formulierungen in den beiden Lebensläufen von 1906 und 1910 eigentlich keiner weiteren Belege bedarf.

Die übrigen Berliner Lehrer, *Otto Pfleiderer* und die beiden Privatdozenten *Karl Schmidt* (Kirchengeschichte) und *Gustav Hoennicke* (Neues Testament), dem Bultmann 1916 als dem Ordinarius seines Fachs in Breslau wieder begegnete – »wissenschaftlich ist er ja keineswegs hervorragend«[67] –, haben für Bultmann anscheinend keine größere Bedeutung erlangt.

Einige ergänzende Bemerkungen zur Berliner Zeit! Das Studium an der Universität wurde bereichert durch kleine private Arbeitsgemeinschaften, in denen Bultmann das Alte Testament – mit Leonhard Frank, dem jüdischen

---

[64] R. BULTMANN, Die Geschichte der synoptischen Tradition, FRLANT (N.F. 12) 29, Göttingen 1921, 4*.
[65] Mitgeteilt von KLATT, Gunkel, 168 Anm. 14. Vgl. Postkarte H. Gunkels an Bultmann vom 8. 7. 1920: »Auch als Nachfolger Boussets in unseren ›Forschungen‹ wünsche ich mir keinen anderen als Sie«.
[66] Mitgeteilt von KLATT, Gunkel, 168 Anm. 14.
[67] Brief an H. Feldmann vom 9./10./12. 10. 1916.

Freund, zusammen[68] – sowie Platon las[69] und über Kirchenrecht arbeitete[70]. In der autobiographischen Skizze von 1959 erinnert sich Bultmann an »Theater-, Konzert- und Museumsbesuche«[71]; selbst Kontakte zu obskur-avantgardistischen literarischen Kreisen fehlten nicht.[72] Dennoch: Bultmann hat sich in Berlin nicht eigentlich wohlgefühlt. Die denaturierte Großstadt behagte dem Landmenschen nicht: »Du kannst Dir denken, wie ich aufatmete, als ich Berlin verlassen hatte. All der Unnatur, der Phrase und Hohlheit entronnen zu sein!« heißt es aus den Frühjahrssemesterferien 1905.[73] Entscheidender für das Berliner Unbehagen war aber wohl die akademische Anonymität. »Ich vermisse in Berlin nur theologischen Verkehr«, schreibt Bultmann im Silvesterbrief 1904 an E. Teufel, sich wehmütig der Tübinger Verhältnisse erinnernd. In Marburg fand er dann wieder, was er in Berlin vermißte; gleich in den ersten Marburger Wochen weiß Bultmann zu berichten: »Die Fakultät hier ist ideal. Man lernt die Professoren auch persönlich kennen und lebt ganz in der Wissenschaft«[74], und im selben Sinne äußert er Anfang 1908: »Der Verkehr mit den Professoren ist hier so ungezwungen, und man hat so viel davon, daß man ganz anders in der Theologie leben kann als in Berlin.«[75]

1.4 Studienzeit in Marburg (1905–1906)

»Postquam unum annum Berolini versatus sum, in oppidum Marburg me contuli. Atque etiam hoc loco optimis magistris utebar. Quorum ex numero, ut de ceteris sileam, maxime ad Adolphum Jülicher me applicabam, qui non solum egregia scientia sed etiam auctoritate ingenii audientium admirationem et amorem suï excitabat. – Eodem in oppido insequentem aestatem agebo optimisque facultatibus utar, ut ad examen tendandum satis paratus esse mihi videar.«[76]

»Tum anno MDCCCCV studiorum perficiendorum causa Marpurgi versatus sum. . . . eodemque modo gratias plurimas agere debeo viris illustrissimis A. Jülicher et J. Weiß, quorum exercitationibus seminarii theologici mihi sodali interesse licuit posterioribus studii temporibus. nam eorum praecipue auctoritate ad studium Novi Testamenti excitatus atque eorum perpetua benevolentia adiutus sum.«[77]

Bultmanns Brief an H. Feldmann vom 26. 9. 1916 ist zu entnehmen, daß auch er, wie wenig später Karl Barth[78], auf seine Marburger Semester *warten* mußte.

---

[68] Vgl. Brief an W. Fischer vom 8. 12. 1904.
[69] Vgl. Brief an W. Fischer vom 27. 1. 1905.
[70] Vgl. Brief an W. Fischer vom 7. 7. 1905.
[71] Barth-Bultmann-Briefwechsel, 314; vgl. Brief an W. Fischer vom 8. 12. 1904.
[72] Vgl. Brief an W. Fischer vom 30. 1. 1906.
[73] Brief an W. Fischer vom 2. 4. 1905; vgl. BULTMANN LEMKE, Nachlaß, 200.
[74] Brief an W. Fischer vom 9. 11. 1905.
[75] Brief an E. Teufel vom 19. 1. 1908.
[76] R. BULTMANN, *Vita,* s. o. S. 6 Anm. 3.
[77] R. BULTMANN, *Curriculum vitae,* s. o. S. 5 Anm. 2.
[78] Vgl. Barth-Bultmann-Briefwechsel, 304 f.

Auf der letzten Strecke der Zugfahrt von Oldenburg nach Marburg, wo es die Sachen für den Umzug nach Breslau zu packen galt, stiegen am 25. 9. 1916 Erinnerungen auf: »Dann [von Kassel aus] kam die Fahrt nach Marburg. Es war ähnliches Herbstwetter wie damals, als ich – mit demselben Zuge – 1905 zum erstenmal nach Marburg fuhr. Mit welchen Erwartungen fuhr ich damals hin! Es war ja vom ersten Semester an das Ziel meiner Sehnsucht gewesen, und im sechsten durfte ich erst hingehen. Ich weiß noch gut, wie ich als Student die Marburger Zeit, deren Schwerpunkt damals für mich ganz in den Vorlesungen und der Arbeit bestand, genoß! Wie es mich das erstrebenswerteste Ziel dünkte, in Marburg einmal Privatdozent zu sein.«

An der Philipps-Universität Marburg war Bultmann vom 18. 11. 1905 bis zum 2. 8. 1906 immatrikuliert.[79] Er besuchte in dieser Zeit die folgenden Lehrveranstaltungen[80]:

Wintersemester 1905/06

Karl Budde	Erklärung der kleinen Propheten (4stdg.)
Johannes Weiß	Hauptprobleme des Lebens Jesu (2stdg.)
Adolf Jülicher	Galater-, Philipper- und Thessalonicherbriefe (4stdg.)
Johannes Weiß	Neutestamentliches Seminar[81] (2stdg.)
Carl Mirbt	Geschichte der evangelischen Kirche vom Anfang des 19. Jahrhunderts bis zur Gegenwart (2stdg.)
Friedrich Wiegand	Geschichte der modernen Sekten (2stdg.)
Carl Mirbt	Der gegenwärtige Stand der evangelischen Mission (1stdg.)
Adolf Jülicher	Kirchengeschichtliches Seminar[82] (2stdg.)
Martin Rade	Einleitung in die allgemeine Religionsgeschichte (2stdg.)
Martin Rade	Kants Religionsphilosophie (1stdg.)
Ernst Chr. Achelis	Luthers Katechismen (2stdg.)

---

[79] Abgangszeugnis vom 2. 8. 1906, urschriftlich als Anlage zum Gesuch um Zulassung zur Promotion . . ., s. o. S. 5 Anm. 2.

[80] Die Angaben sind dem auf der Rückseite des Abgangszeugnisses (s. vorige Anm.) enthaltenen Belegbogen entnommen und in der Reihenfolge der betr. Vorlesungsverzeichnisse geordnet. Die unter Sommersemester 1906 aufgeführten Vorlesungen von C. Mirbt und P. Natorp sind in den mir vom Hess. Staatsarchiv Marburg (Schreiben Tgb.-Nr. II/1446/83 vom 28. 4. 1983) mitgeteilten Angaben aus den Manualen der Universitätsquästur (Best. 305ᵃ, Nr. [296–]297, acc. 1963/13) anscheinend nicht verzeichnet.

[81] Das genaue Thema ist nicht bekannt, vgl. aber unten S. 22.

[82] Bultmanns Seminarmitschrift trägt lt. Nachlaßverzeichnis der UB Tübingen den Titel: »Kirchengeschichtliches Seminar über den Gnosticismus«.

| Johannes Bauer | Homiletische Behandlung schwieriger Bibeltexte (2stdg.) |
| Johannes Bauer | Die religiöse Lyrik des 19. Jahrhunderts (1stdg.) |

Sommersemester 1906

Johannes Weiß	Auslegung der Leidensgeschichte nach den vier Evangelien (1stdg.)
Johannes Weiß	Neutestamentliches Seminar[83] (2stdg.)
Carl Mirbt	Geschichte der katholischen Kirche vom Ende des 18. Jahrhunderts bis zur Gegenwart (2stdg.)
Johannes Bauer	Geschichte des evangelischen Kirchenbaues (1stdg.)
Wilhelm Herrmann	Dogmatik I (4stdg.)
Wilhelm Herrmann	Systematisch-theologisches Seminar[84] (2stdg.)
Johannes Bauer	Lektüre ausgewählter Predigten von Bitzius (1stdg.)
Paul Natorp	Logik (Erkenntniskritik) (4stdg.).

Welch ein Programm, zu dem im Wintersemester 1905/06 noch die Anfertigung zweier Seminararbeiten und im Sommersemester 1906 die dreier Hausarbeiten fürs Examen, darunter einer 80seitigen exegetischen Abhandlung, hinzukam! Für Bultmann galt wirklich: »Man ... lebt ganz in der Wissenschaft. «[85]

»Mir ist Jülicher der liebste«, läßt Bultmann schon nach den ersten Wochen in Marburg W. Fischer wissen.[86] Die Lebensläufe weisen aus, daß das so blieb; keiner der Marburger Lehrer hat einen vergleichbar ehrfürchtigen Respekt auf sich gezogen wie *Adolf Jülicher*. Mit ihm beginnt Bultmann die Charakterisierung seiner Lehrer im Brief an E. Teufel vom 25. 6. 1906: »Er ist hier mein liebster Lehrer, von unbedingter Wahrhaftigkeit, Selbstverleugnung und Gewissenhaftigkeit; dabei voll Wärme und Glut für seine Arbeit. Persönlich hat er mir manchmal mit seinem Rat geholfen. Vielleicht – mir wenigstens ging es so – erhält man aus seinen Werken dadurch ein etwas unrichtiges Bild von ihm, daß man seine oft ungeheuer scharfe Polemik nicht richtig versteht, wenn man ihn nicht reden gehört hat. Wenn man aber hört, wie der Eifer für seine Sache ihm diese Bemerkungen auspreßt und wie er sie mit Schmerz ausspricht, so steht er gleich ganz anders da. Er ist eben eine ungeheuer warme Natur. « Im kirchengeschichtlichen Seminar Jülichers schrieb Bultmann im Wintersemester 1905/06 eine Arbeit über die »Theologie des Herakleon nach den Resten seines Kommentars zu Joh. 4«.[87]

---

83 Das genaue Thema ist nicht bekannt.
84 Das genaue Thema ist nicht bekannt.
85 Brief an W. Fischer vom 9. 11. 1905.
86 Ebd.
87 Vgl. ebd. Eine Kopie der Arbeit befindet sich im Bultmann-Nachlaß in der UB Tübingen.

In beiden Marburger Semestern besuchte Bultmann das neutestamentliche Seminar von *Johannes Weiß* und schrieb dort im Wintersemester 1905/06 eine Arbeit über den »Gedanken der Menschwerdung in der paulinischen Christologie«.[88] Diesen Lehrer kennzeichnet Bultmann 1906 so: Er ist »immer interessant und imponiert immer durch seine Anschauungskraft«.[89] Johannes Weiß stellte Bultmann im Sommer 1906 das Thema zur Lizentiaten-Dissertation.[90] Seinen Weggang von Marburg nach Heidelberg im Jahr 1908 bedauerte Bultmann zutiefst[91]; wahrscheinlich hat er ihn mehrfach an seiner neuen Wirkungsstätte besucht.[92] Einige Briefe und Karten J. Weiß' an Bultmann aus den Jahren 1908 bis 1912 (1914) belegen die Weiterführung des persönlichen und wissenschaftlichen Dialogs über die räumliche Trennung hinweg.

An Johannes Weiß erinnerte Bultmann im Jahr 1939 durch einen eindrucksvollen Gedenkartikel zum 25. Todestag in den »Theologischen Blättern«; hier würdigt Bultmann nicht nur die wissenschaftliche Leistung Weiß', sondern kommt auch, gestützt auf eigene Erinnerungen aus der Studentenzeit, auf den akademischen Lehrer und Menschen zu sprechen. Auszüge[93]:

»Mit vollem Recht wandte sich J. Weiß gegen eine ›gewisse Erschlaffung des kritischen Sinnes auch in der kritischen Schule‹ auf dem Gebiet der Einleitungsfragen, wie er denn auch – ich entsinne mich dessen gut aus meiner Studentenzeit – seine Hörer vor der Einbildung zu warnen pflegte, als seien mit Jülichers (übrigens von ihm hochgeschätzten) Einleitung alle literarkritischen Probleme erledigt. So sehr ich mich z. B. einst gegen seine mich allzuscharfsinnig dünkenden Zerlegungshypothesen in Bezug auf die Korintherbriefe gesträubt habe, – ich habe mich doch mehr und mehr davon überzeugen müssen, daß J. Weiß auf dem rechten Wege war . . . Methodisch war er im Recht.«

»Offen für die in seiner Zeit auf dem Gebiete der neutestamentlichen Wissenschaft aufblühende religionsgeschichtliche Betrachtungsweise, wollte er doch nicht Religionsgeschichtler, sondern Exeget sein, – so hörten wir es einst bei seinem Abschiede von Marburg aus seinem eigenen Munde.«

»In seiner Person bildeten der Forscher und der Lehrer eine wundervolle Einheit. Sein Erfolg als Lehrer beruhte zu einem großen Teile darauf, daß er sich in Vorlesung und Seminar stets mit ganzer Kraft einsetzte, daß ihm auch nebensächliche Themata, wie etwa die Adresse des Galaterbriefes, im Augenblick des Vortrags eine Wichtigkeit gewannen, in der sie dem Hörer eindrucksvoll wurden. Er übte die Vorlesungstätigkeit mit großem Eifer und Freude. Sein Vortrag war fließend und lebendig, dabei klar gegliedert und geformt. Vom Kollegheft war er sehr unabhängig, ja mitunter (etwa bei der Erklärung der Korintherbriefe) sprach er völlig frei und hatte als Grundlage des Vortrags nur den Text des NT.

Sein Lehrerfolg war aber auch darin begründet, daß er in seinen Hörern die Lust zu eigener Arbeit und die Fähigkeit zu selbständigem Urteil wecken wollte und konnte. Als

---

[88] Vgl. Brief an W. Fischer vom 9. 11. 1905.

[89] Brief an E. Teufel vom 25. 6. 1906.

[90] Vgl. Brief an W. Fischer vom 3. 9. 1906.

[91] Vgl. Briefe an W. Fischer vom 17. 7. 1908 und vom 17. 1. 1909 (Zitate daraus unten S. 41 Anm. 51).

[92] Vgl. Brief an W. Fischer vom 17. 1. 1909 (»da ich Weiß wohl noch einmal besuche«).

[93] R. BULTMANN, Johannes Weiß zum Gedächtnis, ThBl 18, 1939, 243 f. 244. 244 f. 245 f.

Ziel des akademischen Unterrichts galt es ihm, ›die Hörer in erster Linie nicht mit fertigen Ansichten zu beglücken, sondern sie zu methodischer Arbeit zu erziehen‹ . . . «

»Man kann aber seiner nicht gedenken, ohne zum Schluß noch ein Wort zu sagen über die Art, wie er sich außerhalb der wissenschaftlichen Arbeit im persönlichen Verkehr gab. Den Studenten begegnete er nicht nur als der Lehrer. Gern und oft lud er sie zu sich zu Gaste und ließ sie am Geist und am Reichtum seines häuslichen Lebens teilnehmen, in dem seine Gattin, eine Tochter A. Ritschls, waltete, verehrt von allen, die sie kennen lernen durften. Die Fülle seiner Gaben, die Lebendigkeit seiner Interessen, die Heiterkeit seines Wesens gaben der Geselligkeit in seinem Hause Gehalt und Glanz. Im Unterschied von vielen Gelehrten hatte er große literarische Interessen und ein enges Verhältnis zur schönen Literatur, wie er denn in früheren Jahren in der Christlichen Welt manche modernen Dichtungen besprochen hat. Leidenschaftlich aber war er der Musik zugetan und, selbst ein hervorragender Klavierspieler, war er ein begeisterter Förderer des musikalischen Lebens im kleinen wie im großen Kreise. Da er bei allem, was er jeweils tat, mit voller Hingabe dabei war, so konnte man sich gelegentlich wohl, wenn man ihn musizieren oder über Musik reden hörte, fragen, ob dieser Mann mit der gleichen Leidenschaft Theologe sein könne. Aber die schöne Einheitlichkeit seines Wesens blieb doch dem, der ihm näher kommen durfte, nicht verborgen. Wie seine künstlerische Begabung seine wissenschaftliche Arbeit befruchtete, so war er auch, wenn er Musik trieb, Theologe. An seinem Verhältnis zu Bach und Brahms wurde das besonders deutlich. ›Solange Bach nicht Ihr tägliches Brot ist, ist es mit Ihrer Musik noch nichts‹, sagte er zu mir in der Zeit der ersten Bekanntschaft in Marburg; und als ich ihn beim Abschied von Marburg das letztemal besuchte, trug er mir die ›Ernsten Gesänge‹ von Brahms vor.«

Johannes Weiß selbst hat die Beziehung zu seinem Marburger Schüler Rudolf Bultmann ausdrücklich als Freundschaft charakterisiert.[94]

Wilhelm Herrmann konnte Bultmann im Wintersemester 1905/06 – wohl wegen der Überschneidung mit Buddes Kolleg – nicht hören[95]; im Sommersemester besuchte er dann seine Dogmatik-I-Vorlesung und sein Seminar, auf welches übrigens vierzig Jahre später Julius Schniewind in seiner »Antwort an Rudolf Bultmann. Thesen zum Problem der Entmythologisierung« Bezug nimmt.[96] »Von Herrmann habe ich Dir noch nicht geschrieben. Ich habe ihn ja auch erst in diesem Semester recht gehört (Dogmatik I zum zweitenmal)«, schreibt Bultmann am 25. 6. 1906 an E. Teufel. Und so sehr Bultmann sich in seiner Theologie, namentlich in seinem Verständnis des Glaubens, zeitlebens dem theologischen Werk Herrmanns verpflichtet wußte – schon in dem folgenden Bericht von 1906 wird eine Kritik laut, die in wechselnder Gestalt noch häufiger zu hören sein wird und auf deren Klärung ganz wesentlich Bultmanns um 1920 eingenommene theologische Position beruht. Im genannten Brief fährt Bultmann fort: »In bezug auf klares Durch*denken* der Probleme befriedigt er mich nicht. Er verwischt oft die Fragestellungen. Aber dem Eindruck seiner gewaltigen religiösen und sittlichen Persönlichkeit kann man sich nicht entzie-

[94] Vgl. J. WEISS, Der erste Brief an die Korinther, KEK 5, Göttingen ⁹⁽¹⁾1910 (= 2. Neudruck 1977), S. III Anm. 1: »Vgl. die soeben erscheinende Schrift meines Freundes und Schülers R. Bultmann, der Stil . . . 1910.«
[95] Vgl. Brief an W. Fischer vom 9. 11. 1905.
[96] Vgl. KuM I, ⁵1967, 81.

hen. Fast jede Stunde ist wie ein Gottesdienst; stets herrscht eine eigentümlich weihevolle Stimmung; und stets geht man fort mit dem Gefühl: Man muß und kann besser werden.« Dazu paßt die Notiz Peter Fischer-Appelts: »In seinem Hörsaal gab es Bekehrungen.«[97] Was Herrmanns Dogmatik-I-Vorlesung und Bultmanns Einschätzung Herrmanns selbst betrifft, so ist die Mitteilung an E. Teufel im Brief vom 19. 1. 1908 bezeichnend: »Herrmann wird im Sommer wohl Dogmatik II lesen, und wenn er auch immer großartig ist, so ist Dogmatik I doch noch schöner.« Auf Herrmann, dessen theologischer Einfluß auf Bultmann sich am deutlichsten in dessen frühen Predigten aufweisen läßt – neben dem des Herrmann theologisch verwandten Theodor Haering –, ist in anderen Zusammenhängen gelegentlich zurückzukommen. Über die Beziehung zu diesem Lehrer hat sich Bultmann im Brief an H. Feldmann vom 4./5. 10. 1916, rückblickend vor allem wohl auf die Repetentenzeit, kurz geäußert; zum Abschied von Marburg habe er auch Herrmann besucht, »mit dem ich oft und gern früher über wissenschaftliche Dinge geredet habe, der mir persönlich aber ja nie nähergetreten ist«.

Martin Rade, bei dem Bultmann im Wintersemester 1905/06 zwei kleinere Vorlesungen hörte, hatte seine Bedeutung für Bultmann weniger als theologischer Lehrer denn als Gastgeber der offenen Abende, an denen Bultmann schon als Student teilnahm[98], sodann, in Bultmanns zweiter Marburger Periode und weit darüber hinaus, als Herausgeber der »Christlichen Welt« und Haupt der »Freunde der Christlichen Welt«[99], der ihm schon 1907 »die Rezension der neutestamentlichen Schriften« in ChW anvertraute[100]; nur in wenigen Jahrgängen der ChW zwischen 1908 und 1930 fehlen Beiträge aus Bultmanns Feder. Einen differenzierten Eindruck von Bultmanns persönlichem Verhältnis zu Rade vermittelt wieder der Brief an H. Feldmann vom 4./5. 10. 1916, in dem Bultmann an seinen Abschiedsbesuch bei Rades folgende Erinnerungen knüpft: »Das ist auch ein besonderes Kapitel in meiner Marburger Zeit. Rade hat namentlich im Anfang sich sehr um mich bemüht. Aber ich hatte ihm gegenüber ein fremdes Gefühl und war zurückhaltend und manchmal auch abweisend. Es lag wohl wesentlich an Rades etwas tyrannischer Art, seinen Einfluß geltend zu machen und einen ›angeregten‹ geistigen Kreis um sich zu sammeln, in dem er den Mittelpunkt bildet. Auch an seiner geschäftsmäßigen Art, wichtige Dinge zu betreiben . . . Aber dann fand ich es doch immer wieder sehr fein von ihm, daß er meine Abweisung, so sehr er sie empfand (Heitmüller sagte es mir noch am letzten Abend), mir nicht verübelte, sondern mir immer mit der gleichen Güte begegnete. Beim Abschied empfand ich doch stark, daß gerade bei der gegenseitigen Anerkennung der Verschiedenheiten eine Gemeinsamkeit besteht, weil auf beiden Seiten die Achtung nie verschwand.« Von dieser Haltung zeugt auch der

---

[97] FISCHER-APPELT, Wilhelm Herrmann (1846–1922), 190.
[98] Vgl. Brief an W. Fischer vom 30. 1. 1906.
[99] Vgl. RATHJE, Die Welt des freien Protestantismus.
[100] Brief an W. Fischer vom 17. 11. 1907.

Brief Bultmanns an M. Rade vom 3. 6. 1917[101], in dem er ihm nachträglich zum
60. Geburtstag gratuliert – »in großer . . . Dankbarkeit für das, was Sie und Ihr
Schaffen für unseren Kreis bedeutet haben, wie für die Güte und Förderung, die
ich persönlich von Ihnen erfahren durfte«. Dieser Brief ist Teil einer von 1913 bis
1937 reichenden Reihe von Briefen und Karten Bultmanns an Rade[102], die das –
trotz der von Anfang an bestehenden und zu verschiedenen Anlässen manifest
werdenden Distanz – freundschaftliche Verhältnis zwischen Rade und Bultmann
dokumentieren.[103]

Von den übrigen Lehrern, die Bultmann in Marburg hörte, seien Karl Budde,
Johannes Bauer und Paul Natorp noch kurz erwähnt.

Über den Alttestamentler *Karl Budde* schreibt Bultmann 1969 in seiner autobiographischen Skizze, er habe ihm »nicht so viel« bedeutet, »weil er die
allgemeine Religionsgeschichte und die Formgeschichte (behandelte), in die
mich Hermann Gunkel in Berlin eingeführt hatte«[104]; nach Ausweis des Beleg-
bogens hat Bultmann die diesbezüglichen Vorlesungen Buddes (Wintersemester
1905/06: »Specielle Einleitung in das Alte Testament«; Sommersemester 1906:
»Biblische Theologie des Alten Testaments«) nicht mit geringerem Interesse,
sondern gar nicht gehört.

Von größerer Bedeutung für Bultmann war der praktische Theologe *Johannes
Bauer,* bei dem er im Marburger Jahr nicht weniger als vier Veranstaltungen
besuchte. Am 25. 6. 1906 schreibt Bultmann an E. Teufel: »Sehr anregend ist
Joh. Bauer, in dessen Predigtübungen ich im vorigen Semester war und jetzt bin.
Ich habe für Ende Juli noch ein Referat über den erbaulichen Predigtzweck bei
Bitzius. Bauer hat ein feines Verständnis für die Schwierigkeiten, die wir beim
Gedanken an das praktische Amt empfinden, dabei ist er so klar, so frisch und
siegesgewiß.« Johannes Bauer also war Bultmanns homiletischer Lehrer; darauf
ist im zweiten Kapitel noch einmal zurückzukommen. Wie einige im Bultmann-
Nachlaß aufbewahrte Postkarten Bauers belegen, blieb Bauer, der 1907 auf ein
Ordinariat nach Königsberg berufen wurde, mit Bultmann freundschaftlich
verbunden.

Zurückzukommen sein wird auch auf *Paul Natorp,* wenn es im vierten Kapitel
gilt, Bultmanns nicht zuletzt mit den Mitteln neukantianischer Erkenntniskritik
vorgenommene und dann auch gegen die (neu-)kantianische Religionsphilosophie selbst gerichtete Formulierung dessen darzustellen, was nach seinem Verständnis in Wahrheit Religion zu heißen verdient – und was nicht. Die Basis von
Bultmanns Beschäftigung mit dem Marburger Neukantianismus wurde jedenfalls schon im Sommer 1906 gelegt: »Endlich höre ich noch bei dem einen

---

[101] Im Nachlaß Rade der Universitätsbibliothek Marburg, Ms. 839.
[102] Ebd.; ein Brief Bultmanns an M. Rade vom 20. 8. 1936 wird in der »Sammlung Autographa«, Deutsche Staatsbibliothek Berlin/DDR, Handschriftenabt./Literaturarchiv, aufbewahrt.
[103] Vier Briefe bzw. Postkarten BULTMANNS an M. Rade (19. 12. 1920; 1. 1. 1921; 8. 3. 1921;
24. 3. 1921) sind in JASPERT, Wende, 30–33.33.36 f.37 f. abgedruckt.
[104] Barth-Bultmann-Briefwechsel, 322.

hiesigen Philosophen Natorp Logik, die für ihn gleichbedeutend ist mit Erkenntniskritik. Er ist ein großartiger Kantkenner, und dadurch ist mir das
Kolleg besonders wertvoll.«[105] Für Grund und Art von Bultmanns philo-
sophischem Interesse ist charakteristisch eine Briefstelle an H. Feldmann, geschrieben am 11. 1. 1917, veranlaßt durch die von Bultmann diagnostizierte
Schwäche von Rudolf Ottos Buch »Das Heilige« »in philosophischer Hinsicht«:
»Mich drückt es immer mehr, daß ich mich mit diesen schweren philosophischen Fragen nur so nebenher befassen kann und mich eigentlich gar nicht
bestimmt äußern darf. Hoffentlich kann ich später einmal mit Dir wieder eins
oder das andere wichtige Buch von Cohen oder Natorp oder auch Dilthey lesen.
Es ist mir ein persönliches Bedürfnis, mit den philosophischen Fragen vertraut
zu sein, und es scheint mir auch für jede wissenschaftliche Arbeit sehr wichtig zu
sein. Man merkt es doch jedem Buch an, ob sein Verfasser auch philosophisch
gebildet ist.«

Im Vergleich zum Berliner Jahr zeichnen sich die beiden in Marburg verbrachten Studiensemester durch eine enorme wissenschaftliche Konzentration aus:
»Marburg ist ideal für die Theologie«, schreibt Bultmann am 30. 1. 1906 an W.
Fischer vor allem im Blick auf die akademische Atmosphäre, und demselben
wird am 19. 4. 1906 erklärt: »Ich arbeite wirklich mit voller Befriedigung in der
Theologie.« Daß dahinter die Ausrichtung auf den Pfarrerberuf nicht zurücktritt, zeigt die Fortsetzung: »Nur sehne ich mich danach, bald praktisch arbeiten
zu können«, sowie die daran anschließenden Erörterungen über die Schwierigkeit und Verheißung der »Aufgabe, unser modernes Christentum den Gemeinden zu bringen«, worauf im zweiten Kapitel näher einzugehen ist. Dennoch
werden gegen Ende dieses ersten Marburger Jahres die Weichen in Richtung auf
eine akademische Laufbahn gestellt. Wird man zwar die Äußerung vom Januar
1906: »Hoffentlich erledige ich im Lauf dieses Jahres mein Examen; was weiter
kommt, wird sich finden«[106] nur vorsichtig mit etwaigen akademischen Plänen
in Verbindung bringen dürfen, so liegen diese am Ende des Sommersemesters
doch offen zutage; am 3. 9. 1906 schreibt Bultmann an W. Fischer: »Beim
Abschied von den Marburger Professoren legten es mir Jülicher, Weiß und
Bauer dringend nahe, den Lizentiaten zu machen. Ich hoffe, daß es sich ermöglichen läßt, und denke mir das Geld zu verdienen, um Winter 1907/08 wieder nach
Marburg zu gehen. Weiß gab mir schon das Gebiet an: das Verhältnis der
Theologie des Paulus zur Stoa. Ich werde also nach Erledigung des Examens
mich auf die stoische Philosophie stürzen, von der ich mir doppelten Genuß
verspreche: wissenschaftlichen und menschlichen.« Dies waren die Aussichten,
mit denen Bultmann am 6. 8. 1906[107] Marburg in Richtung Oldenburg verließ.

---

[105] Brief an E. Teufel vom 25. 6. 1906.
[106] Brief an W. Fischer vom 30. 1. 1906.
[107] Vgl. Brief an W. Fischer vom 3. 9. 1906.

1.5 Theologisches Examen in Oldenburg (1906/07)

»Quomodo postquam per tres annos
theologiae operam dedi, in urbe patria ten-
tamine pro licentia concionandi defunctus
sum.«[108]

Am 23. 3. 1906, vor Beginn seines siebenten Studiensemesters, meldete sich
Bultmann beim Oberkirchenrat der Evangelisch-Lutherischen Kirche Oldenburg zum 1. 4. 1906 fürs erste Examen und erfuhr die Themen für die schriftlichen Hausarbeiten bald nach dem 19. 4. 1906[109]:

1. Abhandlung über 1 Kor 2,6–16,
2. Katechetischer Entwurf über Mt 13,31–33,
3. Predigt über Phil 2,12b.13[110].

Bultmann lieferte die Arbeiten pünktlich zum 18. 6. 1906 ab. Die Korrekturen
durch Geh. Oberkirchenrat D. Hansen (Oldenburg), Kirchenrat Püschelberger
(Bad Zwischenahn) und Pfr. Iben (Vechta) zogen sich über ein halbes Jahr hin.
Mit Schreiben vom 4. 12. 1906 wurden Bultmann die Klausurtermine mitgeteilt; am 8. Dezember schrieb er im Alten Testament über 1 Sam 15,13–23 und
im Neuen Testament über Apg 17,22–31, am 10. Dezember in Kirchengeschichte über Papst Nikolaus I. und Wiklif. »Die Themata waren sehr leicht und die
ganze Sache entsetzlich stumpfsinnig«, kommentiert Bultmann und beendet die
anschließende Skizze über das, was er geschrieben hatte, wie folgt: »Du siehst
also, daß ich mich ziemlich ketzerisch geäußert habe, und ich möchte wohl
wissen, mit welchen Gefühlen meine Examinatoren meine unanfechtbaren Hä-
resien lesen!«[111] Am 22. 1. 1907 wurde Bultmann für den 31. Januar zur mündlichen Prüfung bestellt, die durch den Vortrag des Einleitungsteils der eingereichten Predigt auf der Kanzel der Oldenburger Lamberti-Kirche eröffnet wurde.
Aufgrund guter bis vorzüglicher Leistungen in den schriftlichen Arbeiten und
den mündlichen Prüfungen erhielt Bultmann die Gesamtzensur »I[b] ›vorzüglich‹« – »was für uns doppelt erfreulich war, da ich der erste darin bin seit dem
Examen meines Vaters«[112]. Dem Großherzog erstattet der Oberkirchenrat unter
dem Datum des 31. Januar 1907 Bericht: »... Wenn auch seine praktischen
Arbeiten und besonders die Predigt noch zu wünschen übrig lassen, so überragt
seine wissenschaftliche Gesamtbildung in den verschiedensten Fächern doch so

---

[108] R. BULTMANN, *Curriculum vitae,* s. o. S. 5 Anm. 2.

[109] Vgl. Brief an W. Fischer vom 19. 4. 1906. Soweit nichts anderes angegeben ist, stammen
die folgenden Angaben aus den Akten des Oldenburgischen Oberkirchenrats: B. XXIX. – 316.
Oberkirchenrath. Acta betreffend Prüfung ... (s. o. S. 6 Anm. 3) und B. XXIXᵃ. – 316.
Oberkirchenrath. Personalien der Kandidaten und Pfarrer. Acta betreffend den Kandidaten der
Theologie Rudolf Karl *Bultmann* aus Wiefelstede. *1906.* Best. 250 N° 316.

[110] Die Predigt ist abgedruckt in R. BULTMANN, VW, 1–7, vgl. ebd., Anhang, 324 Nr. 1.

[111] Brief an W. Fischer vom 22. 12. 1906.

[112] Brief an E. Teufel vom 25. 3. 1907.

sehr das mittlere Maß der Leistungen eines Tentanden, daß die Prüfungskommission es für geboten erachtete, ihm die Note I^b ›vorzüglich‹ zuzuerkennen. Das ihm erteilte Prüfungszeugnis ist zur gnädigsten Einsicht u. R. ehrerbietigst angelegt. Der Oberkirchenrat erlaubt sich untertänigst zu beantragen, Eure Königliche Hoheit wollen gnädigst zu genehmigen prüfen, daß der Kandidat Rudolf Karl Bultmann in Oldenburg, soweit ein Bedürfnis dazu vorliegen sollte, im Kirchendienste provisorische Verwendung finde.« »Im besonderen Auftrage des Großherzogs« erwidert das Staatsministerium am 9. 2. 1907, »daß Wir genehmigen, daß der Kandidat, soweit ein Bedürfnis dazu vorliegen sollte, im Kirchendienste provisorische Verwendung finde«.

1.6 Lehrtätigkeit am Oldenburger Gymnasium (1906–1907)

> »Deinde per unum annum praeceptoris lo-
> co in gymnasio Oldenburgensi litteris et
> historiae religionisque cognitione pueros
> instituebam.«[113]

Von Oktober 1906 bis September 1907 unterrichtete Bultmann als »vertretender Oberlehrer am Gymnasium«[114]. »Hauptsächlich um Erfahrung zu sammeln«, gibt Bultmann in den autobiographischen Bemerkungen von 1959 als Grund an[115]; den ökonomischen Aspekt der Sache wird er freilich kaum als nebensächlich eingestuft haben.

Im Winterhalbjahr 1906/07[116] erteilte Bultmann je drei Stunden Deutsch und zwei Stunden Geschichte in zwei Quarten, zwei Stunden Deutsch, zwei Stunden Geschichte und eine Stunde Erdkunde in Untertertia sowie zwei Stunden Geschichte und eine Stunde Erdkunde in Obertertia (18 Stunden); im Sommerhalbjahr 1907[117] unterrichtete er vier Stunden Deutsch in Sexta, zwei Stunden Religion und drei Stunden Deutsch in der einen, zwei Stunden Religion und zwei Stunden Geschichte in der anderen Quarta sowie je zwei Stunden Deutsch und drei Stunden Geschichte/Erdkunde in zwei Untertertien (23 Stunden).

Nach dem, was die brieflichen Äußerungen jener Zeit zu erkennen geben, hatte Bultmann große Freude am Unterrichten: »Erfreulich . . . ist mir meine Tätigkeit am Gymnasium in hohem Grade.«[118] Zu seinem pädagogischen Ethos äußert sich Bultmann wie folgt: »Bei uns war es damals ein großer Fehler, daß

---

[113] R. BULTMANN, *Curriculum vitae*, s. o. S. 5 Anm. 2.

[114] Brief an W. Fischer vom 3. 9. 1906.

[115] Barth-Bultmann-Briefwechsel, 314.

[116] Vgl. Brief an W. Fischer vom 22. 12. 1906.

[117] Die folgenden Angaben nach der Mitteilung des Gymnasialdirektors Steinvorth an das Großherzogliche Oberschulkollegium über »Unterrichtsverteilung im Sommer 1907« vom 8. März 1907, in: Niedersächsisches Staatsarchiv Oldenburg, Bestand 160–1, Sign. 1067, Fasc. II: »Oberschulkollegium. Gymnasium zu Oldenburg. Acta betreffend den Lehrplan 1899–1933«, Nr. 26; vgl. auch Nr. 25 und Nr. 29.

[118] Brief an W. Fischer vom 22. 12. 1906; hieraus auch die folgenden Zitate.

wir zur Unehrlichkeit gradezu erzogen wurden, teils durch zu große häusliche Aufgaben, teils durch Nachlässigkeit der Lehrer. Ich bemühe mich jetzt nach Kräften, den Jungens einige Begeisterung für die Wahrheit beizubringen.« Für wichtig hält Bultmann es auch, den Schülern persönliches Interesse entgegenzubringen. Was die Disziplin betrifft, erklärt Bultmann: »Im ganzen richtet man ... durch Strenge mehr aus; d. h. man muß streng anfangen und die Jungens merken lassen, daß man sich nichts gefallen läßt; gemütlich werden kann man nachher immer noch. Unter den Strafen sind die zwar verbotenen Prügel weitaus die wirksamste, und ich wende fast nur diese an.«

Im Religionsunterricht in den beiden Quarten hatte Bultmann lehrplanmäßig zu behandeln »Erzählungen aus dem AT, aus dem NT Gleichnisse und Wunder (!), ferner das dritte Hauptstück [sc. des Kleinen Katechismus] und bestimmte Sprüche und Lieder«[119]; über die Behandlung der Wunder, die »am meisten Schwierigkeiten machen« wird, korrespondierte Bultmann mit J. Bauer in Marburg.[120]

Im September 1906 (Flensburg) und dann wieder in den Sommerferien 1907 (Darmstadt) war Bultmann außerdem als Hauslehrer für Söhne des Majors Graf Beissel tätig.[121] »Du siehst also: das Unterrichten ist mir nicht auszutreiben. Freilich«, kommentiert Bultmann die Tätigkeit als Hauslehrer am 17. 7. 1907 an E. Teufel, »ist meine jetzige Aufgabe nicht so besonders dankbar, nachdem ich einmal die Freude gekostet habe, vor einer Klasse zu stehen und die Menge von interessierten Gesichtern zu befriedigen.«

2. Repetenten- und Privatdozentenzeit in Marburg (1907–1916)

Von 1907 bis 1916 war Bultmann als Repetent an der Stipendiatenanstalt in Marburg tätig (2.1). Im Jahr 1910 wurde er zum Lizentiaten der Theologie promoviert (2.2). Nach seiner Habilitation für Neues Testament im Jahr 1912 (2.3) hielt Bultmann vom Wintersemester 1912/13 bis zum Sommersemester 1916 Vorlesungen als Privatdozent (2.4). Zu dem 1908 nach Marburg gekommenen Wilhelm Heitmüller fand Bultmann eine intensive freundschaftliche Beziehung (2.5). Im Jahr 1908 beginnt die Reihe der kleineren, vorwiegend rezensorischen Arbeiten Bultmanns (2.6). Gegen Ende dieser Marburger Periode gewinnen für Bultmann besondere Bedeutung Beru-

---

[119] Brief an E. Teufel vom 25. 3. 1907. Ob Bultmann wirklich das dritte Hauptstück des Kl. Katechismus (= das Vater-Unser-Gebet) behandeln mußte oder aber das zweite (= das Apostolische Glaubensbekenntnis), ist nach dem Brief an W. Fischer vom 26. 3. 1907 zweifelhaft, wo es heißt: »... das 3. Hauptstück (Credo) ...«.

[120] Vgl. Brief an E. Teufel vom 25. 3. 1907.

[121] Vgl. Briefe an W. Fischer vom 3. 9. 1906; 11. 9. 1906; 30. 7. 1907 und an E. Teufel vom 17. 7. 1907.

fungsfragen (2.7), außerdem – im atmosphärischen Bereich (2.8) – die Beziehung zu den Privatdozenten-Kollegen und zu den Studenten sowie der Krieg.

2.1 Die Tätigkeit als Repetent (1907–1916)

> »Unde Marpurgum iterum transmigravi,
> ut munere quod dicitur repetitoris alterius
> [Seminarii theologici] Philippini funge-
> rer.«[1]

Am 30. 7. 1907 schreibt Bultmann an W. Fischer: »Ende September ist die Tätigkeit am Gymnasium zu Ende, und ich fahre nach Marburg. Dort denke ich mich für die nächsten Jahre aufzuhalten. Ich habe nämlich – und das ist das Schönste, das ich Dir mitzuteilen habe – ein[en] ›Ruf‹ erhalten dorthin als Repetent an die Stipendiatenanstalt. D. h. die Fakultät hat mich zur Bewerbung aufgefordert, und ich warte täglich auf meine Bestätigung. Das Gehalt von 1500 M ist ja nicht glänzend, aber es genügt doch, daß ich dort meinen Lizentiaten machen und weiterarbeiten kann. Was in Zukunft wird, muß sich finden.« Bemerkenswert ist sowohl die Tatsache, daß Bultmann von der Fakultät, die einen neuen Repetenten jeweils zu »präsentieren« hatte, zur Bewerbung aufgefordert wurde – Betreiber dieser Aufforderung war in erster Linie Johannes Weiß, der vorgesehene Betreuer der Lizentiaten-Arbeit[2] –, wie auch der letztzitierte Satz, der am ehesten auf den Plan einer Universitätslaufbahn zu deuten ist.

Von Bultmann selbst liegen uns nur relativ wenige Äußerungen über seine Tätigkeit als Repetent an der Stipendiatenanstalt vor. Die im folgenden zusammengetragenen Informationen sind, soweit nicht anders angegeben, den im Hessischen Staatsarchiv Marburg aufbewahrten Akten der Marburger Theol. Fakultät bzw. der Verwaltungskommission der Stipendiatenanstalt[3] sowie dem »Regulativ für die Stipendiaten-Anstalt zu Marburg vom 11. Februar 1849«[4] entnommen.

Gemäß § 14 des Regulativs, nach dem »die beiden Repetenten . . . auf je zwei Jahre auf Vorschlag der beiden zusammentretenden Behörden [sc. der Theologischen Fakultät und der Verwaltungskommission der Stipendiatenanstalt] vom Königlichen Universitäts-Kuratorium angestellt (werden)«, hatte Wilhelm Herrmann in seiner Eigenschaft als Ephorus der Anstalt und als stellvertretender

---

[1] R. BULTMANN, *Curriculum vitae,* s. o. S. 5 Anm. 2. Bultmann schrieb statt »*repetitoris*«: »*repetentis*«; statt »*alterius*«: »*alteri*« (!). Die Verbesserung bzw. Berichtigung wurde mit Bleistift am Rand, vermutlich von Jülicher, vorgenommen.

[2] Vgl. Brief an E. Teufel vom 29. 12. 1907 (s. u. S. 31 f.), ferner Brief J. Weiß' an Bultmann vom 9. 6. 1908 (»daß ich mit habe helfen können, Sie zu plazieren«).

[3] Best. 305ª, Nr. 673, acc. 1950/9, sowie 307ª, Nr. 9, acc. 1950/1.

[4] Marburg, o. J.; das wie zu Bultmanns Zeiten auch heute noch in Geltung stehende Regulativ wurde mir vom derzeitigen Repetenten Wilhelm Richebächer, Marburg, freundlich zur Verfügung gestellt.

Dekan am 27. 7. 1907, offenkundig nach Eingang von Bultmanns Bewerbung, an den Königlichen Universitäts-Kurator die »Bitte« gerichtet, »dem *cand. theol.* Rudolf Bultmann, jetzt in Oldenburg i. Gr., die zweite Repetentenstelle am Seminarium Philippinum für zwei Jahre verleihen zu wollen. Wir kennen Herrn Bultmann aus seiner hiesigen Studentenzeit als einen hochbegabten, ernsten und fleißigen Mann.« Mit Schreiben vom 12. 8. 1907 bestätigte der Kurator Bultmanns Anstellung zum 1. 10. 1907. Am 8. 10. 1907 wurde Bultmann durch Magnifizenz per Handschlag feierlich verpflichtet. Er übernahm das Amt von Walter Bauer (seit 1903 Privatdozent für Neues Testament in Marburg) und übte es neben dem ersten Repetenten Pfarrer *extr.* Behnke aus.

Die dienstlichen Pflichten der Repetenten waren durch § 15 des Regulativs bestimmt. »Den Repetenten liegt ob, die ... Rezensionen der von Minoren [= Stipendiaten] zu liefernden Arbeiten zu übernehmen, sowie nach dem Ermessen der theologischen Fakultät die Disputationen und exegetischen Übungen zu leiten. Sie haben die Pflicht, den Minoren nach Bedürfnis durch geeignete Übungen in ihren theologischen Studien nachzuhelfen. Die eigenen Wünsche der Minoren nach solcher Nachhilfe sollen dabei vornehmlich berücksichtigt werden und sind zu diesem Zweck am Anfang jedes Semesters dem Ephorus vorzulegen, welcher danach die erforderlichen Übungen mit den Majoren [= Repetenten] verabreden, sie jedoch zu nicht mehr als einer Stunde täglich zu denselben heranziehen soll.« § 7 regelte die Prozedur der Semesterarbeiten der Stipendiaten, zu denen sie, nachdem sie in den ersten beiden Semestern Übungen zu besuchen hatten, in den höheren Semestern verpflichtet waren: Es werden »schriftliche Ausarbeitungen über [von den Professoren der Fakultät gestellte] Themata aus dem ... Gesamtgebiete der theologischen Wissenschaft in der Weise gemacht, daß jeder Minor in jedem Semester eine Arbeit zu einem streng einzuhaltenden Termin in der Mitte des Semesters dem Ephorus einzuliefern hat. ... Die Arbeiten bilden, nachdem sie von einem Repetenten rezensiert sind und dem Professor, welcher das Thema gestellt hat, vorgelegen haben, den Gegenstand einer Besprechung, welche der Professor mit dem Repetenten und den Verfassern abzuhalten hat.«

So schreibt Bultmann denn an E. Teufel am 29. 12. 1907 über sein Marburger Amt: »Zwar gibt es dort kein Stift wie in Tübingen, sondern nur 20–30 Studenten, die Stipendien beziehen. Sie haben völlige Freiheit in Wohnung, Mittagstisch etc. und haben nur in den jüngeren Semestern die alttestamentlichen und neutestamentlichen Übungen der beiden Repetenten zu hören und in höheren Semestern schriftliche Arbeiten zu machen, deren Korrektur den Repetenten obliegt. Wenn ich nun noch hinzufüge, daß ich am zweiten Weihnachts-, Oster- und Pfingsttag predigen muß, so sind meine Amtspflichten aufgezählt. Ich bin der Repetent für die neutestamentlichen Übungen[5], an denen übrigens auch andere Hörer teilnehmen dürfen, und habe die Korrektur der neutestamentlichen und kirchengeschichtlichen Arbeiten. Du kannst Dir denken, wie ich mich freute, als ich durch Joh. Weiß zur Bewerbung um diese Stelle aufgefordert

---

[5] Vgl. Brief an W. Fischer vom 17. 11. 1907: »Zu tun habe ich genug. Am wenigsten schließlich mit meinen Übungen, obwohl es natürlich auch Vorbereitung kostet. Ich habe fünf Hörer, die z. T. ganz brauchbar sind.«

wurde. Ich habe viel Zeit für mein eigenes Arbeiten. Und wieviel ich von dem Verkehr mit meinen Lehrern, vor allem Weiß, Jülicher, Herrmann und Rade habe, begreifst Du auch.« Dies ist vor der Ablieferung der ersten Stipendiatenarbeiten geschrieben. Einige Wochen später äußert sich Bultmann so: »Ich habe gestern und heute den ganzen Tag aufs Korrigieren und Rezensieren verwandt und mich dabei halb krank geärgert ... Eine solche Fülle von Ignoranz, Denkunfähigkeit und Faulheit hätte ich für unmöglich gehalten. Das Thema heißt: Erklärung der johanneischen Worte vom Menschensohn ... Also alles in allem: eine Qual!«[6]

Den wiederholten Bemühungen der Verwaltungskommission, beim Preußischen Minister für geistliche, Unterrichts- und Medizinal-Angelegenheiten eine »Erhöhung der Remuneration der Repetenten der Stipendiaten-Anstalt« zu erwirken, verdanken wir mehrere zu diesem Zweck abgefaßte ausführliche Tätigkeitsbeschreibungen, darunter einen vom 1. 7. 1910 datierenden und vermutlich am 9. 7. 1910 in dieser Form abgesandten »Entwurf des Berichts an den Königlichen Universitätskurator über die Dienstpflichten der Repetenten am Seminarium Philippinum« aus der Feder des Ephorus Wilhelm Herrmann:

»Die Dienstgeschäfte der Repetenten sind im Regulativ vom 11. Februar 1849 Tit. XII § 15 im allgemeinen verzeichnet. Außerhalb ihres eigentlichen Amtes haben sie in jeder der hohen Festzeiten abwechselnd eine Predigt zur Unterstützung der Pfarrer an der Reformierten Kirche zu übernehmen. Ihre Arbeit für die Stipendiaten läßt sich so veranschaulichen: Der Repetent hat wöchentlich zwei mit Übungen verbundene exegetische Vorlesungen zu übernehmen. Zur Vorbereitung einer Vorlesung bedarf es eines Arbeitstages. Daneben muß er bereit sein, einzelnen Stipendiaten besondere Hilfen zu gewähren, die ihm entweder vom Ephorus auferlegt oder von den Stipendiaten selbst erbeten werden. Die stärkste Belastung liegt aber in der von ihnen geforderten gründlichen Rezension der Semesterarbeiten der Stipendiaten, die die ersten beiden Semester hinter sich haben. Jeder der sieben Ordinarien hat am Schluß des Semesters ein Thema für eine wissenschaftliche Abhandlung zu stellen. Auf je drei oder vier dieser Themata hat sich jeder der Repetenten so vorzubereiten, daß er den Gegenstand möglichst beherrscht. Er hat also auch die dabei in Betracht kommende Literatur durchzuarbeiten. Die Zahl der den 30. Juni oder 31. Dezember eingelieferten Arbeiten wechselt nach der augenblicklichen Besetzung der Stipendiatenanstalt. Sie kann aber so groß werden, daß ein Repetent sechs bis acht Abhandlungen zu rezensieren hat. Schließlich muß er bei der [Be]sprechung der Arbeiten durch den betreffenden Ordinarius mitwirken. Um ein Bild von der bei der Rezension der Abhandlungen aufzuwenden[den] Mühe zu geben«, fügt Herrmann »eine der weniger umfangreichen Arbeiten« bei. »Schließlich«, so endet der Entwurf, »glauben wir wiederum darauf hinweisen zu sollen, ... daß der zweite Repetent vor zwei Jahren[7] nur dadurch gewonnen werden konnte, daß wir ihm auf Grund der uns gemachten Zusagen die Gleichstellung seiner Bezüge mit denen der Institutsassistenten versprechen zu dürfen glaubten.« In der Tat heißt es schon in einem ebenfalls auf W. Herrmann zurückgehenden Brief der Verwaltungskommission an den Kurator vom 5. 10. 1909: »Den jüngeren Repetenten, cand. Bultmann, konnten wir uns nur dadurch erhalten, daß wir ihn auf die dem Ephorus gegebenen Zusicherungen verwiesen. Bleiben diese dauernd unerfüllt, so werden wir diese ausgezeichnete Kraft sicher verlieren.«

---

[6] Brief an W. Fischer vom 24. 1. 1908.
[7] Genau müßte es heißen: vor fast drei Jahren.

Die Bemühungen um eine Gehaltserhöhung[8] blieben übrigens bis in die
1920er Jahre hinein erfolglos. Bultmanns Bemerkung vom 30. 7. 1907: »Das
[Jahres-]Gehalt von 1500 M ist ja nicht glänzend«[9] setzt den Hinweis »auf die
dem Ephorus gegebenen Zusicherungen« voraus. Gegenüber den gewöhnlichen
Institutsassistenten, deren Bezüge ab 1. 4. 1908 von 1200 M auf 1500 M hinauf-
gesetzt wurden, mußte sich Bultmann als Repetent mit einem Jahresgehalt in seit
über dreißig Jahren unveränderter Höhe von 975 M begnügen. Dies wurde
jedoch in der Regel durch außerordentliche Zuwendungen aus den nicht ver-
brauchten Mitteln des Dispositionsfonds der Stipendiatenanstalt – meist ca.
200–300 M – aufgebessert.[10]

In der Dienstbeschreibung durch W. Herrmann wie auch in der zitierten
Briefstelle Bultmanns vom 29. 12. 1907 war schon von der Predigtverpflichtung
der Repetenten »in jeder der hohen Festzeiten« die Rede.[11] Im Jahr 1911 erfuhr
dieser alte Brauch eine Veränderung. Die beiden Repetenten Behnke und Bultmann äußerten am 28. 1. 1911 den Wunsch, ihre Predigten nicht, wie bisher
üblich, für die Nebengottesdienste an den hohen Festtagen machen zu müssen,
sondern statt dessen Gottesdienste während des laufenden Semesters übernehmen zu können. Mit Schreiben vom 5. 5. 1911 trug A. Jülicher, seit Ende 1910
Ephorus als Nachfolger von Wilhelm Herrmann[12], dem Königlichen Konsistorium zu Kassel diesen Wunsch vor; er begründete diesen Wunsch nicht nur
damit, daß die Repetenten durch die bisherige Regelung an den Festtagen in
Marburg zu bleiben gezwungen und am Feiern mit ihren Familien gehindert
wären – das war zweifellos für Bultmann der ausschlaggebende Grund –,
sondern auch durch den geschickten historischen Hinweis, der ursprüngliche
Zweck dieser Repetentenpredigten, den Stipendiaten homiletische Vorbilder zu
liefern, könne im entvölkerten Festtags-Marburg gar nicht mehr erreicht werden. Die Eingabe hatte Erfolg. Am 24. 11. 1911 teilte das Kasseler Konsistorium
sein Einverständnis mit, »daß die Herren Repetenten an Stelle der drei von ihnen
bisher in den Nebengottesdiensten der zweiten hohen Feiertage gehaltenen
Predigten bis auf weiteres drei andere in das Semester fallende Nebengottesdienste übernehmen, und zwar zwei Nebengottesdienste im Wintersemester und
einen Nebengottesdienst im Sommersemester.« Bultmanns frühe Marburger
Predigten spiegeln diese Veränderung wider: Aus der Zeit zwischen 1907 und

---

[8] Vgl. dazu auch JÜLICHER, Entmündigung, 8.
[9] Im Brief an W. Fischer.
[10] Die Anträge der Verwaltungskommission sind bei den Akten.
[11] Vgl. Regulativ § 15: »Rücksichtlich der Predigten bleibt es bei der bisherigen auf Tit. IV.
§ 4 der Stipendiaten-Ordnung gegründeten Observanz«; gemeint ist die Stipendiatenordnung
vom 20. 8. 1765, vgl. KRUG, Stipendiatenanstalt, 20.23 f. Vgl. auch Brief des Kurators an den
Minister vom 14. 1. 1910 (in Abschrift bei den Akten): »Es liegt ihnen ob, . . . auch, wie seit alter
Zeit, einige Predigten zu halten.«
[12] Vgl. KÜMMEL, Adolf Jülicher, 242.

1916 sind sechzehn in Marburg gehaltene Predigten Bultmanns erhalten.[13] Von den sechs vor der Genehmigung des Konsistoriums liegenden Predigten sind fünf an den hohen Festen gehalten worden (Weihnachten 1907, Pfingsten 1908, Pfingsten 1910, Ostern 1911, Pfingsten 1911), und die sechste ist eine kurzfristige Vertretung[14]; die übrigen zehn Predigten sind bis auf eine Ausnahme – eine Pfingstpredigt im Marburger Reservelazarett 1916 – nicht an hohen Feiertagen gehalten worden.

Gemäß der Bestimmung des Regulativs über die Aufnahme der Repetenten, daß diese »auf je zwei Jahre ... angestellt (werden)«[15], hat Bultmann in den Jahren 1909, 1911, 1913 und 1915 jeweils um Erneuerung seines Auftrags offiziell nachgesucht, und den Gesuchen ist regelmäßig stattgegeben worden. Eine weitere Bestimmung des Regulativs, daß die Repetenten »sich jedoch für diese zwei Jahre verbindlich zu machen (haben)«[16] – diese Bestimmung sollte der in früheren Zeiten häufigen, meist wohl finanziell bedingten plötzlichen Amtsaufgabe der Repetenten einen Riegel vorschieben –, brachte Bultmann in eine (zumindest formell) unangenehme Lage, als er im September 1916, also mitten in einer Amtsperiode und kurz vor Semesterbeginn, zum Extraordinarius nach Breslau berufen wurde. In dieser Situation schrieb Bultmann am 13. 9. 1916 aus Oldenburg ein »Gesuch um die Befreiung von dem Amt eines Repetenten an der Stipendiaten-Anstalt« an die Verwaltungs-Kommission. Da dieses Gesuch nicht nur über die äußeren Vorgänge informiert, sondern auch, in seiner Mischung von Bestimmtheit und Ehrerbietung, einen Eindruck von der zwischen dem Repetenten, der Verwaltungs-Kommission und der Fakultät herrschenden offiziellen Atmosphäre vermittelt, sei es hier im Wortlaut mitgeteilt:

»Der verehrten Verwaltungs-Kommission der Stipendiaten-Anstalt erlaube ich mir ganz ergebenst mitzuteilen, daß am 8. September von Herrn Professor Becker im Auftrage des Herrn Ministers der geistlichen und Unterrichts-Angelegenheiten die Anfrage an mich gerichtet wurde, ob ich bereit sei, das neutestamentliche Extraordinariat der Evangelisch-Theologischen Fakultät der Universität Breslau zu übernehmen. Am 12. September habe ich mit Herrn Professor Becker und darauf auch mit Exc. Naumann im Kultus-Ministerium verhandelt und mich bereit erklärt, die Berufung anzunehmen. Als ich gefragt wurde, ob ich auch bereit sei, das neue Amt schon am 1. Oktober dieses Jahres anzutreten, wies ich darauf hin, daß ich als Repetent an der Stipendiaten-Anstalt in Marburg bis Oktober 1917 verpflichtet sei. Auf die Frage, ob diese Verpflichtung sich nicht schon jetzt lösen lasse, stellte ich vor, welche Schwierigkeiten der Stipendiaten-Anstalt und der Theologischen Fakultät zu Marburg daraus erwachsen würden. Es wurde mir aber erklärt, es sei dringend erwünscht, daß ich das Amt in Breslau schon am 1. Oktober dieses Jahres antrete, und ich wurde aufgefordert, an die Verwaltungs-Kommission der Stipendiaten-Anstalt die Bitte zu richten, mich schon jetzt von meinen Verpflichtungen zu entbinden. Daher erlaube ich mir, an die Verwaltungs-Kommission

---

[13] Es handelt sich um die in R. BULTMANN, VW, Anhang, 316f. und 326ff., unter folgenden Nummern aufgeführten Predigten: 8, 10, 18, 20, 21, 22, 23, 26, 27, 29, 31, 33, 34, 36, 43, 44.

[14] Vgl. Postkarte an W. Fischer vom 11. 5. 1911.

[15] Regulativ § 14.

[16] Ebd.

der Stipendiaten-Anstalt die ergebenste Bitte zu richten, mich zum 1. Oktober dieses Jahres von meinen Verpflichtungen als Repetent an der Stipendiaten-Anstalt zu befreien. Die Bitte wird mir schwer im Gedenken an das freundliche Entgegenkommen, mit dem meine früheren Gesuche an die Verwaltungs-Kommission um Verlängerung meiner Anstellung als Repetent stets beantwortet wurden, wie im Gedanken daran, daß in dieser Zeit ein schneller Ersatz wohl nur unter Schwierigkeiten zu finden sein wird. Jedoch wage ich nach der im Kultusministerium erhaltenen Weisung und im Hinblick auf die Wichtigkeit der Sache meine Bitte der Verwaltungs-Kommission der Stipendiaten-Anstalt ganz ergebenst zu unterbreiten.

Der Verwaltungs-Kommission der Stipendiaten-Anstalt ganz ergebener Rudolf Bultmann, Lic. theol., zweiter Repetent an der Stipendiaten-Anstalt und Privatdozent an der Universität Marburg, z. Z. Oldenburg i. Gr., 13. September 1916.«

Über das Gesuch, das am 14. 9. 1916 bei A. Jülicher einging, wurde in der Kommission und – durch Umlauf – in der Fakultät unverzüglich beraten. In einem Schreiben vom 19. 9. 1916 wurde Bultmann mitgeteilt, daß dem Antrag stattgegeben worden sei – mit dem Ausdruck des Bedauerns für die Stipendiatenanstalt und der Freude für den neu berufenen Extraordinarius.

2.2 Promotion zum Lizentiaten der Theologie (1910)

> »Quibus auspiciis nunc opusculum studiorum meorum viris doctissimis tradere ausus sum, ut dignus aestimer, qui in numerum licentiatorum qui dicuntur recipiar. quod di bene vertant.«[17]

Unmittelbar nach Abschluß des Examens wandte sich Bultmann den Vorarbeiten für seine Dissertation zu: »Ich lese jetzt mit einem Philologen zusammen Epiktet«, schreibt er am 26. 3. 1907 an W. Fischer; »meist mit Interesse, manchmal mit Genuß. Im ganzen bin ich enttäuscht. Die ›Freiheit‹ des Menschen ist doch wesentlich ein negatives Ideal bei dem Stoiker, und von dem πάντα μοι ἔξεστιν ist wenig zu spüren.« Die Ausarbeitung der Dissertation, von der nicht sicher ist, ob sie von vornherein auf einen Stilvergleich beschränkt war[18] oder im Zuge der Arbeit darauf beschränkt wurde, bildet den wissenschaftlichen Schwerpunkt der Jahre 1907–1910. Die Fertigstellung zieht sich länger als vorgesehen hin. Ende 1908 gibt Bultmann seiner Hoffnung Ausdruck, »bis gegen Ostern [1909] einen guten Teil meiner Arbeit fertig zu bringen. Das Thema wird vermutlich sein: Der Stil des Paulus im Verhältnis zu der stoisch-kynischen Diatribe.«[19] Vier Wochen später heißt es dann: »Mit meinem Thema bin ich in

---

[17] R. BULTMANN, *Curriculum vitae*, s. o. S. 5 Anm. 2. Bleistiftvermerk am Rand: »Der Plural *di* macht sich allerdings eigentümlich fossil, das *qui dicuntur* scheint mir ganz überflüssig, während *sacrosanctae theologiae* ganz am Platze wäre. Bu.« (Bu. = Karl Budde).

[18] Im Brief an W. Fischer vom 3. 9. 1906 ist vom »Verhältnis der Theologie des Paulus zur Stoa« die Rede, freilich als »Gebiet«, nicht als Thema (s. o. S. 26).

[19] Brief an W. Fischer vom 21. 12. 1908.

ein Gebiet geraten, das mit jedem Schritt weiter zu werden scheint, und wenn mir auch die Richtung des Weges klar ist, so kann ich doch vorerst noch das Ende nicht absehen. ... Doch hoffe ich mit der Lizentiaten-Arbeit 1909 fertig zu werden.«[20] Am 5. 3. 1910 endlich kann Bultmann W. Fischer mitteilen: »Ich bin seit acht Tagen dabei, meiner Arbeit die letzte Feile zu geben, und gehe dabei fast zu Grunde vor langer Weile.«

Mit dem »Gesuch um Zulassung zur Promotion zum Lizentiaten der Theologie«[21] reicht Bultmann seine Dissertation am 14. 3. 1910 bei der Marburger Fakultät ein. Heitmüller, dessen Tätigkeit als Betreuer der Arbeit nicht zu hoch veranschlagt werden sollte, da Nachrichten hierüber fehlen, benötigt für das Referat drei Monate, Jülicher erstellt das Korreferat innerhalb von drei Tagen[22]; die Annahme der Arbeit wird am 22. 7. 1910 festgestellt, und das mündliche Lizentiaten-Examen kann noch im Sommersemester 1910, am 30. Juli, einem Samstag, nachmittags um vier Uhr stattfinden. Bultmann erhält die Gesamtnote »*cum laude*«.

Die Arbeit erscheint wohl noch im Oktober oder Anfang November 1910 als 13. Heft der von Bousset und Gunkel herausgegebenen Reihe FRLANT unter dem leicht veränderten Titel: »Der Stil der paulinischen Predigt und die kynisch-stoische Diatribe«. Die Promotionsurkunde trägt das Datum 7. November 1910.[23]

Schon am 29. 11. 1910 kann Bultmann W. Fischer von Reaktionen berichten: »Ich habe einige freundliche Zuschriften bekommen, z. B. auch von Müller in Tübingen[24]. Von Fachautoritäten im engeren Sinn hat mir bisher nur einer, Heinrici in Leipzig, geschrieben, und zwar sehr liebenswürdig und zustimmend[25], obwohl ich einige Bemerkungen gegen ihn ... nicht hatte unterdrücken können. Für das Schicksal des Büchleins hängt am meisten davon ab, wie es in der Theologischen Literaturzeitung (Harnack und Schürer) rezensiert wird.«

---

[20] Brief an W. Fischer vom 17. 1. 1909.

[21] S. o. S. 5 Anm. 2.

[22] H. FELD und K. H. SCHELKLE schreiben in der »Einleitung« zu R. BULTMANN, Exegese: »Der damalige Dekan Carl Theodor Mirbt bestellte für das erste Gutachten Adolf Jülicher, für das Korreferat Wilhelm Heitmüller ... Jülicher lehnte die Erstellung des Erstgutachtens ab, erklärte sich jedoch bereit, das Korreferat zu übernehmen« (13). Das stimmt so nicht; Mirbt überließ ausdrücklich Jülicher und Heitmüller die Entscheidung darüber, wer das Referat, wer das Korreferat übernehmen wolle, und übergab das Ms. an Jülicher, der es mit dem Vermerk, die Arbeit falle eher in das Arbeitsgebiet Heitmüllers, an diesen zur Erstellung des Referats weitergab; dieser machte sein Placet durch eine halb fatalistische, halb scherzhafte plattdeutsche Notiz aktenkundig.

[23] Bei den Akten.

[24] Vgl. Postkarten K. Müllers (10. 11. 1910) und J. Bauers (7. 11. 1910).

[25] Vgl. Briefkarte C. F. G. Heinricis vom 27. 11. 1910. Heinrici lobt Bultmanns Studie besonders unter dem Gesichtspunkt der von Bultmann betont herausgestellten »Eigenart des Christentums« im Vergleich mit parallelen Phänomenen im Hellenismus. Diese Akzentuierung nimmt auch Johannes Weiß wahr, bewertet sie in seinem (im übrigen höchst zustimmenden) Brief vom 14. 12. 1910 aber eher kritisch: »Manchmal betonen Sie den Unterschied etwas stärker und geflissentlicher, als ich tun würde.«

Die Hoffnung auf eine positive Besprechung in ThLZ erfüllt sich nicht; dort wird Ende November 1910 unter der Rubrik »Bibliographie« lediglich das Erscheinen des Buches angezeigt.[26] Ein durchaus positives Echo findet die Arbeit dagegen in kleineren Rezensionen in den katholischen Organen »Biblische Zeitschrift«[27] und »Theologische Revue«[28] 1911, außerdem in Kurzbesprechungen im 1911/1913 erscheinenden »Theologischen Jahresbericht« für 1910[29] und in der »Theologischen Rundschau« 1913[30].

Im dritten Kapitel unserer Untersuchung werden wir auf die Dissertation Bultmanns zurückkommen.

2.3 Habilitation für das Fach Neues Testament (1912)

Nach seiner Promotion zum Lizentiaten der Theologie widmete sich Bultmann sogleich der »Exegese des Theodor von Mopsuestia«, dem Thema seiner Habilitationsschrift, das ihm von Jülicher gestellt worden war.[31] Den ursprünglichen Plan, sich mit seiner Lizentiatenarbeit für die neutestamentliche Wissenschaft zu habilitieren, hatte Bultmann schon gegen Ende des Jahres 1908 aufgegeben. »Ich werde aber nachher noch eine kleinere kirchengeschichtliche Arbeit machen, um mich für alte Kirchengeschichte zu habilitieren, was augenblicklich vorteilhafter ist.«[32] Am 29. 11. 1910 schreibt Bultmann an W. Fischer: »Ich bin jetzt bei einer neuen Arbeit, deren Grenzen und Thema ich aber noch nicht absehen kann. Sie behandelt die Exegese der antiochenischen Schule, speziell des Theodor von Mopsuestia († 428). Ich stehe aber noch sehr in den Anfängen, denn es gehört viel dazu, sich hineinzulesen, besonders da das Gebiet von der Forschung ganz vernachlässigt ist; was ja in anderer Hinsicht wieder erfreulich ist.«

Über die Stadien der Ausarbeitung der Habilitationsschrift liegen keine näheren Angaben vor. Am 1. 5. 1912 reichte Bultmann sie mit dem »Gesuch um Erteilung der *venia legendi* für das Fach der neutestamentlichen Theologie«[33] – also doch für NT! – bei der Fakultät ein. Nach dem Referat Jülichers und dem Korreferat Heitmüllers wurde sie am 19. 7. 1912 angenommen. Am selben Tag noch schlug Bultmann der Fakultät drei Themen für die auf den 27. 7. 1912 angesetzte Probevorlesung zur Auswahl vor:

---

[26] ThLZ 35, 1910, 765 (Heft 24 vom 26. 11. 1910).

[27] A. STEINMANN, BZ 9, 1911, 217 (»verdienstvolle Studie«).

[28] W. WILBRAND, ThRv 10, 1911, 273f. (»die Feststellungen des Verf. sind dankenswert«).

[29] M. BRÜCKNER, ThJber 30 [1910] I, 330 (»sehr wertvolle Spezialuntersuchung«).

[30] E. VISCHER, ThR 16, 1913, 259f.

[31] Vgl. Barth-Bultmann-Briefwechsel, 314. Zum folgenden vgl. außerdem H. FELD, K. H. SCHELKLE, Einleitung zu: R. BULTMANN, Exegese, 13f.

[32] Brief an W. Fischer vom 21. 12. 1908.

[33] Habilitationsakte Bultmann, aufbewahrt im Hessischen Staatsarchiv Marburg, Best. 307ª, Nr. 24, acc. 1950/1; hieraus auch die folgenden Angaben.

1. Was läßt die Spruchquelle über die Urgemeinde erkennen?
2. Die Chronologie des Paulus
3. Die Ethik des Paulus.

Auf Empfehlung Heitmüllers entschied sich die Fakultät für das erstgenannte Thema. Nach Probevorlesung und Kolloquium wurde Bultmann am 27. 7. 1912 die *venia legendi* für die neutestamentliche Wissenschaft erteilt. Vier Tage später, am 31. 7. 1912, hielt er seine Antrittsvorlesung als Privatdozent für Neues Testament über das Thema »Die Bedeutung der Eschatologie für das Urchristentum«[34].

Während die Probevorlesung in vermutlich wenig veränderter Gestalt unter ihrem ursprünglichen Titel im Oldenburgischen Kirchenblatt 1913 publiziert wurde[35] und Bultmann das Thema der Antrittsvorlesung in seinem 1916 für die Herrmann-Festschrift 1917 geschriebenen Beitrag »Die Bedeutung der Eschatologie für die Religion des Neuen Testaments« neu aufgriff[36], hat er die Habilitationsschrift selbst nicht veröffentlicht, obwohl ihre Publikation geplant war. Im Brief des klassischen Philologen Christian Jensen an Bultmann vom 3. 8. 1916 lesen wir: »Was machen die Arbeitspläne, was der Mann von Mopsuestia . . .?« Und in Jensens Postkarte vom 4. 2. 1917: »Ihre Synoptikerarbeit interessiert mich natürlich sehr, ich will gerne Korrektur lesen. Herzlichen Glückwunsch auch zu der Beendigung des Theodorus. Wo wird er erscheinen?« Demnach muß Bultmann in seiner Antwort auf Jensens Anfrage vom August 1916 noch vom Abschluß der Überarbeitung der Habilitationsschrift und, direkt oder indirekt, von ihrer geplanten Veröffentlichung berichtet haben. (Daß Jensen eine Äußerung Bultmanns: ›Mit dem Theodor habe ich nun endgültig abgeschlossen‹ o. ä. in dem Sinn, daß die Arbeit *ad acta* gelegt worden wäre, mißverstanden und fälschlich auf die nun fällige Publikation gedeutet hätte, kann natürlich nicht ausgeschlossen, noch weniger aber als wahrscheinlich angenommen werden.) Daß die Veröffentlichung der Theodor-Arbeit nicht zustande kam, muß demzufolge, solange nicht präzisere Nachrichten auftauchen, am ehesten auf die kriegsbedingten Publikationserschwernisse zurückgeführt werden und erst in zweiter Linie auf die von Helmut Feld und Karl Hermann Schelkle vermutete Einschätzung Bultmanns, er habe die eigene Arbeit nach dem Erscheinen der Theodor-Monographie von Louis Pirot im Jahr 1913 »teilweise als überholt angesehen«[37]. Richtig ist jedenfalls, daß Bultmann je länger, desto mehr das Interesse an der Publikation seiner Habilitationsschrift verloren hat. Die wissenschaftliche Legitimation ihrer Veröffentlichung im Jahr 1984 läßt sich denn auch nicht aus einem seither ungestillten Interesse an Theodor von Mopsuestia herleiten, sondern aus der Frage nach der »wissenschaftlichen Biographie« Bult-

---

[34] Vgl. Postkarte an W. Fischer vom 27. 7. 1912.
[35] Oldenburgisches Kirchenblatt 19, 1913, 35–37.41–44.
[36] ZThK 27, 1917, 76–87.
[37] In der Einleitung zu R. BULTMANN, Exegese, 14.

manns[38], speziell aus der Frage nach seinem frühen Exegeseverständnis – welche uns denn auch den Gesichtspunkt liefert, unter dem wir im dritten Kapitel unserer Untersuchung auf die Habilitationsschrift zurückkommen.

2.4 Lehrtätigkeit als Privatdozent (1912–1916)

Acht Semester lang, vom Wintersemester 1912/13 bis zum Sommersemester 1916, wirkte Bultmann neben seiner Repetententätigkeit als Privatdozent für Neues Testament in Marburg. In dieser Zeit hielt Bultmann folgende Vorlesungen[39]:

WS 1912/13	Vorlesung über ein bislang nicht bekanntes Thema[40]
SS 1913	Das Apostolische Zeitalter[41] (2stdg.)
WS 1913/14	Erklärung der Pastoralbriefe (2stdg.)
SS 1914	Literatur und Religion des Judentums in der neutestamentlichen Zeit (2stdg.)
WS 1914/15	Einleitung in das Neue Testament (4stdg.)
SS 1915	Das apostolische Zeitalter der christlichen Kirche (2stdg.)
WS 1915/16	Erklärung der Johannes-Apokalypse[42] (2stdg.)
SS 1916	Literatur und Religion des Judentums in der Zeit des Neuen Testaments (2stdg.).

---

[38] Vgl. ebd.

[39] Angaben, soweit nicht anders vermerkt, nach den Vorlesungsverzeichnissen. Für das Wintersemester 1916/17, in dem Bultmann dann schon in Breslau lehrte, kündigte er noch für Marburg neben den Anfängerübungen und dem Griechisch-Kurs die Vorlesung »Einleitung in das Neue Testament« (4stdg.) an.

[40] Im Vorlesungsverzeichnis findet sich wegen der erst Ende Juli 1912 vollzogenen Habilitation noch keine Ankündigung Bultmanns; *daß* er im Winter 1912/13 gelesen hat, erhellt aus dem Brief an W. Fischer vom 4. 5. 1913: »Das Kolleg kostet mich glücklicherweise nicht so viel Zeit wie im Winter«. Möglicherweise hat Bultmann im Wintersemester 1912/13 ein Apg-Kolleg gehalten, vgl. unten S. 40.

[41] Im Vorlesungsverzeichnis hatte Bultmann »Erklärung der Johannes-Apokalypse« angezeigt, vgl. aber Brief an W. Fischer vom 7. 4. 1913: »Von mir will ich gleich das Wichtigste berichten, nämlich daß mein älterer Kollege W. Bauer endlich wegberufen ist (nach Breslau) und daß ich jetzt der einzige Privatdozent in meinem Fach bin, was für Auswahl der Vorlesungen und Hörerzahl ein wesentlicher Gewinn ist. Ich werde gleich im Sommersemester W. Bauers Vorlesung über das Apostolische Zeitalter lesen, wofür ich freilich meine angezeigte Erklärung der Apokalypse wohl ausfallen lassen muß, da mir zwei neue Kollegs zu viel sind.«

[42] Aus Bultmanns Brief an W. Bauer vom 10. 1. 1916 – so die auf der Kopie im Bultmann-Nachlaß in der UB Tübingen nachgetragene Datumsangabe – geht hervor, daß Bultmann im WS 1915/16 (auch? nur?) »Einleitung in das Neue Testament« gelesen hat: »In der ›Einleitung‹ habe ich unter zehn Hörern sogar nur zwei Damen.«

Außerdem hielt Bultmann im Rahmen der Theologischen Fakultät regelmäßig neutestamentliche Übungen für Anfänger sowie im Sommersemester 1914 und vom Sommersemester 1915 bis zum Sommersemester 1916 griechische Anfangskurse ab. Möglicherweise hat Bultmann auch sonst noch, bedingt etwa durch die Kriegszeit, hier und da »ausgeholfen«. So war ihm schon im Wintersemester 1908/09 »der griechische Anfangskurs für Juristen übertragen« worden, was, wie er am 25. 10. 1908 an W. Fischer schreibt, »wohl eine langweilige Aufgabe sein wird. Aber was tut man nicht alles um des lieben Mammons willen!« Weitere von Bultmann gehaltene Kurse o. ä. sind mir allerdings bisher nicht bekannt geworden.

Otto Merk hat jüngst zwei ihm von Bultmann übergebene Vorlesungs- bzw. Übungsmanuskripte vorgestellt, die »in die ersten Marburger Dozentenjahre Bultmanns 1912ff.« zurückreichen[43]: »das Teilmanuskript einer Acta-Vorlesung«[44] und ein Manuskript, das 1 Thess 1–4 enthält.

Über das *erstgenannte* Manuskript teilt Merk mit, »nach Schrift und anderen äußeren Indizien« habe »Bultmann bereits in den Jahren 1912ff. in Marburg intensiv an der Acta-Vorlesung gearbeitet« und »in Breslau 1917/18 dann eine Hauptvorlesung darüber gehalten«. »Nach Auskunft der Vorlesungsverzeichnisse« habe Bultmann die Vorlesung »bewußt in Auswahl dargeboten«; da er, wie Merk außerdem feststellt, »– soweit ermittelbar – in seiner zweiten aktiven Marburger Zeit (1921–1951) nicht mehr speziell über die Apostelgeschichte gelesen hat und auch seine Seminarthemen nur unter anderem die Apg. berühren«[45], müßte sich Merks »Auswahl«-Angabe auf die Vorlesungsverzeichnisse Marburgs (1912/13–1916, evtl. noch 1916/17), Breslaus (1916/17–1920, evtl. noch 1920/21) und Gießens (1920/21–1921) stützen. Dort finde ich aber nirgends eine Apg-Vorlesung oder Apg-Auswahl-Vorlesung Bultmanns angezeigt, also auch keine Apg-»Hauptvorlesung«, die Bultmann im Wintersemester 1917/18 in Breslau gehalten hätte. Vielmehr ist im Breslauer Vorlesungsverzeichnis für das Wintersemester 1917/18 als Bultmanns Hauptvorlesung ein vierstündiges Kolleg über den Römerbrief angezeigt; allerdings ist hier seine Ankündigung der neutestamentlichen Anfängerübungen – ausnahmsweise[46] – mit einem Zusatz versehen: »Apostelgeschichte, 2. Teil«. Demnach wird Bultmann im Sommersemester 1917 (oder bereits im Wintersemester 1916/17) seine neutestamentlichen Übungen über den *ersten* Teil der Apg gehalten haben. Möglich, aber nicht sicher ist, daß Bultmann in seinem ersten Marburger Dozentensemester 1912/13 über Apg gelesen hat – das Thema war laut Vorlesungsverzeichnis in diesem Semester »frei«. Ebenso gut möglich ist aber, daß Bultmann das Acta-Manuskript für seine neutestamentlichen Übungen in Marburg angelegt und es dann für die Übungen in Breslau weiter ausgearbeitet hat.

Für das *zweite* von Merk vorgestellte Manuskript über 1 Thess 1–4, dessen »Grundbestand« er aufgrund von »Sachhinweisen« auf »1913/14« datiert[47], sind die in Marburg gehaltenen Übungen als erster Sitz im Leben höchst wahrscheinlich.

---

[43] O. MERK, Die Apostelgeschichte im Frühwerk Rudolf Bultmanns; DERS., Zu Rudolf Bultmanns Auslegung des 1. Thessalonicherbriefes (Zitat ebd., 190).

[44] MERK, Apostelgeschichte, 303.

[45] MERK, ebd., 303f.

[46] Ein solcher Zusatz findet sich sonst nur noch in der – wegen des Wechsels nach Gießen nicht mehr wahrgenommenen – Ankündigung für das Breslauer WS 1920/21: »Neutestamentliche Übungen (Probleme der Paulusforschung)«.

[47] MERK, Auslegung 1 Thess, 190.

Über Bultmanns Marburger »Lehrerfolg« liegen mir zwei Äußerungen vor. Im Sommersemester 1913 (am 4. 5. 1913) schreibt Bultmann an W. Fischer: »Für mich hat das Semester ganz erfreulich begonnen; in der Vorlesung acht Leute, in den Übungen 42.« Und im Wintersemester 1913/14 (2. 11. 1913) teilt er demselben mit: »Der Semesteranfang war für mich sehr erfreulich. 28 Leute im Kolleg über die Pastoralbriefe, zumal bei Konkurrenz von Rade zur selben Stunde, und 61 Leute in den Übungen sind eine höchst erfreuliche Tatsache.«[48]

2.5 Die Beziehung zu Wilhelm Heitmüller

In den autobiographischen Berichten von 1959 und 1969 nennt Bultmann bei der Aufzählung der Menschen, die ihm in den Marburger Jahren 1907–1916 besonders viel bedeuteten, jeweils an zweiter Stelle nach Johannes Weiß dessen Nachfolger in Marburg, Wilhelm Heitmüller.[49] Mit ihm »hatte ich bald ein freundschaftliches Verhältnis, und ihm fühle ich mich besonders verpflichtet«[50]. Konnte Heitmüller für Bultmann auch nicht sogleich J. Weiß ersetzen – Bultmann bedauerte anfangs bei aller wissenschaftlichen und menschlichen Hochschätzung Heitmüllers, daß ein wissenschaftlicher Austausch nicht in Gang kam[51] –, so entwickelte sich doch bald, befördert durch Bultmanns gemeinsames Musizieren mit Heitmüllers Ehefrau Else Heitmüller, eine intensive, wissenschaftliche und persönliche Dinge verbindende Freundschaft. Nach dem Abschied von Marburg erinnert sich Bultmann im Brief an H. Feldmann vom 4./5. 10. 1916: »Am Donnerstagabend [28. 9. 1916] war ich dann zum letztenmal mit Heitmüller und seiner Frau zusammen. Das war natürlich etwas wehmütig. Wie oft – sonntags ja regelmäßig – habe ich im Lauf der neun Jahre abends bei ihnen gesessen, wo wir über fast alles, was sie oder mich bewegte, sprachen. Was bedeuteten diese Stunden für mich, namentlich in den ersten Jahren … Etwas schmerzlich ist mir ja, daß ich, je näher ich im Lauf der Jahre mit *ihm* zusammen kam, von *ihr* doch immer ein wenig ferner rückte.« Und im selben Brief später: »Am Abend [Montag, 2. 10. 1916, Bultmanns letzter Abend in Marburg] war ich bei Heit-

---

[48] Vgl. noch oben S. 39 Anm. 42.

[49] Vgl. Barth-Bultmann-Briefwechsel, 314 und 323.

[50] Ebd., 314.

[51] Vgl. Briefe an W. Fischer vom 17. 7. 1908: »Daß Weiß fort ist, merke ich stets zu meinem Schmerz. Viel Anregung und Belehrung ist damit genommen. Sein Nachfolger Heitmüller ist zwar ebenso tüchtig wie persönlich prachtvoll. Aber er ist immer in Anspruch genommen durch das neue Arbeitsgebiet und durch Vorbereitungen zu seiner demnächst erfolgenden Heirat«, und vom 17. 1. 1909: »Weiß' Weggang – der Name weckt gleich das schmerzliche Gefühl! – ist eine Kalamität für mich. Seinen Nachfolger Heitmüller schätze ich zwar wissenschaftlich ebenso hoch, auch ist er mir gegenüber überaus liebenswürdig, aber geht absolut nicht aus sich heraus; ich kann einfach nichts von ihm lernen. Ich bin oft bei ihm im Hause, mit seiner Frau zu musizieren, aber noch nicht ein einziges Mal hat er eine wissenschaftliche Frage angeschnitten: das ist hart!«

müller. Wir sprachen über die verflossene gemeinsame Marburger Zeit und über die kommenden Aufgaben. Es war uns beiden schwer, daß wir nun auseinander mußten.«

Mehr als 130 im Bultmann-Nachlaß aufbewahrte Briefe und Karten Wilhelm und Else Heitmüllers aus den Jahren 1909–1931 dokumentieren die enge, freundschaftliche Beziehung, dokumentieren das Engagement, mit dem Heitmüller hinter den Kulissen für die Berufungen Bultmanns nach Breslau, Gießen und Marburg – hier als Nachfolger Heitmüllers – tätig war (vgl. Bultmann: »Ihm fühle ich mich besonders verpflichtet«), dokumentieren aber auch Heitmüllers Unbehagen, Unverständnis und Schmerz über die theologische Entwicklung, die Bultmann in den 1920er Jahren nahm.

Aus Bultmanns Feder stammt der Gedenkartikel für den am 29. 1. 1926 Verstorbenen in der »Christlichen Welt« – Zeugnis tiefen Respekts vor dem Forscher, Lehrer, Erzieher und Menschen, für den ein »radikaler *Wille zur Wahrheit*« charakteristisch gewesen sei.[52] »Die Wissenschaft beklagt sein frühes Ende. Mehr noch beklagen es seine Freunde und Schüler, die in ihm einen Mann sahen, der wahrhaft frei war. Frei nicht in einem rationalistischen oder idealistischen Sinne, sondern in dem Sinne, in dem sein liebstes Evangelium von der Freiheit spricht: ›Wenn ihr in meinem Worte bleibt, seid ihr wahrhaft meine Jünger und werdet die Wahrheit erkennen, und die Wahrheit wird euch frei machen.‹«[53] Es ist kein Zufall, daß Bultmann seine Hochschätzung für Heitmüller mit denselben Worten ausdrückt, mit denen er 1924 seine bleibende Hochschätzung der »liberalen Theologie« aussprach, deren Hauptverdienst in der »*Erziehung zur Kritik,* d. h. zur Freiheit und Wahrhaftigkeit« liege.[54]

2.6 Kleinere Arbeiten 1908–1916

Neben der Ausarbeitung der Dissertation, der Habilitationsschrift, der Übungen und Vorlesungen als Repetent und Privatdozent, neben den Korrekturen der Stipendiatenarbeiten und der Erledigung von Spezialaufgaben, die ihm von den Marburger Professoren aufgetragen wurden[55], hat Bultmann von 1908 an Re-

---

[52] ChW 40, 1926, 211.

[53] Ebd., 212f.

[54] GuV I, 2.

[55] Hierzu liegen mir nur sporadische Angaben aus den Fischer-Briefen vor. 17. 11. 1907: »Ein andres Amt habe ich von Jülicher übertragen bekommen, nämlich zwei Kirchenschriftsteller, Victor von Vita (5. Jahrhundert) und Aristus von Vienne (6. Jahrhundert), für die große Prosopographie der Berliner Akademie zu exzerpieren«; 17. 7. 1908: »Und dann muß ich für die Prosopographie eine recht langweilige Chronik von Joh. Malalas (Zeit Justinians) exzerpieren« (vgl. A. JÜLICHER, Selbstdarstellung, 190 f.; H.-J. KLAUCK, Adolf Jülicher, 102 f.); 17. 7. 1908: »ein Referat über die Latinismen im NT« – vermutlich für ein (Jülicher-?, Heitmüller-?)Seminar; 29. 11. 1910: »Dann bin ich dabei, für die zweite [richtig müßte es heißen: dritte] Auflage der (ziemlich bedeutungslosen) Dogmatik von Fr. Nitzsch, deren Neu-Herausgabe [Horst] Stephan übernommen hat, die biblisch-theologischen Abschnitte zu bearbeiten. Für mich selbst ist es ganz interessant, aber im Effekt ist es eine undankbare Aufgabe. Übrigens erscheint es mir

zensionen und Forschungsberichte geringeren oder größeren Umfangs, außerdem einen größeren Aufsatz über Epiktet und das Neue Testament, einen RGG-Artikel über die christliche Urgemeinde, seine Probevorlesung und einen Vortrag über theologische Wissenschaft und kirchliche Praxis veröffentlicht. Diese kleineren Arbeiten Bultmanns, zu denen noch der 1917 erschienene Eschatologie-Aufsatz hinzugezählt werden kann, werden in den weiteren Kapiteln unserer Untersuchung unter verschiedenen Fragestellungen eingehende Berücksichtigung finden. Einige mehr äußerlich orientierende Bemerkungen seien hier aber schon vorausgeschickt.

Der in der *Zeitschrift für die neutestamentliche Wissenschaft* (ZNW) 1912 veröffentlichte Aufsatz »Das religiöse Moment in der ethischen Unterweisung des Epiktet und das Neue Testament«[56] darf als das sach-theologische Seitenstück zu dem in der Dissertation durchgeführten Stilvergleich gelten.

Es verrät ein nicht geringes Selbstbewußtsein, daß und vor allem: *wie* Bultmann diesen Aufsatz als einen Gegenentwurf zu dem 1911 erschienenen Werk des Epiktet-Experten Adolf Bonhöffer »Epiktet und das Neue Testament«[57] aufmarschieren läßt: »Es ist ein Buch, das durch seine gründliche Gelehrsamkeit und durch das reiche Vergleichungsmaterial, das es bietet, dem Forscher auf diesem Gebiet unentbehrlich sein wird. Indessen scheint es mir sowohl in der Anlage wie in der Erfassung des Problems verfehlt zu sein. Die folgenden Ausführungen treten also in Gegensatz zu der Anschauung Bonhöffers, doch nicht in der Form der Polemik, sondern in der Form der einheitlichen Darstellung. An eklatanten Punkten habe ich auf den Gegensatz zu Bonhöffer in Anmerkungen aufmerksam gemacht.«[58] In seinem Aufsatz, der den zitierten Sätzen zufolge in seiner Anlage nicht auf das Bonhöffersche Buch hin entworfen, sondern wahrscheinlich schon vor dessen Erscheinen konzipiert und erst nachträglich gegen Bonhöffer bewaffnet worden zu sein scheint, – in seinem Aufsatz führt Bultmann das »religiöse Moment« der Epiktetschen Unterweisung, es von den stoischen *Gedanken* scharf unterscheidend, auf die *Persönlichkeit* des Philosophen zurück. Bonhöffer sah sich durch diesen »unumwundene(n), in der Form allerdings auffallend scharfe(n) Widerspruch« gegen sein Buch zu einer Entgegnung veranlaßt, die ebenfalls noch in ZNW 1912 erschien.[59] Er stellt fest, daß

sehr zweifelhaft, daß Stephan die bis jetzt fertigen Absätze gebrauchen kann, wenn er seinen dogmatischen Teil nicht stark umarbeitet. Denn einen Unterbau für dogmatische Erörterungen im alten Stil liefern sie nicht. Z. B. der Begriff ›Reich Gottes‹! Nach der alten Exegese die Bezeichnung des gegenwärtigen Heilsbesitzes in der sittlichen Gemeinschaft. Also eine schöne Idee, aber dem historischen Begriff ›Reich Gottes‹ völlig fremd, dessen Grundgedanke vielmehr der eines übernatürlichen Zieles des Geschichtsverlaufs und einer absoluten Offenbarung der göttlichen Herrlichkeit ist« (vgl. Friedrich Aug. Berth. Nitzsch, Lehrbuch der evangelischen Dogmatik, Sammlung theologischer Lehrbücher, Freiburg [und Tübingen] [1][1889] 1892; [2]1896; [3]I 1911 II 1912 bearbeitet von Horst Stephan; dieser gedenkt im Vorwort zu seiner Bearbeitung der Unterstützung »durch wertvolle Beiträge« auch des Repetenten Lic. Rudolf Bultmann-Marburg [[3]I, VIII; vgl. zum von Bultmann genannten Problem ebd., VII]).

[56] ZNW 13, 1912, 97–110.177–191.
[57] RVV 10, Gießen 1911 (= Neudruck, Berlin 1964).
[58] ZNW 13, 1912, 97.
[59] A. Bonhöffer, Epiktet und das Neue Testament, ebd., 281–292, Zitat 281. Nach Erscheinen des ersten Teils von Bultmanns Aufsatz hatte Bonhöffer Bultmann am 12. 6. 1912 brieflich sein Befremden über die bislang unbegründete Polemik mitgeteilt und ihn gebeten, ihm den

»Bultmanns Darstellung des Verhältnisses der epiktetischen zur neutestamentlichen Religiosität in der Hauptsache« mit der seinigen übereinstimme[60], widerspricht aber der bei Bultmann vorliegenden Abwertung der stoischen Philosophie: »Das Große an Epiktet ist der stoische Gedanke, den er allerdings mit ganz besonderer persönlicher Wärme und Überzeugungskraft vertritt und verkündigt, und zwar der stoische Gedanke in seiner ursprünglichen Reinheit und Erhabenheit, im Gegensatz einerseits zu der doktrinären Verknöcherung, andererseits zu der konziliatorischen Abschwächung, die er im Lauf der Jahrhunderte da und dort gefunden hatte.«[61] Schiedlich-friedlich gedenkt Bonhöffer mit Bultmann auseinander zu kommen: »Sollte man finden, daß mein Verständnis des NT und seiner treibenden Kräfte nicht ausreiche für die Aufgabe, die ich mir gestellt hatte, so darf ich doch vielleicht die genauere Kenntnis der Stoa für mich in Anspruch nehmen, so daß wir beide gleichermaßen in dieser Frage nicht σοφοί sondern erst προϰόπτοντες wären.«[62] Meines Wissens hat die kleine »Fehde«, von der dann der ZNW-Herausgeber Erwin Preuschen auch im »Theologischen Jahresbericht« für 1912 Notiz gab[63], keine Fortsetzung gefunden.

Als Autor des Artikels »Urgemeinde, christliche« in *Die Religion in Geschichte und Gegenwart* (1913)[64] wird Bultmann von dem RGG-Fachredakteur für die Abteilung Neues Testament, Wilhelm Heitmüller, gewonnen worden sein. Derselbe hatte im Juli 1912 in seiner Eigenschaft als Dekan der Marburger Fakultät vorgeschlagen, das erste der von Bultmann für die Probevorlesung eingereichten Themen (»Was läßt die Spruchquelle über die Urgemeinde erkennen?«) auszuwählen. Daß hier ein Zusammenhang besteht, liegt auf der Hand; was aber Ursache, was Folge ist, muß unentschieden bleiben.

Bultmanns Probevorlesung (bzw. ein titelgleicher Text) erschien im März und April 1913 im *Oldenburgischen Kirchenblatt*[65], dem Organ des Oldenburgischen General-Predigervereins, wahrscheinlich schon hier, wie dann bei einem neutestamentlichen Forschungsbericht 1919, einem »Wunsche des Herausgebers«[66], Pastor Chemnitz aus Schweiburg, entsprechend.

zweiten Teil des Aufsatzes zur Kenntnis zu geben; nachdem Bultmann Bonhöffer die Korrekturabzüge hatte zukommen lassen, faßte dieser seine Reaktion im Brief vom 14. 7. 1912 wie folgt zusammen: »Alles in allem: Ich komme nicht darüber hinweg, daß Sie mit jenem schroffen Urteil mir schwer Unrecht getan haben und irgend eine Genugtuung schulden. Ich habe keine Freude, auch keine Zeit zu einer literarischen Polemik: Das Einfachste wäre es, wenn Sie zu Beginn des zweiten Teils eine ganz kurze Erklärung abgeben würden, worin Sie jenes Urteil – ich will nicht sagen zurücknehmen, aber doch in entsprechender Weise modifizieren oder restringieren, so daß der Leser merkt, es handle sich bei mir nicht um eine falsche Anfassung oder Erfassung des Problems, sondern nur um eine der positiv christlichen Auffassung nicht genugtuende Wertung des Neuen Testaments und seiner Heilswahrheit gegenüber Epiktet.« Auf diesen Vorschlag ließ Bultmann sich nicht ein, was Bonhöffers öffentliche Replik zur Folge hatte.

[60] ZNW 13, 1912, 281.
[61] Ebd., 282.
[62] Ebd., 292.
[63] Vgl. ThJber 32 [1912] I, 405 f.; vgl. auch H. Windisch, ebd., 192 f.
[64] RGG¹ V, 1514–1523.
[65] S. o. S. 38 Anm. 35.
[66] Vgl. Oldenburgisches Kirchenblatt 25, 1919, 115.

Im selben Jahrgang 1913 erschien im Oktober und November Bultmanns am 29. September 1913 »in der freien Vereinigung« gehaltener Vortrag »Theologische Wissenschaft und kirchliche Praxis«[67] – ein Dokument sowohl für die von Bultmann von Anfang an entschieden vertretene Bezogenheit einer der Wahrheit verpflichteten und insofern freien wissenschaftlichen Theologie auf die Praxis der Kirche als auch für die Verbundenheit Bultmanns mit seiner Oldenburgischen Heimatkirche.

Als Rezensent für die *Christliche Welt* (ChW) wurde Bultmann, wie schon erwähnt[68], von deren Herausgeber Martin Rade gewonnen. Aus den vorwiegend kurzen Anzeigen, die vor allem mehr oder weniger gemeinverständliche Werke – und *opuscula* – aus dem Gebiet der neutestamentlichen Wissenschaft, gelegentlich aber auch Romane[69] vorstellen, ragen die Präsentation des »Handbuchs zum Neuen Testament« (HNT) unter dem Titel »Die Schriften des Neuen Testaments und der Hellenismus« 1911[70] und der Artikel »Von der Mission des alten Christentums« 1916, in dem Harnacks klassisches Werk und Lietzmanns Monographie über »Petrus und Paulus in Rom« besprochen werden[71], an Umfang und Gewicht heraus.

Sodann hat Bultmann zwischen 1908 und 1912 fünf Beiträge für die *Monatsschrift für Pastoraltheologie* (MPTh) verfaßt, mit größter Wahrscheinlichkeit veranlaßt durch deren Mitherausgeber (1907–1913[72]) und verantwortlichen Redakteur Rudolf Günther, der seit 1907 als Privatdozent für christliche Kunstgeschichte in Marburg wirkte und mit dem Bultmann, wie die ca. 40 Briefe und Karten Günthers aus den Jahren 1911–1936 an ihn zeigen[73], bald in guter, freundschaftlicher Beziehung stand.

Im Novemberheft 1908 erschien in MPTh Bultmanns überaus positive Besprechung von A. Deißmanns »Licht vom Osten«[74], die – über ihren Quellenwert für den »religionsgeschichtlichen« Standort des jungen Bultmann hinaus – dadurch eine besondere Bedeutung gewinnt, daß Bultmann, bezugnehmend auch auf seine eigene Besprechung in MPTh 1908/09, im Jahr 1924 in ChW die

---

[67] 19, 1913, 123–127.133–135.

[68] S. o. S. 24 mit Anm. 100.

[69] Vgl. ChW 26, 1912, 1206; 27, 1913, 1188 f.1192.

[70] ChW 25, 1911, 589–593.

[71] ChW 30, 1916, 523–528.

[72] Vgl. Rühle, *Art.* Günther, 1526.

[73] Im Bultmann-Nachlaß, UB Tübingen. Vgl. auch Brief an W. Fischer vom 3. 2. 1916 sowie Brief an M. Rade vom 20. 8. 1936 (Sammlung Autographa der Deutschen Staatsbibliothek Berlin/DDR, Handschriftenabt./Literaturarchiv), in dem Bultmann im Auftrag der Witwe Rudolf Günthers Rade für dessen Kondolenzbrief zum Tode Günthers dankt; Bultmann erklärt selbst: »Mir ist sein Heimgang sehr schmerzlich; ich war in all den Marburger Jahren ja regelmäßig mit ihm zusammen, wenngleich in der letzten Zeit in größeren Abständen als früher, und durfte mich der reichen Gaben seiner Freundschaft erfreuen.«

[74] MPTh 5, 1908/09, 78–82. Ein Jahrgang der MPTh erstreckte sich von Oktober bis September.

vierte Auflage desselben Buches äußerst kritisch bespricht[75], nun unter dem Gesichtspunkt der zu verstehenden *Sache* des Neuen Testaments:

>»Wir haben ... manches mit anderen Augen anzusehen gelernt, und das Urteil über Deißmanns Buch wird heute anders lauten als 1908. Ich betone ausdrücklich nochmals, daß ich allen Respekt vor dem Fleiß und der Energie der Arbeit Deißmanns habe, diese für nützlich und notwendig halte und sie bei der Exegese des Neuen Testaments dankbar benutze. Aber durch das ganze Buch geht eine so maßlose Überschätzung dieser Arbeit in ihrer Bedeutung für die Interpretation des Neuen Testaments, daß man laut dagegen protestieren muß. ... Soll wirklich das Verständnis des geistigen Gehalts des Neuen Testaments von der Analyse der Typen der ›religiösen Produktion‹ aus erreicht werden? Oder sollte nicht ein Verständnis nur durch die Erfassung der Sache, um die es sich im Neuen Testament handelt, möglich sein?«[76]

Von größerem Umfang und besonderem Gewicht ist der Bericht, den Bultmann im Dezemberheft 1908 und im Januarheft 1909 über die »neutestamentliche Forschung 1905–1907« erstattet.[77]

Zu Anfang begründet Bultmann die Gliederung seines Berichts: »Um ein lebendiges Bild von der neutestamentlichen Forschung in diesen Jahren zu erhalten, nehmen wir unseren Weg nicht in der gewohnten Weise vom Allgemeinen zum Besondern. Sondern wir nehmen unseren Ausgangspunkt da, wo wir gleich in die wichtigste Debatte hineingeführt werden, bei der synoptischen Kritik.«[78] Sodann behandelt er:
1. Die Kritik der Synoptiker und der Apostelgeschichte (v. a. Wellhausen, Jülicher, Harnack);
2. das Neue Testament und die allgemeine Religions- und Kulturgeschichte, hier im einzelnen die Beziehungen des Christentums zum Judentum, zum Hellenismus und zu den Religionen überhaupt (Bousset, Wendland u. a.);
3. die Exegese (Merx, Lietzmanns HNT-Kommentare über Röm und 1 Kor, SNT u. a.);
4. Jesus (Wrede, Schweitzer, Jülicher, Wellhausen u. a.);
5. Paulus (Wrede, Jülicher, Wendland u. a.);
6. das Johannesevangelium (Schmiedel, Heitmüller, Schwartz u. a.).

Im Oktoberheft 1910 stellt Bultmann unter dem Titel »Ein jüdisch-christliches Psalmbuch aus dem ersten Jahrhundert« die neu entdeckten Oden Salomos nach der Ausgabe von Flemming/Harnack vor.[79] Bultmann betont »die gewaltige Bedeutung, die dieser Fund für das Verständnis des Neuen Testaments haben« müsse[80]; »eine Entscheidung« über den Charakter der Oden – genuin christliche oder, wie Harnack will, christlich interpolierte jüdische Dichtungen? – »scheint mir verfrüht.«[81]

Vom selben Genre ist Bultmanns Darstellung des Gilgamesch-Epos nach der

---

75 ChW 38, 1924, 488–490.
76 Ebd., 488f.
77 MPTh 5, 1908/09, 124–132.154–164.
78 Ebd., 124.
79 MPTh 7, 1910/11, 23–29.
80 Ebd., 24.
81 Ebd., 28. In einer Postkarte an Bultmann vom 20. 9. 1910 bedankt sich J. Weiß für die Zusendung des Aufsatzes und unterstreicht Bultmanns kritischen Einwand gegen Harnack.

Ausgabe von Ungnad/Greßmann im Februarheft 1912.[82] Seinen Gang durch die Handlung schließt er mit der für seine anthropologische Grundorientierung überaus charakteristischen Betrachtung:

»So ist die *Stimmung des Ganzen* eine geteilte. Was fröhlich begann, endet im Schmerz. Dort äußert sich unbefangen die Freude an Krafttaten und bunten Wundern; hier erhebt sich banges Fragen und Sehnen nach einem ewigen Leben, vor dem der Wert von Heldentum und Königsglanz verblassen muß. Der Zusammenklang des Ganzen ergibt keine Harmonie. Und wenn auch der Aufbau des Epos ein geschlossener genannt werden kann, so zeigt sich doch schon in der geistigen Haltung und Stimmung des Ganzen, daß die Dichtung nicht als das einheitliche Werk eines Dichters aufgefaßt werden kann, sondern als das Werk von Generationen sich freuender, leidender und sehnender Menschen. Mit Ehrfurcht steht man davor. Was die Menschenherzen bewegt hat, die einst die Abenteuer dieses Gedichtes sich erzählen ließen und in ihnen ausgesprochen fanden, was ihre Freude und ihr Sehnen war, das hat zu allen Zeiten und überall Menschenherzen bewegt.«[83]

Derselbe Jahrgang 1911/12 bringt dann noch Bultmanns wichtige Besprechung »Vier neue Darstellungen der Theologie des Neuen Testaments« im Augustheft 1912.[84] Die neutestamentlichen Theologien Holtzmanns (2. Aufl.), Weinels, Feines (2. Aufl.) und Schlatters werden rezensiert. Holtzmann vollendet meisterlich die Epoche der Darstellung nach »Lehrbegriffen«, Weinel stellt mit Recht und Erfolg die neutestamentliche Theologie als Geschichte der urchristlichen Religion dar, Feine »ist typisch für eine gewisse Art, die Errungenschaften der kritischen Forschungen zu verwerten, das dogmatisch Gefährliche davon zu streichen und mit dem Rest den Charakter des Wissenschaftlichen zu wahren«[85], Schlatter, »auf ganz andrer Höhe« stehend, entläßt freilich aufgrund seiner ungerechten Polemik den Rezensenten in einer gewissen Ratlosigkeit: »Im Ganzen scheidet man von diesem Werke, das soviel Gutes enthält, mit einem Gefühl des Schmerzes. Wie ist bei einem so für das rein Religiöse aufgeschlossenen, durch Vorurteile ungetrübten Sinn solche Verständnislosigkeit für ernste geschichtliche Arbeit möglich?«[86]

Diese Frage bringt Bultmann nun zwar keine Replik Schlatters, wohl aber einen Rüffel Paul Wursters, des Hauptherausgebers der MPTh und Tübinger Fakultätskollegen Schlatters ein; das Septemberheft 1912 (und damit der achte Jahrgang) schließt mit folgender Erklärung: »Ich lege Wert darauf festzustellen, daß mir der Aufsatz Repetent Lic. Bultmanns im Augustheft über ›eine neue Darstellung [!] der Theologie des Neuen Testaments‹ S. 432–443 vor seinem Abdruck nicht vorgelegen hat. Das Schlußurteil insbesondere über *Schlatters* Buch billige ich nicht und bedaure namentlich den letzten Satz, den ich, was Inhalt und Ton betrifft, entschieden zurückweise. Paul Wurster.«[87]
Von Bultmann in dieser Sache um Rat gefragt, erklärt Heitmüller im Brief vom 19. 9.

82 MPTh 8, 1911/12, 189–193.
83 Ebd., 193.
84 MPTh 8, 1911/12, 432–443.
85 Ebd., 440.
86 Ebd., 440.443.
87 MPTh 8, 1911/12, 486.

1912 Bultmanns Besprechung für in der Sache berechtigt und im Ton »nicht vergriffen«, Wursters Erklärung dagegen als »verwunderlich« und »überflüssig«. Sodann fährt er fort: »Dagegen ist nichts einzuwenden, daß Sie etwa an Wurster schreiben und ihn aufklären – mit deutlicher Betonung des Umstandes, daß Ihre Bemerkung am Schluß sich auf Schlatters Polemik bezieht – ganz unmißverständlich. Nur daß die Polemik Schlatters in der Tat – auch nach der Meinung anderer – seiner unwürdig sei, jedenfalls ein unbegreifliches Maß von Nichtverstehen verrate, wie es bisweilen scheine, von bedauerlichem und hochmütigem Nicht-verstehen-*Wollen*.«

Diese Formulierung über Schlatters Polemik muß Bultmann dann wörtlich im eigenen Namen gegenüber Wurster verwendet haben – sie findet sich nahezu unverändert wieder in Wursters Brief an Bultmann vom 3. 10. 1912. Wurster zitiert die Passage und kommentiert sie wie folgt: »Das ist geradezu ein beleidigendes Urteil über den Charakter und die Handlungsweise meines Fakultätskollegen, das ich mir, zumal von einem jungen Dozenten, dessen Verdienste doch an die Schlatters nicht heranreichen, ernstlich verbitte.«

Im Jahr 1914 beginnt Bultmanns über mehr als ein halbes Jahrhundert sich erstreckende Rezensionstätigkeit für die *Theologische Literaturzeitung* (ThLZ), und zwar mit der sehr kritischen, jetzt im Anhang von Bultmanns Theodor-Buch neu abgedruckten Besprechung von Louis Pirots Theodor-Monographie.[88]

Ebenfalls 1914 setzt Bultmanns Mitarbeit an der von Bousset und Heitmüller herausgegebenen *Theologischen Rundschau* (ThR) ein. Neben einigen Kurzanzeigen verfaßt er in den Jahren 1914–1916 Sammelartikel über Werke aus dem Bereich der »Einleitung« und der »Theologie« des Neuen Testaments.[89] Kriegsbedingt mußte die ThR 1917 ihr Erscheinen einstellen; nach Boussets und Heitmüllers Tod (1920 und 1926) rief Bultmann selbst 1929 mit Hans von Soden die »Neue Folge« ins Leben.[90]

Bultmanns erstem Beitrag in ThR 1914, der Besprechung von Paul Feines »Einleitung in das Neue Testament«[91], gebührt besondere Beachtung.

Am 2. 11. 1913 schreibt Bultmann an W. Fischer: »Ich habe einen kleinen Schlag vor, der, denke ich, doch einiges Aufsehen machen wird. Ich werde demnächst Herrn Feine, Professor des NT in Halle, einen der Hauptführer auf der anderen Seite, öffentlich des Plagiats bezichtigen. Herr Feine hat eine ›Einleitung in das NT‹ herausgegeben, die als orthodoxes Gegenstück zu Jülichers Einleitung gedacht ist. Dabei sind ganze Partien aus Jülicher abgeschrieben! Natürlich hat Feine sie erst in sein Kollegheft übernommen und dann ahnungslos aus dem Kollegheft in sein Buch. Es trifft sich schön. Ein gutes Beispiel für die ebensooft konstatierte wie geleugnete Tatsache der Abhängigkeit jener Leute von uns[92]; dabei müssen sie sich dann den Rücken stärken durch die Polemik. Herr Feine soll sich freuen!«

Wohl Mitte Dezember liefert Bultmann sein Rezensionsmanuskript bei Heitmüller ab.

[88] ThLZ 39, 1914, 363f.; vgl. R. BULTMANN, Exegese, 134f. (»Rezension des Werkes von Pirot«).
[89] ThR 17, 1914, 41–46.79–90.90.125–130.163f.164.360; 18, 1915, 147.147f.264–267; 19, 1916, 113–126.
[90] Vgl. R. BULTMANN und H. v. SODEN, Zur Einführung, ThR NF 1, 1929, 1–4.
[91] ThR 17, 1914, 41–46.
[92] Vgl. o. S. 47 bei Anm. 85.

Am 15. Dezember berichtet er Jülicher – kaum erstmalig – von seiner Feine-Besprechung, und zwar offensichtlich in einer sehr moderaten Weise, die Jülichers Plazet erwirkt. Zwei Tage später, am 17. 12. 1913, schreibt Jülicher eine Briefkarte an Bultmann[93]:

r.   Marburg i H. 17.12.13

> L H Kollege!
> Gestern Abend hat mir H Prof Heitmüller noch Ihr
> Msc gebracht u soeben habe ich es gelesen. Ehe ich mich
> mit ihm ausspreche, der mich erst unbefangen einen
> Eindruck von der Sache gewinnen lassen wollte, glaube
> ich doch an Sie schreiben zu sollen, daß ich, was ich vorge-
> stern zu Ihnen sagte, unter anderen Voraussetzungen
> gesagt habe: jetzt freue ich mich, daß ich das Msc auch noch
> zu sehen bekommen habe und Ihnen raten darf es so
> nicht zu veröffentlichen. Ihre Tapferkeit, Wahrheits-
> liebe, Ihren Scharfblick ehre ich aufs Höchste, erbitte
> *mir* auch das Verzeichnis der Parallelen von Ihnen ge-
> legentlich vollständig aus. Aber drucken würde ich in einer

v.   *Rezension* blos eine, am besten auf S. 6 die von Feine
> S. 115 u. nur sagen, daß sie eine von mehreren sei. Die
> *allgemeine* Bestreitung Feines u. des Unternehmens
> scheint mir bedenklich: den Vorwurf des Plagiats würde
> ich nicht so direkt erheben. Denn daraufhin *muß* es
> zu einem litterarischen, wenn nicht gar gerichtlichen Streit
> zwischen Ihnen Beiden kommen, u. dabei mag F. noch
> so übel fahren, Sie u. ⋆die Ihnen sichre⋆[94] Sache leider[95]
> wiederum: an Ihnen wird man rücksichtslose Rache üben.
> Ich weiß, daß Sie mich nicht falsch verstehen, als wollte
> ich Sie zur Vorsicht erziehen: Meine aber Sie dürfen
> sich nicht schon in Ihrer Jugend ausschalten auf preu-
> ßischen Universitäten, um eines Mannes willen, gegen
> den solche Kanonen aufzufahren sich nicht lohnt.

>   Herzl Gruß Ihr A Jülicher

Nur widerwillig scheint Bultmann Heitmüller Entschärfungen im Manuskript zuzuge-stehen. Das ist aus der Karte zu schließen, die Heitmüller am 28. 12. 1913 an Bultmann richtet und in der es heißt: »Nun noch ein paar Bemerkungen zu F – ne. Die Weihnachts-zeit wird Ihren Grimm etwas abgeschwächt haben, und Sie werden deshalb mit den Milderungen einverstanden sein, die ich vorgenommen habe. Ich habe noch mit Bousset die Sache besprochen; er ist *ganz* derselben Meinung wie ich und Jülicher, ja er geht noch weiter. Er meint, die Sache müsse ohne Kommentar einfach festgestellt und das Urteil dem Leser überlassen werden. Ich werde da in den Korrekturen noch etwas ändern – Ihrer Zustimmung gewiß. «

---

93 Um Rechenschaft darüber zu geben, wie ich im einzelnen gelesen habe – Jülichers Schrift ist schwierig –, reproduziere ich den Text der Karte so getreu wie möglich. S. auch die beiden folgenden Anmerkungen.
94 Die durch ⋆. . .⋆ gekennzeichnete Passage ist besonders unsicher.
95 Vielleicht auch: leiden.

Bultmanns Feine-Rezension erscheint im ersten Heft der ThR 1914 als erster Teil eines Sammelartikels unter dem Titel »Neues Testament. Einleitung«. Die zweimalige Redaktion Heitmüllers gibt sich darin zu erkennen, daß nicht nur der direkte Vorwurf des Plagiats, sondern überhaupt eine der anfänglichen *captatio benevolentiae* entsprechende Verurteilung fehlt. Anfangs heißt es: »Erfreulich ist das Buch insofern, als es beweist, wie die historisch-kritische Methode zum Gemeingut der Forscher aller Richtungen geworden ist, und wie auch die Resultate der historisch-kritischen Forschung sich allmählich durchsetzen.«[96] Und: »Besonders bemerkenswert ist es, daß F. stark von der historisch-kritischen Schule beeinflußt ist, obwohl er zu ihr eine gegensätzliche Stellung einnimmt. Wird man das vielleicht nur erfreulich finden, so ist eine Tatsache im höchsten Grade verwunderlich, auf die hinzuweisen der Referent für seine unerfreuliche, aber unumgängliche Pflicht hält, nämlich das erhebliche Maß von Abhängigkeit, das F.s Ausführungen in vielen Partien von der Einleitung Jülichers zeigen. Ganze Gedankengänge, ja ganze Sätze werden reproduziert.«[97] Im Anschluß an die dann abgedruckten, gegenüber dem ursprünglichen Manuskript zwar vielleicht an Zahl verminderten, jedoch nicht, wie von Jülicher empfohlen, auf nur eine Parallele reduzierten synoptischen Tabellen, die die literarische Abhängigkeit Feines von Jülicher beweisen, heißt es zum Schluß nur: »Der Leser wird diesen Tatbestand ebenso verwunderlich finden wie der Referent«[98] – das vernichtende Urteil wird im Modus beredten Schweigens gesprochen.

Feine antwortet. In seiner vom 11. 2. 1914 datierenden »Erwiderung«[99] stellt er die Unvermeidbarkeit sachlicher Übereinstimmungen fest, erklärt – übereinstimmend mit Bultmanns schon im Brief an Fischer vom 2. 11. 1913 erstellter Diagnose – die Genese seines Buches, das aus einem alten Kollegheft hervorgegangen sei, und bringt nun seinerseits synoptische Gegenüberstellungen von Passagen aus Jülichers Einleitung und solchen aus früheren Einleitungswerken (Credner, Holtzmann).

Mit dem dadurch erweckten Eindruck, die Verwandtschaft der Feine-Einleitung mit der von Jülicher bewege sich durchaus im Rahmen des Üblichen, will Bultmann sich nicht zufriedengeben. In seiner »Antwort«[100] beweist er durch weitläufige synoptische Gegenüberstellungen »die direkte literarische Abhängigkeit Feines von Jülicher«[101]. Hier nun scheinen die Herausgeber der ThR Bultmanns Polemik nicht entschärft zu haben; mit beißendem Spott schließt Bultmann seine »Antwort«: »Ein überraschender Satz Feines zwingt mich nun freilich zum Schluß, das Gewicht meiner Feststellungen selbst einzuschränken: der Satz, daß seine Einleitung eine Einführung auch in die Einleitung Jülichers sein solle[102]. Ich gestehe nämlich, daß ich geglaubt hatte, Feines Einleitung wolle mit der

---

[96] ThR 17, 1914, 42.

[97] Ebd., 43.

[98] Ebd., 46.

[99] Ebd., 122–125.

[100] Ebd., 125–130.

[101] Ebd., 125, dort hervorgehoben.

[102] Vgl. P. FEINE, Erwiderung, ebd., 122: »Der Zweck meiner Einleitung ist nach meinem Vorwort, eine Zusammenfassung des weitschichtigen Stoffes zu geben und insbesondere unseren Studenten ein Buch darzubieten, an der Hand dessen sie in die Einleitungsprobleme hineinwachsen und umfassendere Werke studieren können. . . . Jede Unehrlichkeit hat mir fern gelegen, da ja meine Einleitung Einführung sein soll in die Einleitungen von B. Weiss, Holtzmann, Jülicher, Zahn, Barth etc., jeder mich also kontrollieren sollte.« Daß Feine mit diesen Sätzen einer literarischen Konvention folgt, mag ein Satz aus JÜLICHERS Vorwort zur ersten Auflage seiner Einleitung belegen: »Einem Werke wie der ›Einleitung‹ Holtzmann's Konkurrenz zu machen, konnte mir ja nicht einfallen . . .; nur eine Einleitung etwa zu Holtzmann – und Weizsäcker – wollte ich liefern, das Interesse der Studierenden für solche weiteren

Jülichers konkurrieren oder sie gar ersetzen. Denn das Unternehmen, nur eine Einführung in Studentenbücher, wie Jülichers und Barths Einleitungen es sind, zu schreiben, schien mir einen Mangel an wissenschaftlichen Aspirationen zu verraten, wie ich ihn nicht voraussetzen durfte.«[103]

Ein vereinzeltes Zeugnis über die Wirkung der Kontroverse liegt uns in der Postkarte Christian Jensens an Bultmann vom 26. 3. 1914 aus Jena vor. Er schreibt:»Ich habe hier viel mit den theologischen Kollegen von Ihnen gesprochen, vor allem in Sachen Feine, der sich ja unsterblich blamiert hat. Das ist hier die allgemeine Anschauung. Mit Wendland sind Sie nicht sehr zart verfahren, aber was Sie sagen, scheint mir voll berechtigt. Ich habe jedesmal *mit Freude* Ihre Sendungen gelesen: *verum enim volumus investigare et libere pronuntiare quidquid verum esse cognovimus.*« Das ist's.

Bultmann selbst schreibt am 21. 4. 1914 an W. Fischer:»Meine literarische Fehde hat mit einer kläglichen Niederlage meines Gegners geendet; er war dumm genug, auf meine erste zurückhaltende und schonende, rein sachliche Rezension durch eine Replik zu antworten, die seine völlige Bloßstellung durch eine Antwort meinerseits nötig machte. Den Haß dieser Rotte habe ich nun allerdings auf mich geladen.«

Acht Jahre später – inzwischen hatte es Bultmann nicht unterlassen, in seinem Forschungsbericht von 1919»das gemäßigt konservative Büchlein von Feine, das wegen seiner geschickten Anlage leider viel von Studenten gebraucht wird«, erneut»wissenschaftlich unselbständig und bedeutungslos« zu nennen[104], – acht Jahre später fand die Auseinandersetzung zwischen Bultmann und Feine[105] ein unrühmliches Nachspiel. Feine und Bultmann trafen zusammen auf der Theologenschaftstagung in Jena am 1./2. 8. 1922. In einem Brief an Hans von Soden berichtet Bultmann:»Geradezu vernichtend aber war der persönliche Eindruck von Feine . . . Beim persönlichen Zusammensein am ›Fakultätsabend‹ stellte ich mich ihm vor in der Annahme, er würde unseren früheren Zusammenstoß taktvoll ignorieren. Er hatte aber nichts Eiligeres zu tun, als mir zu versichern, daß mein Angriff auf sein Buch, auf das er ursprünglich keinen Wert gelegt habe, ihm Anlaß gegeben habe, es in den nächsten Auflagen zu einem wertvollen Werk auszugestalten! Im übrigen sei mein Angriff nur eine Aktion Marburgs gegen Halle gewesen, und nicht ich, sondern die Marburger Fakultät trüge die Verantwortung für diese ungerechtfertigte Tat. Als ich das energisch bestritt, hatte er die Unverschämtheit zu sagen, dann gebe es nur einen Erklärungsgrund für meine Rezension, daß ich nämlich nach berühmten Mustern meine wissenschaftlichen Lorbeeren durch einen Eklat habe erringen wollen; worauf ich das Gespräch abbrach.«[106]

Christian Jensen hatte in seiner soeben zitierten Karte vom 26. 3. 1914 davon gesprochen, daß Bultmann auch mit Wendland »nicht sehr zart verfahren« sei, und damit auf den *zweiten Teil* von Bultmanns Sammelartikel zum Sachgebiet »Neues Testament. Einleitung« in ThR 1914 Bezug genommen.[107] Hier be-

---

Studien anregen« (A. JÜLICHER, Einleitung in das Neue Testament, GThW III/1, Tübingen 5.61906, V).

[103] ThR 17, 1914, 130.

[104] Oldenburgisches Kirchenblatt 25, 1919, 119; vgl. ebd., 122, über FEINES Theologie des NT.

[105] Vgl. dazu noch H.-J. KLAUCK, Adolf Jülicher, 106 Anm. 27:»Diese Affaire hat seinerzeit Wellen geschlagen, wie u. a. ein diesbezüglicher, grimmig-ironischer Passus in einem Schreiben von G. Wissowa . . . an Jülicher zeigt (UB Marburg, Ms. 695, 1287).«

[106] Brief an H. v. Soden vom 8. 9. 1922.

[107] ThR 17, 1914, 79–90.

spricht Bultmann neben Paul Wendlands »Die urchristlichen Literaturformen«[108] und im direkten Vergleich damit den RGG-Artikel von Johannes Weiß
»Literaturgeschichte des NT«[109]. Für die wissenschaftliche Biographie Bultmanns hat diese Rezension ihre Bedeutung vor allem als Dokument dafür, daß er
sich bereits 1913/14 intensiv mit der Geschichte der synoptischen Tradition
beschäftigt, ja, daß er hier schon von der Art und Weise, in der die literatur- bzw.
formgeschichtliche Skizze Weiß' zu ergänzen sei, präzise Vorstellungen hat.
Bultmanns Briefäußerung an W. Fischer vom 21. 6. 1914, er »hege allerlei neue
wissenschaftliche Pläne. Wenn man nur mehr Zeit hätte!« darf deshalb mit
Sicherheit *auch,* wenn nicht gar in erster Linie auf die beginnende (oder schon
begonnene) Arbeit an der »Geschichte der synoptischen Tradition« gedeutet
werden.

Leider kann ich im Rahmen dieser Untersuchung auf die Entstehungsgeschichte und
den forschungsgeschichtlichen Rang dieses Buchs nur ganz am Rande eingehen.[110] Statt
dessen verweise ich gern auf den 1983 erschienenen ausgezeichneten Aufsatz von Walter
Schmithals »Johannes Weiß als Wegbereiter der Formgeschichte«[111]. Schmithals' gründliche Analyse führt zu dem Ergebnis, daß in den früheren Arbeiten von Johannes Weiß zu
den Synoptikern und dann vor allem in dem genannten RGG-Artikel »die Begrifflichkeit
der Formgeschichte bereits ausgebildet und . . . ihr Programm ausgearbeitet und zu einem
guten Teil auch ausgeführt worden« sei.[112] Dieses Ergebnis ruft die Frage hervor, warum
Bultmann nicht schon im Vorwort zur ersten (und dann auch zur zweiten) Auflage der
»Geschichte der synoptischen Tradition«, wo andere Gewährsmänner dankbar genannt
werden, »auf seinen Lehrer Johannes Weiß als Wegbereiter der Formgeschichte verweist«[113], sondern deutlich erst – nach einem indirekten Hinweis in einer Rezension von
1925[114] – in dem Gedenkartikel auf Johannes Weiß von 1939[115].
Diese Frage verschärft sich angesichts der Rezension in ThR 1914, die Schmithals
offenbar übersehen hat. Denn von hier aus erscheint die »Geschichte der synoptischen
Tradition« als *bewußte* ergänzende Ausarbeitung und Durchführung der programmatischen Ansätze des Weißschen RGG-Artikels. 1914 gibt Bultmann Weiß' »Behandlung der
synoptischen Evglien« den Vorzug vor derjenigen Wendlands, bescheinigt ihr »eine Fülle
feiner Beobachtungen in bezug auf die Form« und erklärt: »Wie sehr diese Skizze der
Ergänzung bedarf, ist vor allem dem Verf. selbst klar«, um dann die Desiderate vorzutragen.[116]
Daß Bultmann die maßgeblichen Impulse von Johannes Weiß im Lauf seiner eigenen
Arbeit an der synoptischen Tradition allmählich aus den Augen verloren habe, wird durch
seinen Bericht über »die neutestamentliche Forschung im 20. Jahrhundert« von 1919

---

[108] HNT I/2, Tübingen 1912, 257–404.

[109] RGG¹ III, 2175–2215.

[110] Das letzte Wort zur *Sache* scheint mir auch durch R. BLANK (Analyse und Kritik der
formgeschichtlichen Arbeiten von Martin Dibelius und Rudolf Bultmann, Basel 1981) noch
keineswegs gesprochen zu sein.

[111] ZThK 80, 1983, 389–410.

[112] Ebd., 410.

[113] Ebd., 391.

[114] ThLZ 50, 1925, 313.

[115] ThBl 18, 1939, 244.

[116] ThR 17, 1914, 82f., vgl. 83f.

ausgeschlossen, der Schmithals auch nicht vorgelegen zu haben scheint. Hier heißt es: »Neben die literarkritische Arbeit (ist) ergänzend die formgeschichtliche getreten. Zwei zusammenfassende Arbeiten wesentlich programmatischer Art sind der reichhaltige Artikel von J. *Weiß* in R.G.G. über die Literaturgeschichte des N.T. und *Wendlands* Darstellung der urchristlichen Literaturformen in Lietzmanns Handbuch zum N.T. (1912).« Und nach einer allgemeinen Orientierung über die formgeschichtliche Betrachtungsweise: »Ein besonderer Fall ist der der *synoptischen Evangelien*. Nachdem in den genannten Arbeiten von J. Weiß und Wendland manches vorgearbeitet war, ist jüngst ein ganz ausgezeichnetes Buch von M. *Dibelius* erschienen: *Formgeschichte des Evangeliums* (1919).« Es folgt eine kurze Besprechung.[117]

In der Rezension des Buches von Dibelius in ThLZ 1919, die etwas früher als der eben erwähnte Forschungsbericht entstanden sein dürfte, nennt Bultmann gar keine Vorarbeiter, sondern erklärt lediglich, Dibelius' Untersuchung fasse »die vielfachen und tastenden Versuche, über die Literarkritik hinauszukommen, in energischer Fragestellung zusammen und . . . (wisse) die formgeschichtliche Betrachtungsweise für die Erzielung weittragender Ergebnisse fruchtbar zu machen«[118].

Im Mai und Juni 1920 erscheint in der Wochenschrift für Klassische Philologie Bultmanns Besprechung von Karl Ludwig Schmidts Buch »Der Rahmen der Geschichte Jesu«. Hier wird Johannes Weiß noch einmal genannt, aber *nicht* wie noch im Jahr zuvor als programmatischer Wegbereiter der Formgeschichte, sondern lediglich als Vertreter der »Kritik am Markus-Aufriß, an seinen geographischen und chronologischen Angaben«; statt dessen: »Vor allem hatten Wellhausens Arbeiten an den Synoptikern es deutlich als Hauptaufgabe erkennen lassen, Tradition und Redaktion in den Evangelien voneinander zu scheiden; und immer klarer war erkannt worden, daß der alte Traditionsstoff ganz wesentlich aus Einzelstücken besteht, und daß aller Zusammenhang nur sekundäres Redaktionswerk ist. Von dieser Erkenntnis ist z. B. P. Wendlands Darstellung der Synoptiker in seinen ›urchristlichen Literaturformen‹ getragen.«[119]

Johannes Weiß wird hier, wie dann im Vorwort zur »Geschichte der synoptischen Tradition«, nicht mehr genannt. Warum? So richtig es ist, daß Bultmann »Anstoß« genommen hat »an dem traditionalistischen Verfahren, mit dem Weiß aufgrund der Papiasnotiz in großem Maße Petruserinnerungen im Markusevangelium entdeckt« – hat ihm dieser Anstoß »die Verdienste von J. Weiß verdunkelt«, wie Schmithals auf der Suche nach einem Grund für dieses Verschweigen vermutet?[120] Wäre diese Vermutung richtig: Wie hätte Bultmann dann noch zu einem Zeitpunkt, als seine »Geschichte der synoptischen Tradition« schon nahezu fertiggestellt[121] und damit seine Skepsis gegen die historische Valenz der synoptischen Einzelstücke längst formuliert war, – wie hätte Bultmann noch 1919 sehr bewußt J. Weiß' RGG-Artikel als eine programmatische Vorarbeit für die formgeschichtliche Erforschung der synoptischen Evangelien bezeichnen können? Man könnte, um den ins Auge gefaßten Abstand zwischen Bultmann und Weiß zu unterstreichen, ergänzend darauf verweisen, daß Bultmann 1919/20 den (nur als religiöser Moralist erkennbaren) »historischen Jesus« selbst programmatisch in eine systematisch-theologische Perspektive rückt derart, daß historische Erkenntnis den Glauben – die »Religion« –

---

[117] Oldenburgisches Kirchenblatt 25, 1919, 119f.

[118] ThLZ 44, 1919, 173.

[119] Wochenschrift für Klassische Philologie 37, 1920, 210.

[120] SCHMITHALS, Johannes Weiß, 396.

[121] Bultmann schloß die Arbeit an der »Geschichte der synoptischen Tradition« kurz »vor Weihnachten« 1919 ab (Brief an W. Bousset vom 1. 2. 1920). Vgl. auch Brief an W. Fischer vom 23. 6. 1919.

weder begründen noch normieren könne[122]; aber auch daraus läßt sich die Vermutung einer unbewußten Verdunkelung der formgeschichtlichen Verdienste Weiß' schwerlich ableiten oder erhärten. Eine andere Möglichkeit ist zu erwägen: Bultmanns Verschweigen Weiß' könnte mit dem Erscheinen des Werks von Dibelius zusammenhängen bzw. mit Bultmanns Eindruck, daß hier wesentliche Desiderate einer formgeschichtlichen Erforschung der Synoptiker erfüllt seien; aktuell durch dieses Buch – und weniger durch die Kritik an Weiß' größerem historischen Zutrauen zur synoptischen Tradition – wäre Bultmann demnach der ihm grundsätzlich bewußte Rang J. Weiß' als Wegbereiter seiner eigenen formgeschichtlichen Arbeit vorübergehend aus dem Blick gekommen. Da aber auch diese Erklärung nicht erklärt, warum Bultmann in der Wochenschrift für Klassische Philologie 1920 Weiß' RGG-Artikel nicht mehr, wohl aber noch Wendlands »Urchristliche Literaturformen« erwähnt, muß man mit der *Möglichkeit* rechnen, daß Bultmann die von Weiß empfangenen maßgeblichen formgeschichtlichen Impulse im Vorwort der »Geschichte der synoptischen Tradition« aufgrund einer *bewußten Entscheidung* nicht erwähnt. Die Frage bleibt der weiteren Bultmann-Forschung aufgegeben.

2.7 Berufungsfragen

Jülicher hatte seinen Rat, in der Besprechung der Feine-Einleitung zurückzustecken, letztlich mit den zu erwartenden Folgen für Bultmanns akademische Zukunft begründet[123], und dies nicht von ungefähr. Von den 1913 sich verschärfenden Spannungen zwischen den kirchenpolitischen Flügeln, dem preußischen Kultusministerium und den theologischen Fakultäten – speziell Marburgs – über die Berufungspolitik war Bultmann als *theologisch* ambitionierter neutestamentlicher Privatdozent kritischer Provenienz natürlich besonders betroffen. Die Situation war gekennzeichnet durch ein zahlenmäßiges Überwiegen der kritisch bzw. liberal gesinnten Privatdozenten[124] auf der einen, durch den starken politischen Druck der kirchlichen Rechten auf der anderen Seite sowie durch die aus dieser Konstellation sich ergebende Einflußsteigerung des preußischen Kultusministers, der die akademischen Berufungen auszusprechen hatte und deshalb zwangsläufig den Forderungen und der Kritik von links und rechts ausgesetzt war.

Anfang 1913 stellt Jülicher in seiner Schrift »Die Entmündigung einer preußischen theologischen Fakultät ...« »den Tatbestand dahin fest, daß in Bezug auf die Frage, wie sich das preußische Kultusministerium zur ›freien Theologie‹ stelle, kein Zweifel mehr übrig ist, daß es sie mit allen Mitteln, soweit sein Arm reicht, also an seinen Hochschulen bis auf einige Paradegrößen in Berlin auszurotten entschlossen ist, und daß wir unsere jungen Freunde über ihre Sorgen und Befürchtungen nicht beruhigen dürfen. Vorläufig kommt dabei für sie noch nicht die ›Freiheit der Aussprache‹ in Betracht, wohl aber ihr Aufsteigen in der akademischen Laufbahn. Was ich seit 10 Jahren geübt habe, wird jetzt für

---

[122] Vgl. dazu unten Kap. IV.

[123] Vgl. oben S. 49.

[124] Bultmann sieht den Grund dafür »erstens in der Tatsache, daß die orthodoxen Privatdozenten sehr schnell befördert werden, während wir warten müssen und unsere Zahl sich dadurch vermehrt, zweitens darin, daß die wirklich tüchtigen Arbeiter durch die Sache zur historisch-kritischen Theologie getrieben werden« (Brief an W. Fischer vom 2. 11. 1913).

jeden Kollegen dringende Pflicht, daß er junge Theologen von besonderer wissenschaftlicher Begabung vor der akademischen Laufbahn warnt, sobald sie sich nicht der in Preußen herrschenden Partei zur Verfügung stellen oder wenigstens ihren Führern niemals über den Weg laufen, d. h. sich von dem eigentlich *theologischen* Arbeitsgebiet fernhalten. Was ihnen in Preußen und den seinem Vorgehen getreulich folgenden Nachbarstaaten (zur Einflußzone gehört auch Straßburg!) bevorsteht, ist das Steckenbleiben – nach einem Jahrzehnt verbitterten Wartens – in der Ecke irgend eines Extraordinariats. Solange überhaupt noch andere Lehrkräfte, selbst erst in der Habilitation begriffene, aufzutreiben sind, werden diese auf den Listen der ›Gläubigen‹ eher einen Platz erlangen als sie. Vor dem Zudrang zu dem überfüllten Oberlehrerberuf öffentlich zu warnen, gilt als Ehrenpflicht; sollte es dann nicht auch Pflicht sein, ›freie‹ Theologen vor dem zwar nicht überfüllten, aber wegen Seuchengefahr *für sie gesperrten* Beruf des theologischen Dozenten zu warnen?«[125]

Am 5. 4. 1913 kommt es im preußischen Abgeordnetenhaus zu einer Debatte über die Schrift Jülichers; Bultmann schreibt darüber am 4. 5. 1913 an W. Fischer: »Die kirchenpolitischen Vorgänge sind höchst unerfreulich. Über Jülichers Broschüre ›Die Entmündigung einer preußischen theologischen Fakultät‹ ist im Landtag schmählich geredet worden. Nur Liebknecht hatte sie gründlich gelesen und sich ihrem Eindruck nicht verschließen können. Am schlimmsten hat der Kasseler Konsistorialpräsident geredet (informiert durch einen Reichsbotenartikel und ungetrübt durch Kenntnis der Broschüre), der der liberalen Theologie vorhielt, wie sie zu Gotteslästerung und Monismus führe. Herrmann hat ihm in einem offenen Brief sehr würdig geantwortet[126]. – Sei froh, daß Du für eine Weile aus Preußen heraus bist!«

Veranlaßt durch die erwähnte Rede des Konsistorialpräsidenten Freiherr von Schenk zu Schweinsberg gibt Heitmüller nun auch seinen RGG-Artikel »Jesus Christus. I.–III.«[127] als Buch heraus[128]; denn jener hatte mit Bezug auf eine Passage des Heitmüller-Artikels erklärt: »Hier hört das auf, was man sonst als theologische Richtung bezeichnet; hier tritt uns eine Anschauung entgegen, die von dem, was wir sonst als christliche Anschauung bezeichnen, total verschieden ist ... Diesen Bestrebungen darf nicht nachgegeben werden, auch nicht unter dem Mantel akademischer Lehrfreiheit. ... Der Herr Kultusminister (muß) als der erste Berater der Krone auf der Höhe christlicher Weltanschauung stehen und diesen seinen Standpunkt auch in seinen Erlassen und Handlungen zum Ausdruck bringen«[129].

Unter diesen Umständen war Bultmanns Hoffnung, bald auf eine Professur berufen zu werden, eher gedämpft. »Man wird seine Arbeit eben weiter treiben und vorläufig die Hoffnung nicht verlieren«, schreibt er am 11. 1. 1914 darüber an W. Fischer. Am 21. 6. 1914 weiß er demselben immerhin zu berichten: »Übrigens sind meine Aussichten, wenn auch nicht glänzend, so doch auch nicht schlecht. Es sind augenblicklich fünf neutestamentliche Stellen (Ordinariate und Extraordinariate) zu besetzen. Ich werde freilich mit sehr großer Wahrscheinlichkeit nicht drankommen. Immerhin ist es schon angenehm, wenn man dabei

---

[125] JÜLICHER, Entmündigung, 36.

[126] Vgl. W. HERRMANN, Offener Brief an den Konsistorialpräsidenten Freiherrn von·Schenk zu Schweinsberg, Mitglied des Abgeordnetenhauses zu Berlin, ChW 27, 1913, 417–421.

[127] RGG¹ III, 343–410.

[128] W. HEITMÜLLER, Jesus, Tübingen 1913.

[129] Zitiert nach ebd., Anlage, 183f., dort z. T. hervorgehoben.

genannt wird. Der orthodoxe Nachwuchs ist spärlich und in seinen vorhandenen Exemplaren ziemlich kümmerlich. «[130]

Nach vier Jahren als Privatdozent wurde Bultmann im September 1916 auf das
neutestamentliche Extraordinariat nach Breslau berufen – wieder, wie schon als
zweiter Repetent der Stipendiatenanstalt und in gewisser Weise auch als Privatdozent für Neues Testament in Marburg, in der Nachfolge Walter Bauers, der
von Breslau nach Göttingen gewechselt war.

> Noch am 19. 8. 1916 hatte Heitmüller an Bultmann geschrieben: »Was die Sache Breslau
> angeht, so weiß ich nicht mehr, als ich am Schluß des Semesters wußte und Ihnen *zum Teil*
> andeutete. Es ist alles geschehen, was geschehen konnte. Nicht ohne einen gewissen
> Humor und einen leisen Anflug von Ironie habe ich's konstatiert und beobachtet, daß,
> während Sie sorglos und intensiv Ihrem Glück lebten« – Heitmüller nimmt Bezug auf die
> im August 1916 erfolgte Verlobung Bultmanns mit Helene Feldmann[131] und die ihr
> vorausgehende Marburger Zeit –, »ich (und andere) mehr als Sie um Ihre Zukunft sorgten
> und für sie handelten. Möchte es Erfolg haben. Viel Hoffnung habe ich nicht. Aber die
> Sache liegt auch nicht *ganz* hoffnungslos. «

2.8 Atmosphärisches

Unter dieser Überschrift, die eine gewisse Verlegenheit signalisiert, kommen
zum Schluß der Darstellung von Bultmanns Marburger Jahren 1907–1916 drei
Relationen zur Sprache, die in ihrer Bedeutung für die akademisch-theologische
Existenz des Privatdozenten hoch zu veranschlagen sind: Bultmanns Verhältnis
zu seinen Kollegen, zu dem in der Studentenschaft sich manifestierenden »neuen
Geist«, zum Krieg.

2.8.1 Kollegen

In seiner autobiographischen Skizze von 1969[132] erinnert sich Bultmann »mit
besonderer Freude« an die »durch den Verkehr und Austausch« mit Lehrern und
Kollegen reichen Jahre 1907–1916. Er nennt namentlich J. Weiß und W. Heitmüller, M. Rade und den 25 Jahre älteren Privatdozenten-Kollegen Rudolf
Günther, »den großen Kenner der christlichen Kunst und Dichtung«. Von ihnen
allen war schon die Rede.[133] Bultmann nennt weiterhin die Philosophen H.
Cohen und P. Natorp, die die »Marburger Atmosphäre« wesentlich mitbe-

---

[130] Zu diesem Komplex vgl. außer den schon genannten folgende Briefe an W. Fischer: 7. 4.
1913; 10. 7. 1913; 4. 6. 1914, außerdem noch M. RADE, ChW 31, 1917, 297f. (in der Rubrik
»Kleine Mitteilungen«), sowie – vermutlich ebenfalls von M. RADE – den Artikel »Die Behandlung der verschiedenen theologischen Richtungen an den preußischen evangelisch-theologischen Fakultäten« in: »An die Freunde«, Nr. 56 vom 8. 7. 1916, 639–644 (der genannte Art.
trägt das Datum 20. Juni 1916).
[131] Vgl. Anzeige in ChW 30, 1916, 655.
[132] Vgl. Barth-Bultmann-Briefwechsel, 323; dort auch die folgenden nicht eigens nachgewiesenen Zitate.
[133] S. o. S. 22f. 41f. 24f. 45 mit Anm. 73.

stimmt hätten, und fährt fort: »Bereichernd war auch der Austausch mit den jungen Gelehrten, die damals wie ich an ihrer Habilitation arbeiteten oder schon habilitiert waren.« Unter ihnen, die »einen gemeinsamen Mittagstisch (hatten), den teils humoristische, teils kritische Gespräche lebendig machten, sodaß er auch in den Ruf einer lästernden Gesellschaft geriet«, hebt Bultmann besonders hervor den »klassischen Philologen Christian Jensen«, der nach seiner 1912 erfolgten Berufung auf ein Königsberger Extraordinariat weiter mit Bultmann korrespondierte, »und dessen Nachfolger Friedrich Pfister«, der 1914 in Marburg Privatdozent wurde und dem – inzwischen Professor in Tübingen – Bultmann 1921 im Vorwort zur »Geschichte der synoptischen Tradition« Dank abstattet.[134] Außer von diesem »schätzenswerten neuen Kollegen« berichtet Bultmann im Brief an W. Fischer vom 21. 6. 1914 von dem »früheren Studiengenossen« Emil Balla, 1914–1915 Privatdozent für Altes Testament in Marburg, als einer »Bereicherung unseres Kreises«. Zu diesem Kreis gehörte ab 1915 auch Walter Baumgartner, mit dem Bultmann in einen auf gemeinsame theologische Herkunft (Gunkel) sowie gemeinsame Interessen (z. B. »persönliche . . . Freude an der bunten Welt der Märchen«[135]) gegründeten intensiven wissenschaftlichen und freundschaftlichen Austausch trat.

Baumgartner erinnert sich im Jahr 1954[136]: »Als ehemaligem klassischen Philologen imponierte mir Deine Vertrautheit mit der klassischen Literatur – in Deiner Dissertation betraf sie erst die Philosophen, später immer mehr auch die Dichter und besonders die Tragiker – die Dich so scharf den Unterschied zwischen griechischem und (alt- und) neutestamentlichem Denken sehen ließ. Brennend interessierte mich auch, wie Du den religionsgeschichtlichen Problemen des Urchristentums nachgingst, dem alttestamentlichen und jüdischen Erbe wie dem Verhältnis zu den Religionen der Umwelt. Schon 1915 lasen wir zusammen die Damaskusschrift, wenn ich ihr auch damals nicht das gebührende Interesse entgegenbrachte. Durch Dich wurde ich auf die Oden Salomos und auf die Mandäer aufmerksam . . . Lehrreich und vorbildlich war mir aber auch Deine scharfsichtige und tiefgründige Exegese. Und vom Alten Testament her brachte ich volles Verständnis mit für das Anliegen, das Dich zur Forderung einer ›Entmythologisierung‹ der biblischen Botschaft trieb.« Reicht diese Erinnerung auch über die erste gemeinsame Zeit in Marburg (bis 1916) hinaus – 1921 bis 1928 lehrten Baumgartner und Bultmann wieder zusammen in Marburg[137] –, so gibt sie doch einen wertvollen Einblick in wesentliche Arbeits- und Interessengebiete Bultmanns auch vor 1920.

[134] S. 4*. Von Friedrich Pfister sind im Bultmann-Nachlaß in der UB Tübingen ca. 30 Briefe und Karten vorwiegend aus der Kriegszeit erhalten, dazu zahlreiche Nummern aus der von Pfister für den badischen »Acher- und Bühler Boten« verfaßten Artikelserie »Aus meinem Kriegstagebuch«, von denen einige als Antworten auf Briefe Bultmanns an Pfister (mit Zitaten daraus) konzipiert sind.

[135] W. BAUMGARTNER, Rudolf Bultmann. Zum 70. Geburtstag, ThR NF 22, 1954, 1.

[136] Ebd., 2.

[137] Vgl. ebd., 1, außerdem Barth-Bultmann-Briefwechsel, 317, und Brief Bultmanns an H. v. Soden vom 30. 10. 1921: »Mit Baumgartner, den ich auf seinem Spezialgebiet wie als Menschen sehr hoch schätze, bin ich gern und oft zusammen«.

An der Entstehung der »Geschichte der synoptischen Tradition« war Baumgartner, wie seine Karten an Bultmann aus den Jahren 1916–1919 zeigen[138], nicht nur mit lebhaftem Interesse, sondern auch durch spezielle Sach- und Literaturhinweise beteiligt; so wird auch er im Vorwort dankbar erwähnt.[139]

Zum Kreis der Marburger Privatdozenten gehörte auch der Philosoph Nicolai Hartmann, der 1914 zum Militärdienst eingezogen wurde; seine im Nachlaß Bultmanns erhaltenen Briefe und Karten führen vor Augen, welch großen Dienst Bultmann ihm – wie anderen im Feld stehenden Freunden und Kollegen, unter ihnen namentlich E. Balla, L. Frank und Fr. Pfister – durch intensiv gepflegte Korrespondenz erwies.[140]

»Hier habe ich noch niemand gefunden, mit dem ich mich so gut verstehe wie mit Ihnen«, schreibt Christian Jensen am 11. 5. 1912 aus Königsberg. »Daß Sie uns, auch mir, *sehr fehlen,* werden Sie sich wohl denken, ich will es aber doch auch ausdrücklich sagen«, schreibt Heitmüller am 7. 11. 1916 nach Breslau. »Ich vermisse es oft, daß ich mit niemandem hier über alle die Dinge, die einen da beschäftigen, recht reden kann«, bedauert Baumgartner Bultmanns Weggang aus Marburg auf einer Karte vom 11. 5. 1917. Kein Zweifel: Daß, wie Bultmann am 10. 7. 1913 an Fischer schreibt, »der Verkehr mit den Kollegen . . . sehr nett« war, lag ganz wesentlich an ihm selbst, der die Gemeinschaft innerhalb und außerhalb der Arbeit bewußt pflegte und seine Gaben in sie einbrachte. Nicht abgesondert von den persönlichen Beziehungen zu Lehrern, Freunden und Kollegen vollzog sich Bultmanns wissenschaftliche Arbeit; in ihrer spezifischen Sachlichkeit bildete sie nicht nur einen hervorragenden Faktor in dem Prozeß der Ausbildung zur freien, selbständigen Persönlichkeit, sondern sie war darüber hinaus, wie es der wohl zu beachtenden Sozialdimension solchen Persönlichkeitsideals entspricht, in den »Verkehr und Austausch« innerlich einbezogen – in welcher Formel denn auch das Mehr gegenüber einer bloß fachwissenschaftlichen Kommunikation schön zum Ausdruck kommt. Bultmann hatte seine Verdienste an der guten, fruchtbaren Atmosphäre unter den »jungen Gelehrten« Marburgs. »Ich weiß ja, daß man mich gerne hatte und ungern gehen sieht, besonders im Kränzchen«, schreibt er am 4. 10. 1916, tags zuvor von Marburg abgereist, aus Breslau an H. Feldmann.

---

[138] Weitere Karten dann aus den Jahren 1930 ff.

[139] ¹1921, 4*. Zur Beziehung Baumgartner–Bultmann vgl. auch den Brief W. Baumgartners an Bultmann vom 15./21. 9. 1969, im Nachlaß Bultmann, UB Tübingen.

[140] Vgl. BULTMANN LEMKE, Nachlaß, 200 f. Leider sind die in diesem Aufsatz wiedergegebenen Briefpassagen sehr häufig nicht korrekt. Ein minder gravierender Fall ist das Zitat aus Hartmanns Brief vom 20. 2. 1916, ebd., 201, wo es – ich will nur exemplarisch einen Eindruck davon vermitteln – heißen muß statt »kleine«: »kleinen«, statt »halbmonatlichen«: »halbamtlichen«, statt »vielen«: »viel«, statt »ist sonderbar«: »ist ja sonderbar«, statt »wohlgerundete«: »wohlgegründete«.

2.8.2 »Neues geistiges Leben in der Studentenschaft«

»In Marburg erlebte ich in meiner letzten Zeit dort vor dem Kriege und am Anfang des Krieges mit Freuden, wie neues geistiges Leben in der Studentenschaft rege wurde und sich zum Teil höchst erfreuliche Formen schuf. Ich habe damit auch immer noch ein wenig Zusammenhang behalten und setze Hoffnungen darauf. Hier gibt es das leider nicht«, schreibt Bultmann am 8. 9. 1919 aus Breslau an W. Fischer.

Im Lauf des Jahres 1914 hatte Bultmann Fühlung gesucht mit der »Akademischen Vereinigung Marburg« (A.V.), von welcher, 1912 als »studentische Selbsterziehungsgemeinschaft« gegründet, entscheidende Anregungen für die Selbstorganisation der Jugendbewegung als »Freideutsche Jugend« im Oktober 1913 auf dem Hohen Meißner bei Kassel ausgegangen waren.[141] In Marburg fand im März 1914 der erste Vertretertag der »Freideutschen Jugend« statt, in Marburg erschien ab Dezember 1914 deren gleichnamiges Organ.[142] Im Brief vom 4. 6. 1914 berichtet Bultmann W. Fischer recht ausführlich von den »Reform-Bestrebungen in der Studentenschaft«:

»Wandervogel, Freischar – und wie diese neuen Vereinigungen heißen, zu denen auch die Akademische Vereinigung gehört, – wollen neuen geistigen Inhalt in die Studentenschaft bringen. In ihrer Literatur liest man vielen Überschwang und manche Phrasen, aber mehr ehrliche Begeisterung und guten Willen. Ich habe in diesem Semester, um die Praxis der Sache kennen zu lernen, mehrmals diese Leute besucht und mich an ihrem Treiben gefreut. Es ist ein weit höheres geistiges Niveau als im Durchschnitt der Studentenschaft. Wissenschaftliches Arbeiten (keine Facharbeit) und Kunst wird bei ihnen gepflegt und dazu – was mir fast am meisten gefällt – eine feine, vornehme Art der Geselligkeit, bei der sich nicht nur Studenten und Studentinnen treffen, sondern auch Dozentenfamilien. Jetzt feiern sie, wie gesagt, ein mehrtägiges Fest mit allen möglichen Veranstaltungen . . . Ich beobachte dies Treiben mit gemischten Gefühlen. Viel davon hätte uns in Tübingen [sc. im ›Igel‹] auch gut getan, wo die Pflege des geistigen Lebens rein dem Zufall bzw. den einzelnen Personen überlassen war. Ob bei der neuen Weise auch die rechte Kameradschaftlichkeit, der rechte Leichtsinn und Übermut seine Stätte hat [wieder ist zu ergänzen: wie im ›Igel‹], ist mir vorerst noch fraglich. Weniger machte ich mir aus gewissen Übertreibungen und dem Radikalismus; das gehört zum Anfang einer neuen Sache. Auf alle Fälle sind diese neuen Vereinigungen Träger von wertvollen Ideen und Kräften, und ich wünsche nur, daß das Wertvolle auch von den anderen Verbindungen angenommen wird, damit sie nicht überholt werden.«

Daß Bultmann eigentlich gar nicht anders als »mit Freuden« registrieren konnte, »wie es sich in der deutschen Jugend regt«[143], zeigt exemplarisch seine

---

[141] Vgl. Brockhaus-Enzyklopädie, Bd. 1, Wiesbaden 1966, 248.

[142] Vgl. A. Kracke (Hg.), Freideutsche Jugend. Zur Jahrhundertfeier auf dem Hohen Meißner 1913, Jena 1913; W. Uhsadel, Art. Jugendbewegung I. Geschichte und Bedeutung . . . II. Jugendbewegung und ev. Kirche, RGG³ III, 1013–1018.1018–1020, speziell 1015 f.

[143] So im Brief an W. Fischer vom 23. 6. 1919.

im Marburger Studentengottesdienst am 23. 6. 1912 gehaltene Predigt bzw. Rede »Leben und Erleben«[144]:

> »Wir wollen unsere Augen aufmachen! Wir wollen die Lebenskraft, die in uns sich regt, entzünden an dem Leben, das um uns sich bewegt und uns einlädt. Auskosten alle Möglichkeiten des Genießens in Freude und Arbeit. ... Kläglich soll uns vorkommen, wer in jungen Jahren schon abgeschlossen und fertig dazustehen meint. ... Aber für uns alle besteht die Gefahr, daß wir über diesem Leben uns selbst vergessen, daß wir uns daran verlieren. ... Der ist verkommen, ... der nur zügellos war, nicht innerlich frei, grade, aufrecht. Auch der ist verkommen, der nach der Zeit der Freiheit seinen ewigen Durst nach Leben vergißt, seinen Idealismus verliert.«

In der studentischen Bewegung, speziell in der »Akademischen Vereinigung«, fand Bultmann solch qualifiziertes »Leben« sich realisieren, und deshalb beteiligte er sich an ihr. »Es tut mir leid«, schreibt er denn auch im ersten Brief aus Breslau an H. Feldmann vom 4./5. 10. 1916, mit den »A. V.-ern nun nicht mehr zusammensein zu können«; überhaupt sei dies ein Punkt, »weswegen mir der Abschied von Marburg besonders schmerzlich ist: Für das Zusammenarbeiten mit den Studenten war dort doch ein Anfang gemacht, und wie gern hätte ich nach dem Kriege gerade dort mit Hand angelegt, um, was der Krieg unterbrochen hatte, wieder mit fortführen zu helfen.«

Drei Jahre später, am 23. 6. 1919, schreibt Bultmann an W. Fischer: »Hier im östlichen Exil ist freilich die Jugend noch nicht so weit gediehen. Aber es muß noch kommen!«

Als Künder dessen, was die Jugend, aus der stumpfsinnigen und hohlen Arbeitskultur aufbrechend, neu entdeckt hat, tritt Bultmann bereits am 1. 7. 1917 in seiner Breslauer Predigt »Welt der Arbeit – Welt des Spiels« auf[145]:

---

[144] R. BULTMANN, VW, 86–95, Zitate 90f.; zu den »Studentengottesdiensten« vgl. außer ebd., Anhang, 328 Nr. 27, noch [R. GÜNTHER,] MPTh 9, 1912/13, 142 Anm. 1: »Auf Veranlassung der ›Gesellschaft für Fragen des persönlichen Lebens‹ werden an der Universität Marburg i. H. seit dem Wintersemester 1910 ›Studentengottesdienste‹ gehalten. Den Anstoß hiezu gab das Verlangen solcher Studierenden, die sich an den kirchlichen Versammlungen, auch den akademischen Gottesdiensten nicht zu beteiligen vermögen und doch das Bedürfnis nach der Pflege religiöser Gemeinschaft empfinden. Diese Studentengottesdienste finden alle 2–3 Sonntage in einem Hörsaal statt und sind nur Mitgliedern der Universität geöffnet; auch werden sie zu einer Stunde abgehalten, die mit dem kirchlichen Gottesdienst nicht zusammenfällt. Die Sprecher werden vom Vorstand in der Regel aus der Zahl der theologischen Dozenten gewonnen, die sich in diesen Gottesdiensten nicht nur frei bewegen können, sondern auch die Möglichkeit haben, auf die geistige und religiöse Lage der Studierenden besonders einzugehen. Die äußere Form dieser Versammlungen ist so schlicht als möglich. Feststehende Elemente sind nur Rede und Gesang, alles weitere ist dem Redner überlassen. Für den Gesang liegt ein kleines Gesangbuch auf, das für den vorliegenden Zweck zusammengestellt worden ist. Der Besuch bewegte sich bisher [Januar 1913] zwischen etwa 70 und 200 Teilnehmern. D. Red.« Diese Anmerkung, auf die ich erst nach der Edition von R. BULTMANN, VW im Jahr 1984 aufmerksam wurde, ist der »Rede« von W. HEITMÜLLER, Gott schauen und Gott suchen. Rede im Studentengottesdienst in Marburg gehalten, ebd., 142–151, beigegeben; an sie erinnert BULTMANN in seinem Nachruf auf W. Heitmüller, vgl. ChW 40, 1926, 211 mit Anm. *.

[145] R. BULTMANN, VW, 148–162, Zitate 159f.

»Vor allem aber war schon vor dem Kriege unsere Jugend erfaßt von einer Bewegung, die wieder das Leben in der Natur und mit der Natur suchte; die wieder Deutschland durchwanderte und zu den ursprünglichen Kräften der Natur den Zugang suchte in Wald und Wiese, Berg und Tal, die den Zugang suchte zu den Quellen naturhaft alten Volkstums in Lied und Sage. . . . Die Jugend, Kinder haben es uns wieder deutlich vor Augen gestellt. Und mehr lernen wir von den Kindern [solcher ist, dem Predigttext zufolge, das Reich Gottes], von der Jugend. Eine Jugend wuchs heran vor dem Kriege, die das frühreife, altkluge, blasierte Wesen verlor, die wieder Freude am Spiel hatte, am zwecklosen Dasein. . . . Sie verstand es wieder, Feste zu feiern! . . . Die Jugend ist Meister in solchen Festen, oder sie ward es wieder.«

Im Vorkriegs-Marburg, in Bultmanns Beteiligung an der studentischen Bewegung, sind diese Erfahrungen, von denen er hier kündet, lebendig verwurzelt; wie sehr sie auch als lebensgeschichtlicher Hintergrund in der theologischen Kulturkritik Bultmanns um 1920 präsent sind, zeigt besonders deutlich seine Abhandlung »Religion und Kultur« von 1919, auf die im vierten Kapitel ausführlich einzugehen ist.

2.8.3 Krieg

Der »Geist von 1914« hat auch Bultmann ergriffen. Seine im Brief an W. Fischer vom 23. 6. 1919 enthaltene Selbsteinschätzung: »Ich war zu Anfang des Krieges wie fast alle von der Gerechtigkeit unserer Sache überzeugt und habe an unsern Sieg geglaubt, seit 1916/17 beides aber nicht mehr« –, diese Selbsteinschätzung wird durch die uns bekannt gewordenen Predigt- und Briefäußerungen Bultmanns bestätigt.

Am 21. 4. 1915 schreibt Bultmann, der wegen eines Hüftleidens keinen Kriegsdienst tun konnte, an W. Fischer: »Es ist mir zuerst sehr schwer gewesen, daß ich nicht auch mit hinaus ziehen kann, sondern zusehen muß, wie andre ihr Leben für uns einsetzen. Es ist mir noch immer schwer. Aber ich sage mir jetzt: Es muß auch solche geben, die diese Zeit in der Heimat miterleben. Man hat auch hier seine Aufgabe, sich zu bemühen, daß das Miterleben rein und ohne Mißklang sei.« Und noch im Brief an denselben vom 3. 2. 1916 bedauert er, daß ihm »das Größere – der Dienst mit der Waffe – verschlossen« sei; denn: »Von der Größe der wissenschaftlichen Arbeit ist man jetzt nicht gerade erfüllt, aber man tut seine Pflicht und lernt seine Befriedigung dabei finden, so gut es gehen will«.[146]

In seinen Kriegspredigten – es sind in der Tat fast ausnahmslos *Kriegs*predigten, die Bultmann in jener Zeit gehalten hat[147] – bemüht Bultmann sich, dem

---

[146] Noch im Lauf des Jahres 1916 muß sich Bultmann – zum wiederholten Mal? – zum Kriegsdienst gemeldet haben; im Bultmann-Nachlaß, UB Tübingen, ist ein Schreiben des Berliner Kriegsministeriums/Allg. Kriegsdepartement vom 25. 7. 1916 an Bultmann erhalten: »Nach Mitteilung der königlichen Inspektion der Fliegertruppen ist Ihre Einstellung bei der Fliegertruppe infolge Ihres Beinleidens leider nicht möglich.«

[147] Die Ausnahme ist die am 1. 7. 1917 in Breslau gehaltene Predigt über Mk 10,13–16, »Welt

Krieg als einem Geschehen, in dem Gott uns Großes zumutet und abfordert, aber auch zutraut und verheißt, *theologisch* zu entsprechen. Dabei weicht die anfängliche, von dem 1914er Geist durchwehte religiös-patriotische Gewißheit, »daß unsere Sache Gottes Sache ist«[148], zunehmend der Skepsis gegenüber einem Standpunkt, der – Erfolg und Sieg: Gott mit uns!; Mißerfolg und Niederlage: Strafe und Gericht – »so schnell die Absichten der göttlichen Weltregierung durchschaut«. Diese Skepsis bedeutet aber keine theologische Resignation; Bultmann weist die Auffassung: »In diesem Kriege und seinem Grauen ist Gott nicht« als »leichtfertig und würdelos« zurück.[149] Vielmehr kann ihm das Unbegreifliche, das den Atem Beraubende des Krieges zum Interpretament des Geheimnisses werden, das Gott – als der »unendlich sich offenbarende«[150] – bleiben *muß*. Bultmann kann es ungeachtet der »Pflicht, zu schaffen, daß etwas so Entsetzliches wie dieser Krieg nicht wieder über die Erde kommt«[151], dem Krieg geradezu danken, daß »unser Gottesbild in Trümmer gegangen« ist, »daß wir den falschen Begriff verloren haben«, daß wir jetzt sehen: »Wir haben ihn uns zu klein vorgestellt.«[152] Ohne dies in unserer Untersuchung weiter ausführen zu können, stellen wir hier nur fest, daß diese theo-logische Wahrnehmung und dies theo-logische Aushalten des Krieges in Beziehung steht zu, ja geradezu ermöglicht wird von Bultmanns schon vor dem Krieg einsetzender zunehmenden Betonung der Jenseitigkeit Gottes[153], der nie ein begriffener Gott sein kann. Für Bultmanns Theologie im engen Sinne des Gottesgedankens trifft sicherlich zu, was er selbst 1928 im Brief an Erich Foerster erklärt: »Für viele sind freilich die Eindrücke des Krieges die Veranlassung zu einer Revision ihrer Daseinsbegriffe gewesen; ich gestehe Ihnen, daß das für mich nicht zutrifft ... Ich glaube ... nicht, daß der Krieg meine Theologie beeinflußt hat.«[154]

Bultmann hat den Krieg intensiv miterlebt. »In unsrer Arbeit, in unsren menschlichen Beziehungen, in unsrem ganz persönlichen Leid wie in unsrer Freude soll ... ein Ton mitklingen, ein Ton des Gedenkens an die, die draußen stehen.«[155] Davon, daß Bultmann selbst diese sittliche Weisung, ausgesprochen in der in mehreren Oldenburgischen Dörfern 1915 gehaltenen Predigt über Gal 6,2, befolgt hat, zeugen exemplarisch und je in ihrer Weise Nicolai Hartmanns und anderer Kollegen Briefe an Bultmann und Bultmanns Briefe an Helene Feldmann.

Bultmann hat den Krieg miterlitten. Menschen, die ihm sehr nahestanden,

---

der Arbeit – Welt des Spiels« (vgl. oben S. 60 Anm. 145), obwohl auch dort Kriegsbezüge nicht fehlen.

[148] R. BULTMANN, VW, 121.
[149] Ebd., 142.
[150] Ebd., 146.
[151] Ebd., 142.
[152] Ebd., 139.
[153] S. u. Kap. IV.
[154] SCHMITHALS, Ein Brief Rudolf Bultmanns an Erich Foerster, 72 f.
[155] R. BULTMANN, VW, 128.

fielen: im Februar 1917 der dreizehn Jahre jüngere Bruder Arthur[156], im Juli 1917 der alte Schulfreund Leonhard Frank[157].

»Ich bin schon längst für die Verständigung eingetreten und habe schon 1917 schweren Herzens die Abtretung von Elsaß-Lothringen als notwendig vorausgesehen«, schreibt Bultmann an W. Fischer am 23. 6. 1919. Es ist kein Zweifel, daß Bultmann spätestens seit 1917, d. h. seit der Zeit, die den Zerfall des »Burgfriedens« und die Polarisierung der Kriegszielauffassungen zu der Alternative »Siegfrieden oder Verständigungsfrieden« brachte[158], entschlossen auf der Seite der Verständigung stand.

3. Zeit als außerordentlicher Professor in Breslau (1916–1920)

Nachdem Bultmann am 8. 9. 1916 den Ruf auf das neutestamentliche Extraordinariat in der Evangelisch-Theologischen Fakultät der Schlesischen Friedrich-Wilhelms-Universität zu Breslau erhalten und ihn nach der Befreiung vom Amt des Repetenten an der Stipendiatenanstalt Marburg zum Wintersemester 1916/17 angenommen hatte[1], lehrte er in Breslau bis zum Sommersemester 1920. Nach einer Übersicht über die von Bultmann dort gehaltenen akademischen Lehrveranstaltungen (3.1) stellen wir Bultmanns Beziehungen zu den Breslauer Fakultätskollegen und Freunden, namentlich zu dem Pfarrer Ernst Moering, dar (3.2), gehen dann auf seine literarische und außeruniversitäre Vortragstätigkeit jener Jahre ein (3.3) und fragen schließlich nach seiner Stellung in Politik und Kirchenpolitik in der Zeit des ausgehenden Krieges und der »Revolution« (3.4).

3.1 Lehrtätigkeit an der Universität

Der folgenden Übersicht über Bultmanns in Breslau abgehaltenen akademischen Lehrveranstaltungen liegen, soweit nichts anderes vermerkt ist, die betreffenden Vorlesungsverzeichnisse zugrunde.

WS 1916/17	Erklärung des Johannesevangeliums[2] (4stdg.)
SS 1917	Erklärung des Galaterbriefs (2stdg.)
	Neutestamentliche Theologie (4stdg.)
WS 1917/18	Erklärung des Römerbriefs (4stdg.)

---

[156] Vgl. Anzeige in ChW 31, 1917, 179.
[157] Vgl. oben S. 7 Anm. 9.
[158] Vgl. dazu BRAKELMANN, Der deutsche Protestantismus im Epochenjahr 1917, 13 ff.
[1] Vgl. oben S. 34 f.
[2] Diese Ankündigung ist nicht mit einem Namen, sondern mit dem Titel »Ein zu berufender Professor« versehen; daß Bultmann tatsächlich über Joh gelesen hat, bestätigt sein Brief an H. Feldmann vom 6./8. 12. 1916.

SS 1918	Erklärung der synoptischen Evangelien (4stdg.)
	Einleitung in das Neue Testament (4stdg.)
WS 1918/19	Erklärung des Johannes-Evangeliums (4stdg.)
»Zwischensemester« Febr. bis April 1919[3]	Geschichte des apostolischen und nachapostolischen Zeitalters (4stdg.)
	Einleitungsfragen der paulinischen Briefe (2stdg.)
SS 1919	Erklärung des Galaterbriefs (2stdg.)
	Die Religion des Neuen Testaments (Neutestamentliche Theologie) (4stdg.)
WS 1919/20	Einleitung in das Neue Testament (4stdg.)
	Einführung in die allgemeine Religionsgeschichte (2stdg.)
SS 1920	Paulus (mit Interpretation wichtiger Partien seiner Briefe) (4stdg.).

Außerdem hielt Bultmann regelmäßig »Neutestamentliche Übungen für Anfänger«[4] ab.[5]

Sofort bemühte Bultmann sich, in näheren Kontakt mit seinen Studenten zu kommen. »Ich habe es so gemacht, daß ich ein für alle mal gesagt habe, ich sei alle 14 Tage am Dienstag Abend zu Hause und würde mich freuen, wenn jemand käme, eine Zigarre bei mir zu rauchen«, berichtet er H. Feldmann am 21. 11. 1916[6] über das in Breslau nicht übliche Verfahren, und tags darauf erzählt er von dem ersten dieser Abende: daß »alle Leute aus den Übungen« gekommen seien – nämlich fünf –, daß die schlesischen Studenten zwar »nette und fleißige Leute« seien, »gewandter und lebendiger als die in Hessen«, daß aber ihr »Gesichtskreis« und ihre »Interessen« beschränkt seien – Folge auch der »ausgedehnte(n) Stipendiatenwirtschaft«.[7] Noch von weiteren solchen Abenden hören wir gelegentlich – es liegt Bultmann viel daran, etwas von der Marburger Atmosphäre in »Arbeit und Spiel« auch unter Breslaus Studenten lebendig werden zu lassen.

---

[3] Das »Vorlesungsverzeichnis für das Zwischensemester vom 3. Februar bis 16. April 1919«, »Evangelisch-theologische Fakultät« fand ich als Rückseite von Blatt 6 des Breslauer Vortragsmanuskripts »Die Weltanschauung der Aufklärung«, vgl. EVANG, Berufung 15 mit Anm. 34 (hier muß es statt »S. 1–9 . . . S. 10–20« heißen: »S. 1–8 . . . S. 9–20«).

[4] Im Wintersemester 1917/18 mit dem Zusatz »Apostelgeschichte, 2. Teil« versehen. Dem Brief an H. Feldmann vom 2./3. 11. 1916 zufolge hielt Bultmann im Wintersemester 1916/17 außerdem noch ein »Neutestamentliches Repetitorium für Kriegsteilnehmer« (2stdg.) ab.

[5] Für das Wintersemester 1920/21, in dem Bultmann dann schon in Gießen wirkte, kündigte er in Breslau noch an: »Erklärung des Römerbriefes« (4stdg.) und »Neutestamentliche Übungen (Probleme der Paulusforschung)« (2stdg.).

[6] BULTMANN LEMKE, Nachlaß, 201 Anm. 5, datiert diesen Brief auf »21. November 1917«, was mir ganz unwahrscheinlich vorkommt. Leider lag mir der Brief nicht vor.

[7] Brief an H. Feldmann vom 22./24. 11. 1916.

3.2 Kollegen und Freunde in Breslau, namentlich Ernst Moering

In Stadt und Fakultät Breslau ist Bultmann während der vier dort zugebrach-
ten Jahre nicht eigentlich heimisch geworden. In Briefen aus jener Zeit – insbesondere denen an Martin Rade[8] – lesen wir wiederholt von der Sehnsucht nach
Marburg und von der Schwierigkeit, mit den Breslauer Kollegen in der Fakultät
in guten Kontakt und fruchtbaren Austausch zu treten. Daß Bultmann diesen
Mangel recht schmerzlich empfand, belegt ein Brief an A. Jülicher vom 18. 12.
1916[9]: »Von der Fakultät bin ich sehr freundlich aufgenommen . . . Daß ich im
allgemeinen nicht das Gefühl habe, in einer so schönen Arbeitsgemeinschaft zu
stehen wie in Marburg, werden Sie begreifen. Das ist etwas bedrückend. . . . Das
Gefühl, die Arbeit nicht in einer gleichgestimmten Atmosphäre treiben zu
können, ist doch nichts Erfreuliches. . . . Ich hoffe, daß sich in kommenden
Friedenszeiten auch Beziehungen durch Arbeit und Interessen mit jüngeren
Kollegen anderer Fakultäten ergeben werden, wie ich sie in Marburg ja auch in
schönster Weise gehabt habe.«

Symptomatisch für die Distanz zu den Fakultätskollegen und zugleich aufschlußreich für Bultmanns Einschätzung der mutmaßlichen Gründe dafür ist im
selben Brief eine Äußerung über den neutestamentlichen Ordinarius *Gustav
Hoennicke,* dessen Synoptiker-Vorlesung und neutestamentliche Übungen Bultmann als Student im Sommersemester 1905 in Berlin besucht hatte: »Hoennicke
schlug mir gleich denselben Vorlesungs-Turnus vor, den er mit Bauer las. Auch
sonst schien er anfangs geneigt, Verkehr mit mir zu pflegen; doch habe ich in den
letzten Wochen den Eindruck gewonnen, daß er keinen besonderen Wert darauf
legt, vielleicht weil ich mich als weniger leicht Einflüssen zugänglich zeigte, als
er gedacht hatte. Ich denke aber, ich werde äußerlich gut mit ihm auskommen.«[10]

Eine Ausnahme machte *Rudolf Otto,* in dessen Nachbarschaft Bultmann auf
Ottos Wunsch hin zu wohnen kam[11] und mit dem er, anders als später in
Marburg[12], »einen regen und fruchtbaren Verkehr«[13] und »schöne Gemein-
schaft«[14] hatte; doch wurde Otto zum Wintersemester 1917/18 als Nachfolger
Wilhelm Herrmanns nach Marburg berufen, was Bultmann für sich und Breslau
sehr bedauerte.[15]

---

8 Im Nachlaß Rade in der Universitätsbibliothek Marburg, Ms. 839.
9 Im Nachlaß Jülicher in der Universitätsbibliothek Marburg, Ms. 695/294.
10 Ebd.; zu Hoennicke vgl. oben S. 18.
11 Vgl. Brief an H. Feldmann vom 26. 9. 1916. R. Ottos Postkarte an Bultmann vom 18. 9.
1916 (Poststempel) mit der Empfehlung, wegen einer zu mietenden Wohnung möglichst bald
nach Breslau zu reisen, läßt vermuten, daß sich Bultmann – durch Heitmüller veranlaßt? – von
sich aus an Otto gewandt hatte.
12 Vgl. Barth-Bultmann-Briefwechsel, 317 und 323, sowie Brief an H. v. Soden vom 8. 9.
1922.
13 Brief an A. Jülicher vom 18. 12. 1916.
14 Brief an M. Rade vom 3. 6. 1917.
15 Vgl. Brief an M. Rade vom 2. 12. 1917.

Nachfolger Ottos in Breslau wurde *Heinrich Scholz*, den wir in Bultmanns Briefen als ein nicht sehr aktives Mitglied der »Freunde der Christlichen Welt« kennenlernen, mit dem in nähere Verbindung zu treten Bultmann vergeblich hoffte.[16]

Bemerkenswert ist eine Briefäußerung Bultmanns über den 1918 nach Breslau berufenen theozentrischen Theologen – und Kritiker insbesondere einer religionsgeschichtlich orientierten Theologie[17] – *Erich Schaeder:* »In das Fakultätsleben kommt durch Schäders frische, liebenswürdige Art mehr Zusammenhang, und ich habe, wenn ich mir auch der Grenzen bewußt bin, keinen Grund, mich dem zu entziehen. Übrigens ist es so besonders viel natürlich auch nicht.«[18] Und eineinhalb Jahre später heißt es: »Schaeders Einfluß auf die Studenten ist außerordentlich. Das ist insofern nicht unverdient, als Schaeder wirklich eine anziehende Persönlichkeit ist. Aber für den wissenschaftlichen Geist der Studentenschaft ist der Einfluß [verhängnisvo]ll.«[19] Neben theologischen Divergenzen widerraten auch die Äußerungen Bultmanns über seine politische Isolation gegenüber einer »alldeutsch« gesinnten Mehrheit in der Fakultät – »von Scholz etwa abgesehen, der aber zu neutral ist«[20] – der Annahme, daß Bultmanns Beziehung zu Schaeder besonders intensiv gewesen wäre.

Angesichts der Dürftigkeit der Kontakte zu den Breslauer Kollegen hat die im Juli 1918 geäußerte Vorfreude auf das Erscheinen *Hans von Sodens* in Breslau besonderes Gewicht: »Ich freue mich darauf, daß v. Soden kommt, – aber wer weiß, wann?«[21] Von der Freundschaft zwischen dem 1918 zum außerordentlichen, 1921 zum ordentlichen Professor für Kirchengeschichte in Breslau berufenen und 1924 als Nachfolger A. Jülichers nach Marburg gekommenen Hans von Soden und Bultmann zeugen einerseits die hauptsächlich aus der ersten Hälfte der 1920er Jahre datierende Korrespondenz[22], andererseits der Nachruf Bultmanns auf den am 2. 10. 1945 verstorbenen Kollegen in der »Marburger Presse« vom 9. 10. 1945[23] sowie Bultmanns Vorwort zum ersten Band der »Gesammelten Aufsätze und Vorträge« H. v. Sodens vom Februar 1951.[24]

---

[16] Vgl. Briefe an M. Rade vom 2. 12. 1917; 7. 7. 1918; 1. 9. 1918; 19. 3. 1919. Vgl. aber auch die Notiz in Bultmanns »Chronik« unter dem Jahr 1918: »Griech. Leseabend (Platon: Phaidon, Staat) mit H. Scholz, I. Stenzel, K. Ziegler, Edith Stein.«

[17] Vgl. SCHOTT, *Art.* Schaeder, 1381.

[18] Brief an M. Rade vom 7. 7. 1918.

[19] Brief an M. Rade vom 16. 1. 1920; das letzte Wort des Zitats ist durch Ausriß der Briefmarke bis auf die fragmentarisch erhaltenen »ll« verlorengegangen, doch ist die Ergänzung zu »verhängnisvoll« sachlich und räumlich wahrscheinlich.

[20] Brief an M. Rade vom 1. 9. 1918.

[21] Brief an M. Rade vom 7. 7. 1918; vgl. Postkarte an denselben vom 19. 3. 1919: »Hoffentlich werden wir an v. Soden einen besseren Mitarbeiter in all diesen Dingen [sc. in den Aktivitäten zur Neuordnung der Ev. Kirche] bekommen, als es Scholz, trotz persönlicher Vorzüge, leider ist.«

[22] Zum Teil erhalten im Bultmann-Nachlaß, UB Tübingen.

[23] Als Typoskript erhalten ebd.; vgl. auch R. BULTMANN, VW, Anhang, 341 Nr. 117.

[24] Vgl. H. v. SODEN, Urchristentum und Geschichte I, V–IX.

Aus dem Kreis derer, zu denen Bultmann in seiner Breslauer Zeit in näherer Beziehung stand, sind neben Rudolf Otto und Hans von Soden noch die beiden Breslauer Pfarrer *Wilhelm Gottschick* und *Ernst Moering* zu nennen, mit denen Bultmann nicht nur in der Breslauer Gruppe der »Freunde der Christlichen Welt« und später auch politisch und kirchenpolitisch eng zusammenarbeitete[25], sondern mit denen ihn auch herzliche Freundschaft verband[26], die im Fall Gottschicks bis in die gemeinsame Zeit im Tübinger »Igel« zurückreichte.

»In den Breslauer Jahren bildet sich eine neue, dauernde Freundschaft mit dem Pfarrer Ernst Möring und dessen Frau Isa. Ernst Möring war in der Volksbildung und als Direktor der Volksbücherei tätig[27], nachdem er sich, wie er sagte, ›ausgepredigt hatte‹. ... Ein hochbegabter Mann mit Charisma und Mut, spielten er und seine Frau eine große Rolle im Leben von Rudolf und Helene Bultmann«[28] – Helene Bultmann geb. Feldmann (26. 10. 1892 – 1. 4. 1973), die Bultmann im August 1917 heiratete[29].

Aus den Veröffentlichungen Ernst Moerings, eines Schülers Ernst Troeltschs und Johannes Weiß', bei dem er 1912/14 mit einer formgeschichtlichen Arbeit über »Theophanien, Träume, Visionen in der biblischen Literatur« zum Lizentiaten der Theologie promoviert hatte[30], kann mit einiger Wahrscheinlichkeit auf die kirchlichen und theologischen Themen geschlossen werden, die im Gespräch zwischen Bultmann und Moering in Breslau eine Rolle spielten. Einen Schwerpunkt dieses Gesprächs werden die Bedingungen und Erfordernisse kirchlicher Arbeit in der entkirchlichten Großstadt gebildet haben. Wie Moerings Schrift »Kirche und Männer« von 1917[31] zeigt, forderte er, daß die Kirche ganz anders als bisher auf die in gründlicher sozialökonomischer Analyse zu erhebende Lebenswirklichkeit der Menschen, die sie ansprechen wolle, eingehen und ihr eigenes antiquiertes Erscheinungsbild (quietistische Frömmigkeit, Konservatismus, staatliche Privilegierung, Aversion gegen die Arbeiterbewegung) radikal verändern müsse. Nur so könne die Kirche dem »modernen Menschen«, der bei Moering scharfe Konturen als Großstadteinwohner in beengtesten Wohnverhältnissen, als Rädchen im unpersönlichen Produktionsgetriebe, als Erholungsbedürftiger, als Adressat von Massensuggestion, als so oder so sozialisierter Konfirmand und Konfirmandenvater gewinnt, überhaupt mit ihrer Verkündigung erreichen. Wir finden hier bei Moering, bezogen auf das Erscheinungsbild der Kirche, genau dieselbe apologetisch-theologische Struktur wie später bei Bultmann in bezug auf das antiquierte – mythologische – Erscheinungsbild der neutestamentlichen Überlieferung. Über von der Kirche zu veranstaltende Vorträge, »die die intellektuellen Einwände der Menschen von heute beantworten« sollen, äußert Moering

---

[25] Vgl. unten 3.3.4 und 3.4.

[26] Vgl. Brief an M. Rade vom 3. 6. 1917: »Ich freue mich aber des Verkehrs mit meinem alten Freunde Gottschick und auch vor allem der sich knüpfenden Beziehung zu Moering und seiner Frau. Das sind ganz vortreffliche Menschen.«

[27] Seit 1927, vgl. Bornhausen, *Art.* Moering, 146f.

[28] Bultmann Lemke, Nachlaß, 201.

[29] Vgl. Postkarte Bultmanns an M. Rade vom 24. 7. 1917.

[30] Vgl. E. Moering, Theophanien und Träume in der biblischen Literatur. Auf ihre Darstellungsform untersucht, Diss. theol. Heidelberg, Göttingen 1914. Dieser Druck umfaßt lediglich etwa ein Viertel der gesamten Arbeit.

[31] E. Moering, Kirche und Männer. Eine grundsätzliche Untersuchung über die Unkirchlichkeit der Männer und die Mittel zu ihrer Überwindung, PThHB 21, Göttingen 1917.

die Meinung: »Gewiß schafft man durch solche Aufklärung keine frommen Menschen. Aber solche Vorträge schaffen die Hinderungen für das Entstehen der Frömmigkeit weg.«[32]

Solcher apologetischen Aufgabe ist Moerings 1919 erschienenes »Buch vom neuen Glauben«[33] gewidmet, in dem es zunächst um den Aufweis der *Möglichkeit* religiöser Überzeugung unter den Bedingungen von Naturwissenschaft und Bibelkritik geht. Im Abschnitt über Jesus bzw. Christus zeigt sich der Schüler Ernst Troeltschs – wir werden später sehen, daß dessen Auffassung von der »Bedeutung der Geschichtlichkeit Jesu für den Glauben« einer der wirksamsten Impulse für Bultmanns Ringen um das Jesus-Problem vor und um 1920 war.[34] Moering 1919: »Im Gegensatz zu der letzten Generation der Theologen« – Moering weist exemplarisch ausgerechnet auf Paul Wernles Jesus-Buch von 1915 hin![35] – »hängen wir nicht an dem geschichtlichen Jesus von Nazareth.«[36] Mit Sicherheit war »Jesus« ein Thema im Gespräch zwischen Moering und Bultmann. Dasselbe gilt vielleicht auch von der Frage der Weltstellung des Christen, die Moering wie Bultmann prononciert als ein »Haben, als hätte man nicht« bezeichnet.[37]

Die Apologetik, verstanden als Wegschaffen von Hindernissen für die Entstehung des Glaubens bzw. persönlicher »Religion«, steht für Moering wie für Bultmann im Dienst der eigentlichen Aufgabe der Kirche, der Predigt. Den Schwerpunkt seiner eigenen Tätigkeit als Breslauer Pfarrer erblickte Moering in der Wahrnehmung der Predigtaufgabe. Moering war ein Prediger von Rang. Im Jahr 1922 veröffentlichte er unter dem Titel »In ungemessene Weiten. Kanzelreden«[38] zwei Bände mit Predigten aus den zurückliegenden Jahren. Die Lektüre führte beispielsweise Rudolf Otto zu dem Urteil, »wenn er *so* predigen könne, würde er seine Professur aufgeben und als Prediger herumziehen«[39]. Neben Luther und Fichte – »wohl fraglos die markanteste Persönlichkeit unter den deutschen Denkern«[40] – tritt in Moerings Predigten als dritter häufig angeführter Gewährsmann Sören Kierkegaard, »der aufwühlendste Kritiker, den das Christentum gehabt hat«[41], von dem Moering offenbar um 1920 einen (ersten? oder erneuten?) nachhaltigen und beunruhigenden Eindruck empfangen hat: »Es kann einem Angst werden, wenn man Kierkegaard liest. Gerade dem *Pfarrer* muß es Angst werden, denn Kierkegaard verlangt ungeheuer viel von ihm.«[42] So erinnert Moering zu Beginn des Vorworts zum ersten Band im Anschluß an Kierkegaard an den Ernst der Predigt, den sie aus der Bestimmung, Zeugnis zu sein, empfängt: »Jeder Pfarrer, der es mit seiner Arbeit ernst

---

[32] Ebd., 113.

[33] E. MOERING, Ein Buch vom neuen Glauben. [Untertitel:] Die Zersetzung des alten Glaubens. Die Formung neuen Glaubens. Allgemeinverständlich dargestellt, Breslau 1919.

[34] Dazu s. u. Kap. IV.

[35] Vgl. Brief BULTMANNS an M. Rade vom 19. 12. 1920, in: JASPERT, Wende, (30–33) 31 mit Anm. 23.

[36] MOERING, Buch vom neuen Glauben, 141.

[37] Vgl. ebd., 203 f.

[38] E. MOERING, In ungemessene Weiten. Kanzelreden I/II, Breslau 1922.

[39] Dies teilt Bultmann im Brief an H. v. Soden vom 20. 4. 1922 mit. Ist dieses Diktum Ottos vielleicht angeregt durch W. HERRMANN, Verkehr, 90: »Wenn ich predigen könnte wie F. W. Robertson oder H. Hoffmann, so würde ich mich beeilen, der Gemeinde als Prediger des Evangeliums das Beste zu geben, das ihr gegeben werden kann, und würde aufhören, akademischer Theolog zu sein«? Zur Sache vgl. schon Bultmann im Brief an H. Feldmann vom 6./8./ 9. 5. 1917: »Ich weiß, daß ich kein Redner vom Range Moerings bin.«

[40] MOERING, Kanzelreden II, 92.

[41] Ebd., 133.

[42] Ebd., 121; vgl. I, 65; II, 114 ff. 132 ff.

nimmt, wird sein ganzes Leben mit Beben auf die Kanzel steigen, . . . weil er (um mit Kierkegaard zu reden) nicht zu einer ›Betrachtung‹ einlädt, sondern ›Zeugnis‹ abzulegen hat: ›Wahrhaftig ein Wagestück zu predigen!‹«[43] Im Bewußtsein dieser Verantwortung ruft Moering als Kanzelredner seine Hörer aus der Verlorenheit und Zersplitterung an die Sachen in die Besinnung auf sich selbst und damit zurück zu einem eigentlichen Menschsein, wirbt er, daß sie sich öffnen der in allem Geschehen, wenn auch oft verborgen, wirkenden heilschaffenden Gottesmacht, ruft er sie mit besonderem Nachdruck in die von Gott gebotene Verantwortung für soziale Gerechtigkeit, für Menschen- und Menschheitsversöhnung (Völkerbund!) und zur entsprechenden Tat: »Christentum ist Tat«, lautet eine Predigtüberschrift.[44] Dies alles – wir haben nur einige hervorstechende Predigtgedanken genannt – wird vorgetragen mit der Überzeugungskraft gedanklicher Klarheit und rhetorischen Schliffs. »Am Sonntagvormittag war ich bei Moering in der Kirche, der von unserer Stellung zum Tode sehr fein sprach: keine Todesangst und Todessentimentalität, sondern Todesbereitschaft. Das Leben soll in jedem Augenblick so sein, daß es den plötzlichen Abschluß vertragen kann« – in dieser kleinen Mitteilung Bultmanns[45] klingt der Eindruck von gedanklicher Substanz, Prägnanz und Behältlichkeit wie von formaler Sicherheit und rednerischem Geschick leise nach, ein repräsentativer Eindruck, den die veröffentlichten Predigten Moerings bestätigen.

Es dürfte deutlich geworden sein: In Moering begegnete Bultmann, der einem »modernen«, aber unbedingt kirchlichen Christentum verpflichtete theologische Forscher und Lehrer, einem der modernen theologischen Forschung verpflichteten und mit ihr vertrauten Mann der Kirche, mit dem das Gespräch fruchtbar sein mußte. Wie Moering von Bultmann sicherlich Anregungen empfangen hat, so dürfte umgekehrt vor allem Moerings Sensibilität für gesellschaftliche Probleme und Mißstände, die kirchliche Mitschuld daran und -verantwortung dafür sowie sein Engagement für soziale Gerechtigkeit und – nach 1918 – für den politischen Neuaufbau von beträchtlicher Wirkung auf Bultmann gewesen sein. Leider liegen uns keine direkten, konkrete Fragen betreffenden Belege für jenes »Gespräch« vor. Davon, daß es nicht frei von Kritik war, zeugt die Widmung, die Moering am 1. 12. 1921 in das Bultmann zugedachte Exemplar des ersten Bandes seiner Kanzelreden schrieb: »Herrn Professor D. Bultmann in Dankbarkeit für seine fördernde Kritik und als Zeichen der Verbundenheit«[46]. Wie sehr Bultmann, unbeschadet kritischer Einwände, Moering auch als Theologen schätzte, dokumentieren zwei Briefe an Hans von Soden vom 20. und 30. 4. 1922, in denen Bultmann den Empfänger nachdrücklich darum bittet, sich dafür einzusetzen, daß Moering ein für Breslau in Aussicht stehendes Extraordinariat für Innere Mission bekomme. Von Sodens Antworten beleuchten scharf Moerings Position im theologischen und kirchlichen Breslau: »Was M. anlangt, so würde ich für meine Person gern und energisch für ihn eintreten, da ich ihn in

---

[43] Ebd. I, 7.

[44] Ebd. II, 54.

[45] Im Brief an H. Feldmann vom 1. 12. 1916.

[46] Vgl. in Bd. II: »Herrn Professor D. Bultmann wie stets in herzlicher und dankbarer Verbundenheit« (Mai 1922); Bultmanns Exemplare befinden sich heute in der Universitätsbibliothek Mainz, Sign. Aa 3918 – 1/2.

seiner Art sehr hoch schätze, könnte mir auch denken, daß akademische Tätigkeit seine Entwicklung förderte, aber Sie kennen doch die Verhältnisse hier
genug, um zu wissen, daß ich damit meinen Einfluß in einer völlig aussichtslo-
sen Bemühung zersplitterte. Es wäre unmöglich, für M. auch nur eine Mehrheit
zu schaffen, von kirchlichen und anderen Instanzen abgesehen.«[47] Und: »In
einer ausgesprochenen Provinzuniversität wie dieser muß man Extreme nach
beiden Seiten vermeiden. Und M. ist ein Extrem nicht nur theologisch, sondern
auch homiletisch. . . . M. sollte anderswo mal vorgeschlagen werden.«[48]

3.3 Literarische Arbeiten und Vorträge

3.3.1 »Die Geschichte der synoptischen Tradition«

»In Breslau schrieb ich *Die Geschichte der synoptischen Tradition,* die 1921
veröffentlicht wurde.«[49] Wie schon erwähnt, hatte Bultmann die Vorarbeiten
dazu nicht lange nach seiner Habilitation aufgenommen.[50] Für die relativ lange
Entstehungszeit sind in erster Linie sicherlich die zeitraubenden Kolleg-Ausar-
beitungen, in den Breslauer Jahren zusätzlich die umfangreiche Vortragstätigkeit
Bultmanns und die Arbeitsbedingungen der Kriegs- und unmittelbaren Nach-
kriegszeit in Rechnung zu stellen. Im Juni 1919 schreibt Bultmann an W. Fischer:
»Ich habe ordentlich zu arbeiten; ich hoffe nämlich in diesem Semester und den
kommenden Ferien ein Buch zum Abschluß zu bringen. Freilich erscheint die
Zeit kaum geeignet zum Bücherschreiben, zumal wenn es eine formenge-
schichtliche Untersuchung urchristlicher Literatur ist. Indes, ganz abgesehen
davon, daß es als Frucht meiner Arbeiten allmählich gereift ist und ich mit
meiner Arbeit trotz der Zeitverhältnisse lebendig verbunden bin, – wegen der
Zukunft ist es nötig, daß ich wieder einmal etwas herausbringe, mag die Zukunft auch recht unsicher sein. – Dazu kommt, daß die Arbeitskraft durch die
schlechte Ernährung leider sehr gemindert ist; wie kümmerlich wir uns – vor
allem im Winter 1917/18 – durchgeschlagen haben, kannst Du Dir kaum denken. Und das spürt man noch an der großen Müdigkeit.«[51]

Näheres über die äußeren Stadien der Entstehung der »Geschichte der synoptischen Tradition« war bislang nicht in Erfahrung zu bringen, es sei denn dies,
daß Bultmann – wahrscheinlich Anfang 1918 – dem Verlag Vandenhoeck &

---

47 Postkarte H. v. Sodens vom 24. 4. 1922.
48 Postkarte H. v. Sodens vom 2. 5. 1922.
49 Barth-Bultmann-Briefwechsel, 315.
50 S. o. S. 52.
51 Brief an W. Fischer vom 23. 6. 1919; vgl. Brief an denselben vom 8. 9. 1919: »Ich habe nun
die Zeit [sc. des Sommers] benutzt und mein Buch ein gutes Stück vorwärts gebracht, wenn ich
auch im September leider nicht fertig werde.« Vgl. ferner Brief an W. Bousset vom 1. 2. 1920:
»Vor Weihnachten ist es mir endlich möglich gewesen, eine Arbeit abzuschließen, die schon seit
Jahren vorbereitet war und infolge der ungünstigen Arbeitsbedingungen so lange gebraucht
hat, um fertig zu werden.«

Ruprecht gegenüber von der für Herbst 1918 in Aussicht genommenen »Absto-
ßung einer kleineren literarischen Arbeit« gesprochen haben muß[52]; im Zusammenhang damit wird das neue Kolleg »Erklärung der synoptischen Evangelien«
zu sehen sein, das Bultmann im Sommersemester 1918 neben dem schon im
Wintersemester 1914/15 ausgearbeiteten Kolleg »Einleitung in das Neue Testament« hielt.

Bultmann wollte »Die Geschichte der synoptischen Tradition« ursprünglich
dem Andenken an D. Fr. Strauß widmen.[53] Das geht aus einem Brief Wilhelm
Heitmüllers vom 30. 4. 1920 hervor, in dem er ebenso auf eine Mäßigung
Bultmanns in politischen Äußerungen wie auf eine schnelle Drucklegung des
Buches und auf die Unterlassung der vorgesehenen Widmung dringt: »Die
Widmung an D. Fr. Strauß ist sachlich nur zu begrüßen ... *Aber* ich möchte
Ihnen doch raten, sie jetzt zu unterlassen; die Widmung *könnte* als provozierend
oder auch als anspruchsvoll empfunden ... werden, ja *sie würde es sicher. Und das
vermeiden Sie doch besser.* Höchstens wenn Sie als etatmäßiger Ordinarius im
Sattel sitzen, sollten Sie es tun. D. h. also wenn die Herausgabe noch hinausge-
schoben werden müßte, was ich um Ihretwillen nicht wünsche.«

Die Herausgabe verzögerte sich. Am 1. 2. 1920 hatte Bultmann, während er noch an der
Reinschrift des Manuskriptes arbeitete, seine Untersuchung brieflich W. Bousset für die
Reihe »FRLANT« angeboten. Dieser bat den Verlag Vandenhoeck & Ruprecht nach-
drücklich um Aufnahme des Werks.[54] Nach Boussets Tod am 8. 3. 1920 forderte H.
Gunkel in Briefen vom 13. 3. 1920 und vom 24. 3. 1920 dringend das Manuskript an; er
setzte es in Gießen – erfolgreich – bei der Regelung der Bousset-Nachfolge ein. Aus
Gunkels Brief vom 31. 3. 1920, geschrieben nach der Lektüre des Manuskripts (»mit
großer Freude«), geht unter anderem die Nichtannahme des Werks durch den Verlag
Vandenhoeck & Ruprecht hervor. Im Brief vom 10. 4. 1920 kündigte Gunkel Bultmann
die Rücksendung des Manuskripts an, nachdem es in Gießen seinen Dienst getan hatte. Es
muß dann aber doch nach Göttingen zu Vandenhoeck & Ruprecht gelangt sein; denn am
23. 6. 1920 schickte es der Verlag an Bultmann zurück mit dem Ausdruck des Bedauerns,
es jetzt nicht drucken zu können. Drei Tage später schlug Gunkel dem Verlag Bultmann
als Mitherausgeber der FRLANT vor.[55] Nach der Zustimmung des Verlags bat Gunkel
Bultmann in einer Postkarte vom 8. 7. 1920, in die Mitherausgeberschaft einzutreten, und
nach Bultmanns Plazet wußte Gunkel im Brief vom 19. 7. 1920 mitzuteilen, unter den
neuen Umständen möchte der Verlag Bultmanns Buch doch »jetzt gerne übernehmen«.
Zu diesem Zeitpunkt war Bultmann aber schon mit Mohr (Siebeck) in Tübingen einig;
bereits am 30. 4. 1920 hatte Heitmüller Bultmann brieflich empfohlen, sich nach der

---

[52] Vgl. Brief des Verlages Vandenhoeck & Ruprecht an Bultmann vom 27. 11. 1918, der als
Rückseite von Blatt 9 des Vortrags(reihen)manuskripts/Schleiermacher-Reden-Exzerpts »Die
Weltanschauung der Aufklärung« (vgl. EVANG, Berufung, 15 Anm. 34, sowie oben S. 64 Anm.
3) erhalten ist.

[53] Vgl. ¹1921, Vorwort, 4*, wo Strauß als erster »von älteren Forschern« genannt wird, »von
denen ich in erster Linie für diese Arbeit gelernt habe«.

[54] Vgl. Postkarten W. Boussets an Bultmann vom 12. 2. 1920 und vom 27. (29.) 2. 1920; in
letzterer bittet Bousset Bultmann, ihm in Zukunft die Berichterstattung über theologische
Literatur in ARW abzunehmen (vgl. dazu ARW 24, 1926, 83–164).

[55] S. o. S. 18 mit Anm. 65.

Göttinger Absage an Tübingen zu wenden. Offenbar gelang es Bultmann aber problemlos, »sich . . . von Siebeck los(zu)eisen«[56].

Am 17. 2. 1921 beglückwünscht Heitmüller Bultmann zur Vollendung des Buches – gemeint ist wahrscheinlich die letzte Satzkorrektur[57] – und schreibt dazu: »Ich freue mich, daß Sie es der Marburger Fakultät widmen wollen«[58]. »Die Geschichte der synoptischen Tradition« erschien Anfang April 1921.[59]

3.3.2 Kommentare zu Joh und 1–3 Joh

Schon in seiner Breslauer Zeit übernahm Bultmann den Auftrag, für den »Kritisch-exegetischen Kommentar über das Neue Testament« das Johannes-evangelium und die Johannesbriefe neu zu bearbeiten. Der zwischen dem Verlag Vandenhoeck & Ruprecht und Bultmann darüber geschlossene Vertrag datiert vom 17. 3. 1918.[60] Dem Vertragsabschluß gingen briefliche Beratungen zwischen Bultmann und Heitmüller voraus. Aus zwei Karten Heitmüllers vom 29. 12. 1917 und vom 22. 1. 1918 geht hervor, daß ursprünglich Johannes Weiß (gest. 1914) die Neubearbeitung der Johannes-Kommentare und Heitmüller die der Synoptiker-Kommentare übernommen hatten. Nachdem Bultmann im Jahr 1917 für die vakant gewordenen Johannes-Kommentare in Aussicht genommen war, schlug Heitmüller Bultmann, der damals ja mit der synoptischen Tradition beschäftigt war, einen Tausch vor, empfahl jedoch: »Das Beste wird sein, daß

---

[56] So die Formulierung H. Gunkels im Brief vom 19. 7. 1920.

[57] Vgl. Brief an H. v. Soden vom 20. 2. 1921 im Zusammenhang der Berufungsfrage (Nachfolge Heitmüller) in der Marburger Fakultät: »Hermelink, der sich sehr für mich einsetzte, kam [sc. kurz vor oder in den Weihnachtsferien aus Marburg nach Gießen] herüber und holte sich die Bogen meines Buchs, die bei Jülicher für mich entschieden.«

[58] Karte W. Heitmüllers an Bultmann vom 17. 2. 1921; vgl. die Widmung der ersten Auflage: »Der hochwürdigen Theologischen Fakultät der Universität Marburg nebst ihren ehemaligen Mitgliedern Herrn Professor D. Heitmüller in Bonn und Herrn Professor D. Simons in Bonn« (3*); seit der zweiten Auflage 1931 lautet die Widmung: »Dem Andenken Wilhelm Heitmüllers« (3*).

[59] Vgl. Brief H. Gunkels vom 21. 3. 1921 (»Ihr neues Buch habe ich in Fahnen erhalten«), daneben Brief Bultmanns an H. v. Soden vom 3. 4. 1921 (»daß dies [sc. ›mein Buch‹] noch nicht heraus ist, liegt nur an Ruprecht, der behauptet, vom Papierlieferanten im Stich gelassen zu sein«) sowie die Karten W. Heitmüllers vom 12. 4. 1921 und W. Gottschicks vom 13. 4. 1921, die sich beide für das ihnen soeben zugegangene Buch bedanken. Das Vorwort (4*) datiert vom »März 1921«.

[60] Briefliche Mitteilung von Herrn Verleger i. R. Günther Ruprecht, Göttingen, vom 9. 5. 1983. »Nach einer darauf [sc. auf dem Vertrag] enthaltenen Bleistiftnotiz sollte der Kommentar zum Johannes-Evangelium Herbst 1920 fertig werden im Umfang von 30 Druckbogen« (ebd.); das geplante Abschlußdatum »Herbst 1920« geht auch aus dem oben S. 71 Anm. 52 genannten Brief hervor. Briefe Bultmanns an den Verlag (im dortigen Archiv) aus den 1920er Jahren belegen, daß der Hauptgrund für die Verzögerung in der seinerzeit völlig offenen Diskussionslage über die johanneische Problematik bestand. Die Kommentare erschienen 1941 (Joh, nach vorausgehenden Einzellieferungen) und 1967 (1–3 Joh).

Sie erst einmal für Joh. zusagen«[61]. So geschah es dann auch. Über einen Tausch ist noch eine Zeitlang beratschlagt worden. Am 18. 4. 1920 endlich schreibt Heitmüller an Bultmann: »Was den Meyer'schen Kommentar angeht, so wird es nun wohl bei der alten Abmachung bleiben. Auf unsern Wechsel will man sich nicht einlassen.«

3.3.3 Kleinere Arbeiten

Aus Bultmanns Breslauer Zeit stammen wieder eine größere Anzahl von Rezensionen, darunter die schon oben[62] erwähnten Besprechungen der für die Form- und Redaktionsgeschichte der Synoptiker grundlegenden Werke von Martin Dibelius[63] und Karl Ludwig Schmidt[64] und der Überblick über »die neutestamentliche Forschung im 20. Jahrhundert«[65]; außerdem ein Aufsatz über »die Frage nach dem messianischen Bewußtsein Jesu und das Petrus-Bekenntnis«, in dem Bultmann im Sinne Wredes das Petrusbekenntnis als eine Bildung der Urgemeinde erweist[66]; ferner die auf einen 1919 gehaltenen Vortrag zurückgehende, im Juli 1920 in ChW erscheinende Abhandlung »Religion und Kultur«[67] und der am 29. 9. 1920 auf der Wartburg gehaltene, im November 1920 in ChW abgedruckte, in seinen Grundzügen jedenfalls aber noch in Breslau konzipierte Vortrag »Ethische und mystische Religion im Urchristentum«[68] – auf diese beiden Arbeiten werden wir im vierten Kapitel unserer Untersuchung ausführlich eingehen; schließlich die erste und für lange Zeit einzige veröffentlichte Predigt (»Vom geheimnisvollen und vom offenbaren Gott«, ChW 1917[69]), die Pfingsten 1917 in Breslau gehalten wurde.

3.3.4 Vortragstätigkeit

Außer durch Lehre und Forschung ließ sich Bultmann in den Jahren 1916–1920 durch eine nicht unerhebliche Vortragstätigkeit außerhalb der Universität in Anspruch nehmen. Die Gründe dafür werden oft nicht zuletzt finanzieller Art gewesen sein: »Wie hart es ist, sich mit kümmerlichen Einnahmen durchschlagen zu müssen, weiß ich zur Genüge. Ich habe mich immer bemühen müssen, mit Vorträgen Geld zu verdienen, und muß es noch; verdiene dann

---

61 Karte W. Heitmüllers an Bultmann vom 22. 1. 1918. Die – streng genommen heute noch nicht abgeschlossene – Neubearbeitung der Synoptiker-Kommentare übernahm bekanntlich ERNST LOHMEYER (Mk: 1937; Mt: 1956, hg. v. M. SCHMAUCH).

62 S. o. S. 53.

63 ThLZ 44, 1919, 173f.

64 Wochenschrift für Klassische Philologie 37, 1920, 209–212.241–247.

65 Oldenburgisches Kirchenblatt 25, 1919, 115f.119–122.

66 ZNW 19, 1919/20, 165–174 (= R. BULTMANN, Exegetica, 1–9).

67 ChW 34, 1920, 417–421.435–439.450–453 (= MOLTMANN [Hg.], Anfänge II, 11–29).

68 ChW 34, 1920, 725–731.738–743 (= MOLTMANN [Hg.], Anfänge II, 29–47).

69 ChW 31, 1917, 572–579 (= R. BULTMANN, VW, 135–147, vgl. ebd., Anhang, 331 Nr. 45).

noch ein klein wenig durch Unterricht an der Sozialen Frauenschule, und dazu kommt im Winter ein Kursus an der neu hier errichteten Volkshochschule. Aber die schöne Zeit und Arbeitskraft, die das immer kostet!« klagt Bultmann 1919.[70] Den Satz aus der Postkarte W. Baumgartners vom 15. 10. 1918: »Sie scheinen besondere Vorliebe für Vorträge zu haben, was nicht grade mein Fall ist«, wird Bultmann mit Grimm quittiert haben.

Über Bultmanns Vorträge ist mir im einzelnen nicht Vieles bekannt geworden. Am 26. 2. 1917 sprach er vor den Breslauer »Freunden der Christlichen Welt« über »das ethische Problem des Urchristentums«[71], am 7. 5. 1917 im »Theologischen Verein« Breslau über »Troeltschs Auffassung vom Urchristentum in seinen ›Soziallehren‹«[72]. Seinen Vortrag »Religion und Kultur« hielt Bultmann Anfang 1919 in der Jugendvereinigung der Deutschen Demokratischen Partei.[73] In dieser Jugendvereinigung wurde Bultmann zusammen mit Wilhelm Gottschick ebenfalls Anfang 1919 »die Leitung der Abteilung für Fragen der Religion und Weltanschauung« übertragen[74]; wahrscheinlich in dieser Eigenschaft hielt Bultmann einen Vortrag bzw. eine Vortragsreihe über die »Weltanschauung der Aufklärung«, an die sich eine kursorische Lektüre und Diskussion der »Reden« Schleiermachers anschloß.[75] Aus im Nachlaß Bultmanns erhaltenen Dokumenten geht weiterhin hervor, daß er außer bei den schon erwähnten Institutionen auch Vorträge im »Humboldt-Verein für Volksbildung e. V.« gehalten hat.[76] An der Gründung der Breslauer Volkshochschule im Jahr 1919 war Bultmann als Mitglied der »Kulturpolitischen Arbeitsgemeinschaft« – »früher ›Rat der geistigen Arbeiter‹«[77] – selbst beteiligt; auch hier hatte er »den Vorsitz in der entsprechenden Gruppe«[78], d. h. wohl der Abteilung Religion/Weltanschauung. Eine private Chronik Bultmanns enthält für das Jahr 1918 die Notiz: »Im November Ausbruch der Revolution. Mitglied des ›Rates geistiger Arbeiter‹; endlose Sitzungen.«[79] Zweifellos in die Breslauer Zeit gehört eine im Nachlaß Bultmanns erhaltene Vortragsreihe über Todes-, Jenseits- und Unsterblichkeitsvorstellungen vom Alten Orient bis zum Deutschen Idealismus; auf welchem Forum Bultmann diese Vorträge gehalten hat – wahrschein-

---

[70] Brief an W. Fischer vom 8. 9. 1919.

[71] Vgl. ChW 31, 1917, 158, sowie Briefe an H. Feldmann vom 10./12. 2. 1917 und vom 15./16. 2. 1917.

[72] Vgl. Brief an H. Feldmann vom 6./8./9. 5. 1917.

[73] Vgl. Postkarte an M. Rade vom 27. 1. 1919, außerdem Evang, Berufung, 14f.

[74] Brief an M. Rade vom 6. 3. 1919.

[75] Vgl. Evang, Berufung, 15 mit Anm. 34, sowie oben S. 64 Anm. 3.

[76] Im Nachlaß Bultmann, UB Tübingen, ist eine vom 29. 8. 1917 datierende Aufforderung des Humboldt-Vereins an Bultmann, Themen und Termine seiner Vorträge anzugeben, erhalten.

[77] Brief an M. Rade vom 6. 3. 1919; im Nachlaß Bultmann, UB Tübingen, kam mir ein Informationsblatt zur ersten Sitzung der »Kulturpolitischen Arbeitsgemeinschaft« am 17. 2. 1919 zu Gesicht, unter deren Mitgliedern Bultmann aufgeführt ist.

[78] Brief an M. Rade vom 6. 3. 1919.

[79] Kopie im Bultmann-Nachlaß.

lich auf einem der genannten –, ist mir nicht bekannt. Wahrscheinlich geht Bultmanns außeruniversitäre Vortragstätigkeit zu einem beträchtlichen Teil auf Initiative oder Vermittlung Ernst Moerings zurück. Antje Bultmann Lemke schreibt: »Aus Vortragsnotizen wie auch von Rückseiten mancher Manuskripte weiß man, daß Ernst Möring seinen Freund zur Übernahme von Vorträgen an der Volkshochschule und bei den jungen Demokraten zu [,] Vormundschaften und ähnlichem veranlaßte.«[80]

3.4 Stellung in Politik und Kirchenpolitik

Bultmanns Breslauer Jahre, Kriegs- und Revolutionsjahre, standen im Zeichen lebhafter innen- und kirchenpolitischer Auseinandersetzungen. Die wenigen mir bekannt gewordenen Äußerungen Bultmanns verraten, daß er die erforderliche Neuordnung von Staat und Kirche im Sinne der politischen und kirchenpolitischen »Linken« erhoffte und favorisierte, ohne selbst mit direkten politischen Äußerungen und Aktionen in eine größere Öffentlichkeit hervorzutreten. Schwerpunktmäßig engagierte sich Bultmann auf dem Sektor der Volksbildung – ein nach seinem Verständnis eminent »politisches« Engagement.[81]

3.4.1 Einzelne Aktivitäten

In Briefen an Martin Rade beklagt Bultmann gegen Ende des Krieges seine Isolation gegenüber einer »alldeutschen« Übermacht in Fakultät und kirchlichen Kreisen. »Ich protestierte natürlich um des Gewissens wie um der Studenten willen kräftig, aber hier im Osten hilft das kaum«[82], so lautet eine repräsentative Formulierung.

Auf Bultmann geht auch M. Rades Protest gegen eine in Breslau angekündigte Predigt mit dem Thema »Christen an die Front [im Kampf] gegen den schlimmsten Feind: die ›schwarz-rot-goldene Internationale‹« in ChW 1918 zurück.[83] Seinem Brief an Rade vom 1. 9. 1918 legte Bultmann einen diesbezüglichen »Ausschnitt aus der Breslauer Zeitung von heute« bei und schrieb dazu: »Ich finde die Sache empörend zum tiefsten! Mich würde es freuen, wenn Sie in der Chr. W. den Fall notieren würden, nicht als Strafgericht[84], sondern nach meinem Empfinden, um in der Öffentlichkeit von solchem Treiben abzurücken. Ein vornehmes Ignorieren würde doch mißverständlich sein. So wenig ich für eine Kundgebung bin, die ihrerseits politischen Charakter trägt oder als solchen Charakters scheinen könnte (ich habe deshalb die Kundgebung der Berliner

---

[80] BULTMANN LEMKE, Nachlaß, 201.

[81] Dazu s. u. Kap. II, 1.2.4.

[82] Brief an M. Rade vom 1. 9. 1918, vgl. Brief an denselben vom 7. 7. 1918.

[83] Vgl. ChW 32, 1918, 364 (= Nr. 39 vom 26. 9. 1918, unter der Rubrik »Kleine Mitteilungen«), außerdem MEHNERT, Ev. Kirche und Politik 1917–1919, 71.

[84] M. Rade: »Nach dem Kadi rufen wir nicht« (ChW 32, 1918, 364).

Pfarrer[85] nicht unterschrieben), so sehr, meine ich, ist es Pflicht, seine Mißbilligung solcher Fälle deutlich zu äußern, die der Kirche tiefen Schaden tun.«

Mitte 1918 war Bultmann der Breslauer Ortsgruppe des unter maßgeblicher
Mitwirkung von Ernst Troeltsch gegen die annexionistische »Deutsche Vater-
landspartei« gegründeten »Volksbundes für Freiheit und Vaterland« beigetreten.
»Aber ich verspreche mir nicht viel davon«, kommentierte Bultmann illusions-
los-pessimistisch seinen Beitritt.[86]

Solch resignativer Ton, die Figur eines »Ja – Aber«, die uns in derartigen
Äußerungen entgegentritt, kennzeichnet die politische Stimmung Bultmanns –
mehrfach schreibt er vom »Betrüblichen« der Situation[87] – und seine Haltung zu
konkreten politischen Fragen treffend. Er selbst liefert dafür das Stichwort
»Skepsis«: »Der Nationalversammlung sehe ich bei der Unbelehrbarkeit eines
so großen Teils der Bürgerlichen mit Skepsis entgegen«, schreibt Bultmann am
27. 1. 1919 an Rade. Auch die »Bereitwilligkeit . . ., meinen Namen unter den
Aufruf [Gays und Rades[88]] zur Bildung eines Volkskirchen-Rats zu setzen«[89],
sowie die Mitarbeit an der Vorbereitung und Gründung eines »Bund(es) für freie
Volkskirche«[90] in Breslau wird von einem »Aber« begleitet: »Trotz meiner
prinzipiellen Bedenken gegen eine ›Volkskirche‹, deren Begriff leider fast nie
klar und ehrlich bestimmt wird, werde ich mich an der Sache beteiligen, solange
ich die Überzeugung habe, daran förderlich mitarbeiten zu können.«[91]

Über Umfang und Dauer dieser lokal begrenzten kirchenpolitischen Tätigkeit
erfahren wir ebensowenig Konkretes wie über Bultmanns Engagement in der
Parteipolitik. Die jeweiligen spärlichen Äußerungen ergeben kein lückenloses
Bild. Man wird aber wohl sagen können, daß Bultmann in den Fragen der
kirchlichen und politischen Neuordnung im wesentlichen auf der Linie Martin
Rades lag, der mit seinem Aufruf zur Bildung von Volkskirchenräten und dann
als DDP-Abgeordneter in der Preußischen Landesversammlung einen entschie-

---

85 Vgl. die Dokumentation dieser Erklärung samt der ihr folgenden Diskussion bei BRAKEL-
MANN, Der deutsche Protestantismus im Epochenjahr 1917, 174.175 ff., außerdem MEHNERT,
Ev. Kirche und Politik 1917–1919, 51 ff.

86 Brief an M. Rade vom 7. 7. 1918.

87 Brief an M. Rade vom 7. 7. 1918: »Die politischen Vorgänge machen das Herz schwer. . . .
Ich vermag nur noch auf unvorhergesehene Dinge zu hoffen, denn was man vorauszusehen
oder [zu] vermuten vermag, stimmt trübe«; vgl. Brief an denselben vom 1. 9. 1918.

88 Vgl. die Dokumentation dieser und anderer Erklärungen bei GRESCHAT, Der deutsche
Protestantismus im Revolutionsjahr 1918/19, 146 ff., außerdem RATHJE, Die Welt des freien
Protestantismus, 260–263; MEHNERT, Ev. Kirche und Politik 1917–1919, 115–128.

89 Postkarte an M. Rade vom 27. 1. 1919.

90 Vgl. ebd. und Brief an M. Rade vom 6. 3. 1919; daß Bultmann von einem »Bund« spricht
und nicht in der Terminologie des Gay-Rade'schen Aufrufs von einem »Rat«, spiegelt vielleicht
den größeren Erfolg des von Arthur Titius in Göttingen gegründeten, programmatisch gemä-
ßigteren »Volksbundes für evangelisch-kirchliches Leben (Volkskirchenbund)« wider, vgl.
GRESCHAT, Der deutsche Protestantismus . . . 1918/19, 148 f.; MEHNERT, Ev. Kirche und Politik
1917–1919, 122 ff.

91 Brief an M. Rade vom 6. 3. 1919.

den demokratischen Kurs steuerte[92]; dabei rechtfertigte für Rade sogar der
Zweck, die Kirche »volkskirchlich« von unten und nicht »mit konsistorialen
Künsten«[93] von oben sich neukonstituieren zu lassen, das Mittel, die episko-
palen Befugnisse des Königs vorläufig nicht auf die Kirche selbst, sondern auf
ein staatliches Ministergremium zu übertragen. Wieweit Bultmann Rades –
und dessen Fraktionskollegen Rudolf Ottos und Ernst Troeltschs – Schritten
im einzelnen zustimmte, sei dahingestellt. An dem entschiedenen Ja zum demokratischen Kurs ist kein Zweifel. Das gilt nicht nur für die Kirchenpolitik;
diese war ja ohnehin für das auf weltanschauliche Neutralität des demokratischen Staates zielende Programm von Friedrich Naumanns linksliberaler
Deutschen Demokratischen Partei kein Thema an sich, sondern stand als aktuelle politische Aufgabe einer pragmatischen Behandlung nach übergeordneten liberalen Grundsätzen offen.[94] Bultmanns Entschluß, in dieser vorbehaltlos auf den Boden der »neuen Wirklichkeit der Gesellschaft und des Staates«[95]
sich stellenden Partei mitzuarbeiten, ist wohl nicht nur ihrem demokratischen
Programm und den illustren Namen ihrer führenden Repräsentanten[96], sondern auch dem Einfluß der beiden schon genannten Breslauer Pfarrer zu verdanken: seines alten Studienfreundes Wilhelm Gottschick und Ernst Moerings. Hatte Bultmann am 27. 1. 1919 an M. Rade geschrieben, daß »Moering
und Gottschick . . . durch politische Tätigkeit [sc. vor den Wahlen zur Weimarer Nationalversammlung am 19. 1. 1919] so in Anspruch genommen (waren), daß vorläufig alles andere [sc. die Gründung eines Breslauer Volkskir-
chenrates] zurücktrat«, so berichtete er am 6. 3. 1919, wie schon erwähnt,
von der Arbeitsbelastung »dadurch, daß ich in der Demokratischen Jugendvereinigung (mit Gottschick) die Leitung der Abteilung für Fragen der Religion und Weltanschauung bekommen habe«. Ob Bultmanns parteipolitisches
Engagement über diesen bildungspolitischen Auftrag hinausging, ja auch, ob
er überhaupt ordentliches Mitglied der DDP wurde, weiß ich nicht. W.
Schmithals' Mitteilung: »In Breslau wurde er Mitglied einer großen demokratischen Partei (SPD)«[97] geht wahrscheinlich auf mündliche Überlieferung zurück. Wenn sie stimmt, woran ich zweifle, wird man Bultmanns Parteieintritt

---

[92] Vgl. RATHJE, Die Welt des freien Protestantismus, 260–263.266–268; MEHNERT, Ev.
Kirche und Politik 1917–1919, 115 f. (bes. 127 f.) 151–164.

[93] Brief von M. Rade an Otto Dibelius vom 31. 12. 1918, bei RATHJE, Die Welt des freien
Protestantismus, 262 f., Zitat 263.

[94] Zur »Pragmatik« der DDP in den Fragen des Religionsunterrichts und der Trennung
von Kirche und Staat vgl. MEHNERT, Ev. Kirche und Politik 1917–1919, 157–163, sowie die
Dokumentation bei GRESCHAT, Der deutsche Protestantismus . . . 1918/19, 121 ff. 88 ff.

[95] MEHNERT, Ev. Kirche und Politik 1917–1919, 155.

[96] Vgl. ebd., 151 f.: An Theologen »zu nennen sind hier vor allem [Ernst Troeltsch] Martin Rade, Wilhelm Bousset, Otto Baumgarten, Rudolf Otto, Karl Aner, Dietrich Graue,
Vorstandsmitglied des Protestantenvereins, und Friedrich Naumann, der die neue Partei
führte.«

[97] SCHMITHALS, Das wiss. Werk, 26.

wohl vor Kriegsende ansetzen müssen.[98] Später in Marburg galt Bultmann jedenfalls als Sozialdemokrat – und war es wohl auch.[99]

3.4.2 Lagebeurteilung 1919

Von den Indizien, die der Annahme starker parteipolitischer Aktivitäten Bultmanns in der DDP widersprechen, ragen zwei Briefe an W. Fischer vom Sommer 1919 hervor; sie stellten nach mehrjähriger Tätigkeit Fischers in Übersee den Kontakt wieder her und gaben Bultmann Gelegenheit, seine Einschätzung der politischen Lage darzulegen.

»Mehr und mehr«, schreibt Bultmann am 23. 6. 1919 in einem Rückblick auf die innenpolitischen Auseinandersetzungen der letzten Kriegsjahre, »ist mir auch die Korrumpierung des offiziellen Geistes in Deutschland und des Bürgertums deutlich geworden, und jetzt stehe ich auf der Seite der Radikalen, nämlich wesentlich der ›Unabhängigen‹.« Diesen Standpunkt bekräftigt Bultmann, auf eine nicht erhaltene Antwort Fischers hin, am 8. 9. 1919: »In meinem Herzen stehe ich den von Dir als unpraktisch gescholtenen Unabhängigen am nächsten. Und meine Hoffnungen setze ich auf die geistigen Strömungen, die in ihren Kreisen lebendig sind, freilich weniger in ihrer Politik als in der geistigen Atmosphäre, aus der die Unabhängigen sich rekrutieren.« »Korrumpierung des offiziellen Geistes«, »geistige Strömungen«, »geistige Atmosphäre« – diese Stichworte geben die Orientierung zu erkennen, die Bultmann für den Neuaufbau nach dem Zusammenbruch des Wilhelminischen Deutschland fordert und nach der sich für ihn die politischen Entscheidungen, die politische Entwicklung überhaupt, bemessen.

Diese Orientierung bedeutet – *negativ* – die radikale Absage an einen ideologischen Nationalismus, der sich zum Beispiel bei der Frage der Unterzeichnung des aufgezwungenen Friedensvertrages in einer törichten Aufgeregtheit äußerte. Nachdem am 22. 6. 1919 die Nationalversammlung die Regierung mit zwei Vorbehalten zur Unterzeichnung des Vertrags ermächtigt hatte[100], schrieb Bultmann am 23. Juni: Die Unabhängigen »haben auch jetzt in der Friedensfrage wieder m. E. den einzig möglichen Standpunkt eingenommen. Im ganzen ist es

---

[98] Interessant ist die Haltung Ernst Moerings in diesem Punkt, der die historischen Leistungen der Arbeiterbewegung sehr hoch bewertet, der Kirche eine auf innerstem Verständnis beruhende werbende Liebe gegenüber den Arbeitern empfiehlt und wünscht, daß die Arbeiter durch sozialdemokratische Pfarrer eine Lobby in der Kirche gewännen; er erklärt jedoch: »Ich für meinen Teil bedaure . . . im Hinblick auf die Kirche außerordentlich, wegen eines zu großen Dissensus von dem sozialdemokratischen Programm nicht zur Sozialdemokratie übergehen zu können« (Kirche und Männer, 30).

[99] Vgl. die Ansprache »Gedenken an die gefallenen Brüder«, in: R. Bultmann, VW, 216–221, bes. 218 f. – In dem für die Dokumentation von SPD-Mitgliedschaften zuständigen Archiv der Fr.-Ebert-Stiftung Bonn-Bad Godesberg sind lt. telefonischer Auskunft vom 23. 9. 1987 Unterlagen über R. Bultmanns Parteimitgliedschaft nicht mehr erhalten.

[100] Vgl. Erdmann, Die Weimarer Republik, 117.

doch wieder eine furchtbare Blamage: die Scheidemann-Reden[101] und Protest-
versammlungen, wo ein etwas objektiver Betrachter doch das Ende voraussehen
könnte!« »Ich hoffe«, so am 8. September, »daß die Welt Bismarcks – den ich nie
verehrt habe – endgültig versunken ist, die Welt der Realpolitik und des Kreatu-
rentums und der Kultus des ›Offiziellen‹« – doch neben dieser Hoffnung die
bittersten Urteile: über die *Universitätsverhältnisse* (»Angst um das Kolleggeld
und fast völlige Verständnislosigkeit für die Dinge, die auf dem Spiel stehen. Ja,
es ist kläglich, wie die Universitäten sich die führende Stellung verscherzt haben.
Leider ist es in der Studentenschaft nicht viel anders bestellt als unter den
Bonzen, und das deprimiert mich noch mehr«); über die *staatliche Verwaltung*
nach der sogenannten Revolution (»Einige hohe Regierungsposten sind mit
neuen Leuten besetzt, die aber ganz in der Hand der alten Geheimräte und
Assessoren sind, nichts verstehen und, was m. E. noch schlimmer ist, nichts
riskieren. In den Verwaltungsstellen geht die Reaktion ruhig ihren Gang weiter.
... In der Nationalversammlung sitzen die alten Partei-Bonzen«); über die
Kirche (»Höchst kläglich ist ja auch, was wir in der Kirche erleben. Was für
Gesellen tagten beim Kirchentag zusammen!«[102]).

Doch worin besteht die Orientierung Bultmanns *positiv,* die ihn zu einem
radikalen Kritiker der herrschenden Verhältnisse werden läßt? Sie treibt ihn *nicht*
in die praktische Politik: »Politische Aktionen mitzumachen, bin ich nicht der
Mann; *aber* an dem, was ich für die *Hauptsache* halte, kann ich doch mitarbeiten
und habe guten Mut, daß aus der großen κρίσις doch noch etwas Gutes für unser
Vaterland herauskommt. *Die Hauptsache ist doch die geistige Erneuerung* und die
Erwürgung[?] des alten ›offiziellen‹ Wesens, des Geistes des Preußentums im
schlechten Sinne.«[103] Die Hauptsache, die geistige Erneuerung, sieht Bultmann
am Werk in den Ideen der Jugendbewegung, die in Teilen der Studentenschaft
lebendig sind.[104] Er sieht sie aber vor allem in der neuesten *Kunst* am Werk.

Im Brief vom 8. September heißt es: »Ich weiß nicht, ob Du aus der Ferne Fühlung
behalten oder bekommen hast mit unserer neusten Kunst. Mir ist, als ich 1913 auf einer
großen Ausstellung zum erstenmal einen Eindruck von van Gogh und Cézanne bekam –
und zwar einen ganz gewaltigen –, der Sinn für die moderne Malerei erschlossen worden,
und ich habe seitdem mit wachsender Freude die Kunst von Pechstein, Nolde, Kokoschka
etc. verfolgt und lieb gewonnen. Und ebenso die neue Dichtung, die für mich zuerst
durch Rilke erschlossen wurde. Es sind ja, wie mir scheint, alles keine Größen ersten
Ranges, aber doch ausgezeichnete Erscheinungen, z. B. Franz Werfel, Georg Trakl und
andere; und auch der mir ursprünglich ganz fremde[105] Wedekind ist mir dann doch in
seiner Bedeutung aufgegangen. *Aber vor allem ist hier doch eine neue geistige Welt im
Entstehen, der der Sieg sicher ist* über die alte Welt der Realpolitik, der wirtschaftlichen

---

101 Von Philipp Scheidemann stammt das Wort, daß die Hand verdorren müsse, die den
Friedensvertrag unterzeichne, vgl. ERDMANN, Die Weimarer Republik, 116.

102 1.–5. 9. 1919 in Dresden, vgl. MEHNERT, Ev. Kirche und Politik 1917–1919, 223–234.

103 Brief an W. Fischer vom 23. 6. 1919, Hervorhebungen von mir.

104 Vgl. oben S. 59–61.

105 Vgl. dazu Brief an W. Fischer vom 10. 7. 1913.

Interessen, des Materialismus, der Zweckmäßigkeit, Bürgerlichkeit, des Spießertums. Nietzsches beste Gedanken sind lebendig, dies Erleben des Irrationalen, der Sinn für den zwecklosen Wert des Daseins und das Vermögen der Selbstdarstellung, ein Verhältnis zu den elementaren Kräften der Natur und der menschlichen Seele. Es ist doch nicht nur Romantik, die der Grund des Rückgreifens auf die deutsche Mystik und die Gotik ist; charakteristisch ist auch das neue Verhältnis zu Shakespeare und die Bedeutung, die für die neue Kunst eine so fabelhaft große Erscheinung wie Dostojewski hat. Du kennst doch die ›Brüder Karamasoff‹?«[106]

Die »neue geistige Welt«, die Bultmann in der durch Expressionismus, Lebensphilosophie, Jugendbewegung u. a. charakterisierten Strömung entstehen sieht, liefert ihm die Kriterien, nach denen er die politische Entwicklung im Nachkriegsdeutschland beurteilt, und an ihr, »der der Sieg sicher ist«, arbeitet er mit in bewußter Opposition gegen den Geist der Restauration. Die Einsicht in diese Orientierung Bultmanns am Ende des Weltkriegsjahrzehnts ist eine wesentliche Voraussetzung zu einem sachgemäßen Verständnis der kulturkritischen »Kampfgemeinschaft« Bultmanns zunächst mit Friedrich Gogarten und dann auch mit Karl Barth. (Diesen beiden begegnete Bultmann übrigens am 25. 9. 1919, am letzten Tag der religiös-sozialen Tagung in Tambach. Er hörte dort Barths Vortrag »Der Christ in der Gesellschaft«[107]; wie er ihn beurteilte, wissen wir nicht.[108]) Aus der Orientierung Bultmanns an der zu befördernden »neuen geistigen Welt« sind aber in näherer Hinsicht seine volkspädagogischen Aktivitäten in seinen Breslauer Jahren zu begreifen, die sich weder *direkt* auf die zu machende Politik noch *direkt* auf die neu zu organisierende Kirche richteten – daß sie das indirekt sehr wohl taten, zeigt vor allem der Vortrag »Religion und Kultur« –, sondern auf die zu erweckende Selbstbesinnung in neuem Geiste. Auf diese Weise – und das heißt konkret z. B.: durch die kursorische Lektüre und Diskussion der Schleiermacher-Reden in einer Abteilung der Jugendvereinigung der Deutschen Demokratischen Partei! – wollte Bultmann »politisch« wirken: »An dem, was ich für die Hauptsache halte, kann ich doch mitarbeiten«.

3.4.3 Lenin-Lektüre

Daß Bultmann sich nicht für den Mann hielt, »politische Aktionen mitzumachen«, bedeutet nicht, daß er keine politischen Vorstellungen entwickelt hätte. Im Gegenteil, die Absage an die direkte politische Praxis verhalf, so scheint es, seinen politischen Ideen zu um so größerem »visionären« Schwung.

---

[106] Hervorhebung von mir.

[107] Jetzt in: MOLTMANN (Hg.), Anfänge I, 3–37.

[108] Bultmanns private Chronik (s. o. S. 74 bei Anm. 79) vermerkt für 1919: »Meine Reise nach Friedrichroda (Heim der Freunde der Christl. Welt); letzter Tag der Tagung in Tambach mitgemacht (K. Barth, Brüder Thurneysen).« Im Brief an W. Fischer vom 8. 9. 1919 hatte Bultmann von dem Plan geschrieben, die letzte Septemberwoche in Friedrichroda zur Erholung zubringen zu wollen. Zur religiös-sozialen Konferenz in Tambach vgl. BUSCH, Karl Barths Lebenslauf, 122–124.

Im Brief an W. Fischer vom 8. 9. 1919 heißt es: »Kurz, wenn nicht noch eine zweite und diesmal wirkliche Revolution kommt, so bleibt alles beim alten oder wird vielmehr noch schlimmer. . . . Durch welche äußeren Leiden und vielleicht auch Katastrophen wir noch hindurch müssen, eh unser staatliches und wirtschaftliches Leben im neuen Geiste erneuert ist, weiß ich nicht. Daß es ohne eine Periode der ›Diktatur‹ gehen wird, glaube ich nicht. Seit ich Lenin gelesen habe, bin ich für seine Persönlichkeit begeistert. Ich fürchte nur, wir haben keinen Lenin. Man braucht das Totschießen ja nicht so weit zu treiben wie in Rußland (und wird es bei uns ja nicht; die russischen Methoden sind weniger dem Bolschewismus als solchem als der Erziehung des alten Régimes auf die Rechnung zu setzen), – aber wenn man eine genügende Anzahl von Bonzen und Spießern inner- und außerhalb der Universität kaltstellen könnte, wäre es schon gut. – Ich weiß nicht, ob ich Dir zu bolschewistisch bin? Die Züchtung der Mediokrität stammt übrigens nicht von heute, sondern ist gute alte Tradition aus den Zeiten Bismarcks und Wilhelms II.«[109]

Hinsichtlich der Lenin-Rezeption Bultmanns hat man vor allem an Lenins Schrift »Staat und Revolution«[110] zu denken, die, nach der russischen Februar-Revolution im Sommer 1917 geschrieben und nach der siegreichen Oktober-Revolution aus propagandistischen Gründen auch in Deutschland verbreitet[111], im »nachrevolutionären« Deutschland auf eine ihrem ursprünglichen Sitz im Leben analoge Situation traf und deshalb ihre kritische Potenz entfalten konnte:

»Durch alle bürgerlichen Revolutionen hindurch, die Europa seit dem Verfall des Feudalismus in großer Anzahl erlebt hat, zieht sich die Entwicklung, Vervollkommnung und Festigung dieses Beamten- und Militärapparats. . . . Man betrachte, was in Rußland während des halben Jahres nach dem 27. Februar 1917 vor sich gegangen ist: Beamtenstellen, die früher vorzugsweise den Schwarzhundertern zufielen, sind zum Beuteobjekt der Kadetten, Menschewiki und Sozialrevolutionäre geworden. An irgendwelche ernste Reformen dachte man im Grunde genommen nicht, man war bemüht, sie ›bis zur Konstituierenden Versammlung‹ hinauszuschieben – die Einberufung der Konstituierenden Versammlung aber so sachte bis zum Kriegsende zu verschleppen! Mit der Teilung der Beute, mit der Besetzung der Posten der Minister, der Vizeminister, der Generalgouverneure usw. usf. zögerte man dagegen nicht und wartete man auf keine Konstituierende Versammlung! Das Spiel mit den verschiedenen Kombinationen bei der Bildung der Regierungen war im Grunde lediglich der Ausdruck dieser Teilung und Neuverteilung der ›Beute‹, die sowohl oben als auch unten, im ganzen Lande, in der ganzen zentralen und lokalen Verwaltung vor sich geht. Das Ergebnis, das objektive Ergebnis des halben Jahres vom 27. Februar bis zum 27. August 1917 steht fest: Die Reformen sind zurückgestellt, die Verteilung der Beamtenpöstchen hat stattgefunden, und die ›Fehler‹ in der Verteilung wurden durch einige Neuverteilungen wiedergutgemacht.«[112]

Im Spiegel solcher Feststellungen mußte man erkennen, daß die »Revolution«

[109] Vgl. hierzu W. Heitmüllers Brief an Bultmann vom 30. 4. 1920 mit der besorgten Mitteilung, hinsichtlich einer Berufung auf ein Ordinariat wirke sich Bultmanns politischer »Radikalismus« im »Klatsch« ungünstig aus, und mit der Mahnung zur Zurückhaltung.
[110] W. I. LENIN, Staat und Revolution. Die Lehre des Marxismus vom Staat und die Aufgaben des Proletariats in der Revolution, Werke 25: Juni bis September 1917, Berlin ⁶1981, 393–507.
[111] Vgl. ERDMANN, Die Weimarer Republik, 69.
[112] LENIN, Staat und Revolution, 420f.

in Deutschland den Namen noch weniger verdiente als die russische Februar-Revolution. Bultmann schreibt: »Ich habe die Revolution anfangs mit Freuden begrüßt, aber man kam ja bald dahinter, wie wenig es mit ihr auf sich hatte. Einige hohe Regierungsposten sind mit neuen Leuten besetzt . . . In den Verwaltungsstellen geht die Reaktion ruhig ihren Gang weiter. Komisch ist zum Beispiel auch, daß wir hier in Schlesien eine ›Siedelungs-Kommission‹ haben, in der aber Adlige und Großgrundbesitzer sitzen, so daß man alle Hoffnungen zu begraben hat. Auf keinem Gebiet – Wohnungs-[113], Nahrungs-, Kohlen-Versorgung etc. – wird energisch durchgegriffen. In der Nationalversammlung sitzen die alten Partei-Bonzen. – Kurz, wenn nicht noch eine zweite und diesmal wirkliche Revolution kommt, so bleibt alles beim alten oder wird vielmehr noch schlimmer«[114] – so Bultmann 1919 analog zu Lenin 1917.

Wie sich für Lenin aufgrund einer »nicht-opportunistischen« Marx-Engels-Interpretation, die ihrerseits durch Erfahrungen der Februar-Revolution mitbestimmt war, die Notwendigkeit einer Diktatur des Proletariats, d. h. der proletarischen Avantgarde, bestätigte, so drängte sich für Bultmann aufgrund der durch Lenin-Lektüre in aller Schärfe zum Bewußtsein gebrachten »nachrevolutionären« Entwicklung Deutschlands die Unvermeidlichkeit einer »Periode der ›Diktatur‹« auf.

Lenin 1917: »Von einer Vernichtung des Beamtentums mit einem Schlag, überall, restlos, kann keine Rede sein. Das wäre eine Utopie. Aber mit einem Schlag die alte Beamtenmaschinerie *zerbrechen* und sofort mit dem Aufbau einer neuen beginnen, die allmählich jegliches Beamtentum überflüssig macht und aufhebt – das ist *keine* Utopie, das lehrt die Erfahrung der [Pariser] Kommune [1871], das ist die direkte, nächstliegende Aufgabe des revolutionären Proletariats.«[115] Und Bultmann 1919: »Daß es ohne eine Periode der ›Diktatur‹ gehen wird, glaube ich nicht. . . . Man braucht das Totschießen ja nicht so weit zu treiben wie in Rußland . . . Aber wenn man eine genügende Anzahl von Bonzen und Spießern . . . kaltstellen könnte, wäre es schon gut.«[116]

Nun wäre es töricht, den Bultmann des Jahres 1919 als Leninisten zu bezeichnen; in nichts wären sich Bultmann und Lenin einiger als in der Abweisung dieses Etiketts. Daß Bultmann Lenin mit *Begeisterung* las, resultiert aus der Schärfe, mit der Lenin in seiner Schrift von 1917 die Reaktion, die Restauration und den Opportunismus im Deutschland des Jahres 1919 sehen lehrte. In diesem Punkt von Lenin zu lernen, bedeutete jedoch für Bultmann nicht, den theoretischen Grundlagen und den politischen Zielen des Kommunismus vorbehaltlos zuzustimmen. Zwar verbietet sich eine Verharmlosung des Radikalismus, zu dem Bultmann selbst sich bekennt; aber man muß doch sehr auf den *Modus* der Lenin-Rezeption achten, der sich beispielsweise schon darin zu erkennen gibt, daß Bultmann es vermeidet, von der Diktatur des *Proletariats* zu reden, und daß

---

[113] Vgl. LENIN, Staat und Revolution, 446 ff.
[114] Brief an W. Fischer vom 8. 9. 1919.
[115] LENIN, Staat und Revolution, 438.
[116] Brief an W. Fischer vom 8. 9. 1919.

er überdies das Wort Diktatur in Anführungszeichen setzt, es also wohl *cum grano salis* verstanden haben will. Denn so sehr es Bultmann darum geht, daß unser »*staatliches* und *wirtschaftliches*[117] Leben ... erneuert« wird, so entschieden fordert er, daß dies »im neuen Geiste« geschehe – eben in dem Geist, den er in Expressionismus, Lebensphilosophie, Jugendbewegung usw. am Werk sieht. Mit *dieser* Forderung bleibt Bultmann, von Lenin her gesehen, notwendig hinter der Revolutionstheorie Lenins zurück, in deren Konsequenz der Staat, *nachdem* sich das bewaffnete Proletariat seiner Maschinerie gewaltsam bemächtigt hat, *abstirbt,* »infolge des einfachen Umstands, daß die von der kapitalistischen Sklaverei, von den ungezählten Greueln, Brutalitäten, Widersinnigkeiten und Gemeinheiten der kapitalistischen Ausbeutung befreiten Menschen sich nach und nach *gewöhnen werden,* die elementaren, von alters her bekannten und seit Jahrtausenden in allen Vorschriften gepredigten Regeln des gesellschaftlichen Zusammenlebens einzuhalten, sie ohne Gewalt, ohne Zwang, ohne Unterordnung, *ohne den besonderen* Zwangs*apparat,* der sich Staat nennt, einzuhalten.«[118] Die sachliche Nähe zwischen Lenin und Bultmann wird augenfällig an der Parallelität des Leninschen Lasterkatalogs des Kapitalismus und des Bultmannschen Lasterkatalogs der Welt Bismarcks, der »Welt der Realpolitik, der wirtschaftlichen Interessen, des Materialismus, der Zweckmäßigkeit, Bürgerlichkeit, des Spießertums«[119]. Doch ist diese Parallelität von einer fundamentalen Gegenläufigkeit bestimmt: Sieht Lenin in einer gewaltsamen Zerschlagung der Staatsmaschinerie erst die *Eröffnung der Möglichkeit,* »die elementaren, von alters her bekannten und seit Jahrtausenden in allen Vorschriften gepredigten Regeln des gesellschaftlichen Zusammenlebens einzuhalten«, so erwartet Bultmann umgekehrt auch die staatliche und wirtschaftliche Neuordnung erst in der *Konsequenz* der im Entstehen begriffenen neuen geistigen Welt, »der der Sieg sicher ist über die alte Welt«. Aus dieser Gegenläufigkeit der Bultmannschen Konzeption gegenüber der Lenins erklärt es sich, daß Bultmann von einer Diktatur des *Proletariats* nicht spricht; denn in dem Entstehungsprozeß der »neuen Welt« – »Nietzsches beste Gedanken sind lebendig, dies Erleben des Irrationalen, der Sinn für den zwecklosen Wert des Daseins und das Vermögen der Selbstdarstellung, ein Verhältnis zu den elementaren Kräften der Natur und der menschlichen Seele«[120] –, in diesem Entstehungsprozeß kann dem Proletariat als einer Klasse eine festdefinierte Handlungsrolle *a priori* nicht zugeschrieben werden. Denn dieser Prozeß ist für Bultmann in erster Linie ein *Bildungsprozeß,* gewissermaßen eine andauernde geistige Revolution, die jedoch in ihrer Konsequenz eine gesellschaftliche, Staats- und Wirtschaftsordnung umfassende Revolution einschließt und deshalb einen politischen Umsturz nicht ausschließt: »Durch welche *äußeren* Leiden und *vielleicht* auch Katastrophen wir noch hin-

---

[117] Dazu vgl. speziell LENIN, Staat und Revolution, 470–489.
[118] Ebd., 476.
[119] Brief an W. Fischer vom 8. 9. 1919.
[120] Ebd.

durch müssen, eh unser staatliches und wirtschaftliches Leben im neuen Geist erneuert ist, weiß ich nicht. Daß es ohne eine Periode der ›Diktatur‹ gehen wird, glaube ich nicht.«[121] Diese Einschätzung Bultmanns ist nach dem, was wir gesehen haben, weder ein aus marxistischer Orthodoxie sich ergebendes Postulat noch eine eher zufällige und im Grunde überflüssige leninistische Arabeske; sie ist vielmehr zu verstehen als realistische Gewärtigung einer historischen Möglichkeit im von Streiks und bürgerkriegsartigen Zuständen geprägten Deutschland von 1919. *Seinen* Auftrag sieht Bultmann jedoch nicht in der Beförderung der Diktatur, sondern in der Mitarbeit an jenem Bildungsprozeß.

Wir fassen zusammen: Die Lenin-Lektüre, insbesondere Lenins Staats- und Revolutionstheorie, führte Bultmann zu einer extrem kritischen Beurteilung der politischen Entwicklung im »nachrevolutionären« Deutschland. Angesichts der in der Kritik bestehenden sachlichen Nähe Bultmanns zu Lenin ist aber als fundamentale Differenz zwischen beiden festzuhalten, daß Bultmann die marxistisch-leninistische universalhistorische Periodik – vom entwickelten (demokratischen) Staat über die Diktatur des Proletariats zur Verwirklichung des wahrhaft menschlichen Kommunismus: »Jeder nach seinen Fähigkeiten, jedem nach seinen Bedürfnissen«[122] – nicht übernahm, sondern das, was Lenin als zukünftiges Ziel der Geschichte propagierte, als Aufgabe gegenwärtiger Besinnung begriff, ohne dabei für die staatliche und wirtschaftliche Neuordnung die Tauglichkeit einer »Diktatur« prinzipiell in Abrede zu stellen.

4. Zeit als Ordinarius in Gießen (1920–1921) und Marburg (1921 ff.)

Es ist allemal mißlich, eine biographisch angelegte Darstellung mitten im Verlauf des dargestellten Bios abbrechen zu lassen. An dieser Mißlichkeit nimmt auch eine von vornherein als theologisch-biographische Skizze über den *jungen* Rudolf Bultmann konzipierte Darstellung teil. Denn weder unter dem Aspekt des Lebensalters noch unter dem der theologischen Entwicklung läßt sich ein Zeitpunkt eindeutig fixieren, diesseits dessen vom »jungen« Bultmann jedenfalls noch die Rede sein müsse, jenseits dessen vom »jungen« Bultmann aber keinesfalls mehr die Rede sein könne. Dem entsprechend verzichten wir auf eine scharfe chronologische Grenzziehung, lassen vielmehr unsere Skizze des akademisch-theologischen Werdegangs Bultmanns so weit in die 1920er Jahre hineinreichen, daß *biographisch* der Anschluß an den auch lebensgeschichtlich informativen Briefwechsel mit Karl Barth (1922 ff.), *theologisch* der Anschluß an die mit diesem durch die »Römerbrief«-Rezension von 1922 eröffnete hermeneutische Diskussion sowie an die Aufsätze in »Glauben und Verstehen I« (1924 ff.) hergestellt wird.

Bevor wir uns Bultmanns Tätigkeit als Ordinarius in Gießen (1920 – 1921;

---

[121] Ebd.; Hervorhebungen von mir.
[122] LENIN, Staat und Revolution, 482.

4.2) und Marburg (1921 ff.; 4.3) zuwenden, beleuchten wir seine Stellung zur »Christlichen Welt« und den »Freunden der Christlichen Welt« und seine Erwartungen an den von ihnen einzuschlagenden Kurs in der ersten Hälfte der 1920er Jahre (4.1).

4.1 Stellung zur »Christlichen Welt« und ihren »Freunden« 1920 ff.

Einen Schwerpunkt der Eisenacher Jahrestagung der »Freunde der Christlichen Welt« 1920, auf der Bultmann am 29. September seinen Vortrag »Ethische und mystische Religion im Urchristentum« und Friedrich Gogarten am 30. September seinen Vortrag »Die Krisis der Kultur«[1] hielten, bildeten die am 1. Oktober stattfindenden Beratungen über den zukünftigen Kurs der »Freunde« und ihres Blattes.

Im Freundeskreis hatte Rades und anderer politischer Linkskurs in der »Christlichen Welt« zu erheblichen Spannungen geführt, die einen zunehmenden Mitglieder- und Leserschwund und somit eine wirtschaftliche Bedrohung des Blattes zur Folge hatten.[2] In einem Brief an M. Rade vom Juli 1920 machte sich Hans von Soden zum Sprecher derjenigen Freunde der »Christlichen Welt«, die, abgesehen von Zustimmung oder Ablehnung der politischen und kirchenpolitischen Aktivität Rades, es grundsätzlich bedauerten und ihm zum Vorwurf machten, daß die »Christliche Welt« so »untheologisch« geworden sei: »Sie (müssen) wieder stärker zum Ausdruck kommen lassen, was uns *verbindet,* vor allem also die wissenschaftliche *Theologie* und in zweiter Linie – denn leider gilt das wohl nicht mehr für uns alle – die Volkskirche, das Wort Volkskirche nicht im Gegensatz zur Klassen- und Amtskirche, sondern zur Sekte genommen; auf dem festen Grunde einer *solchen* Gemeinschaft können dann gern einmal Spannungen, Gegensätze, Individualitäten und Originale sich äußern.«[3] Und mit Bezug auf den Vortrag von Emil Fuchs auf der Freundestagung von 1919[4]: »Ich möchte wohl wissen, wie unser Volk wieder ›fromm gemacht‹ werden soll, wenn uns kirchliche Fragen zweiten Ranges sind. Auf das Volk gesehen ist die Unterscheidung von Religion und Kirche doch eine pure Abstraktion! Unser Freund Bultmann ... sieht viele Dinge anders als ich, und im Politischen ist er oft entgegengesetzter Meinung; aber er teilt das Bedauern, daß die ›Christliche Welt‹ so untheologisch geworden ist, und ist mit mir der Meinung, daß sie aufhören müßte, es zu sein, wenn sie bestehen und wachsen soll.«[5]

Nicht nur in der Forderung, daß die der Kirche verpflichtete theologische Grundausrichtung der »Christlichen Welt« gegenüber einem kirchlich distanzierten oder indifferenten religiösen Liberalismus und bzw. oder einer einseitigen Politisierung wieder mehr hervortreten müsse, stimmten H. v. Soden und Bultmann überein, sondern auch in den

---

[1] Zum Titel des Gogarten-Vortrags vgl. den Hinweis bei Jaspert, Wende, 40 Anm. 55; die in ChW 34, 1920, 770, enthaltene und dann im Nachdruck (Moltmann [Hg.], Anfänge II, 5) übernommene Terminangabe »1. Oktober 1920« für Gogartens Vortrag muß gemäß den Programm-Ankündigungen in ChW (Nr. 36 v. 2. 9. 1920; Nr. 37 v. 9. 9. 1920; Nr. 39 v. 23. 9. 1920) und dem Bericht »Unsere Wartburgtagung« in den »Vertraulichen Mitteilungen« (»An die Freunde«, Nr. 69 v. 4. 11. 1920, 754–762) in »30. September 1920« geändert werden.

[2] Vgl. Rathje, Die Welt des freien Protestantismus, 273: »Etliche bestellten die C. W. ab.«

[3] Zitiert bei und nach ebd., 292, Hervorhebungen von mir.

[4] »Die Frömmigkeit im heutigen Deutschland«, vgl. ebd., 274 Anm. 76.

[5] Ebd., 292.

damit zusammenhängenden Bedenken gegen die im Laufe des Jahres 1920 betriebene
Liaison der »Freunde der Christlichen Welt« mit verschiedenen regionalen Vereinigungen
im »Bund für Gegenwartchristentum« und die angestrebte kirchenpolitische Zusammenarbeit mit dem »Protestantenverein«. Der Chronist der »Christlichen Welt« berichtet:
»Sehr bald meldet sich unter den Freunden aber auch Opposition gegen derartig weitge-
hende Pläne: Breslau und Halle gehen voran. Besonders Breslau (u. a. Bultmann, Gottschick, von Soden) fordern Aufrechterhaltung des alten Charakters der C.W. und ihres
Freundeskreises; wer sich kirchenpolitisch betätigen wolle, könne sich ja dem Protestantenverein oder ähnlichen Organisationen anschließen.«[6]
   In Eisenach wurde am 1. Oktober 1920 über die Frage eines »Bundes für Gegenwartchristentum« kontrovers beraten und schließlich seine Gründung beschlossen.[7] »Somit ist der Bund für Gegenwartchristentum, unter weitgehendem Verzichte der F.C.W.
auf ihre Eigenart, gegründet. Es sollte sich dann auch bald erweisen, daß die Gründung in
dieser Form nicht von Dauer sein kann. Die F.C.W. haben doch eine zu sehr betonte
Eigenart als ›Freunde der Theologie‹, daß sie nicht in einem Bund, aus der Gegenwart für
die Gegenwart geboren, aufgehen können.«[8]

   Im folgenden Jahr 1921 zeigte es sich, daß das wirtschaftliche Ende des
»Verlages der Christlichen Welt«, Marburg, nicht mehr abzuwenden war. An
den Beratungen, wie und unter welchem neuen Verleger das Blatt fortzuführen
wäre[9], war auch Bultmann, nun wieder in Marburg, beteiligt – vorwiegend als
Kritiker der konturenlosen Vorstellungen Rades. Wir erfahren davon aus den
Briefen Bultmanns an Hans von Soden. Im Brief vom 30. 10. 1921 schildert
Bultmann dem Breslauer Freund und Kollegen die Beratungen über die Frage,
ob Rade selbst oder ein neuer Herausgeber oder Rade zusammen mit einem
Mitredakteur die »Christliche Welt« weiterführen solle, und meint: »M. E. wäre
eine wirkliche Änderung und Besserung der Verhältnisse nur möglich, wenn
Rade ganz von der Redaktion zurücktritt. ... Aber wer soll der Herausgeber
werden? Es ist doch ein schlimmes Zeichen für unsere Sache, daß man nieman-
den nennen kann, der der gegebene Mann wäre. ... Besonders schrecklich«,
fährt Bultmann fort, »war ein Programm von drei Sätzen, das die neue Aera
einleiten sollte, das Rade und Otto formuliert hatten. Im ersten Satz war etwa
gesagt, daß die Christliche Welt fortan in ›evangelischer Katholizität‹ die Kräfte
des christlichen Lebens im Interesse der evangelischen Kirchen der *ganzen Welt*
pflegen wolle. Der zweite Satz forderte, daß das christliche Ideal jetzt alle
Gebiete des *praktischen* Lebens (Wirtschaft, Politik etc.) durchdringen solle; und
der dritte Satz versicherte, daß man allen geistigen Strömungen des modernen
Lebens zu Klarheit und Sinn helfen wolle. Ich hielt meine Kritik an der Allge-
meinheit, Unklarheit und anspruchsvollen Übertreibung dieser Sätze nicht
zurück und sagte, ein ›Programm‹ habe nur Sinn, wenn es in ganz konkreten
Beziehungen sage, was man eigentlich wolle, vor allem, was man Neues wolle
im Unterschied von früher. Ich machte einen Gegenvorschlag, den ich Ihnen

---

6 Ebd., 274, vgl. 273–275.
7 Vgl. »An die Freunde«, Nr. 69 vom 4. 11. 1920, 759–762.
8 RATHJE, Die Welt des freien Protestantismus, 275.
9 Vgl. ebd., 287 ff.

schicke, damit Sie Stellung dazu nehmen; denn *falls* Frick[10] wirklich Rades Nachfolger würde, würde ich mir einen gewissen Einfluß auf ihn zutrauen. Sie werden kaum mit allem Einzelnen meines Vorschlages einverstanden sein; aber ich hoffe, daß Sie die Gesamthaltung billigen und daß Sie Kritik und Ergänzung geben.«[11]

Es folgt Bultmanns programmatischer Entwurf, ein in dieser Form einzigartiges Dokument seines theologischen Selbstverständnisses zu Anfang der 1920er Jahre. Wir geben den Entwurf hier im Wortlaut wieder und kommen am Schluß unserer Untersuchung kurz auf ihn zurück.

»Der Gang der Zeiten fordert, daß wir uns neu auf den Sinn unserer Aufgabe besinnen.
1.. *Neu sehen wir* unser Verhältnis zur *Geschichte*. Wir halten es für unser Ziel, über den Historismus der vergangenen Generation hinaus zu einer klaren Erfassung des übergeschichtlichen Wirkens Gottes zu gelangen.
2. *Neu sehen wir* unser Verhältnis zur *Kultur*. Wir erkennen die Gefahr, in der wir standen, Kulturaufgaben und Aufgaben des Reiches Gottes zu vereinerleien und im Fortschritt der Kultur Gottes Wirken zu sehen. Gottes Welt ist jenseits der Welt unserer Arbeit.
3. *Neu sehen wir* unser Verhältnis zur *Mystik*. Wir freuen uns ihrer als der Andacht, die sich in das gottgeschenkte Leben versenkt und ihm Ausdruck verleiht.
4. *Neu sehen wir* unser Verhältnis zum *Gottesdienst der Gemeinde*. Wir fühlen, daß Anbetung und Andacht in unseren Gottesdiensten zu kurz kam, und wollen, daß sie nicht pädagogischen Zwecken dienen, sondern die Feier der in Gott verbundenen Gemeinde vor den Augen des Ewigen sind.
Dabei bleiben wir treu dem Erbe unserer Vergangenheit, dessen tragende Kraft und bindenden Anspruch wir empfinden.
1. *Treu bleiben wir* der Arbeit der *Wissenschaft,* auch der Geschichtswissenschaft; nicht in dem Glauben, als könne Wissenschaft unser frommes Leben begründen und tragen, aber weil wir es als Pflicht der Wahrhaftigkeit empfinden, durch wissenschaftliche Selbstbesinnung Rechenschaft abzulegen über unser inneres Leben, seine Motive und Kräfte.
2. *Treu bleiben wir* dem Streben, nach einer Verbindung unseres Lebens in Gott und unserer *Arbeit in der Kultur* zu suchen, fern von dem Wahne, als erreichten wir das Jenseits der göttlichen Welt auf selbstgewählten Wegen der Weltflucht und Askese, aber in dem Bewußtsein, daß unser inneres Leben reich werden soll durch die Spannung, in die wir gestellt sind durch unsere Aufgabe im Diesseits der Kultur und unser Ziel im Jenseits, in Gott.
3. *Treu bleiben wir* unserer Ablehnung der *Mystik* als einer Methode, das Göttliche durch eigene Anstrengung und Seelenleitung zu erfassen.
4. *Treu bleiben wir* der Überzeugung, daß das ›Wort‹ die Tragkraft unseres *Gottesdienstes* sein muß; daß nicht Sakramentsmagie und *opus operatum* ihn gestalten, sondern daß Verkündigung und Kultus Ausdruck inneren Lebens sein sollen und zum inneren Leben sprechen sollen.«[12]

Dieser programmatische Entwurf, gedacht als theologische »Rechenschaft« der weiterzuführenden »Christlichen Welt« vor ihren Lesern darüber, »wie man

---

[10] Heinrich Frick, Gießen, war als Mitredakteur in Aussicht genommen, vgl. ebd., 289.
[11] Brief an H. v. Soden vom 30. 10. 1921.
[12] Ebd.

sich zu den in der Gegenwart so akuten Fragen wie Geschichte (Wissenschaft), Kultur, Mystik und Kultus stellt«[13], hat m. W. keine seiner ursprünglichen Bestimmung entsprechende Verwendung gefunden. Wesentliche Elemente daraus sind jedoch auch in den besinnlichen Leitglossen enthalten, die Bultmann zu den ersten Nummern der »Christlichen Welt« nach dem Verlagswechsel Mitte 1922 beisteuerte: »Gott in der Natur«[14], »Unruhe und Ruhe«[15], »Vom Beten«[16], »Vom Schicksal«[17].

Zum Gang der Dinge bei der »Christlichen Welt«: Nach erfolglosen Verhandlungen mit den Verlagen Mohr (Siebeck), Tübingen, und Beck, München, ging die »Christliche Welt« mit Nr. 27 vom 6. 7. 1922 an den Verlag Perthes in Stuttgart/Gotha über. Verantwortlicher Herausgeber blieb Martin Rade, Schriftleiter wurde, nachdem unter vielen anderen auch an Hans von Soden[18] und sogar an Karl Barth[19] gedacht worden war, der Philosoph Hinrich Knittermeyer.[20] Der Aufmacher der ersten »neuen« Nummer läßt programmatisch lediglich dies verlauten: »Die *Christliche Welt* ist nun ins 37. Jahr getreuer Ausdruck für das religiöse Sehnen der Zeit und unbeirrter Führer im Kampf um die Freiheit eines Christenmenschen gewesen. Sie will auch ferner für alles ernste religiöse Ringen aufgeschlossen bleiben und in Zusammenhang mit den Lebensfragen der heutigen Kultur Geist und Glauben des evangelischen Christentums vertreten.«[21]

Bultmann selbst setzte, bei aller Kritik, weiterhin Erwartungen in die »Christliche Welt« und ihren Freundeskreis. Welcher Art diese waren, kommt in seinem Brief an Hans von Soden vom 29. 9. 1923 gesammelt zum Ausdruck; im Vorfeld der Weimarer Freundestagung 1923, an der er nicht teilnehmen konnte, schrieb Bultmann: »Im Zusammenhang damit« – nämlich mit der Notwendigkeit einer Vertretung der »alten theologischen Tradition« *und* der »jungen theologischen Richtung« im Vorstand der »Freunde der Christlichen Welt« – »würde ich für unsere Tagungen wie für die Christliche Welt fordern, daß man sich *konzentriert* und insofern ganz die alten Traditionen erneuert, daß man *Theologie* treibt. Ich würde fordern, daß man, soweit das aus praktischen Gründen möglich [ist], *nicht* mehr mit dem Bund für Gegenwarts-Christentum tagt, sondern sich von diesem soweit wie möglich trennt, daß man das Programm der Tagungen vereinfacht und besonders auf Mysterienspiele und dergleichen verzichtet. Gemeinsames Durchdenken der theologischen Probleme kann m. E. nur der Inhalt der Tagungen der Freunde sein, wenn diese fruchtbar sein sollen (unsere Pflicht zur Kirchenpolitik gehört natürlich dazu!). Und darauf sollte sich auch die

---

13 Ebd.
14 I: ChW 36, 1922, 489–491; II: ebd., 513f.; III: ebd., 553f.
15 Ebd., 569f.
16 Ebd., 593f.
17 Ebd., 609f. Zu diesen Glossen vgl. R. BULTMANN, VW, Anhang, 332f., Nr. 54–57.
18 Vgl. Karte Bultmanns an H. v. Soden vom 10. 1. 1922.
19 Vgl. BUSCH, Karl Barths Lebenslauf, 157f.
20 Vgl. ChW 36, 1922, 489f. (»An unsere Leser!«); RATHJE, Die Welt des freien Protestantismus, 288f.
21 ChW 36, 1922, 489f. (»An unsere Leser!«).

›Christliche Welt‹ beschränken und das Phantom aufgeben, ein Organ für den Gesamt-Protestantismus oder für moderne Protestantische Geisteskultur (analog etwa dem ›Hochland‹) zu sein.« Bultmann wollte also, daß in der »Christlichen Welt« und auf den Tagungen ihrer »Freunde« *Theologie* getrieben werde, speziell daß die »Christliche Welt« und die Freundes-Tagungen Foren der fortgesetzten Selbstbesinnung in der gegebenen theologischen Situation seien. Dahin zielt ein erneuter Vorstoß, den Bultmann im Herbst 1924 in einem Rückblick auf die kurz zuvor stattgefundene Frankfurter Jahrestagung der Freunde unternahm. »Ich meine also«, schreibt Bultmann in den »Vertraulichen Mitteilungen« unter der Überschrift »Zur Frankfurter Tagung«[22], »unsere Tagungen (als Tagungen der FCW) sollten in kleinem Stil stattfinden; vor allem aber: ein wirkliches gemeinsames *Arbeiten* sollte im Mittelpunkt stehen. Also *ein* Vortrag, oder wenn mehrere, dann solche, die nicht verschiedene Themata, sondern das gleiche Thema von verschiedenen Seiten behandeln. Und im Zusammenhang damit ganz andere Debatten, nämlich solche, die wirkliche Zwiegespräche sind. Bei Alledem das Bewußtsein, daß es sich um gar nichts anders handeln kann als um *theologische* Arbeit, daß diese Arbeit *Denken* erfordert, und daß sie *schwierig* und nicht für Jedermann ist. Also endlich auch fort mit allen erbaulichen und ästhetisierenden Veranstaltungen, aber radikal! Fort natürlich auch mit sämtlichen Nebenveranstaltungen!« Und im Blick auf das weite theologische Spektrum innerhalb des Bundes für Gegenwartchristentum: »Was soll da eine gemeinsame Tagung! Nun, sie hätte schon einen Wert, wenn man in Anbetracht der gemeinsamen Herkunft sich über Ursache und Sinn unserer gegenwärtigen Situation besänne und nichts anderes als eben diese Problematik zum Thema der gemeinsamen Arbeit machte. Nicht daß das in einer Selbstanalyse geschehen sollte, vielmehr durch Arbeit an konkreten Einzelthemen. Aber die Illusion einer geistigen Gemeinschaft muß preisgegeben werden, und unsere heutige Situation, und zwar die *theologische* Situation, muß den Gegenstand der gemeinsamen Arbeit bilden.«

Bultmanns Äußerungen führen vor Augen: Noch bis weit in die 1920er Jahre hinein gab er die Hoffnung nicht auf, die »Christliche Welt« und ihr Freundeskreis, die seine eigene theologische Heimat geworden waren, möchten Foren sein für die »jüngste theologische Bewegung«[23] und für die Auseinandersetzung mit ihr, zugleich für die Auseinandersetzung der »liberalen Theologie« mit sich selbst im Licht der theologischen Neubesinnung. In dieser Hoffnung und in den wiederholten Anläufen, sie in die Tat umzusetzen, kommt, so meinen wir urteilen zu dürfen, zum Ausdruck, daß Bultmann den theologischen Neuaufbruch der 1920er Jahre in *grundsätzlicher Kontinuität* mit der liberal-theologischen Grundhaltung von »Freiheit und Wahrhaftigkeit«[24] verstanden wissen wollte, welche sich einst in der »Christlichen Welt« ein Organ und in den »Freunden der Christlichen Welt« ein theologisches Arbeitsforum geschaffen hatte.

---

[22] »An die Freunde«, Nr. 78 vom 5. 11. 1924, 853f.
[23] Formulierung nach dem Titel des bekannten Vortrags, vgl. GuV I, 1.
[24] Vgl. ebd., 2.

4.2 Als Ordinarius in Gießen (1920–1921)

Am 8. 3. 1920 war in Gießen der Ordinarius für Neues Testament Wilhelm Bousset gestorben, und neben dem Gießener H. Gunkel[25] setzte sich von Marburg aus besonders W. Heitmüller für Bultmann als Nachfolger ein.[26] Mit Erfolg: Am 23. 6. 1920 wurde Bultmann auf das Gießener Ordinariat für Neues Testament berufen.[27]

Nur zwei Semester – Winter 1920/21 und Sommer 1921 – währte Bultmanns Tätigkeit in Gießen. Er hielt dort folgende Vorlesungen und Seminare[28]:

WS 1920/21	V: Einleitung in das Neue Testament (5stdg.)
	Korintherbriefe (4stdg.)
	S: Probleme der Paulus-Forschung
SS 1921	V: Johannesevangelium (4stdg.)
	Geschichte des apostolischen und nach-apostolischen Zeitalters (4stdg.)
	S: Das Verhältnis des Urchristentums zur hellenistischen Synagoge[29].

Für Bultmann waren die beiden Gießener Semester eine sehr erfreuliche Zeit. Schon im Dezember 1920 schreibt er an Hans von Soden: »Die Arbeit hier macht stets mehr Freude. Referate und Debatten im Seminar stehen auf beträchtlicher Höhe; ich bin in eine höchst erfreuliche Tradition hineingekommen. Das Verhältnis zu den Kollegen in[30] und außerhalb der Fakultät ist sehr angenehm, der Verkehr zwanglos und nett.«[31]

Die aus den guten Beziehungen zu den Kollegen und aus der fruchtbaren wissenschaftlichen Arbeit mit den Studenten[32] resultierende Verbundenheit mit

---

[25] Vgl. Briefe und Karten H. Gunkels vom 13. 3., 24. 3., 26. 3., 31. 3., 10. 4., 11. 5., 28. 6., 8. 7., 19. 7. 1920.

[26] Vgl. Briefe und Karten von W. und E. Heitmüller vom 18. 4., 27. 4., 30. 4., 22. 6., 5. 7. 1920.

[27] Vgl. das Schreiben des Hessischen Landesamtes für das Bildungswesen an Bultmann vom 23. 6. 1920, im Nachlaß Bultmann, UB Tübingen.

[28] Angaben nach den Vorlesungsverzeichnissen.

[29] Das Seminar behandelte genauer den *Einfluß* der *hellenistischen Synagoge* auf das Urchristentum, der neben der Tradition des *palästinensischen Christentums* viel höher zu veranschlagen sei als bisher geschehen, vgl. Briefe an H. v. Soden vom 23. 12. 1920, 3. 4. 1921, 1. 8. 1921.

[30] Gustav Hölscher (AT), Gustav Krüger (Kirchengeschichte), Emil Walter Mayer (Systematische Theologie), Martin Schian (Praktische Theologie) als ordentliche, August Frhr. von Gall (AT) und – der damals bereits beurlaubte – Oskar Holtzmann (NT) als Honorar- bzw. außerordentliche Professoren; vgl. Vorlesungsverzeichnisse.

[31] Brief an H. v. Soden vom 23. 12. 1920; vgl. in den Erinnerungen von 1959 (Barth-Bultmann-Briefwechsel, 315): »Auf die dortige Zeit sehe ich mit besonderer Freude zurück, weil der freundschaftliche geistige Austausch mit den Kollegen – und zwar nicht nur innerhalb der theologischen Fakultät – außerordentlich lebendig war.«

[32] Vgl. Brief an H. v. Soden vom 20. 2. 1921: »Es war ein ideales Zusammenarbeiten in der Fakultät und vor allem mit den Studenten.«

Gießen brachte Bultmann in einen inneren Konflikt, als ihn am Ende des Wintersemesters 1920/21 der Ruf auf das neutestamentliche Ordinariat in Marburg erreichte. Er schreibt darüber an A. Jülicher: »Was mir die Entscheidung so schwer macht, ist das Gefühl der Verpflichtung Gießen gegenüber. Wie ich hier von Kollegen und von Studenten mit Vertrauen aufgenommen bin, das gehört zu dem Schönsten, was ich in meinem Leben erfahren habe; und aufgrund dieses Vertrauens hat sich mir in der kurzen Zeit, in der ich hier war, ein so reicher Kreis der Aufgaben und ein so schönes Zusammenarbeiten eröffnet, daß der Gedanke, hier alles im Stich zu lassen, mir unendlich schwer fällt.«[33] Als Bultmann dies schrieb – am 18. 2. 1921 –, hatte er schon entschieden, nach Marburg zu gehen, nach Maßgabe der Frage, »wo die größere Pflicht liegt, wo die Sache dringender fordert, daß ich mich in ihren Dienst stelle. Und da Sie mich nun einmal gerufen haben, darf ich mich nicht bei dem Gedanken beruhigen, daß dem kleineren Kreis in Gießen meine Kraft eher gewachsen ist als den größeren Aufgaben in Marburg, sondern werde danach entscheiden müssen, daß eben in Marburg größere Aufgaben liegen. . . . Wenn ich nach Berlin schrieb, daß ich prinzipiell bereit sei, nach Marburg zu gehen, so lag darin für mich schon die Entscheidung.«[34]

Gegenüber dem dringenden Rat W. Heitmüllers aus Bonn, sich nicht über den Sommer noch in Gießen festhalten zu lassen – »Marburg *muß* Sie im Sommer haben«[35] –, bestand Bultmann darauf, seine Verpflichtung in Gießen im Sommersemester 1921 noch zu erfüllen, dabei jedoch zweimal in der Woche in Marburg Lehrveranstaltungen abzuhalten.

4.3 Als Ordinarius in Marburg (1921 ff.)

4.3.1 Berufung und Eintritt in die Marburger Fakultät

Das neutestamentliche Ordinariat, auf das Bultmann berufen wurde, war durch den Wechsel Wilhelm Heitmüllers nach Bonn zum Wintersemester 1920/21 vakant geworden. Nachdem im Herbst 1920 H. Weinel und H. Lietzmann (beide Jena) die Heitmüller-Nachfolge in Marburg abgelehnt hatten[36], schaltete sich von Bonn aus Heitmüller in die längeren kontroversen Beratungen in der Marburger Fakultät über die Erstellung einer zweiten Nachfolge-Liste ein. Er schreibt darüber am 7. 1. 1921 an Bultmann: »Ich habe alle Möglichkeiten besprochen und dann als mein *ceterum censeo* in zwei Briefen *stark* unterstrichen: man müsse *Sie* berufen, *Sie seien jetzt der Gegebene*« – und, wie Heitmüller Bultmann versichert,

---

[33] Brief an A. Jülicher vom 18. 2. 1921; vgl. Brief an H. v. Soden vom 20. 2. 1921.

[34] Brief an A. Jülicher vom 18. 2. 1921; vgl. in den Erinnerungen von 1959 (Barth-Bultmann-Briefwechsel, 315): »In der Tat war es nicht leicht, Gießen zu verlassen, aber ich war überzeugt, daß ich den Ruf nach Marburg, das sozusagen meine akademische Heimat war, nicht ablehnen durfte.«

[35] Brief W. Heitmüllers vom 18. 2. 1921, vgl. Karte und Brief desselben vom 27. 2. 1921 und vom 2. 3. 1921.

[36] Vgl. Brief W. Heitmüllers vom 7. 1. 1921; speziell zu Hans Lietzmann vgl. die Berufungs-notizen in ChW 34, 1920, 764 und 818.

auch »der Gewollte«. Auf der Nachfolge-Liste standen – so Bultmann im Brief an H. v. Soden vom 20. 2. 1921 – er selbst und Walter Bauer *pari passu* an erster Stelle, »ich als der eigentlich gewünschte Kandidat, aber man wollte Bauer nicht zurücksetzen. Es war mit Schwierigkeiten gegangen. Von Bonn war Heitmüller für mich eingetreten. Jülicher und Otto waren gegen mich wegen des Eisenacher Vortrags[37]! Hermelink, der sich sehr für mich einsetzte, kam herüber und holte sich die Bogen meines Buchs, die bei Jülicher für mich entschieden.«

Bultmann wurde, nachdem W. Bauer abgelehnt hatte[38], am 15. 2. 1921[39] berufen und nahm den Ruf nach Verhandlungen in Berlin und Darmstadt an. Er lehrte dann in Marburg bis zu seiner Emeritierung im Jahr 1951.

In die Marburger Fakultät[40] trat gleichzeitig mit Bultmann, ebenfalls aus Gießen kommend, der Alttestamentler Gustav Hölscher[41] als Nachfolger Karl Buddes ein. Den Lehrstuhl für Neues Testament und ältere Kirchengeschichte hatte noch bis 1923 Adolf Jülicher inne; ihm folgte, von Bultmann seit langem ersehnt[42], Hans von Soden.[43] Ordinarius für Kirchengeschichte war Heinrich Hermelink, Ordinariate für Systematische Theologie bekleideten Rudolf Otto und Martin Rade. In der praktischen Theologie wirkten als ordentliche Professoren Karl Bornhäuser und, ab 1922, Friedrich Niebergall. Friedrich Heiler, seit 1920 außerordentlicher Professor, rückte 1922 zum persönlichen ordentlichen Professor für Religionsgeschichte und Religionspsychologie auf. Neben diesen lehrten als außerordentliche Professoren u. a. Walter Baumgartner (AT) und Rudolf Günther (Christliche Kunstgeschichte).

Die Kontakte unter den Marburger Fakultätskollegen waren nicht sehr inten-

---

[37] Ethische und mystische Religion im Urchristentum.

[38] Vgl. die Berufungsnotizen in ChW 35, 1921, 110 (»Berufen: . . . Prof. Walter Bauer – Göttingen als Nachfolger von Heitmüller nach Marburg«) und 147 (»Berufen: nachdem Walter Bauer in Göttingen abgelehnt, Prof. D. Rudolf Bultmann zum Ordinarius für NT in Marburg«). W. Bauer war 1919 in Göttingen Ordinarius geworden, und man rechnete allgemein damit, daß er dort bleiben werde, vgl. Brief Heitmüllers vom 24. 1. 1921.

[39] Vgl. Schreiben des Ministerialrates und Vortragenden Rates Prof. Dr. Richter, Berlin, an Bultmann vom 15. 2. 1921 (im Nachlaß Bultmann, UB Tübingen); vgl. ferner von Bultmann die Karte an M. Rade vom 17. 2. 1921 und den Brief an A. Jülicher vom 18. 2. 1921; vgl. außerdem ChW 35, 1921, 147 (s. vorige Anm.) und 222 (»Bultmann hat in Marburg angenommen«).

[40] Vgl. zu den folgenden Angaben die entsprechenden Artikel in RGG[2/3], TRE und NDB sowie in SCHNACK (Hg.), Marburger Gelehrte in der ersten Hälfte des 20. Jahrhunderts, Marburg 1977.

[41] Vgl. die Erinnerung von 1969 (Barth-Bultmann-Briefwechsel, 323): »Mit mir war der Alttestamentler Gustav Hölscher nach Marburg berufen worden, mit dem mich seit unserer gemeinsamen Zeit in Gießen herzliche Freundschaft verband.« Vgl. ebd., 317.

[42] Vgl. Brief an H. v. Soden vom 30. 10. 1921: »Fürs erste halte ich noch an dem Gedanken fest, daß Sie in einigen Jahren Jülichers Nachfolger werden«; vgl. Briefe an denselben vom 30. 4. 1922, 23. 12. 1922 u. ö.

[43] Vgl. Bericht von 1969 (Barth-Bultmann-Briefwechsel, 323): »Den größten Gewinn nicht nur für die theologische Fakultät, sondern für die ganze Universität bedeutete [Original: war] die Berufung Hans von Sodens als Nachfolger Jülichers 1924.« Vgl. ebd., 317.

siv. »Mir scheint«, schreibt Bultmann rückblickend auf sein erstes Sommersemester am 1. 8. 1921 an H. v. Soden, »daß ich mit Hermelink gut werde
zusammenarbeiten können. Jülicher kommt mir mit Freundlichkeit und Vertrauen entgegen, ist freilich in vielen Dingen alt und steif geworden, – von
Budde nicht zu reden.« Und ein halbes Jahr später, am 19. 3. 1922 an denselben:
»Von unsrer Fakultät ist sonst nicht viel zu berichten; viel Zusammenhalt ist
leider nicht da; man lebt ziemlich nebeneinander her.« Diesem Mangel sollten ab
Sommersemester 1922 Fakultätszusammenkünfte abhelfen, »bei denen sich an
ein Referat ein persönlicher Austausch anschließen soll. Einige Kollegen – wie
Jülicher und Otto – erschienen [bei den ersten Treffen] nicht und werden auch
wohl nie erscheinen. Das Zusammensein war bisher recht nett und ist jedenfalls
schon deshalb ganz erfreulich, weil man sich sonst relativ wenig sieht. – Auch
haben die jüngeren Kollegen Marburgs und Gießens regelmäßige Zusammen-
künfte verabredet, von denen im Juli die erste stattgefunden hat; ich hoffe, daß
das fruchtbar wird.«[44]

Außer mit »Hermelink und Rade, mit Günther und Baumgartner« hatte
Bultmann näheren Kontakt mit Friedrich Heiler, »den ich persönlich immer
mehr schätzen lernte«[45]. Heiler war verantwortlich für die samstagabendlichen
Andachten in der Marburger St.-Michaels-Kapelle (»Michelchen«), an denen
sich Bultmann ab 1922 gelegentlich beteiligte: »Seine Gemeinde, die sich sonn-
abendabends im ›Michelchen‹ zum Abendgottesdienst sammelt, ist aber recht
stattlich – aus Stadt und Studentenschaft, und hier hat er ein großes Verdienst.
Ich habe übrigens auch einmal eine dieser Andachten gehalten.[46] – Mit den
akademischen Gottesdiensten steht es sonst betrüblich. Bornhäusers Predigten
sind unter aller Kritik; Hermelink predigt gut, aber selten. Mit Hermelink und
Rade hoffe ich, sobald Niebergall hier ist, irgend einen neuen Modus durchzu-
setzen.«[47] Für die akademischen Gottesdienste hatte Bultmann schon früher

---

[44] Brief an H. v. Soden vom 8. 9. 1922.

[45] Ebd., vgl. aber Brief an denselben vom 19. 3. 1922: »Heiler hat mich im Ganzen recht
enttäuscht.«

[46] Am 18. 2. 1922; der Text der Andacht ist abgedruckt in R. BULTMANN, VW, 194–197, vgl.
ebd. Einleitung (ERICH GRÄSSER), XI, sowie Anhang, 332 Nr. 51. An dieser Andacht nahm, bei
seinem ersten Marburg-Besuch von Göttingen aus, auch KARL BARTH teil, der in seinem
»Rundbrief« vom 26. 2. 1922 darüber berichtet: »Samstag abend habe ich einen ›Michelchen‹-
Kult [mit]gemacht und mußte wohl oder übel, da ich als Fremdling doch nicht protestieren
konnte, auch ›schweigend anbeten‹ resp. befremdet dasitzen, gänzlich ohne Kontakt mit dem
Numinosum. Bultmann leitete den Zauber. Thema: Die Nacht. . . . Der gute Bultmann
verdarb sich freilich das Spiel dadurch, daß er in seiner Kultrede die Hälfte der Zeit mit der
ehrlichen Überlegung zubrachte, wie sehr doch für uns moderne Menschen (im Gegensatz zu
Paul Gerhardt) die Nacht den Zauber des ›Schaurigen‹ verloren habe; immerhin, ein Gleichnis
sei sie auch für uns, wurde man nicht ganz glaubwürdig versichert. . . . Ich . . . hatte noch einen
guten Abend bei Rades mit Hermelink, Stephan, Bultmann, dem nächtlichen Redner und
Mystagogen . . . Bultmann viel besser, als ich nach seinem kultischen Versuch befürchtet hatte«
(Barth-Thurneysen-Briefwechsel II, 48 f.).

[47] Brief an H. v. Soden vom 19. 3. 1922.

seine programmatischen Gedanken mitgeteilt: »Die Frage der akademischen Gottesdienste denke ich hier auch bald zu stellen. Nach meinen Gießener Erfahrungen wäre es mir das Liebste, wenn sie als reine Universitätsgottesdienste (also etwa – wie in Gießen – in der Aula) stattfänden mit eigener Liturgie und einer spezifisch akademischen Predigt. Andere Hörer sind nicht geradezu ausgeschlossen, dürfen aber nur einen verschwindenden Prozentsatz bilden. So war es in Gießen wenigstens erreicht, daß Studen- und Dozentenschaft aller Fakultäten sich in starkem Maße beteiligte und ein wirkliches Gemeindegefühl lebendig wurde, wie es nach meinen Erfahrungen bei der Verbindung von Universitäts- und Gemeindegottesdienst nicht aufkommen kann.«[48]

4.3.2 Lehrtätigkeit

Die folgende Übersicht über die von Bultmann in den ersten Jahren in Marburg gehaltenen Lehrveranstaltungen[49] ergänzen wir durch die Berichte, die Bultmann von Soden darüber erstattet.

SS 1921[50]   V: Korintherbriefe (4stdg.)
                               S: Das Verhältnis des Urchristentums zur helle-
                                  nistischen Synagoge

»Von meiner Marburger Tätigkeit kann ich noch nicht viel berichten. Ich hatte in der Vorlesung etwa 30 Leute, die auch treu hörten; im Seminar 40–50, von denen ich aber nur 15 als ordentliche Mitglieder nahm.«[51]

WS 1921/22   V: Einleitung in das Neue Testament (4stdg.)
                                  Römerbrief (4stdg.)
                               S: Missions- und Gemeindepredigt im Urchri-
                                  stentum

»Beide Vorlesungen (Einleitung und Römerbrief) sind ausgezeichnet besucht, die Auditorien vollständig besetzt; im Seminar habe ich 20 Leute aufgenommen und weitere abgewiesen«[52]; »wir haben hier gegen 200 Theologen, und meine Vorlesungen sind sehr gut besucht«[53]; »ich habe in der Einleitung fast 80, im Römerbrief 50–60 Hörer, im Seminar 20. Der Besuch ist sehr ständig und das Interesse rege«[54].

SS 1922   V: Synoptiker (4stdg.)
                                  Leben Jesu (2stdg.)
                                  Die Religion des Urchristentums (Neutesta-
                                  mentliche Theologie) (4stdg.)

---

[48] Brief an H. v. Soden vom 21. 12. 1921.
[49] Angaben, außer zum Sommersemester 1921, nach den Angaben in den Vorlesungsverzeichnissen.
[50] Vgl. Brief an H. v. Soden vom 3. 4. 1921.
[51] Brief an H. v. Soden vom 1. 8. 1921.
[52] Brief an H. v. Soden vom 30. 10. 1921.
[53] Postkarte an H. v. Soden vom 13. 11. 1921.
[54] Brief an H. v. Soden vom 21. 12. 1921.

S: Probleme der Leben-Jesu-Forschung

»Der Besuch ist sehr gut. Ich habe in den Synoptikern etwa 70, in der neutestamentlichen Theologie mindestens 80, im Leben Jesu wohl über 100 Hörer; ob alle bleiben, ist
natürlich noch die Frage. Der Andrang zum Seminar war auch sehr groß, ich habe aber
nur eine beschränkte Zahl aufgenommen«[55]; »es war im ganzen ein sehr erfreuliches
Semester; wir hatten im ganzen rund 250 Hörer und Hörerinnen, und meine Vorlesungen
waren sehr gut besucht. Da ich Synoptiker und neutestamentliche Theologie (je 4 Stunden) und Leben Jesu (2 Stunden) las und dazu das Seminar hatte, war ich reich besetzt«[56].

WS 1922/23   V: Johannesevangelium (4stdg.)
              Philipperbrief (1stdg.)
              S: Lektüre jüdisch-hellenistischer Texte

»(Ich) freue mich, im nächsten Winter nur insgesamt 7 Wochenstunden zu haben«[57];
»für mich ist die Semesterarbeit wieder einigermaßen anstrengend. An Vorlesungen habe
ich zwar nicht viel. Aber das Johannesevangelium (über 90 Hörer) verlangt um so mehr
Arbeit, als ich es ja für den Meyerschen Kommentar bearbeiten muß. . . . Im einstündigen
[also nicht, wie im Vorlesungsverzeichnis ausgedruckt, zweistündigen] Philipperbrief
habe ich ca. 70 Leute; mit 9 Idealisten, deren Fleiß allen Lobes wert ist, lese ich Philo, was
natürlich recht intensive Arbeit erfordert«[58].

SS 1923   V: Synoptiker (4stdg.)
           Korintherbriefe (4stdg.)
           S: Paulus und die hellenistische Mystik

»Unsere Hörerzahl ist wieder recht erfreulich. Ich lese Synoptiker vor über 100,
Korintherbriefe vor fast 100 Hörern; im Seminar habe ich 20 ordentliche, 20 außerordentliche Teilnehmer. «[59]

WS 1923/24   V: Religionsgeschichte des Hellenismus und des
              Judentums in hellenistischer Zeit (Prolego-
              mena zur Neutestamentlichen Theologie)
              (2stdg.)
              Galaterbrief, Römerbrief (4stdg.)
              S: Ethik bei Paulus

»Wir haben, was Zahl und Eifer der Studenten betrifft, wieder einen guten Winter.
Meine Vorlesungen über Römerbrief und Galaterbrief (zusammen 4 Stunden) und Judentum und Hellenismus (2 Stunden) sind sehr gut besucht«[60].

Wie die zitierten Briefäußerungen belegen, hatte Bultmann in Marburg von
vornherein einen ausgezeichneten Lehrerfolg.[61] Eine Folge davon war das – trotz

[55] Brief an H. v. Soden vom 30. 4. 1922.
[56] Brief an H. v. Soden vom 8. 9. 1922.
[57] Ebd.
[58] Brief an H. v. Soden vom 23. 12. 1922.
[59] Brief an H. v. Soden vom 11. 6. 1923.
[60] Brief an H. v. Soden vom 23. 12. 1923.
[61] Wenn man die von BUSCH, Karl Barths Lebenslauf, 144, mitgeteilten Zahlen zugrunde-
legt, muß Bultmann in E. JÜNGELS Feststellung über Barth in Göttingen: »Für den Universitäts-

seiner 66 Jahre überraschende – Gesuch A. Jülichers, sich mit Ablauf des Sommersemesters 1923 emeritieren zu lassen. Bultmann dazu: »Er fühlt sich alt und oft leidend; vor allem erträgt er es begreiflicherweise nicht, daß ihm die Hörer weglaufen (er hatte jetzt im Römerbrief etwa 12, während ich gleichzeitig im Johannesevangelium über 100 Hörer hatte).«[62] Wichtiger jedoch als diese Folge ist die Frage nach dem *Grund* für den Zulauf, den Bultmanns Vorlesungen fanden. Es ist ein doppelter Grund: Bultmanns Attraktivität beruhte zum einen in seiner Offenheit, vielmehr in seinem Verpflichtetsein sowohl gegenüber der kompromißlosen historischen Kritik, wie sie gute alte Tradition der liberalen Theologie war, als auch gegenüber der religiösen Neubesinnung, die die Bewegung um Barth und Gogarten auf ihre Fahnen geschrieben hatte; der andere Grund für den Zulauf zu Bultmann war sein unermüdliches Bemühen, den Studenten in den Fragen, die durch die theologische Unruhe jener Jahre, aber auch durch spezielle wissenschaftliche Probleme aufgeworfen waren und wurden, ein kritischer, klärender, weiterführender Gesprächspartner zu sein. Für beides, Bultmanns – so mußte es scheinen: – Position zwischen den Positionen und sein pädagogisches Engagement, bieten seine Briefe an Hans von Soden reichlich Belege.

»Begreiflich und sogar zu begrüßen ist es«, schreibt Bultmann über seine Gießener Studenten, »wenn das spezifisch *historische* Interesse bei den meisten hinter dem *prinzipiellen* zurücktritt. Mit Ihnen bin ich ja auch darin einig, daß wir uns nicht in die philologische Seite des Historischen verlieren dürfen, sondern daß Geschichte im vollen Sinn nicht ohne Zusammenhang mit der Systematik getrieben werden kann. Ich hoffe, daß ich es [als] Zeichen des Erfolges in solchem Bemühen ansehen darf, daß tatsächlich eine ganze Reihe meiner Seminar-Hörer sich mit großem Interesse in die historischen Probleme vertieft hat und auch gute Arbeiten gemacht hat.«[63] Und nach dem ersten Marburger Sommersemester heißt es: »In Marburg ist die Strömung der modernen Mystik und der Abneigung gegen die Historie sehr stark zu spüren, was unter Ottos und Heilers Einfluß begreiflich ist. Ich gelte als der radikale Kritiker und philologische Historiker und werde manche Widerstände zu überwinden haben. Immerhin hatte ich eine Gruppe von Leuten, die offenbar Vertrauen zu mir gefaßt hatte, namentlich Schwaben, die in diesem Fall als die Verehrer der Historie erschienen.«[64] Wie Bultmann solchen Widerständen begegnete, macht

---

betrieb befremdlich genug wurde Barths Hörsaal ein akademischer Anziehungspunkt, der damals wohl nur in den philosophischen Vorlesungen Martin Heideggers eine Parallele hatte« (Jüngel, Karl Barth, 345), zweifellos einbezogen werden.

[62] Brief an H. v. Soden vom 30. 3. 1923.

[63] Brief an H. v. Soden vom 3. 4. 1921, Hervorhebungen von mir.

[64] Brief an H. v. Soden vom 1. 8. 1921; vgl. Brief an denselben vom 21. 12. 1921: »Die Arbeit mit den Studenten ist schwieriger als in Gießen, aber ebenso erfreulich und, wie ich hoffe, mit der Zeit auch ebenso lohnend. ... Aber die Aufnahme meiner Darbietungen stößt bei vielen auf Widerstand. Die Abneigung gegen Historie und Kritik ist groß, und die Einflüsse in der Studentenschaft sind bunt.«

der folgende Briefausschnitt vom März 1922 deutlich: »Die geistige Regsamkeit der Studenten ist höchst erfreulich.[65] Auch der Fleiß im Seminar und in den Vorlesungen war geradezu überraschend bis zum Schluß; die Hörer der Einleitung wünschten noch am 2. und 3. März zwei Extrastunden. Ich bin besonders froh darüber, daß ich im allgemeinen darin Glück gehabt habe, meine Hörer zum Interesse und zur Arbeit an den historischen Problemen zu bringen und in dieser Beziehung manches Mißtrauen und Abneigung zu überwinden. Für mein Seminar des nächsten Semesters sind schon fast alle Plätze wieder besetzt. Ich habe das natürlich dem Umstand zu verdanken, daß ich die Bedeutung der historischen Bildung für die systematischen Probleme stark betone und mich, vor allem im persönlichen Zusammensein, gern auf die systematischen Fragen einlasse.«[66]

Mit dem Stichwort »persönliches Zusammensein« ist ein für Bultmanns Verständnis seiner akademischen Tätigkeit wesentliches Element benannt. Schon in Gießen hatte Bultmann – zusammen mit seiner Frau – an einem von einer Studentengruppe eingerichteten Leseabend und an anderen studentischen Unternehmungen teilgenommen.[67] Auch in Marburg ließ Bultmann sich von seinen Studenten in Anspruch nehmen und hielt sein Haus offen für sie. »Oft hatten wir abends Studenten, und diese Abende waren in der Regel interessanter als die – übrigens recht wenigen – Abende, wenn man mit Kollegen zusammen war.«[68]

Besonders durch das – die Studenten verwirrende – Wirken des Fakultätskollegen Rudolf Otto wurde Bultmann genötigt, zur Klärung der Fronten beizutragen: »Außer unserm häuslichen Verkehr mit den Hörern ergab es sich, daß ich im Anschluß an die Vorlesung über neutestamentliche Theologie [im Sommersemester 1922] einen Abend zur gegenseitigen Aussprache auf Wunsch der Hörer einrichten mußte. Das war zum Teil die Folge der Gegnerschaft Ottos. Otto hat sich über mein Buch wie über meine Vorlesungen so geärgert, weil sie angeblich die ›Grundlagen seiner Dogmatik untergraben‹, daß er seine Vorlesung über Dogmatik ganz zu einer Leben-Jesu-Vorlesung ausgestaltete und das ganze Semester hindurch gegen mich polemisierte.[69] Ich habe in meinen Vorlesungen absichtlich keine Beziehung darauf genommen, sondern einfach meine

---

[65] Vgl. die autobiographischen Bemerkungen von 1959 (Barth-Bultmann-Briefwechsel, 315): »Die Arbeit mit den Studenten, die noch von der ›Jugendbewegung‹ vom Anfang des Jahrhunderts geprägt waren, war höchst erfreulich.«

[66] Brief an H. v. Soden vom 19. 3. 1922.

[67] Vgl. Brief an H. v. Soden vom 1. 8. 1921.

[68] Brief an H. v. Soden vom 19. 3. 1922; vgl. Brief an denselben vom 23. 12. 1922: »Die starke persönliche Inanspruchnahme, die man erfährt, ist ein erfreuliches Zeichen für das Interesse der Hörer, aber manchmal aufreibend. Die Besuche von Leuten, die ihre Probleme vortragen oder auch ihre Ideen entwickeln, sind häufig.«

[69] Hermann Mörchen, der im Sommersemester 1925 nach Marburg kam, erinnert sich, daß Otto in der Polemik gegen Bultmann diesen nicht beim Namen genannt, sondern immer nur »der Rationalist« gesagt habe (mündliche Mitteilung).

Sache entwickelt, was sich auf die Dauer auch als das Richtige erwies. Aber die Verwirrung, die in der Hörerschaft durch Ottos zum Teil unglaubliche Polemik entstand, und die häufigen Fragen und Bitten vieler Hörer veranlaßten dann die Einrichtung jener Abendstunde. . . . Mir ist das [sc. Ottos Propaganda für seine Auffassung vom Leben Jesu] freilich an sich nicht ärgerlich oder auch nur unwillkommen, weil für die Hörerschaft diese Gegensätze zwischen ihm und mir ja höchst instruktiv sind und zu methodischen Erörterungen und zu energischem Durchdenken Anlaß geben.«[70] Doch waren es nicht nur »Ottos und Heilers mystische Anschauungen«[71], die Bultmann zur Stellungnahme und zum Durchdenken mit seinen Studenten veranlaßten, sondern auch etwa die »Ideen der Phänomenologie, die jetzt [sc. 1921] in der Marburger Philosophie eine große Rolle spielen und in unserer Fakultät durch Mundle . . . vertreten werden. . . . (Ich) habe manche Hörer oft bei mir, einzeln (d. h. sie kommen dann von selbst) oder in Gruppen abends. Die Auseinandersetzung ist oft recht erfreulich. Für mich bedeutet es ein Stück Arbeit mehr; denn ich empfinde stark die Verpflichtung, mich mit den modernen systematischen und philosophischen Strömungen auseinanderzusetzen, nicht nur im Interesse des persönlichen Austausches mit den Studenten, sondern auch im Interesse der eigenen wissenschaftlichen Arbeit. Historie und Philosophie müssen wieder ein Verhältnis finden.«[72] Bultmanns folgenreiche Beschäftigung mit der Phänomenologie ist also *auch* von seinen Studenten angeregt worden. In diesem Zusammenhang stellt Bultmann fest: »In unserer gegenwärtigen Lage ist es aber einfach eine Lebensfrage für unsere Theologie, die Systematik aus der alten Tradition und aus Impressionen und Einfällen herauszuführen und neu aufzubauen. Wir müssen [sc. in Marburg als Nachfolger Horst Stephans] einen Mann haben, der die neue Entwicklung der Frömmigkeit in sich aufgenommen hat und dabei ein festes inneres Verhältnis zur Wissenschaft, sowohl zur historischen Methodik wie zu der neuen philosophischen Entwicklung, hat. Wir müssen dabei einfach etwas riskieren.«[73]

---

[70] Brief an H. v. Soden vom 8. 9. 1922; vgl. in den autobiographischen Bemerkungen von 1959 (Barth-Bultmann-Briefwechsel, 317): »Die theologische Fakultät war in jenen Tagen keineswegs einmütig, und die verschiedenen Auseinandersetzungen in ihr, vor allem die Spannung zwischen mir und Rudolf Otto . . ., bewegten sogar die Studenten und führten zu lebhaften Diskussionen«, und von 1969 (ebd., 323): »Wir waren, obwohl wir uns einst in Breslau angefreundet hatten, einander doch so fremd geworden, daß auch unsere Studenten den Gegensatz zwischen seiner und meiner Arbeit empfanden.«

[71] Brief an H. v. Soden vom 21. 12. 1921.

[72] Ebd.

[73] Ebd.; vgl. Karte an H. v. Soden vom 29. 1. 1922: »In der von ihm [Wilhelm Mundle] vorgetragenen Form scheint mir die Phänomenologie weder neu noch eine grundstürzende Methode zu sein. Ich glaube aber, daß die Phänomenologie bei den ernstlichen Vertretern eine zukunftsreiche Wissenschaft ist, deren Konsequenzen auch für die Theologie (nicht nur für die historische) bedeutsam sind. Das Urteil gründet sich vorläufig auf Unterhaltungen mit hiesigen Kollegen [v. a. wohl mit Nicolai Hartmann, vgl. Barth-Bultmann-Briefwechsel, 317] und gelegentliche Lektüre von (dem mir übrigens unsympathischen Konvertiten) Scheler. Ich habe

Neben Mystik und Phänomenologie: »biblizistische . . . Tendenzen, die in der Deutschen Christlichen Studentenvereinigung herrschen . . . Ich schalte in der ›Einleitung‹ oft Diskussionsstunden ein«[74].

Mit Diskussionsstunden ließ Bultmann auch seine Vorlesung über den Römerbrief im Wintersemester 1921/22 enden: »Die meistgelesenen Bücher unter den Theologen hier sind wohl Gogartens ›religiöse Entscheidung‹ . . . und Barths Römerbrief (2. Auflage)[75]. . . . Bei einem Besuch hier über einen Sonnabend und Sonntag machte Barth einen persönlich angenehmen Eindruck. Er war hier eingeladen von einem Studentenkreis, der sich zur Lektüre seines Buchs zusammengefunden hatte und nun mit ihm disputieren wollte. Mich hatte die Theologenschaft gebeten, ihr einen Vortrag über das Buch zu halten, was ich denn auch tat; eine Diskussion schloß sich an; außerdem benutzte ich die letzten 14 Tage meiner Römerbrief-Vorlesung (nachdem ich mit der Exegese des Briefs fertig war), um mit den Hörern über Barths Römerbrief zu disputieren.«[76]

Daß Bultmanns Auseinandersetzung mit Barths Römerbriefauslegung, auf die wir in unserer Untersuchung leider nicht eingehen können, nicht abgesehen von seinen Studenten erfolgte, daß er sie vielmehr mit im Blick hatte, erhellt aus folgenden beiden Äußerungen an Barth: »Ich habe freilich in meiner Besprechung noch mit einigen Bedenken u. Wünschen zurückgehalten, um mich zu konzentrieren u. eine Verständigung, wenn möglich, zu erreichen«[77], und: »Die Bemerkung über Jülicher[78] habe ich gekürzt . . .; ganz konnte ich sie nicht streichen (ich besprach es mit Rade). Ihr Zweck ist für meine *Studenten* gemeint, bei denen ich nicht den Eindruck erwecken will, es mit der philol[ogischen] Exegese minder gewissenhaft zu nehmen als Jülicher.«[79]

Im Zusammenhang mit der erfolgreichen Lehrtätigkeit Bultmanns in Marburg ist noch auf Arbeitsgemeinschaften hinzuweisen, zu denen sich Studenten zusammenfanden und an denen Bultmann sich beteiligte. Im Dezember 1922 schrieb Bultmann: »Im Anschluß an die Vorlesung über das Johannesevangelium hat sich eine Arbeitsgemeinschaft konstituiert, der ich für die zweite Hälfte des Semesters meine Mitwirkung versprochen habe; die Leute wollen Reitzen-

aber das Bedürfnis, mich in diese Gedankengänge in den Ferien zu vertiefen; unsere Studenten sind lebhaft bewegt davon.« Im Wintersemester 1922/23 hörte Bultmann mit seiner Frau Nicolai Hartmanns Vorlesung »Geschichte der alten Philosophie«, »eine ausgezeichnete Vorlesung, die mir sehr nützlich ist, nicht nur für meine Kenntnis des Hellenismus« (Brief an H. v. Soden vom 23. 12. 1922), und im Sommer/Herbst 1923 las Bultmann Heinz Heimsoeths Buch »Die sechs großen Themen der abendländischen Metaphysik und der Ausgang des Mittelalters« (1922; ⁶1974): »Ich bin halb damit fertig und finde es – bei prinzipiellen Bedenken – ganz außerordentlich interessant und fruchtbar« (Brief an H. v. Soden vom 29. 9. 1923).

[74] Brief an H. v. Soden vom 21. 12. 1921.
[75] F. GOGARTEN, Die religiöse Entscheidung, Jena 1921; K. BARTH, Der Römerbrief, 2. Auflage in neuer Bearbeitung, München 1922.
[76] Brief an H. v. Soden vom 19. 3. 1922.
[77] Karte an K. Barth vom 9. 4. 1922, Briefwechsel, 3.
[78] Vgl. R. BULTMANN, Barths ›Römerbrief‹, 141 Anm. 4.
[79] Karte an K. Barth vom 25. 5. 1922, Briefwechsel, 5; vgl. Brief K. BARTHS an Bultmann vom 14. 4. 1922, in: THYEN, Bultmann, 46–49, bes. 48.

steins Poimandres[80] mit den dazugehörigen Texten lesen.«[81] Diese Arbeitsge-
meinschaft wurde im Sommersemester 1923 fortgesetzt mit der Lektüre der
Oden Salomos.[82] Schließlich ist zu erwähnen Bultmanns Beteiligung an von der
Theologenschaft veranstalteten Abenden. Von dem Vortrag über Barths Rö-
merbrief-Auslegung, als dessen Folgeprodukt man die im Frühjahr 1922 erschienene Rezension betrachten kann[83], war schon die Rede. Außerdem: »zwei
Abende über Studienreform, die ich durch ein Referat einleiten mußte ... Im
Januar [1923] wollen Gogarten und K. Barth[84] kommen. Sie sehen, es geht ganz
lebendig zu«[85].

Wenn der Grund für den Erfolg der Lehrtätigkeit Bultmanns zum einen in der
Entschlossenheit liegt, die legitimen Motive divergierender theologischer Richtungen zu klären und aufeinander zu beziehen, zum anderen in der Bereitschaft,
sich persönlich als theologischen Gesprächspartner sehr stark von den Studenten
in Anspruch nehmen zu lassen, dann erklärt es sich von selbst, daß in der
Darstellung seiner Marburger akademischen Tätigkeit, bei der wir fast ausschließlich Bultmann selbst zu Wort kommen ließen, wesentliche Intentionen
seines theologischen Denkens mit zur Sprache kamen, darunter vor allem die
Intention, die historische Arbeit mit der »prinzipiellen« – sei es systematisch-
theologischen, sei es philosophischen – Besinnung zu verbinden. Es zeigte sich
dabei, daß die *pädagogische* Aufgabe, wie sie der Neutestamentler Bultmann als
Lehrer der *Theologie* verstand und wahrnahm, nicht nur – genau genommen von
1906, seiner Tätigkeit im Oldenburger Gymnasium, an! – ein wichtiges Element
seiner theologischen Biographie im äußerlichen Sinne, sondern auch ein nicht zu
vernachlässigender Faktor für die Formulierung seiner theologischen Fragestellungen selbst war. Bultmanns Verständnis seiner pädagogischen Aufgabe, Gesprächspartner zu sein in der akademischen Arbeitsgemeinschaft der Lehrer und
Schüler, ist aber erst dann hinreichend erfaßt, wenn auch Bultmanns Überzeugung erfaßt ist, daß die Theologie im Dienst der zu gewinnenden Klarheit der
»Religion« bzw. des Glaubens über sich selbst steht und daß deshalb der Lehrer
der Theologie letztlich nur als der Lehrer der *Kirche* gerechtfertigt ist. Diese
Überzeugung ist in der bisherigen Darstellung schon gelegentlich zutage getreten; unter verschiedenen Gesichtspunkten kommen wir auf das *kirchliche Gefälle*
der theologischen Existenz schon des jungen Rudolf Bultmann im nächsten
Kapitel zu sprechen.

---

[80] R. Reitzenstein, Poimandres. Studien zur griechisch-ägyptischen und frühchristlichen
Literatur, Leipzig 1904.
[81] Brief an H. v. Soden vom 23. 12. 1922.
[82] Vgl. Briefe an H. v. Soden vom 30. 3. 1923 und vom 11. 6. 1923; an dieser Arbeitsgemeinschaft nahm auch Gustav Hölscher teil.
[83] In: Moltmann (Hg.), Anfänge I, 119–142.
[84] Vgl. die Erinnerung von 1959 (Barth-Bultmann-Briefwechsel, 317): Die Diskussionen
»wurden immer dann besonders lebendig, wenn Theologen von anderen Universitäten, wie
z. B. Karl Barth und Friedrich Gogarten, zu Vorlesungen nach Marburg eingeladen wurden.«
[85] Brief an H. v. Soden vom 23. 12. 1922.

Zweites Kapitel

Die kirchliche Orientierung Rudolf Bultmanns in seiner Frühzeit

In einer Untersuchung über die Frühzeit Rudolf Bultmanns kann von der kirchlichen Orientierung seiner theologischen Existenz nicht abgesehen werden. Sie zeigt sich am deutlichsten in der relativen Häufigkeit seiner frühen Predigten.[1] Doch nicht nur da; das kirchliche Engagement des jungen Bultmann gibt sich auch in brieflichen und sonstigen Äußerungen zu erkennen, die den Zustand und die Zukunft der evangelischen Kirche, ihre Mängel und Aufgaben sowie das Verhältnis der Theologie zu ihr betreffen.

Die Systematik dieses Kapitels, das die kirchliche Orientierung des jungen Rudolf Bultmann ebenfalls eher ausführlich skizziert als erschöpfend darstellt, ist keine strenge. Es legte sich nahe, unter den einzelnen Aspekten der von dem Studenten Bultmann ins Auge gefaßten »Aufgabe, unser modernes Christentum den Gemeinden zu bringen« (1.), den der Predigt, der für Bultmann fraglos der Hauptaspekt war, in einem gesonderten Abschnitt zu behandeln (2.).

1. Die allgemeine »Aufgabe, unser modernes Christentum den Gemeinden zu bringen«

Das von Bultmann gemeinte »moderne Christentum« steht in Opposition zu einem Traditionalismus, dessen Herrschaft in der Kirche ihn während seiner Studentenzeit mit einiger Sorge auf seinen angestrebten Beruf als Pfarrer vorausblicken läßt (1.1). Über die Notwendigkeit und die Bedingungen seiner Überwindung äußert sich Bultmann unter verschiedenen Aspekten (1.2). Seine Opposition gegen den kirchlichen Konservatismus bedeutet keineswegs eine Opposition gegen die *Kirche;* ihr Charakter als konstruktive Kritik *zugunsten* der Kirche läßt sich besonders deutlich der Position entnehmen, die Bultmann 1908/09 zu einem Vortrag bezieht, der – auf der Jahrestagung der »Freunde der Christlichen Welt« 1908 gehalten – einem unkirchlich-liberalistischen Monismus das Wort redete (1.3), ferner dem Vortrag »Theologische

---

[1] Vgl. R. BULTMANN, VW, Anhang 2: Gesamtübersicht über Rudolf Bultmanns Predigtwerk, 313 ff.

Wissenschaft und kirchliche Praxis«, in dem Bultmann 1913 das kirchliche Recht und die kirchliche Notwendigkeit der historischen Bibelwissenschaft begründet (1.4).

1.1 Die kirchliche Herrschaft der »Orthodoxie« als Grund zur Sorge

Die uns vorliegenden Äußerungen Bultmanns, in denen er sich während seiner Studienzeit über seinen späteren Beruf als Pfarrer ausspricht, verraten neben der Vorfreude auf die praktische Arbeit auch einige Sorge. Sorge bereiteten ihm nicht etwa Zweifel an seiner persönlichen Eignung zum Pfarrerberuf, sondern der Zustand der evangelischen Kirche, den er durch den Gegensatz zwischen der überkommenen, pietistisch-(neu-)orthodox geprägten Kirchlichkeit[1] auf der einen und dem als zeit- und sachgemäß erkannten »modernen Christentum« auf der anderen Seite bestimmt sah. In großer Schärfe empfand Bultmann das kirchliche Praxisproblem, das sich für die »moderne« Theologie stellte, nachdem sich namentlich durch die religionsgeschichtliche Erforschung der Heiligen Schrift das Problem der christlichen bzw. kirchlichen *Lehre* noch einmal erheblich verschärft hatte. Ende 1904 formuliert Bultmann das Problem so: »Allmählich, je näher ich dem Ende des Studiums komme, desto fraglicher wird mir, wie es mit unserer Kirche, deren Diener ich doch werden will, kommen wird. Die alte Orthodoxie hatte ein schönes festes Lehrgebäude und konnte religiös Bedürftige leicht befriedigen, weniger Gebildete konnte sie durch ihre schönen Dogmen leiten, und Tiefergehende konnte sie durch den dahinter liegenden Gehalt befriedigen. Heute geht das nicht mehr. Das schöne Gebäude ist zusammengebrochen; nichts Neues ist da. Was man für das Neue ausgibt, hält, glaube ich, keinen Sturm aus.«[2] Als ein nicht genügendes Beispiel für das Neue – für den konstruktiven Beitrag also, den die Kirche von der modernen Theologie erwarten dürfen müsse – führt Bultmann das Jesus-Buch von Wilhelm Bousset[3] an: »Ich fürchte, wenn wir dem Volke nicht mehr von Jesus geben können, so wird es bald mit ihm zu Ende sein.«[4] Die Problematik liegt auf der Hand: Wie kann die traditionell im Zentrum des kirchlich-christlichen Glaubens stehende Lehre von Person und Werk Jesu Christi, der die moderne Theologie nicht mehr folgen konnte[5], wirksam, d. h. für den Glauben der kirchlichen Christen annehmbar, sie überzeugend, ersetzt bzw. auf ihren eigentlichen Sinn hin transparent gemacht werden? In einem ebenfalls am 31. 12.

---

[1] Vgl. HOFFMANN, *Art.* Deutschland, 2125 (über das 19. Jahrhundert): »Eine pietistisch gefärbte Neuorthodoxie gewann die Herrschaft über fast alle deutschen Landeskirchen.«

[2] Brief an W. Fischer vom 31. 12. 1904.

[3] W. BOUSSET, Jesus, RV I/2–3, Halle a. S. 1904 (Tübingen ³1907).

[4] Brief an W. Fischer vom 31. 12. 1904.

[5] Vgl. Brief an E. Teufel vom 25. 3. 1907, wo Bultmann die Ansicht vertritt, »daß ein Mensch heutzutage, der wirklich die Satisfaktionslehre anerkennt, kein wirkliches tiefes religiöses Leben haben kann, denn er hat nicht im tiefsten Grunde erfaßt, was Sünde und was Gnade ist«; das Attribut »tiefes« ist mildernd nachgetragen.

1904 geschriebenen Brief an E. Teufel unterscheidet Bultmann zwischen der immerhin gegebenen Möglichkeit des einzelnen Pfarrers, den angedeuteten Problemkomplex in subjektiver Wahrhaftigkeit zu bewältigen oder doch auszuhalten, und der eigentlichen Notwendigkeit, ihn einer methodisch klaren Lösung zuzuführen; unmittelbar an die auch hier geäußerte Bousset-Kritik schließt sich die Erklärung an: »Ich traue mir selbst vielleicht zu, in einer Gemeinde, an der ich angestellt bin, meine Pflicht tun zu können. Aber eine Methode wüßte ich nicht anzugeben, und ohne eine solche wird doch auf die Dauer die Kirche nicht bestehen können.« Bultmann postuliert hier ein methodisch reflektiertes Verfahren für die Introduktion des in der »modernen« Theologie vertretenen Glaubensverständnisses in die faktisch in der Kirche herrschende »orthodoxe« Gläubigkeit, und zwar um des Bestandes der Kirche willen, die sich – das wird Bultmanns Meinung sein – bei einer ins individuelle Geschick, Belieben und Lavieren der Einzelnen gestellten Explikation des »Ich weiß, woran ich glaube« auf die Dauer auflösen müsse. Ersichtlich stand schon der Student Bultmann unter dem Bann der nicht auf die Christologie begrenzten, sondern grundsätzlich durch die Funktion und den Rang der Bibel in der evangelischen Kirche gestellten Fundamentalfrage, auf die er später mit dem Konzept von Entmythologisierung und existentialer Interpretation seine methodisch durchreflektierte Antwort gab. Das wird deutlich auch daran, daß und wie Bultmann in den beiden Briefen vom 31. 12. 1904 auf das Problem der religiösen Kindererziehung zu sprechen kommt: »Und dann die Kinder! Ich habe mich schon oft gefragt, was wir ihnen in der Schule geben sollen, wie wir sie religiös erziehen sollen. Sollen wir wirklich das AT behalten? Freilich, was sollten wir an die Stelle setzen? Ich weiß eben nicht, ob es ganz ehrlich ist, ihnen die alten Geschichten der Genesis und die Erzählungen von Saul und David etc. zu erzählen mit dem Bewußtsein: Jetzt halten sie es für wahr und müssen sie es für wahr halten, später nicht mehr. Aber man kann doch unmöglich mit dem NT anfangen. Und weiter! auch das NT.«[6] Mehrere Punkte aus diesen Überlegungen verdienen Beachtung. Deutlich ist zunächst Bultmanns Gegnerschaft gegen einen als Für-wahr-Halten von biblischen Berichten (und »Lehren«) verstandenen intellektualistischen Glauben. Deutlich ist sodann das – vorsichtiger formuliert: *ein* – Kriterium für diese Opposition: die aufgeklärte Wahrhaftigkeit, die jene Berichte und Lehren nicht für wahr halten *kann*.[7] Deutlich ist endlich aber auch das Bewußtsein von einer inneren Problematik dieser Opposition, von der Aporie, die aus der religionspädagogischen Einsicht in die gar nicht vermeidba-

---

[6] Brief an E. Teufel vom 31. 12. 1904; vgl. Brief an W. Fischer vom 31. 12. 1904: »Und weiter: Was sollen die Kinder in der Schule lernen? Wir haben nichts an die Stelle der alten Sagen des Alten Testaments zu setzen, und Kinder brauchen solche. Aber wird die Methode auf die Dauer standhalten, Geschichten zu erzählen, die im betreffenden Alter für wahr gehalten werden und werden müssen, später aber durch Aufklärung für unwahr erklärt werden müssen?«

[7] Diesem Kriterium entspricht *sachlich* das hier nicht explizierte Verständnis des Glaubens bzw. der Religion als der persönlich erlebten Gemeinschaft mit Gott.

re, natürliche Für-wahr-halte-Struktur kindlichen Glaubens resultiert: In der religiösen Erziehung nach den Bedürfnissen der Kinder zu verfahren – »Kinder brauchen solche [›Geschichten‹ bzw. ›Sagen‹]« –, läßt sich auf weitere Sicht vor dem Forum aufgeklärter Wahrhaftigkeit bzw. in Hinsicht auf den recht verstandenen Glauben, der vor diesem Forum bestehen kann, gar nicht verantworten. »Ich weiß eben nicht, ob es ganz ehrlich ist«, ist Ausdruck dieser Aporie, Ausdruck zugleich dafür, daß sich Bultmann das postulierte methodische Verfahren nur als ein »ehrliches«, d. h. rational rechenschaftsfähiges Verfahren denken kann, wodurch sich Rang und Funktion, die die Bibel traditionell in der Kirche und so auch in der christlichen Erziehung einnimmt, notwendig ändern.

Für das Spezialproblem der religiösen Erziehung sei – als Anzeige der Richtung, in der Bultmann hier gedacht haben wird – an Wilhelm Herrmanns Auffassung christlicher Erziehung erinnert, sie sei die anfängliche, vorbereitende und insofern vorläufige Hinführung zu Gott, die aber nicht durch »die bloße Unterweisung in christlichen Gedanken« geschehe, sondern durch »das durch Gott geheiligte persönliche Leben [sc. der Erzieher], das in der Unterweisung sich (ausspricht)«[8]. Inwiefern eignet sich, so wird man Bultmanns Frage vor diesem Hintergrund umformulieren dürfen, das Erzählen biblischer Geschichten, das in Bultmanns Verständnis grundsätzlich auf die Seite der von Herrmann so genannten »Unterweisung in christlichen Gedanken«[9] gehört, als Mittel für das angestrebte Ziel religiöser Erziehung, wenn es, auf die ursprüngliche Rezeption des Erzählens gesehen (»für wahr halten«), dieses Ziel nur über die Negation dieser Rezeption zu erreichen imstande ist? Oder, in Hinsicht auf eines der Axiome religionsgeschichtlicher Exegese positiv formuliert: Wie läßt sich das Verständnis der biblischen Schriften als exemplarischer Lebensäußerungen persönlicher Religion in den kirchlichen Gebrauch der Bibel und womöglich schon in die bibelverwendende religiöse Kindererziehung einführen? Wie kann dem *Erzählen* von seinem – für Bultmann kirchlich notorischen – intellektualistischen Mißverständnis abgeholfen werden?

Was die im Erbe der Orthodoxie stehende Theologie und den ihr entsprechenden Typus kirchlicher Frömmigkeit angeht, so war es für Bultmann ausgemacht, daß sie sachlich erledigt waren. Jedoch, sowohl jene Theologie als auch diese Frömmigkeit behaupteten in der Kirche das Feld[10], und Bultmann kannte die Atmosphäre seines späteren Berufsfeldes, die Herrschaft der Tradition, aus eigener Anschauung. Eine nachhaltige Besserung der kirchlichen Zustände war nach Bultmann, wenn überhaupt, nur auf dem Wege über eine bessere Theologie zu erreichen.

Diese enge Verknüpfung von Theologie und Kirche erhellt aus dem schon im ersten Kapitel[11] erwähnten Brief, den Bultmann im Sommersemester 1905 schrieb, während er in Berlin Julius Kaftans Kolleg über spezielle Dogmatik hörte. Ihm erschien die maßvolle »Modernisierung« der traditionellen *»loci«*,

---

8 HERRMANN, Verkehr, 95; vgl. DERS., Ethik, 113ff., bes. 118.

9 Vgl. HERRMANN, Ethik, 118: »Lehren, . . . Berichte . . . und Gebräuche«.

10 Vgl. HOFFMANN, *Art.* Deutschland, 2126: »Die nicht orthodoxe Theologie hat fast überall mit dem Mißtrauen der Kirche zu kämpfen gehabt und nur mit einem kleinen Teile ihrer Resultate Einfluß auf die Kirche gewonnen.«

11 S. o. S. 15–17 mit Anm. 61f.

wie Kaftan sie bot[12], als zu halbherzig, als daß man davon wirksame Anstöße zur Überwindung der herrschenden Tradition, namentlich der fundamentalen Fehlorientierung im Glaubensverständnis, erwarten könnte.

»Augenblicklich ist mein größter Ärger die Dogmatik. Da brauchen wir wirklich eine Reform. Was wird da noch für ein Unsinn beibehalten von ›Offenbarung‹, ›Trinität‹, ›Wunder‹, ›göttliche Eigenschaften‹[13], es ist fürchterlich. Und alles geschieht nur zu Liebe der Tradition. . . . Wenn nicht ein Mensch wie etwa Schleiermacher die ganze Theologie wieder eine Stufe höher hebt, so wird sie sich mit ziemlicher Wahrscheinlichkeit zersplittern. Denn so großartig die Leistungen in den historischen Fächern sind, so sehr fehlt es doch an einem Geist, der alle Errungenschaften der historischen Theologie umfaßte und systematisch verwertete, der wirklich eine von Grund aus neue Theologie schaffen würde. So ein Mann ist auch Harnack nicht; er ist zu sehr Gelehrter.«[14]

Die hier von Bultmann geforderte systematische Theologie soll nicht neben den Prinzipien und Resultaten der historischen Theologie, insbesondere an der kritischen Bibelexegese vorbei, ihre eigenen Wege gehen; sondern sie soll sich – so wird man die Linien des von Bultmann ausdrücklich Gesagten ausziehen dürfen – von den biblischen Überlieferungen (und von den reformatorischen Grundentscheidungen) her, welche als maßgebliche, jedoch in den Ausdrucksformen und Vorstellungsinhalten der jeweiligen Zeit einhergehende Lebensäußerungen der zeitenübergreifenden christlichen Religion aufgefaßt und interpretiert werden, als eine in Form und Inhalt gegenwartsfähige Darstellung des christlichen Glaubens und Lebens gestalten – als eine Glaubenslehre mithin, die schon durch ihre Anlage das verbreitete Mißverständnis ausschließt, es handle sich in ihr um für wahr zu haltende »Lehren« über übervernünftige Sachverhalte. Die Forderung nach einer solchen Theologie zielt – der Hinweis auf die drohende Zersplitterung der theologischen Wissenschaft läßt daran keinen Zweifel – auf die Erhaltung oder Wiederherstellung eines Gesamtzusammenhangs von Theologie, innerhalb dessen sich die historischen Disziplinen wirklich als theologische, die systematische wirklich als auf die historischen angewiesen begreifen können und müssen.

Der Vorblick auf zwei spätere Äußerungen Bultmanns mag die sich im Ganzen seiner Theologie durchhaltende Relevanz dieser Intention demonstrieren. Im Jahr 1967 erklärt Bultmann – im Vorwort zu seiner Aufsatzsammlung »Exegetica« –, »daß es mir entscheidend daran gelegen hat, die Einheit von Exegese und Theologie zu erstreben, und zwar in der Weise, daß der Exegese der Primat zukommt.«[15]
Und im Jahr 1950 stellt Bultmann im Geleitwort zur Neuausgabe von Adolf von Harnacks Vorlesungen »Das Wesen des Christentums« bei Harnack zwar eine »Beschränkung des historischen und *damit auch* des systematischen Verständnisses des Christen-

---

[12] Sein Rückgriff auf die der alten Orthodoxie angehörende Form der *»loci«* in seiner Dogmatik wurde Kaftan von W. HERRMANN übrigens als »ein besonderes Verdienst« angerechnet, vgl. Schriften I, 350.
[13] Vgl. die entsprechenden §§ in KAFTAN, Dogmatik.
[14] Brief an W. Fischer vom 5. 6. 1905.
[15] R. BULTMANN, Exegetica, Vorwort des Verfassers, VII.

tums« fest[16] – Harnack habe die Bedeutung der neutestamentlichen Eschatologie verkannt (vgl. ebd., X ff.) –, bescheinigt ihm aber, er habe trotz seiner vermeintlich »lediglich
›induktiven‹ Methode« das »›Wesen‹ [sc. des Christentums] nicht als ein historisches
Phänomen gezeichnet«, sondern »zugleich ... nach seiner Aktualität, seiner gegenwärtigen Gültigkeit« gefragt (ebd., XII), und bescheinigt ihm außerdem, seine »Polemik gegen
eine falsch verstandene ›rechte Lehre‹ und ... [sein] Kampf für die Freiheit gegen eine
lehrgesetzliche Bindung« seien als solche »völlig legitim« gewesen (ebd., XV).

Im Licht dieser späteren Äußerung über Adolf von Harnack wird man auch
Bultmanns Bemerkung von 1905, auch Harnack sei nicht der dringend benötigte
»Mensch wie etwa Schleiermacher«, zunächst einmal *zugunsten* Harnacks akzen-
tuieren: *Selbst* Harnack, der es an sich am ehesten sein könnte, ist es nicht. Er
könnte es, so wird man im Sinne Bultmanns folgern dürfen, am ehesten sein
aufgrund seiner berühmten Vorlesungen von 1899/1900, die »auf die im Beginn
unseres Jahrhunderts lebende, *zumal auf die heranwachsende* Theologengeneration
... einen außerordentlichen Einfluß« ausübten (ebd., VII), wie Bultmann im
Jahr 1950 sicherlich nicht ohne Erinnerung an seine eigene Lektüre dieses Buchs
in seiner Berliner Zeit 1904/05 feststellt. Die Begründung des Urteils, daß
Harnack trotzdem nicht der Mann sei, eine »von Grund aus neue Theologie« zu
schaffen, daß er nämlich »zu sehr Gelehrter« sei, hängt, wie wir schon früher
sahen[17], mit dem Eindruck des dezidierten und distanzierten Historikers zusammen, den Harnack in seinen Kollegs auf Bultmann machte; von ihm konnte er
den großen Wurf einer in die Kirche hineinwirkenden Glaubenslehre oder zumindest den systematisch durchreflektierten Durchbruch zu einer solchen nicht
erwarten.

Bultmanns Hoffnung auf eine durchgreifende dogmatische Reform stand –
und deshalb war sie hier zur Sprache zu bringen – in direktem Zusammenhang
mit seiner Wahrnehmung der damaligen kirchlichen Wirklichkeit und mit seinem Vorblick auf seinen künftigen Beruf als Pfarrer. Zwischen die Erklärung
seines Ärgers an der Dogmatik und die Äußerung über die Notwendigkeit eines
neuen Schleiermacher schiebt Bultmann, *beides* illustrierend, eine persönliche
Erfahrung ein:

> »Alles geschieht nur zu Liebe der Tradition. Ich habe ja leider im eigenen Hause und in
> der weiteren Familie Gelegenheit genug, zu sehen, mit welcher unglaublichen Zähigkeit
> die alten Traditionen festgehalten werden und welches traurige Unheil oft dadurch
> entsteht. Wenn man es nicht so vor Augen sieht, so kann man es oft einfach nicht
> begreifen. Und ich kann Dir sagen, daß grad in der letzten Zeit sich wirklich vor meinen
> Augen ganze Romane abgespielt haben in meiner Heimat, die nur zu traurig sind, weil
> man selbst innerlich dabei beteiligt ist.«[18]

Erfahrungen der Art, wie sie hier anklingen, werden ihren Teil dazu beigetragen haben, daß Bultmann seinem späteren Beruf gelegentlich mit Sorge entge-

---

16 R. BULTMANN, Geleitwort Harnack, XI, Hervorhebung von mir.
17 Vgl. oben S. 15.
18 Brief an W. Fischer vom 5. 6. 1905.

genblickte, den er in der Oldenburgischen Kirche auszuüben gedachte. Dort waren zwar im allgemeinen »die theologischen Parteigegensätze . . . nicht sehr scharf«, doch gab es zu beiden Seiten der mehrheitlich »einen gemäßigt freien Standpunkt« vertretenden Pfarrerschaft »eine ausgesprochen freie Richtung« einerseits, »die extrem konfessionellen Lutheraner« andererseits.[19] Bultmann war an den Spannungen insofern »selbst innerlich . . . beteiligt«, als sich sein Vater, Arthur Kennedy Bultmann, »früher mehr auf positiv biblischem Boden stehend«[20], in jenen Jahren mehr und mehr dem freien Protestantismus zuwandte, was inner- und außerhalb der engeren Familie zu erheblichen Belastungen führte. »Mein Vater ist inzwischen auch andrer Ansicht geworden«, deutet Bultmann im Silvesterbrief von 1904 an E. Teufel die Ursache solcher Spannungen »im eigenen Hause« leise an, nachdem er von seiner Mutter berichtet hat, »die sich nicht darin finden kann, daß ich jetzt anders denke als früher . . . Ich versuchte, ihr meine Anschauung [über ›den Wert des Weihnachtsfestes für mich‹] verständlich zu machen, aber es gelang mir nur zum Teil.« In diesem Zusammenhang äußert sich Bultmann auch kurz über seine eigene Kindheit und Jugendzeit: »Vieles Alte ist gefallen, das Neue muß seinen Wert erst erweisen. Ich weiß nicht, ob es Dir auch so geht; bei mir ist es so, denn ich bin als Kind sehr ›orthodox‹ erzogen worden. In den letzten Jahren auf dem Gymnasium fielen die alten Anschauungen allmählich ab, zuerst unbewußt, indem ich sie zugleich gegen andre verteidigte, dann bewußt.[21] Wohl ist es gut, daß es so ist; aber beim Schimmer der Weihnachtskerzen leben doch Stimmungen der Kinderzeit wieder auf, und man sieht sich wieder als kleines Kind auf dem Schemel zu Füßen der Mutter sitzen und hört sie vom Heiland erzählen. . . . Es ist doch schwer, das Alte zu vergessen[22], auch das, was davon wirklich veraltet ist; und das Gefühl hält mit dem ewig Bleibenden so gern auch das Zeitliche fest. Nun, wie es so beim Einzelnen ist, so ist es ja auch in der ganzen Geschichte.«[23] Den von ihm selbst für notwendig erachteten Durchbruch von der herkömmlichen, von ihm selbst als orthodox bezeichneten Gläubigkeit, die er in diesem Zusammenhang als eine an »Dingliches« gebundene Religion apostrophiert[24], zu einem »modernen Christentum« hat Bultmann also in der eigenen Lebensgeschichte mitgemacht.[25] Er hatte dabei nicht nur Konflikte mit altgläubigen Menschen »im

---

[19] LUEKEN, *Art.* Oldenburg, 946, dort z. T. hervorgehoben.

[20] Kirchenrat Bultmann † [Nachruf], Oldenburgisches Kirchenblatt 25, 1919, 51.

[21] Vgl. oben S. 6 f. (über Leonhard Frank).

[22] Vgl. Phil 3,13 – ein Schlüsseltext für Bultmanns Theologie!

[23] Brief an E. Teufel vom 31. 12. 1904.

[24] Vgl. ebd.: »Wie viele Leute, die in den alten Anschauungen aufgewachsen sind, sind unfähig, die unsrigen nur gerecht zu beurteilen! Und wird das in Zukunft anders werden? Wird es nicht immer genug Leute geben, die ohne Dingliches in der Religion nicht auskommen können?«

[25] Vgl. hierzu auch die unverhüllt autobiographische Passage in der Predigt »Diesseits- und Jenseitsreligion« vom 12. 7. 1914, VW 106 f. (»Ich darf wohl noch auf eine Erfahrung kommen, die vor allem die Theologen machen . . .«) – Vorläufer der berühmten »liberalen« Konfession GuV I, 2 f.

eigenen Hause und in der weiteren Familie« durchzustehen, sondern auch Widerstände gegen die Destruktion des Überlebten in sich selbst zu bewältigen. Diese Erfahrung betrachtete er zwar nach der zitierten Briefstelle als mit geschichtlichen Prozessen unlöslich verknüpft; sie hielt ihn aber, wie wir zuvor sahen, nicht von der Frage ab, ob eine religiöse Erziehung, die nur über eine konfliktträchtige Revision der von ihr selbst erzeugten Vorstellungen ihr Ziel erreichen könne, überhaupt »ganz ehrlich« sei. Auch diese Frage hat also für Bultmann ihre lebensgeschichtliche Innenseite; mag sein, daß Bultmann sich darüber mit seinem für Fragen der religiösen Erziehung interessierten und engagierten Vater[26] austauschte, der sich während Bultmanns Studienzeit dem freien Protestantismus öffnete.

Den konkreten Hintergrund für die »Romane«, die sich, wie Bultmann am 5. 6. 1905 an W. Fischer schrieb, »vor meinen Augen ... abgespielt haben in meiner Heimat«, bildet vielleicht das noch im Nachruf auf Arthur Kennedy Bultmann im Oldenburgischen Kirchenblatt 1919 nachhallende Grollen, das seinen »Uebertritt von der [Bremer] Norddeutschen Mission[sgesellschaft] zum [Allgemeinen] Evangelisch-Protestantischen Missionsverein«[27] einst begleitete, d. h. von einer »weitherzig-pietistisch« zu einer »kirchlich-liberal« orientierten Missionsgesellschaft[28], deren Leitung für Oldenburg er 1907 übernahm[29]. Außerdem wurde Arthur K. Bultmann Mitglied bei den »Freunden der Christlichen Welt« und den »Freunden evangelischer Freiheit«.[30] Schon das erste gedruckte Mitgliederverzeichnis der »Freunde der Christlichen Welt« von Anfang 1907 verzeichnet »Bultmann, Pastor, Oldenburg«[31], und R. Bultmann erinnerte sich 1959 an die regelmäßigen Besuche seines Vaters bei den Jahresversammlungen der »Freunde der Christlichen Welt«[32], auf denen er sich, wie die Protokolle in den »Vertraulichen Mitteilungen« ausweisen, auch an den Diskussionen beteiligte.

»Seinen alten Freunden war es ebenso wie ihm selber schmerzlich, daß der Boden gemeinsamen Denkens mehr und mehr verloren ging«, heißt es gegen Ende des Nachrufs auf Arthur K. Bultmann im Oldenburgischen Kirchenblatt[33]; es klingen darin die Auseinandersetzungen um die sachgemäße theologische Orientierung für die kirchliche Praxis nach, die Rudolf Bultmann in seiner Studentenzeit persönlich berührten und die für ihn paradigmatische Bedeutung für den Zustand »unserer Kirche, deren Diener ich doch werden will«, gewannen.

---

[26] Vgl. A. BULTMANN, Staat – Kirche – Religion [–] Schule, Oldenburg 1919.
[27] Kirchenrat Bultmann †, 51.
[28] HACKMANN, *Art.* Heidenmission, 1999/2000.2001/02.
[29] Vgl. HARMS, Ereignisse und Gestalten, 258 ff.
[30] Vgl. Kirchenrat Bultmann †, 51, sowie LUEKEN, *Art.* Oldenburg, 946.
[31] Vgl. »An die Freunde«, Nr. 19. v. 12. 2. 1907, Sp. 172 ff.
[32] Vgl. Barth-Bultmann-Briefwechsel, 314 f.
[33] A.a.O., 51.

1.2 Aspekte der Modernisierung

Der Gegensatz zwischen »Orthodoxen« und »Modernen« in der Kirche, wie
Bultmann ihn wahrnahm und wie er ihm im Gedanken an seinen künftigen
Beruf Anlaß zur Sorge gab, bildete nun aber zugleich den Ausgangspunkt für
Überlegungen, wie die traditionelle Kirchlichkeit auf eine bessere Zukunft hin
überwunden werden könne, für Überlegungen auch, aus welcher Grundorien-
tierung und in welcher Perspektive die eigene bevorstehende Tätigkeit in der
Kirche sich gestalten solle. Der gewissen Besorgnis trat, ebenfalls mit der
Semesterzahl wachsend, die Vorfreude[34] auf den Pfarrerberuf an die Seite, die
Entschlossenheit, ihn im Geist des nicht intellektualistisch mißverstandenen
Glaubens auszuüben. Auf die Notwendigkeit, die während des Theologiestu-
diums nicht ohne Ablösungskonflikte zur Klarheit gediehene anti-traditionali-
stische Grundüberzeugung durch praktische Gemeindearbeit zu bewähren, d. h.
sie durch eine aus ihr hervorgehende kirchliche Praxis als kirchlich legitim zu
erweisen und dadurch sich selbst der Tragfähigkeit des eigenen Standpunkts zu
vergewissern, – auf diese Notwendigkeit deutet schon eine kurze Reflexion im
Silvesterbrief 1904 an E. Teufel hin: »Am Weihnachtsfest, wenn alle alten
Erinnerungen an die vergangenen Weihnachtsabende wieder erwachen, merkt
man doch am deutlichsten, wie man sich verändert hat. Und grade in unseren
Jahren, wo man noch nichts Eigenes geleistet hat, sondern erst die Saat für die
Zukunft sät, kann das manchmal wehmütig stimmen.« Die hier nur eben
anklingende Erfahrung eines Praxisdefizits tritt uns in einer auf der Schwelle
zum Examen geschriebenen Erklärung als das Verlangen nach praktischer Arbeit mit großem Nachdruck entgegen: »Ich arbeite wirklich mit voller Befriedigung in der Theologie. Nur sehne ich mich danach, bald praktisch arbeiten zu
können. Die Aufgabe, unser modernes Christentum den Gemeinden zu bringen, ist so voll von Problemen, daß man sie auch gar nicht überschauen kann, eh
man in der Arbeit drin steht.«[35] »Unser modernes Christentum den Gemeinden
zu bringen« – das ist *die* Devise künftiger Arbeit. Was mit ihr gemeint war – und
auch: was nicht –, fassen wir unter einigen gesonderten Aspekten in den Blick.

1.2.1 Verbreitung der Ergebnisse theologischer Forschung

Unverzichtbarer Bestandteil des Vorhabens, »unser modernes Christentum
den Gemeinden zu bringen«, mußte es sein, die Resultate der historischen
Theologie in weiteren Kreisen bekannt zu machen. Bultmann begrüßte deshalb
nachdrücklich das Erscheinen der »Religionsgeschichtlichen Volksbücher für

---

[34] Vgl. Brief an W. Fischer vom 2. 4. 1905: »Ich freue mich auch unendlich auf die Zeit, wo
ich in einer eigenen Pfarre auf dem Lande [vgl. oben S. 6 mit Anm. 7!] zwar nicht die Mägen der
Bauern kuriere, aber ihnen menschlich etwas näher zu kommen versuche.«
[35] Brief an W. Fischer vom 19. 4. 1906.

die deutsche christliche Gegenwart«[36], der »Schriften des Neuen Testaments, neu übersetzt und für die Gegenwart erklärt«[37], etwas später auch des »Handwörterbuchs in gemeinverständlicher Darstellung« »Die Religion in Geschichte und Gegenwart«[38] – publizistische Unternehmungen der religionsgeschichtlichen »Schule«, die sich um der in der Gegenwart neu zu belebenden »Religion« willen die Verbreitung von Grundlagen und Ergebnissen der modernen, historisch arbeitenden Theologie in ungeschminkter Darstellung zum Ziel gesetzt hatten.[39]

»Ich möchte wohl wissen«, kommentiert Bultmann Ende 1904 das Erscheinen der ersten Hefte der »Volksbücher«, »wie weit und in welchen Kreisen solche Schriften verbreitet sind. Ich halte es für sehr gut, daß dergleichen Veranstaltungen jetzt gemacht werden. Unsere Kirche hat den Laien viel von Kritik und Wissenschaft vorenthalten und muß das Versäumte schnell nachholen, wenn sie nicht bitter büßen will.[40] Nur durch Bildung kann auch die katholische Kirche besiegt werden. Da wird andres schwerlich helfen.«[41] Und auf einen kritischen Einwand seines Freundes, daß doch die aus der Popularisierung der Wissenschaft resultierende Halbbildung kaum wünschenswert sei, erwidert Bultmann Mitte 1907: »Ich möchte nur fragen, ob es auch für die Theologie zutrifft. Die Sache liegt grade auf diesem Gebiet doch verwickelt. Da wir nun einmal die Bibel als historische Urkunde der christlichen Religion und als Grundlage von Kultus und Gottesdienst haben, läßt es sich gar nicht umgehen, dem Volke das Urteil der Wissenschaft irgendwie mitzuteilen. Daß dabei Halbbildung herauskommt, ist ja richtig, aber nicht zu vermeiden. In diesem Fall ist tatsächlich Unwissenheit doch schlimmer als Halbbildung. So sehr es mir widerstrebt, halte ich doch für notwendig, daß die Ergebnisse der theologischen Forschung dem Volke zugänglich gemacht werden. Denn sonst verliert es das Vertrauen, und außerdem ist die Halbbildung, die es aus anderen Quellen übernehmen würde, mindestens doppelt so schlimm. Daher glaube ich doch, daß Unternehmungen wie die religionsgeschichtlichen Volksbücher und das populäre Bibelwerk, das Joh. Weiß in Marburg herausgibt, mit Freuden zu begrüßen sind. Die Mitarbeiter an beiden Werken sind ja durchaus taktvoll und treten weder mit dem Anspruch der Allwissenheit auf, noch verleiten sie den Leser zum Glauben, er wüßte jetzt alles (und das ist doch eigentlich der schlimmste Fehler in der Halbbildung, dieser Glaube resp. Aberglaube).«[42]

---

[36] Hg. v. F. M. Schiele, Halle a. S. (später: Tübingen), 1904 ff. Vgl. ders. †, *Art.* Volksbücher, religionsgeschichtliche, RGG[1] V, 1721–1725.
[37] Hg. v. J. Weiss, Göttingen 1905 ff.
[38] Hg. v. F. M. Schiele und – ab Bd. II – L. Zscharnack, Tübingen 1908 ff. Mit Recht bezeichnet W. Klatt RGG[1] – »vor allem gedacht als möglichst umfassende Informationsquelle für den Laien« – als »das Standardwerk der religionsgeschichtlichen Theologie« (Hermann Gunkel, 85 und 89).
[39] Vgl. die missionarisch-apologetische Selbstempfehlung, die in dem im Titel aller drei Unternehmungen begegnenden Wort »Gegenwart« steckt: *Wir* sind *nicht* von gestern!
[40] Vgl. Weiss, SNT I², IV («Aus dem Vorwort zur ersten Auflage«): »Der eigentliche Grund dieser Entfremdung unsres Zeitalters von der Bibel und damit vom Christentum liegt darin, daß Theologie und Kirche versäumt haben, deutlich und eindringlich zu lehren, daß das Neue Testament nicht nur etwas Ewiges und Göttliches ist, sondern daß es auch einen menschlichen, einen geschichtlichen Charakter hat.«
[41] Brief an W. Fischer vom 8. 12. 1904.
[42] Brief an W. Fischer vom 30. 7. 1907. Zu RGG[1] vgl. Brief an denselben vom 17. 7. 1908.

Auch aus dieser Äußerung ist der für die genannten publizistischen Unternehmungen charakteristische apologetische Zug herauszuhören: Sie wollen gegenwärtiges religiöses Leben bei den gebildeten »Laien« vor allem durch das *Vertrauen* fördern, das sie mit der unbedingten – und wegen des Charakters des Christentums als einer geschichtlichen Religion unausweichlichen – wissenschaftlichen Wahrhaftigkeit in der Behandlung religiöser Dinge erwecken.

1.2.2 Kommunikation mit »Laienkreisen«

Im Zusammenhang seiner Äußerung über die »Religionsgeschichtlichen Volksbücher« von 1904 bemerkt Bultmann: »Hand in Hand mit den Laienkreisen wird auch die Theologie viel weiter kommen als allein.«[43] Zu interpretieren ist: Indem die moderne Theologie die Kommunikation mit den der Kirche mehr oder weniger distanziert gegenüberstehenden Gebildeten sucht und pflegt und sich von ihren spezifischen Fragen korrigieren und anregen läßt, befördert sie ihre gesellschaftliche und am Ende auch die kirchliche Akzeptanz, die sie beansprucht. Vorausgesetzt ist bei dieser Erwartung die interessierte Offenheit des zeitgenössischen Bildungsbürgertums für religiöse Fragen, und diese Voraussetzung meinte man zu Beginn des Jahrhunderts gerade in den Kreisen der »modernen« Theologie freudig machen zu dürfen. Wir kommen in Kürze noch einmal darauf zu sprechen. Ganz auf der Linie des allgemeinen Konzepts, »unser modernes Christentum den Gemeinden zu bringen«, und der Zustimmung zu den genannten publizistischen Unternehmungen liegt Bultmanns aktive Beteiligung am Leben der »Freunde der Christlichen Welt« während seines Oldenburger Jahres 1906/07.[44] Hier referierte er einmal über die Taufe, ein andermal über die Bedeutung des Todes Jesu – ersichtlich (im Hinblick auf den theologisch-kirchlichen Gegensatz) konfliktgeladene Themen, wovon auch Bultmanns Notizen an E. Teufel Zeugnis geben.[45] Unter den Oldenburger »Freunden« – »es

---

[43] Brief an W. Fischer vom 8. 12. 1904. Vgl. KLATT, Hermann Gunkel, 84: »Der gebildete Laie spielte um die Jahrhundertwende im Denken und in den Aktionen der wissenschaftlich arbeitenden Theologen eine ungleich größere Rolle als in unseren Tagen, da die Theologie nicht nur erst zur Geheimwissenschaft zu werden droht, sondern es bereits geworden ist.« Das Urteil stimmt heute *so* sicher nicht mehr; vgl. im übrigen Bultmanns oben S. 89 mitgeteilte Äußerung von 1924 über theologische Arbeit, daß sie »*Denken* erfordert, und daß sie *schwierig* und nicht für Jedermann ist«.

[44] Im ersten gedruckten Mitgliederverzeichnis der »Freunde der Christlichen Welt« vom 12. 2. 1907 (oben S. 108 Anm. 31) ist Rudolf Bultmann noch nicht verzeichnet; das zweite vom 25. 7. 1910 enthält seinen Namen: »Bultmann, Repetent, Marburg« (»An die Freunde«, Nr. 32, Sp. 357/58).

[45] Die oben S. 102 Anm. 5 mitgeteilte Briefäußerung gehört in diesen Kontext; in einer Erinnerung an seinen im Winter 1906/07 gehaltenen Vortrag über die Taufe bemerkt Bultmann, er habe es nicht umgehen können, seine Lehrer Johannes Gottschick, Theodor Haering und Julius Kaftan »in meinem Referat zu bekämpfen ... Es leuchtet mir eben absolut nicht ein, daß die Taufe etwas für mein inneres Leben zu bedeuten hat, und Kaftans Ausführungen in seiner Dogmatik über die Taufe als den sichersten Anker in den schwersten Versuchungen sind mir

kommen Herren und Damen aus den verschiedensten Ständen, alle bereit zu lernen, alle offen gebend, was sie haben«[46] – waren besonders zahlreich und prägend die Volksschullehrer vertreten. »Diese sind bei uns durchaus nicht antireligiös, sondern im Gegenteil sehr religiös interessiert«, klärt Bultmann seinen schwäbischen Freund E. Teufel über spezifische Differenzen zwischen dem »biblizistisch erzogenen Württemberg« und Oldenburg auf, wo – eine Nachwirkung des Rationalismus vielleicht, »zum guten Teil« aber auch eine Ausprägung des »Volkscharakter(s)« – etwa »die Aufklärung durchaus nicht nur von der religionsfeindlichen Presse getragen« war, sondern eben auch von dem Teil der Presse, der »im wesentlichen in den Händen der Volksschullehrer« lag. Diese »lassen sich oft von Pastoren in ihren Vereinen Vorträge halten ... An diesen Volksschullehrern können wir Pastoren einen ungeheuren Bundesgenossen haben, und während früher das Verhältnis von Lehrern und Pastoren im ganzen unerfreulich war, ändert es sich jetzt. Die liberalen Pastoren haben eine starke Stütze an den Lehrern. Ich leugne natürlich nicht, daß viel Lust am Kämpfen in der Bewegung ist, aber im ganzen halte ich sie für unermeßlich nutzenbringend, wenn diese Lehrer und die Pastoren sich die Hand zu gemeinsamer Arbeit reichen.«[47] Auch Bultmann wurde 1907 zu einem Vortrag vor einem Lehrerverein aufgefordert, mußte aber wegen seines Wechsels nach Marburg absagen.[48] Aus späterer Zeit ist wenigstens eine Vortragsreihe Bultmanns vor einer Oldenburgischen Religionslehrer-Konferenz belegt.[49]

1.2.3 »Ein besserer Pastorenstand«

Die dem Vorhaben, »unser modernes Christentum den Gemeinden zu bringen«, innewohnende Kampfeslust bricht sich gelegentlich Bahn in Ausrufen wie: »Wenn nur endlich unsere Pastoren alle fleißig würden! Darüber kann ich mich oft am meisten ärgern.«[50] Wiederholt begegnen derartige Äußerungen über unzureichende Bildung und mangelnden Fleiß der Gemeindepfarrer, so etwa, mit sich steigerndem Eifer, in einem Brief von 1908, in dem sich Bult-

---

gradezu verletzend [vgl. KAFTAN, Dogmatik, 636]. Inwiefern mir in der Taufe die Liebe Gottes zugesichert wird, kann ich einfach nicht einsehen. Ich müßte dann ein Für-wahr-Halten als Grund des Glaubens ansehen« (Brief an E. Teufel vom 17. 7. 1907, vgl. Brief an denselben vom 25. 3. 1907; zu HAERING vgl. Glaube, 481–490, zu GOTTSCHICK dessen Schrift »Die Lehre der Reformation von der Taufe«).

[46] Brief an E. Teufel vom 25. 3. 1907.

[47] Brief an E. Teufel vom 17. 7. 1907. Vgl. Brief an W. Fischer vom 17. 7. 1908, ferner LUEKEN, *Art.* Oldenburg, 947: »In der *Lehrerschaft* überwiegt bei weitem eine freie, vielfach radikale Richtung. Aber man erklärt doch mit großer Entschiedenheit, am Religionsunterricht festhalten zu wollen.«

[48] Vgl. Brief an E. Teufel vom 17. 7. 1907.

[49] Vgl. Brief an W. Fischer vom 11. 1. 1914: »(Ich mußte) zwischen Weihnachten und Neujahr in Oldenburg vier Vorträge vor der Religionslehrer-Konferenz halten ... (über das späte Judentum und die Anfänge des Christentums).«

[50] Brief an W. Fischer vom 19. 4. 1906.

mann zunächst über Sinn und Unsinn von Konfirmandenunterricht und Konfirmation ausläßt:

»Mein Vater ist in seiner Praxis zu dem Urteil gelangt, daß ihm der Konfirmanden-
Unterricht als sehr wertvoll erscheint, der Akt der Konfirmation selbst als töricht und
schädlich. Ich glaube nun, daß alles darauf ankommen wird, den Unterricht wertvoll zu
machen, und das sollte doch – dünkt mich – möglich sein.« Nach einer Aufzählung
besonderer Gefahren der Konfirmationshandlung, wobei wesentliche Gesichtspunkte der
damaligen Reformdiskussion anklingen[51], fährt Bultmann fort: »Solange der Akt der
Konfirmation nicht abgeschafft werden kann (und darauf zu hoffen, haben wir leider
keinen Grund), muß er eben durch den Unterricht möglichst neutralisiert werden. – Der
Hebel ist also hier wie bei so vielen Mängeln der Kirche *da* einzusetzen: Die Pastoren
müssen besser gebildet werden, damit sie besseren Unterricht geben. Dazu gehört einmal,
daß das theologische Studium immer mehr in modernem Sinne geführt werden muß.
Dazu gehört ferner, daß immer mehr Pastoren aus anderen Ständen kommen müssen.
Solange der Pastorenstand sich immer nur aus sich selbst rekrutiert, ist der Kampf gegen
die Tradition fast aussichtslos, wenigstens unendlich lang. Andere Stände müssen Theologen liefern! Der Schein muß zerstört werden, als könne ein Theologe kein vernünftiger
Mensch sein! Man muß erkennen, daß die Theologie eine wahre Wissenschaft ist! Das
Tübinger Stift und dergleichen muß in Grund und Boden geschossen werden von preußischen Kanonen! (Freilich ist in Preußen auch allerlei niederzuschießen.) Das jedenfalls ist
für die meisten Mängel das Hauptmittel der Besserung: ein besserer Pastorenstand.«[52]

1.2.4 Kirche und soziale Frage, Kirche und Politik?

Welche Vorstellung hatte Bultmann von den Gemeinden, denen »unser modernes Christentum ... zu bringen« ihm während seiner Studentenjahre als *die*
Aufgabe seines künftigen Dienstes in der Kirche vorschwebte? Auf welche
Gruppe richtete sich seine besondere Aufmerksamkeit? Aus dem bisher Dargestellten läßt sich unschwer schließen, daß Bultmann, bestimmt von dem Gegensatz zwischen traditioneller Gläubigkeit und freierem Protestantismus, vor allem das gesellschaftlich führende, fortschrittlich-liberale Bürgertum seiner Zeit
anvisierte. Gegen Ende seines Studiums vergegenwärtigt er sich einmal das
durchschnittliche Profil einer evangelischen Kirchengemeinde und markiert
programmatisch den Kurs seines künftigen Pfarrdienstes: »Man hat heute fast in
jeder Gemeinde zwei Gruppen; auf welche soll man Rücksicht nehmen, welche
schonen? Ich glaube, man wird mit den moderner Denkenden auf die Dauer
mehr anfangen können und muß die anderen links liegen lassen. Die Kirche hat
ja lange genug dafür gesorgt, daß die meisten Menschen herausgepredigt wurden; hoffentlich gelingt es uns, wieder freier denkende Menschen in die Kirche

---

[51] »Es muß nur der Schein vermieden werden, als wolle man die Konfirmanden jetzt vor
einen entscheidenden Schritt stellen, als müßten sie ein Gelübde ablegen, als seien sie jetzt in
gewissem Sinne ›Fertige‹.« Zur damaligen Reformdiskussion vgl. etwa ACHELIS, Praktische
Theologie, 109f.188–191; SIMONS, Konfirmation und Konfirmandenunterricht, außerdem die
entsprechenden Artikel DESSELBEN in RGG[1] III, 1634–1652.
[52] Brief an W. Fischer vom 23. 4. 1908.

zu bringen und darin zu halten. Mögen die Alten sehen, wo sie bleiben!«[53] Bultmann denkt also an die »moderner« und »freier« Denkenden, an die Gebildeten und für die Bildung aufgeschlossenen Zeitgenossen, die aus der verständlichen Distanz zu einer am Veralteten klebenden Kirche für eine der Gegenwart sich aufschließende Kirche zurückgewonnen werden sollen; dabei hat er sicherlich nicht zuletzt auch »unsre niedersächsischen Bauern« im Auge, über die er einmal die Vermutung äußert, sie seien »für den Protestantismus geschaffen, freilich für einen idealeren, als er es jetzt im allgemeinen ist«[54].

Neben der beherrschenden Frage, wie der Traditionalismus des kirchlichen Lebens und Denkens überwunden und die Kirche gegenwartsfähig, d. h. für vernünftig denkende Menschen attraktiv gemacht werden könne, spielt die Frage nach der der Kirche noch radikaler entfremdeten Arbeiterschaft keine selbständige Rolle. Für den hier liegenden Problemkomplex – in der Überschrift vereinfachend »soziale Frage« genannt – ist Bultmann mit Sicherheit nicht blind gewesen[55]; das bedeutet aber nicht, daß er für seine programmatischen Gedanken an seinen späteren Beruf mehr als eine marginale Rolle gespielt hätte. Als entscheidend dafür erscheint, daß Bultmann weder die sozialen Verhältnisse in industriellen Zentren und die aus ihnen sich ergebenden gesellschaftspolitischen und kirchlichen Aufgaben aus eigener, ihn nachhaltig prägender Anschauung kannte noch den Gedanken zu haben brauchte, jemals in einem ausgeprägten Industriegebiet Pfarrer zu sein. Das letztere illustrieren zwei Briefäußerungen aus dem vierten Studiensemester: »Nach zwei Jahren hoffe ich mein erstes Examen machen zu können; ich denke doch in Oldenburg. Dann kann ich nach sechs Jahren eine hübsche Landpfarre haben, hoffentlich am Wasser, großes gemütliches Haus mit riesigem Garten ... Da treibe ich Landwirtschaft und Wissenschaft und Seelsorge in wunderbarer Harmonie«, schreibt Bultmann am 29. 10. 1904 an W. Fischer, der erneut am 27. 1. 1905 (und wiederum am 8. 10. 1905) gewissermaßen schon eingeladen wird zu einem Besuch »auf meiner Pastorei in der Heide oder an der Weser«. Bultmanns Horizont war durch bäuerlich-ländliches sowie durch das schul-, verwaltungs- und universitätsstädtische Milieu Oldenburgs und seiner Studienorte bestimmt. Innerhalb dieses Horizonts drängte sich die Notwendigkeit, für die Konfliktfelder des sozialen

---

[53] Brief an W. Fischer vom 19. 4. 1906.
[54] Brief an W. Fischer vom 27. 1. 1905. Vgl. die Charakterisierung des »Oldenburger Volksschlag(s)« von W. LUEKEN: ». . . ein unabhängiger, Beeinflussungen schwer zugänglicher, nüchterner, mit dem Gemütsleben zurückhaltender, überwiegend verstandesmäßiger Sinn . . .« (Art. Oldenburg, 945).
[55] Das wird allein schon ausgeschlossen durch Existenz und Publizität des Evangelisch-Sozialen Kongresses, an dessen Pfingst-Tagung 1906 Bultmann übrigens teilnehmen wollte (vgl. Brief an W. Fischer vom 19. 4. 1906), außerdem durch die Kenntnis der Ethik W. HERRMANNS, der sich der sozialen Frage auf seine Weise stellt (vgl. § 27 [»Der Dienst Gottes in der Kulturgesellschaft«], 191–213). An dieser Stelle sei auch wenigstens hingewiesen auf die Arbeit von A. SCHULTZ, Flucht vor der Politik? Zur Bedeutung des politischen Momentes von Theologie beim frühen Barth und Bultmann, 1980, auf die ich im Rahmen dieser Untersuchung nicht weiter eingehe; vgl. JASPERT, Wende, 40 Anm. 55.

Lebens ein spezifisches *praktisch-theologisches* oder auch ein dezidiert *politisches* Interesse zu entwickeln, gar nicht auf. Bezeichnend für Bultmanns »epoché« im Politischen sind – so wenig Bedeutung ihnen an sich auch zukommt – die beiden folgenden Briefäußerungen aus den Jahren 1904/05: »Neulich war ich im Reichstag und hörte einige interessante Reden. Freilich hat mir der ganze Reichstag recht wenig imponiert. *Sachlich* geredet wurde selten. Die Sozialdemokraten benahmen sich sehr unfein.«[56] Und: »Besonders freuten mich Deine Auslassungen über die Politik der Gegenwart. Ich habe ja gar kein Urteil darüber und wage deshalb auch nie, etwas zu sagen. Aber es freut mich immer, wenn ich jemanden meine heimlichen bösen Gedanken und Gefühle aussprechen höre.«[57]

Ein Rückblick aus späterer Zeit läßt einen, vielleicht *den* Gesichtspunkt erkennen, unter welchem Bultmann während seiner Studenjahre Interesse an der sozialen Problematik seiner Zeit nahm. Über seinen Schulfreund Leonhard Frank, mit dem er das Berliner Jahr 1904/05 gemeinsam verbracht hatte, berichtet er 1917 unter anderem: »Da er mehr Sinn für das reale Leben hatte, für soziale und politische Fragen, so habe ich darin viel von ihm gelernt. In dem Interesse für *Menschentum* und *Menschenschicksale* stimmten wir beide überein. Wir machten gemeinsam unsere Studien im Berliner Leben.«[58] Und ein Bericht über einen solchen Erkundungsgang von 1904 bestätigt im entscheidenden diesen Interessengesichtspunkt: »Ich hielt es für meine Pflicht, auch die Gegenden Berlins aufzusuchen, durch die ich sonst nicht gerne gehe, um auch *die Menschen kennenzulernen,* die man mit dem trostlosen Wort ›Gefallene‹ nennt.« Als Haupteindruck notiert Bultmann die Erfahrung, »wie tief der Geist des Menschen sinken kann«, und bekennt: »Ich habe vergeblich nachgedacht, wie diese Schäden zu bessern sind. Ich glaube, nur durch Vorbeugungsmittel«, denn: »Wer einmal so tief gefallen ist, der steht nicht mehr auf.« Sich über die Notwendigkeit planvoll anzustrebender und durchzusetzender gesellschaftspolitischer Reformen zu äußern, gibt jene Erfahrung und dieses vage Urteil Bultmann 1904 keinen Anlaß. Der von dem Interesse an den Wirklichkeiten und Möglichkeiten menschlicher Existenz geleitete Blick fällt hier – außer auf die »Arbeit der Heilsarmee«, die »ja viel aus(richte), aber ... nur eine ungesunde Moral großziehen« könne, und auf die »Stadtmission« – auf die »Bühne«, die »ein wichtiges Mittel der Hebung von Sitte und Bildung« sei, indem hier »vielen Menschen gepredigt (werde), die nicht mehr in die Kirche gehen«. Und zwar solle das Theater nicht im klassischen Sinne »Moral ... predigen« (Lessing und Schiller), sondern »zum Denken anregen, ... geistige Nahrung geben«.[59] Es ist der von Hause aus nicht »realpolitische«, aber eher »idealpolitisch« als »unpolitisch« zu nennende Horizont des am Schema der Herrschaft des Geistes über die inner- und außermenschliche Natur orientierten Bildungsbürgertums seiner Zeit, der auch Bultmanns Wahr-

56 Brief an W. Fischer vom 8. 12. 1904.
57 Brief an W. Fischer vom 7. 7. 1905.
58 Brief an H. Feldmann vom 12. 7. 1917, Hervorhebungen von mir.
59 Brief an E. Teufel vom 28. 10. 1904, Hervorhebung von mir.

nehmung und Wertung nicht nur großstädtischen Sittenverfalls, sondern auch –
nach allem, was wir wissen oder erschließen können – des Schicksals des
industriellen Proletariats limitiert. Der Einsatz für die »Hebung von Sitte und
Bildung« erscheint gegenüber einer auf die direkte Veränderung der realen
sozialen Verhältnisse (zumal, wenn diese materialistisch erklärt werden) hinwir-
kenden Politik als das eigentliche, grundlegende politische Tun.

Die Bedingungen und etwaigen Reformnotwendigkeiten des sozialen Lebens scheinen
für den ganz frühen Bultmann weder unter praktisch-theologischem noch unter politi-
schem Aspekt ein eigenständiges Reflexionsthema gewesen zu sein. Aus späterer Zeit
liegen Äußerungen Bultmanns vor, die seine Haltung zur Sache deutlich vor Augen
führen. Die Auffassung, daß eine Besserung der sozialen Mißstände »nur durch Vorbeugungsmittel« zu erreichen und daß die Bildungsarbeit als fundamentalpolitische Praxis
das eigentliche Vorbeugungsmittel sei, begegnet uns auf höherem Reflexionsniveau
wieder in einem Brief von 1916: Direkte, »an den sozialen Mißständen« orientierte
»praktische Arbeit« sei zwar immer notwendig und verpflichtend, »da die Verhältnisse
nie ideal werden«, könne aber nur »Notstandsarbeit« sein, die »im einzelnen – so weit der
Wirkungskreis des Individuums reicht – zu bessern sucht«. Daneben bestehe die eigentlich
wichtigere Aufgabe, »die Mißstände an der Wurzel zu treffen und die Herbeiführung
idealer Zustände zu versuchen«. Da dies nur durch eine »von sittlichem Geist« beherrschte, von dem »reine(n) Staats- und Rechtsgedanke(n) im Gegensatz zur Klassen- und
Interessenpolitik« geleitete Gesetzgebung geschehen könne, diese aber voraussetze, »daß
staatsbürgerliche Bildung, mit der es bei uns so schlecht bestellt ist, vertieft und verbreitet
wird«, sei »jedermann in allen Verhältnissen« zum »Kampf gegen Unwissenheit und
Unwahrheit, Unmoral und Gemeinheit« verpflichtet[60] – *politisch* verpflichtet, wird man
im Sinne Bultmanns kommentieren dürfen. Bildungsarbeit als politischer Faktor, als
Elementargestalt politischen Handelns – ganz dem entsprechend hat sich Bultmann, wie
wir früher sahen[61], in den Breslauer Jahren 1916–20 in Volksbildungseinrichtungen und
auf dem Bildungssektor der DDP betätigt. »Politische Aktionen mitzumachen, bin ich
nicht der Mann; aber an dem, was ich für die *Hauptsache* halte, kann ich doch mitarbeiten«.[62]

Gelegentliche Äußerungen aus den Marburger Jahren 1907–1916 belegen, daß Bultmann darum bemüht war, den Horizont seiner politischen Kompetenz zu erweitern[63],
und die politischen Ereignisse um Krieg und »Revolution«, die ja die politische Reflexion,
Stellungnahme und Tat geradezu erzwangen, haben diesen Prozeß befördert. Gerade die
Breslauer Jahre, die tieferen Einblicke in die sozialen Verhältnisse einer Großstadt[64] – sie
haben sich zum Teil in der Predigt vom 1. 7. 1917 niedergeschlagen[65] – wie auch die
Bedingungen des politischen Neuaufbaus nach 1918 haben ihre Wirkung auf Bultmanns
Einschätzung von Möglich- und Notwendigkeit einer an den realen Verhältnissen orien-
tierten programmatisch konzipierten und durchgeführten Sozialpolitik nicht verfehlt.
Gleichwohl hat Bultmann – und seine diesbezüglichen Aufsätze aus den Jahren nach dem

---

[60] Brief an H. Feldmann vom 19. 3. (?) 1916 (das Datum ist der mir zur Verfügung stehenden
Briefkopie nicht sicher zu entnehmen).
[61] Vgl. oben S. 73f.
[62] Brief an W. Fischer vom 23. 6. 1919, Hervorhebung von mir.
[63] Vgl. z. B. Briefe an W. Fischer vom 13. 8. 1909; 1. 1. 1910 (Ms.: 1909); 12. 6. 1910; 4. 5.
1913; 11. 1. 1914.
[64] Dabei wird Ernst Moering eine entscheidende Rolle gespielt haben, vgl. oben S. 67ff.
[65] Vgl. R. BULTMANN, VW, 148–162, bes. 150f.

Zweiten Weltkrieg bestätigen das[66] – an jener idealpolitischen Grundüberzeugung festgehalten, daß die als Erziehung zu staatsbürgerlicher Mündig- und Verantwortlichkeit verstandene »Hebung von Sitte und Bildung« die elementare Bedingung für eine »von sittlichem Geist« getragene, sozial gerechte Gesetzgebung sei.

Politik ist Sache der sittlichen Gemeinschaft. Sie hat sich in sittlichem Geist zu vollziehen. Das hat Bultmann nicht nur gegen eine an Klassen- und Standesinteressen orientierte Politik rechter oder linker Provenienz geltend gemacht, sondern auch gegen die Auffassung, die *Kirche* habe ein politisches Mandat. Der *politischen* Grundüberzeugung korrespondiert eine *theologische* Grundüberzeugung, die, wie Bultmann 1916 einmal sagt, für ihn zu den »Fundamente(n) der Lebensanschauung« gehört[67]. Die Auffassung, daß politisches Handeln im weitesten Sinn nicht Sache der Kirche sei, kommt neben der mangelnden eigenen Anschauung und dem niedrigen Reflexionsniveau in sozialen und politischen Fragen als ein weiterer Faktor dafür in Betracht, daß in Bultmanns studentischem Vorblick auf seine künftige Tätigkeit als Pfarrer jene Fragen überhaupt keine Rolle spielen. Der Hinweis auf die lutherische Tradition, aus der Bultmann kommt, muß – und kann – als Beleg dafür, daß es sich für den ganz frühen Bultmann so verhält, genügen. Ausführlich hat er seine Auffassung 1916 in einem brieflichen Kommentar zur vierten Rede Schleiermachers »Über die Religion« dargelegt[68], wobei er – »hier ist mir vieles aus dem Herzen geschrieben! die ganze Polemik gegen die Verbindung von Kirche und Staat!« – vor allem die Erkenntnis hervorhebt, »daß die Religion nicht mit der staatlichen Erziehungsarbeit vermischt werden darf. Das muß natürlich zur Korruption der Religion wie der Sittlichkeit führen und hat es getan«: Korruption der Sittlichkeit im Katholizismus, der Religion im Protestantismus. Sowohl unter dem Gesichtspunkt der Religion als auch – und darauf liegt der Akzent – unter dem des »reine(n) Staats- und Rechtsgedanke(ns)«[69] werden ferner »die Bestrebungen jüngerer, moderner Pastoren, so gut sie an sich sind (Siegmund Schultze)«, nämlich »die starke soziale Betätigung«, kritisch eingeschätzt, denn: »Je mehr die Kirche solche sozialen Pflichten in die Hand nimmt, desto mehr schläfert sie das Gewissen des Staates und der Staatsbürger ein.« Dagegen: »Lebendiges Staatsgefühl muß geweckt werden, der Sinn für alle Pflichten, die aus der staatlichen Gemeinschaft erwachsen, und alle Wohltätigkeit muß abgeschafft werden.« Außerdem weist Bultmann bezüglich kirchlicher Jugendvereine auf die Zersplitterung der Kräfte hin, »wo doch alles darauf ankommt, alle guten sittlichen Kräfte zusammenzuschließen und eine einheitliche Arbeitsgemeinschaft der sittlichen Kräfte zu organisieren.« Erscheint hier Bultmanns Meinung, daß sich die Kirche des politischen, d. h. des die Gestaltung der sittlichen Gemeinschaft betreffenden Wirkens zu enthalten habe, vorwiegend in *staatstheoretischer* Begründung, so erscheint sie in der Predigt vom 1. 7. 1917 *theologisch* bzw. *religionstheoretisch* begründet, wobei »die Religion der Gnade«, die »Tatsache, daß . . . das Ewige nicht die Welt ist, die wir erarbeiten, sondern eine Welt, die sich uns offenbart, die uns überwältigt«, bezeichnenderweise als *die* Entdeckung Luthers in Erinnerung gerufen wird.[70]

Bultmanns zeit seines Lebens grundsätzlich unverändertes Verständnis von Staat und Kirche, von ihrem gegenseitigen Verhältnis und von den dieses Verhältnis betreffenden Einzelfragen wurzelt in der strikten Unterscheidung von jeweils autonomer Sittlichkeit

---

[66] Vgl. GuV II, 133–148.274–293; III, 61–75; IV, 42–51, sowie SCHMITHALS, Das wiss. Werk, 26.

[67] Brief an H. Feldmann vom 2./3. 11. 1916.

[68] Ebd.

[69] So im Brief an H. Feldmann vom 19. 3. (?) 1916 (vgl. oben S. 116 Anm. 60).

[70] Vgl. R. BULTMANN, VW, 157–159, Zitat 158 f.

und Religion. In durchreflektierter Gestalt liegt es in Äußerungen des Jahres 1916 vor. Die durch die Erfahrungen und allgemeinen Bedingungen der Breslauer Jahre hervorgerufene verstärkte Aufmerksamkeit für real-, vor allem sozialpolitische Erfordernisse führt nicht zu einer Abkehr von dem idealen Begriff des Staates als der sich rechtlich organisierenden sittlichen Gemeinschaft (= der Gemeinschaft der sittlichen Einzelsubjekte). So erfolgt etwa die durch Lenin-Lektüre geschärfte Kritik an Reaktion und Restauration nicht in klassenkämpferischer, d. h. interessenpolitischer und insofern *unter*sittlicher Perspektive, sondern im Hinblick auf jenen idealen Staatsbegriff.[71]

Angesichts der Konvergenz durchdachter staats- und religionstheoretischer Argumente für die strikte Trennung von Kirche und Politik, wie sie bei Bultmann vorliegt, ist es sehr fraglich, ob diese festgegründete Position durch einen ganz anderen lebensgeschichtlichen Erfahrungshorizont hätte erschüttert werden können; so müßig derlei Spekulationen sein mögen – ganz von der Hand zu weisen sind sie nicht, wenn man sich der Relevanz der Pfarrerexistenz in einer Industriearbeitergemeinde für die »politotheologische« Reflexion und Praxis Karl Barths und die Verschiedenheit dieser Existenz vom Dasein eines Marburger Privatdozenten und Breslauer Universitätsprofessors vergegenwärtigt.[72] Auch unter diesem Gesichtspunkt leuchtet es jedenfalls ein, daß materielle »politische« Fragen für Bultmann niemals zu einem selbständigen Thema *theologischer* Ethik und *kirchlicher* Praxis wurden, nicht werden konnten. Seine Haltung zu dem Problem, was die *Kirche* angesichts sozialer Mißstände zu sagen und zu tun habe, hat er in dem Brief vom 9. 1. 1924 an Karl Barth dargelegt: »Soziale Arbeit als solche (ist) . . . nicht das Amt der Kirche« – sowohl um des Auftrags der Kirche willen, die allein das Wort zu verkündigen habe, als auch um der Effizienz sozialen Handelns willen, welches profunder Sachkenntnis und klarer Programmatik bedürfe. Unbestritten ist jedoch sowohl die aus der Mitgliedschaft in der »menschl. societas« sich ergebende als auch durch den kirchlichen Verkündigungsauftrag erforderte »Teilnahme an der sozialen Problematik«.[73] Daran hat sich Bultmann denn auch spätestens seit den Breslauer Jahren gehalten.

In der Frühzeit spielt der hier ausgeführte Komplex nicht einmal eine Nebenrolle. Aufschlußreich ist folgende Bemerkung aus dem Bericht, den Bultmann im Brief an W. Fischer vom 25. 10. 1908 von der Jahrestagung der »Freunde der Christlichen Welt« in Eisenach 1908 erstattet: »Der zweite große Vortrag am nächsten Tage über die christlichen Gewerkschaften[74] interessierte mich inhaltlich weniger wegen meiner absoluten Unkenntnis auf diesem Gebiet.«

1.2.5 Kirchliche Modernisierung und Kontinuität

Wir kehren noch einmal zurück zu dem kurz vor dem Examen geschriebenen Brief, in dem sich Bultmann sein künftiges Arbeitsfeld vor Augen führt. An das

---

[71] Vgl. oben S. 80–84.

[72] Vgl. BUSCH, Karl Barths Lebenslauf, 80 ff.

[73] Barth-Bultmann-Briefwechsel, 24–27, Zitate 25, vgl. ebd.: »Ich sagte endlich, daß auch [der] Theologe allen Anlaß habe, die sozialen Probleme ernst zu nehmen, . . . weil ›das Wort verkündigen‹ nicht heiße: in leeren Großstadtkirchen eine sonntägliche Predigt zu halten, sondern *da* u. *so* das Wort verkündigen, daß es gehört werde«.

[74] »Pastor Lic. [Wilhelm] Schneemelcher: ›Das Christentum als Prinzip in der modernen Arbeiterbewegung‹«, angekündigt in ChW 22, 1908, 861 u. ö.; der Vortrag wurde am 7. 10. 1908 gehalten.

barsche: »Mögen die Alten sehen, wo sie bleiben!« schließt sich eine Mutma-
ßung über die längerfristige Entwicklung der evangelischen Kirche an, wobei
sich fortschrittliche und konservative Gedanken merkwürdig verknüpfen: »Ich
nehme an, daß im Lauf der nächsten Jahrzehnte die Kirche sich modernisiert; die
Alten werden teils zu Sekten, teils zum Katholizismus übergehen. Hoffentlich
geht es glatt ohne Zerbrechen der alten kirchlichen Formen.«[75] Bultmann begründet die Erwartung einer Modernisierung mit der Diagnose, daß ungeachtet
des verbreiteten Desinteresses an der *Kirche* das Interesse für *Religion* wachse.
Die Einschätzung, daß »die jüngste Zeit einen Aufschwung religiöser Sehnsucht
und religiösen Suchens« zeige[76], war (selbstermutigendes?[77]) Gemeingut im
Umkreis der »modernen« Theologie; so bildete etwa die »Tatsache, daß das
Interesse für religiöse Fragen in den gebildeten Schichten unseres Volkes stark
zunimmt« und »die Entfremdung von der Religion ... nicht mehr als ›Fortschritt‹, sondern als Schwäche empfunden« wird, die nicht nur für das Unternehmen der »Religionsgeschichtlichen Volksbücher« an sich, sondern auch für
deren verlegerische Kalkulation maßgebliche Basis.[78] Andererseits konnte man
natürlich die Augen nicht davor verschließen, »daß das Chr(istentum) als kirchliche *Institution* in der allgemeinen Wertschätzung und Benutzung, daß die
Verkirchlichung des Chr(istentum)s und die Kirchlichkeit in den letzten Zeiten
stark zurückgegangen ist«[79]. Angesichts dieses Prozesses meinte nun Bultmann
– in Aufnahme des bekannten Schleiermacherschen Gedankens[80] – an das fest-
stellbare »Interesse für *Religion*« folgende Erwägung knüpfen zu dürfen: »Jede
Religion braucht und bildet schließlich doch eine Kirche; am besten also, wenn
eine Modernisierung sich an die gegebenen Formen der äußeren Organisation
anschließt.«[81] Diese Formulierung ist wahrscheinlich in dem allgemeinen Sinn

---

[75] Brief an W. Fischer vom 19. 4. 1906.

[76] HOFFMANN, *Art.* Deutschland, 2127.

[77] Vgl. bei Bultmann im genannten Brief: »Vieles, was ich beobachten kann im religiösen
Leben unserer Zeit, macht mir doch einigen Mut«.

[78] Vgl. RV-Verlagsprospekt 1904: »Den Preis eines Heftes von 3–5 Bog. auf 30–40 Pfg. zu
stellen, war freilich nur dann möglich, wenn wir, der Sympathien der allerweitesten Kreise
gewiß, mit dem Absatz von Massenauflagen rechneten.« Vgl. SCHIELE, *Art.* Volksbücher.

[79] BAUMGARTEN, *Art.* Christentum 1683; über die Religionsgeschichtlichen Volksbücher im
Prozeß der Entchristlichung vgl. die kritische Anmerkung ebd., 1685: »Zu einer relativen, Kern
und Schale, Idee und symbolische Einkleidung unterscheidenden, letztere nur als Transparent
für erstere nutzenden Auffassung des Heiligen gehört zu viel geschichtliche Durchbildung, als
daß sie je Gemeingut auch nur eines oberen Durchschnitts werden könnte. So werden alle
›religionsgeschichtlichen Volksbücher‹ bei der Masse nur die Ablehnung des Chr(istentum)s als
historischer Religion befördern.«

[80] Vgl. SCHLEIERMACHER, Reden, [1]177: »Ist die Religion einmal, so muß sie notwendig auch
gesellig sein: es liegt in der Natur des Menschen nicht nur, sondern auch ganz vorzüglich in der
ihrigen.« Vgl. DERS., Glaube I, § 6 Ls.: »Das fromme Selbstbewußtsein wird wie jedes wesentliche Element der menschlichen Natur in seiner Entwicklung notwendig auch Gemeinschaft,
und zwar einerseits ungleichmäßig fließende, andrerseits bestimmt begrenzte, d. h. Kirche«
(41).

[81] Brief an W. Fischer vom 19. 4. 1906.

des volkskirchlichen und somit öffentlichen Charakters sowie der landeskirchlichen Organisation der Kirche zu verstehen. Bei dieser ausdrücklichen Option für eine *institutionelle* (und wohl auch, im weiteren Sinne, *liturgische*) Kontinuität scheint es fast schon zuviel gesagt, wenn man Bultmanns Favorisierung einer Erneuerung bzw. Modernisierung der Kirche als »reformerisch« bewertet; es ist jedenfalls bemerkenswert, daß die Erwägung, ob der neue Wein des modernen Christentums nicht neuer – auch neuer institutioneller – Schläuche bedürfe, offenbar keine Rolle spielt. Aber das ist bezeichnend für Bultmann; von einer »in liberalen Kreisen üblichen Geringschätzung der K(irchlichkeit)«, bei der die »Unterscheidung von K(irchlichkeit) und Christlichkeit« bzw. die »Nachordnung kirchlicher hinter individuell-religiöse Gesichtspunkte«[82] zur *Entgegensetzung* zu geraten droht, kann bei Bultmann, der das moderne Christentum als ein *kirchliches* will, gar keine Rede sein. Der entscheidende Grund dafür dürfte in der Selbstgewißheit der von Ritschl herkommenden kirchlich verpflichteten kritischen Theologie liegen, die eigentliche Erbin der Theologie der Reformatoren und deshalb auch die eigentliche Theologie für die Kirchen der Reformation zu sein. Dieser Anspruch wurde selbstverständlich polemisch gegen die neulutherische »Orthodoxie« in Theologie und Kirche gewendet. Nicht zufällig sah Bultmann deren Zukunft teils im Sektenwesen, teils im Katholizismus – in Digression und Regression sozusagen von der bei Luther erreichten und in der modernen Theologie, vor allem bei Wilhelm Herrmann[83], wiedergewonnenen Höhe im Verständnis des christlichen Glaubens. Sieht man »unser modernes Christentum« als erklärtermaßen reformatorisches Christentum an und berücksichtigt man den Anspruch seiner Theologie, *die* sachgemäße Theologie für die evangelische Kirche zu sein, so leuchtet die Hoffnung, daß es bei der Modernisierung der Kirche »glatt ohne Zerbrechen der alten kirchlichen Formen« abgehe, durchaus ein: der volkskirchlich öffentliche Charakter und die landeskirchliche Organisation der Kirche, aber auch, im liturgischen Bereich, der Rang der Predigt (und des Predigers, der von der Kirche lebt!) sowie des Gemeindechorals im Gottesdienst[84] – sie waren ja lebendiges reformatorisches Erbe.

Der Anspruch, als moderner Theologe legitimer Sachwalter der reformatorischen Lehre zu sein, zieht sich übrigens konstant durch Bultmanns Theologie hindurch; zwei Beispiele aus späterer Zeit seien genannt.

---

[82] BAUMGARTEN, *Art.* Kirchlichkeit, 1493.
[83] Vgl. den Titel: W. HERRMANN, Der Verkehr des Christen mit Gott. *Im Anschluß an Luther dargestellt.*
[84] Vgl. Brief an H. Feldmann vom 14./15./16. 10. 1916: »So sehr ich eine katholische Messe mitfeiern und ein Konzert als gottesdienstliche Feier erleben kann, so wenig kann ich es vertragen, wenn ein protestantischer Gottesdienst, in den nur die durch Gemeindegesang umrahmte Predigt gehört, durch Kunstgesang unterbrochen wird«.

Am 8. 9. 1922 spricht Bultmann in einem Brief an Hans von Soden – freilich in einer veränderten geschichtlichen Situation[85] – explizit aus, was als Hintergrund jener ambivalenten Äußerung zur Entwicklung der evangelischen Kirche von 1906 nur zu vermuten war: »Die Stimmen der Lutherischen Kirchenzeitung, die eine Trennung der Orthodoxie vom freien Protestantismus fordern, haben für mich viel Einleuchtendes. Ich würde aber mit aller Energie den Spieß herumdrehen und sagen: Nicht *wir* müssen heraus, sondern *ihr. Wir* sind die legitimen Erben der Reformation, ihr seid Pseudo-Protestanten; *uns* kann es gar nicht um *Duldung* zu tun sein, sondern einfach um unser *Recht. Bekenntnis*kirche wollen auch wir, aber *evangelisches* Bekenntnis und nicht eure abgestandenen Antiquitäten.«

Das andere Beispiel für das reformatorische Selbstbewußtsein ist der Schlußabschnitt der Shaffer- bzw. Cole-Vorlesungen über »Jesus Christus und die Mythologie« von 1951, wo Bultmann die Entmythologisierung zur radikalen Anwendung der paulinischen und lutherischen Rechtfertigungslehre im Gebiet des Intellekts erklärt.[86] Etwa zur gleichen Zeit meinte Karl Barth instinktsicher, »der Lösung des Rätsels«, »in welche *geschichtliche* Kategorie ich ihn [Bultmann], um ihn zu verstehen, nun eigentlich *einzureihen* habe«, »doch relativ am nächsten zu kommen, wenn ich die Frage riskiere: ob Bultmann nicht einfach als – *Lutheraner* (Lutheraner *sui generis* natürlich[87]) anzusprechen ist?« Und aus der Ahnenreihe werden unter anderen W. Herrmann und A. Ritschl namhaft gemacht: »Waren diese *gar* keine – waren sie nicht irgendwo auch *gute* Lutheraner?«[88]

Tatsächlich wird man Bultmanns brieflicher Äußerung von 1906 über Modernisierung und Kontinuität der Kirche entnehmen dürfen, daß er die lutherisch-reformatorische Selbstgewißheit der von Ritschl herkommenden modernen Theologie, wie er sie bei seinen Lehrern Gottschick, Haering und Müller in Tübingen, Harnack und Kaftan in Berlin, Herrmann und Rade in Marburg antraf, in vollem Umfang teilte.

1.3 Stellungnahmen 1908/09: Abgrenzung gegen rechts und links

Zur vertiefenden Charakterisierung der von Bultmann gesehenen Aufgabe, »unser modernes Christentum den Gemeinden zu bringen«, fassen wir hier zwei Äußerungen Bultmanns aus den Jahren 1908/09 in den Blick, in denen er Stellung bezieht zu dem am 6. 10. 1908 auf der Jahresversammlung der Vereinigung der »Freunde der Christlichen Welt« gehaltenen Vortrag des Gubener Amtsrichters Constantin von Zastrow »Die Theologie der Christlichen Welt in Laienbeurteilung«[89] sowie zu der daran sich anknüpfenden Diskussion. Sie unterstreichen und profilieren die in den vorhergehenden Abschnitten beleuchtete Position des jungen Bultmann als eines Theologen, für den das »moderne Christentum« ein *kirchliches* Anliegen war.

---

[85] Vgl. in dem genannten Brief: »Mir scheint es mehr und mehr notwendig, sich auf die Preisgabe der Volkskirche einzustellen.«

[86] Vgl. R. BULTMANN, Jesus Christus und die Mythologie, GuV IV, 188, gleichsinnig in R. BULTMANN, Zum Problem der Entmythologisierung, KuM II, 207.

[87] Zur Charakterisierung dieses *genus* hat JOHNSON, Origins, 84–86, Bemerkenswertes beigetragen, worauf im vierten Kapitel einzugehen ist.

[88] K. BARTH, Rudolf Bultmann, 46.41.47.

[89] Abgedruckt in: »An die Freunde«, Nr. 27 vom 8. 2. 1909, 257–270.

Wir beginnen mit einer Skizze des Zastrowschen Vortrags, der nach dem Urteil von
Johannes Rathje eine »dem Historiker von heute fast unverständliche Erregung im Freun-
deskreise«[90] auslöste. Von Zastrow hatte im Namen des »modernen Denkens« im ersten
Teil seines Vortrags zunächst die »methodische . . . Stellung zur Religion« dargelegt,
nämlich den Standpunkt der intellektuellen Wahrhaftigkeit, die als das auch in Sachen der
religiösen Überzeugung maßgebliche Ideal auf dem Gebiet des Denkens und Erkennens
nicht vermischt werden dürfe mit dem sittlichen Ideal der Treue, wie dies etwa in der Rede
und Vorstellung von der »Glaubenstreue« geschehe (259f.). Er hatte sodann den »Inhalt
unsres religiösen Vorstellungslebens« als einen »dreifachen Atheismus« zur Sprache gebracht: gegen die Vorstellung vom »Himmel über den Wolken«, von »Jenseits« und
»Ewigkeit« den Atheismus des »Weltbildes«; gegen die Vorstellung von »Wunder« und
»Vorsehung« den Atheismus der »Naturgesetzlichkeit«; gegen die anthropomorphe Gottesvorstellung und ein ihr entsprechendes Reden von Gott den Atheismus der »Vergeisti-
gung der Religion« (260–264). Im zweiten Teil des Vortrags (264–267) war dann die
»Theologie der Christlichen Welt« kritisiert worden: »Statt unsrer summarischen Ablehnung des Kirchenglaubens finden wir hier den Versuch, mit ihm zu paktieren, und zwar
auf dreierlei Art« (264): erstens durch die *Leugnung* der Abweichung von Kirchenglauben
und -lehre nach dem Motto: »Wir sind die wahren Lutheraner« (265); zweitens durch die
Verschleierung der Abweichung mittels einer »metaphysischen Umdeutung« (ebd.) der
kirchlichen Lehrstücke; drittens durch die *Abschwächung* der Abweichung aufgrund eines
noch von der Inspirationsvorstellung belasteten, mit dem historischen Abstand nicht
letztlich Ernst machenden Bibelgebrauchs. An Sätzen aus Harnacks »Wesen des Christentums«, »dem Hauptwerke der Theologie der Freunde« (267), hatte von Zastrow endlich
(267–270) die theologische Inkonsequenz, den getrübten Blick für den im Widerspruch
zur geistigen Religion stehenden faktischen Kultus- und Sakramentenrealismus des Ge-
genwarts-Protestantismus sowie das unverständliche Zögern vor einem »radikalen
Bruch« mit »Lehre und Kultus unsrer Kirche« (269) demonstriert und die Priorität
unzweideutig gesetzt: »Jedenfalls aber muß erst der gemeinsame Feind, der Kirchenglaube, geschlagen werden, dann erst ist der Boden bereitet für den Austrag der Frage:
Idealistischer oder materialistischer Monismus?« (ebd.) Das Losungswort, »der neue
religiöse Gedanke . . ., dem zu Liebe der radikale Bruch mit der Vergangenheit gefordert
wird« (ebd.), steht am Schluß des Vortrags: »Pantheismus« (270).

Bultmann, der den Vortrag in Eisenach gehört hatte, berichtete seinem
Freund W. Fischer am 25. 10. 1908 brieflich darüber, und nachdem der Vortrag
am 8. 2. 1909 in Nr. 27 des Mitteilungsblatts »An die Freunde« erschienen war
und Nr. 28 vom 1. 5. 1909 dreizehn Briefäußerungen dazu gebracht hatte[91],
schrieb Bultmann ebenfalls einen Leserbrief zu Vortrag und Diskussion, der als
achtzehnter und letzter Diskussionsbeitrag zur Sache in Nr. 29 vom 1. 8. 1909
abgedruckt wurde.[92]

---

[90] Rathje, Die Welt des freien Protestantismus, 221.

[91] »Aus Briefen. Stimmen zu v Zastrow usw. in voriger Nummer«, 281–288.

[92] Vgl. ebd., 290–299 (»Die Theologie der Christlichen Welt (14)«, gezeichnet »G R«; »Zu
von Zastrows ›Laienbeurteilung‹ (15) Bekenntnissätze«, gezeichnet »H L«; »Weiteres aus
Briefen (16–18)«, darunter Sp. 298 f. als Nr. 18 ein »R B« gezeichneter Brief). Daß der letztgenannte Brief von Rudolf Bultmann stammt, belegt ein Brief W. Gottschicks an Bultmann
vom 25. 10. 1909: »Deine Ausführungen in N° 29 und Dein Brief haben mich gefreut.« Aus
Bultmanns – verlorenem – Brief wird Gottschick gewußt haben, daß sich hinter »R B« Rudolf
Bultmann verbirgt. Vgl. ferner Brief H. Noltenius' an Bultmann vom 20. 2. 1910: »Leider

Im Brief an W. Fischer vom 25. 10. 1908 setzt Bultmann sich mit zwei Vorwürfen von Zastrows auseinander, erstens mit dem der Inkonsequenz, zweitens mit dem der Unwahrhaftigkeit.

Zum Vorwurf der *Inkonsequenz:* »Das trifft zweifellos sehr viele von uns; aber nicht so, wie er meinte. Er forderte, daß wir uns mit Haeckel identifizierten, unser Theismus, der Monismus und der Pantheismus sei ein und dasselbe. Er hatte also das Charakteristische an uns nicht verstanden. «

Es ist hier der Ort, auf die Vielfalt dessen, was unter »modernem Christentum« verstanden werden konnte, eigens hinzuweisen. Bultmanns Wendung »das Charakteristische an uns« von 1908 läßt es als nicht nebensächlich erscheinen, daß er schon 1906 sagte: »*unser* modernes Christentum«. Aufschlußreich sind die diesbezüglichen Ausführungen Otto Baumgartens in seinem etwa gleichzeitigen Artikel über die gegenwärtige Lage des Christentums.[93] Das *Gemeinsame* der verschiedenen »Formen ›modernen‹ Chr(isten-tum)s« sieht er in dem Bestreben, »das Chr(istentum) in die volle geistige Gegenwart zu verpflanzen, es von dem Ballast zeitgeschichtlich bedingter und begrenzter Anschauungen zu entlasten, damit sein bleibend wertvoller Kern, sein ewiges Prinzip sich ungehemmt auswirken und den suchenden Geistern der Gegenwart als Lösung der Rätsel und Nöte empfehlen kann«, außerdem in der »doppelte(n) Voraussetzung«: »Moderne Geisteskultur ist nicht ohne weiteres dem Chr(istentum) entgegengesetzt, ihre tiefsten Persönlichkeitswerte sind ihm vielmehr kongenial«, und: »Das Chr(istentum) ist solcher Einkleidung in neue Symbole, solcher Weiterbildung in neue Denk-, Empfindungs- und Geschmacksformen durchaus fähig. « Demgegenüber finde aber »ein weitgehender *Unterschied* statt in der Begriffsbestimmung dessen, was als ›modern‹ oder als zeitgeschichtlich bedingt zu betrachten ist«.

Auf der Folie dieser Bestimmungen fragen wir nach Bultmanns Übereinstimmung mit und seinem Widerspruch gegen von Zastrow, um die Konturen des von Bultmann gemeinten »modernen Christentums« schärfer in den Blick zu bekommen.

In der zitierten Briefstelle über den Vorwurf der Inkonsequenz ist zunächst deutlich, daß Bultmann in der Frontstellung nicht nur gegen das, was von Zastrow »Kirchenlehre« und »Kirchenglaube« genannt hatte, sondern auch gegen ein Paktieren damit – daß Bultmann in dieser Frontstellung *als solcher* mit dem Referenten übereinstimmt. Es ist dies, positiv, eine Übereinstimmung in der Forderung nach *Klarheit der Abgrenzung.* Was damit des näheren gemeint sein konnte, belegt eindrücklich folgende Gegenüberstellung. Seine Ausführungen zum sogenannten Atheismus des Weltbildes hatte von Zastrow mit der Feststellung beschlossen: »Wenn wir aus den Totensonntagspredigten nach Hause geschickt werden mit der offenen Frage: Glaubt der Prediger nun an ein Jenseits oder nicht? so läßt uns solche Predigt in einer Unklarheit zurück, die wir als einen schweren Notstand empfinden« (262). Wie eine aus dieser Klage gezogene Konsequenz lesen sich Bultmanns Direktiven im Entmythologisierungsvortrag von 1941: »Hier schuldet der Theologe und Prediger sich und der Gemeinde und

---

schriebst Du nicht, in welcher Sache und in welchem Sinne Du bei den ›Freunden der Christlichen Welt‹ Deinen Mund bedeutend aufgetan hast. Das hätte ich noch gern gehört. «

93 BAUMGARTEN, *Art.* Christentum, die folgenden Zitate von 1688 (Hervorhebung von mir).

denen, die er für die Gemeinde gewinnen will, absolute Klarheit und Sauberkeit. Die Predigt darf die Hörer nicht darüber im Unklaren lassen, was sie nun eigentlich für wahr zu halten haben und was nicht. Vor allem darf sie den Hörer auch nicht darüber im Unklaren lassen, was der Prediger selbst heimlich eliminiert, und auch er selbst darf darüber nicht im Unklaren sein.«[94] Und wenn Bultmann 1941 darauf aufmerksam macht, daß »alles bisher Gesagte auch vor 30 oder 40 Jahren schon ähnlich (hätte) gesagt sein können« und daß es »eigentlich ein testimonium paupertatis für unsere theologische Situation (sei), daß es heute wieder gesagt werden (müsse)«[95], dann beleuchtet dies in der Retrospektive die Übereinstimmung mit von Zastrow in der Forderung nach Klarheit in der Abgrenzung unter hermeneutisch-homiletischem Aspekt.

Jedoch, neben der Übereinstimmung steht ein fundamentaler Dissens. Daß die »Theologie der Christlichen Welt« als eine Theologie, die mit dem »modernen Denken« Ernst machen wolle, in ihrer Konsequenz zum Pantheismus als der Religion eines »idealistischen Monismus« führe – führen müsse –, diese Auffassung bescheidet Bultmann mit der Feststellung: »Er hatte also das Charakteristische an uns nicht verstanden.« Nun ist »das Charakteristische an uns« wahrlich nicht leicht zu bestimmen; im Blick auf das in den Zuschriften zu von Zastrows Vortrag zutagetretende breite Meinungsspektrum spricht Bultmann in seinem Leserbrief selbst von einem im Grunde unvereinbaren »Reichtum auseinandergehender Meinungen«[96]. Nur näherungsweise läßt sich deshalb das – von Bultmann immerhin vorausgesetzte – verbindende Element in der keineswegs homogenen Vereinigung der »Freunde« beschreiben; unter bewußtem Verzicht auf scharfe Konturen kann man zunächst etwa so formulieren: Die Vielfalt wurde zusammengehalten durch ein bestimmtes (und sogleich näher zu bestimmendes) Verständnis von Frömmigkeit bzw. von »Religion«, in dem die betonte geschichtliche Rückbindung an die in ihrer Historizität irgendwie bedeutsame Person Jesu die Abgrenzung gegen einen entschlossenen spekulativen Liberalismus (z. B. Otto Pfleiderers, auf den von Zastrow sich mehrfach beruft[97], und weiter links) bewirkte und die Verbindung zur theologischen Rechten zumindest partiell aufrecht erhielt, in dem die Abkehr von der traditionellen Dogmatik aber umgekehrt die entschiedene Abgrenzung gegen die »Orthodoxie« und die Nähe zum ausgesprochenen Liberalismus bedeutete. Nach dieser unvermeidlich unscharfen Beschreibung ist verständlich, warum die »Theologie der Christlichen Welt« von rechts der unzulässigen Reduktion überkommener Glaubenswahrheit bezichtigt und von links beschuldigt werden konnte, daran halbherzig noch festzuhalten. Damit ist nun aber das Proprium jenes Religionsverständnis-

---

[94] R. BULTMANN, Neues Testament und Mythologie. Das Problem Entmythologisierung der neutestamentlichen Verkündigung, KuM I⁵, 21 (= Nachdruck der 1941 erschienenen Fassung, hg. v. E. JÜNGEL, BEvTh 96, 1985, 21).

[95] Ebd., 23 f. (bzw. 24).

[96] A.a.O. (s. o. S. 122 Anm. 92), 298.

[97] Vgl. a.a.O. (s. o. S. 121 Anm. 89), 266 f.

ses, aus dem die ambivalente Stellung nach rechts und links resultiert, eben »das Charakteristische an uns«, wie Bultmann es verstand, noch nicht hinreichend bestimmt. Dieses Proprium erhellt negativ aus M. Rades Urteil über den Vortrag: Er »bewegte sich schlechterdings auf der Linie des Intellektualismus, der seit den Deisten und Voltaire in unseren gebildeten Kreisen (soweit sie nicht konservativ kirchlich sind) herrscht.«[98] Und von Zastrow hatte bezeichnenderweise in seinem Vortrag selbst an ein Harnack-Wort erinnert, »die Laienauffassung«, die er vertrete, stehe »›im Schatten der Orthodoxie‹« (269). Der Polemik gegen das in der »Orthodoxie« *und* im (ausgeprägten) Liberalismus herrschende *intellektualistische*, ein Für-wahr-Halten von offenbarten Sachverhalten entweder fordernde oder aber für unmöglich erklärende, dieses aber als ein Wesensmerkmal des *kirchlichen* Glaubens betrachtende Mißverständnis von Religion entspricht positiv die Religionsauffassung, wie sie in Bultmanns Leserbrief anklingt: »Wie wenig hat er [von Zastrow] verstanden, was das *Wesen religiösen Erlebens* ist?«[99] Als das »Charakteristische an uns«, wie es Bultmann verstand, tritt vor diesem Hintergrund das Verständnis von Religion zutage, in dem das als Wurzel und Zentrum von Religion verstandene irrationale, in seinem Gehalt nicht als Satzwahrheit zu formulierende und mitteilbare *Erleben* unterschieden wird sowohl von den »objektiven« Gestaltungen, in denen sich dieses Erleben – in Bekenntnis und Lehre, Kultus und Ritus – *äußert* und die auf es hinweisen, als auch von dem *rationalen Erkennen* des (von Herrmann so genannten[100]) »nachweisbar Wirklichen«. Wenn Bultmann nun einräumt, von Zastrows Vorwurf der Inkonsequenz treffe »zweifellos sehr viele von uns«, so drängt er in erster Linie auf die konsequente Durchführung dieser letztgenannten Unterscheidung in der Religionsauffassung.

Auf dieses Drängen wirft Bultmanns brieflicher Bericht über die Debatte helles Licht, die im Anschluß an Georg Wobbermins auf derselben Tagung gehaltenen Vortrag über »Monismus und Monotheismus« stattfand. »Mir war es bedauerlich«, schreibt Bultmann am 25. 10. 1908 an W. Fischer, »daß (außer Wernle) keiner von den Rednern [u. a. Harnack und Bousset!] die Fähigkeit hatte, wirklich klar zu zeigen, was Religion ist; das Irrationale in ihr aufzuweisen. Alle versuchen, die Wirklichkeit, die die Religion behauptet, als eine gesetzmäßige nachzuweisen, sie zu der Erscheinungswirklichkeit in Beziehung zu setzen, womöglich ein Verhältnis von erfahrungsmäßiger Kausalität und göttlicher Wirksamkeit zu definieren.« Demgegenüber findet Bultmann – er schweift vom Bericht über Eisenach ab – in W. Herrmanns Gießener Vortrag »Der Christ und das Wunder«[101] »ganz glänzend den Dualismus dargestellt, in dem der religiöse Mensch sich schlechterdings befinden *muß*. Wir können nicht Monisten sein.« Monisten – unter diesem Titel kommen hier anscheinend nicht nur die zu stehen, für die (wie für von Zastrow) unter dem Gesichtspunkt der intellektuellen Wahrhaftigkeit der Gedanke von Wunder und Vorsehung schlechterdings obsolet geworden ist, sondern *cum grano salis* auch solche, die zwischen

---

[98] Mitgeteilt von RATHJE, Die Welt des freien Protestantismus, 222.

[99] A.a.O. (s. o. S. 122 Anm. 92), 298, Hervorhebung von mir.

[100] Vgl. dazu beispielsweise HERRMANN, Schriften I, 249.

[101] Gießen 1908, abgedruckt Schriften II, 170–205.

der rational zu erfassenden Erfahrungswelt und dem festgehaltenen Gedanken des Wirkens Gottes einen rationalen Zusammenhang herzustellen versuchen. Dagegen der notwendige »Dualismus«: »Wenn wir durch unser Denken konstatieren, daß ein Ereignis durch die Umstände notwendig herbeigeführt ist, und wenn wir es als eine Tat Gottes erklären, so sagen wir etwas diametral Entgegengesetztes. Es ist Selbstbetrug, sich einzubilden, das Gesetzmäßige sei das Religiöse. So kommt man nur zu einer ästhetischen, nicht zu einer religiösen Weltanschauung. Wir müssen den Mut haben, die Erfahrungswelt als Schein aufzufassen, d. h. aber, wir können über den Dualismus nicht heraus, denn in unserm Denken und Handeln fassen wir sie notgedrungen als etwas Reales auf. . . . Die religiöse Überzeugung trägt ihre Gewißheit in sich selbst, und [man] kann sie weder aus der Erfahrungswelt ableiten noch überhaupt mit ihr vereinen. Die einzige Stellung, die aus der religiösen Überzeugung auf die Erfahrungswelt sich ergibt, ist die: die Erfahrungswelt als Mittel zu benutzen für das Wachstum des eigenen inneren Lebens.«

Es zeigt sich: Unter demselben Gesichtspunkt, der Bultmann zur Abgrenzung seines »modernen Christentums« gegen die »Orthodoxie« zwingt, erfolgt die Abgrenzung gegen eine Form des »modernen Christentums«, in der der Dualismus der Wirklichkeitsauffassung, die Inkommensurabilität zwischen dem rational erkennbaren, gesetzmäßig verknüpften »nachweisbar Wirklichen« und dem Wirken Gottes verlassen ist; dieser Gesichtspunkt ist eben das »irrationale« persönliche Erleben des Wirkens Gottes als Wurzel und Zentrum wahrer Religion.

Der *zweite* Vorwurf von Zastrows, mit dem Bultmann sich im Brief vom 25. 10. 1908 auseinandersetzt, der der *Unwahrhaftigkeit,* betrifft vor allem die »alten Formen« im Gottesdienst: »Ferner warf er uns Unwahrheit vor, insofern wir die alten Liturgien benutzten, über die alten Texte predigten etc.« Bultmann gesteht zu, daß damit »zweifellos ein wunder Punkt getroffen« sei, weist den Vorwurf aber dennoch zurück, und zwar in einer doppelten Entgegnung. Eine »Änderung der liturgischen Formen« sei nicht nur kirchenpolitisch, sondern auch wegen fehlenden Ersatzes unmöglich. Hier, bei dieser Frage, taucht die im vorigen Abschnitt[102] vermißte Erwägung über neue Schläuche für neuen Wein wenigstens am Rande einmal auf[103], wird aber als illusorisch abgetan. Bultmann sieht einen anderen Weg: »So bleibt uns nur übrig, die alten Formen nach Möglichkeit zu beleben. Für einen Menschen, der historischen Sinn hat, ist das nicht so schwer.« Das kann nach dem Vorstehenden nichts anderes bedeuten, als daß die »liturgischen Formen« – gedacht ist vor allem an das Apostolikum – der genannten Fundamentalunterscheidung zwischen der eigentlichen Religion und deren Ausdrucksformen unterzogen, daß sie als (sekundäre) Äußerungen des ihnen zugrundeliegenden (primären) religiösen Erlebens, auf dieses hinweisend, verstehen gelehrt, auf dieses hin transparent gemacht werden. Es springt in die Augen, daß hier angesichts des Problems überkommener liturgischer Formen bei Bultmann ein Thema anklingt – *wiederum* anklingt! –, das später als Aufgabe

---

[102] S. o. S. 120.
[103] Das Bild gebraucht von Zastrow am Schluß seines Vortrags, a.a.O. (s. o. S. 121 Anm. 89), 270.

nicht der *Eliminierung,* sondern der *Interpretation* durchgeführt wird.[104] Daß dieses Thema schon in frühester Zeit und vor allem in diesem Zusammenhang auftaucht, läßt eine Kritik des Entmythologisierungsprogramms, die *abgesehen* vom Problem des in der Kirche bekannten und gepredigten Glaubens etwa an Bultmanns Weltbild-, Mythus- oder sonst irgend einem »Begriff« ansetzt, von vornherein als zu kurz gegriffen erscheinen. Die Auseinandersetzung hat vielmehr da anzusetzen, wo sich die Alternative »Affirmation oder Eliminierung« – in der Formulierung unserer Überschrift: »rechts oder links« – als ein faktisches Problem unausweichlich stellt, nämlich an der Wahrnehmung des heute wie damals verbreiteten, zumeist sich selbst verborgenen Miß- und gar Unverständnisses dessen, was die in Predigt, Gebet und Bekenntnis formulierte Glaubensaussage als Ausspruch des Glaubenden und als Anspruch an den Glaubenden eigentlich bedeutet. Im Bewußtwerden dieses Miß- oder Unverständnisses als eines die Kirche zutiefst betreffenden Problems hat die Bultmannsche Hermeneutik, die die »intellektualistische« Alternative »Affirmation oder Eliminierung« zu überwinden trachtet, eine Hauptwurzel. Statt des *terminus technicus* der späteren Zeit »existential interpretieren« lesen wir 1908 »beleben«: »So bleibt uns nur übrig, die alten Formen nach Möglichkeit zu beleben.« Der Ausdruck »beleben« signalisiert die angestrebte Transparenz der »objektiven« Form(ulierung)en auf das ihnen zugrunde liegende Erleben hin. Daß solche Belebung »für einen Menschen, der historischen Sinn hat, ... nicht so schwer« ist, dürfte zutreffen; dennoch stellt sich von dieser Äußerung Bultmanns von 1908 her schon die Frage, ob er im Blick auf die kirchliche Verkündigung, der er dienen wollte, und auf ihre Hörer nicht allzu optimistisch war, wenn er meinte, die Voraussetzung des »historischen Sinn(s)« machen zu können.[105]

Bultmanns zweite Entgegnung auf den Vorwurf der Unwahrhaftigkeit ist ein »Gegenvorwurf« an die »Laien«, genauer: an »die ganze liberale Laienschaft«, die den ihr sehr gut möglichen Protest gegen die Konfirmationsverpflichtung auf das Apostolikum und – in Preußen – gegen dessen allsonntägliche »Verlesung« (!) versäume, wie sie sich denn auch im Apostolikumstreit 1892 »wie *ein* Mann« hätte erheben und Harnack stützen müssen.[106] »Wo sind denn die wahrhaftigen Laien? ... Die Liberalen haben die Majorität und könnten alle Gemeindekirchenräte etc. in ihre Hand bringen. Sie sollen doch einmal Hand anlegen! Der Vorwurf der Unwahrhaftigkeit fällt auf die liberalen Laien, die nicht aus der Kirche austreten, zurück, und zwar mit doppelter Schwere, denn in *diesem* Punkt könnten die Laien viel mehr helfen als wir!« Dieser »Gegenvorwurf« unterstreicht den hohen Rang, den Bultmann den Nichttheologen für den Prozeß der kirchlichen Durchsetzung des »modernen Christentums« zumaß. Freilich sind

---

[104] Vgl. R. BULTMANN, Neues Testament und Mythologie, KuM I[5], 24 ff. (= BEvTh 96, 25 ff.).

[105] Vgl. die oben S. 119 Anm. 79 mitgeteilte realistische Einschätzung Otto Baumgartens.

[106] Vgl. H.-M. BARTH, *Art.* Apostolisches Glaubensbekenntnis, 560–562, sowie die ebd., 565, genannte Literatur.

Zweifel angebracht, ob man das Rechnen mit verstärktem kirchlichen Engagement von seiten der aus der Kirche »herausgepredigten« spätchristlich-liberalen
Kreise anders denn als realitätsfern (oder zumindest übertrieben optimistisch)
bewerten kann; derselbe Zweifel richtet sich gegen die Prämisse dieser Rechnung: gegen die behauptete verbreitete religiöse Aufgeschlossenheit und Sehnsucht. Sehr lehrreich ist in dieser Hinsicht ein Blick auf Bultmanns eigenen
»Apostolikumstreit« in den 1950er Jahren; spätestens hier dürfte Bultmann
jegliche Illusion darüber verloren haben, welcher Teil der Laienschaft sich allenfalls »wie *ein* Mann« erhebt – und warum.

Warum – davon scheint Bultmann jedoch schon 1909 recht präzise Vorstellungen entwickelt zu haben, wie sein als Reaktion auf die vielstimmige Diskussion
des Zastrowschen Vortrags geschriebener Leserbrief in den »Vertraulichen Mitteilungen« belegt.[107] »Worauf beruht der Erfolg der Orthodoxie sogut wie z. B.
des Monismus?« fragt Bultmann darin und antwortet: »Nicht zum wenigsten
auf einem klaren, einheitlichen Programm. Die Leute wissen, was sie wollen,
und können auch als Laien für ihre Sache eintreten. Ich möchte wissen, was dabei
herauskommt, wenn ein Laie aus unserem Kreise seine Sache in einer Gesellschaft von Anhängern Haeckels verteidigen sollte!« (299) Bultmann fordert ein
»Programm«, in dem »das, was jeder von uns an religiösem Besitz in sich fühlt
und wofür er kämpft, auf einen klaren Ausdruck« gebracht, »in deutliche
Begriffe« gefaßt wird (ebd.). »Klarheit«, das ist *ein* Losungswort dieser Stellungnahme Bultmanns. Für den von von Zastrow direkt angesprochenen Bereich der Predigt erinnerten wir schon an Bultmanns Forderung nach »absolu-
te(r) Klarheit und Sauberkeit« im Entmythologisierungsvortrag[108]. Der Leserbrief in den »Vertraulichen Mitteilungen« läßt erkennen, daß diese Forderung als
eine Grundforderung allen theologischen Arbeitens und Redens zu den frühen
und bewußt erworbenen Errungenschaften Bultmanns gehört: »Auf der Gene-
ralversammlung der Freunde zu Marburg im Herbst 1907 hat mir ein Wort von
Troeltsch unvergeßlichen Eindruck gemacht. Den Vorschlag, vor die breitere
Oeffentlichkeit zu treten, wies er ab etwa mit den Worten: ›Wie sollen wir ihnen
Klarheit bringen mit unserer Unklarheit?‹ Damals hielt ich das Wort für den
Ausdruck eines Vorzugs unserer Vereinigung; heute sehe ich, daß es unsere
größte Schwäche ist« (299). So kommt Bultmann denn auch nicht zufällig auf
die notwendige »gründliche theologische Bildung« zu sprechen, verbunden mit
dem Hinweis, daß »viele der [Diskussions-]Aeußerungen in den Mitteilungen
hierin Unklarheit und Mangel verraten« (298).

Das *andere*, eigentlich das erste – »Klarheit« – als sein notwendiges Pendant
hervorrufende Losungswort in Bultmanns Leserbrief ist »Siegesgewißheit«
bzw. »Siegeszuversicht«.

Über den Zusammenhang zwischen beiden äußert Bultmann sich so: »Suchen wir nicht
aus dieser Unklarheit herauszukommen, so kann freilich auch unsere Zuversicht nicht

---

[107] A.a.O. (s. o. S. 122 Anm. 92).
[108] S. o. S. 123f. mit Anm. 94 und 95.

groß sein. Da hängt Eins am Anderen. Eine fröhliche Siegesgewißheit duldet solche Unklarheit nicht, sondern weiß eine Fahne zu erheben, weiß Ausdrucksformen zu schaffen für das, was sie beseelt« (299). In der letztzitierten Formulierung, in der die Ausdrucksformen und das, was Menschen beseelt (= Paraphrase von »religiösem Besitz« o. ä.), d. h. Klarheit und Siegesgewißheit voneinander unterschieden und aufeinander bezogen werden, haben wir übrigens eine Anwendung der oben dargestellten Verhältnisbestimmung zwischen religiösem Erleben und den Gestaltungen, in denen es sich äußert, vor uns, wobei hier die notwendige Transparenz, eben die Klarheit des hinweisenden Ausdrucks, betont ist.

»Die Siegeszuversicht, das Gefühl der Ueberlegenheit nach beiden Seiten« führt Bultmann ins Feld gegen die »Unsicherheit und Mutlosigkeit«, die aus den Diskussionsvoten spreche (298). Die von diesen vorgegebenen Aspekte, unter denen er das tut, führen noch einmal einige der für Bultmann wesentlichen Merkmale des »modernen Christentums« vor Augen. »Wie bin ich immer von unseren und meinen eignen Oster-Predigten niedergedrückt«[109], hatte einer geschrieben, und Bultmann erklärt, sich einen solchen Pastoren »nicht denken« zu können. »Und wenn ich auch keineswegs von den praktischen Schwierigkeiten gering denke«, fährt Bultmann (im Rückblick auf inzwischen drei eigene Osterpredigten) fort, »das *erste* Gefühl muß doch *das* sein: ich kann euch etwas *Besseres* sagen als die Alten; oder meinetwegen: ich kann es euch besser und reiner sagen, worauf es ankommt, als jene es konnten« (298). Folgerichtig warnt Bultmann davor, »immer *zuerst* an die Schwierigkeiten (zu) denken und dann rückwärts blickend mit dem Alten (zu) liebäugeln« (ebd.). Wie nach rechts, so nach links: In Siegesgewißheit, dem Bewußtsein der Überlegenheit hätte dem Vortrag von Zastrows begegnet werden müssen; »nicht nur seine Schwäche sollte uns dies Gefühl geben, sondern auch die erfreuliche Art, mit der er uns gegenübertrat mit seinem unerbittlichen Wahrheitsverlangen, mit seinem Fleiß des Arbeitens und Suchens. Haben wir es mit solchen Laien zu tun, da sollte es nicht eine Lust sein zu arbeiten?« (ebd.) Einer hatte, wenngleich nicht in direktem Bezug auf den Vortrag, seine Überzeugung von dem »Schwinden des religiösen Interesses« geäußert und die bedenkenswerte selbstkritische Diagnose gestellt: »Wir haben uns viel zu lange der Täuschung hingegeben, als ob das religiöse Interesse im Wachsen sei, während es sich lediglich um eine Reaktion des ästhetischen Gefühls gegen den Naturalismus handelte.«[110] Das läßt Bultmann nicht gelten: »Was . . . geschrieben wurde von der Abnahme des religiösen Interesses, ist nicht wahr. Fast möchte ich sagen: jeder Blick in eine Zeitung, auf eine Anschlagsäule, in das Schaufenster eines Buchhändlerladens, jede Unterhaltung im Eisenbahnkupee auf der Fahrt mit wildfremden Menschen kann beweisen, daß es nicht wahr ist. Wir werden guten Boden für unsere Arbeit finden, wenn wir sie in Zuversicht, Klarheit und Einigkeit treiben« (299). Schließlich

---

109 »Aus Briefen«, Nr. 6 (s. o. S. 122 Anm. 91), 284.
110 Ebd., Nr. 2, 283.

den wehmütig-neidischen Rückblick eines Briefschreibers auf die Anfänge der »Christlichen Welt« mit ihren »herrliche(n) Aufgaben«[111] brandmarkt Bultmann als »ein Zeichen von Schwäche«, deren sich nicht schuldig zu machen für die *Gemeinschaft* bedeuten müsse, »sich klar zu werden über ihr Gemeinsames«, und für den *einzelnen,* »sich diese Forderung klar zu machen und an ihrer Erfüllung mitzuarbeiten« (299).

Überlegenheitsbewußtsein und Arbeitsfreude, Erfolgsaussicht und Offensivgeist sind – im Anschluß an die zuletzt aufgeführten Kontradiktionen stichwortartig zusammengefaßt – die Stimmungsmerkmale der Position »modernen Christentums«, auf der wir Bultmann in den behandelten Stellungnahmen von 1908/09 wie schon während seiner Studienzeit als einen Theologen antreffen, der angesichts der Herrschaft eines als unevangelisch erkannten Glaubensverständnisses in der evangelischen Kirche zur kämpferischen Mitarbeit an der Durchsetzung einer tieferen Auffassung der christlichen Religion in seiner Kirche entschlossen war. Die kirchliche Orientierung zeigt sich auch darin, daß Bultmann nicht nur, was freilich das Nächstliegende und Beherrschende ist, in Opposition zur »Orthodoxie« steht, sondern bei Gelegenheit – und von Zastrows Vortrag war eine solche Gelegenheit – mit großer Selbstverständlichkeit einem ausdrücklich antikirchlichen Liberalismus entschieden entgegentritt. Die Opposition nach rechts wie nach links resultiert aus einem bestimmten Religionsverständnis: Als eigentliche Religion gilt das irrational-persönliche Erleben der Wirklichkeit Gottes, und dies Erleben ist zu unterscheiden sowohl von seinen Ausdrucksformen, die als auf das ihnen zugrunde liegende Erleben hinweisende Gestaltungen dem Gebot der Klarheit bzw. der Erklärung oder auch der Notwendigkeit der Belebung unterliegen, als auch von den Vollzügen der theoretischen, praktischen und ästhetischen Vernunft. So sehr sich Bultmann der Schwierigkeit bewußt ist, dieser Religionsauffassung in der Kirche zum Durchbruch zu verhelfen – »die Aufgabe, unser modernes Christentum den Gemeinden zu bringen, ist so voll von Problemen ...«, hatte er am 19. 4. 1906 geschrieben –, so wenig gestattete er sich und anderen »Unsicherheit und Mutlosigkeit«. Der Larmoyanz zuwider erklärt er in seinem Leserbrief: »Ich kann mir aber nicht denken, daß diese Stimmung die normale unter uns jungen Theologen ist, und das an meinem Teile zu beweisen, schreibe ich diese Zeilen« (298).

1.4 Vortrag 1913: »Theologische Wissenschaft und kirchliche Praxis«

Abgrenzung nach rechts und links, und diese Abgrenzung resultierend aus der »Besinnung auf das *Wesen des evangelischen Glaubens*«[112] – darin kommt auch Bultmanns am 29. 9. 1913 vor der Oldenburgischen »Freien Vereini-

---

[111] Ebd., Nr. 1, 282.

[112] R. BULTMANN, Theologische Wissenschaft und kirchliche Praxis, Oldenburgisches Kirchenblatt 19, 1913, 135.

gung« gehaltenes Referat »Theologische Wissenschaft und kirchliche Praxis«[113] zum Ziel:

»Natürlich hat der Pfarrer im allgemeinen nicht Wissenschaft und Kritik vorzutragen. Aber er hat klar zu machen, was das eine Große in der Schrift ist: die Offenbarung Gottes, vor allem in Jesus, und die Erlösung durch den Glauben. Und er hat das Wesen des evangelischen Glaubens klar zu machen gegenüber Mißverständnissen von rechts und links. Rechts liegt das falsche Verständnis nahe, als sei alles in der Schrift Berichtete Gegenstand des Glaubens; und links meint man so oft, die Wissenschaft zeige, daß es etwas weniger Dinge zu glauben gäbe, diese aber seien nun sicher gestellt und müßten geglaubt werden. Daß es für den evangelischen Glauben nur eine große Tatsache gibt: Gottes in der Schrift, in Jesus offenbar werdende erlösende Gnade, und daß diese Tatsache zu glauben weder Sache des Wissens noch des Wollens ist, sondern auf innerer Ueberwindung der Seele beruht, ist das, was verkündigt werden muß.«[114]

Der Vortrag belegt die anhaltende, bewußte, existentiell interessierte Bezogenheit der wissenschaftlich-theologischen Arbeit Bultmanns auf das Leben der Kirche, speziell ihren Verkündigungsauftrag. Die Leitfrage lautet: Inwiefern eignet sich die theologische Wissenschaft, speziell die historische Bibelwissenschaft, die doch *als Wissenschaft* »allein den Gesetzen des Erkennens folgt und von keinerlei praktischen Zwecken abhängig«, methodisch »uninteressiert und, was die Ergebnisse betrifft, voraussetzungslos«[115] ist, – inwiefern eignet sich diese Wissenschaft »als Vorbildung für das praktische Amt« (124)? Man kann geradezu formulieren: Mit der Beantwortung dieser Frage legt Bultmann implizit auch Rechenschaft ab über den Dienst, den er seiner Kirche – »deren Diener ich doch werden will«, hatte er als Student im Vorblick auf das Pfarramt erklärt[116] – nun nicht als Pfarrer, sondern als akademischer Theologe, d. h. als Lehrer für Pfarrer und werdende Pfarrer, zu leisten entschlossen ist.

Bultmann erweist Recht und Notwendigkeit der historischen Bibelwissenschaft und -kritik in irenischem Gespräch mit ihren Bestreitern und Beargwöhnern.[117] Verständnisvoll geht er auf die Argumente ein, die für eine Verneinung der Frage: »Dient die Wissenschaft dem kirchlichen Amt?« (126) sprechen, als da sind: die langweilige philologische Kleinarbeit, die auch ohne Wissenschaft erreichte richtige Erkenntnis der Hauptsachen der Schrift in den reformatorischen Kirchen, die drohende Verunsicherung des Glaubens. Dennoch gilt die

---

113 Ebd., 123–127.133–135.
114 Ebd., 135. Vgl. HERRMANN, Not, bes. 38 ff.; BULTMANN verweist in einer Anmerkung am Schluß seines Vortrags (135 Anm. *) auf dieses Büchlein.
115 Vgl. die oben S. 10 mitgeteilten Grundsätze Karl Müllers.
116 Brief an W. Fischer vom 31. 12. 1904.
117 Vgl. z. B. 134: »Uebrigens scheint mir die Gefahr des kritischen Radikalismus im Amt nicht groß zu sein. Viel größer ist die Gefahr des Gewichtes alter Tradition und Gewohnheit. Oft ist das nichts, worüber der Stab zu brechen wäre; Pietät und Rücksicht auf die Gemeinde sind die treibenden Motive. Aber jedermann sieht auch, wie nahe die Gefahr liegt, daß das Gewissen eingeschläfert wird; der alte Brauch ist bequemer. Die Gefahr der Gewissenlosigkeit und Bequemlichkeit wird umso geringer sein, je mehr der Student kritische Arbeit ernstlich zu treiben gelernt hat.«

einfache Erwägung: »Hat die Kirche die Schrift nötig, so hat sie auch die Arbeit
nötig, die systematisch zu erkennen sucht, was in der Schrift steht; und eben das
ist die historische Bibelwissenschaft. Zur Schrift gehört die Auslegung, und es
gibt nur *eine* Art der Auslegung, . . . die vom Text geforderte, die historische.«[118] Darüber hinaus leistet die historische Bibelwissenschaft der Kirche
aber auch einen wesentlichen Dienst zur Vermeidung des intellektualistischen
Mißverständnisses des Glaubens; denn die durch die historische Kritik provozierte Frage: »Was bleibt noch? wo ist etwas Sicheres?« (134) muß »der Kirche
zum Segen werden« (135), weil sie zur Klärung dessen nötigt, was Glauben zu
heißen verdient – und was nicht. »Wenn die Geschichtswissenschaft nun alles
einzelne, was in Raum und Zeit geschehen ist, nie zur Sicherheit bringen kann,
so wirkt sie stets weckend auf das Gewissen und läßt nie die Frage einschlafen,
was es denn ist, worauf der Glaube sich gründet« (ebd.).

Vom rechten Verständnis des evangelischen Glaubens aus bestimmt sich denn
auch »die Art des Pfarramts in den evangelischen Kirchen« (126): Es ist nicht
»Lehramt«, der »Wortverkündiger« hat nicht »die Sätze der Schrift als Lehren
vorzutragen, die der Hörer annehmen soll, . . . sondern zu zeigen, welche
Lebenskräfte in der Schrift lebendig sind, wie sie uns ergreifen, uns Leben
schenken und in unserer Gegenwart wirken können« (ebd.). Dazu setzt ihn die
historische Bibelwissenschaft instand, indem sie ihn lehrt, Zeitgeschichtliches
und Ewiges zu unterscheiden. »Die geschichtliche Forschung (dient) . . . dazu,
das wirklich Wesentliche im NT in ein umso helleres Licht zu stellen: die ewigen
Kräfte, die in seiner Geschichte wirksam sind. Je besser jemand die zeitgeschichtlichen Formen beherrscht, desto deutlicher wird er das Eigenartige des
NT erkennen« (ebd.).

Auf die in Bultmanns Vortrag zutage tretenden hermeneutischen Grundüber-
zeugungen gehen wir im folgenden Kapitel ausführlich ein. Hier interessieren
uns die kirchlich-praktischen Konsequenzen, auf die Bultmann zu sprechen
kommt. In der Konsequenz der historischen Bibelwissenschaft liegt vor allem
die Befreiung des Glaubens von vermeintlich verpflichtenden Bindungen an
zeitgeschichtliche Formen, deren Zeit längst vergangen ist. In der Konsequenz
der historischen Bibelwissenschaft liegt die Kompetenz, »Sektierern entgegen-
zutreten« und »die Gemeinde in dieser Hinsicht zu erziehen« (Bultmann nennt
hier exemplarisch den »Unfug«, der »in der Kirchengeschichte mit der Apokalypse getrieben wurde und noch getrieben wird«, 127). In der Konsequenz der
historischen Bibelwissenschaft liegt die seelsorgerliche Autorität, *die* Christen –
»Theologen wie Laien« –, »die von den zeitgeschichtlichen Formen schwer
bedrückt werden«, durch die Unterscheidung zwischen dem, »was zentrale
Glaubensgedanken sind«, und dem, »was Zufälliges, Zeitgeschichtliches ist«, zu
entlasten, ohne dadurch das σκάνδαλον, den »*einen* Anstoß« zu eliminieren,
»den man mit Grund an der Schrift nehmen kann und der bleiben muß: Der

---

[118] Ebd., 125, der erste zitierte Satz dort ganz hervorgehoben.

Anstoß, den der natürliche Mensch an Gottes weckender Stimme, an seiner demütigenden Forderung, wie an seiner demütigenden Gnade nimmt«[119] (NB: 1913!). In der Konsequenz der historischen Bibelwissenschaft liegt endlich die Fähigkeit des Pfarrers, sie nicht »am falschen Platz« zu treiben: »Je mehr im wissenschaftlichen Studium hierfür Zeit verwandt wird, desto weniger wird ein Pfarrer nachher in Versuchung sein, am falschen Platz davon zu reden«; »Unterricht«, »Predigt«, »Seelsorge« werden »weniger in Kritik bestehen als in der positiven Verkündigung der einen großen Hauptsache, damit die Hörer selbst mündig werden, Haupt- und Nebensachen zu unterscheiden« (127). Und noch auf eine weitere – kirchenpolitische – Konsequenz einer ernsthaft betriebenen historischen Bibelwissenschaft weist Bultmann hin: »Ebenso wichtig scheint mir ein anderes, was besonders dem am Herzen liegt, der die kirchenpolitischen Kämpfe in Preußen verfolgt: solche Arbeit führt immer wieder zur Vorsicht, zum Maßhalten im Urteil. Viel Schärfe könnte dem Streit genommen werden, wenn wirklich jeder diese text- und quellenkritische Arbeit, über die mancher schilt, wirklich ordentlich kennte und triebe« (133). Und noch einmal: »Uebrigens hat auch solche kritische Arbeit wieder den Nebenerfolg, den kirchenpolitischen Kämpfen die Schärfe und Verständnislosigkeit zu nehmen« (134).

2. Die spezielle Aufgabe der Predigt

Die im Bultmann-Nachlaß zugänglichen, teils veröffentlichten Predigten des jungen Rudolf Bultmann fordern zu einer umfassenden, die in Betracht kommenden homiletischen, exegetischen, theologiegeschichtlichen und systematisch-theologischen Aspekte verbindenden Analyse auf. In dieser Hinsicht ist der vorläufige Charakter dieser Untersuchung, ihre Ergänzungs- und Vertiefungsbedürftigkeit, besonders fühlbar. Statt das hier vor ihr liegende Arbeitsfeld allseitig zu durchforschen, nimmt sie es zuerst nur in einen allgemeinen Augenschein, um einen Überblick zu gewinnen, und geht dann an einzelnen Stellen in die Tiefe.

Zunächst umreißen wir den Rang der frühen Predigten Bultmanns für das Verständnis seiner theologischen Existenz und seines theologischen Werks (2.1). Danach skizzieren wir die homiletische Orientierung des jungen Bultmann (2.2). Anschließend geben wir unter dem Stichwort »Predigtarbeit« zunächst eine knappe Übersicht über das frühe Predigtwerk Bultmanns und erstellen sodann eine exemplarische theologische (Herkunfts-)Analyse einer Predigt aus dem Jahr 1907 (2.3). Zum Schluß gehen wir auf Bultmanns eigene Predigterfahrungen ein, über die er sich gelegentlich äußerte (2.4).

---

[119] Ebd., 126, dort z. T. hervorgehoben.

2.1 Der Rang der frühen Predigten für das Bultmann-Verständnis

»Zur rechten Würdigung des wissenschaftlichen Werkes und der theologischen Existenz Rudolf Bultmanns«, »der zeitlebens in der Verkündigung den Ernstfall der Theologie sah und ganz selbstverständlich danach handelte«, »gehören seine Predigten unverzichtbar hinzu.«[1] Dieses Urteil Erich Gräßers, das die nicht wegzudenkende Bezogenheit Rudolf Bultmanns und seiner Theologie auf den Verkündigungsauftrag der Kirche zutreffend ausspricht, gewinnt in spezieller Anwendung auf den *jungen* Bultmann eine besondere Nuance, und zwar in doppelter Hinsicht.

Erstens: Als Urteil, daß der *junge* Bultmann »in der Verkündigung den Ernstfall der Theologie sah und ganz selbstverständlich danach handelte«, betrifft es noch nicht den ausgesprochenen *Kerygma*theologen, der Bultmann noch nicht war, sondern in den 1920er Jahren erst wurde.[2] Vielmehr betrifft es in dieser speziellen Anwendung zunächst *den* Theologen, der, indem er Theologie studierte, sich auf den Pfarrerberuf in seiner Oldenburgischen Heimatkirche vorbereitete, der also nicht das akademische *Lehr*amt, sondern das kirchliche *Predigt*amt anstrebte. Es betrifft sodann *den* Theologen, der während der Vorbereitung auf die ihm von seinen Lehrern eröffnete akademische Laufbahn nicht nur seinen eng begrenzten Marburger Predigtverpflichtungen genügte, sondern darüber hinaus in den Semesterferien im Bereich der Oldenburgischen Kirche aus freien Stücken häufig Predigtvertretungen übernahm. Es betrifft endlich – und das ist dann nicht mehr auf die Frühzeit beschränkt – *den* Theologen, dem auch in der Ausübung seiner theologischen Professur das Pfarramt eine latente persönliche Möglichkeit war und blieb.

Als Beleg dafür stehe eine Episode aus dem Jahr 1923. Als die Universitätsverwaltung in Marburg Bultmann für eine nicht länger tragbare Wohnung keinen Ersatz beschaffen konnte oder wollte, wandte sich Bultmann »(zunächst nicht offiziell, sondern persönlich vertraulich) an ein Mitglied des Oberkirchenrats in Oldenburg ... mit der Frage, ob und unter welchen Bedingungen ich in Oldenburg ein Pfarramt erhalten könne. ... Natürlich hoffe ich«, so erläutert Bultmann sein Vorgehen gegenüber Hans von Soden, »daß ich diese Möglichkeit bis zu einem gewissen Grade als Druckmittel benutzen kann ... Jedoch ist es mir in der Sache völliger Ernst; ich werde ..., wenn ich in Oldenburg unterkommen *kann,* sofort nach Oldenburg gehen, wenn mir hier nicht alsbald eine bessere Wohnung zur Verfügung gestellt wird. Ich brauche natürlich nicht zu sagen, was es für mich bedeuten würde, meine Arbeit hier aufzugeben; andrerseits wäre freilich der Weg ins

---

[1] Gräßer, Einleitung zu R. Bultmann, VW, V.

[2] Die Stellung Bultmanns als dezidiert kerygmatischer Theologe lieferte einen wesentlichen Gesichtspunkt für die Wahrnehmung seiner »Marburger Predigten«, vgl. Konrad, Form und Gehalt, 481 f.; Vorster, Zum Predigtband, 55. Kritisch über die faktische Bestimmtheit der Predigtarbeit durch die programmatisch kerygmatische Theologie äußerte sich, speziell auch auf Bultmann eingehend, Rössler, Das Problem der Homiletik, 21 ff.

Pfarramt für mich nicht nur ein Gebot der Not, sondern ich würde ein Pfarramt mit Freuden auf mich nehmen.«[3]

Es ist also erstens die persönlich-lebensgeschichtliche Verwurzelung des in Gräßers Urteil bezeichneten Sachverhalts, die bei seiner Anwendung auf den *jungen* Bultmann als eine besondere Nuance hervortritt. »Dass jemand, der nicht von Berufs wegen in das Predigtamt gestellt war, *ein Laie,* immer wieder Lehrstuhl und Kanzel verband«, darüber können wir uns nicht – mit Franz Peerlinck[4] – »nur freuen«, sondern wir können es auch *verstehen* als die natürliche, für Bultmann selbstverständliche Konsequenz aus der persönlichen Grundentscheidung, die in dem Entschluß, evangelischer Pfarrer zu werden, manifest wurde und der gegenüber der Umstand, daß Bultmann »sich nie (hat) ordinieren lassen«[5], bedeutungslos ist – denn aus welchem Anlaß hätte sich Bultmann ordinieren lassen sollen?

Zweitens: Als Urteil, daß »zur rechten Würdigung des wissenschaftlichen Werkes und der theologischen Existenz« des *jungen* Bultmann »seine Predigten unverzichtbar hinzu(gehören)«, betrifft es noch nicht *den* Theologen, der durch die Fülle seiner exegetischen und systematisch-theologischen Arbeiten als ein Historiker und Theologe von Rang ausgewiesen und »würdigbar« ist. Vielmehr betrifft es in dieser speziellen Anwendung *den* Theologen, von dessen eigentlich *theologischem* Denken die von ihm selbst *vor* 1920 veröffentlichten, vorwiegend historischen und rezensorischen Arbeiten zwar wahrlich nicht nichts, aber doch deutlich weniger verraten als seine von 1906 an gehaltenen Predigten. »Zur rechten Würdigung« der frühen Theologie Bultmanns gehören sie *deshalb* »unverzichtbar« hinzu, weil sie die Hauptquelle dafür sind. Und zwar dürften sie das nicht nur in dem Sinne sein, daß sich Bultmanns Denken besonders faßlich in ihnen niedergeschlagen hat, sondern auch in dem Sinne, daß dieses Denken durch die immer neue Inangriffnahme der Predigtaufgabe jeweils neu angeregt, befördert, korrigiert, kurz: von ihr mitgestaltet worden ist. Gewiß, der junge Bultmann war Theologe nicht nur als Prediger, aber sein theologisches Denken hat sich nicht beziehungslos *neben* der Predigtarbeit zur Selbständigkeit ausgebildet, sondern ganz wesentlich auch in ihr und durch sie. Des alten Bultmann Erklärung über die zentrale Intention seiner theologischen Arbeit, »daß es mir entscheidend daran gelegen hat, die Einheit von Exegese und Theologie zu erstreben, und zwar in der Weise, daß der Exegese der Primat zukommt«[6] – diese Erklärung hat auch eine homiletische Dimension, und unter diesem Aspekt erscheinen Bultmanns frühe Predigten als anfängliche Paradigmen jenes Einheitsstrebens.

---

[3] Brief an H. v. Soden vom 22. 7. 1923; vgl. Brief an denselben vom 6. 8. 1923 und Brief an M. Rade vom 23. 8. 1923.
[4] PEERLINCK, Rudolf Bultmann als Prediger, 22.
[5] Ebd., 22 Anm. 32; vgl. GRÄSSER, Einleitung, V, sowie H.-H. HARMS, Schlußwort, 30.
[6] R. BULTMANN, Vorwort des Verfassers, in: Exegetica, VII.

2.2 Die homiletische Orientierung des jungen Bultmann

Die im ersten Abschnitt dieses Kapitels mitgeteilten und kommentierten
Äußerungen Bultmanns haben unter verschiedenen Gesichtspunkten gezeigt,
wie er während seiner Studienzeit die Kirche und seine künftige Arbeit in ihr ins
Auge faßte: nicht ohne Sorge und Ärger zwar, aber aufs ganze gesehen mit
selbstbewußter, richtungs- und abgrenzungssicherer Entschlossenheit; sie haben ferner gezeigt, daß Bultmann diese kirchliche Orientierung beibehielt, als er
sich nicht mehr auf das Pfarramt, sondern auf das akademische Lehramt vorbereitete. Selbstbewußte, richtungs- und abgrenzungssichere Entschlossenheit –
das gilt nun auch für die Gedanken, die sich Bultmann seit seinen höheren
Studiensemestern über die spezielle Aufgabe des Predigens machte. Die Äußerungen, die uns darüber vorliegen, lassen die für Bultmann maßgeblichen
homiletischen Orientierungspunkte teils deutlich erkennen, teils mit einiger
Sicherheit erschließen; ihrer Darstellung gelten die folgenden Abschnitte.

2.2.1 Vorbilder »moderner Predigt«, namentlich Gustav Frenssen

Ersten Aufschluß über Bultmanns Wahrnehmung der Predigtaufgabe vermittelt seine Bewertung der »Dorfpredigten« von Gustav Frenssen, die in einem
Brief von 1905 enthalten ist: »Ich habe grade wieder in diesen Tagen einige davon
gelesen und finde sie fast ideal. Er versteht es, die alten Geschichten ins Nord-
deutsche zu übersetzen und sie brauchbar zu machen, ohne gesucht zu werden,
auf wunderbar feine Weise. Solche Predigten sind wirklich ein Muster; neben
ihnen kenne ich als gute nur noch die von Dörries und (allenfalls) teilweise
Naumanns Andachten.«[7] Außer den genannten Gustav Frenssen[8], Bernhard
Dörries[9] und Friedrich Naumann[10] ist zum Kreis der homiletischen Vorbilder
Bultmanns noch Albert Bitzius[11] hinzuzurechnen, dessen Predigten in Auswahl
in einer Lehrveranstaltung Johannes Bauers im Sommersemester 1906 in Marburg gelesen wurden[12]; Bultmann hatte »ein Referat über den erbaulichen
Predigtzweck bei Bitzius« zu halten.[13] Frenssen, Dörries, Naumann, Bitzius –
diese Praktiker der Predigt repräsentieren, jeder mit eigenem Profil, den homiletischen Aufbruch an der Wende zum 20. Jahrhundert. Die damaligen Bemühungen um eine Erneuerung der Predigt wurzelten nach Friedrich Wintzer zum
einen in »der kritischen Bestandsaufnahme der Volkskirche« angesichts des
Komplexes »religiöser und geistesgeschichtlicher Wandlungen sowie wirtschaftlicher, industrieller, soziologischer und sozialer Umwälzungen«, die das

---

7 Brief an W. Fischer vom 2. 4. 1905.
8 Vgl. FRENSSEN, Dorfpredigten I–III.
9 Vgl. DÖRRIES, Das Evangelium der Armen; DERS., Die Botschaft der Freude.
10 Vgl. NAUMANN, Gotteshilfe I–VII.
11 Vgl. BITZIUS, Predigten I–VII.
12 Vgl. oben S. 21 und 25.
13 Brief an E. Teufel vom 25. 6. 1906.

ausgehende 19. Jahrhundert gebracht hatte.[14] Zum anderen empfing die homiletische Neubesinnung starke Impulse aus der von Albrecht Ritschl herkommenden Theologie, wofür hier – in Beschränkung auf die direkten Lehrer Bultmanns – die Namen Johannes Bauer[15], Johannes Gottschick[16], Theodor Haering[17], Ernst Christian Achelis[18] und auch Johannes Weiß[19] angeführt seien.[20] Die Eigentümlichkeit der neuen, »modernen« Predigtweise kann man in dem Bemühen um die vorurteilsfreie Wahrnehmung und das Ernstnehmen der veränderten Lebenswirklichkeit der Predigthörer (und natürlich auch des Predigers) erblicken, der man durch spezielle Predigtthemen, größere Freiheit der Predigtform, Vermeidung verbrauchter Termini, den Anspruch unbedingter Wahrhaftigkeit usw. Rechnung zu tragen versuchte.[21]

Was aber war im besonderen das Musterhafte an Frenssens Predigten, die Bultmann in ihren Bann zogen? Darüber gibt ihre Charakterisierung durch Otto Baumgarten[22] authentische, weil ungefähr gleichzeitige und aus der Perspektive kritischer Theologie erfolgende Auskunft: Frenssens Predigten, »zweifellos die gelesensten Predigten der Gegenwart«, zeichnen sich aus »durch einen neuen, schlichten, menschlichen Stil«, vermeiden konsequent »alle rationalistische Lehrhaftigkeit« und auch die leiseste »Erinnerung an die Sprache Kanaans«, übersetzen die »biblischen Texte in Situationen und Gedanken- und Gefühlsgänge der dithmarsischen Gegenwart« und wirken in ihrer »ungemeinen Plastik und Sinnlichkeit der Sprache« geradezu als »Erlösung . . . von dem herkömmlichen Stil und Jargon der Predigt«. Dabei geht Frenssens »impressionistische, rhapsodische Predigtweise inhaltlich wesentlich in den Geleisen der modernen historisch-kritischen Theologie«. Er erweist sich als ein »Vereinfacher des Evangeliums« – NB: ein positives Urteil![23] Im Zentrum steht der »synoptische . . . Jesus, der uns den Vater zeigt«. Dem entspricht »nicht bloß ein undogmatisches, [sondern] auch ein in gewissem Sinn natürliches Christentum, das nicht durch den Bruch mit der Natur, durch Wiedergeburt und Versöhnung, sondern unmittelbar zur Gemeinschaft mit dem himmlischen Vater führt«. Trotz ihres dörflichen Milieus bewegen sich Frenssens Predigten aber »durchaus nicht in der Empfindungs- und Denkweise des Landvolkes, sondern genügen dem verfei-

---

[14] Wintzer, Die Homiletik seit Schleiermacher, 128.126, vgl. 123–128.

[15] Vgl. Bauer, *Art.* Homiletik (Weiteres s. u. Anm. 33–35).

[16] Vgl. Gottschick, Homiletik.

[17] Vgl. Haering, Zeitgemäße Predigt.

[18] Vgl. Achelis, Lehrbuch der Praktischen Theologie I; ders., Praktische Theologie.

[19] Vgl. Weiss, Die Nachfolge Christi und die Predigt der Gegenwart.

[20] Vgl. die Aufzählung bei Wintzer, Die Homiletik seit Schleiermacher, 123.

[21] Vgl. ebd., 119 ff.; zum Terminus »moderne Predigt« ebd., 123 Anm. 19.

[22] Baumgarten, *Art.* Frenssen, die folgenden Zitate von 1056. Vgl. auch Niebergall, Zwei moderne Prediger.

[23] Vgl. dazu z. B. Baumgarten, Predigt-Probleme, 70 f.

nerten Naturgefühl und komplizierten Seelenleben des differenzierten städti-
schen Kulturmenschen«.[24]

In solcher Charakterisierung sind die Haupteigenschaften von Frenssens
»Dorfpredigten« zweifellos zutreffend bezeichnet. Was Bultmann für diese Predigten, die sich selbst als »aus dem schlichten Evangelium und dem bunten
Leben« gewoben vorstellen[25], besonders einnahm, läßt sich eher negativ als
positiv formulieren, und zwar unter doppeltem Aspekt: In der *Sprache* fehlt
ihnen der übliche Predigtjargon, und in der *Sache* fehlt antiquierte Dogmatik.
Dies beides fehlt auch in Bultmanns eigenen Predigten, und wir werden sehen,
wie ihm vor allem die Vermeidung der traditionellen Predigtsprache ein Anliegen war. Daß aber Frenssens Predigten als Vorbilder unmittelbar auf Bultmanns
eigenen frühen Predigten eingewirkt hätten, wird man kaum ohne Zögern
behaupten wollen: Bultmanns *Sprache* ist – auch in seinen Oldenburgischen
»Dorfpredigten« – durchweg nüchterner, begrifflicher, trockener, weniger poe-
tisch; und was den *Gehalt* der Predigten betrifft, so steht der persönlich einladen-
de und verpflichtende Jesus des Evangeliums, der »vollkommenste Mensch, der
Mensch, wie er sein soll«[26], in Bultmanns Predigten längst nicht derart vergegenwärtigt[27] und bestimmend im Zentrum der Verkündigung wie bei Frenssen.
Jedenfalls aber erblickte Bultmann in Frenssens Predigten einen gelungenen und
gültigen, »fast ideal(en)« Versuch, nicht *gegen* die moderne Theologie und auch
nicht unter *Absehen* von ihr, sondern aus der *Teilnahme* an ihr das Evangelium
zeit- und sachgemäß zu verkündigen.

Bultmanns Teilnahme an der »modernen« Theologie ist die nicht wegzudenkende Voraussetzung, unter der seine Hoffnungen und Befürchtungen der Predigtaufgabe stehen. Wir sahen früher, wie er das Problem empfand, das die
»moderne« Theologie der praktischen kirchlichen Arbeit aufgegeben und für
dessen Lösung sie Mitverantwortung zu tragen hatte: durch eine solide neue
systematische Theologie (d. h. vor allem durch eine das religiöse Erleben darstel-
lende und in seinen Beziehungen entfaltende Glaubenslehre), durch die Verbreitung der Ergebnisse der Wissenschaft, durch gründlich gebildete, fleißige Pfarrer und – so wird man ergänzen dürfen – durch eine neue, den veränderten
theologischen und den zu verändernden kirchlichen Verhältnissen verpflichtete
Homiletik und Predigtweise. Bultmann unterschätzte die Schwierigkeiten
nicht. »Denke nur, wie schwer es ist, eine wirklich vernünftige Predigt zu
halten, von der die Zuhörer etwas haben!«[28], so bezeichnet er einmal exemplarisch die Schwierigkeiten, vor die er den Gemeindepfarrer gestellt sah. Seine
Entschlossenheit, sie anzugreifen, spricht aus einem Brief vom 8. 10. 1905, in

[24] Vgl. WINTZER, Die Homiletik seit Schleiermacher, 148 Anm. 45: »Dorfpredigten für
Gebildete«.
[25] FRENSSEN, Dorfpredigten II, 116 (GA, 306).
[26] Ebd., 127f. (GA, 317f.).
[27] Für die Vergegenwärtigung Jesu bei Frenssen vgl. z. B. ebd., 25 (GA, 215).
[28] Brief an W. Fischer vom 31. 12. 1904.

dem er seinem Freund W. Fischer für Zukunftswünsche dankt: »Auf Deine
Wünsche für die Zukunft hätte ich Dir am liebsten nicht mit einem Briefe
geantwortet, aber da ich mein eigentliches Vorhaben nicht ausgeführt habe,
bleibt mir wohl nichts andres übrig. Ich hatte nämlich vor, in diesen Ferien hier
[im Oldenburgischen] irgendwo eine Predigt zu halten, hatte sie auch schon in
Gedanken entworfen. Aber der Oberkirchenrat hielt es für besser, wenn ein
Student nicht predigte, wenn auch an anderen Orten diese Sitte bestände. Ich
hätte Dir gern diese Predigt geschickt, um Dir zu zeigen, daß, was Du schriebst,
mir aus dem Herzen gesprochen war und daß ich dabei sein werde, wenn es gilt,
im Beruf aufrecht zu halten, was man als Ideal erkannt hat.« Also auch der
Gefahr der kirchlichen Praxis, als »moderner« Theologe samt den Prinzipien
»modernen Christentums« in den Sog der herrschenden Tradition zu geraten
und von ihm verschluckt zu werden, war sich Bultmann bewußt. Daß er schon
als Student als ein Theologe galt, der gegen derlei Gefahren gefeit war, belegt die
von Antje Bultmann Lemke aus dem Brief vom 21. 1. 1906 mitgeteilte scherz-
haft-prophetische Erwägung Hermann Noltenius', der sich Abschweifungen
vom »rechten Wege ... zur gesegneten Landpfarre« und sogar »einen ›Fall
Bultmann‹« durchaus vorstellen kann.[29]

2.2.2 Predigt als textgebundene Aussprache des Glaubens

Den Bericht von seinem fehlgeschlagenen Predigtplan schrieb Bultmann kurz
vor dem Aufbruch ins sechste, sein erstes Marburger Studiensemester. Hier
wurde der Extraordinarius für praktische Theologie Johannes Bauer sein homiletischer Lehrer. Im Sommer 1906 bemerkte Bultmann dazu: »Sehr anregend ist
Johannes Bauer, in dessen Predigtübungen ich im vorigen Semester war und
jetzt bin.[30] ... Bauer hat ein feines Verständnis für die Schwierigkeiten, die wir
beim Gedanken an das praktische Amt empfinden, dabei ist er so klar, so frisch
und siegesgewiß.«[31] Ähnlich hatte Bultmann zwei Monate zuvor an W. Fischer
geschrieben: »Ich freue mich darauf, meine Predigten zu machen; ein Kolleg im
letzten Semester über Predigtprobleme brachte mir reiche Anregung.«[32]

Johannes Bauer war einer der maßgeblichen Theoretiker der »modernen
Predigt«. Dabei setzte er auch einen eigenen Akzent, der in der Predigtdefinition
anklingt, welche er im Vorwort seiner Sammlung »Predigten über Worte Jesu«
vornahm: »Die evangelische Kultuspredigt [im Unterschied zu der Missions-
bzw. Evangelisationspredigt] ist Darstellung, Ausdruck des persönlichen Glaubens, in *engem* Anschluß an den *reinen* Gedankeninhalt eines *Textes,* in künstleri-
scher d. h. rednerischer Form. In dieser Verbindung liegt das ergreifende Moment der Predigt, mit dem sie ihren Zweck erreicht, die Erbauung der Gemein-

---

[29] BULTMANN LEMKE, Nachlaß, 200.
[30] Vgl. oben S. 21 und 25.
[31] Brief an E. Teufel vom 25. 6. 1906. Zu »klar« und »siegesgewiß« vgl. oben S. 128–130.
[32] Brief an W. Fischer vom 19. 4. 1906.

de.«[33] Im (kritischen) Anschluß an Franz Karl Ludwig Steinmeyer (1811–1900)[34] hielt Bauer in einer Zeit, in der die Textbindung der (»modernen«) Predigt vor allem wegen des zunehmend scharf gesehenen historischen Abstands zur Gedankenwelt der Bibel mehr und mehr gelockert wurde, energisch an der Forderung fest, daß die Predigt *selbst* – und nicht nur die exegetische Bemühung am Anfang der Predigtvorbereitung – der Eigenaussage des biblischen Textes verpflichtet sein müsse[35] und dieser nicht zum Motto verkommen dürfe. »Der Forderung nach spezieller Predigt wird für Bauer gerade diejenige homiletische Auslegung am meisten gerecht, die die spezifische Aussage des jeweiligen Textes genau erhebt.«[36] Durch die homiletische Idealforderung eines »Ineinander von Texterklärung und Textanwendung«[37] wird die Praxis abgewiesen, alles Gewicht der Predigt auf die Anwendung fallen und diese zum hermeneutischen Schlüssel der Texterklärung werden zu lassen. Bauer begründet diese Forderung zunächst mit der Rücksicht auf die Gemeinde: »Für den Gemeindegottesdienst ist ein Bibelabschnitt, durch den sich die Predigt in ihrem Gegenstand und, soweit als möglich, *auch in ihrem Inhalt* bestimmen läßt . . ., notwendig, weil die Predigt Teil des gemeinsamen Gottesdienstes ist, an den gemeinsamen Besitz anknüpft, an die gemeinsame Autorität appelliert.«[38] Aber nicht nur um der predigthörenden Gemeinde willen schärft Bauer eine enge Textbindung ein: »Dazu kommt der Wert des Einzeltextes für die Zeugnissicherheit des Predigers als Redners und für seine Gedankenfruchtbarkeit.«[39] Zwar hält Bauer an der Auffassung, die Predigt sei »Darstellung, Ausdruck des persönlichen Glaubens«, fest: Was im allgemeinen gilt, daß nämlich »die eigene religiöse Erfahrung des evangelischen Christen . . . unentbehrlich« ist, das gilt im besonderen vom Prediger auf der Kanzel; die eigene religiöse Erfahrung ist aber der »geschichtlichen Urkunde über Christus untergeordnet, schöpft aus ihr und ist auf sie angewiesen«.[40]

---

[33] BAUER, Predigten über Worte Jesu, VII, Hervorhebungen von mir.

[34] Vgl. BAUER, F. L. Steinmeyers Bedeutung für die Predigt der Gegenwart.

[35] Vgl. BAUER, Die Kultuspredigt, 84: »Wenn man nun vom ›Lebendigmachen‹ der Schrift redet, so besteht dies in erster Linie in der wirklichen Erklärung, in der Darlegung des Sinnes, den die Worte der Schrift nach der Meinung der Verfasser haben sollten und hatten. Das ›Lebendigmachen‹ tritt nicht erst bei der Anwendung auf!« (Vgl. WINTZER, Die Homiletik seit Schleiermacher, 121 Anm. 10: »Die Gedanken, die Bauer in diesem Aufsatz niederlegt, stammen aus früherer Zeit.«) Bemerkenswert ist die sachliche Nähe zwischen Bauers Forderung, das »Lebendigmachen« habe durch die bzw. *als* »Erklärung« zu geschehen, zu Bultmanns – später durch den Terminus »(existentiale) Interpretation« ersetzter – Rede von der *Belebung* der alten Formen, welche »historischen Sinn« voraussetze (vgl. oben S. 126 f.).

[36] WINTZER, Die Homiletik seit Schleiermacher, 142; zur Sache vgl. ebd., 141–145; vgl. ferner BAUER, Predigten über Worte Jesu, V; GOTTSCHICK, Textgemässheit, 213 f.

[37] BAUER, Art. Homiletik, 127; vgl. DERS., Kultuspredigt, 86: »Ineinander von Schriftauslegung und Anwendung«.

[38] BAUER, Art. Homiletik, 127, Hervorhebung von mir. So wollen auch BAUERS »Predigten über Worte Jesu« »alle Leser für das gleiche gewinnen, für den *einen Gedanken, den der Text nahelegt*« (VI).

[39] BAUER, Art. Homiletik, 127; vgl. GOTTSCHICK, Homiletik, 42.

[40] BAUER, Kultuspredigt, 83, vgl. 86 ff.

Indem Bauer nun aber den Prediger nicht nur für das erste Stadium der Vorbereitung, sondern für den ganzen Prozeß der Predigtentstehung in den Text einweist, weist er ihn in gewisser Hinsicht von sich selber weg; welche Entlastung[41] das bedeuten kann, wird in Bauers Hinweis auf die moderne Bibelforschung[42] sichtbar, die der Predigt »nicht nur neue Rätsel aufgegeben, sondern ihr in sehr vielen Punkten die Aufgabe erleichtert« hat.[43] »Die H(omiletik) der Gegenwart«, resümiert Bauer, »wird gerade im Hinblick auf die Resultate der heutigen Bibelerklärung den Prediger immer mehr zur Ausschöpfung dieser Quelle ermuntern und zur Bibel zurückführen, statt ihn mit dem leeren Trost einer einseitigen ›Ichpredigt‹, bei der der Prediger nur sich selbst predigen soll, zu entlassen. Ist denn die eigene Kraft des Predigers zur ›Mottopredigt‹, bei der er den Text mehr nur als Motto verwendet, unerschöpflich?«[44]

Insofern Bauers Forderung einer engen Textbindung der Predigt auf eine Entlastung des Predigers zielte, konnte sie zweifellos als Ermutigung zur Predigtarbeit empfunden werden, und wahrscheinlich war sie ein wesentliches Element der »reiche(n) Anregung«, die Bultmann in den homiletischen Lehrveranstaltungen Bauers empfangen zu haben erklärt. Sehr erwägenswert ist darüber hinaus, ob nicht des späteren Bultmann grundlegende, freilich näher zu bestimmende Auffassung, »daß die Predigt Schriftauslegung ist«[45], von Johannes Bauer maßgeblich angebahnt worden ist; erhärtet wird diese Vermutung durch die eindeutig reformatorische Option, die in Bauers Forderung enthalten ist: »Jene alte Begriffsbestimmung der Predigt aus der Reformationszeit, daß die Predigt interpretatio popularis scripturae sacrae sei, darf der evangelischen Kirche nicht verloren gehen.«[46]

Eng mit dieser Erwägung über das homiletische *seminarium,* aus dem Bultmanns eigenes Predigtverständnis erwachsen ist, gehört zusammen, daß Bultmann in späterer Zeit mehrfach »das treffliche Wort des alten Achelis«[47] anführt: »*Predige nicht dich selbst,* desto mehr *dir* selbst«[48], am grundsätzlichsten im ersten Teil des Aufsatzes »Allgemeine Wahrheiten und christliche Verkündigung« von 1957, wo es über den Prediger heißt: »Er predigt auch nicht – wie man es damals als Forderung hören konnte[49] – sich selbst, nämlich sein eigenes religiöses Leben.

---

[41] Vgl. ebd., 87, gegenüber einem einseitig der künstlerischen »Darstellung« des »religiösen Besitzes« verpflichteten Predigtverständnis: »Wird dem Prediger hier nicht eine unerträgliche Last aufgebürdet?«

[42] Vgl. dazu auch BAUER, Predigten über Worte Jesu, VI.

[43] BAUER, *Art.* Homiletik, 128.

[44] Ebd.; vgl. zum »Segen des historischen Schriftverständnisses«, das »für die Erbauung der Gemeinde fruchtbar zu machen« sei, auch GOTTSCHICK, Textgemässheit, 219.

[45] R. BULTMANN, Allgemeine Wahrheiten und christliche Verkündigung, GuV III, 167.

[46] BAUER, Kultuspredigt, 83 f.

[47] So GuV I, 111.

[48] ACHELIS, Praktische Theologie, 145.

[49] Vgl. WINTZER, Die Homiletik seit Schleiermacher, 166: »Die Gefahr der verabsolutierten Forderung nach Wahrhaftigkeit wird sichtbar in dem von Baumgarten gelegentlich gebrauchten und absichtlich provozierend formulierten Satz, daß der Prediger ›sich selbst‹ predigen

In einem anderen Sinne . . . freilich . . . predigt er auch sich selbst, wie es das Wort des alten *E. Chr. Achelis* meinte: ›Es heißt nicht: predige *dich* selbst, sondern predige *dir* selbst.‹ Die paradoxe Situation des Predigers ist damit bezeichnet: er steht, das Wort Gottes verkündigend, der Gemeinde gegenüber, und er ist zugleich ein Mensch, zu dem das Wort Gottes gesprochen ist. Daß er seiner Predigt ein Wort der Schrift als Text zugrunde legt, in dessen Auslegung sie besteht, ist das Kennzeichen der Predigt als Verkündigung.«[50] Was Bultmann hier in prinzipieller Formulierung vorträgt, ist aus altem homiletischen Schulwissen geschöpft. So wußte etwa Johannes Bauer »als Lehrer der theologischen Jugend . . . für den Anfänger keinen anderen wie den alten Rat, er möge . . . den Bibeltext auf sich und sein eigenes inneres Leben anwenden: der ernste Zuhörer fühlt es, ob der Text dem Prediger selbst etwas gesagt und gegeben hat«[51], und in Johannes Gottschicks Homiletik heißt es: »Es ist der Predigt nur förderlich, wenn der Prediger sich im Geist unter die Kanzel setzt.«[52]

Erwägen wir kurz die Beziehung zwischen Bultmanns späterer Auffassung der Predigt, es sei ein Kennzeichen ihres Verkündigungscharakters, daß sie Schriftauslegung sei, und den Predigttheorien der von Bultmann selbst erwähnten homiletischen Autoritäten seiner Frühzeit, Johannes Bauer und Ernst Christian Achelis (der »zu den vermittelnden Theologen unter den Theoretikern der Homiletik« gehörte[53])! Als Unterschied zu Bauer zeigt sich die bei diesem durch die Betonung der Textbindung schon angelegte und in der Konsequenz des angeführten Achelis-Wortes liegende definitive Abkehr vom persönlichen Glauben, religiösen Leben und Besitz und dergleichen als der eigentlich darzustellenden Sache der Predigt; als Unterschied zu Achelis erweist sich sowohl die von diesem als »Verleugnung der *Voraussetzung* der Predigt« (nämlich der Wirklichkeit der schon *christlichen* Gemeinde) bekämpfte »Umwandlung der Predigt in . . . Kerygma« als auch die von ihm als »Verkennung des *Wesens* der Predigt« bezeichnete »Fixierung ihrer Aufgabe als *Auslegung* der hl. Schrift«[54]. Doch zerreißen diese terminologisch zwar deutlichen, in der Sache aber nicht schlechterdings unvermittelbaren Differenzen nicht die Verbindungen, die einerseits zwischen Bauers homiletischer Bemühung um die spezifische Aussage des Textes und Bultmanns späterer Charakterisierung der Predigt als Schriftauslegung, die andererseits zwischen Achelis' Grundsatz, daß der eigentliche Predigtgegenstand das Wort Gottes, genauer: die Offenbarung Gottes in Christus sei[55], und Bultmanns späterer kerygmatischen Wort-Gottes-Homiletik[56] bestehen.

solle.« An der m. W. einzigen Stelle in seiner programmatischen Schrift »Predigt-Probleme«, an der BAUMGARTEN die Forderung, sich selbst zu predigen, erhebt, ist das »Sich« im Achelisschen Sinne als *Dativ* und nicht als *Akkusativ* zu verstehen: »Zumal der Anfänger predige sich selbst! Das ist das sicherste Mittel, um anderen zu predigen. Solche Predigt wird interessant, weil sie ja für einen lebendigen und suchenden Menschen spricht« (Predigt-Probleme, 53).

[50] GuV III, 166 f.
[51] BAUER, Kultuspredigt, 87.
[52] GOTTSCHICK, Homiletik, 12; vgl. ebd., 18.
[53] WINTZER, Die Homiletik seit Schleiermacher, 166 Anm. 7.
[54] ACHELIS, Praktische Theologie, 127; vgl. GOTTSCHICK, Textgemässheit, 208, der sich nachdrücklich gegen die Erklärung der »Auslegung für die Hauptsache« ausspricht.
[55] Vgl. ACHELIS, Praktische Theologie, 127.
[56] Dazu vgl. speziell R. BULTMANN, Echte und säkularisierte Verkündigung im 20. Jahrhundert, GuV III, 122–130.

Aus Bultmanns Frühzeit liegen uns nur relativ wenige eigene Äußerungen zur Theorie der Predigtarbeit vor. Drei von ihnen – aus den Jahren 1906, 1913 und 1916 –, die sich nicht unmittelbar auf die selbst mit dem Predigen gemachten Erfahrungen beziehen[57], fassen wir hier in den Blick.

Seiner im Brief an W. Fischer vom 19. 4. 1906 ausgebrachten Klage: »Wenn nur endlich unsere Pastoren alle fleißig würden! Darüber kann ich mich oft am meisten ärgern« läßt Bultmann diese Illustration folgen:

»Zum Beispiel hielt jetzt ein Vetter von mir eine Karfreitagspredigt über die Schächer am Kreuz: Wer zur Seligkeit kommt: nicht der, der nach irdischen Gütern strebt (der verstockte Schächer), sondern wer nach himmlischen Gütern strebt (der reuige Schächer). Unter der Rubrik der Bösen wurde dann der gute Naumann untergebracht. Ganz abgesehen von der Vergewaltigung des Textes sollte man eine solche Predigt doch prinzipiell nicht mehr halten! Was sind denn in aller Welt himmlische Güter? In der Durchdringung der irdischen (wenn man dies unglückselige Wort, das ich nie in einer Predigt gebrauchen werde, nun einmal haben will) Verhältnisse mit ewigen Werten liegt doch das wahre Christentum. Endlich sollte man doch aufhören, Irdisches und Himmlisches nebeneinander zu stellen und so die Religion zu einem Gefühl *neben* anderen zu machen und so ihr und dem natürlichen Leben das Recht zu nehmen! Und endlich sollte man doch aufhören, von den Freuden der ›Welt‹ zu reden, und stattdessen jedes Genießen und Frohsein unter den Gesichtspunkt christlicher Weltanschauung stellen! – Nun, ich kenne allerdings viele, die sich redlich Mühe geben, endlich mit den bequemen Formeln in der Predigt zu brechen. Aber schwierig ist es. Namentlich gewöhnlichere Leute können sich nicht in unsere Gedankengänge finden, und für uns ist es nicht leicht, das, was wir mühsam erworben haben, in ihre Sprache zu übersetzen. Auf der Schule werden meist noch die alten dogmatischen Formeln gebraucht. – Nun, um so dankbarer ist aber auch unsere Arbeit.«

»Vergewaltigung des Textes«, »das wahre Christentum«, die »alten dogmatischen« bzw. »bequemen Formeln« sind die Stichworte, die des jungen Bultmann homiletische Orientierung negativ oder positiv umreißen. Von vornherein hing für ihn die Sachgemäßheit der Predigt als Predigt davon ab, daß in ihr der recht – d. h. im Sinne des »modernen« bzw. hier: »wahren« Christentums – verstandene Glaube (bzw. Religion) aufgewiesen werde, daß dies in einer angemessenen Sprache geschehe, welche sicher nicht die des kirchlichen Traditionalismus sein könne, und daß die Predigt textgemäß sei.

Was die *Textgemäßheit* betrifft, so erwähnten wir schon die von Bauer erhobene Forderung eines »Ineinander von Texterklärung und Textanwendung« in der Predigt. Dieser Forderung entspricht, auf die Predigtvorbereitung gesehen, eine Textinterpretation in zwei Phasen bzw. Stufen; E. Chr. Achelis' Formulierung dürfte repräsentativ und grundsätzlich auch für den jungen Bultmann gültig sein:

»Die *homiletische Interpretation* oder praktische (früher: theologische) Erklärung macht den Text homiletisch fruchtbar. Die *Voraussetzung* derselben ist die grammatisch-historische Exegese, welche darzustellen hat, was der Text zur Zeit seiner Entstehung für

---

[57] Dazu s. u. S. 171–175.

Schreiber und Leser bedeutet hat. In den durch diese festgestellten Grenzen hat die homiletische Interpretation darzulegen, was der Text für das christliche Leben im allgemeinen und zu unserer Zeit besonders bedeute, also unter der Reflexion auf die durch den Text in den Kindern unserer Zeit erzeugten Gedanken. Grundsatz für die homiletische Interpretation ist es, die ewigen Gedanken Gottes nur da zu finden, wo sie ausgesprochen sind, also keuscher Verzicht auf Gedanken, die dem Text fremd sind; der Gewinn ist, dass der Prediger die Individualität des Textes verwerten, die Gemeinde aber sehen lernt, was ihr in der hl. Schrift gegeben ist.«[58]

Demnach wurzelt das Nacheinander von grammatisch-historischer Exegese und homiletischer, *theologischer* Interpretation in dem Willen, die Sachaussage des biblischen Textes, die von der historischen Exegese sozusagen in der Vergangenheit belassen wird, in einem Verfahren *sui generis* in die gegenwärtige kirchliche Verkündigung zu überführen. Durch dieses Verfahren wird dem homiletischen Anspruch Genüge getan, daß die Predigt über einen Text, ohne im eigentlichen Sinn Exegese, Schriftauslegung zu sein, dennoch nur als *textgemäße* sachgemäß sein könne. Der Anspruch der Textgemäßheit, das Verbot, sich um des für die Predigt wesentlichen Gegenwartsbezugs willen einer »Vergewaltigung des Textes« schuldig zu machen, ist der Aspekt, unter dem sich die Verbindung von Bultmanns späterer Bestimmung der Predigt, sie sei wesentlich Schriftauslegung, zur Predigtlehre der homiletischen Autoritäten seiner Frühzeit am deutlichsten zeigt; der namentlich bei E. Chr. Achelis vorliegenden Abgrenzung der Predigt von der Schriftauslegung liegt der Begriff einer homiletisch bzw. theologisch ergänzungsbedürftigen grammatisch-historischen Exegese zugrunde, für dessen Kritik hier nur auf Barths Vorrede zur zweiten Auflage seines »Römerbriefs« und auf den daran sich anschließenden Dialog zwischen Bultmann und Barth verwiesen sei.

Die Zweiphasigkeit des Umgangs mit dem biblischen Text zum Zweck der Predigt zeigt sich bei Bultmann in einer Passage des Vortrags »Theologische Wissenschaft und kirchliche Praxis« von 1913, auf die wir früher schon zu sprechen kamen:

Der Prediger hat »nicht die Sätze der Schrift als Lehren vorzutragen, die der Hörer annehmen soll«, sondern er hat zu zeigen, »welche Lebenskräfte in der Schrift lebendig sind, wie sie uns ergreifen, uns Leben schenken und in unserer Gegenwart wirken können. Demgemäß«, fährt Bultmann fort, »ist die Aufgabe des Wortverkündigers eine doppelte. Er hat erstens aus dem Text den sittlichen oder religiösen Grundgedanken zu erheben, der in ihm in irgend einer zeitgeschichtlichen Verkleidung oder auf eine spezielle Situation angewandt vorliegt; er hat zweitens diesen Grundgedanken auf die Gegenwart und die spezielle Situation anzuwenden. Bei dem ersten Teil dieser Arbeit kommt ihm die Schriftwissenschaft zur Hülfe.«[59] Die Fortsetzung zeigt dann, inwiefern die Geschichtswissenschaft auf den Aufweis nicht von »Lehren«, sondern von »Lebenskräften« zielt – ein Thema, dem wir uns im dritten Kapitel unserer Untersuchung zu widmen haben.

---

[58] Achelis, Praktische Theologie, 148 f.; vgl. Gottschick, Homiletik, 44.
[59] Oldenburgisches Kirchenblatt 19, 1913, 126.

Für unseren Zusammenhang dokumentiert die zitierte Passage, daß Bultmann dem zweiphasigen Interpretationsverfahren (historische und theologische/homiletische Interpretation), wie wir es bei Achelis repräsentativ formuliert fanden, grundsätzlich verpflichtet war, und damit ist gesagt: Er schloß sich denjenigen homiletischen Theoretikern an, die, einig in der Forderung der Textpredigt überhaupt und in der Abweisung der »Mottopredigt«, den Grundsatz vertraten, daß in der Predigt der biblische Text »nicht in einem ganz andern Sinne, als dem ursprünglichen, verstanden werden« dürfe.[60]

Mit der Kritik der »Vergewaltigung des Textes« hatte Bultmann im Brief an W. Fischer vom 19. 4. 1906 seine Mißbilligung der gehörten Karfreitagspredigt lediglich *eingeleitet,* um dann seine eigentlichen Einwände und Gegenforderungen zur Sprache zu bringen. Bultmann wandte sich, pointiert gesagt, gegen die hermeneutische Trägheit und forderte die hermeneutische Anstrengung des Predigers, einen Fleiß, der sich mit einer äußerlich einigermaßen textgemäßen Predigt nicht begnügt. Der Prediger hat zur Sprache zu bringen, was dem »wahren Christentum« sachlich *und sprachlich* entspricht. Hier, in der Forderung einer nach Maßgabe des »modernen Christentums« notwendig zu erneuernden Predigtsprache, hat Bultmanns briefliche Predigtkritik ihren Skopus; motiviert ist sie durch die Einsicht, daß das, was »wahres Christentum« zu heißen verdient, über einen traditionellen Predigtjargon schlechterdings nicht zu vermitteln ist. In Johannes Bauers homiletischen Lehrveranstaltungen dürfte dieser Sachverhalt ein zentraler Gegenstand des Interesses gewesen sein; für die mit der neuen Predigtweise um die Jahrhundertwende »wachsende Reserve gegenüber dem gehäuften und unreflektierten Gebrauch der zentralen biblischen Begriffe«, die sich nicht nur, aber doch »primär innerhalb der betont kritischen Theologie findet«[61], ist das Urteil Bauers charakteristisch: »Die Predigten reden zu viel von Sünde, Gnade, Vergebung, Barmherzigkeit usw., ohne diese Begriffe und Erfahrungen genauer zu erklären. Wir können unsere Predigten nicht scharf genug prüfen, ob wir nicht Redensarten, christliche Redensarten und Begriffe ohne Inhalt, verwenden.«[62] Wenn Bultmann, dem zweifellos auch unter diesem Gesichtspunkt die »Dorfpredigten« Frenssens als musterhaft galten, fragt: »Was sind denn in aller Welt himmlische Güter?«, wenn er das Reden von den »irdischen« Verhältnissen und den »Freuden der ›Welt‹« indiziert, dann liegt das eben auf der Linie dieses homiletischen Desiderats. Otto Baumgarten hatte der allgemeinen Predigtverfehlung, aufgrund deren es erhoben wurde, folgende Diagnose gestellt, in der auch der unlösbare Zusammenhang zwischen Sprache und Sache der Predigt zum Ausdruck kommt: »So hemmen die biblischen *Begriffe* das freie Ausströmen biblischer *Erlebnisse* und führen zu einer lebenslosen Rekapitulation damaliger Kämpfe und ihnen eigentümlicher Termini, die

---

60 CLEMEN, *Art.* Text und Textgemäßheit, 1160.
61 WINTZER, Die Homiletik seit Schleiermacher, 122f.
62 Kultuspredigt, 92 (zitiert auch bei WINTZER, Die Homiletik seit Schleiermacher, 123).

niemals aus den Kämpfen der Gegenwart hervorgehen würden.«[63] Was Baumgarten im Blick auf die traditionellen biblischen (Lehr?-)Begriffe sagt, tritt uns aus Bultmanns Brief in bezug auf eine zur »Sprache Kanaans« gewordene pietistisch-erwecklich geprägte gottesdienstliche Sprachtradition entgegen. Die vergleichbaren Diagnosen Baumgartens und Bultmanns haben je ihre eigene Nuance; gibt Baumgarten die spezielle homiletische Regel aus, »nur Erlebtes, nicht bloß Nachgedachtes« zu predigen[64] – auf die Schwierigkeit, die Bultmann bei dieser (von ihm akzeptierten) Forderung empfand, kommen wir später zurück –, so läßt sich bei Bultmann an der zitierten Briefstelle sehr viel allgemeiner lediglich das »wahre Christentum« als der die Predigtsprache regulierende Kanon erschließen: Eine Predigt, der es um das »wahre« – gegenüber einem verfehlten! – Christentum zu tun ist, muß sich eine Diktion, die mit diesem verfehlten Christentum fest verwachsen ist, schlechterdings verboten sein lassen. Hier ist die hermeneutische Anstrengung gefordert, die Sache zu *ihrer* Sprache kommen zu lassen, einer Sprache zugleich, die die der Predigthörer ist und die die Kraft hat, deren Hör-Gewöhnung an die »alten dogmatischen Formeln« zu brechen. Daß Bultmann das hermeneutische Problem der »modernen Predigt« – die Schwierigkeit des Predigers, »modernes Christentum« in die Hörersprache zu übersetzen, und die Schwierigkeit der Hörer, »modernes Christentum« überhaupt zu verstehen – in genau dieser Differenziertheit gestellt sah, belegt seine allgemeine Problembeschreibung, mit der er nicht zufällig über die geäußerte konkrete Predigtkritik hinaus wieder auf seine Klage über den Unfleiß der Pastoren zurückkommt: »Nun, ich kenne allerdings viele, die sich redlich Mühe geben, mit den alten bequemen Formeln zu brechen. Aber schwierig ist es. Namentlich gewöhnlichere Leute können sich nicht in unsere Gedankengänge finden, und für uns ist es nicht leicht, das, was wir mühsam erworben haben, in ihre Sprache zu übersetzen.«

In der Predigt soll das »wahre Christentum«, der im »modernen« Sinn verstandene Glaube, die Religion, die so zu heißen verdient, zur Sprache kommen – jedoch *nicht* in der Form der *Belehrung*. Das Predigtamt ist »nicht ein Lehramt«, formuliert Bultmann 1913[65] seinem Religionsverständnis entsprechend, demzufolge Religion nicht ein intellektuelles, sondern ein existentielles Verhältnis ist. Der folgende Briefausschnitt von 1916 – Bultmann kommentiert die vierte »Rede« Schleiermachers – zeigt, daß er in der Ablehnung der »Umwandlung der Predigt in Katechese oder Kerygma«[66] mit seinen homiletischen Lehrern einig ging.

Bultmann hält für »sehr wichtig und richtig ..., daß religiöse Gemeinschaft nur zwischen denen besteht, die Religion *haben*. Wie Schleiermacher überhaupt gegen die Bekehrungssucht polemisiert, so sollten die Prediger sich immer sagen, daß ihr Predigen

---

[63] BAUMGARTEN, Predigt-Probleme, 69, Hervorhebungen von mir.
[64] Ebd., 81.
[65] R. BULTMANN, Theologische Wissenschaft und kirchliche Praxis, 126.
[66] ACHELIS, Praktische Theologie, 127.

die Hörer nicht bekehren und belehren darf, sondern nur zur Aussprache bringen soll, was in allen vorhanden ist, im einen bewußt, im anderen unbewußt. Das ist mir immer als Ideal der Predigt erschienen: mich möglichst in das Herz der Hörer zu versetzen und in ihm zu wecken und [zur] Klarheit zu bringen, was darin vorhanden ist, so daß der Hörer die Predigt als Befreiung, gewissermaßen als eigene Aussprache empfindet. «[67]

Gegen dieses Verständnis der Aufgabe des Predigers hat sich Bultmann später scharf abgegrenzt; im Eingangsteil des Aufsatzes »Allgemeine Wahrheiten und christliche Verkündigung« von 1957 lesen wir:

> »Verkündigung ist *Anrede,* und zwar autoritative Anrede, die Anrede des Wortes Gottes, das paradoxerweise durch einen Menschen, eben den Prediger, gesprochen wird. Dieser steht der Gemeinde als der Vertreter Gottes gegenüber (vgl. 2. Kor. 5,20). Er spricht nicht als ihr Mund und bringt nicht zum Bewußtsein oder zur Klarheit, was in den Hörern an Idealen und Gefühlen, an Sehnsüchten oder auch unausgesprochenen Gewißheiten schlummern mag – so gewiß er das alles auch tun kann, nämlich um das Wort Gottes gerade in sie hineinzusprechen, sie unter die sichtende und richtende Kraft des Wortes und damit zugleich unter den Gnadenzuspruch zu stellen.«[68] Es folgt dann die früher zitierte Passage mit der Berufung auf das Achelis-Wort.

Genau das hier abgelehnte – und leicht karikierte – Predigtverständnis *Schleiermachers* haben wir in dem angeführten Briefabschnitt von 1916 in Reinkultur vor uns. Es sei dafür der von Wintzer als »treffende Formel für Schleiermachers Predigtpraxis«[69] bezeichnete Satz Alexander Schweizers in Erinnerung gerufen: »Er wollte als zu Brüdern sprechen, deren christliches Bewußtsein er entwickele, nicht erst gründe; er wollte es in ihnen nachweisen, aufzeigen, läutern, befestigen, nicht als etwas Neues in sie hineintragen.«[70] Der junge Bultmann steht in der Tradition dieses homiletischen Programms, nach dem die Predigt *Darstellung* des »frommen Selbstbewußtseins« bzw. des »religiösen Bewußtseins« und ihr Zweck die *Erbauung* der Gemeinde ist. In diesem Predigtverständnis will schon bei Schleiermacher *selbst* (und nicht erst bei seinen Rezipienten) die »kritische Abzielung«, nämlich »die Abgrenzung gegenüber einem Verständnis der Predigt als Lehrpredigt im orthodox-kirchlichen, aber auch rationalistischen Sinne mitgehört sein«[71] – eine der kirchlich-theologischen Positionsbestimmung Bultmanns analoge Abgrenzung gegen das intellektualistische Glaubensverständnis »rechter« oder »linker« Provenienz.

Die eingangs dieses Unterabschnitts angeführte Predigtdefinition Johannes Bauers zeigt, daß auch Bultmanns unmittelbarer homiletischer Lehrer in dieser Tradition stand. Daß das Verständnis der Predigt als Aussprache des Glaubens (und zwar des Predigers *und* der Gemeinde[72]) durchaus nicht mit dem von Johannes Bauer ebenfalls unterstrichenen Postulat der Textgebundenheit der

---

[67] Brief an H. Feldmann vom 2./3. 11. 1916.
[68] GuV III, 166.
[69] Wintzer, Die Homiletik seit Schleiermacher, 19.
[70] Zitiert nach ebd.
[71] Ebd., 18.
[72] Wir sehen hier von der bei der »Theorie der Darstellung ... offenkundig« vorausgesetzten

Predigt zu kollidieren braucht – jedenfalls nicht prinzipiell –, dafür ist Schleiermacher selbst das historische Musterbeispiel: Für ihn ist die Predigt »eine Synthese von Textgehalt, sogenanntem Gemeindebedürfnis und religiösem Bewußtsein des Predigers. Schleiermachers eigene Predigten zeichnen sich darum zumindest formal durch eine relativ enge Textbindung aus.«[73]

Eine umfassend angelegte Analyse der frühen Predigten Bultmanns wird zu untersuchen haben, in welchem Grade und mit welchen Modifikationen sie den Schleiermacherschen Predigttypus tatsächlich repräsentieren. Wir müssen uns hier damit begnügen, die homiletische Orientierung des jungen Bultmann in ihren wesentlichen Hinsichten nach seinen spärlichen eigenen Aussagen darüber skizziert zu haben.

2.3 Predigtarbeit

2.3.1 Übersicht über die frühen Predigten

In den uns in dieser Arbeit beschäftigenden Zeitraum bis in die beginnenden 1920er Jahre fallen fünfzig Sonn- und Festtagspredigten, die, zum Teil wiederholt, im Oldenburgischen, in oder um Marburg sowie in Breslau und Gießen gehalten wurden[74]; in Betracht kommen ferner die in den ersten Jahren nach der Berufung nach Marburg im »Michelchen« gehaltenen Andachten.[75]

Den Anfang macht die im Juni 1906 zur ersten theologischen Prüfung, dem *»Tentamen pro licentia concionandi«*, beim Evangelisch-Lutherischen Oberkirchenrat in Oldenburg angefertigte Predigt über Phil 2,12f.: »Unsere ernste Arbeit an der Seligkeit, wie sie begründet ist durch Gottes Arbeit an uns«[76].

Bultmann hielt diese Predigt freiwillig – und zwar »ohne stecken zu bleiben«[77] – »vierzehn Tage nach Pfingsten«, am 17. 6. 1906, »in einem Dorf in der Nähe von Marburg. Erst um acht Uhr in der Filiale, dann um 10½ Uhr in der eigentlichen Gemeinde«[78]; als Predigtort kommt am ehesten Goßfelden mit seiner Filiale Sarnau (einige Kilometer nördlich von Marburg) in Betracht.[79] Erneut hielt Bultmann am Tag seiner mündlichen Prüfung, dem 31. 1. 1907, »auf der Kanzel der St. Lambertikirche [in

---

»religiösen Ungleichheit der Gemeinde bzw. dem ›klerikalischen Gegensatz‹« ab, »der in dem Gegenüber von Prediger und Gemeinde manifest ist« (ebd.). Vgl. dazu unten S. 173 f.

[73] WINTZER, Die Homiletik seit Schleiermacher, 20 f., vgl. ebd., Anm. 29.

[74] Nr. 1–49 (1906–1921) und Nr. 63 (1923), neunzehn davon veröffentlicht in R. BULTMANN, VW, 1–189. Die Nummer-Bezeichnungen erfolgen hier und im folgenden nach ebd., Anhang 2: Gesamtübersicht über Rudolf Bultmanns Predigtwerk, 313 ff.

[75] Nr. 51 (VW, 194–197); Nr. 52; Nr. 53 (VW, 198–202); Nr. 61 und 62.

[76] Nr. 1 (VW, 1–7).

[77] Brief an W. Fischer vom 3. 9. 1906.

[78] Brief an E. Teufel vom 25. 6. 1906.

[79] So (mündlich) A. H. J. GUNNEWEG, Bonn, aufgrund Bultmanns Beschreibung der Fahrt von Marburg zum Predigtort »auf offenem Wagen« (ebd.).

Oldenburg] einen Teil der von ihm eingereichten Predigt«.[80] Die gewisse Verlegenheit, in die Bultmanns Tentamenspredigt die Prüfungskommission versetzte, spiegelt sich in ihrer Beurteilung[81] und deutlicher noch im Bericht über das Tentamen an den Oldenburgischen Großherzog: »Wenn auch seine praktischen Arbeiten und besonders die Predigt noch zu wünschen übrig lassen, so überragt seine wissenschaftliche Gesamtbildung in den verschiedensten Fächern doch so sehr das mittlere Maß der Leistungen eines Tentanden, daß die Prüfungskommission es für geboten erachtete, ihm die Note I[b] ›vorzüglich‹ zuzuerkennen.«[82]

Licentia concionandi besagt: Predigterlaubnis. Wie wir bereits sahen, hatte Bultmann schon einmal während seiner Studienzeit vergeblich versucht, im Oldenburgischen eine Predigt zu halten. Bald nach erfolgreich bestandenem Tentamen wurde Bultmann dann von seiner Kirche – und von einzelnen ihrer Pastoren – in die Predigtpflicht genommen, und alles spricht dafür, daß Bultmann sich von vornherein gern in diese Pflicht nehmen ließ. Nach Ausweis der erhaltenen Predigtmanuskripte hat Bultmann von 1907 bis 1916, also zwischen Tentamen und Berufung nach Breslau, 38mal im Bereich der Oldenburgischen Kirche die Kanzel bestiegen und dazu 24 Predigten neu ausgearbeitet.[83] Die ersten sieben dieser Oldenburgischen Gottesdienste entfallen auf März bis August 1907, auf die Periode also, während der Bultmann als theologischer »Kandidat« am Oldenburger Gymnasium unterrichtete.[84] Die übrigen 31 Oldenburgischen Gottesdienste hielt Bultmann naturgemäß während der Marburger Ferien: elf in der Weihnachts- und Neujahrszeit[85], zwölf in den Osterferien[86] und acht in

---

[80] Abschrift des Tentamen-Protokolls in der Personalakte R. Bultmann beim Ev. Oberkirchenrat Oldenburg, s. o. S. 27 Anm. 109.

[81] Zeugnis über das Tentamen, ebd.:
»a) Textgemäßheit: ziemlich gut
  b) Disposition: ziemlich gut
  c) Ausführung: im ganzen gut
  d) Sprache: sachgemäß, aber z. T. zu doktrinär
  e) Haltung der Einleitung: angemessen
Gesamtprädikat: im ganzen gut«.

[82] Abschrift des Berichts an den Großherzog, ebd.

[83] 24 neu ausgearbeitete Predigten: Nr. 2–5 (1907); Nr. 6 (1907; VW, 8–16); Nr. 7 (1907); Nr. 9 (1908); Nr. 11–13 (1908); Nr. 14 (1909; VW, 35–44); Nr. 15 (1909); Nr. 16–17 (1910); Nr. 19 (1910; VW, 45–55); Nr. 24 (1911); Nr. 25 (1912; VW, 76–85); Nr. 28 (1913; VW, 96–103); Nr. 32 (1914); Nr. 35 (1914; VW, 115–125); Nr. 37 (1914); Nr. 38 (1915); Nr. 40 (1915; VW, 126–134); Nr. 41 (1916). 14 Wiederholungen bzw. Bearbeitungen: Nr. 7 (18. 8. 1907); Nr. 9 (20. 4. 1908); Nr. 13 (3. 1. 1909); Nr. 16 (2. 1. 1910); Nr. 17 (28. 3. 1910); Nr. 18 (4. 9. 1910); Nr. 23 (1. 1. 1912); Nr. 30 (24. 3. 1913, Bearbeitung von Nr. 20); Nr. 32 (13. 4. 1914); Nr. 39 (4./5. 4. 1915, Bearbeitung von Nr. 38); Nr. 40 (5./12. 9. 1915); Nr. 41 (2. 1. 1916). Die Predigt Nr. 63 (2. 9. 1923, Langwarden/Oldb.) ist neu ausgearbeitet.

[84] Nr. 2–7 (3.3.; 1.4.; 7.4.; 28.4.; 26.5.; 11./18.8.).

[85] Nr. 13 (1908/09, 2×); Nr. 16 (1910, 2×); Nr. 19 (1910; VW, 45–55); Nr. 24 (1911); Nr. 23 (1912; vgl. VW, 65–75); Nr. 28 (1913; VW, 96–103); Nr. 37 (1914); Nr. 41 (1916, 2×).

[86] Nr. 9 (1908, 2×); Nr. 14 (1909; VW, 35–44); Nr. 17 (1910, 2×); Nr. 25 (1912; VW, 76–85); Nr. 30 (1913); Nr. 32 (1914, 2×); Nr. 38 (1915); Nr. 39 (1915, 2×).

den Sommerferien[87]. In der Mehrzahl der Fälle vertrat Bultmann verwandte Pastoren. So predigte er nicht weniger als 17mal in der Kirche seines Onkels Johannes August Bultmann (1848–1919) in Hammelwarden an der Unterweser[88], davon siebenmal am Ostermontag[89]. Fünf oder sechs Gottesdienste hielt er in der Stadt Oldenburg selbst, zum größeren Teil vermutlich in Vertretung seines Vaters Arthur Kennedy Bultmann in der Lambertikirche.[90] In Ganderkesee (Bez. Delmenhorst), wo bis 1908 sein Onkel Christian Friedrich Bultmann (1852–1929) und seit 1910 dessen Sohn Friedrich Rudolf Adolf Bultmann (1882–1971) Pfarrer waren, predigte Rudolf Bultmann viermal.[91] Auch noch einige weitere Gottesdienste dürfte Bultmann in Vertretung anderer, entfernter verwandter Pastoren gehalten haben, gehörte er doch über seine Großmutter väterlicherseits, eine geborene Ramsauer, einer weiteren verzweigten Oldenburgischen Pfarrer-Familie an. Für einen Teil der übrigen Predigten hat Bultmann jedoch direkte Aufträge vom Oberkirchenrat erhalten. Seine 1969 an Franz Peerlinck geäußerte Erinnerung: »Nachdem ich 1907 mein erstes Examen bestanden habe beim evangelischen Oberkirchenrat, wurde ich von diesem mehrfach beauftragt, Predigten zu halten«[92], wird dadurch bestätigt, daß eine Anzahl der übrigen Gottesdienstvertretungen »in echte Vakanzzeiten«[93] fallen; am ehesten ist hier an die Predigten des Jahres 1907 in Rastede, Atens und Ofen[94] zu denken, als Bultmann noch als Kandidat in Oldenburg tätig und somit verfügbar war.

Während seiner Repetentenzeit in Marburg predigte Bultmann sechzehn- oder siebzehnmal[95]; er trug dabei fünfzehn neu ausgearbeitete Predigten vor.[96]

---

[87] Nr. 11 und 12 (1908); Nr. 15 (1909); Nr. 18 (1910); Nr. 35 (1914; VW, 115–125); Nr. 40 (1915, 3×; VW, 126–134).

[88] Nr. 2, 9, 13, 14, 16, 17, 19, 24, 25, 28, 30, 32, 35, 37, 39, 40, 41. In Briefen an W. Fischer hat Bultmann die Aufenthalte bei seinen Verwandten in Hammelwarden so liebevoll und begeistert geschildert, daß man der gelegentlichen Erklärung, das sei »der einzige Ort, wo ich mich für einige Tage widerspruchslos wohlfühlen kann« (Brief an W. Fischer vom 8. 10. 1905), einigen Glauben zu schenken geneigt ist.

[89] Nämlich 1908–1910 (Nr. 9, 14 [VW, 35–44], 17) und 1912–1915 (Nr. 25 [VW, 76–85], 30, 32, 39); an den Ostermontagen 1907 und 1911 predigte Bultmann in oder um Oldenburg (Nr. 3) bzw. in Marburg (Nr. 20).

[90] Nr. 3 (?), 7, 9, 13, 23, 39.

[91] Nr. 12, 15, 18, 40. Zu den genannten Namen vgl. das Sammelwerk »Die Prediger des Herzogtums Oldenburg seit der Reformation«, bes. I, 134, und II, 17.

[92] Brief BULTMANNS an F. Peerlinck vom 1. 4. 1969, mitgeteilt in PEERLINCK, Rudolf Bultmann als Prediger, 22 Anm. 32.

[93] Briefliche Mitteilung des beauftragten landeskirchlichen Archivars beim OKR Oldenburg, Herrn W. F. Meyer, vom 5. 10. 1983.

[94] Nr. 4, 5, 6 (VW, 8–16); evtl. auch Nr. 3.

[95] Nr. 8 (1907; VW, 17–24); Nr. 10 (1908; VW, 25–34); Nr. 18 (1910); Nr. 20 (1911); Nr. 21 (1911; VW, 56–64); Nr. 22 (1911); Nr. 23 (1911; VW, 65–75); Nr. 26 (1912); Nr. 27 (1912; VW, 86–95); Nr. 29 (1913); Nr. 31 (1914); Nr. 33 (1914; VW, 104–114); Nr. 34 und 36 (1914); Nr. 43 und 44 (1916), vielleicht auch Nr. 42 (1916?).

[96] Die Bearbeitungen sind: Nr. 29 (26. 1. 1913, Bearbeitung von Nr. 28); Nr. 42 (1916?, Bearbeitung von Nr. 41).

In der Mehrzahl waren dies die – z. T. abendlichen[97] – Gottesdienste an der Reformierten Kirche, die zu halten er als Repetent an der Stipendiatenanstalt verpflichtet war[98]; dies kann als sicher gelten für die fünf Festtagspredigten bis 1911[99], als wahrscheinlich für die fünf vor- und (im weiteren Sinne) nachweihnachtlichen Sonntagspredigten seit 1911[100], als gut möglich für die Himmelfahrtspredigt von 1912[101]. Zwei der frühen Marburger Predigten hielt Bultmann in gesonderten Studentengottesdiensten[102]: »religiöse Vorträge von Dozenten und Religionslehrern gehalten, von kurzem Choralgesang eingerahmt«[103]. Mindestens eine Predigt hielt Bultmann in kurzfristiger Gottesdienstvertretung[104], ebenfalls mindestens eine, vielleicht aber auch zwei Predigten während der Kriegszeit im Marburger Reservelazarett.[105]

In der vierjährigen Breslauer Zeit 1916–1920 hat Bultmann, den erhaltenen Manuskripten zufolge, nur dreimal gepredigt, zweimal 1917 und einmal 1920.[106] Während man bei den Predigten vom 1. 7. 1917 und vom 23. 5. 1920 nur vermuten kann, daß sie entweder in der Kirche Ernst Moerings oder in der Wilhelm Gottschicks vorgetragen worden sein könnten, steht Ernst Moerings »Königin-Luise-Gedächtniskirche« als Ort der Predigt von Pfingstsonntag, 27. 5. 1917, fest.[107]

Moering hatte Bultmann im Frühjahr 1917 die Übernahme einer Predigt vorgeschlagen und dafür, um eines großen Publikums willen, den Pfingstsonntag vorgesehen.[108] Diese Predigt über 1 Kor 2,9–12 »Vom geheimnisvollen und vom offenbaren Gott« erschien einige Wochen später in ChW[109]; Rudolf Otto hatte, wie Bultmann noch am Pfingstsonntag schrieb, »auf dem Wege von der Kirche« die Anregung zur Publikation gegeben: »Er redete mir sehr zu, ich solle sie drucken lassen; er wolle selbst an Rade schreiben, daß er sie in die ›Christliche Welt‹ nehme.«[110] Doch mußte Bultmann später selbst an Rade schreiben[111], der ihm antwortete, »er habe es für eine barocke Idee gehalten, ihm nach dem Fest noch eine Pfingstpredigt zu schicken, und

---

[97] Nachweislich Abendgottesdienste waren die vom 26. 12. 1907 (Nr. 8; VW, 17–24) und vom 17. 4. 1911 (Nr. 20).

[98] Vgl. oben S. 31–34.

[99] Nr. 8 (Weihnachten 1907; VW, 17–24); Nr. 10 (Pfingsten 1908; VW, 25–34); Nr. 18 (Pfingsten 1910); Nr. 20 (Ostern 1911); Nr. 22 (Pfingsten 1911).

[100] Nr. 23 (2. Advent 1911; VW, 65–75); Nr. 29 (Sexagesimae 1913); Nr. 31 (Letzter So. nach Epiph. 1914); Nr. 36 (2. Advent 1914); Nr. 43 (3. So. nach Epiph. 1916).

[101] Nr. 26.

[102] Nr. 27 »Leben und Erleben« (23. 6. 1912; VW, 86–95); Nr. 33 »Diesseits- und Jenseitsreligion« (12. 7. 1914; VW, 104–114).

[103] SIMONS, Prediger-Professoren, 308; vgl. oben S. 60 Anm. 144.

[104] Nr. 21 (14. 5. 1911; VW, 56–64); vgl. Karte an W. Fischer vom 11. 5. 1911.

[105] Nr. 44 (11. 6. 1916); evtl. auch Nr. 42.

[106] Nr. 45–47 (VW, 135–147.148–162.163–172).

[107] Vgl. PEERLINCK, Rudolf Bultmann als Prediger, 17 mit Anm. 15.

[108] Vgl. Brief an H. Feldmann vom 6./8./9. 5. 1917.

[109] ChW 31, 1917, 572–579.

[110] Brief an H. Feldmann vom 27. 5. 1917.

[111] Brief an M. Rade vom 3. 6. 1917.

er sei erst gänzlich abgeneigt gewesen; nachdem er die Predigt aber gelesen, wolle er sie doch bringen«.[112]

Zwei Predigten sind von 1921, aus der Gießener Zeit, bekannt.[113] Höchst wahrscheinlich wurden sie in akademischen Gottesdiensten gehalten, die in Gießen »als reine Universitätsgottesdienste (... in der Aula) ... mit eigener Liturgie und einer spezifisch akademischen Predigt« stattfanden[114]; der »akademische« Charakter der beiden Predigten ist offensichtlich.[115]

Mit den beiden Gießener Predigten endet auf Jahre hinaus die Reihe der (überlieferten?) Sonn- und Festtagspredigten Bultmanns.[116] In den folgenden Jahren in Marburg stand die kleinere Form der Andacht bzw. Besinnung vor studentischem Publikum im Zentrum des – insofern nach außen hin auch wenig spektakulären – Verkündigungswirkens Bultmanns. Zunächst (1922) waren die von Friedrich Heiler inaugurierten feierlichen Wochenschlußandachten im Michelchen das Forum, auf dem Bultmann sich betätigte.[117] Später (ab 1924) überwogen die semesterbezogenen abendlichen Wochentagsandachten (Semesterbeginn/-schluß; Vorweihnacht).[118]

2.3.2 Theologische Analyse der Ostermontagspredigt 1907

Indem wir nun eine einzige Predigt des jungen Bultmann näher ins Auge fassen – auf eine weitere werden wir im vierten Kapitel dieser Arbeit ausführlicher eingehen –, wollen wir exemplarisch das oben[119] geäußerte Urteil belegen, daß die frühen Predigten Bultmanns die Hauptquelle für Wahrnehmung und Würdigung seiner frühen Theologie sind. Unsere Analyse betrifft nur ganz am Rande das homiletische Profil der ausgewählten Predigt; das Interesse richtet sich vielmehr auf das in ihr zur Sprache kommende »Christentum« und auf den Typus der Theologie, in der bzw. aus der heraus es sich formuliert. Wir haben Bultmanns früheste Osterpredigt ausgewählt. Maßgeblich für diese Wahl war sowohl die allgemeine Erwartung, daß an einer Osterpredigt das von Bultmann gemeinte »moderne« Christentum in scharf konturierter Abgrenzung gegen die

---

[112] Brief an H. Feldmann vom 1. 7. 1917 (dieser Brief lag mir selbst nicht vor; das Zitat wurde mir brieflich mitgeteilt von Antje Bultmann Lemke am 17. 8. 1982).

[113] Nr. 48 und 49 (VW, 173–181.182–189).

[114] Brief Bultmanns an H. v. Soden vom 21. 12. 1921. Vgl. oben S. 93 f.

[115] In der Predigt vom 5. 6. 1921 (Nr. 49) über das »Beten« ist ausdrücklich von »unserm Kreise« die Rede, in dem »niemand seine Augen vor dem verschließen darf, was die Wissenschaft zu sagen hat« (VW, 184).

[116] Ausnahme: die Sonntagspredigt Nr. 63 vom 2. 9. 1923 in Langwarden/Oldb.

[117] Vgl. oben S. 148 Anm. 75.

[118] Vgl. Nr. 65 ff. Zu Nr. 75 vgl. Brief BULTMANNS an K. Barth vom 6. 1. 1927, Brief K. BARTHS an Bultmann vom 24. 7. 1927 und Karte BULTMANNS an K. Barth vom 27. 11. 1927 (Barth-Bultmann-Briefwechsel, 66 f.74 f.76 f. mit den zugehörigen Anmerkungen). Bei den Editionsvorbereitungen für R. BULTMANN, VW habe ich seinerzeit diese Schreiben leider übersehen; die Anm. Nr. 75 ebd., Anhang, 335 f., ist entsprechend zu ergänzen.

[119] Vgl. oben S. 135.

»orthodoxe« Tradition in Erscheinung treten müsse, als auch die schon früher[120] angeführte Äußerung Bultmanns aus dem Jahr 1909, er könne sich, wenn er »auch keineswegs von den praktischen Schwierigkeiten gering denke«, doch »einen Pastoren nicht denken, der immer von seinen Osterpredigten niedergedrückt ist. ... Das *erste* Gefühl muß doch *das* sein: ich kann euch etwas *Besseres* sagen als die Alten; oder meinetwegen: ich kann es euch besser und reiner sagen, worauf es ankommt, als jene es konnten.«[121]

Am Ostermontag, den 1. 4. 1907 predigte Bultmann in oder um Oldenburg über das »altkirchliche« Evangelium Lk 24,13–32, die Geschichte von den Emmaus-Jüngern.

In den Oldenburgischen Predigten des Jahres 1907 hat sich Bultmann durchweg[122], in den Jahren und Jahrzehnten danach nur noch sporadisch und seit den 1930er Jahren wieder vermehrt an die Textvorgaben der Predigt-Perikopen-Reihen gehalten.

Als Textfassung wählte er nicht den Text der Luther-Übersetzung, sondern die Übersetzung aus dem SNT-Kommentar von Johannes Weiß, die er nur leicht variierte.[123]

Im Brief an E. Teufel vom 17. 7. 1907 berichtete Bultmann, er habe in seinem Religionsunterricht die Weizsäckersche Übersetzung des Neuen Testaments eingeführt. »Ich wollte nur, in der Kirche wäre es gradeso! Ich habe in meinen Gottesdiensten nie die Luthersche Übersetzung vorgelesen. Wozu denn derartig mit Luthers Buchstaben gegen Luthers Geist kämpfen! Das Volk soll die Bibel in der Sprache hören, in der es spricht! Wenn wir ihm die Religion in der Sprache nahebringen, die ihm geläufig ist, in der es täglich spricht, so leisten wir ihm den denkbar schlechtesten Dienst. Die Religion soll nicht ein Gebiet sein, auf dem man in einer anderen Sprache redet, sondern sie soll ganz hinein in das tägliche Leben. (Daß Du mich auf Gefahren aufmerksam machen kannst, ist klar; aber jetzt ist die andre Gefahr größer.)«[124] Auch dies ein Aspekt der »Aufgabe, unser modernes Christentum den Gemeinden zu bringen«! Angesichts der Entschiedenheit der zitierten Sätze ist es bemerkenswert, daß Bultmann bei seinen Predigten schon sehr bald auf die Lutherbibel zurückkam und mit großer Treue bei ihr blieb.

Anknüpfend an die Niedergeschlagenheit der desillusionierten Jünger wird am Ende der Predigteinleitung als Thema formuliert: »Wir wollen sehen, wie es zur wirklichen, das Herz durchglühenden Ostergewißheit kommen muß, der Gewißheit des Sieges des Lebens über den Tod« (Ms. 3f.). In dem Ausdruck »Sieg des Lebens über den Tod« ist von vornherein der Gegenstand der Osterbotschaft und des Osterglaubens auf einen Begriff gebracht, der diesen Gegenstand aus dem Horizont der Frage nach dem historischen Geschehen heraushebt und ihn in den Horizont der existentiellen Frage nach dem »Sinn des Lebens«,

---

120 Vgl. oben S. 129.
121 »An die Freunde«, Nr. 29 vom 1. 8. 1909, 298.
122 Vgl. aber R. BULTMANN, VW, Anhang, 324f. Anm. 2.
123 SNT I, ²1907, 522f.
124 Auch in einem Brief an Johannes Bauer muß sich Bultmann Ende 1907/ Anfang 1908 sehr kritisch über den Gebrauch der Luther-Bibel in Gottesdienst und Schule geäußert haben, vgl. Postkarte J. Bauers an Bultmann vom 19. 2. 1908 (Poststempel).

dessen »Ziel . . . der Tod« ist[125], einführt. Diese Frage wird präzisiert mit Hilfe der Unterscheidung zwischen dem »falschen« (= dem Tode verfallenen) und dem »wahren« (= dem über den Tod siegenden) Leben, die auch die Partition der Predigt bestimmt.[126] Die eigentliche Themafrage nach dem Zustandekommen der Gewißheit wird am Ende von Teil I wiederholt und bestimmt die Binnengliederung von Teil II (der »falsche Weg«/ der »rechte Weg zu dieser Gewißheit«).

Teil I: Jesus mußte leiden und sterben, damit durch die Katastrophe der falschen, nämlich diesseitigen Erwartungen, die seine Anhänger auf ihn richteten, sie zu dem wahren Leben gelangen konnten, »das aus Jesu Werk hatte erstehen sollen . . .: Ruhe zu finden für die Seele, Frieden mit Gott, wie er *sein* Herz erfüllte. Die Erkenntnis, daß sie Kinder seien ihres Vaters im Himmel. Das war die Erlösung, die er Israel bringen wollte« (Ms. 6). So weit zunächst die »Exegese«; wir lernen daraus (»Anwendung«): Weil die Ostergewißheit voraussetzt, daß »wir an ein wirkliches Leben glauben, nicht nur an ein scheinbares« (Ms. 9), sollen wir unsere Lebensenttäuschungen und -freuden nach Maßgabe des Wortes Jesu vom Verlieren und Finden des Lebens (Mt 10,39) beurteilen. Wie aber kommen wir, wenn nur ein wahres Leben über den Tod siegt, zu der Gewißheit, daß es solches Leben gibt?

Teil II gliedert sich, jeweils in Exegese und Anwendung, in die Betrachtung des »falschen Weges« und die des »richtigen Weges« zu dieser Gewißheit. Der »falsche Weg« (Ms. 11 f.): Wie die Jünger der Botschaft der Frauen nicht glauben konnten, so kann auch uns »allein das Hören der Ostergeschichten . . . nie die Ostergewißheit geben«; und wie aus einer direkten Offenbarung Jesu an die beiden Jünger in ihnen ein »falscher Glaube« erwachsen wäre, bei dem sie »von seiner Gewalt über die Herzen . . . nichts gespürt« hätten, so ist auch ein Glaube, der in der »Annahme der Ostergeschichten« besteht, bedeutungslos, »wenn das Wichtigste fehlt: das innere Durchdrungensein von dem Leben, das in Jesus lebte«. Deshalb, so führt Bultmann als Nebengedanken aus, ist es auch »vollkommen gleichgültig, ob jemand glaubt, sie [die vorliegende Ostergeschichte] habe sich so ereignet, wie sie hier erzählt ist, oder nicht. Der Weg [zur Ostergewißheit] muß ein andrer sein.«

Der »richtige Weg« besteht, wie die Exegese (Ms. 14 f.) ergibt, in drei Etappen: Erstens, die Jünger sprachen sich über ihr Leid aus; zweitens, im Gespräch mit dem Unbekannten gewannen sie ein »andres Ansehen des Geschickes«, das Gott für ihr Volk vorgesehen hatte: »durch Leiden zur Herrlichkeit! Daß Gottes Macht sich nicht darin erweist, alles Leid und alle Not abzuwenden, wohl aber darin: alles Leid und alle Not zu einem Mittel zu machen, durch das er uns erzieht, seine Gemeinschaft zu suchen und zu finden«; drittens, nicht durch den

---

125 Ms. 12; vgl. auch Ms. 17: »Die Menschen kommen und gehen ohne Sinn und Zweck.«
126 Teil I (Ms. 4–11 [ohne 10]): »Das falsche Leben ist dem Tod verfallen«; Teil II (Ms. 11–18 [ohne 13]): »Das wahre Leben siegt über den Tod«. In sich sind die Teile nach »Exegese« und »Anwendung« strukturiert – ein Abwechseln von Texterklärung und Textanwendung, d. h. ein gegliedertes »Ineinander«, kein Durcheinander.

Anblick Jesu, »sondern durch das, was er getan hatte, durch sein Handeln«
wurde den Jüngern Gewißheit zuteil. So, appliziert Bultmann (Ms. 15–18),
sollen auch wir uns über unser Leid mit anderen aussprechen[127], sollen aus
anderer Perspektive im eigenen Geschick den verborgenen Sinn und »in Welt
und Leben« die »Spur göttlichen Lebens« erkennen lernen und sollen »mit
offenen Augen« für die Wirklichkeit Jesu »Geist in der Welt verspüren«: im
Weltgeschehen, hinter dem der »Eindruck« von seiner »Persönlichkeit« und
seinem »Lebenswerk« ein »göttliches Leben« ahnen läßt; im Tun anderer Menschen, in dem sich »göttliches Leben« unabweisbar manifestiert; in der eigenen
Pflicht, durch die wir in die »Arbeit göttlichen Lebens« hineingezogen werden.
Der Skopus lautet: »Daß wir selbst das göttliche Leben schauen durften, um uns
schaffend, in uns wirkend, das gibt uns die Gewißheit: der Tod ist verschlungen
in den Sieg!«

Die Predigt repräsentiert den sogenannten »analytischen« Predigttyp in reiner
Form; das heißt, sie ist eine »den Text auslegende, nach Massgabe des Textes sich
entfaltende Predigt«, was nicht besagt, daß sie nicht zugleich Thema-Predigt
wäre[128]; jedoch bilden »Thema und Teile. . . nur eine Art von Ueberschrift«.[129]
Bei dieser exegetischen Grundanlage der Predigt ist es um so eindrucksvoller, in
welchem Ausmaß sie Bultmanns Rezeption des theologischen Denkens Wilhelm Herrmanns dokumentiert, »dessen lebenslange Leidenschaft der Frage
eines gewissen Grundes des Glaubens galt«[130]. Daß und wie Bultmann nicht nur
hier, sondern immer wieder in den Predigten seiner Frühzeit auf das Problem der
Gewißheit, auf ihre Notwendigkeit und die Bedingungen ihres Zustandekom-
mens zu sprechen kommt, führt klar vor Augen, wie sehr ihn diese Fragen
beschäftigten und daß er in Herrmanns Theologie einen maßgeblichen Umgang
mit ihnen erblickte. Unter diesem Aspekt heben wir deshalb im folgenden die
zentralen Predigtgedanken Bultmanns als dem Denken Herrmanns nachgedach-
te bzw. analoge Gedanken hervor.

Bultmann läßt die Frage nach der christlichen Ostergewißheit, schon indem er
sie als Frage nach der »Gewißheit des Sieges des Lebens über den Tod« stellt, aus
der Erfahrung der durch den Tod über das Leben verhängten letzten Sinnlosigkeit erwachsen. Diese Fragestellung entspricht der von Herrmann vertretenen
anthropologischen Grundauffassung, daß der Mensch den »Zweck« und das
»Ziel« seines menschlichen Daseins nicht aus dem Zusammenhang des natürli-

---

[127] Wegen der »Gefahr der Selbsttäuschung« sagt Bultmann »absichtlich nicht: Wir sollen
uns aussprechen im Gebet an Gott« (Ms. 15).
[128] Angesichts des Umstandes, daß es bei der sog. Textpredigt – sofern diese nicht rein als
Vers-für-Vers-Erklärung und -Anwendung durchgeführt wird – eben der biblische *Text* ist, der
der Predigt das *Thema* stellt, erweist sich die üblich gewordene, in der Tradition der Dialektischen Theologie stehende und exklusiv gemeinte Unterscheidung zwischen Text- und Thema-
predigt überhaupt als terminologisch wenig hilfreich für präzise predigttypologische Urteile.
[129] Achelis, Praktische Theologie, 166.
[130] Rothert, Gewißheit, 79.

chen Geschehens, in das er sich gestellt findet, zu gewinnen vermag[131], daß sich
vielmehr die Frage nach »Zweck und Ziel«[132] gerade angesichts der Todesverfal-
lenheit (und damit Sinnlosigkeit) des natürlichen Lebens[133] als existentielle Frage
nach einem »wahren« bzw. »wahrhaftigen Leben« erhebt.[134] Indem der Mensch
dieser Frage nicht ausweicht, sondern in »wahrhaftigem Wollen« die »Selbstunterscheidung des Menschen von der Natur« ernsthaft vollzieht, beginnt er
sittlich zu denken.[135] Wenn Herrmann dementsprechend um des Menschseins
des Menschen willen fordert, sich selbst als nach wahrhaftigem Leben existentiell Fragenden ernstzunehmen und sich das Recht dieser »Selbstbehauptung«[136]
gegenüber dem dem Tode verfallenen natürlichen Leben nicht durch die naturalistische Ergebung in die eigene Bedeutungslosigkeit[137], durch »männliche Resignation«[138] oder durch Zerstreuung »in Arbeit und Genuß«[139] zu verschleiern,
sondern »mit dem Anspruch auf Leben . . . Ernst [zu] machen«[140], so entspricht
diesem Ruf in die Wahrhaftigkeit des Wollens, daß Bultmann in seiner Predigt
die ernsthafte Bereitschaft zu einem wahrhaftigen Leben implizit zur Vorbedin-

---

[131] Vgl. z. B. HERRMANN, Schriften I, 118.

[132] Vgl. ebd., 97; DERS., GAufs., 24.

[133] Vgl. HERRMANN, Schriften I, 98: Es ist »die Erfahrung, daß unser Leben auftaucht und
endet in einer unabsehlichen Welt, in welcher die Schicksale, die uns wohl und wehe tun, ebenso
notwendig sind und ebenso gleichgültig wie irgendein anderer Naturprozeß. . . . Alles erscheint
uns als eingefügt in den Haushalt der Natur, in dem es hervorgebracht und verbraucht wird.«
Zur Klarheit wird diese Erfahrung in der Wissenschaft gebracht, die das Ihre tut, »die Menschen
zur Besinnung zu bringen, denn sie versetzt sie in eine Wirklichkeit, die für alle Ansprüche des
Lebendigen nichts weiter hat als endloses Schweigen« (ebd., 261). Vgl. ebd., 124.126.128; II,
133; Ethik, 62 ff.

[134] Vgl. z. B. HERRMANN, Schriften I, 344: Es handelt sich um »die sittlich notwendige Frage,
wie ein Mensch in seiner menschlichen Existenz wahrhaftig sein könne«; vgl. ferner ebd., 252 f.
u. ö. Die in der neueren Herrmann-Forschung diskutierte, z. T. auf Einflüssen aus der sog.
Lebensphilosophie beruhende Verschiebung von Herrmanns Frage nach der Sittlichkeit zu der
Frage nach wahrhaftigem Leben (vgl. BEINTKER, Gottesfrage, 51 ff.) darf m. E. nicht überbe-
wertet werden; mit Recht stellt Beintker fest, »daß der für die Suche nach dem wahrhaftigen
Leben bedeutsame Horizont mit der bereits im Jahre 1884 präzise gestellten Frage ›was bist du
selbst, was ist Zweck und Ziel deines Daseins?‹ abgesteckt ist« (ebd., 53; vgl. HERRMANN,
Schriften I, 97).

[135] Vgl. HERRMANN, Ethik, Erster Teil, 2. Kapitel: »Das sittliche Denken als die Selbstunterscheidung des Menschen von der Natur« (36 ff.).

[136] Vgl. v. a. HERRMANN, Schriften I, 291 f.

[137] Vgl. ebd., 276 (gegen Haeckel).

[138] Schriften II, 47; vgl. I, 99: »Die resignierte Unterwerfung unter die Macht der Welt (ist)
ein Abfall von der Humanität.«

[139] Schriften II, 47; vgl. ebd., 47 f.: »Die eigentliche Gottlosigkeit ist die Zerstreuung, die uns
über die Rätsel unseres Lebens hinwegträgt«; ähnlich I, 275.

[140] Schriften II, 48; vgl. ebd.: »Dagegen sind alle für sein [Gottes] Wort erschlossen, die das
Bewußtsein davon, daß es ihnen an wahrhaftigem Leben fehlt, nicht gewaltsam unterdrücken
und dem Schmerz des Menschenloses sein Recht lassen.« »Dem Schmerz sein Recht« – so heißt
ein Gedichtzyklus von Fr. Hebbel, dessen häufige Zitierung in Bultmanns Predigten (vgl. R.
BULTMANN, VW, 69.90.269; MP, 52.103.221) anzeigt, daß er eben diesen Gedanken Herrmanns teilte.

gung für das Entstehen der erfragten Gewißheit erklärt: »Mußte das, was ich für
Leben hielt, vernichtet werden, damit mir das Auge geöffnet wurde für das
wahre Leben? . . . Wir sollen . . . prüfen, . . . ob wir auch Mut haben, das Leben
zu leben, das über den Tod siegt; ob wir Mut haben, Jesus ins Gesicht zu sehen,
wenn er spricht: ›Wer sein Leben findet, der wird es verlieren, und wer sein
Leben verliert um meinetwillen, der wird es finden.‹«[141]

Mit dem Willen zur Selbstbehauptung im Sinne des Verlangens nach wahrhaftigem Leben ist demzufolge eine Bereitschaft zur Selbstverleugnung, nämlich
zum Verlust der natürlichen Lebenshoffnungen, innerlich verbunden. Auch
dieses Motiv ist Herrmann nach-gedacht, resultiert doch nach Herrmann solche
Bereitschaft zum Selbst-Verlust daraus, daß »das Individuum in keinem Moment seiner Selbstbehauptung seine eigene Existenz als ewig berechtigt ansehen« kann, der »Wille der Selbstbehauptung« hingegen, wenn er wahrhaftig sein
will, eines ewigen, unveränderlichen Ziels bedarf, so daß ihm »zugemutet
(wird), von sich selbst abzusehen und seine Gedanken auf etwas anderes zu
konzentrieren, auf das ewige Ziel, das er selbst als solches erfaßt«. So ist also der
in sich selbst wahrhaftig werdende Wille nach wahrem Leben an die Bedingung
der Bereitschaft zum Selbst-Verlust bzw. zur Selbstverleugnung geknüpft –
»aber in dieser Hingabe an das Objekt [nämlich an das ›ewige Ziel‹] verlieren wir
doch nicht uns selbst«. Fordert diese Hingabe auch »Abkehr von vielen Dingen
. . ., an denen das natürliche Leben hängt«, so entspringen ja solche Opfer der
Selbstverleugnung aus der Festigkeit, mit der der Wille auf das ewige Ziel
gerichtet ist. »Dieser in seiner eigenen Erkenntnis des ewig Gültigen fest gegründete Wille ist die sittliche Gesinnung. In dem wahrhaftigen Wollen der
Sittlichkeit wird die Selbstverleugnung zur Selbstbehauptung.«[142]

Halten wir ein: Bultmanns Themafrage fragt nach der »Gewißheit des Sieges
des Lebens über den Tod«. Der erste Predigtteil bewegt sich aber erst im Vorfeld
der eigentlichen Gewißheitsfrage, indem als eine Vorbedingung der Siegesgewißheit der auf der Unterscheidung zwischen falschem, »scheinbarem« Leben
und wahrem Leben beruhende ernsthafte Wille nach wahrem Leben geklärt und
gefordert wird. Diese Klärung und Forderung entspricht *in ihrer inneren Struktur*
dem Herrmannschen Aufweis[143] der Sittlichkeit als einer »Art des Lebens, die
sich selbst von dem natürlichen abgrenzt«[144], indem sich der Mensch unter dem
Gesichtspunkt des wahrhaftigen Lebens als *der* »sittlich notwendigen Frage«[145]

---

[141] Ms. 9; Beispiele für das Ausweichen vor der Frage nach wahrem Leben (Libertinismus
oder Askese) bringt Bultmann ebd., 12.
[142] Schriften I, 291 f.; vgl. auch Ethik, 58 ff. (bes. 61) und 108.
[143] Der Terminus »Aufweis« trägt dem Umstand Rechnung, daß sich nach Herrmann »das
Sittliche jeder erkenntnistheoretischen Fundamentierung verschließt. Die der Ethik eigentümlichen Erkenntnismittel sind ›geschichtliche Anschauung und Selbstbesinnung‹« (BEINTKER,
Gottesfrage, 38; vgl. HERRMANN, Ethik, 9.36 f.).
[144] Ethik, 37.
[145] Schriften I, 344.

versteht.[146] Die Klärung und Forderung in Bultmanns erstem Predigtteil entspricht aber darüber hinaus *in ihrer Stellung vor der Behandlung der Gewißheitsfrage* eben der Stellung, die bei Herrmann die Sittlichkeit als notwendige, aber nicht hinreichende Bedingung für das Entstehen von Religion, mithin für religiöse Gewißheit innehat; für Herrmann steht fest, »daß zwar die Anfänge in sittlicher Gesinnung möglich sind ohne Religion, nicht aber die Anfänge der Religion ohne sittliche Gesinnung.«[147]

Wie ist nun aber das Verhältnis zwischen sittlicher Gesinnung und Religion und der Überschritt von jener zu dieser zu verstehen? Nach Herrmann vermag der Mensch das ewig gültige Ziel, das seinem Wollen als unbedingte Forderung gegenwärtig ist, nicht aus sich selbst zu erreichen – er findet sich in »sittlicher Not«[148]. Anders ausgedrückt: Gegenüber der »ewigen Idee« des Guten empfindet der Mensch – »er ist nicht gut, sondern soll es werden« – die »Behauptung eines Selbst ... immer wieder als eine Unwahrheit«. Also gerade der sittlich ernste Mensch ist sich der »Spannung gegenüber dem ..., dem er sich unterworfen weiß«, bewußt; er ist sich bewußt, daß er die »Wahrheit seiner menschlichen Existenz« nur im Modus des Verlangens hat.[149] Wenn dieses Verlangen, das Herrmann als »religiöse Sehnsucht« versteht, nicht verdrängt wird, »so bleibt nach der Erfahrung der Frommen diese *sittlich notwendige Frage nach Gott*[150] nicht ohne Antwort.[151] Die Religion selbst sieht in ihrem Ursprung ein Allgemeingültiges mit einem Individuellen zu einem unteilbaren Erlebnis verbunden. Das Allgemeingültige ist die sittlich notwendige Frage, wie ein Mensch in seiner menschlichen Existenz wahrhaftig sein könne.[152] Das Individuelle ist das Erlebnis, in dessen Erfassen der Mensch die innere Befreiung zu wahrhaftigem Leben findet.«[153] So kommt also die *Sittlichkeit* als das Verlangen nach wahrhaftigem Leben in der *Religion* als dem Erlebnis der Befreiung zu wahrhaftigem Leben zu ihrem Ziel und ist darin aufgehoben: Der Glaube bedeutet »die zu ihrer Wahrheit kommende Existenz des Menschen«[154], er ist »immer nur zu verstehen als ein besonderer Ausdruck sittlicher Gesinnung«[155]. Er besteht und äußert sich »in der Überzeugung, daß die Religion das wahrhaft Lebendige in der Geschichte

---

[146] Mit vollem Recht sieht BEINTKER, Gottesfrage, 126, darin, »daß die den späteren Herrmann beschäftigende Frage nach dem wahrhaftigen Leben der Frage nach ›Eigentlichkeit‹ meines je eigenen Seins durchaus entspricht«, eine wesentliche »Gemeinsamkeit« zwischen Herrmann und Bultmann.
[147] Schriften I, 264; vgl. ebd., 275: »An dem Anfang der Sittlichkeit allein kann Religion entzündet werden.«
[148] Vgl. z. B. ebd., 170; Verkehr, 47 f. 81 f. 165; grundsätzlich Ethik, § 17 (»Das Schuldgefühl«), 85–87.
[149] Vgl. dazu auch Schriften I, 119.
[150] Hervorhebung von mir.
[151] Vgl. dazu auch Verkehr, 78.
[152] Vgl. dazu auch Verkehr, 84.163.164 f.169; Ethik, 60.
[153] Schriften I, 344; vgl. ebd., 311.
[154] Schriften I, 311.
[155] Ebd., 274.

ist, und in der Erwartung, daß das Lebendige dem Toten gegenüber Recht behalten wird«[156] – also in der »Gewißheit des Sieges des Lebens über den Tod«. »Wie kommen wir zu dieser Gewißheit?« fragt Bultmann am Ende des ersten Predigtteils (Ms. 11) und fragt damit nach jenem Überschritt, nach jenem »Individuellen«, nach dem »Erlebnis«, in dem der Glaube entsteht.

Zur erfragten Gewißheit kommt es nach Bultmann nur durch das »Ergriffenwerden von Gottes Wirken«[157] im »persönlichen Erleben«[158] – und nicht durch das »Hören« und die »Annahme der Ostergeschichten« (Ms. 12); das wäre der »falsche Weg«. In dieser Entgegensetzung zeigt sich Bultmann erneut an der Seite Herrmanns. Mit seiner Lokalisierung der Religion bzw. des Glaubens im persönlichen Erleben sah sich Herrmann – wie nach und schon neben ihm Bultmann, für den wir dies schon mehrfach aufgezeigt haben – zur Auseinandersetzung nach zwei Seiten hin genötigt. Die eine Front war das Glaubensverständnis der theologischen und kirchlichen »Rechten« (Herrmann: »Positive«[159]), wo, mehr oder weniger massiv, der Glaube wesentlich verstanden wurde als ein Akzeptieren überlieferter Berichte und Lehren[160]; die andere Front war das (religions-)philosophische Bemühen, der Religion einen Platz nicht nur im «erlebbar Wirklichen«, sondern im »nachweisbar Wirklichen«[161] anzuweisen – ein Bemühen, wie es Herrmann nicht nur bei den von ihm so genannten »Liberalen«[162], sondern auch schon beim späteren Schleiermacher und, zu seiner Zeit, auf unterschiedliche Weise in den Religionsphilosophien H. Cohens, P. Natorps, E. Troeltschs u. a. sowie in den verschiedenen Zweigen der Religionswissenschaft überhaupt am Werke sah.[163] Wenn nun Bultmann erklärt, es helfe dem Menschen nicht, »wenn wir sagen: vor 1900 Jahren ist Jesus von den Toten auferstanden und verbürgt uns die Gewißheit unseres Lebens«, weil diese Botschaft entweder gar keinen oder nur einen »Annahme«-Glauben finden könne, dem »das Wichtigste fehlt: das innere Durchdrungensein von dem Leben, das in Jesus lebte« (Ms. 12), so ist das deutlich gegen den kirchlichen Für-wahr-halte-Glauben gesagt. Wenn Bultmann aber außerdem in der Exegese die direkte, augen- und ohrenfällige Offenbarung des Auferstandenen an die Emmaus-Jünger als einen hypothetischen Fall setzt und einen daraus entstehenden Glauben für »falsch« erklärt, da er der Erfahrung von Jesu »Gewalt über die Herzen«[164] ermangele (Ms. 11 f.), so könnte darin auch eine Polemik gegen solche anklingen, die sich eines zureichenden Glaubensgrundes im »nachweisbar Wirk-

---

156 Ebd., 283.
157 Ms. 17, Disposition am Ms.-Rand, Punkt B (= Teil II), II (= »Der richtige Weg«), 2 (= »Anwendung«), c.
158 Ms. 18, Disposition am Schluß, derselbe Punkt (vgl. vorige Anm.).
159 Vgl. Schriften II, 203 f. 179 f. u. ö.
160 Vgl. z. B. Verkehr, 46. 63 f.
161 Zu dieser Unterscheidung vgl. z. B. Schriften I, 249.
162 S. o. Anm. 159.
163 Vgl. z. B. Schriften I, 316, außerdem EVANG, Berufung, 7–11.
164 Zu dieser Wendung vgl. HERRMANN, Verkehr, 88.

lichen« vergewissern zu können meinen. Schließlich, wenn Bultmann im Blick
auf die vorliegende Ostergeschichte es für »vollkommen gleichgültig« erklärt,
»ob jemand glaubt, sie habe sich so ereignet, wie sie hier erzählt ist, oder nicht«
(Ms. 12), so kann er sich auch hierin auf Herrmann berufen, der hinsichtlich der
»die Person Jesu Christi« umgebenden neutestamentlichen Erzählungen feststellt: »Für viele in der christlichen Gemeinde sind ... diese Erzählungen etwas
absolut Sicheres, für andere nicht. Die Entscheidung darüber hängt nicht von
der Gesinnung oder dem religiösen Ernst der Christen ab; sie hat auch gar keinen
Einfluß auf sein inneres Geschick, auf seine Stellung zu Gott.«[165]

Von dem »falschen Weg« weist nun Bultmann seine Hörer hin auf den
»richtigen Weg«, indem er sie an ihr »persönliches Erleben« weist, das Erleben
der »mit offenen Augen« wahrzunehmenden Welt- und Lebenswirklichkeit,
dem sich, angeleitet durch den »Eindruck« von »Persönlichkeit« und »Lebenswerk« Jesu, das Wirken des verborgenen, sinnverbürgenden »göttlichen Lebens« erschließe. Die Beschreibung des richtigen Weges ist in die drei Punkte »a.
Aussprache«, »b. Neues Schauen«, »c. Persönliches Erleben«[166] gegliedert. Was
für die Predigt im ganzen gilt, wird hier besonders augenfällig: das Gefälle der
»Exegese« – wiederum aus ihr werden die drei genannten Punkte entwickelt –
auf Zentralpunkte (Schleiermacher-)Herrmannscher Glaubenslehre hin. Neben
dem Erleben nennen wir als Stichworte »Gemeinschaft« und »Vorsehungsglaube«.

Bultmanns Anweisung, daß wir uns – wie die Jünger gegenüber dem unbekannten Weggenossen – über Kummer und Leid aussprechen sollen gegenüber
solchen, »die wir frei und unbefangen ihren Weg gehen sehen«, kulminiert in der
rhetorischen Frage: »Hat uns Gott nicht unsere Mitmenschen, unsere Verwandten und Freunde gegeben? Und doch nicht nur dazu, uns die Zeit mit ihnen zu
vertreiben, sondern ihnen anzuvertrauen, was unser tiefstes Herz bewegt« (Ms.
15f.). Um den Horizont dieser Einweisung des von der Erfahrung des Todes
angefochtenen Menschen in die vertrauensvolle Gemeinschaft mit seinen Mitmenschen zu bezeichnen, ist zunächst Herrmanns fundamentalethische Bestimmung des »Vorgangs« näher ins Auge zu fassen, in dem das sittliche Denken
(und damit die Menschwerdung des Menschen) allererst entsteht. Dazu, formuliert Herrmann grundlegend, müssen wir »uns unseres Zusammenhanges mit
menschlicher Gemeinschaft bewußt werden«. Wir müssen »uns auf einen wichtigen Lebensvorgang in uns selbst besinnen, worin wir uns eines solchen von
dem natürlichen Leben sich scharf abgrenzenden Wollens bewußt werden mußten und zugleich des unleugbaren Bestimmtseins durch Menschen, die der
Natur bereits freier gegenüberstanden als wir« und die eben dadurch unser
Vertrauen erweckten, nämlich die von unserem eigenen Vorteil ganz unabhängi-
ge Achtung gegenüber ihnen als innerlich selbständigen, einem unbedingten

---

[165] Schriften I, 204; vgl. Ethik, 112f.
[166] So in der Disposition am Schluß, Ms. 18.

Sollen unterworfenen Menschen.[167] »Nur wo Menschen das erleben, daß sie durch die sich offenbarende Güte [im Sinne des Gut-Seins] anderer gezwungen werden, ihnen zu vertrauen, werden sie durch die unabweisbare Macht der sittlichen Gedanken über das bloß natürliche Leben erhoben.«[168] Der Akt des Vertrauens bedeutet, daß der Mensch sich dieser Macht in Freiheit beugt und ein neues Wollen gewinnt. Er wird der unbedingten Forderung des Guten inne, die allein fähig und berechtigt ist, seinem Wollen die unveränderliche Richtung zu geben, d. h. als das »sittliche Gesetz« seinen Gehorsam zu fordern.[169] Das sittliche Gesetz, das in Kants Kategorischem Imperativ präzise formuliert worden ist, gibt jedoch nicht den Inhalt des sittlich Notwendigen konkret an; vielmehr drückt es die dem ewigen, für alle Menschen einheitlichen Ziel des Wollens entsprechende einheitliche Form des Wollens gegenüber der Vielfalt der Handlungen aus, in denen sich das Wollen bei den verschiedenen Menschen und unter ihren jeweils verschiedenen Handlungsbedingungen aufgrund je selbständig zu treffenden Urteils über das sittlich Notwendige materiell betätigt. Läßt also das sittliche Gesetz den Inhalt dessen, was jeweils zu tun ist, offen, so ist doch aus den unausbleiblichen Folgen bzw. Wirkungen eines Wollens, das »das in eigener freier Einsicht erkannte unbedingt Notwendige« will, eine Zweck- und Zielbestimmung des Wollens abzuleiten: Wie die Herrschaft des sittlichen Gesetzes in den Menschen erstens eine »wahrhaftige geistige Gemeinschaft unter den Menschen« und zweitens eine »im Ewigen gegründete innere Selbständigkeit der einzelnen« bewirken muß und tatsächlich bewirkt, so können wir »in zwei Forderungen ... immer das sittliche Gesetz uns vorhalten: wir sollen unbedingt wahrhaftige geistige Gemeinschaft mit andern wollen und wir sollen dadurch selbst innerlich selbständig sein. Geistige Gemeinschaft unter den Menschen und geistige Selbständigkeit der einzelnen, das ist das, was wir als von dem sittlichen Gesetze vorgeschrieben, unabhängig von den besonderen Erfahrungen des Moments erkennen können. Jedes von beiden ist ein besonderer Ausdruck des sittlich Guten.«[170] So ergibt sich für den einzelnen als Zielbestimmung seines Lebens »die Vollendung unseres inneren Menschen in vollkommener sittlicher Gemeinschaft«, als Zielbestimmung seines jeweiligen Tuns »ein befreiender und beglückender Verkehr mit anderen«[171], als »unerschöpfliche Aufgabe« die »Aufgabe der Liebe«[172]: »Die Liebe weiß sich zwar in unerschöpflicher Beweglichkeit jedem Moment anzupassen, aber sie ist unveränderlich in der Richtung auf ein Ziel, das sie kennt, nämlich die persönliche Gemeinschaft, in der jeder am andern eine Freude hat, für die er alles andere hingeben möchte. Der

---

167 Vgl. Ethik, § 10 (»Die Wirklichkeit des sittlichen Denkens in der Geschichte«), 36–44, Zitate 37; vgl. dazu auch Schriften I, 270 f.

168 Schriften I, 269.

169 Vgl. zum folgenden Ethik, § 11 (»Das sittliche Gesetz«), 44–52.

170 Ethik, 51 f.; vgl. die Parallele Schriften I, 274.

171 Schriften I, 119.

172 Ebd., 253.

Wille der Liebe hat das als sein ewiges Ziel vor sich[,] solche Gemeinschaft um sich her entstehen zu lassen und zu vertiefen.«[173] Herzliche, vertrauensvolle Gemeinschaft, der die innere Selbständigkeit des einzelnen korrespondiert, ist also nach Herrmann zugleich Ursprungsbedingung wie Zielbestimmung sittlichen, d. h. menschlichen Daseins.

Nun bilden freilich diese fundamentalethischen Bestimmungen Herrmanns als solche zunächst nur den äußersten Rahmen für Bultmanns Weisung, sich, um auf dem Weg zur »Gewißheit des Sieges des Lebens über den Tod« voranzukommen, »frei(en) und unbefangen(en)« Menschen »anzuvertrauen«, ihre Gemeinschaft zu suchen. Bultmann weist seine Hörer dadurch an den Ort, an dem nach Herrmann allein das Gute als eine den Sinn aller Welt- und Lebenswirklichkeit verbürgende Macht sich offenbaren kann – an der allein *Gott* sich offenbaren kann. Herrmanns fundamentalethische Bestimmungen sind nämlich darin zugleich theologische Fundamentalbestimmungen, daß sie, indem sie das Wesen des Sittlichen aufzeigen, zugleich die Bedingungen der Möglichkeit von Offenbarung aufzuweisen beanspruchen: »Die Erfahrungen . . ., die als Offenbarungen Gottes auf uns wirken, wenn wir überhaupt religiös lebendig werden, sind dieselben, die uns auch zu sittlicher Selbstbesinnung bringen.«[174] Als in der Gemeinschaft gründende und sich auf Gemeinschaft hin vollziehende ist die sittliche Existenz eine unumgängliche Bedingung für den Offenbarungsempfang: »Nur aus dem geschichtlichen Leben«, d. h. aus der »menschliche(n) Gesellschaft und ihre(r) Geschichte«, die »unser Lebensbereich« ist[175], »kann uns Gott entgegentreten. . . . Wenn wir die Beziehungen zu anderen Menschen nur erleiden und nicht erleben, so schläft in uns die Persönlichkeit, der sich Gott offenbaren will, so sehen wir die Tatsachen nicht, durch die allein er sich offenbaren kann.«[176]

Die Negationen in Bultmanns Predigt heben den Rang der Gemeinschaft für den Weg zur erfragten Gewißheit hervor: Der nicht gegenüber anderen Menschen, sondern »im Gebet an Gott« sich aussprechende Mensch ist in Gefahr, mit sich selbst *allein* zu bleiben, »und es wird uns höchstens der Trost, daß wir uns in unserem Kummer gefallen, uns bewundernswert vorkommen« (Ms. 15f.). Und: Wir sollen »uns nicht mit unserem Kummer einschließen; auch nicht mit solchen zusammen, die dasselbe Leid tragen«, sondern »wir sollen uns aussprechen gegenüber den andern, die wir frei und unbefangen ihren Weg gehen sehen« (Ms. 15) – in Herrmanns Formulierung: gegenüber solchen Menschen, »die der Natur bereits freier gegenüberstehen[177] als wir«.[178]

Was geschieht nun aber im Akt des Sich-Anvertrauens, der ja in eminentem

---

[173] Ebd., 227; vgl. ebd., 223.274.
[174] Ethik, 109.
[175] Vgl. dazu auch Schriften I, 317.
[176] Verkehr, 50 f.
[177] Bei HERRMANN: »gegenüberstanden«.
[178] Ethik, 37.

Sinne ein Erleben und nicht nur ein Erleiden der Beziehungen zu anderen Menschen ist? Es geschieht darin die Eröffnung einer neuen Perspektive auf die Lebens- und Weltwirklichkeit, ein »andres Ansehen des Geschicks«[179]: »Wir sprechen uns aus und finden Ruhe und lernen sehen, was ein andrer, unbefangener Blick sieht. Da lernen wir unser Auge wieder öffnen und lernen blicken in Welt und Leben und lernen erkennen, was uns hier als Spur göttlichen Lebens entgegentritt. ... In dem, was vorher als ein unentwirrbares Durcheinander dalag, erkennen wir goldene Fäden, die sich hier und dort durchschlingen, sich vereinen und kreuzen und die zum Schluß ein wundervolles Muster ergeben« (Ms. 16f.). Bultmann schildert hier den von Herrmann häufig beschriebenen Vorgang, in dem das in seiner Disparatheit scheinbar sinnlose Vielerlei des Geschehens als sinnvoll geordnete Einheit durchsichtig wird. So heißt es bei Herrmann etwa: »Die Religion beginnt nicht damit, daß der Mensch hinter einzelnen Ereignissen etwas Verborgenes, Geheimnisvolles sucht, sondern damit, daß dem Menschen die ganze Wirklichkeit, deren er sich bewußt ist, selbst etwas ganz anderes wird, als sie für den Nichtfrommen ist. Für den Nichtfrommen ist die Wirklichkeit ein Vielerlei von Dingen und Ereignissen, durch die er abwechselnd in Furcht und Hoffnung versetzt wird, denen er abwechselnd sich überlegen und unterworfen fühlt. ... Der Anfang der Frömmigkeit liegt einfach darin, daß wir uns aus dieser Zerstreuung sammeln und dann in der Welt nicht ein Vielerlei, sondern eine einheitliche Macht sehen lernen. ... Die Religion ist die Vollendung der ... Erkenntnis, daß das Wirkliche für uns schließlich nicht ein Vielerlei, sondern eine einheitliche Macht über unser Leben ist.«[180] Die Religion – und wir können im Blick auf Bultmanns Predigt hinzufügen: die religiöse Gewißheit, daß das Leben über den Tod und damit der Sinn über die Sinnlosigkeit siegt –, die Religion ist bei Bultmann und Herrmann die Vollendung einer Erkenntnis, die sich in ihrem Anfang als ein Lernen vollzieht. »Daß aus diesem Anfang«, beugt Herrmann einem Mißverständnis vor, »Glaube an Gott entstehe, ist freilich nicht notwendig.[181] Aber daran allein kann er sich anschließen.«[182] Und ebenso läßt die Wendung, mit der Bultmann in seiner Predigt zum Kernpunkt, zum »Ergriffenwerden von Gottes Wirken«[183], überleitet, den Anfangscharakter, die Insuffizienz der lernbaren Einsicht in die Einheitlichkeit der Wirklichkeit für die religiöse Gewißheit erkennen: »Das macht uns dann Mut, es noch einmal zu versuchen mit dem Leben, es noch einmal zu

---

179 Ms. 16, Disposition am Rand, Gliederungspunkt B II 2b (vgl. oben S. 159 Anm. 157).

180 Schriften I, 275f.

181 HERRMANN exemplifiziert das im Zusammenhang des Zitats am Monismus Haeckelscher Prägung, dem die Wirklichkeit als ein umfassender *Natur*-Zusammenhang einheitlich ist, und gesteht Haeckel zu, »daß sein Verfahren einen Anfang bedeutet, der sehr wohl zur Religion führen könnte, wenn er nicht im Anfang steckenbliebe« dadurch, daß Haeckel »gewaltsam die Gedanken erstickt, die ihm in seiner eigenen sittlichen Gesinnung erwachsen«, nämlich die unabweisbare Selbstunterscheidung des Menschen von der Natur (Schriften I, 276f.).

182 Ebd., 275.

183 Vgl. oben Anm. S. 159 Anm. 157.

wagen mit Gottvertrauen« (Ms. 17). Also im Sinne einer Disposition für religiöse Gewißheit ist die Bemühung um eine einheitliche Sicht der Welt- und Lebenswirklichkeit zu verstehen. Diese Bemühung resultiert als sittliche Pflicht eben
aus der existentiellen Frage des Menschen nach Ziel und Zweck seines durch das
scheinbar regellose Geschehen bestimmten Daseins, einer Frage, die ihrer Struktur nach lediglich dadurch beantwortet werden kann, daß allem Anschein zum
Trotz das Geschehen in seiner Totalität als eine auf die menschliche Existenz
bezogene Zweckordnung eingesehen wird. Die Religion, sofern sie als Vollendung der Bemühung, im disparaten Weltgeschehen eine einheitliche Macht
sehen zu lernen, verstanden ist, kann demzufolge der Sache nach nichts anderes
sein als die suffiziente Erkenntnis der in allem Weltgeschehen waltenden einheitlichen Macht, als die Erkenntnis dieser höheren Zweckordnung. Und genau so
ist sie denn auch bei Herrmann und Bultmann verstanden; die Frage nach
wahrem Leben findet ihre erschöpfende, auch die »sittliche Not« bzw. das
bleibende Bewußtsein von der Differenz zwischen der sittlichen Forderung und
der faktischen Existenz in sich aufnehmende Antwort im Vorsehungsglauben:
»Der christliche Glaube ist der Glaube an die väterliche Vorsehung Gottes«[184],
der »Glaube, daß diese Welt dennoch ganz und gar beherrscht und durchdrungen
ist von dem allmächtigen Willen eines Gottes, der auf verborgenen Wegen uns zu
dem Ziele emporführt, das unser Gewissen uns als das Notwendige bezeugt und
dessen Seligkeit jeder ahnt, der einmal von den Segnungen sittlichen Verkehrs
etwas verspürt hat.«[185] In diesem Glauben haben wir die Kraft, das verwirrende
Geschehen in der Welt und den Zwiespalt zwischen dem, was wir gemäß unserer
sittlichen Erkenntnis sein sollen, und dem, was wir tatsächlich sind, »ganz
anders anzusehen und ganz anders zu erleben wie bisher«[186]. »Unser Glaube an
Gott als unseren Vater in Jesu Christo ermöglicht uns, die Welt nicht mehr so zu
beurteilen, daß sie unserer mit einem so bestimmten sittlichen Inhalt erfüllten
Persönlichkeit widerspricht, sondern so, daß sie unserer sittlichen Bestimmung,
dem höchsten Gute, als dienendes Mittel subsumiert werden kann.«[187] Dem
Glauben wird also das den Menschen betreffende Geschehen durchsichtig bzw.
glaubhaft als Mittel, durch das Gott den Menschen seiner eigentlichen Bestimmung, dem wahrhaftigen Leben bzw. der Seligkeit zuführt[188] – als »Mittel . . .,
durch das er uns erzieht, seine Gemeinschaft zu suchen und zu finden«, wie
Bultmann es ausdrückt (Ms. 14). Gott läßt, so wieder Herrmann, »nichts
geschehen, was dem wirklichen Bedürfnis des Menschen widerstreiten könnte.

---

[184] HERRMANN, Schriften I, 140. Nach Verkehr, 142, verdient allein »der Vorsehungsglaube
oder die fiducia dei« Glaube zu heißen.
[185] Schriften I, 120.
[186] Ebd.; vgl. ebd., 9.33f.
[187] Ebd., 11; vgl. Verkehr, 82.
[188] Wie für den Vorsehungsglauben das Heil der (einzelnen) Menschen das Telos allen
Geschehens ist, zeigt HERRMANNS Glaubensdefinition: »Der christliche Glaube ist der Glaube,
daß der allmächtige und gerechte Gott sich des Menschen in seiner Not und Sünde wie ein Vater
annehme« (Schriften I, 145).

Die Ereignisse, welche sich im Sinnenmenschen lediglich als die unabwendlichen Folgen von Naturvorgängen präsentieren, sind für uns zugleich die Werke unseres Gottes, der mit allem[,] was da ist und geschieht, uns unsere Seligkeit bereitet«[189]; »so gewinnen unsere einzelnen Erlebnisse den Ausdruck von Bemühungen Gottes um unsere Seele.«[190] Knapp appliziert Bultmann: »Wir lernen auch in dem Unglück ein Glück finden.«[191]

Mit dem Vorsehungsglauben als der vollendeten Erkenntnis, daß die Wirklichkeit der Welt und des Lebens ein auf die Wahrheit der Existenz der einzelnen Menschen hin geordnetes Zweckgefüge darstellt, hängt aufs engste die Forderung zusammen, aus dieser Wirklichkeit nicht hinauszuspringen, sondern gerade in ihr die »Spur göttlichen Lebens«, wie Bultmann es ausdrückt (Ms. 16), zu finden.[192] »Wenn wir zu Gott kommen wollen«, sagt Herrmann, »so dürfen wir vor allem den wirklichen Verhältnissen, in denen wir stehen, nicht den Rücken kehren. Die konkrete Wirklichkeit, in der wir uns vorfinden, muß die Nahrung unseres inneren Lebens werden.«[193] Im gleichen Sinn stellt Bultmann fest: »Nur dann werden wir endlich zur vollen Gewißheit kommen, wenn wir uns in dem Leben mit offenen Augen bewegen« (Ms. 17). Nur *in* der Wirklichkeit des Lebens, nicht unter Absehen von ihr, können wir des Sieges des Lebens über den Tod, des schließlichen Sinnes unseres eigenen Daseins, gewiß werden. Daß es Herrmanns Begriff von der geschichtlichen, d. h. von der in den Beziehungen zum Weltgeschehen und zu anderen Menschen erlebten Wirklichkeit ist, der hinter Bultmanns Ausführungen steht, führt seine Entfaltung in der Predigt vor Augen. »In der Wirklichkeit«, das heißt für Bultmann: »in dem, was geschehen ist, und in dem, was noch geschieht, in dem, was andre getan haben und tun, und in dem, zu dessen Arbeit wir uns selbst gezwungen fühlen« (Ms. 17). In unserer so bestimmten Wirklichkeit sollen wir ergriffen werden von Gottes Wirken[194]. Aber wie geschieht das? Wie vollendet sich die Einsicht in die Einheitlichkeit der Wirklichkeit mit der anfechtbaren (und nach Herrmann durch die Erfahrung »sittlicher Not« immer angefochtenen) Ahnung einer verborgenen, auf das Heil des Menschen zielenden Teleologie zur religiösen Gewißheit im Sinne des christlichen Vorsehungsglaubens? Bultmann greift den Skopus seiner Exegese, daß die Jünger »durch das, was er [Jesus] getan hatte, durch sein Handeln« zur Gewißheit gelangt seien (Ms. 15), auf, wenn er zu-

---

[189] Schriften I, 99 f.; vgl. Verkehr, 155.

[190] Verkehr, 100.

[191] Ms. 16. Daß sich der so verstandene Vorsehungsglaube als Freiheit von der Welt vollzieht – eine für Bultmann zentrale Bestimmung christlicher Existenz, die freilich in der vorliegenden Predigt nicht entfaltet wird –, kommt schön zum Ausdruck in HERRMANNS Satz über die »Leistung des Glaubens, der es fertig bringt, unter der tatsächlichen Übermacht der Welt sich frei von ihr zu fühlen, und die Schranken und Leiden, die sie uns auferlegt, als Förderung und Segen zu erleben« (Verkehr, 210).

[192] Zu dieser Formulierung vgl. etwa HERRMANN, Schriften I, 9.

[193] Verkehr, 50; vgl. ebd., 158 f.; Schriften I, 102.131.195 u. ö.

[194] Vgl. oben S. 159 Anm. 157.

nächst antwortet: »Es kommt darauf an, ob wir seinen [Jesu] Geist in der Welt
verspüren« (Ms. 17); ganz am Schluß der Predigt wird hingegen die zustandege-
kommene Gewißheit darauf zurückgeführt, »daß wir selbst das göttliche Leben
schauen durften, um uns schaffend, in uns wirkend« (Ms. 18). Betrachten wir
zunächst die beiden letzten Bestimmungen!

   »Um uns schaffend« – diese Kennzeichnung faßt die uns betreffende Wirklichkeit »in dem, was andre getan haben und tun«, in den Blick: Es gibt »Menschen
in der Welt, in denen göttliches Leben so lebendig und leuchtend seine Kraft
erweist, daß wir gar nicht anders können als anerkennen: Was ich in diesem
gesehen habe, das ist göttliches Leben, kein Traum, sondern Wirklichkeit« (Ms.
17). Bultmann nimmt hier den – für die Entstehung des Glaubens ebenso wie für
die Entstehung der Sittlichkeit – zentralen Herrmannschen Gedanken auf, daß
das, was ein Mensch in sittlicher Gemeinschaft, vor allem aber in der christlichen
Gemeinde »an sittlicher Tüchtigkeit, an Liebe und Treue in seinem Leben
erfährt, . . . ihm den Zugang zu Gott (schaffe). . . . Wir erleiden dabei . . . die
Gewalt, die von Gott ergriffene Menschen über uns gewinnen. In der Ehrfurcht
vor Personen, in denen das Gute Macht und Leben hat, wird unser Zweifeln und
Widerstreben überwunden. Ihr Dasein, das in ihnen verwirklichte Gute, weckt
in uns die Vorstellung einer jenseitigen Macht. Und sie selbst zeugen davon, daß
sie durch Gott sind, was sie sind.«[195] Herrmann bezeichnet solche Personen als
»Bruchstücke der Offenbarung«[196], und als Offenbarungsmittler sind sie auch in
Bultmanns Predigt verstanden; es ist die »Gewalt« der Offenbarung, die bewirkt, »daß wir gar nicht anders können«, als sie als solche anzuerkennen. Die
Gewißheit des Sieges des Lebens über den Tod, können wir diese Teilantwort
Bultmanns auf seine Themafrage zusammenfassen, wird uns dadurch zuteil, daß
wir göttliches Leben »um uns schaffend« in anderen Menschen am Werk sehen.

   Sodann: »In uns wirkend« – diese Kennzeichnung faßt die uns betreffende
Wirklichkeit »in dem, zu dessen Arbeit wir uns selbst gezwungen fühlen«, also
unter dem Aspekt der unbedingten Forderung des Guten, in den Blick: »Wenn
wir gar selbst hineingezogen werden in die Arbeit göttlichen Lebens, da werden
wir immer mehr mit fortgerissen; es wächst unsre Kraft und Mut. Woher? Nicht
wir selbst gaben es uns. Aber staunend erkennen wir, daß uns das Göttliche
selbst in seine Wege zog« (Ms. 17f.). Bultmanns Beschreibung dieser Erfahrung
berührt sich mit Herrmanns Auffassung, daß »das Erlebnis der Offenbarung . . .
auch die eigene Entscheidung unseres Willens für das Gute« enthalte und daß es
»das Bewußtsein unserer Pflicht« schärfe.[197] Mit besonderer Energie ist es
Herrmann um den Nachweis zu tun, daß das sittliche Verhalten des Christen, die
Liebe, nicht etwas Zweites neben oder nach dem Glauben ist, sondern daß es
nichts anderes ist »als eine Äußerung des in dem Glauben waltenden Triebes, der

---

[195] Schriften I, 189.
[196] Verkehr, 47; vgl. ebd., 57–59.95.150–152; Schriften I, 255.
[197] Schriften I, 190.

zu seinem eigenen Ziele drängt«[198]. Drängt dieser aber auf die Gemeinschaft mit Gott, und »werden wir seiner inne als der Macht, die in den Tatsachen waltet und in den wirklichen Beziehungen unseres Daseins uns umfaßt«, so empfangen wir erst damit, daß die »Impulse in uns entstehen, es mit den Dingen ernst zu nehmen und dem Nächsten zu dienen, ... von Gott das höchste Gut, die Erhebung in göttliches Leben, ein Leben in und mit Gott. Indem wir uns in solcher Weise der Welt und den Menschen zuwenden, wenden wir uns Gott selbst zu, und kommen zu einem Leben, das uns mit ihm gemeinsam ist.«[199] Im »sittlichen Beruf« als der nach Maßgabe unserer je individuellen Lage begrenzten sittlichen Aufgabe[200] vollzieht sich die Gemeinschaft bzw. der Verkehr mit Gott, das »Leben in und mit Gott«. Daß dies der Horizont ist, in dem Bultmann vom *Hineingezogenwerden* in die *Arbeit* göttlichen Lebens und von einem *Fortgerissenwerden* spricht, in dem »unsre Kraft und Mut« wachsen[201], wird bestätigt durch Herrmanns Näherbestimmung des sittlichen Berufs, in dessen je konkreten Anforderungen sich die sittliche Aufgabe »niemals vollständig ausdrücken kann«, so daß unsere Berufsarbeit »an jedem Punkt unserer Entwicklung nur als der von Gott gewiesene Anfang für ein umfassenderes Wirken anzusehen ist« – ein Anfang, über den mit »vorwärtsdrängender Kraft« immer wieder hinauszukommen ist. Dagegen der in seiner Berufsarbeit einrostende Mensch »sperrt sich ... gegen die in der Welt empordrängende Bewegung ab, in die ihn Gott *hineinziehen* will«.[202] Die Gewißheit des Sieges des Lebens über den Tod, so können wir die hier besprochene abschließende Teilantwort Bultmanns auf die Gewißheitsfrage zusammenfassen, wird uns dadurch zuteil, daß wir in der gehorsamen Wahrnehmung der sittlichen Aufgabe durch unsere Berufsarbeit göttliches Leben »in uns wirkend« am Werke sehen.

Die existentielle Frage nach der den Sinn des eigenen Daseins verbürgenden Gewißheit, daß das Leben über den Tod siegt, findet also in Bultmanns Predigt darin ihre erschöpfende Antwort, »daß wir selbst das göttliche Leben schauen«, und zwar *mitten in unserer Lebenswirklichkeit*. Es bleibt nun noch die Frage zu klären, in welcher Beziehung zu dieser Antwort die Bestimmung steht, es komme »darauf an, ob wir seinen [Jesu] Geist in der Welt verspüren« (Ms. 17), also in eben dieser uns betreffenden Wirklichkeit. Allem Anschein nach betrachtet Bultmann das »Ergriffenwerden von Gott« im »persönlichen Erleben« unserer Wirklichkeit als die einzige Weise, in der das exegetisch geforderte Offenbarungs-Handeln *Jesu heute* sich ereignen kann – »Jesus wandelt nicht mehr persön-

---

[198] Verkehr, 257.
[199] Ebd., 258. Vgl. Ethik, 134: »Daß aber Gott Gemeinschaft mit uns sucht, kann nichts anderes heißen, als daß er uns zu Mitarbeitern an seinem Werke beruft. Denn an seinem Leben haben wir nur Anteil, sofern wir Vollstrecker seines Willens werden.«
[200] Vgl. Ethik, § 22 (»Der christliche Glaube als die Kraft, das Gute zu tun«), 135–149, bes. 145; Verkehr, 259.
[201] Zu dieser Formulierung vgl. HERRMANN, Ethik, 135.140.
[202] Ethik, 146f., Hervorhebung von mir, ähnlich ebd., 181f. Zum »Hineingezogenwerden« vgl. auch HAERING, Leben, 119 (»Hineingezogenwerden in das gleiche Lieben«) und 188.

lich unter uns und bricht nicht mehr an unserm Tisch das Brot« (Ms. 17). Die
Formulierung: »(Jesu) Geist in der Welt verspüren« *vermittelt* also zwischen *Jesu
Tun* in Emmaus und unserem »Ergriffenwerden von *Gottes Wirken*« in unserer
Wirklichkeit. Dieses heutige, den Sieg des Lebens gewiß verbürgende Erleben
wird nun aber nicht mehr ausdrücklich als ein Verspüren von Jesu Geist in der
Welt, geschweige denn als sein Tun oder Handeln, namhaft gemacht; es scheint
einer christologischen Krönung nicht zu bedürfen. Aber vielleicht einer christologischen Basis? Bevor Bultmann die suffiziente Doppelantwort auf die Gewißheitsfrage entfaltet – »daß wir selbst das göttliche Leben schauen . . ., um uns
schaffend, in uns wirkend« –, weist er in einer ersten Antwort auf ein Schauen
hin, das zwar nicht zur Gewißheit führt, wohl aber eine »Ahnung« vermittelt:
»Wenn wir von seiner [Jesu] Persönlichkeit und von seinem Lebenswerk[203] einen
Eindruck erhalten haben, wo fänden wir dann noch den Mut zu sagen: Alles ist
eitel! Die Menschen kommen und gehen ohne Sinn und Zweck. Dann geht uns
vielmehr eine Ahnung auf, daß hinter der Welt ein hohes, göttliches Leben sich
regt, das allem den Sinn gibt, hinter dem Tod und Leben, Gegenwärtiges und
Zukünftiges zurücktreten« (Ms. 17). Diese durch den Eindruck der Persönlichkeit Jesu erzeugte Ahnung, die jener kurz zuvor ganz »unchristologisch« darge-
legten vorläufigen Einsicht in die Zweckordnung aller Wirklichkeit sachlich
entspricht[204], wird jedoch erst zur Gewißheit – »kein Traum, sondern Wirklichkeit«! – im eigenen Erleben göttlichen Lebens an anderen Menschen und in uns
selbst. In dieser Abstufung Ahnung/Gewißheit scheint die Einsicht oder zumindest das Empfinden zum Ausdruck zu kommen, daß die Person Jesu, der eine
Bedeutung für unsere Gewißheit des Sieges des Lebens über den Tod zuzuschrei-
ben Bultmann aus exegetischen und theologischen Gründen nicht unterlassen
kann noch will, – daß die Person Jesu nicht in eigentlichem Sinne als eine
»Tatsache« der uns bestimmenden geschichtlichen Wirklichkeit erlebt werden
könne, mithin die von Herrmann aufgestellten Bedingungen zum Zustandekommen der erfragten Gewißheit[205] nicht hinreichend erfülle. Gehen wir recht,
bei Bultmann eine solche Einsicht oder Empfindung anzunehmen – und durch
seine Predigt werden wir dazu genötigt –, so treffen wir hier auf erste Spuren
jener »innere(n) Auseinandersetzung mit Herrmann, bei dem ich«, wie Bult-

---

[203] »Lebenswerk« ist ein (in der Tradition der klassischen Person-/Werk-Christologie ste-
hender) von TH. HAERING besonders häufig gebrauchter Terminus für das geschichtliche
Wirken Jesu, in welchem »grundlegend verwirklicht« ist, was »der Verherrlichte ewig vollendet« (Leben, 132; vgl. ebd., 169 u. ö.).

[204] Diese Entsprechung wird bestätigt durch die Beziehung des Eindrucks der Persönlichkeit
Jesu auf die *allgemeine* Wirklichkeitsbeschreibung (»was geschehen ist . . . was noch geschieht«),
die den *besonderen* Wirklichkeitsbeschreibungen (»was andre getan haben und tun«; das, »zu
dessen Arbeit wir uns selbst gezwungen fühlen«) vorausgeht.

[205] Vgl. etwa die beiden Bedingungen in Verkehr, 29: »Erstens können wir nur das als
Offenbarung Gottes verstehen, worin *wir selbst* den auf uns wirkenden Gott finden. . . .
Zweitens kann aber auch das religiöse Erlebnis nur dann für uns selbst Wahrheit haben, wenn
wir es *in der Besinnung auf die Wirklichkeit[,] in die wir uns gestellt finden,* entstehen sehen«
(Hervorhebungen von mir).

mann 1920 schreibt, »in diesem Punkte immer eine Unklarheit empfunden hatte«[206]. Der in der Ostermontagspredigt von 1907 vorliegenden Stufenfolge, dergemäß sich die durch den Eindruck der Persönlichkeit und des Lebenswerks Jesu erweckte *Ahnung* von der sinnstiftenden göttlichen Zweckordnung erst im Selbst-Schauen des um uns und in uns wirkenden göttlichen Lebens zur *Gewißheit* vollende, stellen wir die umgekehrte Stufenfolge, wie sie für Herrmann charakteristisch ist, gegenüber; aus der Fülle der möglichen Belege scheint uns das folgende Zitat besonders sprechend zu sein: »Wir Christen meinen nun, in der ganzen Welt nur eine Tatsache zu kennen, die alle Zweifel an der Wirklichkeit Gottes in uns überwinden kann, die von uns selbst in der Überlieferung des Neuen Testaments ergriffene geschichtlich erlebbare Erscheinung Jesu. Unsere Gewißheit von Gott kann sich an vielen anderen Erlebnissen entzünden, aber ihren festesten Grund hat sie schließlich in dem Faktum, daß wir in dem geschichtlichen Bereiche, dem wir selbst angehören, den Menschen Jesus als etwas zweifellos Wirkliches antreffen können.« Zwar: »Solche Menschen, die uns in ihrem Ernst und ihrer Freundlichkeit das in ihnen verborgene Leben aus Gott spüren lassen, sind Bruchstücke der Offenbarung.« Aber: »Die ganze uns in unserer geschichtlichen Stellung bestimmte Offenbarung Gottes haben wir erst dann, wenn wir sehen können, daß die Person Jesu alles, was uns sonst in der Menschheit groß und ehrwürdig ist, überragt, und daß er hinter denen, die sonst am mächtigsten auf uns wirken, uns sichtbar wird als ihr Lebensspender und ihr Herr. Die Offenbarung Gottes, die wir durch Menschen unserer nächsten Umgebung empfangen haben, wird dadurch, daß wir Jesus selbst kennen lernen, nicht verdrängt oder entwertet, sondern vertieft und vollendet.«[207] Also nach Herrmann findet die »an vielen anderen Erlebnissen« entzündbare Gewißheit ihre letzte Begründung erst in der Begegnung mit Jesus als einer in unserer Wirklichkeit erlebbaren Tatsache. Wir sahen, daß bei Bultmann die umgekehrte Reihenfolge vorliegt.

Es ist an dieser Stelle kurz einzugehen auf das in der neueren Herrmann-Forschung herausgearbeitete Gefälle in Herrmanns Christologie, »welches dadurch bestimmt wird, daß die Person Jesu allmählich aus der ihr ursprünglich eingeräumten exklusiven Mitte des Offenbarungsvorgangs herausgerückt wird. Die Offenbarung wird mehr und mehr zu einem Ereignis, in dem der Mensch Gottes inne wird, ohne unbedingt gleich eine Begegnung mit Jesus zu erleben oder erlebt zu haben.«[208] Michael Beintker hat anhand eines Vergleichs der voneinander abweichenden Fassungen des Kernsatzes aus dem soeben angeführten Herrmann-Zitat (»Unsere Gewißheit ... antreffen können«) in den verschiedenen Auflagen des »Verkehrs«[209] »die dem Denken Herrmanns innewohnende Tendenz« illustriert, »allmählich den christozentrischen Charakter der Offenbarung zu ver-

---

[206] Brief an M. Rade vom 19. 12. 1920, abgedruckt bei JASPERT, Wende, 30–33, Zitat 30.

[207] Verkehr, 47.

[208] BEINTKER, Gottesfrage, 76.

[209] Ebd., 78; der Kernsatz aus obigem Zitat steht – bis auf »können«, das in der 5./6. (= 7.) Auflage 1908 (= 1921) hinzugefügt wurde – in dieser Fassung erstmals in der 4. Auflage 1903, 49.

flüchtigen«. Diese Verflüchtigung sei begleitet von einer zunehmenden Verlegung der Offenbarung als der Selbsterschließung Gottes »in die Erlebnissphäre der menschlichen Subjektivität«, so daß die Ereignisse des Lebens auch abgesehen von der Offenbarung Gottes in Jesus Christus als Offenbarungen Gottes aufgefaßt werden könnten. Dieser Prozeß sei wesentlich mitbestimmt von dem Anliegen, »dem noch nicht im Glauben stehenden Menschen zu einer Begegnung mit Gott zu verhelfen«, und ihm gehe Herrmanns wachsendes Interesse an der Frage nach wahrhaftigem Leben parallel. Dennoch halte Herrmann zeitlebens den Gedanken fest, daß, wie auch immer der Glaube an Gott entstehe, er »sich unweigerlich im Glauben an Jesus Christus begründen, bewähren und vollenden müsse«.[210]

Im Hinblick auf diese Gewichtsverlagerung im theologischen Denken Herrmanns ergibt sich für die Einschätzung der hier analysierten Predigt Bultmanns, daß er darin offenbarungstheologisch und christologisch jedenfalls *nicht* hinter dieser Entwicklung zurückbleibt. Seine Rede von dem Geschehen, in dem sich die erfragte Gewißheit durch das Selbst-Schauen des einzelnen Menschen realisiert, bedarf nicht einmal mehr der christologischen Ergänzung, um vollständig zu sein. Hat – und behält – bei Herrmann die Person Jesu den Rang, die Gewißheit des Glaubens unumstößlich zu begründen und unter Umständen zu vertiefen und zu vollenden, so bahnt in Bultmanns Predigt der Eindruck der Person Jesu diese Gewißheit lediglich an. Im vierten Kapitel dieser Untersuchung, speziell bei der Analyse der Predigt »Diesseits- und Jenseitsreligion« von 1914 und des Vortrags »Ethische und mystische Religion im Urchristentum«, werden wir auf die Frage nach der Funktion der Person Jesu für den Glauben erneut zu sprechen kommen.

Wir haben uns bemüht, anhand einer einzigen der frühen Predigten Bultmanns einen wesentlichen Teil des systematisch-theologischen Rüstzeugs zur Anschauung zu bringen, mit dem ausgestattet er die Predigtaufgabe als den für ihn selbst zentralen Ausschnitt der allgemeinen »Aufgabe, unser modernes Christentum den Gemeinden zu bringen«, in Angriff nahm und bewältigte. Die vorstehende Analyse, in der auch aus vergleichsweise unscheinbaren Indizien Schlüsse auf den theologischen Hintergrund gezogen wurden, konnte und durfte natürlich *so* nur in Kenntnis der übrigen frühen Predigten Bultmanns vorgenommen werden. Durch diese werden unsere Ergebnisse gestützt. Weitere Analysen würden die Resultate ergänzen und bereichern, aber nicht grundlegend verändern.

Ein Weiteres ist zu bemerken: Man sieht der analysierten Predigt – Entsprechendes gilt für die (meisten) anderen – die gründliche theologische Rechenschaft, die ihrer Ausarbeitung (durch solide theologische Bildung) voranging und die sie (aktuell bei der Vorbereitung) begleitete und deren sie deshalb fähig ist, – man sieht ihr diese Rechenschaft auf den ersten Blick und – wegen des historischen Abstands – vielleicht auch auf den zweiten Blick nicht an. Was man

---

[210] Vgl. BEINTKER, Gottesfrage, 78–83, Zitate 78f.82f.

ihr ansieht, ist ihr enger Anschluß an den Predigttext, dem sie entschieden verpflichtet sein will. Nicht offen am Tage – und deshalb genauer historischer Analyse bedürftig – ist der *Modus* des Textanschlusses, der hauptsächlich reguliert wird von den systematisch-theologischen Voraussetzungen, unter denen der Prediger seinen Text wahrgenommen und unter denen er seinen bzw. seine »sittlichen oder religiösen Grundgedanken« gerade *so* und nicht anders bestimmt und ihn bzw. sie gerade *so* und nicht anders »auf die Gegenwart und die spezielle Situation« angewendet hat.[211] Wir stellten anfangs fest und wiesen en passant noch einmal darauf hin[212], wie eng in der vorliegenden Predigt »Exegese« und »Theologie« – und zwar Theologie vom Herrmannschen Typus – miteinander verknüpft sind. Ob und – wenn ja – inwiefern dabei »der Exegese der Primat zukommt«[213] (anderes als ein *relativer* Primat wird dies ja ohnehin nie sein können), stehe dahin; daß er grundsätzlich intendiert ist, zeigt schon die »analytische« Predigtform.

Zum Schluß wiederholen wir: Erst eine umfassende, unter den verschiedenen hier in Betracht kommenden Aspekten durchgeführte Untersuchung des frühen Predigtwerks Bultmanns wird hinreichend verläßliche Urteile über seine frühe Theologie, ihre Entwicklung und ihren Rang für das theologische Gesamtwerk Bultmanns erlauben. Anders als durch gründliche historische Analysen werden auch allzu oberflächliche Etikettierungen wie z. B. die von Bultmann als dem »Prediger einer anfangs z. T. blaß psychologischen Bibeldeutung«[214] nicht zu überwinden sein. Daß über den jungen Rudolf Bultmann als Prediger erheblich Genaueres zu sagen ist und worin dies Genauere besteht: dazu möchte der vorliegende Abschnitt über Bultmanns Wahrnehmung der Predigtaufgabe und speziell die Analyse der Ostermontagspredigt von 1907 einen klärenden Beitrag geleistet haben.

2.4 Predigterfahrungen

Wie über die programmatischen Gedanken, mit denen Bultmann an die Predigtaufgabe heranging, so liegen uns auch über die Erfahrungen, die er als Prediger machte, sporadische Äußerungen vor.

Nach den Befürchtungen, mit denen er als dezidiert »moderner« Theologe während der Studienzeit auf die Ausübung des Pfarr- und speziell des Predigtamts in einer weitgehend von der »Orthodoxie« beherrschten Kirche vorausgeblickt hatte, war er überrascht, in dieser Hinsicht keine Widerstände überwinden zu müssen. Im Rückblick auf die in Oldenburg und Hammelwarden gehaltenen Ostergottesdienste schreibt Bultmann am 23. 4. 1908 an W. Fischer:

---

[211] Die zitierten Formulierungen stammen aus R. BULTMANN, Theologische Wissenschaft und kirchliche Praxis, 126.
[212] Vgl. oben S. 155 und 160.
[213] Vgl. R. BULTMANN, Vorwort des Verfassers, in: Exegetica, VII.
[214] Diese Formulierung gebraucht HÜBNER, Rückblick, 644. Lies statt »blaß«: »bloß«?

»Wieder wurde mir klar: Die Hauptschwierigkeit liegt gar nicht in unserer modernen Theologie und in ihrem Verhältnis zur Laienorthodoxie. Sondern weil die Orthodoxie der Gemeinde eben eine *Laien*orthodoxie ist, ist es für den Prediger, wenn er nur einigermaßen taktvoll verfährt, leicht, die Hörer zu sich zu erziehen. Und ebenso ist es nicht schwierig, an ein Fest, das bald 2000 Jahre gefeiert wurde und von dem die Menschen schließlich doch etwas hatten, religiöse Gedanken anzuknüpfen, die auf der Linie liegen, in der die Entwicklung geht.«

Und in bezug auf seine Neujahrspredigt schreibt Bultmann am 1. 1. 1910[215] ebenfalls an W. Fischer:

»Ich habe mich kaum je wegen meiner Theologie in Verlegenheit gefunden; man kann immer brauchbare Gedanken vortragen, die keinen Anstoß erregen.«

Bultmanns Predigten bestätigen, was diese Äußerungen vermuten lassen und was er 1913 in »Theologische Wissenschaft und kirchliche Praxis« auch fordert: daß er in der Regel den kirchlich-theologischen Gegensatz in der Predigt nicht eigens thematisierte, also darauf verzichtete, gegen das intellektualistische Mißverständnis des Glaubens zu polemisieren, vielmehr um den positiven Aufweis dessen, was christlicher Glaube sei, bemüht war.[216] So kam Bultmann in der oben analysierten Predigt zwar auf die strittige Frage der Historizität der Ostergeschichte(n) zu sprechen, aber nur, um die hier vertretenen verschiedenen Auffassungen für »völlig gleichgültig« im Verhältnis zu dem zu erklären, was »das Wichtigste« ist, zum »innere(n) Durchdrungensein von dem Leben, das in Jesus lebte«.[217] Vergegenwärtigt man sich – um bei diesem Beispiel zu bleiben –, daß diese Frage für Bultmann *wohl* prinzipiell, aber *in concreto* durchaus nicht gleichgültig sein konnte, insofern sich in der *Behauptung* der Historizität der Ostergeschichten ja wie nirgends sonst das verkehrte Glaubensverständnis manifestierte, so zeigt sich besonders plastisch die moderat-irenische, man könnte auch sagen: konfliktvermeidende Strategie, mit der Bultmann das »moderne Christentum« in den Gemeinden von der Kanzel aus zur Sprache brachte.

Zur Sprache! Wir erinnern daran, wie Bultmann sich die Forderung der Vertreter der »modernen Predigt« nach einer zeitgemäßen Predigtsprache zu eigen machte, besonders im Brief an W. Fischer vom 19. 4. 1906, wo er von den Predigern den hermeneutischen Fleiß verlangte, die Sache der Predigt zu der ihr wirklich entsprechenden Sprache kommen zu lassen. An diesem Punkt nun scheint Bultmann größere Probleme bekommen zu haben, als er selbst erwartet hatte. Der oben zitierte Satz aus dem Neujahrsbrief an W. Fischer über die »Theologie« und die »brauchbare(n) Gedanken« ist von diesen beiden Sätzen gerahmt:

»Es ist schrecklich schwer, der traditionellen Predigt*sprache* zu entgehen; viel schwerer, als den traditionellen *Gedanken*. . . . Aber sehr schwer ist es, sich vor den üblichen *terminis*

---

[215] Ms. irrtümlich: 1. 1. 1909.
[216] Vgl. oben S. 133.
[217] Predigt Nr. 3 vom 1. 4. 1907, Ms. 12.

zu hüten; zu modern darf auch eine Predigt nicht klingen, sonst stößt sich die Gemeinde unnötig.«

Wie bei den »Gedanken« sehen wir Bultmann also auch bei der »Sprache« um die Vermeidung fruchtlosen Ärgers bemüht. Es leuchtet ein, wie diese Rücksicht das Bemühen um eine sach- und zeitgerechte, wirklich moderne Predigtsprache geradezu strukturell behindern mußte. Die zu erhoffende allseitige Analyse der frühen Predigten Bultmanns wird auf das Widereinander der hier wirkenden Tendenzen besonders zu achten haben.

Daß es mit der »modernen Theologie« und also mit den richtigen »Gedanken« in der Predigt noch nicht getan sei, – das hat Bultmann nun aber nicht nur in bezug auf die Predigt*sprache,* sondern noch in einer anderen Hinsicht erfahren: in Hinsicht auf das, was *hinter* den Gedanken steht, auf das, *was* sich in ihnen formuliert. Verschiedentlich äußert Bultmann das Empfinden, dem Anspruch der in Schleiermacherscher Tradition stehenden Predigtlehre, daß sich in der Predigt der Glaube bzw. die Religion (das »religiöse Bewußtsein«) selbst auszusprechen habe, nicht zu genügen. Am 22. 12. 1907 schreibt Bultmann nach Fertigstellung der Predigt für den zweiten Weihnachtstag an W. Fischer:

»Es ist so furchtbar schwer, über die Religion zu reden, oder besser ausgedrückt: *aus* Religion reden«. Und nach einer Passage über den erschütternden Tod der Schwester eines gemeinsamen Freundes: »Und dann soll man noch eine Weihnachtspredigt halten! So muß sie denn – wie es auch der Fall ist – fast mehr über das handeln, was man haben möchte, als über das, was man hat.«

(Hingewiesen sei auf die frappante Parallelität, in der die qualitative Überbietung des Redens »über die Religion« durch das Reden *»aus* Religion« zu der gleichsinnigen Überbietung des Redens »über Gott« durch das Reden »aus Gott« in dem Aufsatz »Welchen Sinn hat es, von Gott zu reden?« aus dem Jahr 1925 steht[218]; diese Parallelität, in die auch die Bestimmung von 1925: »Will man von Gott reden, so muß man offenbar *von sich selbst reden*«[219] einzubeziehen ist, unterstreicht unsere andernorts geäußerte Beobachtung, daß Bultmann in den 1920er Jahren – Barth und Brunner zum Trotz – »nicht selten unausdrücklich auf zentrale Gedanken Schleiermachers Bezug nimmt«[220].)

Auf die mit der Predigt-Devise »nur Erlebtes, nicht bloß Nachgedachtes«[221] provozierte Defizit-Erfahrung kommt Bultmann auch im Brief an W. Fischer vom 23. 4. 1908 zu sprechen, und zwar hier unter dem Aspekt der seitens der Gemeinde an den Prediger gerichteten Erwartungen:

»Die Hauptschwierigkeit liegt gar nicht«, wie schon erwähnt, »in unserer modernen Theologie und in ihrem Verhältnis zur Laienorthodoxie«, sondern vielmehr darin, »daß die Gemeinde erwartet und fordert, daß der Prediger ihr als ein Fertiger gegenübertritt, der aus seinen vollen Kammern Schätze austeilt. Und man fühlt sich doch noch zu sehr als Suchender! Für die Sache eintreten, von der man ergriffen ist, gewiß! Aber man ist fast gezwungen, es mit einem Tone zu tun, als hätte man schon das ganze Gebiet in Besitz,

---

[218] Vgl. GuV I, 26.28.
[219] Ebd., 28.
[220] EVANG, Berufung, 23.
[221] BAUMGARTEN, Predigt-Probleme, 81.

während man erst einige Zipfel mühsam erfaßt hat. Aber ich sehe ein, daß es sein muß, wenn man den Gemeinden, wie sie nun einmal sind, etwas geben will. Man muß den Optimismus haben, daß man selbst durch die Sache wachsen wird; und wenn man sich selbst den Anschein gibt, als wäre man schon weiter, als man ist, so ist das auch nur eine Selbstverleugnung um der Sache willen, die sein muß.«

Recht pragmatisch erscheint die Art und Weise, in der Bultmann dieser Briefstelle zufolge die Anforderung besonderer religiöser Lebendigkeit und größeren religiösen Reichtums bewältigte, welche dem Prediger durch die homiletische Theorie und durch die – sicherlich teilweise erst nach Maßgabe dieser Theorie wahrgenommene und beurteilte – Gemeindeerwartung auferlegt war. Der Eindruck läßt sich nicht von der Hand weisen, daß in den Argumenten, die die pragmatische Lösung als sachgemäß erweisen sollen, deutlich empfundene Nöte in Tugenden uminterpretiert werden. Der der Wirklichkeit nicht entsprechende Anschein außerordentlichen religiösen Virtuosentums wird im Blick auf die Gemeinden damit begründet, daß man ihnen, »wie sie nun einmal sind«, anders nichts geben könne – warum, wird nicht gesagt –, und der Prediger beschwichtigt den Selbstvorwurf der Unwahrhaftigkeit durch die Erwägung, daß das ja »eine Selbstverleugnung um der Sache willen« sei und also eine sittlich besonders hochstehende Tat. Im Hintergrund steht aber mit Sicherheit die Empfindung: »Ich weiß eben nicht, ob es ganz ehrlich ist . . .«[222], doch veranlaßt sie Bultmann hier noch nicht zu kritischen Anfragen an ein Predigtverständnis, demzufolge die Predigt »Darstellung, Ausdruck des persönlichen Glaubens« zur »Erbauung der Gemeinde«[223] (in dem oben skizzierten Sinne[224]) ist.

Wir schließen diese Darstellung mit der Mitteilung einer sehr fein beobachteten Predigterfahrung, die in Bultmanns Brief an H. Feldmann vom 21./23./24. 5. 1917 enthalten ist. Gegenüber der zuletzt angeführten Briefpassage von 1908 ist hier das »pragmatische« Moment auf die »einfach um der Sache willen« auszuhaltende Spannung zwischen dem idealen Anspruch der Predigt, spontane Rede aus Religion zu sein, und der Notwendigkeit gründlicher Predigtvorbereitung begrenzt. Wo wir in der Äußerung von 1908 hinsichtlich des durch den »Ton« erweckten »Anschein(s)« eine pragmatische Beschwichtigung der Wahrhaftigkeitsfrage fanden, dominiert in der folgenden Passage von 1917 in bezug auf die Predigtaussagen die Forderung unbedingter Wahrhaftigkeit – und diese wird erhoben in dem deutlichen Bewußtsein, daß es dafür kein schlechterdings sicheres Kriterium gibt: Was eben noch echt war, kann jetzt schon unecht sein. Bultmann schreibt aus der Vorbereitung seiner Pfingstpredigt »Vom geheimnisvollen und vom offenbaren Gott« heraus am 24. 5. 1917:

»Mit dem Entwurf bin ich heute nachmittag fertig geworden, und nun mag sie erst etwas ruhen, bis ich wieder daran kann. Fast habe ich eine Scheu, daran zu gehen; denn ich fürchte, daß so vieles, wenn ich es nun selbst wieder lese, mich enttäuscht und entmutigt.

---

[222] Vgl. oben S. 103 mit Anm. 6.
[223] BAUER, Predigten über Worte Jesu, VII.
[224] Vgl. oben S. 146 f.

Und manchmal ist es so . . ., daß man innerlich unsicher wird, ob man dies oder das auch wirklich vertreten kann. Man hat es zuerst gedacht und geschrieben mit wahrem Gefühl, und nachher erscheint es wie eine Selbsttäuschung: als habe man sich nur in diese Empfindung hineingesteigert oder als habe man nur mit logischer Konsequenz diesen Gedanken gedacht, ohne ihn innerlich zu empfinden. Das sind immer die schwersten Stunden bei der Predigtvorbereitung. Es ist ja auch mit einem gewissen Widerspruch behaftet: In der Predigt soll man frei, wie es aus dem Herzen kommt, reden; und doch muß man sich vorbereiten und sorgfältig vorbereiten und alles überlegen. Ich glaube, diesen Widerspruch muß der Prediger eben einfach um der Sache willen tragen. Aber deshalb gehört auch viel Selbstkritik dazu, daß man nichts zu sagen sich vornimmt, was man nicht wirklich innerlichst vertreten kann. «

Drittes Kapitel

Das Exegese-Verständnis des jungen Rudolf Bultmann in Grundzügen

Mit der Erklärung, »daß es mir entscheidend daran gelegen hat, die Einheit von Exegese und Theologie zu erstreben, und zwar in der Weise, daß der Exegese der Primat zukommt«[1], hat Bultmann selbst im Alter die Grundintention seines wissenschaftlichen Werks charakterisiert bzw. das gleichsinnige Urteil Erich Dinklers darüber[2] autorisiert. Die Wurzeln dieses Einheitsstrebens liegen in frühester Zeit. Es begegnete beispielsweise in der Forderung des Studenten nach einer »von Grund aus« neuen, »alle Errungenschaften der historischen Theologie« einbeziehenden systematischen Theologie.[3] Als anfängliche Realisationen jener Verbindung von Exegese und Theologie bei Bultmann selbst meinten wir seine frühen Predigten ansprechen zu dürfen und wurden darin durch den hohen Rang bestätigt, den Bultmanns unmittelbarer homiletischer Lehrer, Johannes Bauer, dem biblischen *Text* und der ihm eigenen Aussage für die Predigt zuwies. In der einen analysierten Predigt fanden wir ein eindrucksvolles Ineinander textauslegender und systematisch-theologischer Aussagen und deuteten die Schwierigkeit an, in der Primatsfrage überhaupt zu sicheren Urteilen zu gelangen, denn: Unter welchen Prämissen erfolgt die Exegese, deren »Primat« intendiert ist? – eine Frage, der sich das historische Werk Bultmanns zunehmend ausgesetzt sah und sieht.

Wenn wir im folgenden nach den Grundzügen des Exegeseverständnisses beim jungen Rudolf Bultmann fragen, dann tun wir das in einer doppelten, aus den Ergebnissen der beiden ersten Kapitel sich nährenden Erwartung: Wir werden Bultmann als einen Exegeten antreffen, der die biblischen Texte kompromißlos historisch verstehen, d. h. unter methodischer Berücksichtigung des historischen Abstands verstehen und zum Verständnis bringen will, was die Texte selbst, mehr oder weniger deutlich, sagen; diese Erwartung stützt sich nicht nur auf den Tatbestand der historisch-kritischen Schule bzw. Schulung, die Bultmann bei seinen Lehrern Müller und Harnack, Gunkel, Jülicher und Weiß durchlaufen hat, sondern auch auf die Kenntnis von Bultmanns Opposition gegen die kirchlich verbreitete Indienstnahme der Heiligen Schrift unter dem

---

[1] R. BULTMANN, Vorwort des Verfassers, in: Exegetica, VII.
[2] Vgl. DINKLER, Einleitung, zu: R. BULTMANN, Exegetica, XXI–XXIII.
[3] Brief an W. Fischer vom 5. 6. 1905, vgl. oben S. 15–17 und 104–106.

Vorzeichen eines »intellektualistischen« Glaubensverständnisses. Zum anderen ist aber zu erwarten, daß wir in Bultmann einem historisch-kritischen Exegeten begegnen, dem die mit dem theologischen Rang der Bibel für die Kirche gegebene funktionale Bezogenheit historisch-kritischer Schriftauslegung auf die Kirche nicht gleichgültig ist, sondern der darüber reflektiert und Rechenschaft ablegt.

Wir wollen das Exegeseverständnis des jungen Bultmann »in Grundzügen« darstellen. Mit dem schon in der Überschrift signalisierten Verzicht auf Vollständigkeit und systematische Geschlossenheit tragen wir dem Umstand Rechnung, daß Bultmann selbst sich in seiner Frühzeit zu den theologisch-hermeneutischen Fragestellungen, vor die er sich als Forscher und Lehrer im Fach »Neues Testament« wie als Prediger gestellt sah, zwar immer wieder einmal in einzelnen, meist durch die konkreten Aufgaben bestimmten Hinsichten, aber nirgends mit auf Vollständigkeit und systematische Geschlossenheit bedachter Ausführlichkeit geäußert hat. Je nachdem, ob Bultmann sich zur Exegese im engsten Sinne, der zusammenhängenden Auslegung eines (biblischen) Buches, oder zur Erforschung des Neuen Testaments in Hinsicht auf die Geschichte des Urchristentums bzw. der urchristlichen Religion oder zur Arbeit am biblischen Einzeltext im Blick auf eine darüber zu haltende Predigt äußert – die direkt ausgesprochenen oder auch nur implizierten Komponenten seines »Exegese«-Verständnisses (in dem weiten Sinn methodischer Arbeit am Neuen Testament) lassen sich weder auf *eine* historische Wurzel zurückführen noch zu einer allseitig konsistenten hermeneutischen Theorie verdichten.

Gestützt auf Bultmanns veröffentlichte Arbeiten bis ca. 1913 versuchen wir im folgenden, die für ihn wichtigen hermeneutischen Grundlinien mit Rücksicht auf ihre Herkunft und auf ihre systematische Konvergenz in seinem Denken sichtbar zu machen. Manche der dabei zu behandelnden Fragen werden im vierten Kapitel, das Bultmanns Aufsätze von 1916/17 bis 1920 bespricht, unter der dort leitenden Fragestellung nach seinem Religionsverständnis erneut zur Sprache kommen.

Das Thema seiner Habilitationsschrift gab Bultmann Anlaß, sich über die Aufgabe der Bibelexegese grundsätzlich zu äußern; in einem ersten Abschnitt stellen wir diese Aufgabenbeschreibung der Exegese vor und erläutern sie anhand der – vorwiegend rezensorischen – veröffentlichten Arbeiten Bultmanns bis ca. 1913 (1.). Dabei werden wir sehen, wie Exegese für Bultmann in einer bestimmten Hinsicht auf »Theologie« zulaufen bzw. in sie einmünden kann; dem Verhältnis von Exegese und »Theologie« ist ein zweiter Abschnitt gewidmet (2.). Vor diesem Hintergrund visieren wir dann noch einmal die historische Exegese in ihrer – relativen – Eigenständigkeit an (3.). Im nächsten Abschnitt vergegenwärtigen wir uns, was zuvor hauptsächlich anmerkungsweise geschieht, die wichtigsten Quellen für die einzelnen Komponenten im Exegese-Verständnis des jungen Bultmann, indem wir nach seinen Hauptgewährsmännern fragen (4.). Zum Schluß nehmen wir die Resultate der Bultmann-Untersu-

chungen von Traugott Koch und Wolfgang Stegemann in Augenschein, soweit sie Bultmanns Arbeiten bis 1913 betreffen (5.).

1. Die zentrale Aufgabe der Exegese

1.1 Die Aufgabenbeschreibung in der Habilitationsschrift

In seiner Habilitationsschrift über die Exegese des Theodor von Mopsuestia[1] gibt Bultmann, nachdem er zuerst »die äußere Anlage der Kommentare
Theodors« dargestellt hat (28–43), im Hauptteil eine »Charakteristik der Exegese Theodors« (44–125). Diese ist auf das Zentrum von Exegese hin gegliedert. Zuerst beschreibt Bultmann Theodors »Erklärung von Sprache und
Form der Schriften«, seine Handhabung von Text-, Sprach-, Stil- und Gat-
tungskritik (44–68). Danach behandelt Bultmann Theodors »Erfassung des
Zusammenhangs der Schriften«[2] bzw. seine »Erfassung der Schriften als Ein-
heiten«[3], ein den literarkritischen Fähigkeiten Theodors gewidmeter Abschnitt (69–82). Schließlich fragt Bultmann nach Theodors »Erfassung des
inneren Lebens der Schriften« (83–125). Dieser Abschnitt interessiert uns hier
besonders. In ihm stellt Bultmann zunächst »Theodors Verhältnis zum religiösen Leben der Schriften« (84–96) und dann seine »Erfassung der historischen Situation der Schriften« (96–125) dar. Um zu klären, was mit »religiösem Leben« und »historischer Situation« jeweils gemeint ist, und um Rechenschaft über die Reihenfolge der Darstellung zu geben, schickt Bultmann dem
Abschnitt eine »methodische Vorbemerkung«[4] voraus (83f.). Darin liegt eine
unmittelbare und als solche gemeinte Überlegung zur Theorie der Exegese
vor. Das erhellt schon aus der Anknüpfung an den vorhergehenden, der Literarkritik gewidmeten Abschnitt, mit der Bultmann seine Vorbemerkung einleitet: »In dem Gesagten liegt schon ein Weiteres, auf das wir uns nun ausdrücklich zu besinnen haben.« Dabei handelt es sich um folgendes: »Die Frage, ob der Exeget es vermag, Einheit und Gliederung einer Schrift zu erfassen« – dieses Vermögen zeichnet Theodor als eine »exegetische Persönlichkeit« von Rang aus (so 82) –, diese Frage »läßt sich im Grunde nicht von der
anderen trennen, ob er es vermag, den Gehalt, *das innere Leben einer Schrift* zu
sehen. Darin besteht seine tiefste Kunst« – Bultmann ist am Zentrum von
Exegese angekommen! –, »sich von der Schrift selbst sagen zu lassen, wo ihr

---

[1] R. BULTMANN, Die Exegese des Theodor von Mopsuestia [1912], posthum hg. v. H.
FELD und K. H. SCHELKLE, Stuttgart u. a., 1984.
[2] So im Inhaltsverzeichnis, 7.
[3] So in der Ausführung, 69.
[4] Nach meinem Exzerpt aus der in der Universitätsbibliothek Tübingen befindlichen Ms.-
Kopie ist diese Zwischenüberschrift im Inhaltsverzeichnis (Ms., V) enthalten; für die Ausführung (Ms., 111) habe ich sie nicht notiert; in der Druckfassung (vgl. 8 und 83) fehlt sie
ganz.

Lebensmittelpunkt liegt, von dem aus sie als lebendige Einheit erscheint; den Kristallisationspunkt zu entdecken, nach dessen Erfassung die Linien der inneren Struktur sich dem Auge deutlich zeigen« (83).

Daß diese in der Tradition Schleiermachers (»innere Struktur«) und, auf nähere Sicht, vielleicht ihrer Neubelebung durch Wilhelm Dilthey formulierte These, die ein intuitives oder divinatorisches Moment (hier: »entdecken«) programmatisch in ein operationalisierbar erscheinendes Verfahren (hier: das Verfahren der Erfassung der literarischen Struktur) einführt[5], nicht unproblematisch ist, bezeugt A. Jülicher, der am Manuskript-Rand anmerkt: »Das ist in den meisten Fällen zu viel verlangt. Wir werden Schriften haben ohne überhaupt solchen Punkt?«[6] – eine implizite Infragestellung der für die »romantische« Schleiermacher-(Humboldt[7]-)Diltheysche Hermeneutik charakteristischen Orientierung an der genialisch-künstlerischen Produktion, deren Verstehen sich gleichsam von innen: aus dem »Kristallisationspunkt« als dem Prinzip ihrer inneren Form heraus, reproduktiv vollziehe. Daß »wir ... Schriften haben ohne überhaupt solchen Punkt«, weiß Bultmann freilich auch, wie er zwei Seiten vorher zu erkennen gibt, sich über »moderne Exegeten« mokierend, die »die Pastoralbriefe als einheitliche Briefe verstehen zu können glauben« (81); der hier verwendete Begriff der Einheitlichkeit meint deutlich nicht die äußere literarische Integrität, sondern die aus einem »Lebensmittelpunkt« erwachsende innere Form.

Nach dem das Ganze organisierenden Zentrum einer zu verstehenden und auszulegenden Schrift fragt Bultmann, wenn er nach ihrem »inneren Leben« fragt. Wie soll sich dieses erschließen? Durch eine doppelte Erkenntnis:

»Den Lebensmittelpunkt einer Schrift würde man erfaßt haben, wenn man den geistigen Zusammenhang erkennt, in dem sie steht, *die tragenden Ideen;* wenn man ferner *das Individuelle in der Ausprägung dieser Ideen* erkennt, das Charakteristische der Art, wie sie gerade hier in die Erscheinung treten, sich verkörpern, also wenn man die historische Situation der Schrift erfaßt. Und zu dieser zweiten Aufgabe gehört als besonderes Stück: wenn man das ganz individuelle Moment der *Persönlichkeit des Verfassers* – wo von einer solchen die Rede sein kann – erfaßt. Auf die biblischen Schriften angewandt ergibt das die zweifache Aufgabe: 1. die religiösen Ideen, das religiöse Leben der Schriften zu verstehen, 2. ihre historische Situation zu begreifen« (83).

Zur Illustration dieser Beschreibung und zur Anzeige dessen, daß Bultmann sich noch zehn Jahre später an dieser Aufgabenbeschreibung orientiert, diene ein Ausschnitt aus Bultmanns Rezension der zweiten Auflage von Barths »Römerbrief« von 1922[8]: »Ich will

---

[5] Für das Gebiet der Geschichtsschreibung verweise ich schon hier auf W. von Humboldts Forderung einer Verbindung von »kritische(r) Forschung mit produktiver Phantasie«, »kritischer Analyse und Intuition«, vgl. Mehlhausen, *Art.* Geschichte/Geschichtsschreibung/Geschichtsphilosophie, 646.

[6] 83 Anm. *ab J* zu Ms., 111. Die Druckfassung bietet: »in dem meisten Fällen«.

[7] Vgl. unten Abschnitt 2.2, S. 214–218.

[8] R. Bultmann, Karl Barths »Römerbrief« in zweiter Auflage, 140.

... gestehen, daß Barth die Anschauung des Paulus vom Glauben in der Tiefe erfaßt hat [1912: ›die tragenden Ideen‹], und ebenso, daß für mich manche Einzelheiten durch seine Exegese lebendiger geworden sind« – auf die »Wechselwirkung ... zwischen dem Verständnis der religiösen Ideen ... und dem Verständnis der Einzelaussagen« (so in der Habilitationsschrift, 84) ist später näher einzugehen. »Aber das Urteil«, fährt Bultmann 1922 in der Rezension fort, »daß sein [Barths] ›Kommentar‹ das individuelle Leben des Römerbriefes [1912: ›das Individuelle in der Ausprägung dieser Ideen‹] und den Reichtum des Paulus [1912: ›das ganz individuelle Moment der Persönlichkeit des Verfassers‹] vergewaltigt [also nicht die ›historische Situation‹ erfaßt], muß ich aussprechen.«

1.2 Erläuterung der Aufgabenbeschreibung aus den anderen frühen Arbeiten

Zur Erläuterung dieser Aufgabenbeschreibung ziehen wir – gewissermaßen als ihren authentischen Kommentar – Bultmanns vorwiegend rezensorische Arbeiten aus den Jahren bis 1913 in Betracht. Aus ihnen lassen sich der forschungsgeschichtliche Hintergrund und die spezifische Bedeutung zunächst der beziehungsvollen Grundunterscheidung zwischen den »tragenden Ideen« und dem »Individuelle(n) in der Ausprägung dieser Ideen« (1.2.1), ferner der doppelten Explikation der »tragenden Ideen« als der »religiösen Ideen« und des »religiöse(n) Leben(s)« in der Anwendung auf die biblischen Schriften (1.2.2), schließlich des besonderen Hinweises auf das »ganz individuelle Moment der Persönlichkeit des Verfassers« (1.2.3) erheben. Dabei machen wir in den Anmerkungen auf parallele Äußerungen vor allem von Bultmanns direkten Lehrern Hermann Gunkel und Johannes Weiß in ihren für Bultmann maßgeblichen Schriften zur Theorie der biblischen Exegese[9] aufmerksam.

1.2.1 Die »tragenden Ideen« und das »Individuelle« in ihrer Ausprägung

Für die Unterscheidung zwischen »tragenden Ideen« und dem »Individuelle(n) in der Ausprägung dieser Ideen« lassen sich Vorformen bzw. Parallelfassungen nachweisen, die den Forschungsbereichen der urchristlichen Religions- und Literaturgeschichte sowie der durch deren Resultate aufgegebenen theologisch-hermeneutischen Reflexion angehören.

Schon in seiner ersten kleinen Rezension in ChW 22, 1908, 378, in der Bultmann C. F. G. Heinricis Buch »Der literarische Charakter der neutestamentlichen Schriften« anzeigt, ist ihm erkennbar an der Unterscheidung zwischen »geschichtliche(r) Bedingtheit« und »Sonderart« der neutestamentlichen

---

9 H. GUNKEL, Zum religionsgeschichtlichen Verständnis des Neuen Testaments, FRLANT 1, Göttingen 1903; DERS., Ziele und Methoden der alttestamentlichen Exegese, MKP 4, 1904, 521–540 (hiernach zitiert), wiederveröffentlicht in: H. GUNKEL, Reden und Aufsätze, Göttingen 1913, 11–29, unter dem Titel: »Ziele und Methoden der Erklärung des Alten Testamentes«; J. WEISS, Die Aufgaben der Neutestamentlichen Wissenschaft in der Gegenwart, Göttingen 1908. Vor allem an dieser Schrift orientiert sich BULTMANN in seinem Gedenkartikel auf Johannes Weiß in ThBl 18, 1939, 242–246; auf den genannten Aufsatz Gunkels bezieht sich BULTMANN noch in »Das Problem der Hermeneutik« von 1950, GuV II, 216 Anm. 13.

Schriften gelegen, zwischen dem »eigenartigen Inhalt« der neutestamentlichen Literatur und ihrer vielgestaltigen äußeren »Form«; diese sei jeweils von den »in den Aufgaben der Mission und in den Bedürfnissen der jungen Gemeinden« liegenden »treibenden Kräfte(n)« entweder selbst geschaffen oder aber aus dem insbesondere von der hellenistischen Umwelt, die »in ihren Stimmungen der neuen Religion entgegenkam«, dargebotenen Reservoir an »Ausdrucksmitteln« bzw. »Ausdrucksformen« an sich gezogen worden.

Ähnlich hebt Bultmann in MPTh 5, 1908/09, 78–82, bei der Besprechung von A. Deißmanns klassisch gewordenem Werk hervor, dieser habe das »Licht vom Osten« in mehrfacher Hinsicht für das Verständnis des Neuen Testaments zum Leuchten gebracht: so für die Erkenntnis, daß das Neue Testament ein Dokument der gesprochenen Volks- bzw. Umgangssprache sei und daß »seine ›sprachbildende Kraft‹ . . . nicht in der Schöpfung neuer Wörter, sondern . . . in der Umwertung der alten Wörter, in ihrer Erfüllung mit neuem Geist« bestehe (80) – einem neuen geistigen Gehalt mithin, der sich geprägter Form bediene, um sich, diese umprägend, auszudrücken; sodann auch für das »kultur- und religionsgeschichtliche Verständnis des Neuen Testaments«, dessen Religion einer höchst lebendigen, suchenden Welt in volkstümlichen »Ausdrucksformen, die ihr eigenes Gut sind«, entgegengekommen sei. [10]

Zu Paul Wendlands Buch »Die hellenistisch-römische Kultur in ihren Beziehungen zum Judentum und Christentum« führt Bultmann in seinem Bericht »Die neutestamentliche Forschung 1905–1907« in MPTh 5, 1908/09, aus, in eine keineswegs einheitliche, sondern vielfältig bewegte, »nach Neuem«, »nach Fremdem« sich sehnende »Welt des Niedergangs« sei das Christentum eingetreten »als die neue Macht, eigenen Lebens sich freuend, eigenwillig, erobernd«, »entsprechenden Strömungen der antiken Welt« entgegenkommend, an sie anknüpfend, sie umprägend (130 f.). Exemplarisch gelte für Paulus: »Er, der allen alles war, wußte auch aus allem alles zu nehmen, um es seiner Sache dienstbar zu machen« (162).

Die Geltung dieses Satzes für den »griechischen« Aspekt der paulinischen Predigtweise erweist Bultmann 1910 in seiner Dissertation »Der Stil der paulinischen Predigt und die kynisch-stoische Diatribe«[11]: »Die Predigt des Paulus hat sich zum Teil in ähnlichen Ausdrucksformen bewegt wie die Predigt der kynisch-stoischen Popularphilosophen, wie die Diatribe.«[12] In der Ähnlichkeit der Ausdrucksformen, in denen Bultmann »zwei verschiedene geistige Mächte gleichzeitig auf gleichem Boden an der Arbeit« sieht, – einer Ähnlichkeit, deren primäre Bedeutung in der Ermöglichung der Rezeption der paulinischen Missionspredigt bestehe – erblickt Bultmann eine (freilich begrenzte) »Abhängig-

---

[10] 81; vgl. zu A. Deißmann J. WEISS (= Deißmanns Nachfolger in Heidelberg), Aufgaben, 8 ff. Vgl. ferner oben S. 45 f.

[11] FRLANT 13, Göttingen 1910 (= Mit einem Geleitwort von HANS HÜBNER, Nachdruck der 1. Auflage von 1910, Göttingen 1984).

[12] 107, dort hervorgehoben; vgl. dazu WEISS, Aufgaben, 10–21.

keit des Paulus von der Diatribe«. In Hinsicht auf die mit »Verwandtschaft in den
Ausdrucksformen« in der Regel verbundene »gewisse Verwandtschaft im
Geist« erwägt Bultmann, ob vielleicht der Stil der Diatribe für Paulus als
»Mittel« gedient habe, »seinen geistigen Besitz sich klar zu machen und ihn zu
entfalten«; sodann bejaht er (mit Johannes Weiß[13]) die Frage, »ob auch bestimmte Gedankeninhalte, bestimmte Ideen mit jenen Formen von Paulus übernommen sind«, und formuliert eine methodische Doppelregel: »In solchen Fragen ist
durch den Nachweis stilistischer Ähnlichkeit *allein* nichts getan, sondern dieser
hat Hand in Hand zu gehen mit der inhaltlichen Untersuchung. Andererseits
kann der Nachweis der stilistischen Ähnlichkeit ein Fingerzeig wie eine Kontrolle für jene Untersuchung sein.«[14] Auch abgesehen davon, daß hier der Begriff
»Ideen« selbst begegnet, ist unmittelbar deutlich, daß Bultmanns Überlegungen
zu Stil und Gedankeninhalten in großer sachlicher Nähe zu der 1912 als Unterscheidung zwischen Ideen und dem Individuellen ihrer Erscheinung explizierten
Reflexion zur Theorie der Exegese stehen.

Der Gedanke, daß das neutestamentliche Christentum als eine eigenständige
geistige Größe den in seiner Umwelt vorhandenen Stimmungen, anknüpfend
bzw. antwortend, entgegenkam und sich ihrer Ausdrucksmittel bediente, –
dieser Gedanke durchzieht auch Bultmanns Präsentation des religionsgeschichtlichen Kommentarwerks »Handbuch zum Neuen Testament« und thematisch
verwandter Arbeiten in ChW 25, 1911, unter dem Titel »Die Schriften des
Neuen Testaments und der Hellenismus«. Die Kenntnis der höchst komplexen
geistigen Verfassung der hellenistischen Zeit und Kultur schärfe das Auge für das
Verständnis des Neuen Testaments. Wir zitieren einen Passus, der erkennen läßt,
was Bultmann inhaltlich unter der »geistige(n) Macht, die das Neue Testament
bedeutet« (590), verstand:

> »Wie hell sieht man jetzt die Gottesgewißheit und das Siegesbewußtsein des synopti-
> schen Jesus! wie deutlich wird das Kraftgefühl und der Enthusiasmus des Paulus! wie spürt
> man auf einmal ganz anders die Luft der johanneischen Welt voll Ruhe und Freude! Und
> wie deutlich ist bei ihnen allen die ethische Grundstimmung ihres religiösen Lebens: Nicht
> das Fatum macht den Menschen unglücklich, sondern seine Sünde und Schuld. Nicht
> Laune und Willkür regieren unentrinnbar, sondern der allmächtige Gott in freier Gnade.
> Und noch Eins: ein Reichtum von verschiedenen Tönen herrscht hier wie dort; aber welch
> andrer Zusammenklang entsteht, wo die zusammenhaltende Kraft vorhanden ist. Man
> bekommt einen starken Eindruck von der gewaltigen geistigen Macht, die es vermag, so
> viele Individualitäten, so viele verschieden gerichtete Kräfte zusammenzuhalten, wie es
> im Neuen Testament der Fall ist« (591).

Diese Macht sei zum Kristallisationspunkt für die »wertvolle(n)« unter den
vielerlei »Ansätze(n) zu neuen Gestaltungen ... des sittlichen Denkens und des
religiösen Empfindens« im Hellenismus geworden. Hauptmedium sei die gemeinsame Sprache gewesen, die ja »nicht nur aus Buchstaben und Lauten,

---

[13] Vgl. WEISS, Aufgaben, 52f.
[14] Alle Zitate von 107–109, dort z. T. hervorgehoben.

sondern auch aus bestimmten Denkformen« bestehe: »Ein Schatz von Begriffen,
Symbolen, Redewendungen sind mit ihr gegeben und müssen sich der geistigen
Macht anheften, die sich der Sprache als ihres Organs bedient« (ebd.). Da aber
»die Grenze zwischen Sprache und Denkart, zwischen Ausdruck und Stimmung, zwischen Symbol und Gehalt« gar nicht reinlich zu ziehen sei, habe es nicht
ausbleiben können, »daß mit der Sprache des Hellenismus auch hellenistische
Vorstellungen, ethische Begriffe, religiöse Stimmungen an das neutestamentliche Christentum sich angesetzt . . . [und] in einzelnen Punkten es wichtig beeinflußt haben«; Bultmann weist auf Einflüsse aus der griechischen Philosophie und
aus den Mysterienreligionen hin.[15] In einer Art Bilanz unterläßt es Bultmann
nicht zu betonen, daß »das original Christliche durch solche [religionsgeschicht-
liche] Betrachtung deutlich hervortritt«[16], und fügt eine Reflexion auf ihre das
bloße historische Wissen transzendierende Gegenwartsbedeutung an: Das »gegenseitige Abwägen beider Gesichtspunkte«, nämlich des »Hellenistischen« und
des »original Christliche(n)«, werde dem Leser religionsgeschichtlicher Literatur über die bloße Vermittlung historischer Kenntnisse hinaus zur »Klärung
seiner eigenen Gedankenwelt« und zum Durchblick in den vielfältigen (z. B.
»mystizistischen oder rationalistischen«) religiösen Gegenwartsströmungen
und -tendenzen helfen; denn es öffne ihm die Augen sowohl für die »Fähigkeit
des Christentums, aufzunehmen und zur Vollendung zu bringen, was an verschiedenen religiösen Kräften in Menschenherzen lebendig sein mag«, als auch
für die Anlehnungsbedürftigkeit solcher Kräfte, die »ihren geschichtlichen Halt
erst bekommen durch die Anlehnung an die ethische Religion« (593). Es ist dies
nicht weniger als eine Lehre aus der Geschichte für die Gegenwart– »empfind-
lich« sein »für ein unklares Durcheinander«! »Freiheit und Sicherheit«! »tole-
rant« sein! (ebd.) –, die Bultmann hier aus der durch die geschichtliche Betrachtung gewonnenen Einsicht in das »original Christliche« und in die Bedingungen
und den Verlauf der Begegnung zwischen dem Christentum und seiner hellenistischen Umwelt zieht.[17] Sehen wir von dieser »transhistorischen« Perspektive
historischer Arbeit vorerst ab, so können wir im Blick auf unsere engere Fragestellung formulieren: Auch in dieser Präsentation religionsgeschichtlicher For-
schungsarbeit in ChW 1911 zeichnet sich Bultmanns beziehungsvolle Unterscheidung bzw. unterscheidende In-Beziehung-Setzung von »tragenden Ideen«
und dem »Charakteristische(n) der Art, wie sie gerade hier in die Erscheinung
treten«, deutlich ab; sie zeichnet sich ab in der Relation zwischen dem »original

---

[15] 592; vgl. GUNKEL, Verständnis, 6: »Sicher ist, dass dieser deutlichen hellenistischen
Färbung in der Form ein ebenso starkes Hellenisieren im Inhalt entsprechen muss.«

[16] 593; vgl. GUNKEL, Verständnis, 85: »Man braucht also wahrlich keine Sorge zu haben, dass
solche religionsgeschichtliche Ableitung den Wert der neutestamentlichen Religion herunter-
ziehen werde; sie wird ihn im Gegenteil gerade in das hellste Licht stellen.«

[17] Vgl. ähnlich R. BULTMANN, Theologische Wissenschaft und kirchliche Praxis, 127: Die
Einsicht in den Charakter der eschatologischen Aussagen des Neuen Testaments als »zeitgeschichtlich beschränkte(r) Vorstellungen« ermöglicht einen vernünftigen Umgang mit heutigen apokalyptischen Sektierern.

Christliche(n)«, der »ethische(n) Religion« als einer Geschichte machenden
geistigen Potenz, und dessen vielfältiger, verschiedenen Bedingungen unterliegenden und durch verschiedene Faktoren beeinflußten Manifestation.[18]

Es ist letztlich die Verkennung des zweiten Pols in dieser Relation, damit aber
die Verkennung der Relation als solcher, die Adolf Schlatter Bultmanns als
Verurteilung gemeinte Frage einträgt: »Wie ist bei einem so für das rein Religiöse
aufgeschlossenen, durch Vorurteile ungetrübten Sinn solche Verständnislosigkeit für ernste geschichtliche Arbeit möglich?« Mit dieser Frage beschließt
Bultmann seine Ausführungen über »Vier neue Darstellungen der Theologie des
Neuen Testaments« in MPTh 8, 1911/12[19], wo er die Werke von Holtzmann,
Weinel – zu diesen beiden später mehr –, Feine und Schlatter rezensiert. Wie
kommt Bultmann zu seinem Urteil über Schlatter, und was besagt es über seinen
unmittelbaren Charakter als Antwort auf Schlatters »ungerechte Polemik« hinaus? *Theoretisch* begreife Schlatter seine Aufgabe zwar durchaus als eine »rein
historische«; angesichts des *geschichtlichen* Charakters der Gottesoffenbarung
gelte ihm »die Meinung, daß die Begriffe der geschichtlichen Bedingtheit der
Entwicklung und des Zusammenhangs mit der Umgebung nicht auf das N. T.
angewandt werden dürften . . ., als irreligiös«. *Praktisch* aber mache Schlatter
von dem »Gedanken der Entwicklung und des Einflusses der Zeitgeschichte . . .
keinen Gebrauch«. So sehr er, wie es »Schlatters kraftvoller religiöser Persönlichkeit« entspreche, »aus allen beschränkten Formen . . . das rein Religiöse
herauszufühlen (wisse), was in ihnen Gestalt sucht« – eine wirkliche »geschichtliche Darstellung« gebe er nicht. Dazu bedürfe es des Aufweises »zeitgeschichtlicher Bedingtheiten« – freilich nicht als Selbstzweck, sondern um überhaupt das
neutestamentliche Christentum als die »geistige. . . Macht einer geschichtlichen
Periode« verstehen zu können, d. h. es verstehen zu können im Zusammenhang
der geschichtlichen Faktoren, die bei seiner Entstehung mitwirkten[20] und in den

---

[18] Vgl. zu diesem ganzen Abschnitt J. Weiss, der zu dem gegen die religionsgeschichtliche
Forschung erhobenen Vorwurf, »die Originalität und Selbständigkeit des Christentums könne
über all diese Parallelen und Abhängigkeiten verloren gehen«, Stellung nimmt (Aufgaben, 50)
und ausführt, die »alten Christen« hätten, sich und anderen das eigene Wesen der neuen
Religion zum Bewußtsein bringend, in einem »erstaunlichen Maße . . . Begriffe, Bilder,
Anschauungsformen . . . aus der jüdischen und heidnischen Umgebung entlehnt« bzw. hätten,
wie in der Sprache, so auch »im religiösen Denken und Handeln sich der Formen und Kate-
gorieen bedient . . ., die damals in allgemeinem Gebrauch waren und so auch für den Gebrauch der
Christen fertig da lagen«. Es gelte nun aber, nicht nur den Nachweis von Abhängigkeiten zu
erbringen, sondern vielmehr »zu zeigen, wie die alten Formen nun durch die Christen ihrem
eigenen Leben assimiliert worden und so in einer neuen Umgebung selber etwas Neues und
Eigentümliches geworden sind«; dadurch erkenne man, »daß dies alles nur stammelnde Versuche sind, einen übergewaltigen neuen Lebensinhalt in Formen zu füllen«. Nicht »nur allerlei alte
Töne oder auch Wendungen« gelte es zu identifizieren, sondern »die neue Melodie« zu hören,
»die denn doch vorher noch niemand gehört hat« (52 f.).

[19] Zitat 443, die folgenden Zitate 441 f. Vgl. oben S. 47 f.

[20] Hierzu vgl. Gunkel, Verständnis, 10 f.: »Unsere historische Kardinalüberzeugung ist,
dass wir nicht im stande sind, eine Person, eine Zeit, einen Gedanken zu verstehen, abgelöst von
ihrer Vorgeschichte, sondern dass wir erst dann von wirklichem, lebendigem Verständnis

Prozeß seiner Durchsetzung charakteristisch eingriffen[21]. Unverzichtbar sei deshalb eine »Darstellung der jüdischen Religion als Hintergrund des N.T.« und die Klärung der »zeitgeschichtliche(n) Bedingtheit der im N.T. auftretenden Begriffe«. Diese bezeichneten weitgehend – und daran ist Bultmann ganz besonders gelegen – »Vorstellungen . . ., die von einem andersartigen Denken geschaffen« und von »der damaligen Frömmigkeit als selbstverständliche Ausdrucksformen« übernommen worden, »von uns« aber nicht zu übernehmen, sondern in ihrer eigentlichen Absicht zu interpretieren seien: »Wir können sie nicht übernehmen, sondern[,] eben weil sie auf einem andersartigen Denken beruhen, das Religiöse in ihnen nur erfassen, wenn wir sie[, die als solche ›doch nur Gedankenbildungen sind‹,] verstanden haben und dann aus ihrer Hülle das Ewige lösen.«[22]

Diese Auseinandersetzung mit Schlatter kann in mehrfacher Hinsicht als ein Schlüsseltext für Bultmanns weitere hermeneutische Reflexion bezeichnet werden. Das gilt zunächst für das Fundamentalproblem, wie überhaupt »Geschichtsbetrachtung als Wissenschaft möglich ist«; Bultmann formuliert diese Frage hier ausdrücklich – freilich ohne sie näher zu erörtern – in bezug auf den Gedanken Schlatters, daß wegen der »›in unser eigenes Erleben hereingetretenen Wirkungen‹ der Geschichte«, weil wir also nie außerhalb der zu betrachtenden Geschichte stehen, wissenschaftliche Geschichtsbetrachtung »nie völlig voraussetzungslos« sei.[23] Schlüsselbedeutung kommt dem Text sodann zu hinsichtlich der Bahnen, auf denen Bultmann selbst seine hermeneutische Lösung der (abkürzend so zu nennenden) Weltbild-Problematik finden und formulieren wird; daß es beim sachgemäßen Verständnis des Neuen Testaments weder um Repristinierung noch um Eliminierung gehen könne, sondern um Interpretation, das ist schon hier angebahnt, wo Bultmann darauf dringt, neutestamentliche Vorstellungen als aus dem antiken Denken stammende Ausdrucksformen von »religiösen Motive(n)« zu *verstehen* und »dann aus ihrer Hülle das Ewige« zu lösen.[24]

---

sprechen können, wenn wir die Geschichte ihrer Entstehung kennen. Geschichtliche Erkenntnis heisst Erkenntnis aus dem geschichtlichen Zusammenhang.«
[21] Hierzu vgl. WEISS, Aufgaben, 16f. (im Rahmen seiner Ausführungen über die paulinische Rhetorik): »Jedenfalls wird man auch eine große historische Erscheinung nie ganz würdigen können, man wird nie verstehen, wie ein Neues so oder so hat wirken können, wenn man nur nach den leitenden Gedanken [vgl. Bultmanns ›tragende Ideen‹] fragt; man muß auch sehen und fühlen, warum die besondere Ausdrucksform, in der das Neue auftrat, so einschlagen und schöpferisch wirken konnte.«
[22] GUNKEL, Verständnis, 5, lobt Otto Pfleiderer v. a. dafür, »dass er es versteht, die inhaltliche Erhabenheit des Urchristentums über alle formell verwandten heidnischen Erscheinungen aufzuweisen und in den uns Modernen oft schwer verständlichen Formen die ewige Wahrheit aufzuzeigen.«
[23] Vgl. hierzu exemplarisch die oben S. 10 mitgeteilten Ausführungen Karl Müllers.
[24] Richtungweisend GUNKEL, Verständnis, 14f.: »Mehrfach wird im folgenden gezeigt werden, dass Neutestamentliches an *Mythen* und *Mythisches* anklingt. Aber es ist davor zu warnen, dass man mit diesem Worte ohne weiteres den üblen Nebenbegriff des Heidnischen, Wüst-Phantastischen, Verworrenen verbinde. Mythisches stellt sich überall da ein, wo der

Schlüsselbedeutung kommt der Auseinandersetzung mit Schlatter schließlich auch dadurch zu, daß sie den Blick freigibt auf ein, vielleicht auf *das* Hauptmotiv für die hermeneutische Reflexion Bultmanns; Bultmann ist bleibend überzeugt von der theologischen Notwendigkeit einer Vermittlung zwischen zwei unaufgebbaren Sachverhalten: erstens, daß »ernste geschichtliche Arbeit« (konkret: unbeirrte religionsgeschichtliche Forschung) unverzichtbar sei, zweitens, daß die christliche Religion *als solche,* nämlich als die auf der Offenbarung Gottes in Jesus beruhende Religion[25] und in bezug auf diesen ihren nicht veraltenden Ursprung, prinzipiell unveränderlich, ewig sei. Daß Bultmann an dieser zwar keineswegs neuen, aber durch die Methodik und die Ergebnisse der religionsgeschichtlichen Erforschung des Urchristentums[26] akut problematisierten Verbindung als einer theologisch notwendigen Verbindung festhielt, war und blieb bestimmend für seine hermeneutische Reflexion, die ihn – und das erscheint von den Ausführungen über Schlatter aus dem Jahr 1912 her keineswegs als zufällig – in jeweils durch *spezifische Nähe* charakterisierten *Gegensatz* sowohl zu Karl Barth als auch zu Ernst Troeltsch führte: zu Karl Barth, dem in den 1920er Jahren neben der Anerkennung der theologischen Intention seiner Exegese *derselbe* Vorwurf der »Verständnislosigkeit für ernste geschichtliche Arbeit«, und zwar mit sachlich *identischer* Begründung, zuteil wird, den Bultmann 1912 gegen Schlatter erhebt[27]; zu Ernst Troeltsch, dessen radikal historischer Christentums-Auffassung Bultmann 1924 einige Berechtigung zuerkennt – »das könnte nur die Orthodoxie bestreiten« –, freilich mit dem Zusatz: » *Theologie* ist sie nicht, wenn wenigstens *Gott* der Gegenstand der Theologie ist und der Theologe als *Christ* redet.«[28] Das Ethos, als *christlicher Theologe Historie* zu betreiben und als *Historiker christliche Theologie* zu betreiben, sowie die Entschlossenheit, an dieser Verbindung gegenüber im Namen der Historie oder der Theologie erhobenen

---

naive Geist das Göttliche lebendig anschaut und sich phantasievoll ausmalt. Das Mythische ist also an sich keineswegs eine Verirrung, sondern eine notwendige Phase des religiösen Denkens. In mythischer Form aber können sich die *köstlichsten Schätze der Religion* verbergen. Werfen wir also ja nicht unbesehen das Mythische fort, bevor wir seinen kostbaren Kern vorsichtig aus der fremdartigen Schale losgelöst haben!«

[25] Vgl. R. BULTMANN, Theologische Wissenschaft und kirchliche Praxis, 135: »Für den evangelischen Glauben (gibt es) nur eine große Tatsache . . .: Gottes in der Schrift, in Jesus offenbar werdende erlösende Gnade«.

[26] Diese Forschung traf nach GUNKEL, Verständnis, 5, auf »die, wenn auch im Prinzip aufgegebene, so doch tatsächlich noch immer fortwirkende Inspirationslehre und . . . (den) zwar erweichte(n), aber das Denken der meisten Theologen noch immer bestimmende(n) Supernaturalismus, wonach man behauptet, die Religion der Bibel sei *spezifisch* von allen anderen Religionen verschieden, und es könne also keine Rede davon sein, dass man Beiträge zur Erklärung der Bibel und nun gar des N. T. von den ›heidnischen‹ Religionen herbeibringen dürfe.«

[27] Vgl. R. BULTMANN, Karl Barths »Römerbrief« in zweiter Auflage, 140–142; Brief BULTMANNS an K. Barth vom 31. 12. 1922, Barth-Bultmann-Briefwechsel, 8–13, bes. 9: »Es ist mir nämlich immer deutlicher geworden, daß Sie kein inneres Verhältnis zur Geschichtswissenschaft haben, wie Sie es doch so stark zur idealistischen Philosophie haben.«

[28] GuV I, 5.

Einwänden festzuhalten, diese nicht etwa ignorierend, sondern möglichst integrierend, – dies Ethos und diese Entschlossenheit können als das richtungweisende Motiv für Bultmanns Hermeneutik angesehen werden. Die Unterscheidung zwischen »tragenden Ideen« und dem »Individuelle(n) in der Ausprägung dieser Ideen« bzw. – in den Ausführungen zu Schlatter – zwischen »beschränkten Formen« und dem »rein Religiöse(n) . . ., was in ihnen Gestalt sucht«, zwischen »Hülle« und »Ewige(m)« ist als ein Versuch zu verstehen, der historischen und der theologischen Option Rechnung zu tragen. Wenn Johannes Weiß zwischen allerlei alten Tönen oder auch Wendungen einerseits und der neuen Melodie andererseits unterscheidet[29], dann liegt dem diese Intention ebenso zugrunde, wie sie Gunkels Ausruf: »Nicht das ewig Gestrige, sondern das ewig Heutige!« zugrunde liegt, der freilich erst durch seine Explikation eindeutig wird: »Aller Nachdruck soll auf der Arbeit liegen, das Heutige, das *aus dem Gestrigen erwachsen* ist, geistig zu durchdringen.«[30] »So wird auch«, führt Gunkel im Vorwort zu seiner religionsgeschichtlichen Programmschrift aus, »die religionsgeschichtliche Forschung . . . letztlich dazu dienen müssen, das wahre Wesen des Christentums immer besser zu erkennen und diese unvergleichlich einzige geistige Bewegung, der die Menschheit das Beste verdankt, was sie besitzt, in ihrer ganzen geschichtlichen Grösse zu zeigen.«[31]

Zur Erhellung jener Grundunterscheidung aus der Habilitationsschrift haben wir bisher – sieht man von den übergreifenden Äußerungen zu Schlatter ab – nur Ausführungen Bultmanns herangezogen, die sich auf die Begegnung des Christentums als einer eigenständigen Größe mit der *hellenistischen Umwelt* beziehen. Als Vor- bzw. Parallelformen der Unterscheidung haben wir gefunden die Gegenüberstellungen von Inhalt und Ausdrucksformen, von geschichtlicher Bedingtheit und Sonderart, von Anknüpfung und Umprägung, von dem original Christlichen als der siegreichen geistigen Macht und seinem (jeweiligen) Ausdruck, von Hülle und Ewigem. Wir sahen in den verschiedenen Formulierungen der Relation einen Ausdruck des Bemühens, nicht nur unter voller *Anerkennung des Rechts* einer religionsgeschichtlichen Erforschung des Neuen Testaments, die dieses im Zusammenhang der allgemeinen Kultur- und Religionsgeschichte betrachtet, sondern auch und gerade in ihrem *Vollzug* das eigentlich und spezifisch Christliche als einen von der vielfältig bedingten – und geschichtlich überaus sinnvollen! – Gestalt, in der es im Neuen Testament manifest ist, zu unterscheidenden, grundsätzlich davon ablösbaren geistigen Gehalt, der als ein ewiger bezeichnet wird, zum Leuchten zu bringen. Von vornherein ist zu erwarten, daß wir dieses Bemühen bei Bultmann ebenfalls in bezug auf den anderen Hauptgegenstand der religionsgeschichtlichen Erforschung des Neuen Testaments antreffen, nämlich in bezug auf die

---

[29] Weiss, Aufgaben, 53 (vgl. oben S. 184 Anm. 18).
[30] Gunkel, Verständnis, 11, Hervorhebung von mir.
[31] Ebd., VI.

Entstehung des Christentums, besonders auf die Verkündigung Jesu, dessen Predigt »kein Verhältnis zum Hellenismus«[32] hat.

Bultmann schreibt in seinem neutestamentlichen Forschungsbericht in MPTh 5, 1908/09: »Zweifellos ist, nachdem man die zeitgeschichtliche Hülle der Person Jesu erkennen gelernt und in ihrer Bedeutung überschätzt hatte, das Auge wieder offener geworden für den Geist, der in diesem Gewande lebt« (159). Mit diesem Fazit weist Bultmann unter dem Eindruck der Jesus-Darstellungen von Jülicher, Wellhausen und Harnack die »konsequent eschatologische« Auffassung Albert Schweitzers zurück; dieser bringe – unbegreiflich, »wie der Skeptiker Schweitzer als positive Darstellung einen solchen Roman schreiben konnte«![33] –, »indem er das eschatologische Element in Jesus derartig überspannt, … den Eindruck von der Unmöglichkeit, Jesus nur als eschatologischen Prediger zu verstehen, aufs schärfste zum Bewußtsein« (159). *Nur* als eschatologischen Prediger – Bultmann verschließt seine Augen natürlich nicht vor dem eschatologischen Charakter der Verkündigung Jesu. Er stimmt Schweitzer zu, daß Jesus »sich als historische Person nicht in unsere Zeit verpflanzen« lasse. Aber der historischen Fremdheit des eschatologischen Jesus wird theologisch Paroli geboten durch die bekannte Unterscheidung: »Zur historischen Person Jesu gehört Gewand und Geist, Ewiges und Zeitgeschichtliches.« Und es sei gerade dieser in Jesus im zeitgeschichtlichen Gewand der Eschatologie[34] manifest gewordene ewige Geist, den »uns das historische Bild Jesu im Ringen mit ihm gewahr werden läßt«. Wenn »diese Erkenntnis das Ergebnis der Leben-Jesu-Forschung« sei, so gebe es – gegen das Urteil Schweitzers – »nichts Positiveres als sie« (160). Also in, mit und unter der historischen Arbeit kommt es zum Gewahrwerden eines im Bedingten zugleich sich manifestierenden und verhüllenden Eigentlichen.

Neben dem vor allem mit dem Namen Albert Schweitzer verbundenen Problem der historischen *Fremdheit* Jesu äußert sich Bultmann auch zum Problem der historischen *Erkennbarkeit* Jesu, das vor allem durch William Wrede akut gemacht war. Wredes Skepsis hatte das historische Zutrauen, aus dem Markus-Aufriß die innere Entwicklung Jesu historisch-psychologisch rekonstruieren zu können – und damit auch die Möglichkeit, an den Nagel der erkannten »inneren Geschichte« Jesu theologische Gewichte zu hängen –, erschüttert; vorsichtig spricht Bultmann denn auch nicht von der *Erkenntnis* des »historische(n) Bild(es) Jesu«, sondern von einem »Ringen mit ihm«. Bei aller

---

[32] R. BULTMANN, ChW 25, 1911, 593 (nach Wendland).

[33] 157; vgl. A. JÜLICHER, Neue Linien in der Kritik der evangelischen Überlieferung, Gießen 1906, 3: »verblüffende Originalität« und 5: »Erzeugnis einer lodernden Phantasie und eines starken Willens«.

[34] Vgl. R. BULTMANN, *Art.* Urgemeinde, 1519.1523: »Die Bedeutung Jesu in der U(rgemeinde) ist also in erster Linie die eschatologische; seine eigentlich religiöse und sittliche Bedeutung [= ›die Freiheit vom Gesetz‹, 1520] schlummert darunter … Was zeitgeschichtliche Schranke ist – die eschatologische Gemeinde, der Messias –, steht im Vordergrund des Bewußtseins. Die Schale aber umhüllt den Kern: Jesu Geist.«

Anerkennung der Tatsache, daß »unsere Überlieferung . . . uns nur den Christus der Gemeinde« bietet, teilt Bultmann aber nicht Wredes Minimallösung bezüglich der Erkennbarkeit des historischen Jesus, schließt sich vielmehr Jülichers Meinung an, durch »begriffsgeschichtliche« Untersuchung[35] ließe sich der »Firnis« des Gemeinde-Christus von der historischen Wirklichkeit ablösen, und lobt Jülichers »wundervolles Jesusbild«, das »die durch alle zeitgeschichtlichen Hüllen hervorstrahlende Kraft dieses ›siegesgewissesten unter allen Menschen‹ zur Anschauung« bringe (158).

Insofern und weil Bultmann diese Kraft als die Kraft eines geschichtlich sich manifestierenden *ewigen* Geistes denkt, sind seine im Zusammenhang mit der Jesus-Forschung begegnenden Äußerungen zum Ziel der Exegese von zugleich historischer und »transhistorischer« Programmatik. Indem er sich Gedanken zu eigen macht, die A. Merx zum Sinn seiner textkritischen Untersuchung der Evangelien vorgebracht hatte, erklärt Bultmann es als »letzten Zweck« von »Kritik und Exegese«, »auf das, was der Überlieferung zugrunde liegt, auf die Person Jesu zu kommen« (154.156). Wie in der Arbeit von Merx »hier und da in einem Satz ein Verständnis der Größe dessen aufleuchte. . ., um deswillen er arbeitet«, so bleibe man sich auch als Leser »stets bewußt, warum man arbeitet, und alle Kleinarbeit erhält nie den Charakter des Kleinlichen« (159.154). Lassen sich diese Sätze, wenn man sie für sich nimmt, auch als Zielbestimmung rein historischer Erkenntnis lesen, so geben doch auch sie im Kontext der hier zusammengestellten Äußerungen Bultmanns zu erkennen, daß er die historische Arbeit am Neuen Testament als transparent auf einen Horizont hin versteht, der von dem ihr im engeren Sinn eigenen Ziel des historischen Wissens noch einmal verschieden ist, ja, von dem her sie einen besonderen, ihren eigentlichen Sinn empfängt.

Näheren Aufschluß über diese Verschiedenheit der Horizonte gibt Bultmanns Anzeige des Buches von F. Ziller »Die moderne Bibelwissenschaft und die Krisis der evangelischen Kirche« in ChW 24, 1910, 689. Mit ihrer »Skepsis am historischen Jesus«, die Bultmann ausdrücklich so nicht teilt, könne Zillers Schrift dem Leser dennoch »einen großen Dienst leisten«, indem sie ihn lehre, »keine falschen Forderungen an die Geschichtswissenschaft zu richten«. Denn sie führe den Leser zur Besinnung auf die Bedingungen der Möglichkeit, »daß man den Geist Jesu aus der urchristlichen Ueberlieferung verspürt, obwohl es nie gelingen kann, ein bestimmtes Quantum unzweifelhafter Jesusworte sicher abzugrenzen«. Nicht zufällig, wie sich hier noch einmal zeigt, hatte Bultmann in der Auseinandersetzung mit Schweitzer vom Gewahrwerden des ewigen Geistes im *Ringen* mit dem historischen Jesus (bzw. mit seinem »Bild«) und nicht etwa in seiner historisch exakten *Rekonstruktion* gesprochen. So räumt er auch hier die Möglichkeit einer weitgehenden Unerkennbarkeit des historischen Jesus grundsätzlich ein und unterscheidet zwischen dem, was die historische Arbeit als

---

[35] Vgl. JÜLICHER, Neue Linien, 75; WREDE, Aufgabe und Methode, 21 Anm. 1.

solche nach Maßgabe der mehr oder weniger großen Zugänglichkeit ihres
jeweiligen Gegenstandes in Anwendung ihrer Methoden überhaupt erreichen
und was deshalb legitimerweise von ihr eingefordert werden kann, und dem,
was sich ihrer methodischen Verfügung prinzipiell entzieht, von ihr also nicht
unmittelbar eingefordert werden, sondern sich nur als eine von methodisch
angebahnter historischer Erkenntnis noch einmal *verschiedene* Erkenntnis ergeben kann. Diese Erkenntnis, die 1909 nach Schweitzer ein *Schauen Gottes* von
Angesicht zu Angesicht genannt wurde[36], kommt hier als das *Verspüren des
Geistes Jesu* zur Sprache. Wie fremd oder gar unerkennbar der historische Jesus
der historischen Forschung auch immer erscheinen mag – das berührt den sich
dem Verspüren des Geistes Jesu verdankenden Glauben bzw. die christliche
Religion im Kern *nicht*. »Religion« steht und fällt nicht mit den Ergebnissen
historischer Forschung, an die glaubensbegründende Forderungen zu richten
eben bedeuten würde, die »falschen Forderungen an die Geschichtswissenschaft
zu richten«. Diese Überzeugung von der Verschiedenheit historischer und glaubensbegründender Erkenntnis, auf die im vierten Kapitel noch einmal zurückzukommen ist, hält sich im Denken Bultmanns durch. In ihr wurzelt noch Bultmanns spätere, streng kerygmatheologisch gefaßte Abweisung der im Namen
des Glaubens gestellten Rückfrage nach dem historischen Jesus, wofür die
Beurteilung der Erkennbarkeit des historischen Jesus ganz gleichgültig ist.

Wir haben die in Bultmanns frühen historisch-rezensorischen Veröffentlichungen enthaltenen Parallelfassungen für die die zentrale Aufgabenbeschreibung der Exegese bestimmende Unterscheidung zwischen »tragenden Ideen«
und dem »Individuelle(n) in der Ausprägung dieser Ideen« aufgewiesen. Nun
versuchen wir, geleitet von der oben in der Einleitung zu diesem Kapitel[37]
geäußerten doppelten Erwartung und unter Hinzunahme des Vortrags »Theologische Wissenschaft und kirchliche Praxis« von 1913, eine systematische Beschreibung der Leistung, die diese Unterscheidung in Bultmanns Denken erbringt.

Wir setzen ein mit einer allgemeinen Umschreibung der Bedeutung, die die
Unterscheidung zwischen Ideen und dem Individuellen ihrer Ausprägung für
das Verstehen von *Texten* hat – wie Bultmann in der Habilitationsschrift ja auch
nach der Erfassung des »inneren Lebens« einer *Schrift* bzw. von *Schriften* fragt.
Sofern Bultmann nach den »tragenden Ideen« eines Textes fragt, fragt er nach
seinem sachlichen Gehalt; die »tragenden Ideen« erkennen heißt: verstehen, was
der Text *eigentlich* sagt. Dieses Eigentliche sagt der Text aber *irgendwie,* und um
einen Text zu verstehen, hat die Exegese nicht nur zu verstehen, *was* der Text
eigentlich sagt, sondern auch zu verstehen, warum er es *so* sagt, *wie* er es sagt.
Denn: Erst das Verständnis, warum *so* gesagt ist, *was* gesagt ist, macht das
Verständnis dessen, *was* gesagt ist, sicher. Es ermöglicht, den Text zu *paraphra-
sieren,* d. h. dasselbe, was er selbst sagt, anders zu sagen, als er selbst es sagt, *um*

---

[36] Vgl. MPTh 5, 1908/09, 160.
[37] Vgl. oben S. 176 f.

dasselbe zu sagen: »Die Paraphrase – freilich die größte Kunst der Exegese – ist der beste Kommentar«, sagt Bultmann 1922.[38]

In der Habilitationsschrift trägt Bultmann seine Beschreibung der zentralen Aufgabe der Exegese zunächst ohne Bezug auf die *biblischen* Texte vor, beansprucht für sie also allgemeine hermeneutische Geltung. Die unter dem Aspekt der in der Aufgabenbeschreibung enthaltenen Relation Ideen/Individuelles vorgenommene Durchsicht durch Bultmanns frühe Arbeiten hat aber ihre sonderliche Eignung für das Verständnis biblischer Texte zumindest schon ahnen lassen. Das Spezifikum biblischer Texte besteht – man presse die Worte nicht – darin, daß sie nicht nur, wie alle ernsthaften Texte, den Anspruch der Geltung für das, was sie sagen, erheben, sondern daß das, was in ihnen gesagt ist, selbst mit dem Anspruch letzter, »eschatologischer« Geltung auftritt und daß dieser exklusive Geltungsanspruch zudem *für* die biblischen Schriften erhoben wird: *sola scriptura.*

»Daß es für den evangelischen Glauben nur eine große Tatsache gibt: Gottes *in der Schrift,* in Jesus offenbar werdende erlösende Gnade, . . . ist das, was verkündigt werden muß.«[39]

Bultmanns Aufgabenbeschreibung der Exegese verträgt sich mit dem von der und für die Schrift erhobenen sonderlichen Geltungsanspruch sonderlich gut; denn sie schützt diesen Anspruch davor, sich selbst im Sinne »orthodoxer« Inspirationsvorstellungen mißzuverstehen, d. h. davon abzusehen, daß die Schrift ein historisches Dokument ist. Die Unterscheidung zwischen den Ideen und dem Individuellen in ihrer Ausprägung läßt den eschatologischen Geltungsanspruch der Schrift in seinem legitimen Sinn gelten, nämlich für das, was die Schrift *eigentlich* sagt: für »Gottes in der Schrift, in Jesus offenbar werdende erlösende Gnade«, und nicht für die Modi, in denen sie es sagt. Diese sind – zwar nicht historisch, aber sachlich – akzidentiell.

»Es gibt Christen, die *von den zeitgeschichtlichen Formen schwer bedrückt werden,* weil sie sie als etwas ansehen, das man glauben müßte; und zwar gibt es solche Theologen wie Laien. Z. B. Studierende, denen Vorstellungen wie die apokalyptischen zu schaffen machen, oder der Dämonenglaube des Neuen Testaments, oder die Taufe für die Toten 1. Kor. 15,29; gar nicht zu reden von manchen Vorstellungen des Alten Testaments. Da hat der theologische Lehrer die Pflicht, zu zeigen, was menschliche Vorstellungen sind, die als irdisches Gefäß den Inhalt des Ewigen bergen. Er hat zu zeigen, was zentrale Glaubensgedanken sind, und was Zufälliges, Zeitgeschichtliches ist. Und er hat zu zeigen, daß es nur

---

[38] R. BULTMANN, Karl Barths »Römerbrief« in zweiter Auflage, 140. Vgl. schon die gewisse Empörung in BULTMANNS Rezension zu L. PIROT, L'Oeuvre exégétique de Théodore de Mopsueste, ThLZ 39, 1914, 346 (= R. BULTMANN, Exegese, Anhang, 135): »Die paraphrasierende Erklärungsart Theodors weiß der Verf. nicht weiter zu würdigen als durch den Satz: ›Souvent aussi, si le texte est clair, l'explication littérale de Théodore se borne à répéter la même idée en des termes différents, et son interprétation n'est alors qu'une paraphrase sans grand intérêt et sans aucune originalité‹!«

[39] R. BULTMANN, Theologische Wissenschaft und kirchliche Praxis, 135, Hervorhebung von mir.

einen Anstoß gibt, den man mit Grund an der Schrift nehmen kann und der bleiben muß:
Der Anstoß, den der natürliche Mensch an Gottes weckender Stimme, an seiner demütigenden Forderung, wie an seiner demütigenden Gnade nimmt.«[40]

Es zeigt sich also: Bultmanns Beschreibung der zentralen Aufgabe der Exegese trägt dem theologischen Rang der Schrift in der und für die Kirche nicht zuletzt dadurch Rechnung, daß sie ihn – durch die Konzentration auf das, was die Schrift *eigentlich* sagt – als einen sinnvollen und legitimen Rang erscheinen läßt und nicht als ein Gespenst, das Furcht oder Heiterkeit erregt, je nachdem. Die Leistung, die die exegeseleitende Unterscheidung zwischen Ideen und dem Individuellen ihrer Ausprägung erbringt, ist auch eine seelsorgerliche.

Der eschatologische Geltungsanspruch für das, was die Schrift *eigentlich* sagt, gab sich in den oben von uns herangezogenen Passagen aus frühen Arbeiten Bultmanns aber nur indirekt zu erkennen. Er zeigte sich darin, daß Bultmann von ihm gelegentlich als von einem »Ewigen« sprach. Ist diese Charakterisierung dessen, was die Schrift eigentlich sagt, – eine Charakterisierung, die den von ihr und für sie erhobenen eschatologischen Geltungsanspruch bestätigt – aus der Exegese selbst gewonnen? Nein.

»Daß es für den evangelischen *Glauben* nur eine große Tatsache gibt: Gottes in der Schrift, in Jesus offenbar werdende erlösende Gnade, und daß diese Tatsache zu *glauben weder Sache des Wissens noch des Wollens* ist, sondern auf *innerer Ueberwindung der Seele* beruht, ist das, was verkündigt werden muß.«[41]

Historische Erkenntnis ist »Sache des Wissens« und insofern nicht glaubenerweckende oder -begründende Erkenntnis. Daß der geistige Gehalt der Schrift eschatologischen Rang *hat,* weiß der Exeget nicht aus der historischen Exegese. Gleichwohl kann solche eigentümliche Erkenntnis, die ein existentielles Erkennen ist (oder mit Paulus: ein Erkanntwerden, vgl. »Ueberwindung der Seele«), sich im Vollzug der exegetischen Arbeit ergeben: Schauen Gottes – das ist eine Wendung, die uns in diesem Zusammenhang begegnete, und hierher gehören wohl auch die Wendungen vom Verspüren und vom Gewahrwerden des Geistes Jesu. Solch existentielles Erkennen unterliegt nicht der methodischen Verfügung der Exegese. Diese fragt nach den »tragenden Ideen« der biblischen Texte nicht in bezug auf ihren eschatologischen Rang (und wenn sie schon in dieser Hinsicht fragt: sie hat kein Urteil darüber), sondern in bezug auf ihren sachlichen Gehalt und – mit Blick auf die Urchristentumsgeschichte – auf dessen geschichtliche Potenz. Das führten uns die aus den frühen Arbeiten Bultmanns herangezogenen Passagen eindrücklich vor Augen: Indem die Wissenschaft am Neuen Testament dessen Schriften in ihren religionsgeschichtlichen Kontext stellt, vermag sie nicht nur den geistigen Gehalt des Urchristentums, die sittliche Erlösungsreligion, um so schärfer zu erfassen, sondern auch die Durchsetzung des Christentums in der antiken Welt in ihrer geschichtlichen Folgerichtigkeit zur Anschau-

---

[40] Ebd., 127.
[41] Ebd., 135, Hervorhebungen von mir.

ung zu bringen. Der überlegene geistige Gehalt der christlichen Religion erwies sich nicht zum mindesten darin als die stärkste im Ensemble der gleichzeitig schaffenden idealen Kräfte, daß er sich der bereitliegenden Ausdrucksformen bediente.

Solche historische Erkenntnis der inneren Notwendigkeit der Durchsetzung des Christentums könnte nun als geschichtlicher Beweis seiner Absolutheit oder – sachgemäßer – der eschatologischen Geltung der von ihm verkündeten »Tatsache« angesehen werden und wurde auch vielfach in dieser Richtung verstanden (bzw., soweit darüber nicht eigens reflektiert wurde, empfunden). Doch darf – trotz gelegentlicher Formulierungen, die diese Frage wenigstens erwägenswert erscheinen lassen – als ausgeschlossen gelten, daß Bultmann eine solche Ansicht jemals positiv vertreten hat – eine Ansicht, der (exemplarisch) Wilhelm Herrmann und Ernst Troeltsch auf charakteristisch verschiedene Weise entgegengetreten sind (Herrmann durch die Betonung des Dualismus zwischen dem nachweisbar und dem nur erlebbar Wirklichen, Troeltsch durch die historische Relativierung [= Negierung] des eschatologischen Geltungsanspruchs) und dadurch gewissermaßen den doppelten Ausgang der liberalen Theologie vorgezeichnet haben.

»Die geschichtliche Forschung kennt keine absoluten Ergebnisse, sondern nur relative.«[42]

Nicht »Beweis«, »Sicherung«, »Begründung«, sondern »Klärung«, »Reinigung« und allenfalls »Stärkung« sind die Begriffe, mit denen Bultmann die Leistung der historischen Bibelexegese für den anderweitig begründeten Glauben bzw. für das »religiöse Bewußtsein« beschreibt[43]. Die Relation wird nicht von der historischen Arbeit her, sondern vom Glauben her konstituiert, der sich von dem methodisch vorgehenden Schriftverständnis größere Klarheit über sich selbst, seinen Grund und sein Wesen, verspricht.

Die zugleich wesentlichste und lebenspraktischste Relation der historischen Bibelexegese zum Leben der Kirche ist durch den Rang der Schrift als Quelle und Norm ihrer Verkündigung gegeben. Ganz im Sinne der Unterscheidung zwischen den »tragenden Ideen« und dem »Individuelle(n) in der Ausprägung dieser Ideen« hat deshalb der Wortverkündiger zunächst »aus dem Text den sittlichen oder religiösen Grundgedanken [= *was* der Text *eigentlich* sagt] zu erheben, der in ihm in irgend einer zeitgeschichtlichen Verkleidung oder auf eine spezielle Situation angewandt [= in irgendeinem sachlich akzidentiellen Modus

---

[42] Ebd.
[43] »Klärung«: ChW 25, 1911, 593 (vgl. oben S. 183), Brief Bultmanns an H. v. Soden vom 3. 4. 1921 (»den eigenen Besitz zu klären«, vgl. unten S. 232 mit Anm. 22); «Reinigung«: Ethische und mystische Religion, 41 (»den geistigen Bestand des Bewußtseins klären und reinigen zu helfen«); »Stärkung«: Predigt vom 10. 12. 1911, VW, 74 (»Kann uns die Betrachtung der Geschichte ihn [sc. den ›Glauben‹] wirklich verleihen? Ich glaube nicht, daß sie die Kraft hat, ihn zu erwecken, sie vermag nur den vorhandenen stärken«). Wir werden im vierten Kapitel nochmals auf diese Frage eingehen, vgl. unten S. 255 und S. 310–312.

des Gesagtseins] vorliegt«, um ihn dann »auf die Gegenwart und die spezielle
Situation anzuwenden«[44]. Eine Schriftauslegung, die sich selbst im Sinne der
von Bultmann in der Habilitationsschrift beschriebenen Aufgabe versteht, ist
also die Basis oder die Rückseite der zentralen kirchlichen Aufgabe, nämlich der
in Unterricht, Seelsorge und Predigt stattfindenden »positiven Verkündigung
der einen großen Hauptsache«[45]. Solche Verkündigung hat nun aber – wie wir
auch früher schon hörten – »nicht die Sätze der Schrift als Lehren vorzutragen«,
sondern sie hat nach Bultmann »die Lebenskräfte des Evangeliums zu verkündigen«. Den »Grundgedanken« des Textes »auf die Gegenwart und die spezielle
Situation anzuwenden«, bedeutet – in allgemeiner Formulierung – »zu zeigen,
welche Lebenskräfte in der Schrift lebendig sind, wie sie uns ergreifen, uns
Leben schenken und in unserer Gegenwart wirken können«[46]. *Grundgedanken als
Lebenskräfte* – das führt uns auf den nächsten Abschnitt.

1.2.2 »Religiöse Ideen« und »religiöses Leben«

Die »tragenden Ideen« zu erkennen, bedeutet nach der Aufgabenbeschreibung
in der Habilitationsschrift in Anwendung auf die biblischen (als religiöse) Schriften, »die religiösen Ideen, das religiöse Leben zu verstehen«. Die Frage nach dem
Sinn der Kombination von »Ideen« und »Leben« richten wir auch hier an die
frühen, vorwiegend rezensorischen Arbeiten Bultmanns.

Nach der schon oben angeführten Rezension in ChW 24, 1910, 689, lehrt
Zillers Buch den Leser »zweitens, sich zu besinnen, was ihm das Große an Jesus
ist, ob die *Gedanken* über ihn, oder das *Leben,* das er entzündet. Denn das
Gewand, das Gedanken einst über seine Person gelegt haben, erklärt Ziller mit
Recht für zerfallen; aber auch nur dieses. « Bultmann unterscheidet hier zwischen
einem Ursprünglichen, Überzeitigen: dem von Jesus entzündeten *Leben,* und
einem nicht Gleichursprünglichen, Vergänglichen: den *Gedanken* über ihn, der
Christus-*Lehre* bzw. dem Christus-*Dogma.* Im Licht dieser Unterscheidung
erscheint jene Nebeneinanderstellung von Ideen und Leben als eine Präzisierung,
die die konventionelle »intellektualistische« Auffassung ausschließen will, es
handle sich bei den »tragenden Ideen« um Gegenstände eines sie für wahr
haltenden Glaubens.

»Der Pfarrer . . . hat das Wesen des evangelischen Glaubens klar zu machen gegenüber
Mißverständnissen von rechts und links. Rechts liegt das falsche Verständnis nahe, als sei
alles in der Schrift Berichtete Gegenstand des Glaubens; und links meint man so oft, die
Wissenschaft zeige, daß es etwas weniger Dinge zu glauben gäbe, diese aber seien nun
sicher gestellt und müßten geglaubt werden. «[47]

---

44 R. BULTMANN, Theologische Wissenschaft und kirchliche Praxis, 126.
45 Ebd., 127.
46 Ebd., 126; vgl. oben S. 144.
47 Ebd., 135.

Die Wirklichkeit der »religiösen Ideen« wird gegen ein dogmatisch-intellek-tualistisches Mißverständnis abgegrenzt und im »religiösen Leben« lokalisiert, einem Leben, das von Jesus »entzündet« wird und sich freilich – so wird man nach dem Vorhergehenden sofort hinzufügen müssen – je und je den Umständen entsprechend, d. h. unter den jeweiligen Bedingungen der Zeit, gedanklich, »lehrhaft«, »dogmatisch« expliziert. Ist es also nach Maßgabe der im vorigen Abschnitt erläuterten Grundunterscheidung dem biblischen Exegeten auferlegt, die »tragenden Ideen« und die »historische Situation« seiner Schrift zu erfassen, so hat er zu unterscheiden *nicht* zwischen einer vernünftigen oder übervernünfti-gen *Lehre* und der zeitgeschichtlich bedingten *Gestalt,* in der sie formuliert ist – also etwa im Sinne sich akkommodierender allgemeiner Vernunftwahrheiten –, sondern zwischen dem spezifisch christlich-religiösen *Leben* und dessen – vor-wiegend gedanklicher – *Explikation,* sofern diese den Bedingungen ihrer Zeit unterliegt.

In den Epilegomena zu seiner Theologie des Neuen Testaments schreibt Bultmann über die Religionsgeschichtliche Schule: »Offenbar wirkte hier eine richtige Einsicht, indem die theologischen Lehren als Ausdruck und nicht als Gegenstand des Glaubens verstanden wurden, – aber nun freilich nicht als die Entfaltung des glaubenden Selbstverständnisses, sondern als nachträglich denkende Reflexion über die Objekte des Glaubens. Der Zusam-menhang zwischen Lebens- und Denkakt ist hier (wie sich Ad. Schlatter auszudrücken pflegte) zerrissen.«[48] Dagegen habe F. Chr. Baur richtig die theologischen Lehren als »die gedankliche Explikation des glaubenden Selbstverständnisses« verstanden. Mir ist frag-lich, wie weit Bultmanns Urteil über die Religionsgeschichtliche Schule deren einzelne Vertreter wirklich trifft; nicht fraglich ist mir, daß Bultmann schon in seiner Frühzeit »Theologie« grundsätzlich als die im religiösen Leben selbst angelegte gedankliche Entfal-tung dieses Lebens verstand. Dafür kann ich mich zwar nicht auf die obige Wendung über das »Gewand, das Gedanken einst über seine [Jesu] Person gelegt haben«[49], berufen, wohl aber auf die gleich zu behandelnden Beurteilungen Wredes, Weiß' und Schlatters, außer-dem auf Bultmanns Rede von »Glaubensgedanken« im Vortrag von 1913[50].

Auch die Unterscheidung zwischen dem »Leben« als dem Ursprünglichen und der »Lehre« als dem daraus Hervorgegangenen begegnet uns noch mehrfach in Bultmanns frühen Arbeiten.[51]

A. Deißmanns Materialsammlung werfe – so Bultmann in der Licht-vom-Osten-Rezension in MPTh 5, 1908/09 – Licht auf die neutestamentliche Briefli-teratur: »Man war zu sehr gewohnt, die Briefe eines Paulus als Lehrschriften zu

[48] R. Bultmann, Theologie des Neuen Testaments, 594; die folgende Wendung über Baur ebd., 592.
[49] S. o. S. 194.
[50] R. Bultmann, Theologische Wissenschaft und kirchliche Praxis, 127 (vgl. das Zitat oben S. 191 f. mit Anm. 40).
[51] Vgl. Gunkel, Ziele, 536: »Schliesslich aber wissen wir, dass nicht die Lehre Kern und Stern der Religion ist, sondern die Frömmigkeit, deren Ausdruck erst die Lehre ist; die religiöse Ueberzeugung versteht man nur, wenn man weiss, wie sie aus dem Grunde des inneren Lebens hervorgegangen ist; und so kann auch der eigentliche Gegenstand der Erkenntnis nicht die Lehre, sondern nur das religiöse Leben sein.«

betrachten«, und hat mehr oder weniger vernachlässigt, sie als aus der »Augenblicksstimmung« entsprungene, die mündliche Rede notdürftig ersetzende Äußerungen anzusehen. »Das Neue Testament ist ein Buch, aber kein Buch von papierener Art, kein starres Buch des Gesetzes und Dogmas, sondern ein Buch, in dem ursprüngliches, frisches Leben pulsiert, ein Buch[,] in dem ergriffene Seelen reden« (80 f., vgl. 82).

Von daher ergibt sich die Kritik, die Bultmann im neutestamentlichen Forschungsbericht in MPTh 5, 1908/09, an E. Kühls Paulus-Paraphrase übt: »Man erkennt die exakte wissenschaftliche Arbeit, die der Paraphrase zugrunde liegt; ja, leider erkennt man sie nur zu sehr. Der Verfasser hat sich zu eng an den Gedankengehalt der paulinischen Sätze gehalten und gibt zu wenig den Stimmungsgehalt wieder.« Daß dieser gerade auch im Stil sich niederschlage (und daß deshalb das »innere Leben« einer Schrift sich auch über Stil-Untersuchungen erschließen könne[52] – Bultmann arbeitet an seiner Dissertation! –), zeigt die Fortsetzung: »Der Schwung der paulinischen Rhetorik geht zu oft verloren unter dem Bestreben, alle unausgesprochenen Zwischengedanken zu ergänzen. So hat das Werk mehr Reiz für den Fachmann [d. h. für den historisch-kritischen Exegeten], als daß es eine genußreiche Lektüre für den Laien wäre, die ihm den Paulus lieb machte« (155 f.).

Auf derselben Linie liegt Bultmanns Anzeige einer »so ganz ohne erbauliche und historische Rücksichten« eingerichteten und lesbaren Bibel-Anthologie in ChW 24, 1910, 90 f., deren Wert er darin sieht, daß »der ästhetische Genuß … nicht selten zum vollen Verständnis des inneren Gehalts« führe (91).[53] Der innere Gehalt als das eigentliche Zentrum einer Schrift, das sich in ihr entfaltende Leben, erschließt sich demnach keineswegs ausschließlich über das intellektuelle Verständnis ihres Gedankeninhalts, sondern bedarf der nachfühlenden Wahrnehmung ihrer Stimmung, die sich unter Umständen weniger gedanklich als ästhetisch an den Leser vermittelt.

---

[52] Das ist die Domäne von JOHANNES WEISS, der in der Meinung, »es komme auf den Inhalt an, nicht so sehr auf die Form«, das »tief unkünstlerische Wesen« hervortreten sieht, »das unsrer Theologie, ich weiß nicht woher, anhaftet«. Auf dem Wege der Stiluntersuchung gewinne man »Hülfe für die Kritik, sondern auch für die Exegese und das religiöse Verständnis«, man leiste »nicht nur eine äußerliche, formale Arbeit«, sondern komme »der Seele des Schriftstellers näher« (Aufgaben, 16.21.15). Vgl. auch die folgende Anm.

[53] Dies ist charakteristisch für HERMANN GUNKEL, dem es um den ästhetischen Eindruck, die Empfindung zu tun ist sowie um die anschließende kritische Reflexion auf die Bedingungen, die diesen Eindruck hervorgebracht haben, auf die »Form«. »Dabei fürchte niemand, dass solche Erörterung der ästhetischen Form den Exegeten von dem religiösen Gehalt abziehen werde; vielmehr wird sie ihn, wenn die ästhetischen Fragen wirklich tief und voll erfasst werden, nur darauf hinführen. Form und Inhalt eines Kunstwerks fallen ja nicht so gänzlich auseinander, wie der liebe Herr Philister gewöhnlich glaubt, vielmehr gehören sie aufs engste zusammen; denn die rechte Form ist der notwendige Ausdruck des Inhalts. Wer sich also bemüht, die Form zu erfassen, kann es gar nicht tun, ohne sich des Inhalts aufs intimste zu bemächtigen« (Ziele, 534).

Wie beides: Gedanke und Stimmung[54], Lehre und Leben, Theologie und Religion, zusammengehört, daß nämlich im Gedanken Stimmung (im weiteren Sinne des Ge- und *Be*stimmtseins!), in der Lehre Leben, in der Theologie Religion sich Ausdruck verschafft[55], das geht deutlich hervor aus Bultmanns Bemerkungen zu W. Wredes Paulusbuch und zu den durch dieses ausgelösten Gegenschriften im neutestamentlichen Forschungsbericht in MPTh 5, 1908/09. Wrede habe »die beiden Seiten des Charakters des Paulus«, die religiös-sittliche (Stimmung, Leben, Religion) und die theologisch-intellektuelle (Gedanke, Lehre, Theologie), unzulässig getrennt – also, mit der Schlatterschen Formulierung, Lebens- und Denkakt zerrissen. Demgegenüber sei die Theologie des Paulus, obgleich »eine schwere Belastung« (!), zu begreifen als »der natürliche Ausdruck des gewaltigen religiösen Erlebens des Paulus, ... notwendig, um dem Christentum seinen Bestand in der Welt zu sichern«; deshalb gelte es, »aus der Theologie des Paulus sein religiöses Leben herauszufühlen«. Aus der Perspektive dieser Aufgabenstellung erklärt es Bultmann für »unbegreiflich«, daß Wrede, der »bei der Charakteristik [der sittlich-religiösen Persönlichkeit] des Paulus so stark seine Willensnatur betonte, hier [bei der Darstellung seiner Theologie] einen so unpersönlichen Glaubensbegriff gibt, daß er, der dort so fein den Gegensatz zwischen innerer Ohnmacht und sieghaftem Lebensgefühl darstellte, hier die Antithese ›Werke und Glaube‹ nur aus der Polemik gegen die Juden erklärt«, statt sie, so ist zu ergänzen, primär als gedanklichen (= theologischen) Ausdruck jener religiös-sittlichen Stimmung, in der sie wurzelt, zu begreifen (160 f.).

Damit ist freilich noch nicht gesagt, daß die paulinische Rechtfertigungslehre als *Lehre* für alle Zeiten untrennbar mit der christlichen Religion verbunden ist, sondern nur, daß sie ihren *sachlichen Grund* im ursprünglichen christlichen Erleben des Paulus hat und *nicht* in der Auseinandersetzung des Paulus mit seiner eigenen jüdischen Herkunft bzw. seiner jüdischen Gegnerschaft, auf die sie allerdings – und das bindet sie an ihre Zeit – funktional bezogen und durch die sie demnach in ihrer Ausgestaltung bedingt ist. Die isolierte Betrachtung der Auseinandersetzung Bultmanns mit Wrede berechtigt also nicht dazu, die paulinische Rechtfertigungslehre aus dem Urteil, die Theologie des Paulus stellte eine »schwere Belastung« dar, auszuklammern; immerhin ist aber, um hier nur das zu sagen, aus dem Rang, den in Bultmanns gleichzeitigen Predigten der »Gegensatz zwischen innerer Ohnmacht und siegreichem Lebensgefühl« als die Grundstimmung – Grund-Bestimmtheit – christlichen Lebens einnimmt, zu ersehen, daß für ihn eine aus wahrhaft christlich-religiösem Erleben unter welchen spezifischen Bedingungen auch immer sich

---

54 So etwa auch R. BULTMANN, ChW 25, 1911, 593.

55 Vgl. grundsätzlich GUNKEL, Ziele, 522 f.: »Worte sind Ausdrucks*mittel* der Gedanken und Empfindungen. Und auch diese sind nicht das Letzte; Gedanken und Empfindungen sind die Aeusserungen der lebendigen, bewegten Seele. Die Seele des Menschen, das geheimnisvolle Innenleben, das sich der Aussenwelt offenbart, indem es sich ausspricht, das ist das eigentlich Wertvolle. Wer also grosse Dinge gross zu nehmen weiss, der geht durch die äusseren Erscheinungen zum Wesen ... Die lebendige Person also, in ihrem Wollen und Denken, in der Mannigfaltigkeit ihrer ganzen geistigen Existenz, sie ist der eigentliche Gegenstand aller Exegese.«

entfaltende Theologie sich stets in größter sachlicher Nähe zur paulinischen Rechtferti-
gungstheologie finden wird.[56]

In Bultmanns Anzeigen der beiden Büchlein von Johannes Weiß über »Christus. Die Anfänge des Dogmas« und »Jesus im Glauben des Urchristentums« in
ChW 23, 1909, 814, und ChW 24, 1910, 861, ist die beziehungsvolle Unterscheidung zwischen Theologie (»Dogma«) und Religion (»Glaube«) selbstredend
ebenfalls präsent. Heißt es von dem ersten Buch: »Ueberall sieht der Leser die
religiösen Kräfte wirken, die zur Ausgestaltung der neutestamentlichen Christologie führten«, so vermerkt Bultmann zum zweiten Buch, übrigens mit ausdrücklichem Verweis auf jenes Buch über die »Entstehung der Christus*lehre*«,
hier wolle Weiß »schildern, welche Stellung Jesus [nicht in der *Lehre,* sondern] in
der Religion, im *Glauben* der ältesten Christen eingenommen hat«[57]; überhaupt
müßte – Bultmann zitiert Weiß – »jede Darstellung eines christologischen Sy-
stems ergänzt werden ... durch ein Bild dessen, was dem betreffenden Dogma-
tiker [also etwa dem Paulus] Jesus für sein persönliches Leben bedeutet«. Es gilt
demnach nicht nur für die neutestamentliche, sondern für alle Christo-Logie: Sie
ist zu interpretieren als der Ausdruck persönlichen Jesus- bzw. Christus-Glau-
bens, in dem sie, als ihrem Sitz im *Leben* sozusagen, wurzelt.

Bei unserer Nachfrage nach dem Sinn der Bultmannschen Unterscheidung
zwischen den »tragenden Ideen« und dem »Individuelle(n) in der Ausprägung
dieser Ideen« fanden wir, daß Bultmann bei Schlatter nur die Bedeutung des
zweiten Pols in dieser Relation verkannt, damit aber natürlich die Relation als
solche verfehlt sah. Dagegen bescheinigt er Schlatter – und darauf ist nun im
Licht der antiintellektualistischen Präzisierung der »religiösen Ideen« durch
»religiöse(s) Leben« eigens hinzuweisen –, er könne »sich nicht genug darin tun,

---

[56] Vgl. hierzu BULTMANNS Darlegung des aus der paulinischen »Gesetzes- und Erlösungslehre« herauszuarbeitenden ewigen Gehalts in »Theologische Wissenschaft und kirchliche Praxis«,
126: »Das selbständige Gewissen, das durch kein Gesetz sich binden läßt und nur freies Handeln
als gut anerkennen kann, und das doch zu einem freien Leben durch keine Werke und keine
äußeren Dinge kommen kann, sondern es sich nur durch Gottes alles schenkende Gnade geben
lassen kann; und das Erlebnis des Menschen, dem dies zum Bewußtsein kommt, indem er
zusammenbricht vor der Größe Gottes, der viel zu groß ist, als daß man ihm etwas leisten
könnte, und der den Menschen wieder erhebt, indem er ihm alles schenkt« – kurz: die sittliche
Erlösungsreligion. In der paulinischen Lehre liege ein »Typus des Christlichen« vor, verstanden
als eine »Stufe der Entwicklung«, und je besser man sie in Kenntnis der historischen Situation
als solche verstanden habe, desto mehr könne man die paulinischen Gedanken auch für die
heutige Zeit »nutzbar machen« in dem Wissen, »wie viel sie zu sagen haben ebenso für die
Formen ländlicher gesetzlicher Frömmigkeit wie für modernes Philisterchristentum«.

[57] Wenn Bultmann bis in die 1920er Jahre hinein statt vom *Glauben* meistens von *Religion*
spricht (vgl. das terminologische Scharnier in R. BULTMANN, Karl Barths »Römerbrief« in
zweiter Auflage, 120), so liegt dem der Wille zugrunde, kirchlich abgebrauchtes (und gegen das
orthodox-intellektualistische Mißverständnis ungeschütztes) Vokabular möglichst zu vermeiden. Erst 1924 redet Bultmann in dem vor allem von Barth durch den Gegensatz zur »Erlebnis«-Religion qualifizierten Sinne vom *Glauben* (vgl. bes GuV I, 22 f.), jetzt gegen ein kultur-
protestantisches *und* mystisches Religionsverständnis sich abgrenzend, welches freilich das *seine*
nie war.

jeden Verdacht des Intellektualismus von den Personen des N.T. abzuweisen« (MPTh 8, 1911/12, 441). Freilich werde bei Schlatter »die Polemik gegen den Intellektualismus ... überspannt«, und wir haben bereits gesehen, inwiefern; insofern nämlich, als Schlatter die Heterogenität vieler neutestamentlicher »Vorstellungen« bzw. »Gedankenbildungen« gegenüber den in ihnen Ausdruck suchenden religiösen Motiven außer acht lasse und jene rein aus diesen erkläre: »Die Begriffe werden nach dem Grundgedanken der neuen Frömmigkeit ausgelegt« (442). In der theologischen Konsequenz dieses Verfahrens droht eine für Bultmann untragbare dogmatische Perpetuierung der neutestamentlichen Terminologie, die es für ihn vielmehr durch geschichtliches Verstehen auf das ihr zugrunde liegende religiöse Leben hin abzuarbeiten gilt.

Sehen wir nun zum Schluß dieses Abschnitts aus dem durch die Unterscheidung zwischen Lehre und Leben bezeichneten Blickwinkel mit der gebotenen Ausführlichkeit auf Bultmanns Aufsatz »Das religiöse Moment in der ethischen Unterweisung des Epiktet und das Neue Testament« in ZNW 13, 1912! Hatte Bultmann in seiner Dissertation 1910 eine gewisse Verwandtschaft zwischen der Predigt des Paulus und der Predigt der kynisch-stoischen Popularphilosophen in ihren *Ausdrucksformen* festgestellt, so fragt er nun, in welchem *sachlichen* Verhältnis die Philosophie Epiktets und die christliche Religion stehen, die er schon 1910 als »zwei *verschiedene* geistige Mächte[,] gleichzeitig auf gleichem Boden an der Arbeit«, bezeichnet hatte.[58]

Der einleitende Abschnitt des Aufsatzes (97 f.) enthält eine methodologische Reflexion über die Schwierigkeit des Vergleichs, die darin bestehe, »daß die Aussagen, die zum Vergleich vorliegen, sozusagen nicht auf gleicher Fläche liegen«, daß sie, mathematisch ausgedrückt, also zuerst gleichnamig gemacht werden müssen. Während Epiktet »mit einem festen Begriffsmaterial« arbeite, seien im Neuen Testament »die sittlichen und religiösen Vorstellungen nicht in feste Begriffe gefaßt«. Um das Neue Testament mit Epiktet kommunikabel zu machen und so einen Vergleich zu ermöglichen, ist »hinter die [›formulierten‹] Aussagen zurück« zu gehen, sind die in ihnen begrifflich oder vorstellungsmäßig sich explizierenden »religiösen Kräfte nachempfindend zu verstehen«, ist »in dem zugrunde liegenden religiösen Leben nach Analogien« zu suchen. Die Gleichnamigkeit, aufgrund deren ein strenger sachlicher Vergleich erst möglich wird, liegt also in der *Religiosität,* die freilich jeweils spezifisch verschieden geprägt ist und sich ausprägt.

Auf das uns später noch einmal kurz beschäftigende Problem, »daß das Neue Testament keine einheitliche Größe ist«, daß es nämlich selbst verschiedene Ausprägungen von Religiosität enthält, weist Bultmann als auf eine weitere Schwierigkeit des Vergleichs hin, entschärft es aber durch die Auskunft, es sei »zweifellos möglich, einen bestimmten Typus

---

[58] Stil, 107 f., Hervorhebung von mir. Zur Abfolge der Studien vgl. Weiss, Aufgaben, 13: »Je überraschender die formelle Ähnlichkeit solcher Wortreihen oder Satzgebilde ist, um so lehrreicher ist es, gerade an ihnen den Unterschied der religiösen Stimmung und Gedankenbildung zu studieren.«

neutestamentlicher Religiosität zu erkennen«, d. h. einen dem Neuen Testament und *nur* ihm gemeinsamen Typus, für den »der Blick doppelt geschärft (werde) durch den Vergleich mit einem ganz anderen Typus« (98). Wir notieren einstweilen die Fragen: Wie verhält sich das in der »Theologie« einer neutestamentlichen Schrift oder Schriftengruppe sich formulierende »religiöse Leben« zu dem in einer *anderen* »Theologie« einer *anderen* neutestamentlichen Schrift oder Schriftengruppe sich formulierenden »religiösen Leben«, wie zu der in der »Theologie des Neuen Testaments« sich formulierenden neutestamentlichen Religiosität, wie zu der in einer christlichen Dogmatik bzw. Glaubenslehre überhaupt sich formulierenden Religiosität? Ist es immer letztlich dieselbe, *die* neutestamentliche als *die* christliche Religiosität? Und, falls ja, was bedeutet das für die Exegese, die zu dem aller Explikation zugrunde liegenden »religiösen Leben« vordringen soll? Wir werden diese Fragen später wieder aufnehmen.[59]

Bultmann führt den Vergleich folgendermaßen durch. Zunächst (I., 98–102) skizziert er »die ethische Unterweisung Epiktets«, die das gemeinstoische Ziel des sittlichen Handelns (ὁμολογουμένως τῇ φύσει ζῆν) durch den rechten Gebrauch der Vernunft (χρῆσις οἵα δεῖ φαντασιῶν), d. h. ihrer rechten Anwendung auf τὰ ἐφ᾽ ἡμῖν und τὰ οὐκ ἐφ᾽ ἡμῖν, zu erreichen lehrt und sich in ihren beiden charakteristischen Geboten des ἀπέχεσθαι und ἀνέχεσθαι als eine nicht an positiven Idealen orientierte, sondern »rein negative Ethik« (102) ausweist.

Für »das religiöse Moment in der sittlichen Unterweisung des Epiktet« (II., 102–110) sieht Bultmann zwei Anknüpfungspunkte: 1. An den Gedanken vom Menschen als dem Vernunftwesen knüpft sich der vorwiegend als verpflichtendes Motiv fungierende Gedanke der »Verwandtschaft des Menschen mit Gott«, die das sittliche Verhalten als »Gehorsam gegen Gott« in »Freiheit von aller Welt« qualifiziert (103–105); 2. an das Gebot des ἀνέχεσθαι knüpft sich als tröstendes bzw. stärkendes Motiv der Gedanke der göttlichen Vorsehung (πρόνοια) (105–110), die an der Zweckordnung der Welt »im Kleinen wie im Großen« (105) anschaulich wird und den Menschen zur Dankbarkeit verpflichtet: »Man spürt [!]: die Dankbarkeit Epiktets, seine stimmungsmäßige Hingabe an das Universum ist nicht das Resultat von Reflexionen über die πρόνοια, sondern ist ursprünglich. Das Gefühl ist imstande, Motive zu liefern, wo der Verstand versagen würde. Der dankbare Mensch erblickt Gott als seinen Vater, er sieht alle Wohltaten Gottes auf sich gerichtet. Der stoische Determinismus scheint durchbrochen oder beiseite geschoben zu sein« (107f.).

Im Vergleich zeigen »Epiktets Religiosität und das Neue Testament« (III., 177–182) trotz der scheinbaren Verwandtschaft eine große Gegensätzlichkeit: 1. Die Gottesverwandtschaft ist bei Epiktet nicht wie im Neuen Testament die durch die Begriffe »Gnade und Offenbarung« sowie »Demut und Kindessinn« charakterisierte »persönliche Gemeinschaft der menschlichen Seele mit dem persönlichen Gott«, sondern eine »in der Natur des Menschen angelegte« Gemeinschaft mit einem »Gott«, der lediglich eine »Personifizierung der höchsten Gedankeninhalte, die der Mensch fähig ist zu erzeugen, *der sittlichen Gedanken*«,

---

[59] S. u. S. 218–220.

darstellt (177–179); 2. der Vorsehungsglaube Epiktets ist nicht wie im Neuen Testament die auf der Offenbarung des lebendigen Gottes beruhende Gewißheit, daß Gott »Natur und Geschichte nach seinen Zwecken lenkt« und daß er »mit dem Individuum einen besonderen Weg vorhabe, so daß ihm alles zum besten dienen müsse« (181 f.), sondern er ist eine durch ein pantheistisch-religiöses »Stimmungsmoment« (181) zusammengehaltene Kombination des »teleologisch ˉgefärbte(n) stoische(n) *Determinismus*« mit dem »Bewußtsein von der *Selbständigkeit der sittlichen Gedanken*« (179). Zum »neutestamentlichen Vorsehungsglauben« merkt Bultmann an, er gehöre zu den im Neuen Testament nicht begrifflich formulierten, da auf »andere Antithesen« hin explizierten »Seiten der neutestamentlichen Frömmigkeit«, so daß es darauf ankomme, »daß wir den Lebensmittelpunkt [!] der neutestamentlichen Frömmigkeit erfassen und von da aus fühlen [!], wie sie auf die hier vorliegenden Antithesen [sc. auf den Epiktetschen Vorsehungsglauben] reagieren muß« (180 f. Anm. 2).

Folgerichtig fragt Bultmann nun ausdrücklich nach diesem neutestamentlichen »Lebensmittelpunkt«, der »der Zentralpunkt der Differenz« (IV., 182–190) sein muß. Und wieder kommt Bultmann, sich selbst wiederholend und fortführend, höchst gewichtig auf das Methodische zu sprechen: »Wir dürfen nicht bei der Differenz von Begriffen, Vorstellungen, Vorstellungskomplexen stehen bleiben, wenn wir der geschichtlichen Situation auf den Grund sehen wollen, sondern wir müssen nachzufühlen [!] suchen, was diese Vorstellungen hervorgetrieben hat.« Dabei könne der Historiker *nicht* mit »Offenbarung« als einem Faktor rechnen, vielmehr sei ihm aufgegeben, »das Individuum, die menschliche Psyche« als das letzte ihm Zugängliche zu analysieren. »Gelingt es ihm, die geschichtlichen Gebilde, die in Vorstellungen oder Institutionen bestehen mögen, als erwachsen aus menschlichem Seelengrunde zu begreifen, so hat er seine letzte Aufgabe, die Psychologie der Geschichte zu analysieren, erfüllt.«[60] Kurz: Hinter die geschichtlichen (gedanklichen oder sonstigen) Objektivationen ist jeweils zurückzufragen nach dem, dessen Objektivationen sie sind, nach den sie hervortreibenden Motiven und Kräften in »menschlichem Seelengrunde«. Der Epiktetschen und der neutestamentlichen Religiosität muß demnach »ein ganz verschiedenes Individualitätsgefühl« bzw. »Persönlichkeitsbewußtsein« (182)

---

[60] 182; vgl. Gunkel, Ziele, 522f. (s. o. S. 197 Anm. 55), außerdem R. Bultmann, *Art.* Urgemeinde, 1516 (in bezug auf die Ostererlebnisse der Jünger): »Wie sonst, so muß auch hier der Historiker eine psychologische Begründung voraussetzen.« Jedoch: »Die Wandlung im Innern der Jünger entzieht sich der Beobachtung; man kann nur auf die Faktoren hinweisen, die etwa in Betracht kommen«. Zum Verständnis des Ausdrucks »Psychologie der Geschichte« ist hilfreich Wrede, Aufgabe und Methode, 51: »Die Frage nach der Entstehung [einer religiösen Anschauung] werden wir aber natürlich stets im geschichtspsychologischen Sinne stellen, nicht blos im literarischen, womit in der Regel wenig gewonnen wird, und ebenso suchen wir auch nicht sowohl aus einzelnen Stellen, als aus der Entwicklung heraus zu argumentieren. Jede bedeutsame Vorstellung, jeder wirksame Begriff, jede wichtige Anschauung wird als ein lebendiges Gewächs der religiösen Geschichte aufgefasst, genau nach den inneren Gesetzen erwachsen, nach denen heute und immer Vorstellungen, Begriffe, Anschauungen entstehen.«

zugrunde liegen – ein jeweils charakteristisches Selbst- bzw. Existenzverständnis mithin, das es durch die Unterscheidung von seinen Objektivationen (also etwa durch Entmythologisierung) in existentialer Interpretation zu erheben gilt! Es ist im Kern genau dasselbe, was Bultmann später anders (aber *so* unähnlich nun auch wieder nicht) sagt! Inhaltlich beschreibt Bultmann die Differenz so: Während sich bei Epiktet das Individuum einseitig intellektualistisch nur über seine Teilnahme am Logos, nämlich als λογικὸν ζῷον definiere, erblicke das Neue Testament das Individuum wirklich *als* Individuum, nicht als Fall eines Allgemeinen, sondern als »Seele . . ., die sich zu eigenem Leben herausentwikkelt aus dem Chaos«, als »Geheimnis«, als »eigenartige(s) Einzelwesen« (184). Wieder merkt Bultmann an, diese »Schätzung des Individuums« sei »im NT freilich nirgends deutlich formuliert«, es sei aber evident, daß sie dem »religiösen Verlangen« und »religiösen Erfüllungsbewußtsein« des Neuen Testaments zugrunde liege (185 Anm. 1). Bultmann zeigt das ausgehend vom »Begriff der Freiheit«: Diese sei im Neuen Testament »Freiheit von Sünde und Schuld« (182 f.); statt von Schuld könne Epiktet »nur von Irrtum und Schwäche« (184) reden, in deren durch Besinnung und Aufklärung prinzipiell erreichbarer Aufhebung das (negative!) sittliche Ideal abschließend verwirklicht werden könne, während umgekehrt nach dem Neuen Testament das (positive!) sittliche Ideal dem Individuum eine unendliche, nie zum Abschluß zu bringende Aufgabe stelle und »die sittliche Vollkommenheit in ewiger Lebendigkeit« bestehe (183). Das Neue Testament wisse von »Gnade« und »Erlösung«, von der »Geschichte des Individuums« wie von der »der Menschheit«; Epiktet wisse davon infolge seiner Auffassung, daß der Mensch in naturhaft-»unmittelbarem Wesenszusammenhange mit dem im All wirkenden [ungeschichtlichen] Logos« stehe, nichts (185) – wenigstens prinzipiell nichts, denn durch die pädagogisch motivierte Rolle des προκόπτων sei freilich bei Epiktet »die strenge Theorie der Stoa« an diesem Punkt »durchbrochen« (183). Wie in der »Selbstbeurteilung«, so zeige sich »auch in der *Wertung des anderen*«, daß Epiktet das Individuum nicht »in seiner ganz persönlichen Eigenart, in seinem Irrationalen, seinem Geheimnis« (186) sehe: Der »*Inhalt der sozialen Forderung*« sei kein »soziales Ideal« – die Gemeinschaft[61] –, sondern die »rein formale Vorschrift«, anderen gegenüber seine Pflicht zu erfüllen, und diese Forderung sei »nicht sozialistisch, sondern egoistisch« motiviert (187) – wenigstens prinzipiell, denn in der persönlichen Empfindung mancher Worte Epiktets fänden sich durchaus »Ansätze zu einer höheren Wertung der Persönlichkeit« (188).

Damit ist Bultmann am »Schluß« (V., 190 f.) seines Vergleichs, in dem er »die Grundgedanken seiner [Epiktets] Unterweisung so scharf in ihrer Nacktheit zu zeichnen versuchte, daß sie vielfach des Persönlichen entkleidet werden mußten« (190). Eben dies Persönliche jedoch, die »Persönlichkeit«, sei das Große an Epiktet, nicht seine »stoischen Gedanken«. »Und das religiöse Moment seiner

---

[61] Vgl. oben S. 160–162 mit Anmerkungen.

Unterweisung hat seine Kraft eben in dieser Persönlichkeit. Sie vermag mit ihrem Feuer die Gedanken zu erwärmen, die an sich unwirklich und doktrinär sind, und vermag auch ihnen den Schein des Religiösen zu geben.« Bultmann meint mit seiner Analyse »an einem kleinen Teil Verständnis für das Ringen der Geistesmächte und . . . den Sieg der Religion des NT« eröffnet zu haben, welche an den »sittlichen Gedanken der stoischen Unterweisung . . . positive Anknüpfungspunkte« gefunden, sich ihr gegenüber aber durchgesetzt habe aufgrund der »Kraft« und des »Enthusiasmus einer lebendigen Religion, eines persönlichen Gottesglaubens«, aufgrund der neuen »Wertung des Individuums« und ihrer »Macht, die menschliche Seele zu eigenem Leben zu erwecken« (191).

Wir fassen zusammen. Unsere Frage richtete sich in diesem Abschnitt auf den Sinn der Nebeneinanderstellung von »religiösen Ideen«, die wir im vorigen Abschnitt als das von seinem vielfältig bedingten Ausdruck verschiedene, geschichtsmächtige original und ewig Christliche bestimmt hatten, und »religiöse(m) Leben«; dieser Sinn zeigte sich als eine antiintellektualistische Präzisierung jenes spezifisch christlichen Gehalts: Dieser ist nicht eine Lehre als ein Komplex zeitloser gedanklicher Vorstellungen und Begriffe, sondern ein spezifisch gestimmtes »Individualitätsgefühl«, »Persönlichkeitsbewußtsein«, das durch die Offenbarung Gottes, seine demütigende Forderung und Gnade konstituiert und in seinem Vollzug als ein »Leben« in der persönlichen Gottesgemeinschaft bleibend bestimmt ist. Gehört zu dieser existentiellen Bestimmtheit – »Stimmung«, »Leben«, »Religion« – auch unausweichlich, ja geschichtlich notwendig hinzu, daß es sich gedanklich[62] expliziert – »Vorstellung« und »Begriff«, »Lehre/ Dogma«, »Theologie« –, so sind solche Explikationen doch nicht zu verwechseln mit dem sie hervortreibenden religiösen Leben selbst, sondern hinter ihnen, die an ihre Zeit gebundene Objektivationen darstellen, ist »nachempfindend«, »nachfühlend« jenes »Leben« zu erfassen.[63]

---

[62] Von anderen, nämlich praktischen, institutionellen etc. Explikationen (Mission, Kult, Kirchenorganisation etc.) war hier nicht zu handeln.

[63] Vgl. WEISS, Aufgaben, 49: »Diese Aufgabe, die wirklich gelebte Religion der alten Christen gewissermaßen nachzukonstruieren, ist natürlich nur bis zu einem gewissen Grade wissenschaftlich lösbar, da wir mit der anempfindenden Phantasie doch immer nur ein annäherndes Verständnis erreichen können, und mancher schlichte Bibelleser, jeder religiös produktive Christ wird hier in vieler Hinsicht dem Historiker an congenialem Begreifen überlegen sein.« In diese Richtung geht auch folgende Ausführung BULTMANNS in »Theologische Wissenschaft und kirchliche Praxis«, 125: »Die historische Wissenschaft kann oft lernen von dem Glaubensleben der Kirche, von dem schlichten, unwissenschaftlichen Bibelverständnis. Sie muß oft fragen, ob in dem Erleben eines schlichten Christen sich Jesu Bild nicht wahrer erweist, als in ihren Sätzen, und sie muß sich stets erinnern, daß geschichtliche Forschung nicht möglich ist ohne Erleben. Und wem in der kühlen Atmosphäre der Wissenschaft die Erlebenskraft zu verkümmern droht, der kann sie sich in der Wärme des Glaubenslebens der Gemeinde wieder kräftigen lassen.« Vgl. noch GUNKEL, Ziele, 524: »Exegese im höchsten Sinne ist mehr eine Kunst als eine Wissenschaft. Der Exeget soll etwas vom Künstler an sich haben . . .[,] soll schaffen können. Zwar schafft er nicht frei wie der Künstler, aber er schafft nach.«

1.2.3 Das »Moment der Persönlichkeit des Verfassers«

Die Aussage Bultmanns in seiner Habilitationsschrift, daß zur Erfassung der »historischen Situation« einer Schrift als »besonderes Stück« gehöre, »das ganz individuelle Moment der Persönlichkeit des Verfassers – wo von einer solchen die Rede sein kann –« zu erfassen, liefert uns den dritten Gesichtspunkt, unter dem wir die frühen Arbeiten Bultmanns durchsehen. Von vornherein ist zu vermuten: Hier wird über die allgemeinen Umstände und Bedingungen der Zeitgeschichte hinaus – d. h. über die Faktoren hinaus, die gleichsam von außen in den Entstehungs-, Entfaltungs- und Durchsetzungsprozeß des Christentums eingriffen und ihn mitbestimmten – nach einem »inneren«, persönlichen Medium gefragt, innerhalb dessen das religiöse Leben allererst wirklich sein kann und durch das hindurch es sich in spezifisch persongebundener Weise (v. a. literarisch) ausprägt.

Einer speziellen Anwendung der Frage nach der »Persönlichkeit des Verfassers« begegnen wir auf dem Feld der literarischen Beurteilung der synoptischen Evangelien. In seinem neutestamentlichen Forschungsbericht in MPTh 5, 1908/09, bedauert Bultmann, daß in E. Klostermanns HNT-Kommentar »Markus als Schriftsteller nicht mit mehr nachempfindender Liebe behandelt ist« (155); obgleich Bearbeiter »mündliche(r) Tradition«, könne man doch »Markus als eine charakteristische schriftstellerische Persönlichkeit fassen« (125 f.). Umgekehrt sei es »prinzipiell falsch« – dies sagt Bultmann gegen Th. Zahns Matthäus-Kommentar –, die synoptischen Evangelien *ausschließlich* »aus sich heraus zu erklären . . ., da man es nicht mit einer selbständig schaffenden Persönlichkeit zu tun hat« (154).[64] In diesen Bemerkungen ist implizit die Forderung einer Evangelienexegese erhoben, die Tradition *und* Redaktion gleichgewichtig Rechnung trägt; gegen die vor allem von J. Wellhausen angebahnte Sicht der Evangelisten lediglich als »Sammler und Tradenten« wird durch den Hinweis auf die »schriftstellerische Persönlichkeit« das redaktionskritische Gegengewicht eingebracht, dem ja dann auch der dritte Hauptteil in Bultmanns »Geschichte der synoptischen Tradition«[65] gelten wird.

Ist es im Bereich der Synoptiker-Exegese vorwiegend die *Tradition,* gegen die die »schriftstellerische Persönlichkeit« der Evangelisten aufgeboten wird, so ist es im Bereich der Paulus-Exegese vor allem die Fülle zeitgeschichtlicher, insbesondere »hellenistischer *Parallelen*«, die solchen Gegengewichts bedarf.[66] Bultmann bringt dies gegen die HNT-»Erklärungen von *Lietzmann* zum Römer-

---

[64] Vgl. GUNKEL, Ziele, 539: »Man darf das einzelne Buch oder Stück nicht so behandeln, als wenn es selbstverständlicherweise die freie Schöpfung seines Autors wäre, sondern man hat überall aufs sorgsamste zu erwägen, wie weit hier überhaupt eine schaffende Persönlichkeit in Frage kommen kann«.

[65] FRLANT 29, Göttingen ¹1921, 194 ff.; ²1931 usw., 347 ff.

[66] BULTMANN beurteilt »das Beibringen von hellenistischen Parallelen« in Klostermanns Mk-Kommentar als »zu oft unmotiviert und zu unregelmäßig« und äußert den Eindruck, »daß in den Evangelien diese Arbeit noch nicht in der Weise getrieben werden kann wie bei Paulus«.

und ersten Korintherbrief« in Anschlag, die gar nicht »Kommentare im eigentlichen Sinn« seien; böten sie auch vorzügliches Material zur hellenistischen Umwelt, so kämen doch »die übrigen Forderungen der Exegese ... leider oft zu kurz.[67] Man bedauert, daß die Briefe nicht als ganze tiefer gewürdigt und aus der Situation und dem Charakter des Paulus erklärt werden. Über die Persönlichkeit des Paulus fallen gelegentlich feine Bemerkungen, doch sieht man ihn nicht lebendig hinter den Briefen stehen« (155). Bultmann bezieht damit Stellung gegen eine im Beibringen kultur- und religionsgeschichtlichen Parallelenmaterials sich erschöpfende, den Charakter der Paulusbriefe als selbständiger Äußerungen des ihnen zugrunde liegenden persönlichen Lebens verkennende Exegese.

So hatte Hermann Gunkel in seiner Programmschrift von 1903 als eine »Gefahr für die Religionsgeschichte« das Vergessen der »*grossen Personen*« bezeichnet und an die »grosse Frage« erinnert, »die gegenwärtig alle Historiker beherrscht, ob die grossen Männer oder die Zeitströmungen die Geschichte machen. Früher ... war man in der Versuchung, die Zeitströmungen zu ignorieren, jetzt in unserer sozialistischen Zeit die Personen. Ein allgemeines Rezept gibt es hier nicht. Die Geschichte zeigt vielmehr ein wunderbares, höchst mannigfaltiges Ineinander beider Faktoren.« Die vorwiegende Orientierung religionsgeschichtlicher Untersuchungen an den »Bewegungen der Masse« brauche die »Bedeutung der Personen« keineswegs auszublenden; sie trage vielmehr dazu bei, »die grossen Gestalten um so besser zu verstehen«. Keinesfalls dürfe »von einer ›Verrechnung‹ der Personen die Rede sein: jede Person, und sei es die geringste, hat ihr *Geheimnis*, das man vielleicht umschreiben, aber nicht ›verrechnen‹ kann.«[68]

Aus dieser Perspektive wird Bultmanns Intention deutlich, wenn er fordert, dort, wo es überhaupt möglich ist, »das ganz individuelle Moment der Persönlichkeit des Verfassers« wahrzunehmen: Er fragt nach den im Autor selbst, seiner »Situation« und seinem »Charakter«, liegenden Gründen für das Unverwechselbare, Autor-Spezifische und gerade auch darin Geschichtsmächtige einer Schrift – nach der persönlichen Art und Färbung seines religiösen Lebens und nach den persönlichen Bedingungen, unter denen es sich inhaltlich und formal *so* explizieren konnte, wie es sich faktisch explizieren *hat*.

Mehrere schon zitierte Stellen – vor allem aus dem Epiktet-Aufsatz – deuteten bereits darauf hin, daß es beim Erfassen des *spezifisch religiösen* Persönlichkeitsmoments weniger um ein rein intellektuelles Erkennen als um ein Fühlen, Nachempfinden geht. So rühmt Bultmann an Wredes Schilderung der Persönlichkeit des Paulus »die Liebe und das Verständnis des Künstlers«, der »den

---

... Die Berechtigung eines Evangelienkommentars unter diesem Gesichtspunkt muß daher noch zweifelhaft erscheinen« (MPTh 5, 1908/09, 155).

[67] Man vergleiche mit dieser Charakterisierung W. G. KÜMMELS Besprechung des HNT-Kommentars von H. BRAUN (An die Hebräer, HNT 14, Tübingen 1984) in ThLZ 111, 1986, 595–598! In ChW 25, 1911, 593, hat sich BULTMANN dann allerdings freundlicher zu den HNT-Kommentaren geäußert: ›Trotz dem Ueberwiegen des beschriebenen Gesichtspunkts (kommen) auch die anderen Interessen der Exegese zu ihrem Recht«.

[68] GUNKEL, Verständnis, 12 f.

Eindruck einer kraftvollen, einheitlichen Persönlichkeit« vermittelt habe. Dennoch muß Bultmann Wredes Bild von der Persönlichkeit des Paulus, das »hier und da ins Allzumenschliche gezeichnet« sei[69], dahingehend korrigieren, daß »der eigenartig grüblerische Zug . . ., das starke intellektuelle Bedürfnis, das Wohlgefallen an großartigen, aus Intuition und Denken gewobenen Anschauungen« vergessen sei (MPTh 5, 1908/09, 160). Demnach ist die Persönlichkeit des Paulus das Medium, in dem sich die christliche Religion auf spezifisch paulinische Weise realisieren und durch das hindurch sie sich auf spezifisch paulinische Weise: als weit ausgreifende *Theologie,* explizieren konnte und faktisch expliziert hat.

Ist die der Persönlichkeit als einem Subjekt *religiösen Lebens* entsprechende Erkenntnisweise – gemäß der »romantischen« hermeneutischen Tradition[70] – in erster Linie das Nachempfinden, das Herausfühlen des für die religiöse Persönlichkeit charakteristischen Gestimmtseins (d. i. eines existentiellen Bestimmtseins) aus seinen begrifflichen oder vorstellungsmäßigen Objektivationen, so verbindet sich bei der Frage nach der Persönlichkeit als dem Subjekt *literarischer Produktion* dieses Kongenialitätserfordernis mit einem durch größere methodische Kontrollierbarkeit sich auszeichnenden, präziseren Erkenntnisverfahren. So vermißt Bultmann in Lietzmanns Paulus-Kommentaren »vor allem . . . oft ein Eingehen auf die Form, einen Hinweis auf die Motivierung des Gedankengangs durch der Diatribe geläufige rhetorische Wendungen, auf die eigenartige Abwechslung jüdisch und hellenisch stilisierter Sätze« (MPTh 5, 1908/09, 155).

In der Einleitung zu seiner Dissertation[71] entwickelt Bultmann dann methodisch das der »literarischen Persönlichkeit des Paulus« (4) angemessene Erkenntnisverfahren. Sinn habe eine »Untersuchung des Stiles biblischer Schriften« nicht als ein bloßes Abzählen der klassischen »σχήματα λέξεως«, sondern erst dann, »wenn man den einzelnen Schriftsteller im Verhältnis zu der literarischen *Gattung* oder *den Gattungen* würdigt, denen seine Schrift angehören will oder angehört. Erst dann kann man wägen: was ist an ihm Fremdes, was Eigenes? Was tote Formel, was lebendiger Geist? Wo gleitet die Rede in alten Bahnen, wo meistert der Verfasser die alte Form? Erst dann hat man seine schriftstellerische Eigentümlichkeit erkannt.«[72] Das Erkenntnisverfahren ist also auch unter dem

---

[69] Vgl. ähnlich R. BULTMANN in der Anzeige des Paulus-Buchs von A. Deißmann in ChW 25, 1911, 1178.

[70] Vgl. oben S. 179 sowie die S. 203 Anm. 63 zitierten Äußerungen Weiß', Bultmanns und Gunkels.

[71] Stil, 1–9 (»Die Aufgabe«).

[72] 1 f. Diesen Gedanken bringt J. WEISS innerhalb seiner »Aufgaben«-Skizze nicht im Zusammenhang der »Frage nach der *Rhetorik* und der *rednerischen Ausbildung des Paulus*«, wo er Paulus als einen Könner in »schulmäßiger Rhetorik« charakterisiert, sondern in bezug auf den theologischen Gehalt der neutestamentlichen Schriften: »Was ist dem Schriftsteller selbstverständlich, was ist ihm gegeben, was ist ihm mit seinen Gegnern oder Lesern gemeinsam? Und wo setzt sein eigner, neuer Gedanke, wo das Individuelle ein?« (16.19.29) Der *Sache* nach näher steht

Gesichtspunkt der »literarischen Persönlichkeit« kein exaktes; die Aufgabe besteht nicht allein »in einer Statistik der einzelnen Berührungen des Paulus mit der Diatribe«. Vielmehr ist – es geht ja um ein »Wägen« – »stets auch zu fragen, was bei Paulus aus diesem oder jenem Mittel der griechischen Redeweise geworden ist. Ob wir freilich dann eine etwaige *Umprägung* auf seine jüdische Bildung zurückführen dürfen oder auf seine christliche Eigentümlichkeit« – also auf andere persönliche Explikationsbedingungen oder auf den persönlichen Explikationsgegenstand, das zugrunde liegende persönliche religiöse Leben – »oder ob wir bei dem Stande der Forschung die Frage nach dem Grunde überhaupt nicht stellen dürfen, kommt auf den einzelnen Fall an« (4). Das Resultat der Dissertation unter diesem Gesichtspunkt lautet, überall seien »die griechischen Ausdrucksformen in einer dem Paulus eigentümlichen Weise verwandt«, und vielfach seien sie »durchbrochen von Ausdrucksformen, die ihren Ursprung anderswo haben«. Im Bild: »Der Mantel des griechischen Redners hängt zwar um die Schultern des Paulus, aber Paulus hat keinen Sinn für kunstgerechten Faltenwurf, und die Linien der fremden Gestalt schauen überall durch« (108). Dieses Resultat – »daß der Eindruck der Verschiedenheit größer ist als der der Ähnlichkeit« (107) – bedeutet eine Korrektur, zumindest aber eine Präzisierung dessen, was Johannes Weiß, nachdem er Bultmann das Thema gestellt hatte, 1908 im Rückgriff auf eigene Forschungen und im Vorgriff auf Bultmanns mutmaßliche Ergebnisse ausgeführt hatte: Die Erforschung von Syntax, Satzbau, Stil, Rhetorik des Paulus werde Klarheit darüber bringen, »ob die griechische Sprache nur ein übergeworfenes Kleid für ihn gewesen ist, unter dem überall der Jude zum Vorschein kommt« – in etwa dies behauptet Bultmann 1910 für Paulus als *Redner* –, »oder ob sie ihm wie eine Muttersprache geläufig gewesen ist. Daß das Letztere wirklich der Fall ist, wird jede liebevolle Erforschung seines Stils zeigen.«[73] Die stärkere Differenzierung bei Bultmann im Vergleich zu Johannes Weiß[74] entspricht dem Umstand, daß Bultmann in seiner Dissertation nicht nur das tatsächliche Vorhandensein kynisch-stoischer Rhetorik bei Paulus nachweisen, sondern auch zeigen will, in welcher spezifischen Weise Paulus sie sich – als eine selbständige rhetorische Persönlichkeit sozusagen – angeeignet hat.

Bultmanns zitierte Fragenreihe der Formulierung GUNKELS, Ziele, 534f.: »Erst wenn wir eine solche Geschichte der Gattungen kennen, werden wir die grossen Schriftsteller Israels wirklich würdigen können. Denn dann werden wir wissen, wie viel sie aus dem bereits vorhandenen Stil übernommen und was sie von ihrem Eigenen hinzugefügt haben.«

[73] WEISS, Aufgaben, 11f. Vgl. auch DERS., Das Urchristentum, 134 Anm. 1: »Die ›Rhetorik‹ und die griechische Bildung des Paulus zu untersuchen, auf ihre Quellen zurückzuführen und richtig einzuschätzen, ist eine immer noch nicht völlig gelöste Aufgabe« – dies mit einem Bezug auf die Dissertation Bultmanns und andere Arbeiten.

[74] Vgl. Brief J. Weiß' an Bultmann vom 14. 12. 1910: »Manchmal betonen Sie den Unterschied etwas stärker und geflissentlicher, als ich tun würde.«

1.2.4 Ergebnis

Wir haben die verschiedenen Aspekte der von Bultmann in seiner Habilitationsschrift gegebenen fundamentalen Aufgabenbestimmung der Exegese durch die Auswertung seiner frühesten veröffentlichten Arbeiten ausgeleuchtet. Dabei haben wir – außer ihrer kirchlich-praktischen Dimension, von der wir hier absehen – folgendes gefunden: Bultmann versteht das eigentlich Christliche als einen geschichtsmächtigen, über die Zeiten hinweg von seinem Ursprung her identischen, freilich je nach den zeitlichen (religions- und kulturgeschichtlichen) Bedingungen und persönlichen Umständen gedanklich verschieden sich explizierenden geistigen Gehalt, der seine ursprüngliche Wirklichkeit im persönlich-individuellen Leben als ein spezifisches existentielles Bestimmtsein dieses Lebens hat. Indem Bultmann der Exegese einer Schrift aufgibt, »den geistigen Zusammenhang«, »die tragenden Ideen« bzw., sofern und weil es sich um die biblischen als religiöse Schriften handelt, »die religiösen Ideen, das religiöse Leben« zu erkennen, zielt er auf eben dieses allen Objektivationen zugrunde liegende spezifisch (= christlich) gestimmte »Leben«. Und indem er der Exegese einer Schrift aufgibt, »das Individuelle in der Ausprägung dieser Ideen«, »das Charakteristische der Art, wie sie gerade hier in die Erscheinung treten, sich verkörpern«, ihre »historische Situation« und dabei, wo es möglich ist, besonders »das ganz individuelle Moment der Persönlichkeit des Verfassers zu erkennen«, zielt Bultmann auf die persönlichen sowie auf die religions- und kulturgeschichtlichen (als die *über*persönlichen) Bedingungen, unter denen jenes Leben sich expliziert. Einer diesen beiden Zielrichtungen gleichmäßig Rechnung tragenden Exegese wäre es danach beschieden, »das innere Leben einer Schrift« zu erfassen.

Sehen wir nun zu, wie Bultmann unter diesen Gesichtspunkten die Exegese Theodors von Mopsuestia würdigt!

1.3 Der Charakter der Exegese Theodors von Mopsuestia

Wir betrachten zunächst den zweiten Pol in jener Relation, »die Erfassung der historischen Situation der Schriften« bei Theodor (96–125).[75]

Erstens: Theodors »Geschichtsbild der biblischen Schriften« (96–99) verrate einen »ausgezeichneten historischen Blick«, der alle Einzelerscheinungen zu einem Gesamtzusammenhang zusammenschauen und wiederum daraus begreifen wolle (98). Zur Würdigung der »historische(n) Methode Theodors« (99–110) führt Bultmann – zweitens – im einzelnen aus, wie Theodor, trotz manchen »Einflusses der Tradition« (108), im Grunde doch »die Schriften mit Bewußtsein rein historisch verstehen« wolle (99). Drittens entfaltet Bultmann Theodors beeindruckende Fähigkeit zur »Vergegenwärtigung des geschichtlichen und persönlichen Lebens« (110–125): sein Vermögen, sich »in die ge-

---

[75] Die folgenden Zitate oder Teile daraus sind z. T. bei Bultmann hervorgehoben.

schichtliche und persönliche Situation der Schriftsteller« zu versetzen (110), sein »psychologisches Interesse« (111), seinen Blick für »die zeitgeschichtliche Beschränktheit mancher Aussagen und Zustände« (ebd.), sein »Auge nicht nur für Gedankeninhalt und Gedankengang, sondern auch für die Stimmung eines Abschnitts oder Briefs« (119), für die »Persönlichkeit« des Autors (ebd.); dem entspreche negativ Theodors Verzicht auf »historische Notizen antiquarischen Charakters«, wenn sie nicht »dem Verständnis der Schriftstelle im Zusammenhang des Ganzen dienen« (120). Kurz: In diesem Abschnitt wird Theodor – und zwar mit unverhohlener Sympathie – als ein Repräsentant historischer Exegese vorgeführt, der die biblischen Schriften nicht etwa nur aus ihrem literarischen Kontext, sondern auch aus dem Zusammenhang, in dem sie mit ihrer geschichtlichen Situation und ihrem Autor steht, interpretiere. Die »historische Situation« der Schriften zu erfassen, wie Bultmann den zweiten Pol seiner Grundrelation zusammenfassend formuliert, bedeutet also – was sich nach unseren vorstehenden Analysen von selbst versteht – nicht, über ihre allgemeinen Einleitungsfragen zur Klarheit zu kommen[76], sondern es bedeutet, sie als ganze und in allen Einzelheiten historisch und psychologisch, d. h. aus ihrem überindividuell-geschichtlichen und ihrem individuell-persönlichen Kontext als einem vielfältigen Bedingungskomplex heraus zu verstehen.

Mit dieser Bestimmung ist die Kunst der Exegese nach ihrer *einen* Seite hin akzentuiert. Wenn es nun aber nach Bultmanns programmatischen Sätzen darum gehen muß, eine auszulegende Schrift *als* eine individuelle Ausprägung bzw. *als* ein charakteristisches In-die-Erscheinung-Treten von »Ideen« zu verstehen, so bedarf es zur Erfassung der »historischen Situation« im qualifizierten Sinn einer nicht erst nachträglichen, sondern einer schon vor- und dann mitlaufenden Kenntnis und Erkenntnis dieser »Ideen« selbst: Der Gedanke der Relation besagt, daß man den einen Pol (»historische Situation«) letztlich verfehlt, wenn man ihn von dem anderen (»religiöse Ideen«, »religiöses Leben«) isoliert. Die »tiefste Kunst« des Exegeten besteht in der Verbindung. *Historisch* verstehen heißt allemal historisch *verstehen*.

Wir betrachten deshalb nun den erstgenannten Pol in jener Relation, Bultmanns Darstellung von »Theodors Verhältnis zum religiösen Leben der Schriften« (84–96).[77]

Erstens: »Am wenigsten kann Theodor ein adaequates Nachempfinden der alttestamentlichen Religiosität aufbringen«, vor allem des »alttestamentlichen Gottesbegriff(s)«; freilich, wo er die Affekte Gottes richtig trifft, da scheint »seine unbefangene Paraphrase zum guten Teil auf dem Vermögen momentanen Nachempfindens zu beruhen« (84f.). Aber, zweitens, aus dem Alten (und Neuen) Testament hat Theodor »die Idee der [›erziehenden‹] Wirksamkeit Gottes in der Geschichte« (85–87) gelernt, die »nicht aus seinem eigenen religiösen

---

[76] Unter diesem Gesichtspunkt moniert A. Jülicher anmerkungsweise Bultmanns Verwendung des Begriffs »historische Situation«, vgl. 83 Anm. *c J* zu Ms., 111.

[77] Auch hier sind die folgenden Zitate oder Teile daraus bei Bultmann z. T. hervorgehoben.

Leben erwachsen« ist, sondern die er »übernommen (hat) aus der Schrift. . . .
Jeder Geschichtsvorgang steht unter diesem Gesichtspunkt«, und »darin erschöpft sich auch die Bedeutung des geschichtlichen Vorgangs«, so daß dahinter
keine höhere oder tiefere Bedeutung gesucht werden muß: »Der einzelne Vorgang ist von Gottes Erzieherwirken veranlaßt; dabei bleibt der Exeget stehen«
(87). Drittens: Was Theodors »Verständnis der neutestamentlichen Religion«
(88–92) betrifft, so erblickt Theodor »das Neue und Charakteristische . . . nicht
in der Mitteilung neuer Erkenntnis«, sondern »in dem neuen, gottgewirkten
Geschehen«, in der »Erfüllung des Alten« bzw. der »Erlösung vom Alten.
M. a. W. *geschichtliche* Begriffe müssen das Neue verständlich machen.« Insofern
sich nun aber »in Theodors Anschauung von den beiden Katastasen . . . deutlich
die griechischen philosophischen [= naturhaften] und die biblischen geschichtlichen Begriffe« kreuzen (88), geht ihm die »Tiefe der paulinischen Sündenlehre«
nicht auf, mißversteht er die »paulinische Gesetzeslehre« (89), bleibt er in
Unklarheit darüber, »wie die Erlösung bewirkt wird, und wie der einzelne sie
sich aneignet« (90); richtig versteht Theodor aber den Geist als die in seinen jetzt
schon empfangenen Gaben vergewissernde »Kraft des zukünftigen Lebens«,
richtig beschreibt er »das neue Leben« als »die Freiheit zum sittlichen Handeln«
(ebd.) und entsprechend »das gegenwärtige Leben des Christen [als] ein Leben in
sittlicher Aktivität«, richtig versteht er die »Paradoxie eines neuen Gesetzes für
den Christen durchaus im Sinne des Paulus« (91) und hat »das Gefühl für die
Paradoxie des Übergangscharakters der gegenwärtigen Zeit« (91 f.). Viertens
würdigt Bultmann rückblickend »Theodors Sinn für die geschichtliche Religion« (92–96); er nimmt wahr »das Ringen einer geistigen Anschauung, deren
religiöse Begriffe naturhafter Art sind, deren Ethik rationalistisch ist, mit der
geistigen Macht, die in der Bibel, vor allem im Neuen Testament, lebendig ist,
deren Religion aus der Geschichte der Menschen mit Gott erwächst, deren
Sittlichkeit religiös begründet ist« (92), deren »Geschichtsauffassung« sich freilich, »besonders bei Paulus«, als eine »Paradoxie« darstellt, indem sie nämlich
»einerseits unser religiöses Leben als ein in der Geschichte entstehendes und
wachsendes und damit als ein ewig werdendes behauptet, . . . andererseits doch
einen Bruch in der Geschichte, den Übergang in ein prinzipiell Neues für jeden
einzelnen wie für die Gesamtheit fordert. Diese Paradoxie hat Theodor erkannt
und sucht sie zum Ausdruck zu bringen« (93). In der so bezeichneten Weite und
Begrenzung hat Theodor also das »religiöse Leben« der biblischen Schriften
erfaßt. Es ist deutlich: In dieser Richtung ihrer Aufgabe läuft die Exegese
biblischer Schriften auf »Theologie« hinaus, und das bedeutet nach den vorange-
gangenen Analysen: Sie läuft in dieser Zielrichtung hinaus auf eine durch historische Aufklärung der seinerzeitigen Explikationsbedingungen hindurchgehende,
diese abarbeitende reproduktive gedankliche Neu-Explikation des den Schriften
zugrunde liegenden religiösen Lebens. Dieses Gefälle der Exegese auf »Theologie« hin nehmen wir im folgenden Abschnitt in näheren Augenschein.

2. Exegese und »Theologie«

2.1 »Theologie des Neuen Testaments« als Geschichte der urchristlichen Religion

Mit Bedacht haben wir in der systematischen Durchsicht durch das vorwiegend rezensorische Frühwerk Bultmanns eine bedeutsame Passage unberück-
sichtigt gelassen, in der Bultmann der Frage nachgeht, wie eine neutestamentliche Theologie zu entwerfen sei. Es ist hier der Ort, Bultmanns Besprechung von
»Vier neue(n) Darstellungen der Theologie des Neuen Testaments« in MPTh 8,
1911/12, aus der wir bereits die Auseinandersetzung mit Schlatter herangezogen
haben, näher zu betrachten. Dabei wird auch die bisher vernachlässigte Bestimmung aus den Zentralsätzen zur Exegese in der Habilitationsschrift, bei der
Erfassung der »tragenden Ideen« einer Schrift handele es sich darum, daß man
»den geistigen Zusammenhang erkennt, in dem sie steht«, in den Blick kommen.

Bultmann knüpft seine eigenen Erwägungen an die Auseinandersetzung mit
H. J. Holtzmanns »Lehrbuch der neutestamentlichen Theologie« (^{2}1911) an,
einem »Meisterwerk« (432), das freilich – trotz Wrede immer noch eine »Darstellung nach ›Lehrbegriffen‹« (433) – den »Abschluß« einer Entwicklung der
neutestamentlichen Theologie« markiere, so daß nach Holtzmann »die Aufgabe
neu angefaßt werden« müsse (435). Grundfehler der aus der Dogmatik entstandenen Lehrbegriff-Methode sei die einseitige, zu Verzerrungen führende Konzentration des Interesses »auf die intellektuelle Seite« des »geistigen Lebens« der
neutestamentlichen Schriftsteller (433). Da aber »nicht theoretische Gedanken,
sondern Kräfte des religiösen und sittlichen Lebens« die »treibenden, Geschichte
bildenden Kräfte im N. T.« seien, müßten diese religiös-sittlichen Lebenskräfte
als die die »Einheit des Geschichtsbildes« gewährleistende »Grundkraft« der
»eigentliche Gegenstand der Darstellung« sein und müßten die theoretischen
Gedanken nicht als isolierte Einzelerscheinungen, sondern »einheitlich als Stufen ihres [sc. der spezifisch gerichteten ›Grundkraft‹] Weges« verständlich gemacht werden (434f.). Die neutestamentliche Theologie soll als ein aus einem
»›religiösen Prinzip‹« (435) heraus in einander folgenden Objektivationen stu-
fenartig ablaufender einheitlicher geschichtlicher Prozeß verstanden und dargestellt werden – die Nähe zu F. Chr. Baur ist unverkennbar. Was Bultmann gegen
Holtzmann einwendet, ist, daß diese Aufgabe bei ihm nicht »zur Klarheit
gediehen« sei (ebd.), so daß bei ihm »kein einheitliches geschichtliches Bild
zustande komme« (434). Dagegen weise Holtzmann »von dem richtigen historischen Standpunkt aus« (433) völlig zu Recht »einerseits auf die mannigfaltigen
Anknüpfungspunkte und Keimzellen der Vorstellungen in der umgebenden
Vorstellungswelt hin« und betone »anderseits ihren Zusammenhang in der
individuellen Gedankenwelt, bezw. ihren Ursprung in dem individuellen religiösen oder sittlichen Leben [oder in ›dem persönlichen Erleben‹] ihres Vertre-
ters« (434). Der zweite Pol in Bultmanns Exegese-Relation, die Erkenntnis des

Individuellen der Erscheinung mit dem besonderen Moment der Verfasserpersönlichkeit, kommt also bei Holtzmann zu seinem Recht; daß er den ersten Pol, den »geistigen Zusammenhang«, die »tragenden Ideen«, nicht, wie es nötig wäre, als die allem Individuellen zugrunde liegende, sich darin entfaltende einheitliche, geschichtsbildende Kraft (bzw. »geistige Macht«) erfasse, trägt ihm Bultmanns Vorwurf ein: »Seine Darstellung beschäftigt sich im Grunde nur mit den Einzelerscheinungen.« Diese Aufgabe, verstanden als die Aufgabe, »die Gedanken der Personen des N.T. geschichtlich darzustellen, d. h. zu beschreiben und aus ihren Voraussetzungen und in ihrem gegenseitigen Zusammenhang zu erklären«, erkennt Bultmann übrigens aus der Perspektive, in der das Neue Testament als »Vorstufe der Dogmengeschichte« erscheint, ausdrücklich als berechtigt an. Nur werde eben diese Perspektive dem »Wesen des N.T.« nicht voll gerecht (435).

Dieses fordere statt der »Darstellung der Lehrbegriffe eine Darstellung der neutestamentlichen Religion« (ebd.) in ihrem »Werden« und in ihrer »erste(n) Entwicklung«. Eine solche Darstellung könne zwar sowohl aus praktischen Gründen wie auch im Hinblick auf die »Stufen des geschichtlichen Werdens« (436) dort, wo dies überhaupt möglich sei, die »Religion der einzelnen Persönlichkeiten des N.T.«: »Jesus, Paulus und etwa Johannes« je für sich charakterisieren (435), doch müsse sowohl in der Anlage des Ganzen wie »innerhalb dieser Stufen« der »sachliche Gesichtspunkt den persönlichen überragen«. Die »Fülle der Erscheinungen« müsse »nach Begriffen, die wir aus der Sache, d.h. der neutestamentlichen Religion gewinnen«, geordnet werden. Nicht auf »die Person Jesu oder die individuelle Erscheinung des Paulus etc.« richtet sich das Erkenntnisinteresse, sondern darauf, »zu verstehen, was das Charakteristische der neuen Religion ist, die hier entsteht, in welches neue eigentümliche Verhältnis sie den Menschen zu Gott bringt, wie das neue Erlebnis bei den verschiedenen Persönlichkeiten und in den verschiedenen Schichten und Richtungen sich darstellt, sich mit andern religiösen Motiven verbindet, wie es das sittliche Denken und das sittliche Leben beeinflußt, wie man versucht, es sich verstandesmäßig klarzumachen, wie man sich die neuen religiösen Güter im Kultus vergegenwärtigt oder sie genießt« (436).

Daß Bultmann mit diesen Überlegungen der Programmschrift William Wredes »Über Aufgabe und Methode der sogenannten Neutestamentlichen Theologie«[1] folgt, auf die er auch ausdrücklich Bezug nimmt (433 Anm. 1 und 436f.), bedarf keiner minutiösen Belege. »Die Disziplin hat die Geschichte der urchristlichen Religion und Theologie darzustellen«, hatte Wrede die Aufgabe bestimmt, und dabei habe sie ihr Interesse nicht primär auf den »Inhalt von *Schriften*«, sondern »lediglich auf eine *Sache*«, eben auf die neutestamentliche Religion in ihrer Entwicklung, zu richten.[2] Unter diesem Gesichtspunkt bespricht Bultmann im Anschluß an seine Erwägungen zur Theorie einer neutesta-

---

[1] Göttingen 1897.
[2] WREDE, Aufgabe und Methode, 34.

mentlichen Theologie Heinrich Weinels »Biblische Theologie des Neuen Testaments« (1911), die, manchen Mängeln zum Trotz (zu geringe Berücksichtigung außerchristlichen Materials; gelegentliche Trübung des sachlichen Gesichtspunkts »durch zu große Rücksicht auf das Persönliche«), »im wesentlichen den Stempel des Gelingens« trage (438).

Im Licht dieser Überlegungen Bultmanns zum sachgemäßen Entwurf einer neutestamentlichen Theologie liegt es nahe, seine in der Habilitationsschrift nicht weiter ausgeführte Rede von dem zu erkennenden »geistigen Zusammenhang« auf die notwendige Erkenntnis der Einheit des geschichtlichen Prozesses zu beziehen, in dem sich das »original Christliche« im Neuen Testament stufenweise expliziert hat. Von daher erklärt es sich, daß Bultmann von der paulinischen Theologie als einem »Typus des Christlichen« spricht und diesen als »Stufe der Entwicklung« versteht.[3] Von daher erklärt es sich auch, daß Bultmann sowohl in seinem Aufsatz »Was läßt die Spruchquelle über die Urgemeinde erkennen?«[4] als auch in seinem RGG-Artikel über die »christliche Urgemeinde«[5], hier mit ausdrücklichem Bezug auf F. Chr. Baur[6], jeweils zum Schluß die Frage nach der geschichtlichen »Bedeutung der Urgemeinde«[7] zwischen Jesus und dem Heidenchristentum erörtert.

Die Bedeutung der Urgemeinde erblickt er darin, daß sie in der Überlieferung der evangelischen Tradition »die Person Jesu mit ihrem geistigen Gehalt ... aufgefaßt und festgehalten«[8] sowie »der Heidenkirche ... vermittelt«[9] habe. Die Urgemeinde sei selbst »kein Faktor« in dem von Baur beschriebenen Prozeß, in dem »die Idee, das Prinzip des Christentums, in Jesus als Persönlichkeit gegeben, in die Wirklichkeit des Bewußtseins« eingetreten sei, sich realisiert habe.[10] In einem Dualismus (Reich Gottes/Kirche; Geist und Freiheit/Ordnung; erwähltes Israel/neue Kirche; Jesus/Christus) – in diesem Dualismus, der »nichts Unorganisches, sondern etwas geschichtlich Einheitliches, Notwendiges« sei, habe die Urgemeinde gelebt, und er sei »für sie charakteristisch als für eine Wachsstätte des Neuen, das nur im Anschluß an alte Formen und im Hervortrieb neuer Formen geschichtlich erhalten bleiben kann und doch die alten Formen sprengt und die neuen von vornherein als inadaequat kennzeichnet«[11].

In solcher Einordnung der Urgemeinde in die Urchristentumsgeschichte zeigt sich bei Bultmann genau das »Drängen auf das geschichtliche Gesamtbild«, für das er Albert Schweitzer bei der Besprechung von dessen »Geschichte der paulinischen Forschung von der Reformation bis auf die Gegen-

---

[3] R. Bultmann, Theologische Wissenschaft und kirchliche Praxis, 126; vgl. oben S. 198 Anm. 56.
[4] Oldenburgisches Kirchenblatt 19, 1913, 35–37.41–44.
[5] RGG¹ V, 1913, 1514–1523.
[6] Ebd., 1523.
[7] Ebd., sowie Spruchquelle, 44.
[8] Spruchquelle, 44.
[9] *Art.* Urgemeinde, 1523.
[10] Ebd.
[11] Spruchquelle, 44.

wart« in ChW 26, 1912, 605, ausdrücklich lobt, obwohl er Schweitzers »Ergebnissen im wesentlichen *nicht* zustimmen kann«. In diesem Zusammenhang
erklärt Bultmann:

> »Nicht in lauter Einzeldarstellungen darf die Wissenschaft vom Urchristentum zerfal-
> len. Ein großes Gesamtbild, wie es einst Baur entwarf, muß die Lösung des Grundpro-
> blems offenbaren: wie ist es von der Lehre Jesu zum altgriechischen Dogma gekommen?
> Und jede Einzelarbeit hat sich daran zu bewähren, daß sich ihr Ergebnis einfügt in das
> Gesamtbild der Entwicklung.«

Der »geistige Zusammenhang« als die Einheit des Prozesses, in dem sich das
religiöse Prinzip des Christentums nicht sporadisch, sondern fortschreitend
entfaltet – das ist der geschichtstheoretische Rahmen, in dem Bultmanns Reflexion zur Theorie der Exegese des Neuen Testaments steht. Dieser Rahmen zeigt
sich, ohne ausdrücklichen Bezug auf die Geschichte des Urchristentums (und
auch ohne ausdrücklichen Bezug auf Baur), ebenfalls in einer Passage des Vortrags »Theologische Wissenschaft und kirchliche Praxis« von 1913[12], wo Bultmann sich über »wahre Geschichtswissenschaft« äußert: Sie geht hinter die
Einzelaussagen und Einzelvorgänge zurück, sieht durch das »bunte Gewand der
Zeitgeschichte« hindurch auf »allgemeine [bzw. ›ewige‹[13]] Kräfte der Geschichte«; sie stellt nicht nur »den Kausalzusammenhang des Geschehens und der
Aussagen fest«, sondern ist, als »wahre Geschichtswissenschaft«, »teleologisch:
sie mißt die Einzelerscheinung an dem Maßstab der Idee, die in ihr zur Erscheinung kommen soll. Und so gewinnt sie auch erst die Möglichkeit, das Individuelle zu werten.« Da die Geschichtswissenschaft teleologisch ist, d. h. da sie in den
geschichtlichen Phänomenen (und Texten) sich realisierende »Ideen« zu erkennen trachtet, »kann nur der sie treiben, der etwas von Aufgaben und Zielen, von
Auf- und Abwegen in der Geschichte wahrzunehmen vermag, wer die Geschichte mitzuerleben vermag.« Und umgekehrt: »Wer nicht im lebendigen
Zusammenhang einer Geschichte steht, kann sie nicht schreiben.«

2.2 Die Nähe Bultmanns zum Geschichtsdenken W. v. Humboldts

Um – zumindest der Richtung nach – die Herkunft und die allgemeine
Bedeutung des geschichtstheoretischen Rahmens, in dem Bultmanns Überlegungen zur Theorie der Exegese stehen, noch etwas genauer zu erkennen, gehen
wir dem Hinweis Wolfgang Stegemanns auf die Nähe des Bultmannschen

---

[12] 126 mit Anm.* und 125 f., bei Bultmann z. T. hervorgehoben.

[13] Bultmanns Verwendung der Kategorie des »Ewigen«, in der die idealistische und die
biblisch-eschatologische Tradition terminologisch zu einer sachlich sehr problematischen Einheit verbunden sind, ist einer der Gründe, die die Frage erwägenswert erscheinen lassen, ob
Bultmann die historische Erkenntnis der inneren Notwendigkeit der geschichtlichen Durchsetzung des Christentums (als einer »ewigen« Idee) im Sinne eines Beweises für die eschatologische Wahrheit der von ihm verkündeten Tatsache verstanden hat. Wir haben diese Frage
verneint, vgl. oben S. 191–193.

Denkens zu Wilhelm von Humboldts »emphatische(m) Geschichtsbegriff und der ihm gemäßen Vorstellung von der Aufgabe des Historikers«[14] ein wenig weiter nach, als Stegemann selbst es tut. Humboldts Akademierede »Ueber die Aufgabe des Geschichtschreibers« von 1821[15] kann in der Tat als ein repräsentativer Text für Bultmanns geschichtstheoretische Orientierung angesehen werden.

Wir zeigen dies ausgehend von Briefäußerungen Bultmanns von 1904 über den ihm »von jeher besonders lieb(en)« Rembrandt: »Er ist so voll von kraftvollem Leben; er sieht das Wirkliche, wie es ist, und sieht es dabei doch immer von seinem höheren Standpunkte aus, d. h. es ist ihm nicht das letzte Wirkliche; grad wie Shakspere.«[16] Bultmann sieht in diesen beiden Meistern die Bedingung echter *Kunst* erfüllt, eine Bedingung, die Humboldt, einem Wort Schillers folgend, in der genannten Rede auf echte *Geschichtsschreibung* übertragen hatte: die Gestaltung »von innen heraus«, so daß die ausgeführte Gestalt »neben der buchstäblichen Uebereinstimmung mit der Natur, noch eine andre höhere Wahrheit in sich trägt. Denn der grösseste Vorzug des Kunstwerks ist, die in der wirklichen Erscheinung verdunkelte, innere Wahrheit der Gestalten offenbar zu machen« (591). »Die Nachahmung des Künstlers geht also von Ideen aus, und die Wahrheit der Gestalt erscheint ihm nur vermittelst dieser« (594). In den Kategorien dieses idealistischen Mimesis-Denkens rühmt Bultmann als junger Student die künstlerische Meisterschaft Rembrandts und Shakespeares, und dieses Denken – in seiner von Humboldt vorgenommenen und zu großer Wirkung gebrachten Anwendung auf das Gebiet der Geschichtsschreibung[17] – bestimmt auch Bultmanns Sicht von Wesen und Aufgabe historischer Arbeit. Explizit wird diese von früh an ihn prägende Orientierung (»Bildungserlebnis«), als er 1922 in der Auseinandersetzung mit Karl Barth gegenüber der bei diesem vermuteten Geringschätzung der Geschichtswissenschaft mit Nachdruck für die »Historie«, wie sie »etwa bei Wilhelm v. Humboldt« verstanden sei, in Anspruch nimmt, sie führe nicht minder als die idealistische Philosophie »bis zur Grenze des Menschlichen«[18], stehe »im Dienste der Selbstbesinnung«: Die historischen »Erscheinungen sind Repräsentanten bestimmter geistiger Haltungen, die in ihrem Ringen in den Quellen festzustellen bedeutet: den Forscher in die Auseinandersetzung mit ihnen hineinziehen und sich die entscheidenden Fragen durch sie stellen zu lassen.«[19]

---

[14] STEGEMANN, Denkweg, 34.

[15] Werke in fünf Bänden, Bd. I, Darmstadt ³1980, 585–606.

[16] Brief an E. Teufel vom 28. 10. 1904; fast gleichlautend im Brief an W. Fischer vom 29. 10. 1904: ». . . der nicht das letzte Wirkliche in der Materie erblickt«.

[17] Vgl. MEHLHAUSEN, *Art.* Geschichte/Geschichtsschreibung/Geschichtsphilosophie, 646.

[18] Vgl. bei HUMBOLDT 587: »Der Geschichtschreiber umfasst alle Fäden irdischen Wirkens und alle Gepräge überirrdischer Ideen; die Summe des Daseyns ist, näher oder entfernter, der Gegenstand seiner Bearbeitung, und er muss daher auch alle Richtungen des Geistes verfolgen.«

[19] Brief BULTMANNS an K. Barth vom 31. 12. 1922, Barth-Bultmann-Briefwechsel, 9f.

Humboldt erblickt die Aufgabe des Geschichtsschreibers in der »Darstellung des Geschehenen« (585), was unter der doppelten Voraussetzung, »dass in Allem, was geschieht, eine nicht unmittelbar wahrnehmbare Idee waltet, dass aber diese Idee nur an den Begebenheiten selbst erkannt werden kann«, bedeutet: »Darstellung des Strebens einer Idee, Daseyn in der Wirklichkeit zu gewinnen« (605). Demnach erschöpft sich Geschichtsschreibung nicht in der Erhebung gewesener Fakten und der Rekonstruktion ihres chronologischen Ablaufs, sondern sie muß durch das, was sich einst begeben hat, hindurch »zu dem Mittelpunkt [!] gelangen . . ., aus dem die wahre Verkettung« des Geschehenen verstanden werden kann (594). Diese Sicht – eine »harmonische Verschmelzung metaphysischer und historischer, idealistischer und realistischer Betrachtung«[20] – zeigt sich bei Bultmann in den Versuchen, die Divergenzen zwischen dem Empirischen und dem Idealen durch relationale Formulierungen zu meistern, d. h. beides durch Unterscheidung zusammenzuhalten: die tragenden Ideen und das Individuelle ihrer Erscheinung, Geist und Stoff, Kern/Wesen/Prinzip und Schale/Hülle/Gewand. Diese Relationen markieren den Ort wie des Humboldtschen, so des Bultmannschen Verständnisses von Geschichte; es ist angesiedelt zwischen einer rein empirisch-positivistischen Geschichtsauffassung und einer über die Wirklichkeit, d. h. die Stätte der »wirkenden und schaffenden Kräfte« (596), sich erhebenden spekulativen Geschichtsphilosophie. Die erste Abgrenzung bedarf weder für Humboldt noch für Bultmann weiterer Worte. Die zweite ist durch Humboldts Warnung vor der »sogenannte(n) philosophische(n) Geschichte«, die »den Begebenheiten ein Ziel vor(schreibt)«, zu erläutern: Die »teleologische Geschichte« störe und verfälsche – erstens – nicht nur »alle freie Ansicht des eigenthümlichen Wirkens der Kräfte«, sondern erreiche – zweitens – »auch darum niemals die lebendige Wahrheit der Weltschicksale, weil das Individuum seinen Gipfelpunkt immer innerhalb der Spanne seines flüchtigen Daseyns finden muss, und sie daher den letzten Zweck der Ereignisse nicht eigentlich in das Lebendige setzen kann, sondern es in gewissermassen todten Einrichtungen, und dem Begriff eines idealen Ganzen sucht« (595 f.). Der Anschein, als setze Bultmann sich durch seine Überzeugung: »Wahre Geschichtswissenschaft ist teleologisch«[21] zu Humboldts Kritik einer »teleologische(n) Geschichte« in Widerspruch, würde täuschen; denn auch Humboldt verwirft keineswegs den Gedanken an »Endursachen, welchen der Geist natürlich nachstrebt«, betont aber, daß man durch die »Betrachtung der [in der Geschichte] schaffenden Kräfte . . . auf einem richtigeren Wege« zu ihnen gelangt als durch spekulative Setzung: »In der Idee liegt zugleich die Kraft und das Ziel« – das ist die Klammer, mit der diese durchaus teleologische idealistische Geschichtsauffassung an die empirische historische Wirklichkeit als den Ort der Entfaltung der Kräfte gebun-

---

[20] A. LEITZMANN, Einleitung zu: W. v. HUMBOLDT, Über die Aufgabe des Geschichtschreibers, Insel-Bücherei 269, Leipzig o. J., 4.
[21] Theologische Wissenschaft und kirchliche Praxis, 126.

den bleibt[22]; in diesen erschließen sich die Ideen, welche ihrerseits für Humboldt die verborgenen »Plane der Weltregierung . . . erahnden« lassen (604f.).

Von hier aus klärt sich die »transhistorische« Perspektive historischer Arbeit, von der wir oben gelegentlich sprachen, als wir Bultmann aus der historischen Erkenntnis vergangener Geschichte unmittelbaren Gewinn für die Gegenwart ziehen sahen.[23] Nach Humboldt setzt historische Arbeit voraus *und* vertieft sie die Einsicht in die »Form der Geschichte Verläufe überhaupt« (590). Der in diesem Zusammenhang erläuterten Analogie und Wechselwirkung zwischen dem Subjekt und dem Objekt geschichtlichen Begreifens[24] entsprechen bei Bultmann sowohl die Überzeugung, als Historiker tauge nur, wer »im lebendigen Zusammenhang einer Geschichte« stehe, wer »etwas von Aufgaben und Zielen, Auf- und Abwegen in der Geschichte wahrzunehmen« vermöge[25], als auch die wiederholte Behauptung, aus der religionsgeschichtlichen Beschäftigung mit dem Neuen Testament lasse sich Wesentliches für die Beurteilung der religiösen Gegenwartsströmungen und für den Umgang mit ihnen lernen[26]: So verläuft Geschichte, damals wie heute! Von dieser den Modus bzw. die Form geschichtlicher Verläufe betreffenden »transhistorischen« Perspektive historischer Arbeit – *daß* sich Geschichte als kämpfendes, ringendes, wechselvolles usw. Streben von Ideen nach Dasein in der Wirklichkeit vollzieht – ist zu unterscheiden eine andere, derzufolge *durch* die historische Arbeit, d. h. »durch die mit ächt historischem Sinn unternommene Betrachtung« der Begebenheiten, die Ideen, von denen »das Auffassen des Geschehenen . . . geleitet seyn« muß, »im Geist entspringen« (595). Das bedeutet: In der »empirischen« Arbeit an den Geschichtszeugnissen – und nicht daran vorbei oder darüber hinweg! – muß sich dem Historiker seinem *sachlichen Gehalt* nach erschließen, *was* eigentlich Geschichte macht – und was denn auch als »geistige Macht« einer Epoche nicht mit dieser Epoche versinkt, sondern in seiner Geschichte machenden Potentialität, in seinem Streben, »Daseyn in der Wirklichkeit zu gewinnen«, erhalten bleiben, sich fortsetzen, über die betrachtete Epoche (z. B. das Urchristentum) hinaus wirksam bleiben kann und wenigstens als Frage, Herausforde-

---

[22] Vgl. hierzu Theologische Wissenschaft und kirchliche Praxis, 126 Anm. ★: »Über den Gang dieser Entwicklungen kann er [der Forscher] im voraus nichts wissen, und die Ziele gestalten sich ihm *innerhalb seiner Betrachtung* erst immer deutlicher heraus« (Hervorhebung von mir).

[23] Vgl. z. B. oben S. 183.

[24] Vgl. 590f. sowie die hermeneutischen Basissätze 596f.: »Jedes Begreifen einer Sache setzt, als Bedingung seiner Möglichkeit, in dem Begreifenden schon ein Analogon des nachher wirklich Begriffenen voraus, eine vorhergängige, ursprüngliche Uebereinstimmung zwischen dem Subject und Object. . . . Bei der Geschichte ist diese vorgängige Grundlage des Begreifens sehr klar, da Alles, was in der Weltgeschichte wirksam ist, sich auch in dem Innern des Menschen bewegt. . . . Zu dem so Vorbereiteten muss die prüfende Uebung hinzukommen, welche das Vorempfundene an dem Gegenstand berichtigend versucht, bis durch diese wiederholte Wechselwirkung die Klarheit zugleich mit der Gewissheit hervorgeht.«

[25] Theologische Wissenschaft und kirchliche Praxis, 126 mit Anm. ★.

[26] Vgl. oben S. 183 mit Anm. 17.

rung, Anspruch an den mit ihm beschäftigten Forscher faktisch wirksam bleibt.
Daß die »transhistorische« Perspektive in der doppelten Näherbestimmung als
Erfassung des Modus geschichtlicher Verläufe und ihres sachlichen Gehalts
tatsächlich durch die im engeren Sinne »historische« Perspektive hindurch- und
nicht an ihr vorbeigeht, mag ein beiläufiger Satz Bultmanns über das Ziel
religionsvergleichender Arbeit aus seinem neutestamentlichen Forschungsbericht von 1908 illustrieren: »Es handelt sich oft nur darum, durch *Bearbeitung und
Vergleichung von möglichst viel Stoff* das Auge zu schärfen, die *allgemeingültigen
Gesetze* der inneren Entwicklung einer Religion *und* das *ihr Eigentümliche* zu
erkennen.«[27]

2.3 Glaubenslehre (und Predigt) als mögliche Konsequenz(en) der Exegese

Die geschichtstheoretischen Implikationen von Bultmanns Exegeseverständnis sind schon in seinen oben zur Erläuterung der Grundrelation Ideen/Individu-
elles in ihrer Ausprägung besprochenen Äußerungen über die Entstehung und
Durchsetzung des Christentums und dann besonders – mit starkem Baur-
Wredeschem Einschlag – in seinen Ausführungen zur Aufgabe einer »Theologie
des Neuen Testaments« zutage getreten. Diese Implikationen haben wir in
vorstehendem Abschnitt hinsichtlich ihrer wissenschaftsgeschichtlichen *Herkunft* beleuchtet; Bultmanns Geschichtsdenken steht in der mit dem Namen
Wilhelm von Humboldt verbundenen, in dessen Akademierede von 1821 »klassisch« formulierten idealistischen Geschichtsschreibungstradition, welche ihren
idealistischen Charakter *in* der streng historischen Arbeit und *durch* sie hindurch
bewährt. Vor diesem Hintergrund knüpfen wir nun noch einmal an die oben[28]
schon erörterte Frage nach der *sachlichen Leistung* der Unterscheidung Ideen/
Individuelles in ihrer Ausprägung in Bultmanns Denken an und spitzen sie in
einer bestimmten Hinsicht zu. Dabei greifen wir den aus der Betrachtung von
Bultmanns Charakterisierung der Exegese Theodors gewonnenen allgemeinen
Satz auf, daß biblische Exegese nach der einen, auf die »Ideen« gerichteten Seite
ihrer Arbeit in »Theologie« einmünde.[29] Wir nehmen zugleich Bezug auf Bultmanns im Epiktet-Aufsatz getroffene Feststellung, daß es trotz der Nicht-
Einheitlichkeit des Neuen Testaments möglich sei, »einen bestimmten Typus
[spezifisch] neutestamentlicher Religiosität zu erkennen«[30], außerdem auf unsere daran angeschlossene Frage, ob für Bultmann christlich geprägte »Religiosität«, so unterschiedlich auch immer sie sich im Neuen Testament selbst und
unter den verschiedenen Bedingungen bis heute explizieren mag, letztlich eine
und dieselbe ist und, falls ja, was das für die Exegese bedeutet.[31] Wir haben diese

27 MPTh 5, 1908/09, 129, Hervorhebungen von mir.
28 S. o. S. 190–194.
29 S. o. S. 210.
30 ZNW 13, 1912, 98.
31 S. o. S. 200.

zuletzt genannte Frage für Bultmann bereits grundsätzlich bejaht: Christlich geprägte Religiosität, d. h. die christliche Religion, ist für ihn durch die Zeiten hindurch wesentlich identisch. Dieses Identische ist vorausgesetzt – und für Bultmann in seinem »eschatologischen« Charakter auch anderweitig vorausgewußt –, wenn in der historischen Arbeit am Neuen Testament nach dem »Charakteristische(n) der neuen Religion«, nach dem »Ewigen«[32] in den zeitgeschichtlichen »Hüllen« usw. gefragt wird. Bultmann ortet dieses Identische im christlich-religiösen Leben, wo es als ein spezifisches, aller Reflexion vorausliegendes »Individualitätsgefühl« bzw. »Persönlichkeitsbewußtsein« zur Wirklichkeit kommt. Er denkt den Zusammenhang dieses Identischen mit seinen geschichtlich wechselnden Explikationen nach dem Modell um »Daseyn in der Wirklichkeit« ringender Ideen bzw. – dies gilt jedenfalls im Blick auf die als Einheit zu begreifende Epoche des Urchristentums – nach dem »strengeren« Modell des fortschreitend sich entfaltenden »Prinzips«.[33]

Dies aber bedeutet nun für die Exegese, sofern sie sich auf das den Objektivationen zugrunde liegende religiöse Leben selbst richtet: Sie läuft nicht nur auf »Religion« bzw. »Theologie« einer Schrift oder Schriftengruppe (z. B. des Paulus) und nicht nur auf »Religion« bzw. »Theologie« des Neuen Testaments zu – das tut sie, solange sie methodisch auf ihren anderen Pol, die Erfassung der »historischen Situation« bezogen bleibt, und das *muß* sie als *Exegese* auch tun; sondern in ihrer eigenen *Konsequenz* nach dieser Seite hin liegt die *Glaubenslehre* – Glaubenslehre verstanden als die auf das Verstehen dessen, was das Neue Testament *eigentlich* sagt, angewiesene Explikation des christlich-religiösen Lebens unter den jeweiligen allgemeinen und speziellen Kulturbedingungen der Gegenwart oder, wie Bultmann die systematische Theologie »im Anschluß an Schleiermacher« kurz bestimmt, »als die klare und geordnete Aussprache des christlichen Bewußtseins«[34].

Mit diesem Ergebnis unserer Interpretation meinen wir die Hauptwurzel dafür freigelegt zu haben, daß im historischen Exegeten Bultmann der »Theologe« Bultmann unweigerlich mit auf dem Plan ist und daß er, wo er »theologisch« redet, in der Konsequenz der Exegese redet. Das Einheitsstreben von Exegese und Theologie, als das der alte Bultmann die Grundintention seiner theologi-

---

[32] Vgl. oben S. 214 Anm. 13.

[33] Durch die teleologische Dynamik darf aber nicht die jedesmalige Suffizienz des – auf welcher »Stufe« auch immer sich explizierenden – religiösen Lebens aus dem Blick kommen, wofür an das zweite Argument HUMBOLDTS gegen die ein Ziel spekulativ setzende »teleologische Geschichte« zu erinnern ist: daß »das Individuum seinen Gipfelpunkt immer innerhalb der Spanne seines flüchtigen Daseyns finden muss« (Ueber die Aufgabe des Geschichtschreibers, 596). In einer gewissen Parallele zu dieser Erwägung Humboldts über die Individuen der (= die einzelnen) »Weltschicksale« (ebd.) wird BULTMANN mit zunehmendem Nachdruck betonen, daß »Religion« im *eigentlichsten* Sinne außerhalb der Stätte ihrer ursprünglichsten Wirklichkeit, dem erlebenden Individuum, keine als Entwicklung vor- und darstellbare Geschichte hat (vgl. bes. Bedeutung der Eschatologie [1917] und Religion und Kultur [1920]).

[34] Theologische Wissenschaft und kirchliche Praxis, 124.

schen Existenz bezeichnet hat, läßt sich für seine Frühzeit so formulieren: Sollen neutestamentliche »Theologien« auf ihren Ursprung im christlich-religiösen Leben, dessen gedankliche Explikationen sie sind, hin interpretiert und wiederum daraus verstanden werden, gilt ferner das christlich-religiöse Leben im Unterschied zu seinen zeit- und (mehr oder weniger) persongebundenen Ausdrücken prinzipiell, d. h. von seinem Prinzip her, als identisch, so gelangt solche Interpretationsarbeit letztlich erst ans Ziel (ihr eigenes Ziel!) als christliche Glaubenslehre, die ihrerseits auch zeit- und persongebunden, nämlich die Arbeit eines sachlich beteiligten, religiös lebendigen Autors in einer bestimmten Gegenwart, ist.

Daß tatsächlich schon für den jungen Bultmann die Glaubenslehre in der Konsequenz dieser Richtung von Exegese liegt, dokumentieren eine ganze Reihe von Passagen in seinen frühen Arbeiten, die sich zwar durchaus als interpretierende Darlegungen der *neutestamentlichen Religion* geben, weitgehend aber auch als aus der und für die Gegenwart formulierte essentials der *christlichen Religion* gelesen werden können. Erinnert sei an den früher zitierten Abschnitt aus »Die Schriften des Neuen Testaments und der Hellenismus«[35], an die Abschnitte IV. und V. des Epiktet-Aufsatzes[36] und an die Charakterisierung von »Theodors Verhältnis zum religiösen Leben der Schriften«[37], endlich auch an die ausdrücklich als »Herausarbeitung des Ewigen« aus der »paulinischen Gesetzes- und Erlösungslehre« sich einführende theologische Skizze in dem Vortrag »Theologische Wissenschaft und kirchliche Praxis«[38].

Hinzuzufügen ist, daß in der *Predigt* – auch sie ist ja in der homiletischen Tradition, in der Bultmann steht, wie die systematische Theologie als »Aussprache des christlichen Bewußtseins« verstanden! –, daß in der Predigt der biblische Einzeltext einen speziellen Zeit- und Situationsbezug ausdrücklich *neu* sucht, nachdem der *ursprüngliche* in der auf die »historische Situation« gerichteten Arbeit der *historischen Exegese* namhaft gemacht und in der auf die »Ideen« bzw. »Grundgedanken« gerichteten Arbeit der *theologischen* (letztlich auf die Glaubenslehre zulaufenden) *Exegese* abgearbeitet worden ist.

Zum Schluß ist nun allerdings zu betonen, daß die Glaubenslehre als die Konsequenz der »theologischen«, auf das sachliche Verständnis des in den biblischen Schriften eigentlich Gesagten zielenden Richtung der historischen Bibelexegese kein *direktes* Thema der exegesetheoretischen Reflexion des jungen Bultmann ist. Unsere Ausführungen dazu liegen selber nur in der Konsequenz dessen, was Bultmann ausdrücklich sagt, werden aber gerade von daher gefordert und gerechtfertigt. Wenn Bultmann selbst im Zusammenhang seiner Überlegungen zur Exegese von »Theologie« spricht, dann hat er *historische* Theologie in Relation zur historischen Situation vor Augen: entweder, wie in der Bespre-

---

[35] S. o. S. 182.
[36] ZNW 13, 1912, 182–191, vgl. oben S. 201–203.
[37] R. BULTMANN, Exegese, 84–96, vgl. oben S. 209f.
[38] S. o. S. 198 Anm. 56.

chung der neutestamentlichen Theologien von 1912, die »Theologie des Neuen Testaments« im Sinne einer als Einheit verstandenen Geschichte der Explikation der christlichen Religion im frühesten Christentum oder, wie in der Habilitationsschrift, die Theologie jeweils einer biblischen Schrift oder Schriftengruppe.

3. Exegese in ihrer relativen Eigenständigkeit

3.1 Das Verständnis des einzelnen als ihr letztes Ziel

Exegese gewinnt nach der »methodischen Vorbemerkung« in der Habilitationsschrift ihr charakteristisches Profil aus der Art, wie sie sich in den beiden Richtungen: Erfassung der historischen Situation und Erfassung des religiösen Lebens der Schriften, bewegt. Bultmann, der die Exegese Theodors charakterisieren will, sieht sich dabei einem Darstellungsproblem gegenüber: In welcher *Reihenfolge* soll die Darstellung erfolgen? Enthält die Relation in sich selbst ein Vorher und ein Nachher, so daß aus der Sache selbst liegenden Gründen über die Reihenfolge entschieden werden könnte?

»In der Regel« werde, so Bultmann, die Exegese »von dem Verständnis des einzelnen« ausgehen, »um von da aus hinabzusteigen zu den zugrunde liegenden Ideen«, zu den »religiösen Grundgedanken«, die sich, so hat man zu verstehen, in den Einzelaussagen entfalten, durch die hindurch sie allein zugänglich sind (83). An diesem Weg, dem Weg von der Einzelexegese zur Theologie einer Schrift, will sich Bultmann aber nicht orientieren: »Das letzte Ziel der Exegese« erblickt Bultmann nicht im Kennenlernen der »Grundideen«, sondern eben im Verständnis der *einzelnen* Erscheinung, der *einzelnen* Schrift innerhalb einer Schriftengruppe, des *einzelnen* Satzes innerhalb einer Schrift (83f.). Es fällt auf, daß bei dieser Überlegung die Relation Idee/individuelle Erscheinung zwar nicht verdrängt, wohl aber eigentümlich überlagert wird von der Relation Ganzes/Einzelnes, die in der Reflexion über das Verstehen einer literarischen Einheit als eines gegliederten Zusammenhangs ursprünglich beheimatet ist: Die religiösen Ideen, Grundideen usw. kommen hier als die Gesamtaussage einer Schrift in Betracht, das Individuelle in der Ausprägung der Ideen, in dem wir das zeitgeschichtlich und personmäßig Bedingte bezeichnet fanden, kommt hier als »Einzelaussagen« in Betracht. Diesen Kategorienwechsel scheint Bultmann selbst sich an dieser Stelle nicht ganz klar gemacht zu haben; sein Motiv kann aber mit an Sicherheit grenzender Wahrscheinlichkeit angegeben werden: Es zeigt sich in Johannes Weiß' Bedauern darüber, daß in »unserer schnelllebenden Zeit« das zur Gewohnheit gewordene Verlangen nach »großzügigen Darstellungen und kurzgefaßten Erklärungen« das »Interesse an einer strengen Exegese hat verkümmern lassen«, in seiner Diagnose, daß »die Verachtung des Kleinen, die mangelnde Liebe zum Einzelnen ... sich noch immer gerächt« habe, in seiner

Forderung nach »Exaktheit und Gründlichkeit« der Exegese.[1] Weiß selbst hatte
dafür in seinem Kommentar zum 1. Korintherbrief von 1910 das Maß gesetzt.
Daß tatsächlich das emphatische *exegetische Ethos* J. Weiß' im Hintergrund steht,
wenn Bultmann in seiner Habilitationsschrift gegenläufig zu dem das landläufi-
ge Exegeseverständnis – und zumal sein eigenes! – bestimmenden »theologischen« Gefälle das Verständnis des einzelnen zum letzten Ziel der Exegese
erklärt, wird sichergestellt durch folgende Passage aus seinem Gedenkartikel auf
Johannes Weiß von 1939[2]:

> »Offen für die in seiner Zeit auf dem Gebiete der neutestamentlichen Wissenschaft
> aufblühende religionsgeschichtliche Betrachtungsweise, wollte er doch nicht Religions-
> geschichtler, sondern Exeget sein, – so hörten wir es einst bei seinem Abschiede von
> Marburg aus seinem eigenen Munde. . . . Dabei ging sein Interesse auf das Verständnis des
> Einzelnen, des Individuellen, der Person, des Schriftstellers, des Satzes, der Formulie-
> rung; der Blick auf die geschichtlichen Zusammenhänge stand im Dienste der Einzelinter-
> pretation. Sein *Kommentar zum ersten Korintherbrief*. . . zeigt anschaulich und lehrreich. . .
> die letztlich exegetische Fragestellung.« Weiß' Buch »Das Urchristentum« habe in seiner
> Wirkung »wohl darunter zu leiden gehabt, daß sich die Darstellung immer wieder an
> Einzelfragen gleichsam verliert. Für den aufmerksamen Leser liegt darin freilich auch der
> Reiz des Buches.«

Von diesem Hintergrund her, der Einweisung der Exegese in die Arbeit am
einzelnen als ihre ureigene Domäne, wird man Bultmanns Verlängerung des »in
der Regel« beschrittenen »Weg(es) des Verstehenlernens« lesen und interpretieren müssen – eine »Verlängerung«, die diesen Weg an seinen Ursprung zurück-
führt, d. h. ihn zu einem Zirkel macht: »Und so wird auf den Weg hinab [zu den
›Grundideen‹] wieder der Weg hinauf folgen; d. h. es wird normaler Weise in der
Exegese eine Wechselwirkung bestehen zwischen dem Verständnis der religiösen Ideen, der ›Theologie‹, einer Schrift und dem Verständnis der Einzelaussagen. Diese aber zu begreifen ist innerhalb der Exegese das letzte Ziel« (84).
      Damit hat Bultmann sein Dispositionsproblem, ob zuerst Theodors »Erfas-
sung der historischen Situation der Schriften« und dann sein »Verhältnis zum
religiösen Leben der Schriften« darzustellen wäre, aufgrund sachlicher Erwägungen zugunsten der umgekehrten Reihenfolge gelöst – zum Mißfallen Adolf
Jülichers übrigens, der anmerkt: »Diese Frage kann man aufgrund von rein
praktischen Gesichtspunkten entscheiden, auf die Reihenfolge kommt nichts
an«[3].

3.2 Ihr Charakter als Sachexegese

Sehen wir nun wieder von der unmittelbaren Funktion ab, die die »methodische Vorbemerkung« in der Habilitationsschrift hat, so können wir für Bult-

---

[1] WEISS, Aufgaben, 22.25.
[2] ThBl 18, 1939, 244.
[3] 84 Anm. *c* J zu Ms., 113.

manns Verständnis der neutestamentlichen Exegese folgendes festhalten: Als
Theologe »relativiert« Bultmann gewissermaßen die Eigenständigkeit der historischen Bibelexegese auf die als Explikation religiösen Lebens verstandene
»Theologie« hin – 1922 wird er von der *»Selbstbesinnung* auf die Motive und
Kräfte, auf den Grund unseres Lebens« als dem »letzten *Ziel*« der historischen
Arbeit sprechen, in dem sie »mit der auf anderem Wege wandernden Systematik
zusammentrifft«[4]. Und: Indem Bultmann der historischen Exegese ein ihr – und
nur ihr – *eigenes* »letzte(s) Ziel« zuweist, hält er an ihrer Eigenständigkeit als einer
relativen Eigenständigkeit fest. Damit ist eine doppelte Front bezogen: gegen
eine Exegese, die ihre mit ihrer Sache, nämlich den biblischen Texten selbst,
gegebene »theologische« Perspektive, d. h. ihre funktionale Bezogenheit auf
(z. B. paulinische, darüber hinaus aber auch auf neutestamentliche, potentiell
auch auf systematische und homiletische) »Theologie«, vergißt, *und* gegen eine
ihr spezifisches Ethos als *Ex*egese verleugnende Exegese.

Daß aber historische Exegese sich nicht lediglich im Vorfeld theologischen
Verstehens bewegt, sondern durch theologisches Verstehen hindurchgehen
muß, um an das ihr und *nur* ihr eigene Ziel zu gelangen (»Wechselwirkung«),
besagt im Grunde, daß sie sich als Sachkritik vollzieht, d. h. zunächst einfach: als
das auf der Unterscheidung (Kritik!) zwischen der *Sache,* die ausgedrückt werden soll (»religiöse Ideen«, »religiöses Leben«), und dem *Ausdruck,* der vielfältigen geschichtlichen Bedingungen unterliegt, beruhende Verstehen des Ausdrucks von der Sache her. Von dieser für die Interpretation eines jeden geschichtlichen Textes grundlegenden Form der Sachkritik, die eine den veränderten
Explikationsbedingungen Rechnung tragende Paraphrase[5] ermöglicht, muß unterschieden werden eine andere Form der Sachkritik, in der die Sache eines
Textes unter dem Aspekt ihrer Wahrheit einer kritischen Prüfung unterzogen
wird. Wenn auch Bultmann in den bisher untersuchten Texten auf diese Möglichkeit nicht reflektiert, so wird man doch sagen können, daß sie nach seinen
Voraussetzungen grundsätzlich besteht: Sachkritik in diesem zweiten Sinne wird
dann erforderlich sein, wenn sich eine neutestamentliche Aussage nicht als ein –
in seinem zeitgeschichtlichen Kontext legitimer – Ausdruck der neutestamentlichen Religion verstehen läßt. Von dieser Religion, die Bultmann von ihrem
Ursprung her: von »Gottes weckender Stimme, . . . seiner demütigenden Forderung, wie . . . seiner demütigenden Gnade«[6] her als ein zeitenübergreifend
wesentlich identisches, unter veränderten Bedingungen verändert sich explizie-
rendes Bestimmtsein des Bewußtseins versteht, hat er, wie wir gesehen haben,
einen recht festen Begriff[7] – ein Kriterium mithin, mit dessen Hilfe Sachkritik als
Kritik an der »Sache« eines neutestamentlichen Textes oder einer neutestament-

---

[4] R. BULTMANN, Karl Barths »Römerbrief« in zweiter Auflage, 142.
[5] Vgl. oben S. 190 f. mit Anm. 38.
[6] Theologische Wissenschaft und kirchliche Praxis, 127.
[7] Außer den oben S. 220 Anm. 35–38 bezeichneten Stellen vgl. noch R. BULTMANN, *Art.*
Urgemeinde, 1523: »Das neue Prinzip wirkt sich in ihr nicht aus; es kommt nicht zur Gesetzes-

lichen Schrift durchgeführt werden könnte. Aber, wie schon gesagt, derlei
Überlegungen spielen – wie der Begriff »Sachkritik« selbst – in Bultmanns
Frühzeit keine Rolle. Immerhin ist ganz deutlich, daß es von der um 1912
vertretenen exegesetheoretischen Position bis zur Verteidigung der »Sachkritik«
in der Auseinandersetzung mit Karl Barth in den 1920er Jahren kein weiter Weg
ist. Wenn auch nicht unter diesem Titel, so stellt sich uns doch des jungen
Bultmann Verständnis von Wesen und Aufgabe der Exegese als ein Konzept dar,
dem das Prädikat »Sachexegese« nicht gut wird vorenthalten werden können.

3.3 Zur Notwendigkeit historischer Exegese und ihrer Entstehung

Am Ende seiner Habilitationsschrift (»Schluß«, 126f.) deutet Bultmann mit
wenigen Strichen die geschichtliche Notwendigkeit der Entstehung historischer
Bibelexegese an, wie sie bei Theodor erstmals in solcher Deutlichkeit hervortritt. Bultmann erblickt sie im »Wesen des Christentums als geschichtlicher
Religion«, für die »die Bindung an die Vergangenheit und ihre Urkunde« als
»ein geistiger, lebendiger Besitz« konstitutiv sei und die deshalb »das historische
Schriftverständnis« fordere. Die in diesem Kontext verwendeten Gegensatzpaare lauten: »geistige Selbständigkeit« *vs.* »alle äußere Unterwerfung unter die
Schrift« (= »ihre Verleugnung«), »geistige(s) Band« *vs.* »äußere... Fessel« *und*
vs. eine Haltung, die »sich dem Geist der Vergangenheit entziehen, das Band
zerschneiden und sich eine Verbindung... durch die Umdeutung ihrer Urkunde (vortäuschen)« zu sollen glaubt. Diese Kontradiktionen profilieren Bultmanns theologisch-hermeneutische Rechenschaft über den historisch-kritischen
als den sachgemäßen Schriftumgang. Die kirchliche Aktualität dieser Rechenschaft liegt am Tag: Die Bibel ist nicht ein Buch autoritativer, Unterwerfung
fordernder absoluter *Lehren*; das diesem Anspruch entsprechende Verhalten
wäre entweder ein Glaube, der im Für-wahr-Halten besteht, oder eine Verwei-
gerung, durch die die Bibel faktisch bedeutungslos wird.

Im Vortrag »Theologische Wissenschaft und kirchliche Praxis« von 1913 beschreibt
Bultmann in eigener Erinnerung die Irritation, die die historische Bibelforschung angesichts dieses verfehlten Anspruchs erzeugt: »Ich entsinne mich, wie es mir einst unheim-
lich ward bei dem Gedanken, daß sich immer mehr Lehren des NT auch anderwärts
nachweisen lassen. Man hat sogar gesagt, nicht *ein* Satz, den Jesus ausgesprochen hat, habe
nicht seine zeitgeschichtliche Parallele. Mag dem sein, wie es will. Das ist in der Tat klar:
Erblickt man das Ausschlaggebende des NT in Lehren, so entwertet die geschichtliche
Forschung das NT. Aber eben weil die Sache so steht, dient die geschichtliche Forschung
vielmehr dazu, das wirklich Wesentliche des NT in ein umso helleres Licht zu stellen: die
ewigen Kräfte, die in seiner Geschichte wirksam sind« (126).

---

freiheit, zur Ueberwindung der nationalen Schranken, zum Verständnis des Christentums als
einer sittlichen Erlösungsreligion.«

Die »geistige Bindung« an die Schrift vollzieht sich in der »geistige(n) Selbständigkeit«, in der man in sachlicher Beteiligung unter methodischer Kontrolle zu erkennen versucht, was die Schrift und ihre Texte eigentlich sagen. In diesem Sinne erklärt Bultmann denn auch im genannten Vortrag von 1913:

> »Nun ist das Recht der historischen Bibelwissenschaft einfach damit begründet, daß man sagt: *Hat die Kirche die Schrift nötig, so hat sie auch die Arbeit nötig, die systematisch zu erkennen sucht, was in der Schrift steht; und eben das ist die historische Bibelwissenschaft.* Zur Schrift gehört die Auslegung, und es gibt nur *eine* Art der Auslegung, eben die historische. Lehnt man sie ab, so hat man die vollendete Willkür. Man kann dann durch Allegorie und gewaltsame Auslegung alles aus der Schrift herauslesen oder vielmehr in sie hineinlesen. Und in falschem Schriftgehorsam setzt man sich in Wahrheit über die Schrift hinweg. Die Kirchengeschichte ist reich an Zeugnissen dafür. Oder man muß es machen wie die römische Kirche, in der die Auslegung an ein göttliches, inspiriertes Kirchenamt gebunden ist. Der evangelische Christ kennt nur *eine* Art der Auslegung, die vom Text geforderte, die historische. Dann aber muß man auch alles das wollen, was mit der historischen Auslegung zusammenhängt, das scheinbar Unnötige und die Kritik« (125).

Im Schlußabschnitt der Habilitationsschrift blickt Bultmann aber nicht so sehr auf die im kirchlichen Alltag plausibel zu machende Notwendigkeit historisch-kritischer Schriftexegese selbst, sondern er blickt – und zwar aus dieser Perspektive – auf die geschichtliche Notwendigkeit ihrer *Entstehung.* Unter dem Vorbehalt eines »Vielleicht« trägt er eine so bemerkenswerte wie interpretationsbedürftige Hypothese vor: Die detaillierte Erforschung der geschichtlichen Emanzipation der Exegese von praktischen und dogmatischen Interessen zur historischen Exegese wäre nicht nur die »Voraussetzung, um Theodors Exegese wirklich zu verstehen« – hier kehrt der Gedanke, daß das einzelne nur aus dem Ganzen verstanden werden könne, in Anwendung auf den Gesamtprozeß der Exegesegeschichte wieder –, sondern sie würde »vielleicht noch ein weiteres offenbaren, nämlich wie das scheinbare *Objekt* der Geschichte der Exegese, die erklärte Schrift, in Wahrheit ihr *Subjekt* ist oder zu ihrem Subjekt wird« (127). Was ist mit diesem – logisch offenbar nicht ganz stimmigen[8] – Satz gemeint? Denkt Bultmann an die reformatorische Maxime »*scriptura sacra sui ipsius interpres*«, derzufolge die Schrift als das Subjekt ihrer Auslegung angesprochen werden kann? So zu interpretieren legt sich deshalb nahe, weil sich diese Maxime ungezwungen als ein Argument gegen einen Umgang mit der Schrift lesen läßt, in dem man, geleitet von praktischen oder dogmatischen Interessen, die Texte nicht sagen läßt, was sie selbst zu sagen haben. Bultmanns Meinung scheint über diese Deutung seines Satzes jedoch noch hinauszugehen; die erklärte Schrift erwiese sich nicht nur als das Subjekt ihrer *Exegese,* sondern auch als das Subjekt der »*Geschichte* der Exegese«. Dies wäre wieder ein in der Tradition idealistischen Geschichtsdenkens gedachter – und unter dessen Prämissen auch sinnvoller – Gedanke: In dem geschichtlichen Prozeß der Entwicklung der Exegese zur historischen Exegese, d. h. in der Abkehr von ihrer anfänglichen Indienstnahme

---

8 Auch A. Jülicher macht am Ms.-Rand ein »*großes?*«, vgl. 127 Anm. *a J* zu Ms., 193.

der Schrift(-texte) für heteronome Zwecke und ihrer Hinkehr zur Frage nach dem, was die Schrift und ihre Texte aus sich selbst heraus sagen wollen, – in diesem Prozeß manifestiere sich der Geist der Schrift selbst. Dazu paßt auch das folgende: »Und zugleich würde deutlich sein, daß alle äußere Unterwerfung unter die Schrift in Wahrheit ihre Verleugnung ist, und daß das historische Schriftverständnis ihrem Geiste in Wahrheit dient« (ebd.).

Wie auch immer Bultmanns Reflexion über die Exegesegeschichte genau zu verstehen ist – die Meinung ist klar: Die Schrift *selbst* fordert, historisch verstanden zu werden, und die in historischer Exegese ihr gegenüber eingenommene »geistige Selbständigkeit« ist der Modus, in dem sich die »geistige Bindung« an sie vollzieht. Was das für die Exegese in ihrer relativen Eigenständigkeit bedeutet, zeigt sich in Bultmanns Lob für Theodor, daß er »wirklich als Interpret des Textes redet. Er benutzt die Schrift nicht als Fundgrube dogmatischer oder historischer Kenntnisse, ebensowenig als Stoff, seine Gelehrsamkeit zu zeigen und seine Kunst zu üben, oder auch darüber zu disputieren oder zu predigen. Er will den Text zum deutlichen Reden bringen, und diesem Zweck ordnet sich alles, was er zu sagen hat, unter« (40). Es zeigt sich, umgekehrt, in Bultmanns Tadel an Hieronymus: »Der Interpret läßt den Text nicht ruhig sagen, was er sagen will« (42), und wiederum in der Bemerkung über Theodor, es spreche sich bei ihm aus »der gesunde exegetische Takt, der nichts will, als das Gesagte hinnehmen und verstehen, wie es vom Verfasser gemeint ist« (122).

4. *Zur Herkunft von Bultmanns Exegese-Verständnis*

Aufgabe dieses Abschnitts ist es, die in den vorigen Abschnitten teils ausdrücklich erzielten, teils nur in den Anmerkungen angedeuteten Ergebnisse über die Herkunft der einzelnen Momente von Bultmanns Exegeseverständnis zu bündeln. Wir tun dies, indem wir die einzelnen Aspekte der historischen Arbeit am Neuen Testament, wie Bultmann sie verstand, noch einmal thesenartig formulieren und daran die Herkunftserläuterungen – und gegebenenfalls weitere systematische Verdeutlichungen – anschließen.

Erstens: Exegese soll die von ihr auszulegenden Texte das sagen lassen, was sie *selbst* sagen wollen. Negativ formuliert: Exegese darf sich nicht von dem Interesse, daß die Texte dies oder jenes Erwünschte sagen möchten, leiten lassen, d. h. konkret in bezug auf biblische Texte: Sie darf sich nicht von »dogmatischen« oder »praktischen« Interessen leiten lassen.

Für die Grundlegung und Ausbildung dieser Überzeugung, die Bultmann in der aktuellen Front gegen einen namentlich in orthodoxer Tradition stehenden dogmatischen Schriftgebrauch zur Geltung bringt, ist vor allem an die Schule, die Bultmann bei Karl Müller in Tübingen durchlief, zu erinnern – bei Karl Müller, welcher Bultmann »zuerst für die historische Wissenschaft begeisterte«[1]. Wir verweisen auf die oben[2] mitgeteilte Erklärung Müllers über sein Selbstverständnis als historischer Forscher und Lehrer und fügen gleichsinnige Ausführungen Bultmanns über die historische Wissenschaft, der die Exegese zugehört, aus dem 1913er Vortrag »Theologische Wissenschaft und kirchliche Praxis« hinzu:

> Historische Wissenschaft ist »voraussetzungslos ... in bezug auf ihre *Ergebnisse*. Sie kann nicht im voraus wissen, daß dies oder jenes so oder so geschehen sei. Sie *sucht* ihre Ergebnisse und darf das Resultat dieses Suchens nicht von irgend einem Interesse abhängen lassen. Ist das Ergebnis eines Forschers beeinflußt durch den Wunsch, daß dies dabei herauskommt, so ist seine Arbeit unwissenschaftlich.«[3] Es stimmt zwar, »daß oft das Interesse eines Forschers von Einfluß auf seine Ergebnisse ist. ... Aber er treibt seine Wissenschaft desto besser, je mehr er sich davon frei macht. Die Wissenschaft als solche ist uninteressiert«.[4]

Zweitens: Exegese soll verstehen und zum Verständnis bringen, was die Texte – wir sahen: die Texte selbst! – *eigentlich* sagen wollen. Das ist dasselbe wie das erste, jedoch mit der Betonung, daß es um das Verständnis eines sachlichen Gehalts geht im Unterschied – genauer: in der vom Exegeten zu treffenden Unterscheidung – von dem Modus, in dem er im auszulegenden Text zur Sprache, zur »Erscheinung« kommt.

Auch in dieser speziell akzentuierten Aufgabenbeschreibung erweist sich Exegese als Teil der allgemeinen Geschichtswissenschaft, und zwar der idealistisch verstandenen und betriebenen Geschichtswissenschaft, die durch die in der Geschichte wahrzunehmenden »Kräfte« hindurch die in ihnen zur Wirklichkeit drängenden »Ideen« zu erkennen und dieses »Streben« darzustellen sucht. Wir haben Wilhelm von Humboldt als den klassischen Gewährsmann für dieses Verständnis der Geschichte und der Aufgabe des Historikers namhaft gemacht und fügen wiederum eine in diese Herkunft verweisende Erörterung Bultmanns an, die wir teilweise schon zitiert haben:

> »Alle wahre Geschichtswissenschaft besteht nicht darin, nur das bunte Gewand der Zeitgeschichte möglichst getreu nachzumalen und das Zeitgeschichtliche, so interessant es oft sein mag, als das wichtige nachzuweisen. Sondern ihre eigentliche Aufgabe ist es, zu zeigen, wie hinter dem zeitgeschichtlichen Gewand ewige Kräfte die Geschichte gestalten. Wahre Geschichtswissenschaft besteht auch nicht darin, nur den Kausalzusammenhang des Geschehens und der Aussagen festzustellen, wie dies durch jenes bedingt ist, welche Einflüsse hier und dort gewirkt haben. All das ist freilich nötig, aber es ist nur Mittel zum Zweck. Wahre Geschichtswissenschaft ist teleologisch; sie mißt die Einzelerscheinung an dem Maßstab der Idee, die in ihr zur Erscheinung kommen soll.«[5] »Ist das ein Widerspruch zu dem Satz, daß die Wissenschaft uninteressiert und voraussetzungslos ist? Nein; denn dies ist sie in Bezug auf ihre *Ergebnisse*. ... Aber ihre *Methode* setzt die Geschichtswis-

---

[1] Brief an H. Feldmann vom 24. 8. 1916.
[2] S. o. S. 10.
[3] A.a.O., 126 Anm. *.
[4] Ebd., 125 Anm. *.
[5] Ebd., 126.

senschaft wie jede Wissenschaft freilich voraus. Und wenn die Geschichtswissenschaft teleologisch ist, so kann nur der sie treiben, der etwas von Aufgaben und Zielen, von Auf- und Abwegen in der Geschichte wahrzunehmen vermag, wer die Geschichte mitzuerleben vermag. Aber über den Gang dieser Entwicklungen kann er im voraus nichts wissen, und die Ziele gestalten sich ihm innerhalb seiner Betrachtung erst immer deutlicher heraus.«[6]

Was so für die Geschichtswissenschaft im allgemeinen gilt, gilt auch speziell für die Exegese: Sie hat – wie die Historie durch die Oberflächengestalt und -struktur der Geschichte (zeitgeschichtliches Gewand; Kausalzusammenhang) – durch die Oberfläche des Textes durchzudringen zu der »Idee« (bzw. zu den »Ideen«), die der eigentliche Gehalt wie der Geschichte oder einer Epoche, so auch eines Textes ist (bzw. sind). Damit ist die »religionsgeschichtliche« Fragestellung, insofern sie vergleichend nach Abhängigkeiten, Bedingungen, Einflüssen usw. fragt, relativiert. »All das ist freilich nötig« – ja: In den Anmerkungen haben wir gezeigt, daß Bultmann die so gemeinte Fragestellung von seinen direkten Lehrern Gunkel und Weiß in vollem Umfang übernahm, worauf gleich noch einmal zurückzukommen ist. Aber die religionsgeschichtliche Fragestellung (in dem angezeigten Sinn) ist der *Sach*frage funktional zugeordnet, d. h. untergeordnet: Exegese ist Sachexegese, sie will den geistigen Gehalt des Textes verstehen. Und wie der Geschichtsschreiber überhaupt »die Geschichte mitzuerleben« fähig sein muß, so erschließt sich die Sache eines Textes nicht dem innerlich Distanzierten, sondern dem existentiell Beteiligten.

Die naheliegende Frage, ob die Rede von den durch den Historiker aufzuweisenden »ewigen Kräften« o. ä. für Bultmann bedeute, daß sich dem biblischen Exegeten *als solchem*, d. h. durch seine methodische Arbeit, der »eschatologische« Geltungsanspruch dessen, was das Neue Testament eigentlich sagt, bewahrheitet, meinten wir verneinen oder doch zumindest dahingehend beantworten zu müssen, daß hier keine zwingende Notwendigkeit besteht, sondern nur eine Möglichkeit[7]. Wir können aber hinzufügen, daß nach Bultmanns Voraussetzungen die historische Arbeit am Neuen Testament auch den Historiker, für den die Wahrheit dieses Geltungsanspruchs *nicht* aufgrund »innerer Ueberwindung der Seele«[8] erwiesen ist, vor diesen Anspruch stellt. Existentielle Beteiligung an der Sache des biblischen Textes besagt nicht, daß historische Arbeit den Glauben begründe, sondern dies, daß sie den Exegeten zwingt, sich zu dem, was er als geistigen Gehalt des Neuen Testaments erkennt, existentiell zu verhalten. Sie führt in die Entscheidung[9].

---

[6] Ebd., Anm. ★.

[7] Vgl. oben S. 191–193, vorher schon S. 188–190, außerdem S. 214 Anm. 13.

[8] R. BULTMANN, Theologische Wissenschaft und kirchliche Praxis, 135.

[9] Dies wird freilich in der Frühzeit *so* nicht expliziert, ist aber in der idealistischen Geschichtsbetrachtung Humboldtscher Prägung als Möglichkeit enthalten (vgl. oben S. 215 mit Anm. 19). Daß es sich hierbei schon für den frühen Bultmann nicht lediglich um eine latente, sondern um eine aktuelle Möglichkeit handelt, belegen m. E. je auf ihre Weise BULTMANNS Rede von dem »*einen* Anstoß ...«, den man [= ›der natürliche Mensch‹] mit Grund an der Schrift nehmen kann« (Theologische Wissenschaft und kirchliche Praxis, 127, vgl. ebd., 135: »Anstoß ... des Gewissens«), und seine emphatische Rede von der »Entscheidung« bzw. »Gottes Entscheidungsfragen« in der Predigt vom 1. 1. 1913 über Lk 12,54–57 (VW, 96–103).

Drittens: Exegese kommt im Verständnis des einzelnen: der einzelnen Schrift, des einzelnen Satzes, des einzelnen Wortes, zu dem ihr – und *nur* ihr – eigenen Ziel. Sie erreicht es im Durchgang durch das sachliche Verstehen ihres Textes bzw. in »Wechselwirkung« damit.

Mit dieser Zielbestimmung der Exegese wahrt Bultmann gegenüber dem berechtigten, notwendigen, letztlich relevanten Interesse an der »Sache«, also gegenüber dem Gefälle der biblischen Exegese auf »Theologie« hin, das spezifische Ethos der *Exegese,* die als solche ihrem Text und *nur* ihm verpflichtet ist. Johannes Weiß ist der Lehrer, dem Bultmann hierin folgt.

Viertens: Exegese hat die neutestamentlichen Texte als Explikationen des ihnen zugrunde liegenden religiösen Lebens zu verstehen; was in ihnen sich – teils »lehrhaft«, »theologisch« – *eigentlich* äußert (= die »Ideen«), ist nicht ein Komplex zu akzeptierender Lehren, sondern nachzufühlende, nachzuempfindende *Religion,* Religion verstanden als ein spezifisches (= »christliches«) Bestimmtsein der Existenz, als ein nicht rational begründeter und begründbarer Tatbestand des geistigen Lebens.

Diese Überzeugung hat für Bultmann ihre theologische Basis in dem als allein »evangelisch« reklamierten[10] antirationalistischen/antiintellektualistischen Glaubens- bzw. Religionsverständnis (Schleiermacher-)Herrmannscher Prägung und steht damit in Opposition zum Glaubensverständnis der »Orthodoxie« wie des ausgesprochenen »Liberalismus«. Von dieser Basis her gewinnt die »religionsgeschichtlich« orientierte Exegese einen über die Frage nach Abhängigkeiten, Bedingungen, Einflüssen usw. weit hinausreichenden Sinn, oder besser: Unter diesem Aspekt kommt ihr ursprünglicher, eigentlicher Sinn in den Blick. Mit Recht sagt Karlheinz Müller: Der »Religionsgeschichtlichen Schule« ging es, »entgegen einem von Anfang an unausrottbaren Mißverständnis des Begriffes ›Religionsgeschichte‹«, »niemals um eine bewußt betriebene Einebnung der Konturen der urchristlichen Religion im weiträumigen Feld einer Geschichte der Religionen«, sondern um die »Sichtbarmachung und Erhebung des Spezifischen der christlichen Religion im Fortgang der historischen Entwicklung mit Hilfe einer Ausgrenzung und exakten Wertung der Bewegungen jener fremdreligiösen Einflüsse im Überlieferungsstratum des Urchristentums«.[11] Es ist von entscheidender Bedeutung, daß für die Religionsgeschichtler der Begriff »›religionsgeschichtlich‹ in erster Linie die Geschichte der *eigenen* Religion meint«[12]. Sofern aber die im Neuen Testament verlautbarte Religion die *eigene* Religion ist und sofern neutestamentliche Exegese auf das überzeitig »Spezifische der christlichen Religion« zielt, vollzieht sich im Verstehen des Neuen Testaments eine Klärung des eigenen religiösen Bewußtseins, das sich in

---

[10] Vgl. die »Besinnung auf das *Wesen des evangelischen Glaubens*« in Theologische Wissenschaft und kirchliche Praxis, 135.
[11] Karlheinz Müller, Das Judentum in der religionsgeschichtlichen Arbeit am Neuen Testament, 41.
[12] Ebd., 40.

der methodischen Arbeit nicht erst erzeugt, sondern schon vorgängig in die
Sache des Neuen Testaments involviert ist und sich potentiell – mag dies nicht
für alle »Religionsgeschichtler« gleichmäßig gelten, für Bultmann gilt's! – mit
dem sehr bestimmten Interesse an das Neue Testament wendet, sich selbst nach
Ursprung und Wesen besser zu verstehen. Das dem religiösen *Leben* entsprechende, an seine Explikationen gewiesene Erkenntnisverfahren ist die kongenia-
le Reproduktion – gleich am Anfang dieses Kapitels notierten wir deutliche
Spuren »romantischer« Hermeneutik von Schleiermacherscher Herkunft; ein-
drücklichstes Zeugnis für diese hermeneutische Orientierung ist der Epiktet-
Aufsatz.

Fünftens: Die »Theologie des Neuen Testaments« ist als »Geschichte der
urchristlichen Religion und Theologie«[13] zu entwerfen, und zwar im Sinne eines
einheitlichen Explikationsprozesses.

In dieser Forderung, die auf Wrede und Baur zurückverweist, konvergieren
Bultmanns antirationalistisches Religionsverständnis und sein idealistisches Ge-
schichtsverständnis; insofern weist sie – als Forderung Bultmanns – zugleich auf
Schleiermacher und Herrmann und auf W. von Humboldt und die von ihm
repräsentierte Historikertradition zurück. Die Disziplin hat damit Ernst zu
machen, daß es sich im Neuen Testament nicht – jedenfalls nicht primär – um
Lehren handelt, sondern um lebendige Religion, die sich bereits im Neuen
Testament als Theologie zu entfalten beginnt, und sie hat diese Religion als eine
in die Geschichte eintretende und sich in ihr durchsetzende geistige Macht zur
Anschauung zu bringen.

Zwei Namen sind abschließend noch gesondert zu nennen: Wilhelm Dilthey
und Hermann Gunkel.

Nicht leicht ist die Frage zu beantworten, ob und inwiefern *Wilhelm Dilthey*
auf das Exegeseverständnis des jungen Bultmann eingewirkt hat. Im einleitenden Teil der Habilitationsschrift (»Die Aufgabe«, 17–19), in dem Bultmann
neben anderem die Notwendigkeit einer Erforschung des Verhältnisses zwischen der altkirchlichen und der profanen Exegese der Antike herausstellt,
bemerkt er: »Sowohl die exegetische Technik der Alten wie ihr Vermögen, sich
in den Geist eines literarischen Objekts zu vertiefen, müßten dargestellt werden.
Sehr anregend sind in dieser Hinsicht die Ausführungen von W. *Dilthey* ›Die
Entstehung der Hermeneutik‹ . . ., 1900« (18 f.). Wir führen diese Stelle als einen
Beleg dafür an, daß die hermeneutische Anregung, die Bultmann von Dilthey
empfangen und über deren Rezeption und Korrektur in der eigenen Arbeit er
sich 1950 in »Das Problem der Hermeneutik«[14] geäußert hat, in eine sehr frühe
Zeit zurückreicht.

Nennt Bultmann die Abhandlung Diltheys in der Habilitationsschrift auch

---

[13] Wrede, Aufgabe und Methode, 80.
[14] GuV II, 211–235.

nur in exegesegeschichtlicher Hinsicht[15], so kann man doch davon ausgehen, daß er das Sachanliegen Diltheys von vornherein als ein der Theologie – und zumal der religionsgeschichtlich fragenden Exegese – eigenes und im Grunde auch geläufiges Anliegen wahrnahm; geleitet von der Frage nach der »Allgemeingültigkeit« bzw. »Objektivität« (d. h. nach der spezifischen Wissenschaftlichkeit) des geschichtlichen Verstehens des »Singulären« (v. a. literarischer Erzeugnisse) sollte im Anschluß an Schleiermacher die »Auslegung« bzw. »Interpretation« als die »kunstmäßige Ausbildung des Vorgangs von Verstehen, welcher sich über das ganze Leben erstreckt«, entwickelt werden.[16] Außer den oben besprochenen Einleitungssätzen zu der »methodischen Vorbemerkung« in der Habilitationsschrift[17] lassen sich eine Vielzahl einzelner Formulierungen in dieser Arbeit organisch von Diltheys Sicht der Aufgabe des Auslegens her lesen; insbesondere gilt dies in bezug auf Diltheys Auffassung der Texte als Lebensäußerungen, welche sich der eigenen Lebendigkeit des Auslegers erschließen. Neben schon angeführten Formulierungen aus Bultmanns Habilitationsschrift: »sich in den Geist eines literarischen Objekts ... vertiefen« (18), »den Gehalt, das innere Leben einer Schrift ... sehen« (83), den »Lebensmittelpunkt einer Schrift (erfassen) ..., von dem aus sie als lebendige Einheit erscheint« (ebd.), »Vermögen momentanen Nachempfindens« (85) – neben diesen Formulierungen mögen drei weitere Wendungen dies illustrieren: Bultmann spricht von der »Reproduktion der christlichen, der neutestamentlichen Frömmigkeit«[18], vom »Nacherleb(en)« des tiefsten Sinnes der paulinischen »Geschichtsphilosophie« (88), davon, daß »die Seele des Exegeten sich aufgeschlossen dem Text hingibt« (92).

Jedoch: Was sich organisch von Dilthey her *lesen* läßt, muß nicht auch unter direktem Einfluß Diltheys *geschrieben* sein. Wir müssen die Frage offen lassen, ob sich im Exegeseverständnis des jungen Bultmann überhaupt ein unterscheidbarer Einfluß Diltheys nachweisen läßt, sei es im Sinne der Rezeption, sei es im Sinne der Kritik. In Bultmanns Hermeneutik-Aufsatz von 1950 liest man als Korrektur zu Dilthey, *natürlich* gründe die Möglichkeit des Verstehens in der »allgemeinen Menschennatur« als der gemeinsamen Grundlage der jeweiligen Individualität von Autor und Ausleger, aber diese Voraussetzung sei viel zu allgemein und deshalb »genauer zu bestimmen« derart, »daß Voraussetzung des Verstehens das Lebensverhältnis des Interpreten zu der Sache ist, die im Text – direkt oder indirekt – zu Worte kommt«[19]; diese Korrektur wurde nicht erst in der Auseinandersetzung mit Dilthey gewonnen, sondern stammt aus der ideali-

---

[15] Vgl. DILTHEY, Die Entstehung der Hermeneutik, 322 f. (»zum Kampf der *alexandrinischen* und *antiochenischen* Theologenschule«).

[16] Vgl. ebd., 317.319.329.

[17] Vgl. oben S. 178 f.

[18] Exegese, 88, dort z. T. hervorgehoben. Vgl. die oben S. 203 Anm. 63 mitgeteilten Äußerungen von WEISS, Aufgaben, 49, und GUNKEL, Ziele, 524.

[19] GuV II, 214.217, dort z. T. hervorgehoben.

stischen Tradition der Geschichtsschreibung, die nach den in der Geschichte (und in Texten) sich manifestierenden Ideen fragt.[20] Der Sache nach ist die Auffassung, die 1950 gegen Dilthey vorgebracht wird, präsent in der 1913 vertretenen Auffassung Bultmanns, nur der könne eine Geschichte schreiben, der »im lebendigen Zusammenhang« mit ihr stehe[21]; impliziert ist sie in dem 1921 vertretenen »Standpunkt, daß die religionsvergleichende Arbeit der Akt der ἀνάμνησις ist, den eigenen Besitz zu klären, – einen Besitz, der freilich vorhanden sein muß, wenn die Arbeit überhaupt möglich sein soll«[22]; explizit zur Stelle ist sie sodann in der Rezension zu Barths zweitem Römerbrief 1922: »So ist es mir selbstverständlich, daß man einen Text nur erklären kann, wenn man ein inneres Verhältnis zu der Sache hat, um die es sich im Texte handelt.«[23] Hinter diesen Formulierungen steht, auf den Gegenstand biblischer Exegese gesehen, ein sehr konkretes Wissen von dem spezifischen Inhalt und von der die Zeiten übergreifenden Identität christlich-religiösen Erlebens, an dem der biblische Exeget selbst teilhat: Er steht in der Geschichte der christlichen Religion und hat ein lebendiges inneres Verhältnis zu ihr.

Für diese Grundüberzeugung ist – unter speziell exegesetheoretischem Aspekt – m. E. vor allen anderen an *Hermann Gunkel* zu erinnern. Wir beziehen uns im folgenden auf dessen oben anmerkungsweise schon häufig herangezogenen Aufsatz »Ziele und Methoden der alttestamentlichen Exegese«[24]; er erschien im Dezember 1904, während Bultmann bei Gunkel studierte, und noch im Hermeneutik-Aufsatz von 1950 hat Bultmann diese Programm-Äußerung religionsgeschichtlicher Exegese gegenwärtig.[25] Man sagt wohl nicht zu viel, wenn man, vor allem im Blick auf diesen Aufsatz, Hermann Gunkel als den Hauptgewährsmann für das Exegeseverständnis des jungen Bultmann bezeichnet. Ich belege dies, indem ich einige der für Bultmanns Ansicht von Wesen und Aufgabe der Exegese zentralen Gedanken in ihrer Affinität zu Gunkel aufweise, und knüpfe an das Stichwort »inneres Verhältnis« an. Gunkel[26] ist der Ansicht, »dass derjenige, dem die Religion nur eine pathologisch interessante Erscheinung ist, der also selber zu ihr kein *inneres Verhältnis* besitzt, auch ihre Geschichte nicht zu verstehen vermag. Und so verlangen wir von dem Exegeten eines biblischen Buches, dass er imstande sei, den *religiösen Gehalt* des Buches zu erfassen, und

---

20 Vgl. ebd., 217 Anm. 14 und 15 (»... Wilh. v. Humboldt .. «).
21 Theologische Wissenschaft und kirchliche Praxis, 126, vgl. 125.
22 Brief an H. v. Soden vom 3. 4. 1921.
23 Karl Barths »Römerbrief« in zweiter Auflage, 140.
24 MKP 4, 1904, 521–540.
25 Vgl. GuV II, 216 Anm. 13.
26 KLATT, Gunkel, 122 Anm. 25, stellt zu Recht fest, daß »neben Dilthey ..., und sicher unbeeinflußt von ihm, bei Gunkel eine etwa gleichgerichtete hermeneutische Position bezogen wird. Daß bei Gunkel so viele Dinge auftauchen, die für Dilthey als charakteristisch gelten (geschichtlicher Zusammenhang, lebendiges Verstehen im Unterschied zu rein rationalem), dürfte auf die beiden gemeinsame Wurzel der Romantik zurückgehen und nicht auf eine wie auch immer geartete Abhängigkeit zwischen beiden.«

sind überzeugt, *dass er das nur vermag, wenn in ihm selber dabei eine Saite kräftig mitklingt«*[27]. »Unser Satz ist der eigentlich selbstverständliche« – als *so* selbstverständlich gilt die These demnach offenbar nicht –, »dass das Verständnis der Bibel in dem Verständnis ihrer *Religion* gipfelt. Bibelexegese ist *theologische* Exegese; wer ein biblisches Buch erklärt, soll seinen *religiösen Gehalt* erklären« (535). Dazu muß der Exeget durch die Sätze und Worte, durch die Gedanken und Empfindungen zu der »lebendigen, bewegten Seele« vordringen: »Die Seele des Menschen, das geheimnisvolle Innenleben, das sich der Aussenwelt offenbart, indem es sich ausspricht, das ist das eigentlich Wertvolle« (522). Eine Bibelexegese, die dies »Wertvolle« mit »Phantasie, die gezügelt und geschult ist durch eine beständig nebenhergehende Reflexion«[28], zu verstehen bemüht ist, nennt Gunkel »theologische Exegese«. Er begreift die philologische, die politischgeschichtliche und archäologische, die literarkritische und – Gunkels ureigene Domäne – die ästhetische und literaturgeschichtliche Arbeit als *Vorarbeit* zu dieser wichtigeren, eigentlichen Aufgabe der Exegese.

Diese schottet Gunkel methodisch gegen ein zur Unzeit vorgebrachtes Interesse an »Erbauung« und gegen »Bedürfnisse der Praxis« ab – wer diese »hier *zu früh* ins Auge fasst, von dem ist zu fürchten, dass er der Strenge der historischen Forschung um eines an sich *hier* fremden Zweckes abbrechen werde«[29] –, und er beschreibt sie als nicht »*dogmatische*«, sondern »*geschichtliche Exegese*«. Nicht dogmatisch: denn – um hier nur das für die »Religionsgeschichtliche Schule« charakteristische Hauptargument gegen einen unreflektierten dogmatischen Schriftgebrauch zu wiederholen – »nicht die Lehre (ist) Kern und Stern der Religion, sondern die Frömmigkeit, deren Ausdruck erst die Lehre ist«. Sondern geschichtlich: Gefordert wird die »Erklärung aus dem geschichtlichen Zusammenhang«, und zwar auf der Basis der »Grundüberzeugung . . ., dass das Leben der Menschheit nicht nach Willkür und Zufall verläuft, sondern dass darin ewige Ordnungen walten«, welche die »grosse Einheit« des Geschichtsverlaufs konstituieren, in dessen Zusammenhang »alles Einzelne« allererst verständlich ist (536 f.). Wir haben hier denselben geschichtstheoretischen Typus vor uns, den wir auch bei Bultmann antrafen.

Überhaupt: In der ganzen Anlage, in einer Vielzahl von Formulierungen, vor allem aber im Schlußabschnitt der Habilitationsschrift zeigt sich, daß Bultmann dem Exegeseverständnis Gunkels in hohem Maße verpflichtet war. Gunkel: Das »Ziel aller Exegese ist . . . das Verständnis des Schriftstellers und seines Werkes«.[30] In diesem Sinne lobt Bultmann an einer Stelle – wir zitierten sie bereits – Theodors »gesunde(n) exegetische(n) Takt, der nichts will, als das Gesagte hinnehmen und verstehen, wie es vom Verfasser gemeint ist« (122), und zieht die

---

[27] GUNKEL, Ziele, 527, Hervorhebungen außer *»religiösen«* von mir.
[28] Ebd., 525; vgl. oben S. 179 Anm. 5 und S. 217 Anm. 24.
[29] GUNKEL, Ziele, 536, Hervorhebung des *»hier«* von mir.
[30] GUNKEL, Ziele, 522, dort z. T. hervorgehoben. In GuV II, 216 Anm. 13, setzt BULTMANN sich mit dieser Bestimmung auseinander.

Bilanz: »Wir haben als bewußte Absicht der exegetischen Tätigkeit Theodors nur das eine wahrgenommen: den Willen die Schrift zu verstehen« (126). Gunkels Zurückweisung einer »dogmatischen« oder dogmatisch regulierten Exegese entsprechen bei Bultmann Sätze wie: »Theodor tritt nicht an die Schriften heran als an Quellen für dogmatische Sätze; sie sind nicht Mittel zum Zweck, sondern Selbstzweck« (31), außerdem das Fazit: »Als unbewußt das Verständnis leitend haben wir wohl vielfach dogmatische Anschauungen festgestellt, aber bewußtes Motiv ist das dogmatische Interesse in Theodors Exegese nicht« (126).

Daß dieses Kriterium, aus der Auseinandersetzung mit der »Exegese« der alt- (und neu-)protestantischen Orthodoxie stammend, in seiner Anwendung auf in fortlaufender Texterklärung sich vollziehende patristische Exegese nicht unproblematisch ist, deutet Jülicher, freilich recht pauschal, in seiner Randbemerkung an: »Das [sc. ›bewußtes Motiv‹] wird es [sc. ›das dogmatische Interesse‹] auch sonst selten sein«[31] – ein Hinweis auf eine etwas anachronistische, für Bultmanns exegetisches Selbstverständnis und seine Frontstellung um so sprechendere Argumentationsweise.

Gunkels Sistierung der »Bedürfnisse der Praxis« liest sich bei Bultmann so: »Weder bewußt noch unbewußt haben wir ferner praktische Motive gefunden.« Bei Theodor herrsche demgegenüber eindeutig das »historische Interesse« (126): »Die Stärke dieser Exegese ist ... ein historischer Sinn, der die geschichtliche Erscheinung[32] als solche würdigt – der nicht nur das an ihr sieht oder in sie hineinsieht, was er für seine Zwecke gebrauchen kann – und das Individuelle an ihr zu sehen versucht« (67).

5. Der frühe Bultmann (bis 1913) in der bisherigen Forschung

Nachdem wir das Exegese-Verständnis des jungen Rudolf Bultmann aufgrund möglichst vollständiger Auswertung der von ihm selbst bis 1913 publizierten Arbeiten und der 1984 veröffentlichten Habilitationsschrift in Grundzügen skizziert haben, fassen wir zum Abschluß dieses Kapitels die beiden Untersuchungen in den Blick, die sich bisher am ausführlichsten mit der Frühzeit Bultmanns befaßt haben: Traugott Kochs Habilitationsschrift »Theologie unter den Bedingungen der Moderne. Wilhelm Herrmann, die ›Religionsgeschichtliche Schule‹ und die Genese der Theologie Rudolf Bultmanns« (1970)[1] und Wolfgang Stegemanns Arbeit »Der Denkweg Rudolf Bultmanns. Darstellung der Entwicklung und der Grundlagen seiner Theologie« (1975/78), eine »gering gekürzte Fassung« seiner Dissertation.[2] Wir stellen ihre die Frühzeit Bultmanns

---

[31] R. BULTMANN, Exegese, 126 Anm. *a J* zu Ms., 191.

[32] In der Druckfassung fälschlich: »geschichtlichen Erscheinungen«.

[1] Habilitationsschrift, Ev. Theol. Fakultät der Ludw.-Maximilians-Universität München, 1970 (maschinenschriftlich, Bd. I/II). Die Seitenangaben beziehen sich, soweit nicht anders vermerkt, auf den (Text-)Bd. I.

[2] Stuttgart u. a., 1978, vgl. ebd., Vorwort, 7.

betreffenden Ergebnisse vor und notieren die Bestätigung und die Korrekturen, die sich von unseren Resultaten her ergeben.[3]

5.1 Traugott Koch

Traugott Koch hat in seiner Habilitationsschrift die Genese der Theologie Rudolf Bultmanns aus der Theologie Wilhelm Herrmanns und der »Religionsgeschichtlichen Schule« als ihrem doppelten Wurzelgrund dargestellt – zwei theologischen Typen, die in ihrem Verständnis der »in einem ursprünglichen Erleben« gründenden Religion übereinkamen (vgl. 81). Bultmann habe am Anfang seines theologischen Weges die jeweiligen systematisch-theologischen und historischen Motive seiner Lehrer übernommen und zu verbinden gesucht (vgl. 147) und dabei von vornherein als Axiome seines eigenen Denkens die antidogmatistische/-intellektualistische Unterscheidung zwischen Lehre und Leben sowie die Unterscheidung von Hülle und Kern (u. ä.) rezipiert.

Die letztgenannte Unterscheidung zielte nach Koch bei den Religionsgeschichtlern – er stellt Wrede (83–103), Gunkel (103–113) und Bousset (113–146) ausführlich vor – geradewegs auf die »kritische Eliminierung unerträglicher, nicht länger vollziehbarer Vorstellungen der christlichen Tradition« (92) – und »auf nichts anderes« (112). Nur aus dieser Intention heraus sei die religionsgeschichtliche Erforschung des Neuen Testaments überhaupt verständlich (vgl. 103). Der »Kanon des Verstehens« bzw. des heute Verstehbaren sei durch die »sittliche Predigt Jesu« als »das einzig Akzeptable der christlichen Tradition« (94) bzw. durch das Verständnis der Religion als der »innerliche(n) Beziehung des einzelnen auf den rein geistig erfaßten Gott« (86) definiert. An diesem – selber dogmatischen (vgl. 92) – Kanon orientiert, hätten sich die Religionsgeschichtler in der geradezu zwanghaften (vgl. 112) Rückführung christlicher Traditionen – vor allem der Christologie[4] – auf außerchristliche Herkunft der Aufgabe eigentlichen Verstehens in geradezu absurder Weise (vgl. z. B. für Bousset 127 ff.) entledigt (83–146 passim) und in Kauf genommen, die neutestamentlichen Christologen »nicht anders denken zu können als so, daß sie einer riesenhaften Täuschung zum Opfer gefallen sind« (103)! Unter der »verschwiegene(n) Prämisse« (92), daß sich *das* Christliche, sein Kern und eigentliches Wesen, immer gleich bleibe, habe dieser Reduktions- und Eliminierungsprozeß zu einer »ungeheure(n) Purifikation des Christentums zugunsten einiger ›Ideen‹« geführt (112).

Wir wollen nicht bestreiten, daß Koch bei seiner Charakterisierung der religionsgeschichtlichen Erforschung des Neuen Testaments wesentliche Tendenzen ihrer Arbeit zutreffend zur Sprache bringt. Dennoch ist diese Charakterisierung – falsch. Koch macht es sich aus dem Abstand zweier Generationen bei der

---

[3] Auf weitere die Frühzeit Bultmanns betreffende oder berührende Arbeiten (SMART, ELLERMEIER, JOHNSON) werden wir im vierten Kapitel eingehen.

[4] Diese gerät dadurch »zu einem Thema gedankenloser Beliebigkeit«, 111.

Gewärtigung der eigentlichen Problemstellungen und Intentionen der religionsgeschichtlichen Forscher: ihrer kirchen-, theologie- und wissenschaftsgeschichtlichen Situation mit ihren Frontstellungen, sowie bei der Wahrnehmung und
Würdigung der keineswegs gänzlich ausgeblendeten Perspektive geschichtstheoretischer, systematisch-theologischer und kirchlicher Rechenschaft innerhalb der Religionsgeschichtlichen Schule erheblich zu leicht.[5]

Richtig ist sicher, daß es im Vollzug der religionsgeschichtlichen Arbeit in
bestimmter Hinsicht zu Eliminierungen kommt, aber es entsteht ein Zerrbild,
wenn man, einerseits das Bedachtsein der Religionsgeschichtler auf schlichte
historische Aufklärung souverän ignorierend und andererseits das gewichtige
Sachproblem unvollziehbar gewordener religiöser Vorstellungen (zumal in den
damaligen theologischen und kirchlichen Frontstellungen) bagatellisierend, solche Eliminierung zum eigentlichen Zielpunkt der religionsgeschichtlichen Arbeit erklärt, zu dem hin unterwegs die Religionsgeschichtler »den – anders nicht
verständlichen – Zwang auf sich (genommen hätten), für alle nicht als ›Idee‹
zugängliche Vorstellungen des Neuen Testament den heterogenen Ursprung
postulieren und irgendwie nachweisen zu müssen« (112). »Anders nicht verständlich« – das mag ja für Koch gelten. M. E. wirkten als »Zwang« zu religionsvergleichender Arbeit und zur Feststellung »heterogener« Ursprünge nicht die
religiös-idealen Gegenwartserfordernisse, sondern zunächst einfach die historischen Tatsachen bzw., vorsichtiger formuliert, die gegebene Möglichkeit, historische Fakten und Verläufe in der (Verlautbarungs-)Geschichte der neutestamentlichen Religion *wahrscheinlich* und von da aus dann auch das religiös Problematische, weil unvollziehbar Gewordene, in seinem historischen Aspekt
verständlich und nachvollziehbar zu machen.[6] Ob die Religionsgeschichtler mit
der Herleitung bestimmter Vorstellungen die eigentliche Verstehensaufgabe als
erledigt betrachtet haben, ist eine Frage, die im einzelnen unterschiedlich wird
beantwortet werden müssen. Sie pauschal zu bejahen, geht – zumal für Gunkel,
den wichtigsten religionsgeschichtlichen Gewährsmann Bultmanns, und für
Bousset – nicht an; zu gewichtig sind die Aussagen, die auf dieser Verstehensaufgabe insistieren. Die Religionsgeschichtler wollen die neutestamentliche Religion in ihrem Explikationsprozeß im Neuen Testament bzw. im Urchristentum

---

[5] Vgl. die sehr viel besonneneren Beiträge zur Religionsgeschichtlichen Schule bzw. zu ihrer
Methodik von KARLHEINZ MÜLLER, Das Judentum in der religionsgeschichtlichen Arbeit am
Neuen Testament (1983), 37–47, und: Die religionsgeschichtliche Methode, BZ NF 29, 1985,
bes. 163–174.

[6] Für diese primär historische Orientierung vgl. etwa WREDE, Aufgabe und Methode, 39:
Für das Verständnis der johanneischen Theologie »suchen wir den fremden Boden zu bestimmen, aus dem Anschauungen hervorgewachsen sind, die uns von urchristlichen (incl. paulinischen) Prämissen [und nicht etwa von modernen!] aus nicht verständlich sind und doch eine
Erklärung verlangen, bezw. den religionsgeschichtlichen Sinn, in dem solche Anschauungen
für das Christentum angeeignet sind (z. B. Logos)«; vgl. auch den – gegenüber dem KOCHschen
– genau gegenläufigen Eliminierungsvorwurf ebd., 8, sowie die programmatischen Sätze über
historische Forschung ebd., 10.

geschichtlich verstehen. Sie tun dies in Anwendung der Unterscheidung Kern/ Schale, Idee/Erscheinung etc., wobei sie im Interesse der *Sache,* ohne die geschichtliche Notwendigkeit der »Schalen« etc. zu leugnen, deren *sach*akzidentiellen Charakter behaupten. Ob die »Schalen« etc. genuin »christlicher« Provenienz oder Übernahmen sind, spielt dabei gar keine Rolle.

Von der die Zeiten übergreifenden Identität der neutestamentlichen als der christlichen – der eigenen! – Religion sind die Religionsgeschichtler überzeugt. Warum Koch diese offen zutage liegende Überzeugung als eine »verschwiegene Prämisse« (92) vorstellt, ist nicht leicht einzusehen, aber ich versuche eine Deutung: So stark schlägt in Kochs Darstellung der für ihn gültige Kanon des geschichtstheologisch Gebotenen und Verbotenen durch, daß eine theologische Auffassung, die vor diesem Kanon nicht besteht, für ihn von vornherein in dem Gewand der Selbstverschleierung erscheint, in das sie schamhaft verhüllt sein müßte. Unter einem solchen Kanon leidet die schlichte Wahrnehmung. Gegen den nicht erst von Koch erhobenen, von ihm aber unkritisch wiederholten »Hergeleitet-und-erledigt-Vorwurf«, überhaupt gegen die von einem Mißverständnis des Wortes »Religionsgeschichte« geleitete Meinung, »als handle es sich dabei in der Hauptsache um den Versuch, die biblische Religion im [und *aus dem*] Zusammenhange mit den außerbiblischen Religionen zu erklären«, haben die Religionsgeschichtler selbst wiederholt klargestellt, ihre Arbeit ziele auf das Verstehen der »lebendigen Religion« als der »Hauptsache« in der Bibel bzw. im Neuen Testament, und dies in der Überzeugung, durch diese Arbeit »den Spruch der Geschichte, welcher die Bibel zur Lehrmeisterin der Menschheit erhoben und die andern orientalischen Religionen des Altertums in die Rumpelkammer verwiesen hat, in seiner inneren Notwendigkeit zu begreifen«.[7] In dieser Äußerung – sie stammt von Gunkel – wie in einer Reihe von anderen, die früher schon zitiert wurden, ist der geschichtstheoretische Rahmen angedeutet, innerhalb dessen die Religionsgeschichtler denken: das Schema der in der geschichtlichen Erscheinung sich realisierenden und wirkungsmächtig sich durchsetzenden Idee. In diesem Schema sind die jedesmalige Notwendigkeit einer (zeit-)geschichtlichen »Einhüllung« der Idee *und* der sukzessive Wechsel solcher »Einhüllungen« *zugleich* gedacht. Statt von einer »riesenhaften Täuschung« der neutestamentlichen Christologen (103) muß deshalb von einer geschichtlich notwendigen Stufe im Realisierungs- bzw. Selbstentfaltungsprozeß der christlichen Religion gesprochen werden, und »Eliminierung« ist ein höchst irreführender Terminus für das Bemühen, die »heterogenen« – und zwar hinsichtlich der Idee *notwendig* heterogenen! – Erscheinungsbedingungen der Idee als solche kenntlich zu machen und dadurch in der Tat die Gegenwartsfrömmigkeit von einem dem Wesen von Religion zutiefst widersprechenden intellektualistischen Repristinationszwang entlasten zu helfen.

Vor dem Hintergrund seiner Skizze der auf »Sittlichkeit und Erlebnis« (1)

---

[7] GUNKEL, Reden und Aufsätze, Vorwort, V–VII; vgl. WREDE, Aufgabe und Methode, 53; WEISS, Aufgaben, 48 f.

konzentrierten Theologie W. Herrmanns und seiner bedenklich verzerrenden Charakterisierung der Religionsgeschichtlichen Schule stellt Koch nun die »Genesis der Theologie R. Bultmanns« dar, deren »vordialektische Phase« er mit dem Titel »Die Reduktion der religiösen Subjektivität auf den Akt des Erlebens und das Dilemma des Relativismus« kennzeichnet (147). Für den von uns in diesem Kapitel behandelten Zeitraum bis 1913 kommt Koch aufgrund seiner Analysen der umfangreicheren von den kleinen Arbeiten Bultmanns zu dem Ergebnis, anfänglich habe Bultmann »die Religion lediglich als subjektiv-psychologische Befindlichkeit« verstanden (165). Für diese Einschätzung bezieht sich Koch auf den neutestamentlichen Forschungsbericht in MPTh 5, 1908/09, auf »Die Schriften des Neuen Testaments und der Hellenismus« in ChW 25, 1911, und vor allem auf den Epiktet-Aufsatz in ZNW 13, 1912. In den Jahren 1912/13 habe sich Bultmann aber bemüht, »über seine ursprüngliche Theorie hinauszugelangen ...; er intendiert zu jener Zeit, die Religion nach ihrem sachlichen, begrifflichen Gehalt und in ihren objektiven Realisationen zu thematisieren, diese Methodik setzt dazu an, der Geschichte theologische Relevanz einzuräumen« (165 f.). Für die Diagnose dieser Verschiebung beruft sich Koch auf Bultmanns Darstellung der vier neutestamentlichen Theologien in MPTh 8, 1911/12, sowie auf die Arbeiten zur Urgemeinde in RGG¹ V, 1913, und im Oldenburgischen Kirchenblatt 19, 1913.

Nach meiner Auffassung geben die Texte nicht her, was Koch ihnen entnimmt. Schon chronologisch ist es problematisch, für Bultmann eine in Arbeiten von 1912/13 faßbare neue »Phase seines Denkens« (165) zu behaupten und sie von einer früheren Phase abzugrenzen, die am deutlichsten in einer Arbeit repräsentiert ist, welche – zumindest in ihrer abschließenden Fassung – ebenfalls von 1912 stammt.[8] Ferner: Um im Auftauchen eines früher so noch nicht formulierten Gedankens den Beginn einer neuen Phase zu finden, bedürfte es methodisch der Kontrolle, ob dieser Gedanke in den früheren Arbeiten überhaupt thematisch am Platz gewesen wäre oder ob er darin nicht ohnehin als eine unausgesprochene, weil selbstverständliche Voraussetzung präsent ist; Koch erspart sich diese Kontrolle. Weiter: Die Prüfung der Diagnose Kochs anhand der Texte ergibt, daß Koch selektiv liest: Neben dem von Koch vor allem im Epiktet-Aufsatz nachgewiesenen »psychologischen Individualismus« (151) und im – nicht zu ignorierenden, sondern verstehend nachzuvollziehenden – Zusammenhang damit stehen schon in den der vermeintlich ersten Phase angehörenden Arbeiten sowohl solche Äußerungen, die den sittlichen Weltbezug der christli-

---

[8] Der Epiktet-Aufsatz, der Bezug nimmt auf das 1911 erschienene Epiktet-Buch A. Bon-höffers (vgl. o. S. 43 f. mit Anm. 57–63) und im zweiten und dritten von vier Heften der ZNW 13, 1912, erschien, trägt das (Satz-Abschluß-?)Datum 10. 7. 1912; das elfte Heft von MPTh 8, 1911/12, mit Bultmanns Besprechung der vier neutestamentlichen Theologien wurde laut Deckblatt am 25. 7. 1912 ausgegeben; am 27. 7. 1912 hielt Bultmann seine Probevorlesung unter dem Titel »Was läßt die Spruchquelle über die Urgemeinde erkennen?«.

chen Religion erkennen lassen[9], als auch solche Äußerungen, in denen das Verständnis der christlichen Religion als eines begrifflich formulierbaren, d. h. sich selbst explizierenden geistigen Gehalts impliziert ist[10], als auch solche Äußerungen, in denen der Geschichte – mit Kochs Worten – »theologische Relevanz« (166) zukommt[11]. Umgekehrt hat Bultmann in denjenigen Arbeiten von 1912/13, in denen er von den »sachlichen« Gesichtspunkten spricht, unter denen sich die »begriffliche« Darstellung der neutestamentlichen Religion zu vollziehen habe[12], und in denen ein geschichtstheoretischer Rahmen deutlicher in den Blick kommt[13], den von Koch so genannten und inkriminierten »psychologischen Individualismus« keineswegs aufgegeben. Letzteres sieht Koch auch selbst und deutet es so, daß sich der neue Ansatz bei Bultmann unter dem bedrängenden »Eindruck des Relativismus« (158) bzw. der »geschichtliche(n) Relativität alles Objektiven« (166), der Bultmann an der »Eliminierungs«-Unterscheidung zwischen Hülle und Kern festhalten ließ, nicht durchsetzen konnte. Statt so zu konstruieren, wovor, wie gezeigt, chronologische Bedenken, methodische Umsicht und sorgfältigere Lektüre (bzw. die selbstkritische Bewußtmachung des die Wahrnehmung bestimmenden Kanons) hätten bewahren können, hätte Koch sich – schließlich – fragen müssen, ob seine zur Feststellung eines Denkphasenwechsels herangezogenen Beobachtungen überhaupt sachlich eine Alternative begründen. Daß dies nicht der Fall ist, geht aus den vorstehenden Bemerkungen – wie aus diesem ganzen Kapitel – schon hervor, soll aber im folgenden noch verdeutlicht werden.

Offenbar gelingt es Koch nicht, Bultmanns Verständnis von Religion als charakteristisch geprägter Religiosität bzw. – materiell – von der christlichen Religion als der sittlichen (!) Erlösungsreligion (Befreiung von Schuld als Befreiung zum sittlichen Gehorsam[14]), die ihre ursprüngliche Wirklichkeit im Erleben des einzelnen hat und daraus ihre Wirksamkeit entfaltet, *zusammenzudenken* mit seinem Verständnis der christlichen Religion als einer geistigen Macht, die sich mit der aus ihrem sachlichen (und begrifflich formulierbaren) Gehalt resultierenden Kraft mit innerer Notwendigkeit geschichtlich durchgesetzt hat. Eben dies aber: Religion als die das Individuum bestimmende Offenbarung Gottes im

---

[9] Z. B. ZNW 13, 1912, 183 (»das positive sittliche Ideal«) und 187 (sittliche Gemeinschaft als ein solches Ideal), außerdem die Koch noch nicht vorliegenden Ausführungen Bultmanns in seiner Habilitationsschrift sowie in den frühen Predigten.

[10] So, wenn ZNW 13, 1912, 191, von der »Verkündigung« des Neuen Testaments in gewollter Variation zu seiner »Religion« die Rede ist. Koch verkennt, daß die von ihm wahrgenommene Akzentuierung der »subjektiven Zuständlichkeiten religiöser Bewußtheit« bei Bultmann entscheidend durch den Gegensatz zum »orthodoxen« Glaubens-Intellektualismus bedingt ist und nicht die Abwesenheit eines begrifflich formulierbaren Erkenntnisgehalts bedeutet (dies zu Kochs [150f.] Deutung von R. Bultmann, ChW 25, 1911, 591).

[11] Vgl. wieder ZNW 13, 1912, 191 (»Folgerungen«) und schon MPTh 5, 1908/09, 161 (über die geschichtliche Notwendigkeit paulinischer Theologie).

[12] MPTh 8, 1911/12, 436.

[13] RGG¹ V, 1523.

[14] Vgl. ChW 25, 1911, 591, sowie ZNW 13, 1912, 182f.

Individuum *und* Religion als geschichtlichen Prozeß (für Bultmann konkret: als Urchristentumsgeschichte) – dies denkt Bultmann nicht *nach-* oder *nebeneinander,* sondern *miteinander.* Wenn Bultmann von psychologischem Verstehen und gar von der Aufgabe des Historikers spricht, »die Psychologie der Geschichte zu analysieren«[15] – gewiß ein mißverständlicher Ausdruck![16] –, dann ist das kein Indiz für die Abwesenheit einer »Theorie der Geschichte als Prozeß und des ihr entsprechenden historischen Begreifens« (158) noch für den Mangel an sachlich-begrifflichem Verstehen, sondern dann ist das die Anzeige der *innerhalb* des Rahmens eines geschichtlich-sachlichen Verstehenskonzepts liegenden Aufgabe, die fortschreitend sich realisierende Idee bzw. den in ihren sukzessiven Entfaltungen verlautbarten Gehalt an der Stätte ihrer bzw. seiner ursprünglichen Wirklichkeit aufzusuchen und dadurch der Gefahr zu entgehen, Ideen-Geschichte statt *aus* und *mit* der Geschichte über sie hinweg zu konstruieren.[17] Psychologisch verstehen, das heißt, gegen Koch, für Bultmann nicht, psychische Zuständlichkeiten heraufzubeschwören bzw. die Religion auf die paar »eigentlichsten Tugenden religiösen Empfindens«[18] zu restringieren, als ob darüber weiter nichts zu sagen wäre; vielmehr bedeutet es, das »erlebende« Individuum, die bestimmte, *in* der Welt und *unter* dem sittlichen Anspruch lebende Person als das Medium nicht allein der *Explikation* seines Erlebens zu verstehen, sondern zunächst als das Medium bzw. die Stätte, wo allein Religion wirklich sein, d. h. Offenbarung sich ereignen und geschenkweise empfangen werden kann. Die angebliche »Reduktion der religiösen Subjektivität auf den Akt des Erlebens« (147) bedeutet demnach auch *wohl* eine *Unterscheidung* zwischen Religion und Sittlichkeit, etwa in dem Sinne, daß der Gottesbegriff nicht lediglich »eine Personifizierung der höchsten Gedankeninhalte, die der Mensch fähig ist zu erzeugen, *der sittlichen Gedanken«,* ist, was Bultmann für Epiktet zu zeigen versucht.[19] Sie bedeutet aber keine *Separation* der Sittlichkeit von der Religion und erlaubt nicht, von der »explikationslosen Signatur des von aller Aktivität abstrahierten religiösen Ichs« (155) zu sprechen oder von lediglich »habituelle(n) Verhaltensweisen der Religiosität . . ., die den Zweifel und die tätige Selbstbestimmung nicht kennen« (154).

Bezüglich der Relevanz der Geschichte zieht Koch für Bultmanns 1912/13 eingenommenen Standpunkt die Bilanz, daß er »auch in dieser Phase seines Denkens das Schema von Schale und Kern nicht überwindet, und ihm die Geschichte darum lästig bleiben muß« (165). Als ob die Unterscheidung zwischen Kern und Schale das Primäre wäre und die Lästigkeit der Geschichte das

---

15 ZNW 13, 1912, 182.

16 Vgl. oben S. 201 Anm. 60.

17 Vgl. oben S. 215–218.

18 Nämlich »Demut und Kindessinn« als Korrelate zu Gottes »Gnade und Offenbarung«, ZNW 13, 1912, 178, von Koch mißdeutet, a.a.O., 154, vgl. 155: »Signatur des von aller Aktivität abstrahierten religiösen Ichs . . . Muß noch einmal betont werden, in welch eingeschränktem Bereich menschlicher Subjektivität ein solches Verhalten allein möglich sein kann?«

19 Vgl. ZNW 13, 1912, 178.

daraus folgende Zweite! Das Schema Kern/Schale und die gleichsinnigen Schemata *ermöglichen* doch gerade für Bultmann wie für seine Lehrer – nicht nur für Harnack! – und Zeitgenossen einen von den »lästigen«, genauer: einen von den verfehlten dogmatischen Ansprüchen der »Geschichte« zugunsten ihrer – wie immer näher zu bestimmenden – legitimen Ansprüche *entlasteten, freien* Umgang mit ihr. »Geschichtliches Begreifen hat«, wie Koch zu Bultmanns Erwägungen zum Entwurf einer neutestamentlichen Theologie[20] richtig feststellt, »nicht das religiöse Erleben für sich zum Gegenstand, sondern die manifesten Modi und Inhalte seiner Äußerungen« (157) – freilich so, daß sich geschichtliches Begreifen in der Anwendung der beziehungsvollen Unterscheidung zwischen dem eigentlich Gesagten und den Modi seines Gesagtseins vollzieht, weil Inhalte (Ideen, geistiger Gehalt usw.) als *explizierte* Inhalte nie anders als *modal* manifest sind (in individuell [›psychologisch‹] und überindividuell [›historisch‹, genauer: ›zeitgeschichtlich‹] *bedingten* Vorstellungen, Begriffen usw.). In diesen »Relativismus« kommt Bultmann überhaupt nicht als in ein »Dilemma« hinein (vgl. 147), sondern dieser »Relativismus« ist – wie sich in der relationalen (!) Aufgabenbeschreibung der Exegese in der methodischen Vorbemerkung innerhalb der Habilitationsschrift aufs schönste zu erkennen gibt – die geschichtshermeneutische Basis, von der aus Bultmann von Anfang an operiert, ohne sich dadurch bedrängt zu fühlen.

Koch sieht Bultmann einen einzigen Schritt vor einer für ihn (Koch) selbst entscheidenden Einsicht stehenbleiben: »vor der Einsicht, daß die Wahrheit nichts ist ohne ihre jeweilige Rezeption und Manifestation, und daß die Wahrheit, die als die eine identische notwendig zu intendieren und zu wissen ist, darum selbst geschichtlich relativ ist – ein Widerspruch, der tolerabel ist, weil die Wahrheit ihr Fundament nicht nur in der Geschichte, sondern zugleich in der Gegenwart hat, und hier die Wahrheit und die ›beschränkten Formen‹ ihrer Realisation koinzidieren, indem diese als Unterpfand verlangenden Fortschreitens fungieren – einen Schritt vor dieser Einsicht zieht sich Bultmann zurück auf das, was doch nur ein Abstraktionsprodukt sein kann [sc. ein aus der Unterscheidung von ›Hülle und Kern‹ resultierendes ›geschichtsenthoben Identisches (›das Ewige‹)‹]; das Adjektiv ›rein‹ in der Formulierung ›das rein Religiöse‹ verrät es.«[21] In der Tat, dieser Einsicht steht Bultmann nicht fern: Die »geschichtliche Relativität alles Objektiven« (166) ist ihm selbstverständlich, und ebenso ist ihm selbstverständlich, daß die Wahrheit »als die eine identische notwendig zu intendieren und zu wissen ist« (158). Anders als Koch würde Bultmann lediglich nicht für die geschichtliche Relativität der Wahrheit *selbst* optieren, als ob sie geradezu »nichts« wäre »ohne ihre jeweilige Rezeption und Manifestation« (ebd.); er weiß als ein von ihr – von Gottes Forderung und Gnade[22] – Betroffener, daß sie sich in ihren objektiven Manifestationen nicht nur

---

[20] MPTh 8, 1911/12, 435–437.
[21] 158f., vgl. MPTh 8, 1911/12, 442.
[22] Vgl. Theologische Wissenschaft und kirchliche Praxis, 127.

offenbart, sondern auch verhüllt, d. h. in den Ausdrücken, in denen der von ihr erkannte/ergriffene Mensch, welcher sie nur im Modus des Erkannt-/Ergriffenseins suffizient »hat«, sein Erkannt-/Ergriffensein expliziert (vgl. 1 Kor 13,12; 2 Kor 4,7; Phil 3,12). Mit einem gewissen Recht spricht Koch deshalb auch von einem »Abstraktionsprodukt«: Weil die eine Wahrheit in ihren Objektivationen nur modal manifest ist, ist dem an diese Objektivationen gewiesenen Wahrheitsverstehen aufgegeben, von den Manifestationsmodi zu abstrahieren. Daß dies der Grundintention und -richtung nach kein Eliminierungs-, sondern ein Interpretationsprozeß ist, wurde früher gezeigt. Man kann allerdings fragen, ob Bultmann sich der geschichtlichen Relativität auch der formulierten Resultate solcher Interpretationsprozesse hinreichend bewußt war, des bleibenden Verhülltseins der ewig identischen – und sich selbst existentiell zu verstehen gebenden – Wahrheit auch in ihren heutigen theologischen Manifestationen. Wir meinen unbedingt, dieses Bewußtsein bei Bultmann voraussetzen zu dürfen, wenn sich auch keine Stellen anführen lassen, in denen sich Bultmann eigens zu dieser Frage äußert. Wenn Bultmann davon spricht, es sei das Ewige aus seinen zeitgeschichtlichen Hüllen zu lösen oder es seien die Ideen bzw. die Grundgedanken zu erkennen und namhaft zu machen, so sind solche Formulierungen im Sinne der Aufgabe zu verstehen, den *sachlichen* Gehalt der biblischen Texte zu erkennen, und nicht in dem Sinne, als ließe sich für Bultmann dieses »Ewige«, das christliche Prinzip usw., zeit- bzw. »hüllen«-los formulieren. Solche Auffassung, die Kochs Bultmann-Interpretation nahelegt, stünde quer zu allem, was wir über Bultmanns Verständnis von der Aufgabe der methodischen Arbeit am Neuen Testament erkannt zu haben glauben. Ein beiläufiges Zeugnis unterstreicht unsere Interpretation: Schlatters Theologie des Neuen Testaments habe, so Bultmann in seiner Besprechung in MPTh 8, 1911/12, ihre Stärke »in der Erfassung des religiösen Gehalts des N. T.«, und dieser erscheine »bei Schlatter oft in der eigenartigen Beleuchtung herber reformierter Frömmigkeit« (441). Bultmann bemerkt dies nur und versteht es keinesfalls als Einschränkung der auf das »rein Religiöse« gerichteten Erkenntnisbemühung Schlatters. Dahinter steht die unausgesprochene, weil denn doch wohl selbstverständliche Überzeugung, daß alles, was biblisch und theologisch gesagt ist, eben nicht anders als in mehr oder weniger eigenartiger, jedenfalls aber in irgend einer Beleuchtung gesagt ist, allgemein formuliert, daß »Wahrheit überhaupt nur in jeweils geschichtlicher Form erfaßt werden kann«[23]. Das »rein Religiöse« ist auch nach Bultmann nicht chemisch »rein« formulierbar. Für ihn gehört wesentlich zur Geschichte und damit auch zur sich verändernden Explikation der christlichen Religion, was er 1913 im Blick auf die Urgemeinde feststellt als auf »eine Wachsstätte des Neuen, das nur im Anschluß an alte Formen und im Hervortrieb neuer Formen geschichtlich erhalten bleiben kann und doch die alten Formen sprengt und die neuen von vornherein als inadaequat kennzeichnet«.[24]

---

[23] So R. BULTMANN, Theologie des Neuen Testaments, Epilegomena, 592.
[24] Spruchquelle, 44.

5.2 Wolfgang Stegemann

Wie Koch – und unabhängig von ihm – unternimmt es auch Wolfgang Stegemann in seiner Untersuchung über den »Denkweg Rudolf Bultmanns«[25], die Anfänge von Bultmanns historisch-theologischem Denken in ihrem Zusammenhang mit den Zielsetzungen und Methoden der Religionsgeschichtlichen Schule darzustellen. Zu diesem Zweck zieht Stegemann merkwürdigerweise lediglich »Die Schriften des Neuen Testaments und der Hellenismus« (ChW 25, 1911), die Besprechung der vier neutestamentlichen Theologien (MPTh 8, 1911/12) und den RGG-Artikel über die Urgemeinde ([1]V, 1913) heran, nicht aber den neutestamentlichen Forschungsbericht (MPTh 5, 1908/09), den Epiktet-Aufsatz (ZNW 13, 1912) und die kleineren Rezensionen.[26] Schon in Bultmanns ganz frühen Arbeiten findet Stegemann *in* Bultmanns Anschluß an seine religionsgeschichtlichen Lehrer und Gewährsmänner deutliche Ansätze zu einer »Kritik des historischen Positivismus und des positivistischen Religionsbegriffes der ›Religionsgeschichtlichen Schule‹« (22) – so überschreibt Stegemann seine Darstellung der ersten, bis ca. 1920 reichenden Periode im »Geschichts- und Theologieverständnis des jungen Bultmann« (20). Um diese Ansätze zur Kritik bzw. Modifikation (vgl. 23) in den Blick zu bekommen, skizziert Stegemann einige gemeinsame Tendenzen religionsgeschichtlicher Forschung und hat dabei auch die entscheidenden Frontstellungen im Blick.

An erster Stelle kommt die »anti-dogmatische« Intention zur Sprache, die Befreiung der primär auf die »Erkenntnis der *biblischen* Religion« gerichteten historischen Arbeit von dogmatischen Voraussetzungen und Absichten sowie von der »Vermischung von Historie und Dogmatik«, wie sie an A. Ritschl wahrgenommen wurde (23–25); sodann, in der Frontstellung gegen eine einseitig »literarkritische, logisch-philologische Exegese«, die Intention, nicht lediglich Texte literarkritisch zu analysieren und ihren gedanklichen Gehalt zu systematisieren, sondern aus den Texten und den in ihnen enthaltenen Verlautbarungsformen und religiösen Inhalten die biblische *Religion* in ihrer Entstehung und Entwicklung zu verstehen – mit W. Wrede formuliert: die Intention auf eine »religionsgeschichtliche, nicht blos literarische Erklärung« (25–27); damit verbunden eine »anti-individualistische« und anti-idealistische Tendenz, in der die Schriften des Neuen Testaments ihren vermeintlichen »Charakter intellektuell-individueller Geistesschöpfungen« verloren und in viel stärkerem Maß als Manifestationen der Gemeindefrömmigkeit angesehen wurden (27–29).

An der so charakterisierten Forschung innerhalb der Religionsgeschichtlichen Schule diagnostiziert Stegemann zwei gravierende Mängel: das »Defizit an geschichtstheoretischer Reflexion« (25) und den Mangel an Reflexion über den

---

[25] Die folgenden Zitate daraus sind bei Stegemann z. T. hervorgehoben.
[26] Die Habilitationsschrift, die Predigten und auch der m. W. erst von M. Boutin, Relationalität, »wiedergefundene« Vortrag »Theologische Wissenschaft und kirchliche Praxis« lagen Stegemann – wie Koch – noch nicht vor.

»Zusammenhang der ... ›rein-historischen‹ Methode mit der systematischen
Theologie« (26): »Dem historischen Positivismus entsprach ein theologischer«
(29), lautet das diesbezügliche Fazit.

Hier muß m. E. genauer differenziert werden, und Stegemann tut das insofern
auch selbst, als er zwar mit Recht einen für alle Religionsgeschichtler gültigen,
homogenen geschichtstheoretischen Entwurf negiert – auch Troeltsch will er
»nicht unmittelbar« als den »Theoretiker (gar ›Systematiker‹) der Rel(igions)Ge-
sch(ichtlichen) Sch(ule)« (25 f.) gelten lassen[27] –, aber doch eine Reihe mehr oder
weniger gemeinsamer geschichtstheoretischer Tendenzen aufweist, die in den
eher sporadischen methodologischen Reflexionen der Religionsgeschichtler impliziert seien: historistische und romantische Vorstellungen, »doch neben diesen
ebenfalls solche, die der spekulativen Geschichtsphilosophie Hegels nahestehen
und also bei einem historischen Positivismus nicht halt machen« (27). Derlei
»romantische« und »idealistische« Implikationen findet Stegemann bei Gunkel
und Bousset, nicht aber bei Wrede, bei dem er sie strikt verneint – allzu strikt;
denn wenn Wrede in der bestimmten anti-dogmatischen/-intellektualistischen
und anti-literarkritischen Frontstellung erklärtermaßen als Programmatiker einer rein geschichtlich, d. h. als urchristliche Religionsgeschichte zu entwerfenden neutestamentlichen Theologie redet und es zur Sache nicht des neutesta-
mentlich-religionsgeschichtlichen Forschers selbst, sondern des *Systematikers*
erklärt, wie er sich »mit ihren Resultaten abfindet und auseinandersetzt«[28], so
geht es ihm um die Ausschaltung offenbarungstheologischer Prämissen aus der
rein historischen Methode, nicht aber um die prinzipielle Verneinung der Wirksamkeit von »Ideen« in der Geschichte noch gar um die Bestreitung der Legiti-
mität der Offenbarungsfrage überhaupt.[29] Das von seiner Wrede-Auffassung
her über die Religionsgeschichtliche Schule gewonnene Urteil Stegemanns, für
sie sei ein historischer und theologischer Positivismus charakteristisch, muß
daher schon für Wrede selbst und mehr noch für Bousset und Gunkel einge-
schränkt werden. Dies gilt insbesondere für Stegemanns Behauptung eines
»positivistischen Religionsbegriffes« (22): Die Religionsgeschichtler hätten
»Religion als ›Weltphänomen‹« verstanden, »religiöse Erfahrung« sei für sie
»allemal als geschichtliche mit eben jenen Methoden historischer Wissenschaft
dingfest zu machen, mit denen die geschichtliche Welt überhaupt erkannt werden will« (28 f.) – aber wie Gunkel, wenn er »religiöse Erfahrung« nicht anders

---

[27] Statt des »nicht unmittelbar«, das mit der Abstrahierung und Prinzipialisierung der
Geschichtsphilosophie Troeltschs gegenüber der »exegetisch-praktischen Arbeit« begründet
wird – wie kann sich geschichtstheoretische Reflexion anders als auf solcher Meta-Ebene
vollziehen? –, sollte eher formuliert werden, daß die einzelnen religionsgeschichtlichen Forscher ihre historischen und theologischen Intentionen in Troeltschs Entwurf sicher nicht
gleichmäßig und vollständig, sondern nur teils mehr, teils weniger repräsentiert finden konnten.

[28] WREDE, Aufgabe und Methode, 9.

[29] Vgl. ebd., 9 Anm. 1.

als empathisch erkannt werden läßt[30], doch kaum als religiöser Positivist anzusprechen ist, so spricht umgekehrt Wrede eben nicht von »religiöser Erfahrung« als seinem präzise umschriebenen Erkenntnisgegenstand, sondern von dem »Inhalt der biblischen Religion« als einem »religiösen Gedankengehalte«: »was in der Urzeit des Christentums« – nicht *erfahren* oder *erlebt*, sondern – »*geglaubt, gedacht, gelehrt, gehofft, gefordert und erstrebt worden ist*«.[31] Also: Mag immerhin für Wredes dezidiert *historische* Arbeit das Prädikat »historischer Positivismus« eben noch angehen – die Religionsgeschichtler insgesamt als theologisch positivistisch zu etikettieren, ist ein Fehlgriff.

Ein erklärlicher Fehlgriff! Denn der Exkurs über die Forschungstendenzen der Religionsgeschichtlichen Schule dient Stegemann als Folie, von der sich die geschichtstheoretischen und theologischen Äußerungen und Implikationen des jungen Bultmann, so sehr sie auch aus diesem Hintergrund verstanden werden müssen, als kritische Modifikationen abheben sollen. So sachgemäß diese Vorgehensweise formal auch ist – sie darf nicht dazu verleiten, Phänomene, die als für Bultmann charakteristisch und als richtungweisend für seinen weiteren Denkweg aufgezeigt werden sollen, nun auch möglichst als Bultmannsche Originalitäten aufweisen zu wollen und zu diesem Zweck ihr Vorhandensein bei seinen religionsgeschichtlichen Gewährsmännern zu verdunkeln. Stegemann ist dieser Verführung zwar nicht geradezu erlegen, aber er hat sich ihr nicht konsequent genug entzogen. Symptomatisch dafür ist, daß sowohl Bousset als auch Gunkel beim konkreten Aufweis der Bultmannschen »Modifikationen« außer in einer die Vergleichbarkeit (!) eines Gedankens von Bultmann mit ihnen notierenden Randbemerkung (32) gar nicht mehr vorkommen. Statt an Gunkel, der freilich für Stegemann aufgrund der damaligen Quellenlage noch nicht so deutlich wie heute als der religionsgeschichtliche Hauptgewährsmann des jungen Bultmann erkennbar war, wird Bultmann an Wrede gemessen, der sich, zumal in der verkürzten Sicht Stegemanns, fraglos am besten dazu eignet, Bultmanns Modifikationen als kontrastreich erscheinen zu lassen. Dabei kommt es nun aber zu weiteren Verzerrungen. Stegemann stellt der »genialen und (aus seinen Frontstellungen verstehbaren) einseitigen Pointierung des historischen Werdegangs der urchristlichen Religion« bei Wrede die Bultmannsche »Konzentration auf ›sachliche Gesichtspunkte‹« gegenüber; diese stehe bei Bultmann im Dienst der Frage nach der nicht lediglich als »*historische* Entwicklung«, sondern als »*sachliche* Organisation« verstandenen »›Einheit‹ der urchristlichen Religionsgeschichte« (30). Stegemann merkt dazu an: »Wredes Thesen waren gerade auch gegen eine *sachliche* Organisation der nt. Theologie gerichtet« (150 Anm. 57). Dieses Wrede-Verständnis kann ich nicht für richtig halten. Wrede hat nicht nur keinen Gegensatz gesehen zwischen einer historisch-genetischen und einer sachlich organisierten Darstellung der urchristlichen Religion (die eben seine in ihrer Entwicklung zu verstehende »Sache« war); vielmehr hat gerade er anstelle der

---

[30] Vgl. oben S. 232f.
[31] W REDE, Aufgabe und Methode, 9 Anm. 1, 35.

un-sach-gemäßen, da nach nur vermeintlich eigenständigen Schriften, Schrif-
tengruppen und Persönlichkeiten gliedernden Darstellungsart die sachliche Organisation gefordert[32]: »Massgebend für die Darstellung sind darnach an Stelle
der Schriften die entscheidenden Gedanken, Probleme und geistigen Erscheinungen. Die Bedeutung der wenigen schöpferischen oder hervorragenden Persönlichkeiten muss dagegen durch besondere Darstellung ihrer individuellen
Anschauungen gewahrt bleiben. ... Auch die Darstellung der Dogmengeschichte vereinigt beide Gesichtspunkte, den persönlichen und den sachlichen.«[33] Also die Einseitigkeit liegt hier bei Stegemann und nicht bei Wrede;
diesem ging es nicht – ohne Interesse an der Sache – um die »geschichtliche
Entwicklung«, ums »Werden« an sich, sondern um »Wesen und Werden des
ursprünglichen Christentums« als eines »nicht . . . äussern, so doch . . . geistigen
(Thatbestand[s])«[34]: um das Verstehen der urchristlichen Religion in ihrer Entwicklung.[35] In dieser auf den »Charakter und Inhalt der Entwicklung« gerichteten Intention ist der Gedanke der »Einheit« vermutlich impliziert, so daß sich aus
der Explikation dieses Gedankens bei Bultmann weniger eine Modifikation
gegenüber Wrede in dem Sinne ableiten läßt, daß bei Bultmann »Vorstellungen
des [Wredeschen] ›Historismus‹ in solche integriert werden, die einem ›idealistischen‹ Geschichtsbild nahe kommen« (30), als eine unter Rückgriff auf F. Chr.
Baur vorgenommene Verdeutlichung der idealistischen Geschichtskonzeption,
von der sich auch William Wrede nicht grundsätzlich gelöst hat. Abgesehen von
der problematischen Kontrastkonstruktion ist Stegemann darin zuzustimmen,
daß sich bei Bultmann – was aber auch für Gunkel und Bousset gilt – das hinter
der auf die Geschichte der urchristlichen Religion gerichteten »rein historischen«
Forschung liegende geschichtstheoretische Gerüst erheblich bemerkbarer macht
als bei Wrede. Man wird das dadurch erklären oder doch im Zusammenhang
damit sehen müssen, daß Bultmann, so sehr er sich die auch von Wrede emphatisch vorgetragene Forderung nach einem reinen, uninteressierten Erkenntnisinteresse zu eigen machte[36], diese Forderung als eine *methodische* Forderung widerspruchslos mit einem theologischen Gegenwartsinteresse verbinden konnte und
faktisch wohl auch intensiver, sicherlich jedoch bemerklicher als die Mehrzahl

---

[32] Richtig Bultmann, MPTh 8, 1911/12, 436: »Schon Wrede hatte gefordert, daß statt der
Zersplitterung des Stoffes eine einheitliche Darstellung nach sachlichen Gesichtspunkten gegeben werde.«

[33] Wrede, Aufgabe und Methode, 41 f.; vgl. ebd., 34, sowie – zur »hervorragende(n) Rolle«
der »massgebenden, beherrschenden« *Begriffe,* in denen sich »zum guten Teile der Ertrag der
religiösen Entwicklung zusammen(fasst)« – ebd., 21 f.

[34] Ebd., 7.9.

[35] Dazu, daß umgekehrt der Gedanke der »Einheit« bei Bultmann historisch gedacht ist,
vgl. die oben S. 213 f. mitgeteilte Passage aus der Schweitzer-Rezension, ChW 26, 1912, 605.
Die folgende Wendung »Charakter und Inhalt der Entwicklung« wieder von Wrede, Aufgabe
und Methode, 45.

[36] Vgl. Wrede, Aufgabe und Methode, 10; R. Bultmann, Theologische Wissenschaft und
kirchliche Praxis, 124. 125 Anm. *. 126 Anm. *.

der Religionsgeschichtler verband: mit der interessierten Erwartung eines vertieften Verständnisses der christlichen Religion überhaupt, das aus der historischen Erforschung der urchristlichen Religion in ihrer Entwicklung resultieren sollte. Die »idealistische« Geschichtskonzeption ermöglichte solche widerspruchslose Verbindung; für sie sind, wie Stegemann zu Recht feststellt, die Unterscheidungen von »Geist und Stoff«, von »Hülle und Kern« sowie die Kategorien »Einheit« (sc. des geschichtlichen Prozesses) und »Bedeutung« (sc. einer Epoche in diesem Prozeß) charakteristisch. Mit vollem Recht stellt Stegemann auch die – selbstverständlich zu bejahende – Frage, ob »hier nicht eine Tendenz des Bultmannschen Geschichtsdenkens überhaupt, wonach die zeitgemäßen Formen . . . nur als ›Ausdruck‹ eines *anderen, wesentlicheren* [Gehalts] . . . verstanden werden, deutlich (werde)« (31); wir erinnern nur an die beziehungsvolle Unterscheidung zwischen den »tragenden Ideen« und dem »Individuelle(n) in der Ausprägung dieser Ideen«, mit der – auf Texte bezogen – die Relation zwischen dem eigentlich Gesagten und dem Modus des Gesagtseins bezeichnet ist. Stegemanns Frage aber, ob dabei nicht »das vornehmste Thema religionsgeschichtlicher Arbeit Mittel zu einem *anderen* Zweck (werde)« (ebd.), und zumal die Bemerkung, bei der Verwendung der Begriffe »Schale« und »Kern« greife Bultmann »offenkundig, aber wohl unbewußt, auf Termini zurück, die in der Polemik *gegen* die religionsgeschichtliche Forschung eine Rolle spielten« (32), führen in die Irre.[37] Sie beruhen auf Stegemanns einseitiger, die Stimmenvielfalt innerhalb der Religionsgeschichtlichen Schule auf den Positivismus als ihren eigentlichen *cantus firmus* reduzierenden Wahrnehmung dieser Schule. Ließe sie sich wirklich darauf reduzieren, so träfe Stegemanns Bezeichnung des ersten Stadiums von Bultmanns Denkweg zweifellos zu: »Kritik des historischen Positivismus und des positivistischen Religionsbegriffes der ›Religionsgeschichtlichen Schule‹« (22). Diese Titulatur stellt sich aber als nur begrenzt tauglich spätestens dann heraus, wenn die bezeichneten kritischen Ansätze bzw. Modifikationen in den Reflexionen der Religionsgeschichtler selbst bzw. einiger unter ihnen entweder implizit vorausgesetzt oder gar explizit vorhanden sind. Daß bzw. inwiefern das der Fall ist, meinen wir in unserer Darstellung insbesondere für H. Gunkel, aber auch für J. Weiß und selbst für W. Wrede hinreichend gezeigt zu haben. Auch für W. Bousset, den wir in diesem Kapitel außer Betracht gelassen haben, weil Bultmann sich in seiner Frühzeit nirgends ausführlich unter der uns hier beschäftigenden Fragestellung zu ihm geäußert hat, würde es nicht schwer zu zeigen sein. Bultmann selbst hat Bousset 1923 so charakterisiert:

---

[37] Hier liegt offenkundig ein Fehlschluß vor: Harnack redet von Schale und Kern – Harnack ist ein Kritiker der Religionsgeschichtlichen Schule – Bultmann redet von Schale und Kern – *also* ist auch Bultmann ein Kritiker der Religionsgeschichtlichen Schule. Dabei wird vorausgesetzt, daß die Unterscheidung von Schale und Kern eine *spezifisch* Harnacksche Angelegenheit ist – diese Ansicht ist so verbreitet wie falsch –, außerdem, daß Harnack die Religionsgeschichtler *nach Maßgabe* dieser Unterscheidung kritisierte – was erst recht nicht überzeugen will.

»Boussets Name wird immer mit an erster Stelle stehen unter den Erforschern der Geschichte des Urchristentums: Er verband mit der Kunst kritischer Analyse die Gabe der Zusammenschau und die Kraft der Gestaltung. Aber er war auch einer der Theologen im Vollsinne; in ihm ging die historische Arbeit Hand in Hand mit dem allgemeinen theologischen Interesse und war verwurzelt in seinem inneren Verhältnis zum Wort des Neuen Testaments und zu seiner Kirche. Mit der Energie des Forschers verband sich der feste Glaube an die Wahrheit der Botschaft, die mit dem Urchristentum ihren geschichtlichen Anfang nahm, und die Liebe zu seinem Volk, in dem diese Botschaft wie ein Salz wirken sollte.«[38]

Daß die Religionsgeschichtliche Schule mit den Etiketten »historischer Positivismus« und »positivistischer Religionsbegriff« nicht zutreffend bezeichnet ist, geht auch aus folgender Passage aus Bultmanns Nachruf auf Wilhelm Heitmüller von 1926 hervor:

»Wieweit die Absicht, den Gehalt der neutestamentlichen Schriften zur Gegenwart reden zu lassen, dadurch verwirklicht werde, daß das religiöse Leben der Vergangenheit dem Leser anschaulich wird – die Voraussetzung der religionsgeschichtlichen Schule innerhalb der Theologie, – das ist ihm selbst, zumal in den letzten Jahren, immer wieder ein theologisches Problem gewesen. . . . Das jedenfalls ist klar: weder stand er dem Neuen Testament mit der Neutralität des uninteressierten Historikers gegenüber, noch war er der Meinung, daß aus der historisch gesehenen Geschichte ohne Weiteres die Offenbarung Gottes abzulesen sei. . . . Den neuesten Bestrebungen der Theologie hat er deshalb den Willen des Verständnisses und der Diskussion entgegengebracht, freilich auch das Bedenken, daß hier die kritische Arbeit vergessen werde und an Stelle eines lebendigen Glaubens ein äußerlicher Autoritätsglaube aufgerichtet werde; – ein Bedenken, das aus der Forderung radikaler Wahrhaftigkeit erwuchs.«[39]

Daß sich Hermann Gunkel nicht auf die neuen theologischen Fragestellungen der 1920er Jahre einließ, bedauerte Bultmann. Doch läßt sich auch aus des alten Bultmann Bemerkung über Gunkel: »Theologische Probleme, die über die Religionsgeschichte hinausliegen, lagen ihm fern«[40] nicht die These begründen, Bultmann habe Gunkel als Vertreter eines historischen Positivismus und eines positivistischen Religionsbegriffs angesehen. Was Bultmann in der Rückschau moniert, ist das theologische Theorie-Defizit, mit Stegemanns Worten: das »*Defizit* an *geschichtstheoretischer Reflexion*« (25) und an Reflexion über den »*Zusammenhang* der von den Religionsgeschichtlern geforderten ›rein-historischen‹ Methode mit der *systematischen Theologie*« (26). Bultmanns Ansätze zur Behebung solchen Theorie-Defizits haben wir in diesem Kapitel, in dem wir die Grundzüge des Exegese-Verständnisses des jungen Bultmann darstellten, bereits zu Gesicht bekommen; sie werden uns im folgenden Kapitel weiter beschäftigen.

---

[38] ChW 37, 1923, 789.
[39] ChW 40, 1926, 211.
[40] Brieflich am 16.11. 1965, mitgeteilt in KLATT, Gunkel, 221 Anm. 22.

Viertes Kapitel

Die Konzentration des jungen Rudolf Bultmann
auf das Thema wahrer Religion

»Freilich bin ich mir immer noch nicht im klaren, wofür ich mich eigentlich besser eigne, für das historische oder für das systematische Gebiet! Ich denke, das wird sich mit der Zeit zeigen.«[1] Diese Erwartung des Einundzwanzigjährigen erfüllte sich so, wie sie gemeint war, nicht. »Mit der Zeit« zeigte sich, daß Bultmann sich nicht einem dieser Gebiete exklusiv zuordnen läßt. Was er im Jahr 1923 über Wilhelm Bousset schrieb, er, der Historiker, sei »auch einer der Theologen im Vollsinne« gewesen[2], das gilt für ihn selbst von Anfang an. So ließ es sich gar nicht vermeiden, daß in dem Kapitel über das Exegese-Verständnis des jungen Bultmann systematisch-theologische Implikationen mit zur Sprache kamen. Erst recht kamen solche zur Sprache in der Darstellung der kirchlichen Orientierung Bultmanns; namentlich bei der Behandlung von Bultmanns Stellungnahmen zu dem Vortrag C. v. Zastrows[3] und bei der Analyse der Ostermontagspredigt von 1907[4] ist uns Bultmann als kompetenter *Theologe* v. a. Herrmannscher Prägung begegnet, der sich auch nicht scheut, Theologen im Umkreis der »Christlichen Welt« des Mangels an gründlicher theologischer Bildung zu bezichtigen[5]. Diese hat für ihn letztlich nur ein Ziel: die Fähigkeit, das »Wesen des evangelischen Glaubens«[6] aufzuweisen bzw. zu zeigen, was in Wahrheit »Religion« zu heißen verdient – und was nicht. Dies Thema ist *das* theologische Thema des jungen Bultmann; es durchzieht wie ein roter Faden seine frühen wissenschaftlichen Arbeiten und Predigten.

Die Zentralstellung dieser theologischen Prinzipienfrage und ihre Verschlingung in die Arbeit des historisch-kritisch vorgehenden Neutestamentlers und Historikers des Urchristentums wird besonders deutlich sichtbar in einer Reihe kleinerer Arbeiten Bultmanns aus der Zeit zwischen 1916 und 1922. Nachdem wir im zweiten Kapitel unserer Untersuchung die kirchliche Orientierung des jungen Bultmann vorwiegend anhand von Äußerungen aus den Jahren vor 1910

---

[1] Brief an W. Fischer vom 8. 10. 1905.

[2] ChW 37, 1923, 789; vgl. BOUSSETS Bücher »Das Wesen der Religion« (⁴1920) und »Unser Gottesglaube« (1908).

[3] S. o. S. 121−130.

[4] S. o. S. 152−171.

[5] Vgl. »An die Freunde«, Nr. 29 vom 1. 8. 1909, Sp. 298.

[6] Vgl. Oldenburgisches Kirchenblatt 19, 1913, 135.

dargestellt und uns bei der Skizzierung seines Exegese-Verständnisses im dritten Kapitel schwerpunktmäßig auf Arbeiten der Jahre 1908–1913 gestützt haben, besteht das vierte Kapitel in der Interpretation eben jener kleineren Arbeiten der Jahre vor und um 1920, in denen Bultmann selbst sein dezidiert _theologisches_ Engagement für das Thema wahrer Religion publik macht. In der Darstellung und der – teilweise als Diskussion mit früheren Bultmann-Interpreten erfolgenden – Interpretation dieser Vorträge und Aufsätze schärft sich der Blick für _den_ Bultmann, der _aufgrund_ der hier manifest werdenden Konzentration seines theologischen Nachdenkens auf das Thema wahrer Religion – also in der _Konsequenz_ dieses Nachdenkens und _nicht_ im plötzlichen _Widerspruch_ dazu! – im Jahr 1922 den Barthschen »Römerbrief« begrüßen _und_ kritisieren[7] und im Jahr 1924 sich zu dem Thema »Die liberale Theologie und die jüngste theologische Bewegung« in der bekannten Weise äußern wird[8].

Um die in Bultmanns Konzentration auf das Thema wahrer Religion von Anfang an herrschende Richtungskontinuität zu verdeutlichen, behandeln wir zunächst drei Äußerungen Bultmanns, die zeitlich _vor_ dem uns hier schwerpunktmäßig beschäftigenden Zeitraum 1917 bis 1920 liegen: eine Briefpassage von 1905, einen Exkurs zur Examensexegese von 1906, eine Predigt von 1914 (1.). Den Aufsatz »Die Bedeutung der Eschatologie für die Religion des Neuen Testaments«, den Bultmann 1916 mit großer Wahrscheinlichkeit in Wiederaufnahme und weiterer Ausarbeitung seiner Marburger Antrittsvorlesung von 1912[9] für die Herrmann-Festschrift 1917 schrieb, interpretieren wir sodann v. a. in Form einer Auseinandersetzung mit Hildegard Ellermeier und Traugott Koch (2.). Kurz gehen wir dann auf Bultmanns Brief an Rudolf Otto vom 6. 4. 1918 ein, in dem er sich mit Ottos Buch »Das Heilige« auseinandersetzt (3.). Die auf einen Vortrag von Anfang 1919 zurückgehende, 1920 in ChW erschienene Abhandlung »Religion und Kultur« stellen wir im Gespräch mit Roger A. Johnsons Untersuchung über die philosophischen Wurzeln von Bultmanns Theologie im Marburger Neukantianismus vor (4.). Darauf folgt ein kurzer Blick auf Bultmanns Aufsatz »Religion und Sozialismus« von 1922, den er in den Sozialistischen Monatsheften publizierte und der thematisch eng mit »Religion und Kultur« zusammengehört (5.). Bultmanns am 29. 9. 1920 vor den »Freunden der Christlichen Welt« auf der Wartburg gehaltenen, kurz darauf in ChW gedruckten Vortrag »Ethische und mystische Religion im Urchristentum« versuchen wir dadurch verständlich zu machen, daß wir die wesentlichsten der in ihm konvergierenden und sich verflechtenden Linien historischer Forschung und systematisch-theologischer Reflexion im einzelnen aufweisen (6.).

---

[7] R. BULTMANN, Karl Barths »Römerbrief« in zweiter Auflage, in: MOLTMANN (Hg.), Anfänge I, 119–142.

[8] GuV I, 1–25.

[9] Vgl. oben S. 38 mit Anm. 34 und 36.

1. Aspekte des Religionsbegriffs in der Frühzeit

1.1 Religion und Sittlichkeit, Christentum als die Religion: Brief an W. Fischer vom 27. 1. 1905

Im Brief an seinen Freund Walther Fischer vom 27. 1. 1905[1] kommt Bultmann, offenbar veranlaßt durch Fischers Antwort auf seinen Brief vom 31. 12. 1904[2] und speziell durch das von Fischer wohl aufgeworfene Thema katholischer und protestantischer Sittlichkeit, auf das Verhältnis von Religion und Sittlichkeit, sodann auf das Christentum als *die* Religion, deren Formen sich geschichtlich entwickeln bzw. wandeln, zu sprechen.

Seinem Freund, der kein Theologe ist, gibt Bultmann zunächst zu, daß »die Existenzberechtigung der protestantischen Kirche« in der »christlichen Sittlichkeit« liegen könnte, verläßt aber alsbald diesen Standpunkt: »Der Protestantismus hat seine Existenzberechtigung darin, daß er die christliche Religion (nicht Sittlichkeit) vertritt. – Eine Kirche soll ihren Mitgliedern nicht nur Sittlichkeit geben, sondern Religion. Ich sehe das Höchste des Christentums nicht in seiner Sittlichkeit (wenn Du das im engen Sinn des Wortes verstehst), sondern in seiner Religion, d. h. in seinem Gottesglauben oder in seiner Reichgottesidee oder wie Du sagen willst.«[3] Warum? Weil es erst durch Religion als die Realisierung der göttlichen Bestimmung der Persönlichkeit, und d. h. unter dem Aspekt der Sittlichkeit zugleich: erst dadurch, daß *Gott* zum tiefsten Motiv, zum höchsten Ziel und zur einzigen Norm des Handelns wird, zu der Einheit von Müssen und Wollen[4] und damit zu wahrer Sittlichkeit kommen könne. Religion, die sich ihrem Ursprung und Wesen nach fundamental von der Sittlichkeit unterscheidet und die im Unterschied zu dieser die eigentliche Domäne der Kirche ist, ist dennoch so auf die Sittlichkeit bezogen, daß sie deren Aporien überwindet[5] – es ist speziell Theodor Haering, dessen Einfluß sich in dieser Überzeugung geltend

---

[1] Der Brief ist teilweise abgedruckt in: BULTMANN LEMKE, Nachlaß, 199; die dortige Wiedergabe ist aber nicht hinreichend präzis.

[2] Vgl. die Zitate aus diesem Brief und aus dem Parallelbrief an E. Teufel vom 31. 12. 1904 oben S. 102 f.

[3] Ein viertes Mal derselbe Gedanke am Schluß der anschließenden Erörterung: »Infolgedessen ist es für mich unrichtig, einem Menschen ein Sittengesetz geben zu wollen (abgesehen von erzieherischen Maßregeln), ich muß ihm erst die Religion geben.« Vgl. auch R. BULTMANN, VW, 102: »Wir haben wohl Gottes Gebote gelernt in unserer Jugend, aber diese Gebote wollen nur eine Anleitung, eine Hülfe sein. Wir aber sollen selbständig werden . . .«

[4] So, daß »eigentlich ein Sitten*gesetz* aufgehoben« ist (Brief an W. Fischer vom 27. 1. 1905). Vgl. den II. Teil der ersten Predigt BULTMANNS vom 17. 6. 1906 (VW, 5–7) sowie den Aufbau der Predigt über 1 Kor 13 vom 26. 12. 1910 (VW, 45–55), der den Gedankengang genau wiedergibt: Die Liebe – das Schwerste, Köstlichste, Leichteste auf der Welt. Weitere einschlägige Stellen: VW, 85 (»Die Liebe ist kein Gesetz, das wir erfüllen sollen, sondern eine Lebensmacht, eine geistige Kraft, die in uns wirken soll. . . . Die Liebe tut von selbst, was das Gesetz verlangt«) 101–103 u. a.

[5] Vgl. dazu bes. BULTMANNS Predigt über *den* Text 1 Kor 7,29–31 vom 10. 12. 1911 (VW, 65–75) sowie die Osterpredigt 1912 über 1 Kor 15,53–58 (VW, 76–85).

macht.[6] Wir notieren: Das Verhältnis (Unterscheidung *und* Beziehung!) zwischen Religion und Sittlichkeit ist – von Bultmanns Lehrern her – eines der ganz frühen Themen seines Theologisierens.

Merkwürdig, wie Bultmann von diesen Ausführungen her sich selbst die Rechenschaftsfrage vorlegt, »wie ich mit meinen Anschauungen mich zur christlichen Kirche bekennen kann«! Gut, er war seinem nicht-theologischen Freund terminologisch recht weit entgegengekommen – »... ein Trieb des Göttlichen im Menschen, möchte ich sagen, wonach? nach Gott, kann ich antworten, wenn Du keinen Anstoß an diesem Wort nimmst. Augustinus' ›tu nos fecisti ad te, et cor nostrum inquietum est, donec requiescat in te‹ ist doch ewig wahr« –, aber Bultmanns Gedankengänge, zugehörig zum Typus der nachritschlschen Theologie eines Haering, Gottschick, Herrmann, machen keineswegs einen ketzerischen oder auch nur kirchenfernen Eindruck. Erklärlich wird die merkwürdige Rechenschaftsfrage, wenn man sich zum Stichwort »christliche Kirche« deren »neuorthodox« beherrschte real-existierende Gestalt vergegenwärtigt und bedenkt, daß Bultmann in der Aufarbeitung bzw. Bewältigung der vollzogenen Ablösung von dieser Gestalt der Kirche begriffen ist, von der – nach Bultmanns eigenem Eindruck – seine Gedanken zu Sittlichkeit und Religion, zum »Trieb des Göttlichen im Menschen« usw. möglicherweise nicht als rechtgläubig oder unanstößig anerkannt worden wären.[7] Auf die sich selbst vorgelegte Frage – nur rhetorisch legt er sie dem Adressaten in den Mund (»Du kannst noch fragen, wie ich ...«) – antwortet Bultmann nun aber nicht im Blick auf die zeitgenössische kirchlich-theologische Rechte, sondern prinzipiell: »Das Christentum ist *die* Religion. Das war es zu seiner Zeit in der Gestalt, wie es das Neue Testament zeigt. Diese Religion will ich auch, und ich halte es für eine ungeschichtliche Denkweise, wenn man sagt: Das ist kein Christentum mehr, was wir haben. Gewiß sind für uns die Formen andre, aber wir haben doch das Recht, uns nach unsrer Mutter zu nennen, uns als organische Entwicklungsstufe einer geschichtlichen Größe hinzustellen. Und schließlich soll man nicht vergessen: Vor 2000 Jahren lebten auch Menschen, die mit uns verwandt sind. Man übertreibt den Unterschied immer ungeheuer, finde ich. Es gibt im Menschen manches, was sich überhaupt nicht entwickelt, sondern heute so ist wie morgen.[8] Fast möchte ich behaupten, es entwickelt sich nichts als der Inhalt unsrer Vorstellungen.«

Hier ist der als eine für Bultmanns Hermeneutik fundamentale Überzeugung

---

6 Dies gilt insbesondere von der Feststellung Bultmanns, man könne »das Sittengesetz nie inhaltlich bestimmen, ohne das religiöse Element in irgend einer Form zu Hülfe zu nehmen« (Brief an W. Fischer vom 27. 1. 1905) – hier schließt er sich deutlich gegen Kant und Herrmann an Haering an, bei dem er im Sommersemester 1904 Ethik I gehört hatte. Zur Sache vgl. Haering, Leben, 17 ff. (Auseinandersetzung mit Kant) 61 (Zweck, Norm und Beweggrund des christlich guten Handelns) 101–110 (Sittlichkeit und Religion) 119 (Evangelische Sittenlehre).
7 Zum Kontext der Rechenschaftsfrage vgl. oben S. 106–108.
8 Später: die existentiale Struktur des Menschen.

aufgewiesene Gedanke, daß die christliche Religion, an sich zeitenübergreifend identisch, als geschichtliche Größe in einander ablösenden Formen, Gestalten, Gewändern usw. auftrete[9], direkt ausgesprochen. Dieser Gedanke erlaubt sowohl die Verschiedenheit zwischen neutestamentlichem (= antikem) und neuzeitlichem[10] als auch – biographisch – den Übergang von konventionell-»orthodoxem« zum »modernen« Christentum zu bewältigen. Entspricht der geschichtliche Wechsel der Formen dem Fortschritt der Kultur und, auf der biographischen Ebene, der Entwicklung zur geistigen Selbständigkeit, so entspricht die geschichtsübergreifende Identität der christlichen (= *der*) Religion der Identität des Menschen *als* Menschen: Was sich – onto- wie phylogenetisch sozusagen – entwickelt, verändert, ist der »Inhalt unsrer Vorstellungen« und damit die Formen und Gestalten, in denen die christliche Religion sich ausdrückt, objektiviert; der Mensch als solcher (= als Individuum und als Angehöriger der Menschheit) bleibt sich gleich, *die* Religion ist die eine und bleibt dieselbe.

1.2 Glauben und Wissen: Exkurs zur Examens-Exegese 1906

Für sein theologisches Examen hatte Bultmann im Frühjahr 1906 1 Kor 2,6–16, den von dem Geist und der Weisheit Gottes im Gegenüber zum Geist der Welt und zur menschlichen Weisheit handelnden Abschnitt, zu exegesieren.[11] Im Anschluß an die nach den Regeln der Kunst gefertigte Exegese und an einen ersten Exkurs über die Herkunft des Zitats 1 Kor 2,9 sowie über das Problem des allegorischen Schriftgebrauchs[12] schließt Bultmann seine Arbeit mit einem zweiten Exkurs ab, den er folgendermaßen einleitet: »Die besprochene Stelle regt durch ihr Gegenüberstellen irdischer und göttlicher Weisheit dazu an, über das Verhältnis von menschlichem Erkennen und Glaubensgewißheit, die auf Offenbarung beruht, über *das Verhältnis von Glauben und Wissen*, etwas eingehender nachzudenken« (73). Daß Bultmann sich hier, wozu er bestimmt nicht verpflichtet gewesen wäre, so eingehend zu dieser theologischen Prinzipienfrage äußert, zeigt sein besonderes Interesse an diesem Thema.

---

[9] Vgl. oben Kap. III, bes. S. 208. 218 f.

[10] Vgl. dazu – in bezug auf die entschwundene Naherwartung – wiederum die Predigt über 1 Kor 7,29–31 (»Was bedeutet uns der Glaube an die Zukunft?«) vom 10. 12. 1911 (VW, 65–75, bes. 66.73 f.).

[11] Abhandlung über 1.Kor. 2,6–16, Archiv des Ev.-Luth. Oberkirchenrats Oldenburg, B. XXIX–316.

[12] Schlußsätze dieses ersten Exkurses: »Ein wahrhaft *evangelisches Schriftverständnis* kann sich mit der Allegorie nicht vertragen. Denn der evangelische Glaube hängt nicht an der Autorität des Geschriebenen, sondern am innerlich bindenden Inhalt des Worts. Den wahren Inhalt des Worts aber kann nur ein wahrhaft historisches Schriftverständnis erfassen« (Ms. 72). Vgl. oben Kap. III, bes. S. 224 f.

Dies zeigt sich übrigens auch daran, daß er an Neujahr 1910 seinen – selbstgewählten – Predigttext 1 Kor 2,10–16 als »eine feine Stelle« bezeichnet, »wie überhaupt 1. Kor. capp. 1–3 zum Schönsten im Neuen Testament gehören«[13], und daß er für seine Pfingstpredigt 1917 erneut den Text 1 Kor 2,9–12 wählt[14].

Was Bultmann an Text und Thema fesselte, ist leicht anzugeben: die Verhältnisbestimmung zwischen Vernunft- und Glaubenserkenntnis, d. h. ein Brennpunkt theologischer Besinnung, der für Bultmann sicher nicht erst mit der Kenntnis der theologischen Axiomatik Wilhelm Herrmanns relevant wurde, sondern sein Nachdenken wahrscheinlich schon in der Schulzeit auf sich zog[15].

Angesichts der von Paulus in 1 Kor 1 und 2 vollzogenen radikalen Unterscheidung zwischen göttlicher und menschlicher Weisheit kann es nicht verwundern, daß Bultmann seinen zur Exegese aufgegebenen Text zum Anlaß nimmt, »*falsche Konsequenzen* aus den Sätzen des Pls abzuwehren«, d. h. vor allem die Konsequenz, der menschliche Geist sei *eo ipso* vom Teufel: Paulus habe, so gibt Bultmann sogleich die Richtung seiner Argumentation an, eine (sc. die hellenistische) Philosophie im Auge, »die sich nicht in den dem erkennenden Geist gesteckten Schranken hielt, sondern die letzten Fragen des Lebens zu lösen suchte und lösen zu können wähnte« (73).[16] An sich sei die menschliche Weisheit – »καίτοιγε ἔργον ἐστὶν τοῦ θεοῦ«, wird Chrysostomos zitiert – etwas Gutes, wenn sie ihre Grenzen nicht überschreite. Aber erst spät in der Geschichte seien »*die Grenzen wissenschaftlichen und religiösen Erkennens*« gefunden und präzise bestimmt worden, nämlich in der »Erkenntniskritik Kants« (Gott ist kein möglicher Gegenstand vernunftmäßiger Erkenntnis) und in ihrer »Fortführung und Verwertung« durch Schleiermacher: »Religion ist Sache des fühlenden, wollenden Subjekts, ist Sache des persönlichen Lebens, das allein fähig ist, mit dem Unbedingten in Beziehung zu treten.« Der Glaube[17] ist »kein Fürwahrhalten von Objekten, die sich von den Objekten des erkennenden Geistes gar nicht prinzipiell unterscheiden, sondern er ist persönliche Überzeugung, entsprungen aus dem Erlebnis der Berührung mit einer unbedingten Macht« (74–77).

Doppeltes Zwischen-Fazit: »Religiöses und wissenschaftliches Erkennen (sind) scharf geschieden«, und: »Wissenschaftliches Erkennen ist [nicht etwa vom Teufel, sondern] zunächst religiös ganz indifferent« (77). Bultmanns Front-

---

13 Brief an W. Fischer vom 1. 1. 1910 (Ms. irrtümlich: 1.1. 1909).

14 Vgl. VW, 135–147.

15 Vgl. oben S. 6 (über die Gespräche mit Leonhard Frank).

16 Diese von der Kantschen Vernunftkritik inspirierte und theologisch rezipierte Sicht der Philosophie wird sich bei Bultmann durchhalten und insbesondere als Prämisse den Gebrauch bestimmen, den Bultmann von der Philosophie Heideggers machen wird.

17 »Wohl war im reformatorischen Heilsglauben ein prinzipiell anderer Glaubensbegriff gegeben [als in der Scholastik], wohl fanden sich bei den großen Reformatoren, bei Luther und Melanchthon, Ansätze, die neue Erkenntnis vom Glauben auch in der Theologie zur Geltung zu bringen; aber diese Ansätze wurden in der Folgezeit verschüttet« (Ms. 76) – ganz das HERR-MANNsche, vor allem in »Der Verkehr des Christen mit Gott« gezeichnete Bild von der Geschichte des Glaubensbegriffs.

stellung ist wieder deutlich: Er will einer »orthodoxen« Theologie jegliche Möglichkeit abschneiden, die geistliche Erkenntnistheorie aus 1 Kor 1 und 2 für ihre Zwecke zu nutzen.

Nachdem Bultmann die grundlegende *Unterscheidung* durchgeführt hat, fragt er nach *Relationen,* denn: »Beide Erkenntnisarten sind in *einem* menschlichen Geistesleben vereint.« Eine erste – negative – Beziehung findet Bultmann in dem beiderseitigen »Interesse der Religion wie der Wissenschaft, die *Grenzen* beider Erkenntnisgebiete mit aller Schärfe festzuhalten«; wie die Religion zum »Regulativ« einer leicht über ihre Grenzen hinausgreifenden Wissenschaft werden könne, so könne umgekehrt die Wissenschaft zum »Regulativ der Religion« werden, sie zur »Selbstbesinnung und Selbstprüfung« führen, zu ihrer »Reinigung und Vertiefung« beitragen (77 f.).[18]

Eine weitere Überlegung führt sodann zu einer positiven Relationsbestimmung, derzufolge das religiöse Erkennen dem wissenschaftlichen übergeordnet, dieses jenem dienstbar ist. Und zwar wie folgt: »Mit unserem persönlichen Leben«, und das heißt: mit unserer religiösen Potentialität, sind wir »in diese Welt hereingestellt«, die mit den uns aus ihr entgegentretenden Aufgaben (auch der Wissenschaft) der »Stoff» ist, »an dem wir unser persönliches Leben entwickeln«. Ordnet sich so »das wissenschaftliche Erkennen als solches dem religiösen Erkennen unter«, so gilt dies in einem besonderen Sinn auch für die »Ergebnisse des wissenschaftlichen Erkennens«: Sie lehren uns die Welt der Erscheinungen – Natur und Geschichte – *erkennen,* d.h. die Welt, in der aufgrund *religiöser* Erkenntnis das Reich Gottes *erlebt* (= die Ereignisse als Offenbarungen Gottes hingenommen) und durch persönliches Handeln *verwirklicht* werden kann, will und soll[19], wozu die Kenntnis dieser Welt unabdingbar ist (78–80).

Resultat: »Nachdem wir so religiöses und wissenschaftliches Erkennen zuerst scharf geschieden haben und dann doch eine Einheit beider fanden durch Aufstellung des Primats des religiösen Erkennens, wird uns beides in seinem vollen Sinne verständlich: Wir verstehen das Wort des Chrysostomus von der menschlichen Weisheit: καίτοιγε ἔργον ἐστὶν τοῦ θεοῦ; wir wissen, wie sie uns dienen muß im Reiche Gottes auf Erden. Aber wir kennen auch ihre Grenze: τὰ τοῦ θεοῦ οὐδεὶς ἔγνωκεν εἰ μὴ τὸ πνεῦμα τοῦ θεοῦ« (80).

Aus diesem Exkurs, den der Erstkorrektor Pfr. Iben (Vechta) mit Recht »in dieser Kürze und Klarheit vorzüglich« nennt[20], halten wir folgendes fest: Wie bei der Verhältnisbestimmung zwischen Religion und Sittlichkeit, so bemüht sich

---

[18] Vgl. die Erwägungen über die Leistungen der historischen Bibelwissenschaft für den Glauben oben S. 192f. mit Anm. 43 und unten S. 310–312 mit den zugehörigen Anmerkungen.

[19] Vgl. z. B. VW, 14.33f.52–55.100f. u. ö.

[20] Gutachten Ms. 80; vgl. Brief Bultmanns an W. Fischer vom 3. 9. 1906, in dem er sich auf ein Gespräch mit Fischer über die Thematik bezieht: »Schade, daß Du in Marburg nicht noch einige Zeit bliebst; es gelang mir, wie ich glaube, das Verhältnis von Religion und Wissenschaft noch schärfer zu formulieren.«

Bultmann auch zum Thema Glauben und Wissen um eine der qualitativen Verschiedenheit *und* den Beziehungen gleichermaßen Rechnung tragende Beschreibung.[21] So scharf Bultmann auch die Heterogenität des Glaubens bzw. der Religion und vernünftiger Erkenntnis bzw. Wissenschaft betont – er versteht Religion als die auf dem »Erlebnis[22] der Berührung« bzw. auf »Offenbarung«[23] beruhende »Beziehung« des »persönlichen [= individuellen] Lebens« mit einer »unbedingten Macht« –, so stark ist er umgekehrt an einer theologischen Integration der Wissenschaft in die Religion interessiert, die er in doppelter Weise: unter dem Gesichtspunkt der auszubildenden, zu entwickelnden *Persönlichkeit* und unter dem des zu erlebenden und zu verwirklichenden *Reiches Gottes* auf Erden, durchführt. Für das Verständnis dessen, was Religion bzw. Glauben ihrem eigentlichen Wesen nach sind, fungiert *Schleiermacher* (der Luthers und Melanchthons [![24]] Einsichten zum Durchbruch verholfen hat) als Kronzeuge, wie andrerseits *Kant* die Vernunft definiert hat.

Ergänzend erinnern wir an Bultmanns schon im zweiten Kapitel dieser Arbeit[25] besprochenen Brief an Walther Fischer vom 25. 10. 1908, wo von dem notwendigen »Dualismus« zwischen dem rational Gesetzmäßigen und dem irrational Religiösen die Rede ist sowie von der »einzige(n) Stellung, die aus der religiösen Überzeugung auf die Erfahrungswelt sich ergibt . . .: die Erfahrungswelt als Mittel zu benutzen für das Wachstum des eigenen inneren Lebens.« Auch hier wieder Unterscheidung und Beziehung, diesmal freilich formuliert in Opposition nicht zur theologischen Rechten, sondern zur Linken, zum Liberalismus, zum Monismus. In dieser Frontstellung finden wir Bultmann auch bei dem nächsten zu besprechenden Text.

---

[21] Zur lebenspraktischen Seite dieser Verhältnisbestimmung vgl. z. B. VW, 99 f.

[22] In der Fähigkeit zum Erleben liegt die religiöse Potentialität des Menschen. Was »Erleben« besagt, führt BULTMANN thematisch in seiner textlosen Predigt »Leben und Erleben« vom 23. 6. 1912 (VW, 86–95) aus: Die nicht genug auszukostende bunte Fülle des Lebens (in der Natur wie in der Kultur: Kunst und Wissenschaft, soziales und individuelles Leben) soll unter dem Gesichtspunkt der auszubildenden Persönlichkeit, d. h. unter dem Gesichtspunkt eines einheitlichen sittlichen Wollens, rezipiert, zum inneren Besitz gemacht werden. Erleben heißt: bereichert, beschenkt, neu orientiert, zur Einheit gebracht, zur Persönlichkeit erzogen, mit einem Lebensmittelpunkt versehen werden. »Im Erlebnis wird und wächst die Persönlichkeit« (VW, 92).

[23] Von Anfang an ist Bultmann dezidierter »Offenbarungs«-Theologe in dem Sinne, daß Erlebnis und Offenbarung konvergieren. Charakteristisch ist BULTMANNS wiederholte Berufung auf 1 Kor 2; vgl. neben den oben S. 254 erwähnten Predigten auch VW, 11 (Berufung auf 1 Kor 2) 17–24.74 f. u. ö.

[24] Ich hebe den Namen Melanchthons hervor im Vorblick auf K. BARTH, Das Wort Gottes als Aufgabe der Theologie, 205.

[25] S. o. S. 125 f.

1.3 Diesseits- und Jenseitsreligion: Predigt vom 12. 7. 1914

In einer Skizze über Bultmanns Nachdenken über Religion kann die am 12. 7. 1914 gehaltene textlose Predigt »Diesseits- und Jenseitsreligion«[26] nicht übergangen werden. Sie enthält schon im Titel den Begriff, der sowohl für Bultmanns eigene weiteren Äußerungen als auch (zumindest der Sache nach) für die alsbald anhebende theologische Neubesinnung auf das, was Religion bzw. christlicher Glaube eigentlich bedeute (R. Otto, Fr. Gogarten, K. Barth), höchst charakteristisch ist: Jenseits. Wie sehr dieses Wort in die Richtung des von R. Otto zweieinhalb Jahre später mit durchschlagender Breitenwirkung so genannten »Ganz anderen« zielt, geht aus der Predigteinleitung hervor, die in einer (literarischen) Vergegenwärtigung der »unaussprechlichen Stimmung von Andacht« besteht, welche dem »Offenbarwerden eines Neuen, Niegehörten, Unerhörten«, dem »Sich-Auftun einer neuen eigenen Welt, geheimnisvoll und inhaltreich«, korrespondiert: »Das ist in der Tat religiöses Gefühl; wo Religion auf ihren Höhepunkten ist, da ist auch dies Gefühl des Jenseits, das Gefühl, daß eine neue eigene Welt hier erschlossen ist, die uns umfängt mit dem Zauber der Ahnung, des Friedens« (104 f.).

Dagegen wird nun das Illusionsverdikt, werden die das vermeintliche Jenseits entzaubernden Argumente ins Feld geführt: »Wissenschaftliche Forschung« und »gesunder Gegenwartssinn«. Sodann läßt Bultmann die hieraus sich herleitenden »religiösen« Überzeugungen des Monismus, und zwar hier eher des naturalistisch-vitalistischen als des idealistisch orientierten (»konkreten«)[27], zu Wort kommen; sie verdeutlichen mit wünschenswerter Klarheit eine ganz wesentliche aktuelle Frontstellung, in der Bultmann im folgenden seine eigenen Gedanken entwickelt.[28] Die These monistischer Diesseitsreligion lautet knapp: »Gott ist ewig gegenwärtig und ewig diesseitig in Raum und Zeit.« Die gegen »ein Jenseits« gerichteten Argumente erzwangen aber auch von den »Theologen« (= den Theologiestudenten), sofern sie aus »Anschauungskreisen« stammen, »wonach die Religion der Glaube an ein Jenseits ist, das außerhalb der Welt liegt, die uns umgibt«, – sie erzwangen ein Abwerfen von »falschen Arbeitsmethoden, von trügerischen Jenseitsvorstellungen«[29]; diese sind obsolet geworden (105–107).

Damit ist »ein Jenseits« behauptet und bestritten. Die Durchführung der Predigt, die – ihrem Sitz im Leben, einem der Marburger »Studentengottesdienste«, entsprechend – viel von einem apologetischen Vortrag an sich hat, besteht nun in einem sukzessiven Aufweis der Bedingungen, welche die in der Predigteinleitung als Wirklichkeit behauptete Jenseitsreligion ermöglichen; als Prediger

---

[26] VW, 104–114.

[27] Vgl. STEINMANN, *Art.* Monismus, 465.

[28] Hierfür ist auch das Publikum der Marburger Studentengottesdienste zu berücksichtigen, vgl. oben S. 60 Anm. 144.

[29] Vgl. diese Passage mit GuV I, 2 f.!

will Bultmann für die Jenseitsreligion durch den Aufweis ihrer Denkbarkeit werben.

Bedeutet die Katastrophe einverstandenermaßen illusionärer Jenseits*vorstel-lungen* das prinzipielle Ende jeglichen Jenseits*begriffs*? Schon deshalb nicht, antwortet Bultmann, in die Diskussion mit seinen fiktiven monistischen (= immanentistischen) Gesprächspartnern eintretend und wohl auf Verständigung mit deren idealistischem Flügel hoffend, – schon deshalb nicht, weil der streng gefaßte Begriff des Diesseits lediglich »eine Grenze der [menschlichen] Existenzweise« bezeichne. Damit ist, ohne daß es ausdrücklich verlautet, die *Geschicht-lichkeit* menschlichen Daseins anvisiert: Vergangenheit und Zukunft zu haben, zu entscheiden, zu arbeiten und zu spielen, zu wünschen, zu planen und Feste zu feiern[30] bedeute jeweils, »daß unser Diesseits ein Jenseits umschließt«[31], mit dem es in ständiger »Spannung« steht. In diesem Spannungsfeld wirken Wissenschaft, Sittlichkeit und Kunst: »Wir alle leben, sofern wir ein Leben haben oder suchen, das lebenswert ist, in einem Jenseits, von ihm entzündet, von seinen Kräften getragen« (107 f.).

Von diesem Jenseits, dem »Jenseits des Geistes« bzw. später so genannten Jenseits der Kultur im Gegenüber zur Natur[32], gilt nun aber: »Das Jenseits, von dem die Religion redet und lebt, ist das freilich nicht.« Es ist vielmehr eine Welt, in die hinein man sich, religiös gesprochen, durch eigenes Tun selbst erlöst, »eine Welt edelsten Menschentums – aber des Menschentums. Gott ist nicht darin.«[33] *Ohne* Kenntnis dieser jenseitigen Welt des Geistes könnte es aber »Sinn für Religion« gar nicht geben, d. h. nach Religion, wie Bultmann sie im Sinn hat, könnte gar nicht gefragt, sie könnte gar nicht gedacht werden. Für ihn bedarf es zur Erfassung der Bedeutung von wahrer Religion eines formalen, d. h. zwar entmaterialisierten, aber nicht eliminierten Jenseitsbegriffs, und ein solcher kann nach seiner Überzeugung selbst auf dem Boden eines (idealistisch geprägten) Monismus gewonnen, wenigstens aber zugestanden werden. Umgekehrt konzediert Bultmann dem Monismus, dem seinerzeit meistpropagierten Typus einer »einheitlichen wissenschaftlichen Weltanschauung«, gerade er sei dagegen gefeit, »Vorstellungen für Religion zu halten, die keine sind«, sondern der menschlichen Geisteskultur (Wissenschaft, Sittlichkeit, Kunst) angehören. »Keine Zeit konnte besser den wahren Sinn der Religion verstehen«, konnte »die Frage nach dem Wesen der Religion« tiefer stellen. Denn diese Frage kann auf dem Boden einer »einheitlichen wissenschaftlichen Weltanschauung« von der völlig zutreffenden formalen Einsicht her gestellt werden: »Gibt es Religion, so

---

[30] Vgl. oben S. 59−61.

[31] Durch diese Formulierung – unser Diesseits *(nom.)* umschließt ein Jenseits *(acc.)* – wird der irreführenden *Vorstellung* eines Jenseits, das »außerhalb der Welt liegt, die uns umgibt« (106), gewehrt.

[32] Vgl. die Abhandlung »Religion und Kultur« von 1919/1920 (dazu unten S. 278−288).

[33] D. h. ein Gott, der nach Bultmanns – für ihn selbst undiskutierbaren – Prämissen den Namen überhaupt verdient: eine dem Menschen schlechterdings gegenüberstehende Größe.

gibt es sie nur jenseits alles menschlichen Denkens, jenseits aller Humanität«[34], jenseits also auch des »Jenseits des Geistes«; dieses gehört vom Jenseits der Religion her gesehen zusammen mit dem natürlichen Diesseits, auf das es ständig bezogen ist, zum Diesseits (109f.).

Eine weitere Einsicht in die Bedingungen einer jenseitigen Religion, die sich freilich vor allem aus deren Selbstäußerungen ergibt, läßt sich in bezug darauf formulieren, daß für die Teilnahme an der jenseitigen Welt des *Geistes* die Arbeit bzw. Aktivität charakteristisch ist; für die Teilhabe an der jenseitigen Welt der *Religion* ist demgegenüber die Rezeptivität bzw. Passivität charakteristisch (110f.).

Entspricht nun aber überhaupt dem Begriff (»Welt Gottes«) eine Wirklichkeit? Wenn überhaupt eine Antwort auf diese Frage gegeben werden kann, so kann diese nur bestehen in einem Reden von transrationalen »persönlichen Erfahrungen . . ., von Erlebnissen«, die jenseits »jenes Jenseits des Geistes« sich aufdrängen. »Wie kann das sein?« fragt Bultmann, weiterhin lediglich die Bedingungen der Möglichkeit von (Jenseits-)Religion aufsuchend, und weist auf reale Differenzerfahrungen – Defizit- oder Überschußerfahrungen bezogen auf das Diesseits (Natur und Geist) – hin, in denen, sei es »die Ahnung von einem neuen Jenseits«, sei es die »Sehnsucht« danach, wach werden kann: die Erfahrung, die Konflikte zwischen Diesseits und (geistigem) Jenseits, welche Not und Leid bedeuten, durchstehen und dadurch geheimnisvoll bereichert werden zu können, die Erfahrung der Schuld, die Erfahrung der zugleich bezwingenden und befreienden »Macht schenkender Güte« – in diesen Differenzerfahrungen kann jeweils die Ahnung von oder die Sehnsucht nach einer Macht entstehen, »die uns aus unserer Welt heraus(hebt) . . . in eine neue Welt hinein, eine Welt der Reinheit und Freiheit, der Gnade« (111–113).

Diese Macht müßte aber von sich aus, in eigener Souveränität, ins menschliche Erleben eingehen; deshalb kann am Ende des apologetischen Diskurses über die Bedingungen[35] der Möglichkeit von wirklicher Jenseitsreligion auch kein Appell stehen, sondern es kann lediglich als einzige dem – nun als *denkbar* ausgewiesenen – Offenbarwerden jener jenseitigen Macht korrespondierende menschliche Haltung empfehlend beschrieben werden: »auf das [zu] lauschen, was wir nicht schaffen, was uns geschenkt wird: auf unsere Erlebnisse«, und dabei »absolute Ehrlichkeit« und die »absolute Bereitwilligkeit« zur Unterwerfung unter Gottes Macht walten zu lassen (113f.).

Mit der Kennzeichnung der Predigt als »apologetisch« meinen wir – um hier jedes mögliche Mißverständnis auszuschließen – natürlich nicht den wie auch immer gearteten Versuch eines Beweises für das Jenseits der Religion, sondern

---

[34] Der Widerspruch gegen P. Natorps Abhandlung »Religion innerhalb der Grenzen der Humanität« ist evident.

[35] Man darf wohl sagen: die existential-ontologischen Bedingungen; denn Bultmann fragt ja deutlich nach der der menschlichen »Existenzweise« zugrundeliegenden ontologischen Struktur.

den in (anderweitig begründeter) Kenntnis jener unbeweisbaren jenseitigen Wirklichkeit unternommenen Versuch, als Antwort auf ihre Bestreitung die Bedingungen ihrer Möglichkeit aufzudecken und so ihre Denkbarkeit darzutun. In *Kenntnis* jener Wirklichkeit: diese Prämisse gibt sich außer durch den Charakter der Bultmannschen Rede, einer gottesdienstlichen Predigt immerhin, auch in einigen eher assertorischen denn apologetischen Passagen zu erkennen. Neben den schon erwähnten Selbstäußerungen der Religion – dies übrigens ein zentrales Motiv aus Schleiermachers »Reden«[36] – kommt hier vor allem ein Abschnitt gegen Schluß der Predigt in Betracht: »Religion wird nicht entwickelt, nicht erzogen. Religion beginnt mit einem Ereignis, einem Erlebnis, das uns wunderbar ist, das uns Offenbarung ist. Sie beginnt damit, und sie (beginnt) darin im Menschen ihre Geschichte, und sie hat in jedem Menschen ihre eigene Geschichte« (113). So innig sich auch weitgehend das in dieser Predigt angezielte Religionsverständnis an das – ebenfalls gegen rechts und links abgegrenzte – Religionsverständnis Wilhelm Herrmanns[37] anschließt, *hier* redet Bultmann doch eher noch unter der *direkten* Autorität Schleiermachers, insbesondere des Autors der fünften »Rede«, auf die sich Bultmann in den darauffolgenden Jahren mehrfach berufen wird. Aus diesem direkten Rückgriff auf Schleiermacher könnte man – für sich genommen – sicher noch nicht auf eine implizite Differenz zu W. Herrmann schließen, berief dieser sich doch in seinen Auseinandersetzungen mit »Positiven« und »Liberalen« gerade auch auf den in der Tradition Luthers verstandenen Schleiermacher (v. a. den der »Reden«). Dennoch wird gerade an der zitierten Stelle der Predigt ein Unbehagen an Herrmann spürbar – das Unbehagen, auf das wir schon bei der Analyse der Ostermontagspredigt von 1907 stießen[38]; Bultmann fährt fort: »In der christlichen Kirche haben sich die zusammengefunden, denen solches Erleben durch die gleiche Person geschenkt wurde: durch die Person Jesu.« Statt nun aber, was Herrmanns Domäne war, zu explizieren, was es denn hier zu erleben gibt und inwiefern speziell in diesem Erleben Gott sich offenbart, beeilt sich Bultmann zu erklären: »Aber wir wollen nicht darüber reden, in welchen Zusammenhängen unseres Lebens uns solche Offenbarung werden kann. Sie kann kommen in unserem Leben in der Gegenwart so gut wie in unserer Berührung mit lebendiger Vergangenheit. Über einen speziellen Weg reden kann man nur in einer Gemeinschaft solcher, die denselben

---

[36] Vgl. z. B. den Beginn der dritten Rede, ¹134: ». . . daß sie sich frei äußert und mitteilt«.

[37] Für W. Herrmann verweise ich auf folgende Beispiele aus den Jahren 1913 und 1914: Keine Kompromisse in der Anwendung historischer Arbeitsmethoden, vgl. HERRMANN, Not, 11 ff.38; Glaube als »Gewißheit von einer in eigener persönlicher Erfahrung ergriffenen Wirklichkeit«, ebd., 17, vgl. 21 f.; Forderung der Ehrlichkeit, vgl. ebd., 22 u. ö., außerdem HERRMANN, Die Wirklichkeit Gottes, Schriften II, 295.297.313–317; Erlebnis als (Selbst-)Offenbarung Gottes, Not, 22, Wirklichkeit, passim, bes. 291 f.: »Die religiös behauptete Wirklichkeit ist immer mit der Vorstellung verbunden, daß sie nicht mit menschlichen Mitteln jedem gezeigt werden kann, sondern sich bestimmten Menschen selbst offenbart. . . . Gottes Wirklichkeit liegt jenseits alles dessen, was die Wissenschaft beweisen kann.«

[38] Vgl. oben S. 168–170.

Weg geführt sind. Oder es kann es nur einer, dem an einem bestimmten Ereignis jene Welt so mächtig aufgegangen ist, daß er nicht lassen kann, gerade davon zu reden.« Die Distanz zu dem unbedingten Postulat einer an die Person Jesu gebundenen Offenbarung Gottes wird abschließend theologisch legitimiert: »Darüber aber Gesetze oder Lehren aufstellen, ich meine, das hieße Gott seine Wege vorschreiben« (113). Gewiß, auch Herrmann sah sich an diesem Punkt zu Modifikationen gezwungen, wie besonders der Schlußabschnitt seiner Schrift »Die Wirklichkeit Gottes« von 1914 beweist.[39] Im Licht der späteren Entwicklung kann aber geurteilt werden, daß Bultmann schon 1914 – bei Anlehnung an Schleiermacher[40] – über die diesbezüglichen Modifikationen Herrmanns hinausging; die fehlende Explikation der Angabe »durch die Person Jesu« sowie ihre sofortige Relativierung zeigt das neben dem Thema wahrer Religion stehende und mit ihm verknüpfte zweite theologische Hauptthema Bultmanns vor und um 1920 an, auf das im sechsten Abschnitt dieses Kapitels zurückzukommen ist: das Problem der religiösen Bedeutung der Person Jesu.

Im Zusammenhang dieser theologisch-genealogischen Andeutungen zur interpretierten Predigt ist nun noch eigens die Radikalität zu bedenken, mit der Bultmann das »Jenseits der Religion« betont und darüber das »Diesseits« aus den Augen zu verlieren droht: »Die Welt der Religion hat keine solche Beziehung zum Diesseits [wie die Welt des Geistes]. Alles Diesseits ist für sie irdisch, minderwertig, eine Welt des Scheins, des Trugs. Sie wird vergessen in der Welt Gottes« (110). Angesichts solcher Sätze drängt sich das Urteil auf, für eine so verstandene Religion sei ein totaler Welt- und Geschichtsverlust charakteristisch, und auch das Urteil, in diesen Sätzen trete uns Bultmann als Mystiker entgegen, wäre nicht leicht von der Hand zu weisen. Solche Urteile müßten jedoch durch den Kontext der angeführten Sätze in Frage gestellt werden, und zwar auf zweifache Weise: Erstens muß der Dialogpartner berücksichtigt werden, dem gegenüber Bultmann hier sein Verständnis der Religion entwickelt, nämlich der Vertreter einer religiösen Haltung, die im Rahmen einer einheitlich-geschlossenen wissenschaftlichen Weltauffassung *mit Recht* gegen einen vulgären Diesseits-Jenseits-Dualismus protestiert und die nun einen Weg gewiesen bekommt, ein radikaleres Jenseits *so* zu denken, daß davon sogar die Geschlossenheit der wissenschaftlichen Weltauffassung profitiert. Wahre Religion tastet im Unterschied zu einer sich selbst mißverstehenden Religion (= die »Orthodoxen« bzw. »Positiven«) »das Weltbild der Wissenschaft« nicht an, das ja »seine Einheit in sich selbst haben oder suchen (muß)« (109f.), wie umgekehrt eine sich selbst recht verstehende wissenschaftliche Weltauffassung die Möglichkeit eines Jenseits nicht negiert, sondern sich als für ein mögliches Jenseits jenseits ihres eigenen Diesseits inkompetent und unzuständig erklärt. Von hier aus wird – hinsichtlich der Dialogpartner – Bultmanns Akzentuierung der absoluten Jensei-

---

[39] Hiernach bedarf das auch abgesehen von der Person Jesu mögliche Finden der Wirklichkeit Gottes zu seiner Vollendung der Begegnung und Erkenntnis Jesu Christi, vgl. Schriften II, 317.
[40] Hier kommen speziell Gedanken aus der dritten und vierten »Rede« in Betracht.

tigkeit der Welt der Religion verständlich, und dieser Kontext muß beachtet werden. Zweitens ist der Nachdruck zu beachten, mit dem Bultmann *nur dem* die Fähigkeit einräumt, »zum Jenseits der Religion zu gelangen, der das Diesseits [sc. der Natur: ›des Triebs, des Getriebenwerdens, der Zusammenhanglosigkeit‹ (107)] überhaupt verlassen hat, der an jener Welt des Geistes arbeitet« und der deshalb überhaupt erst in die Lage kommt, in der erfahrenen »Spannung zwischen Diesseits und Jenseits« die »Sehnsucht nach Erlösung« bzw. die Ahnung von einem »höheren Jenseits« zu entwickeln (113). Demnach haben also das zu dieser Welt gehörende Jenseits des Geistes und das jenseitige Jenseits der Religion *doch* miteinander zu tun? Die Paradoxie, daß hier sowohl ein Ja als auch ein Nein gilt, drückt Bultmann mittels des paulinischen »ὡς μή« aus: »Dann stehen wir vor der paradoxen Erfahrung, daß uns die Welt, in der wir leben, zu einer fremden wird. Wir haben, als hätten wir nicht (vgl. 1 Kor 7,29–31). Und daß wir doch, im Besitz dieser inneren Freiheit vom Diesseits, das Diesseits wieder hinnehmen können als ein Geschenk, in dessen [pflichtmäßigem!] Gebrauch Jenseitskräfte uns offenbar werden« (114). Hieraus wird klar: So radikal Bultmann auch polemisch-apologetisch gegenüber »Orthodoxie« und Monismus (Herrmann: Positive und Liberale) die Wirklichkeit der Religion ins Jenseits alles vom Menschen her Möglichen verlagert, so bedeutet das doch *nicht,* daß der aus der Wirklichkeit der Religion lebende Mensch der Wirklichkeit der diesseitigen Welt entnommen ist; unter dem Vorzeichen des »ὡς μή«, das einen Vorbehalt bedeutet, nimmt er vielmehr in Arbeit und Verantwortung[41], in Spiel und Genuß an ihr teil – *conditio sine qua non* seiner Teilnahme an der schlechterdings jenseitigen Welt Gottes.

1.4 Zur Herkunft und hermeneutischen Funktion des Religionsbegriffs

Die drei in diesem Abschnitt vorgestellten Texte von 1905, 1906 und 1914, in denen Bultmann sich unter verschiedenen Aspekten zu Wesen und Wirklichkeit der Religion sowie zu den Beziehungen, in denen sie steht, äußert, bestätigen den bereits aus früheren Untersuchungen dieser Arbeit gewonnenen Eindruck, daß dieses Thema von Anfang an im Zentrum seines systematisch-theologischen Nachdenkens steht. Sie lassen ferner erkennen, daß Bultmanns Interesse an diesem Thema kein akademisch-distanziertes ist; sein Bemühen um theoretische Klarheit in der Auffassung von Religion erlaubt die Feststellung, daß es im Dienste der Gewinnung von Rechenschaftsfähigkeit für die eigene religiöse Existenz in ihren Hauptbezügen: Kirche und Theologie, steht. Deutlich ist, wie dem Studenten Bultmann, der sich nach seiner schon in der Schülerzeit angebahnten Ablösung von der kirchlichen »Orthodoxie« um eine theologisch solide und auch über die Grenzen der Zunft hinaus kommunikable Fundamentierung bemüht, die theologischen Konzeptionen zunächst Theodor Haerings, dann Wil-

---

41 Vgl. hierzu W. HERRMANNS Ausführungen über den unentrinnbaren Wechsel (= Dualismus) der »Betrachtungsweise«, d. h. zwischen Arbeits- und Glaubensgedanken (Schriften II, 177 f.), auf die BULTMANN sich GuV I, 225, beruft.

helm Herrmanns entgegenkommen; in ihnen sind, im Blick auf die Kirche formuliert, die berechtigten Ansprüche von theologischem Positivismus und Liberalismus sowie, im Blick auf die Kulturgesellschaft formuliert, die berechtigten Ansprüche von (transrationaler) Religion und (rationaler) Kultur miteinander aufgenommen und ausgeglichen, die jeweils unberechtigten Ansprüche aber abgewiesen. Im Brief an W. Fischer vom 31. 8. 1908 bescheinigt Bultmann W. Herrmann »das tiefste Verständnis für Religion, das ich irgendwo gefunden habe und das mir zur Klärung meiner Anschauungen ungeheuer viel geholfen hat«. Er hat es sich weitgehend angeeignet. Weitgehend – ein Vorbehalt durchzieht wie eine dünne Spur die Reihe der frühen Äußerungen Bultmanns über Herrmann. In der besprochenen Predigt von 1914 fanden wir, wie schon in der Ostermontagspredigt von 1907, Anzeichen für eine Differenz in der Einschätzung der religiösen Bedeutung der Person Jesu. Am 21. 12. 1908 moniert Bultmann, ebenfalls in einem Brief an W. Fischer, an Herrmanns Offenbarungsvortrag[42] »manche Unklarheiten, besonders über das Verhältnis von Religion und Geschichte«. Und schon der Student Bultmann meldet »in bezug auf klares Durch*denken* der Probleme« Bedenken gegenüber Herrmann an.[43] Diese Vorbehalte schmälern jedoch keineswegs die überragende Bedeutung, die Herrmanns Religionsverständnis und alles, was damit gegeben ist, für die kirchliche und theologische Orientierung des frühen Bultmann gehabt hat.

Wir illustrieren dies, abschließend und überleitend, an einem speziellen, für den neutestamentlichen Exegeten Bultmann besonders wichtigen Punkt. In seiner Schrift »Die mit der Theologie verknüpfte Not der evangelischen Kirche und ihre Ueberwindung« von 1913[44] zeigt sich Herrmann »dankbar« dafür, daß die »namhaften Exegeten« der Zeit – und zwar: beider Hauptrichtungen – »die Religion, deren Ausdruck sie in den Hauptteilen des Alten und Neuen Testaments zu finden meinen, mit innerer Anteilnahme anschauen als ein Heiligtum für sie selbst« — also bestimmt von einem inneren Verhältnis zur Sache der Texte. Doch die so bezeichnete Haltung genügt Herrmann noch nicht: »Aber es wäre sehr zu wünschen, wenn sie alle sich mit dem Verständnis der biblischen Religion, das Luther erreicht hatte, auseinandersetzten und deutlich hervortreten ließen, was sie selbst unter Religion oder Glauben verstehen.« Der Exeget wird um der hermeneutischen Klarheit willen zu einer das eigene (Vor-)Verständnis vom »Glauben« einbeziehenden systematisch-theologischen Rechenschaft gerufen! »Denn die Auslegung einer Literatur, in der doch ein sehr lebendiger Glaube nach einem Ausdruck zu ringen scheint, wird natürlich stark davon beeinflußt, wie der Exeget selbst sich das Leben des Glaubens vorstellt.« Im Religions- bzw. Glaubensverständnis des Exegeten sind für Herrmann also weitreichende Vorentscheidungen darüber impliziert, was als christlicher Glau-

---

[42] W. HERRMANN, Der Begriff der Offenbarung, [1]1887 = Schriften I, 123–139; zweite verbesserte Auflage 1908.

[43] Brief an E. Teufel vom 25. 6. 1906.

[44] RV IV/21, Tübingen 1913; die folgenden Zitate 36 f.

be bzw. biblische Religion innerhalb der Erklärung biblischer Texte oder als Frucht daraus überhaupt zur Sprache gebracht werden kann. Deshalb bedarf es der hermeneutischen (Selbst-)Kontrolle des Exegeten, und es wäre »schlimm«, wenn er das, was er unter Glauben versteht, »nicht offen sagte, und noch schlimmer, wenn er aus Mangel an Klarheit über sich selbst es nicht sagen könnte«.

Als wollte Bultmann diese Forderung Herrmanns eigens unterstreichen, nein: um seine Zustimmung zu ihr durch ein Beispiel ihrer Erfüllung zu demonstrieren, führt er in seinem Beitrag für die Herrmann-Festschrift 1917 eine systematisch-theologische Reflexion in die Erörterung einer biblisch-religionsgeschichtlichen Frage ein und bahnt dadurch die Untersuchung auf eine hermeneutisch nun nicht zufällige und unkontrollierbare, sondern rechenschaftsfähige Weise.

2. *»Die Bedeutung der Eschatologie für die Religion des Neuen Testaments«: Aufsatz 1916/1917*[1]

Wir geben zunächst den Gedankengang des Aufsatzes wieder (2.1). Statt eine zusammenhängende, auf Vollständigkeit bedachte Interpretation zu geben, setzen wir uns kritisch mit einzelnen Aspekten der Interpretation auseinander, die Hildegard Ellermeier und Traugott Koch in ihren Untersuchungen über den frühen Bultmann vorgelegt haben (2.2). Abschließend beleuchten wir kurz die Stellung des Eschatologie-Aufsatzes zwischen den vorausgegangenen und den nachfolgenden Arbeiten Bultmanns (2.3).

2.1 Gedankengang

Von den Versuchen, »die Religion des Neuen Testaments als einheitliche geschichtliche Größe (darzustellen)«, hält Bultmann *den* für »besonders erwägenswert ..., als das Wesentliche im Urchristentum, als die Kraft, die die Richtung gibt und die Geschichte bewegt, das eschatologische Bewußtsein anzusehen« (76).[2] Er entwirft selbst die Skizze einer so aufgefaßten Urchristentumsgeschichte (vgl. 77–79).

---

[1] ZThK 27, 1917 (= Festgabe für Wilhelm Herrmann zu seinem 70. Geburtstage [am 6. 12. 1916]), 76–87.

[2] Bultmann bezieht sich hier – außer auf Hans Windisch – auf JOHANNES WEISS, der das eschatologische Bewußtsein als »das Wesentliche am Urchristentum«, als »die das Ganze zusammenhaltende Grundüberzeugung« bezeichnet hatte (Das Problem der Entstehung des Christentums, ARW 16, 1913, 423–515, Zitat 436 Anm. 1 von 435); vgl. aber ebd., 479: »Aber das [sc. die Gewißheit, daß die eschatologischen Würfel bereits gefallen sind] ist nicht das Ganze; das Urchristentum ist nicht bloß eine eschatologische Religion.« Die eschatologische Gewißheit macht »frei und lebendig« die »angeerbte Gegenwartsreligion«: »Gottvertrauen, Gottesliebe und freudiger Gehorsam der Kinder Gottes«. Es entfaltet sich ein neuer Frömmig-

Ist so wirklich die Bedeutung des eschatologischen Bewußtseins für die neutestamentliche Religion richtig erfaßt? Bultmann verneint diese Frage: Das eschatologische Bewußtsein ist, mag es auch »die treibende Kraft in den *Personen und Vorgängen* der urchristlichen Geschichte« genannt werden[3], dennoch nicht das Wesentliche in der Geschichte der neutestamentlichen *Religion;* es stellt lediglich den von den »geistigen Inhalten«, die in die eschatologischen »Vorstellungen« allenfalls verflochten sind, zu unterscheidenden »psychische(n) Zustand« des Urchristentums dar, »Gefühle und Erregungen«, die weder an sich religiös noch speziell für das Urchristentum charakteristisch sind (79f.).

Die Geschichte der urchristlichen Religion kann, wie alle »*Geschichte* eines geistigen Gebietes«, nur als die »Einheit des Ablaufs geistiger Inhalte« verstanden werden – vorausgesetzt, daß sich Religion überhaupt als »Objekt geschichtlicher Betrachtung« eignet. Denn wenn, wie Ernst Troeltsch[4] meint, »in der Religion von Entwicklung [sc. im Sinne der den geschichtlichen Ablauf teleologisch, d.h. als ›Entwicklung‹ im qualifizierten Sinn denkenden ›idealistischen Philosophie‹] nicht die Rede sein könne«, ist »auch nicht einzusehen, inwiefern von Geschichte der Religion überhaupt geredet werden kann« (80f.).

Tatsächlich ergibt die Besinnung auf das »Wesen der Religion«: die in Erlebnissen, die je »neu, ursprünglich und selbständig« sind, von jenseits konstitu-

---

keitstypus, zwar »wurzelverwandt mit echter jüdischer Frömmigkeit, aber doch durchglüht von einem neuen Feuer«. Vgl. auch die folgenden Anmerkungen 3 und 7.

[3] Hervorhebung von mir. Dies: das geschichtliche Christentum, das »nicht eine über aller Relativität stehende Vernunft- und Idealreligion ist, sondern ein geschichtliches Gebilde mit allem, was daraus folgt« – dies hat J. WEISS als Historiker im Blick, und als Antwort auf die Frage nach dem Kraftzentrum des Urchristentums findet er dessen eschatologisches Bewußtsein. Von diesem konkret-geschichtlichen Christentum unterscheidet WEISS – nicht nur rhetorisch, meine ich – als Theologe das die Zeiten übergreifende Wesen des Christentums, um freilich innerhalb der historischen Untersuchung gerade davon abzusehen: »Wie ideal und übergeschichtlich das innerste Wesen dieser Religion sein möge, sie hat niemals existiert ohne eine geschichtlich bedingte, daher notwendig eingeschränkte Gestalt, nie ohne einen Bund zu schließen mit ihr im Innern fremden Gedanken und Lebensformen« (Problem der Entstehung, 428).

[4] Bultmann nimmt Bezug auf E. TROELTSCH, Das Ethos der hebräischen Propheten, Logos 6, 1916/17, 1–28. TROELTSCH leitet seinen Aufsatz mit einer Kritik der beiden sich in entgegengesetzten Richtungen bewegenden Zweige der Religionswissenschaft (des positivistisch-empiristischen und des idealistisch-transzendentalen) ein: Beide kranken an dem in ihnen vorausgesetzten rationalen Entwicklungsbegriff, der den Anspruch einer vernunftnotwendigen Erklärbarkeit geschichtlicher Verläufe impliziere. »Das wirkliche Leben der Religion zeigt nun aber nirgends eine solche Erklärbarkeit, . . . vielmehr eine immer und überall, wenn auch verschieden stark auftretende Erregbarkeit und Reizbarkeit des religiösen Gefühls, wie man zur Bezeichnung einer nicht weiter auflösbaren und herleitbaren inneren Zuständlichkeit zu sagen sich gewöhnt hat . . . Hier ist alles wohl zu verstehen und nachzufühlen, aber wenig zu erklären und herzuleiten« (3). Bultmann folgt Troeltsch in der Ent-Rationalisierung der Religion, *nicht* aber in der Verortung der Religion in der »Erregbarkeit und Reizbarkeit des religiösen Gefühls« als einer bestimmten »inneren Zuständlichkeit«, von der Bultmann die eigentliche Religion als einen zwar nicht rationalen, aber doch geistigen, nicht nur »psychischen« Gehalt strikt unterscheidet.

ierte »Beziehung des Menschen zum Transzendenten«[5], daß es – wegen dieser Kontingenz – »eine Geschichte der Religion nicht geben (kann), wie es eine Geschichte der anderen Kulturinhalte gibt«, deren »zeitliche Folge« sich »mit der immanenten Notwendigkeit als die Selbstentfaltung einer Idee« vollzieht. Wohl aber läßt sich »ein geschichtliches Bild der religiösen *Aussagen*«[6] insofern gewinnen, als diese daran »gebunden« sind, »wie man sich jeweilig den Begriff des Transzendenten klar zu machen vermag«: Dieses Vermögen entwickelt sich in dem Maße, als »die menschliche Vernunft dazu fortschreitet, in Wissenschaft, Sittlichkeit und Kunst [als ihren drei Bereichen] ihr eigenes Herrschaftsgebiet zu überschauen und die ganze diesseitige Welt sich zu unterwerfen«; denn in dieser Entwicklung – «das ist keine Entwicklung der Religion« – klären sich Begriff und Bedeutung des Transzendenten mehr und mehr. Aus dieser Einsicht ergibt sich als Möglichkeit und Aufgabe einer »geschichtlichen Darstellung religiöser Aussagen«, der Frage nachzugehen, »im Zusammenhang mit welchen Gebieten der geistigen Kultur [sc., Wissenschaft, Sittlichkeit, Kunst] und mit welchen ihrer Entwicklungsstufen die religiösen Aussagen eines Volks oder einer Zeit verbunden sind« (81 f.).

Nach diesen Vorgaben besteht die eigentliche »Aufgabe der urchristlichen Religionsgeschichte« nicht in der Frage nach dem, was »das Wesentliche im *Bewußtsein*« Jesu, der Urgemeinde, des Paulus usw. war, sondern in der vor diesem – wohl auszuleuchtenden! – Hintergrund zu vollziehenden Wertung ihrer »religiösen Aussagen in ihrer geschichtlichen Bedeutung«, in der Frage nach dem, was das »*geschichtlich* Wesentliche« war. Auf diese Weise will Bultmann auch in einer urchristlichen Religionsgeschichte »die eigentliche Aufgabe geschichtlicher Darstellung« überhaupt erfüllt wissen: »die ganze Buntheit, Fülle und Bewegtheit des geschichtlichen Lebens zu schauen, die eben darin besteht, daß hier ein Ringen stattfindet, ein Kämpfen des Geistigen mit dem Stofflichen, ein Streben zu einem τέλος, nicht bloß eine kausal verbundene und verständliche Folge von Begebenheiten, Stimmungen und Gedankenbildungen« (82 f.).

Statt nun aber eine konsistente Skizze einer nach diesen Prämissen zu entwerfenden urchristlichen »Religionsgeschichte« zu geben – was ihn auch weit über sein formuliertes Thema hinausgeführt hätte –, beschränkt sich Bultmann auf den Aufweis, »wie die sittlichen Erkenntnisse und religiösen Gedanken« der »im Zusammenhang mit der Arbeit an den sittlichen Problemen entstanden(en)« Religion des Neuen Testaments »in die psychische Zuständlichkeit verflochten sind; wie sich die eschatologische Blickeinstellung in den sittlichen und religiö-

---

5 Die Passage lautet zusammenhängend so: »Als Wesen der Religion wird man vorsichtig bezeichnen dürfen die Beziehung des Menschen zum Transzendenten, zu einer göttlichen Welt, zu Gott. Eine Beziehung, die weder durch vernünftige Erwägungen noch durch natürliche Notwendigkeiten hergestellt wird, sondern durch Erlebnisse, die dem Menschen außerhalb Vernunft und Natur geschenkt werden, die ihn überwältigen, denen er sich frei hingibt, die er als Offenbarung, als Gnade bezeichnet; in denen er sich nicht selbständig schaffend weiß wie in den übrigen Kulturgebieten, sondern schlechthin abhängig« (Bedeutung der Eschatologie, 81).
6 Hervorhebung von mir.

sen Aussagen geltend macht«. Die Betrachtung der urchristlichen Stellung zu »Staat und Recht«, zum »Besitz« und zur »Ehe« sowie die Betrachtung der jesuanischen Forderung von »Wahrhaftigkeit und Reinheit«, von »Selbsthingabe und Opferwilligkeit«, von »Feindesliebe« führt zu dem Ergebnis: Wenn auch die »eschatologische Stimmung« – neben anderen Faktoren – durchweg auf die sittlichen Forderungen eingewirkt hat, so ist es doch weitgehend nur ihre Intensität und ihr »Pathos« (jetzt!), nicht ihr »Inhalt« (z. B. die Bereitschaft zum Opfer), was sich von daher erklärt.[7] Und der in der Tat eschatologische Begriff der endgerichtlichen »Gerechtigkeit«, dessen paradoxe Gegenwartsanwendung (»schon jetzt!«) bei Paulus nur durch die Erwartung des nahen Endes möglich sei, solle bei Paulus »etwas ganz Anderes zum Ausdruck bringen . . .: das Erlebnis, in dem ihm die ganze Größe des sittlichen Gottes offenbar ward: Gott fordert so viel, daß kein Mensch sich der Erfüllung rühmen kann (es ist die Erkenntnis von der Unendlichkeit der sittlichen Aufgabe), und Gott ist so groß in der Gnade, daß vor ihm kein Verdienst gilt, sondern nur ein Sichschenkenlassen (es ist die Erkenntnis der Freiheit des sittlichen Handelns von religiösen Motiven, der Verzicht auf ein Handeln, das auf Gott gerichtet ist; freilich ruht das Interesse des Paulus auf der anderen Seite, auf der durch solche innere Stellung ermöglichten Beziehung zu Gott). Mit Eschatologie hat das nichts zu tun« (83–86). Es ist also tatsächlich der Fall, was Bultmann am Anfang als eine »zu untersuchen(de)« Möglichkeit hingestellt hatte, daß nämlich »in den eschatologischen Vorstellungen . . . vielleicht auch sittliche und religiöse Gedanken (ihren Ausdruck finden)« (79).

Abschließend stellt Bultmann die Frage, »wie solche geschichtliche Situation möglich ist, daß das eigentliche Bedeutsame in solcher Hülle verborgen erscheint«, und findet die Antwort in einer »Wahlverwandtschaft der eschatologischen Stimmungen und Gedanken mit sittlichen und religiösen Aussagen«: In der spätjüdischen Eschatologie (= in der Apokalyptik des Frühjudentums) sei – erstens – der *sittliche* Gottesbegriff »auf seinen stärksten Ausdruck« gekommen, sei »in den schärfsten Gegensatz (getreten) zum Pantheismus mit seinem Begriff einer naturhaften, der Welt und ihren Kräften immanenten Gottheit«: Gott regiert zielgerichtet die Geschichte, an deren Ende das Gericht steht; »dieser Gottesbegriff ist – und zwar bei Reinigung und Entwicklung der sittlichen Gedanken – vom Urchristentum übernommen in derselben Hülle der Eschatologie.« Darüber hinaus komme – zweitens, in bezug »auf das *religiöse* Gebiet« – in der Eschatologie »der transzendente Charakter des Gottesbegriffs zur deut-

---

[7] Vgl. TROELTSCH, Soziallehren, 40: »So wenig die Forderungen aus der Erwartung des Endes selber abgeleitet werden dürfen, so sehr muß man doch bedenken, daß ihr Radikalismus und ihre Unbekümmertheit um Möglichkeit und Durchführbarkeit nur von hier aus zu verstehen sind.« Außerdem WEISS, Problem der Entstehung, 479f.: »Das Urchristentum hat einen Strom edelster jüdischer Frömmigkeit und Ethik in die Weltreligion hinübergeleitet und zwar in starker Konzentrierung und Intensivierung. Das Mittel aber zu dieser Lösung und Sammlung, zu dieser Bejahung und Steigerung war der akute messianische Enthusiasmus, der sich an der Person Jesu entzündet hat.«

lichsten Anschauung«, ebenso »die Weltüberlegenheit und der Optimismus des
Gottesglaubens«, außerdem »der Dualismus der christlichen Weltanschauung«;
dessen »Kern« liege in der »Gegenüberstellung des Kosmos gegen Gottes Welt,
die Welt der Offenbarung und Gnade, der gegenüber nicht nur diese Welt des
Leids und der Sünde, sondern auch diese Welt der Güter und sittlichen Aufgaben
versinkt, damit Gott sei alles in allem« (86 f.).

2.2 Auseinandersetzung mit bisherigen Interpretationen

2.2.1 Hildegard Ellermeier

Hildegard Ellermeier beschränkt sich in ihrer Dissertation »Karl Barth Rudolf
Bultmann. Die ›dialektische‹ Grundlegung und ihre hermeneutische Relevanz«[8]
bei der Untersuchung der Anfänge der Theologie Bultmanns vor 1920 auf den
Epiktet- und den Eschatologie-Aufsatz, blendet Bultmanns Herkunft aus der
Religionsgeschichtlichen Schule fast völlig aus und zeigt sich lediglich an den
Folgen interessiert, die sich »für den Neutestamentler, also den Historiker
Bultmann aus seiner Schülerschaft bei W. Herrmann« ergeben (70). Sie weist in
den genannten Aufsätzen zunächst die trotz einer terminologischen Korrektur[9]
sich durchhaltende Orientierung Bultmanns am geschichtlichen Religionsverständnis »auf der Linie Schleiermacher-Herrmann« nach (72). Speziell im Eschatologie-Aufsatz erblickt sie eine »Weiterentwicklung des systematisch-hermeneutischen Instrumentariums, ... eine Differenzierung und Präzisierung« (75);
das faktische Vorliegen und die Art der Modifikation kann aber nicht hinreichend deutlich erwiesen werden, weil zuvor dem früheren »systematisch-hermeneutischen Instrumentarium« keine gründliche Darstellung und Analyse
gewidmet ist.[10]

Recht plausibel wirkt zunächst die Angabe des Grundes, aus dem sich Bultmann hier überhaupt »systematisch-hermeneutisch« äußere: Bultmann setze
sich auseinander »mit dem urchristlichen Phänomen der Eschatologie« (75),
dem »Skandalon dieser Frühzeit« (71), um »dieses bedrängende Problem urchristlicher Religionsgeschichte in den Griff zu bekommen« – bedrängend wegen der »Diskrepanz zwischen dem Urchristentum, das die historische For-

---

[8] Diss. theol. Marburg (1970) 1974.

[9] Sowohl in dem mißverständlichen Begriff des »Psychologischen« (vgl. »Psychologie der
Geschichte«, ZNW 13, 1912, 182) wie in dem korrigierenden Begriff des »Geistigen« (ZThK
27, 1917, 80) sieht ELLERMEIER »ein wesentlich von Herrmann geprägtes [sc. ›geschichtliches‹]
Verständnis der Religion« (74) anvisiert – ein Verständnis, in dem Religion vom überindividuellen, geschichtslosen Logos wie von der Natur unterschieden wird. Bultmann habe, so
ELLERMEIER zutreffend, »die romantisch-vitalistische Kategorie des Erlebens, durch die Herrmann die geschichtliche Religion bezeichnete, gegen ein psychologisches Mißverständnis ...
sichern« wollen (75).

[10] ELLERMEIER findet die Präzisierung in der »grundsätzlichen Unterscheidung von Natur
(Psyche) und Religion, zugleich aber in der von Kultur und Religion, die Bultmann 1920 [sc. in
›Religion und Kultur‹] genauer durchführt« (76).

schung aufgedeckt hat, und der modernen Frömmigkeit, die sich doch auf dieses Urchristentum berufen will« (75). Wird man auch den letztzitierten Nebensatz sogleich als zu pauschal beanstanden, so erscheint doch Ellermeiers Versuch, »die Eschatologie als Movens hermeneutischer Überlegung« (ebd.) aufzuweisen, sehr erwägenswert. Denn in der Tat konnte die Entdeckung der überragenden Bedeutung der Eschatologie für die Religion der frühesten Christenheit die systematisch-theologische Prämisse von der zeitenübergreifenden Identität der neutestamentlichen als der christlichen Religion problematisch machen; sie *muß-te* das sogar tun, wenn keine präzise Unterscheidung zwischen der urchristlichen Religion (in charakteristischer Abhebung von der altkirchlichen, mittelalterlichen usw. Religion) *einerseits* und der »neutestamentlichen« als *der christlichen* Religion (in charakteristischer Abhebung von nichtchristlichen Religionen) *andererseits* durchgeführt wurde, also die Unterscheidung zwischen der christlichen Religion selbst und dem (wechselnd) Charakteristischen in ihrer jeweiligen zeitlichen, kulturellen, persönlichen Ausprägung. Diese Unterscheidung *ist* Bultmann nun aber – wenngleich nicht in dieser konkreten Anwendung, wozu ihm aber auch der Anlaß fehlte – schon in seiner Habilitationsschrift vertraut. Von daher hätte er sowohl Ellermeiers Aussage, die »moderne. . . Frömmigkeit« habe sich »doch auf dieses Urchristentum berufen« wollen, als zu ungenau zurückgewiesen[11] als auch ihre Diagnose, die Eschatologie stelle das »Skandalon« von Bultmanns Frühzeit dar, wie folgt korrigiert: Nicht die urchristliche Eschatologie ist das Skandalon – diese ist vielmehr als ein scheinbares Skandalon nur der (durch die neue Sicht des Urchristentums dringlich gewordene) Gegenstand historischer Abarbeitung, um den echten Anstoß der neutestamentlichen, der christlichen Religion: Gott in seiner den Menschen demütigenden Forderung und Gnade, deutlich zu machen.[12] Demnach ist Bultmanns Eschatologie-Aufsatz als der – mit dem ihm durchaus schon geläufigen »systematisch-hermeneutischen Instrumentarium« unternommene – Versuch solcher Abarbeitung und Verdeutlichung zu betrachten, aktuell bedingt durch die historische Erkenntnis des eschatologischen Charakters des Urchristentums und die dadurch aufgeworfene Frage nach dem geschichtlichen und sachlichen Rang der Eschatologie für die neutestamentliche Religion.

Nun wertet Ellermeier Bultmanns Feststellung der »Wahlverwandtschaft der eschatologischen Stimmungen und Gedanken mit sittlichen und religiösen Aussagen«[13] – ich sehe darin eine eigens durchgeführte kontrollierende Reflexion auf den Grund für die sittlich-religiöse Ausdrucksfähigkeit eschatologischer Vorstellungen – als ein »Zugeständnis«, als ein »Zeichen des Unbehagens«, als »einen Versuch wenigstens des Historikers, der Historie ihr Recht zu geben

---

11 In seinem Aufsatz unterscheidet BULTMANN sehr genau zwischen Urchristentum / urchristlicher Bewegung (in Abhebung vom »Christentum der werdenden Kirche«, 79) einerseits und der »neutestamentlichen Religion« andererseits.

12 Vgl. Oldenburgisches Kirchenblatt 19, 1913, 127.

13 Bedeutung der Eschatologie, 86.

gegen das Diktat der eigenen, modernen Religion« (77). Wieso Bultmann hierbei unbehaglich gewesen sein soll, kann ich nicht einsehen; Ellermeiers Wertung
setzt voraus (und suggeriert wiederum) die Meinung, im Grunde laufe die unter
dem »Diktat des Selbstverständnisses der eigenen, modernen Religion« betriebene historische Forschung »auf nichts anderes« als auf die Eliminierung unvollziehbar gewordener Vorstellungen hinaus – so bekanntlich Koch[14] –, und macht
blind für die faktisch vorliegenden Verstehens- und Interpretationsversuche
(und -kontrollen!), die allenfalls als Deckmäntelchen in Betracht kommen, mit
dem sich das schlechte Historiker-Gewissen kaschiert. Ellermeier findet in
Bultmanns »Zugeständnis« die »konkrete Stelle der Aporie dieses ersten hermeneutischen Ansatzes« bezeichnet: »Sprach das historisch erhobene Selbstverständnis der Texte nicht gegen eine Auslegung, die sein Zentrum negierte? Und
stellte es damit nicht die Kriterien dieser Auslegung in Frage?« (77) (Inwieweit
die Eschatologie das »Zentrum« des Selbstverständnisses »der Texte« bildet,
stehe dahin; daß Bultmann dieses »Zentrum« nicht »negierte«, sondern es
interpretierte und seine Interpretation einer methodisch reflektierten Kontrolle
unterwarf, steht nicht dahin, sondern fest.) Leider läßt sich Ellermeier durch ihre
– natürlich diskutable! – Anfrage nicht zu einer Diskussion des geschichtstheoretischen Rahmens bewegen, welcher – aus dem Aufsatz selbst deutlich genug zu
ersehen[15] – gerade auch diese Frage beantworten zu können beansprucht. Jedenfalls erblickt sie in dieser »Aporie« das vorwärtsweisende, weiterführende Element von Bultmanns Eschatologie-Aufsatz: Bultmann habe sich in der Folgezeit, wie die Anerkennung des Eschatologischen und der »forensisch verstandenen Rechtfertigung« als des wesentlichen Zentrums der paulinischen Theologie
im Ethik-Aufsatz von 1924[16] ausweise, unter dem Druck der »Ergebnisse der
historischen Forschung« zu einer Überprüfung und Revision »der Angemessen-
heit der Kategorien seines die historische Interpretation leitenden Religions- und
Geschichtsverständnisses« bzw. »Gegenwartsinteresse(s)« veranlaßt gesehen
(77f.). Ich zweifle, daß Bultmanns neue Sicht des Eschatologischen und der
Rechtfertigung tatsächlich in *dem* Sinne neu genannt zu werden verdient, daß
etwas gegenüber dem Eschatologie-Aufsatz wirklich Neues und Anderes gesagt
ist und daß dieses Neue und Andere auf eine durch Ergebnisse historischer
Forschung veranlaßte Revision hermeneutisch-theologischer Prämissen zurückzuführen ist. Ich kann die Frage hier nicht weiter verfolgen, meine aber, daß hier
– was die Eschatologie betrifft – eine Verschiebung weniger in der Sache als in

---

[14] S. o. S. 235f.

[15] Vgl. bes. 83, wo BULTMANN das Wesentliche im Bewußtsein Jesu usw. von dem geschichtlich Wesentlichen unterscheidet. Vgl. dazu schon JÜLICHER, Paulus und Jesus, 12: »Ueber das,
was am Wirken eines Menschen das Wichtigste *war*, kann er selber noch weniger wie über das
Verhältnis seines Werks zu dem eines Vorgängers abschließend urteilen: das kann immer nur die
Nachwelt, die den dauernden Erfolg in die Rechnung mit einbezieht, und die aus der Entfer-
nung das Kleine überhaupt nicht mehr sieht, dafür um so leichter das Ewige, das Wesentliche
von dem Zufälligen und zeitlich Bedingten scheidet.«

[16] R. BULTMANN, Das Problem der Ethik bei Paulus [1924], in: Exegetica, 36–54.

der Terminologie vorliegt, konkret: Bultmann bringt später unter dem Titel der Eschatologie bzw. des Eschatologischen eben das zur Sprache, was er 1917 als das von jenseits her konstituierte Verhältnis zum Transzendenten bezeichnet. Seine Ausführungen zur »Wahlverwandtschaft der eschatologischen Stimmungen und Gedanken mit sittlichen und religiösen Aussagen« erscheinen von 1924 her gesehen geradezu als Wegweiser in diese Richtung. Eine Zwischenstation auf dem damit gewiesenen Weg stellt der kleine Aufsatz »Religion und Sozialismus« von 1922[17] dar; hier spricht Bultmann prononciert vom »Letzten« im Menschen und hat dabei den Menschen unter dem Gesichtspunkt des religiösen Transzendenzverhältnisses im Blick – die Termini Eschatologie/eschatologisch treten das Erbe an, das die Wendung vom Bewußtsein schlechthinniger – eschatologischer! – Abhängigkeit hinterläßt. Diese Bezeichnung wird in den 1920er Jahren im Umkreis der »dialektischen Theologie« aus der theologischen Debatte exkommuniziert; was sie bezeichnete, bleibt bei Bultmann auf dem Plan unter dem Titel der eschatologischen Existenz.

2.2.2 Traugott Koch

Blicken wir von Ellermeier hinüber zu Traugott Koch[18], so finden wir dort ebenfalls als Absicht des Eschatologie-Aufsatzes formuliert: »der Beunruhigung Herr zu werden, die in Bultmanns Verständnis die historisch zu konstatierende Relevanz der Eschatologie für die urchristliche Religion impliziert« (168). Bultmann habe das »Dilemma« (166) auf bewährte Art bewältigt, nämlich durch die Herauslösung der Religion aus dem Geschichtszusammenhang, durch Trennung der eigentlichen Religion von den geschichtlich bedingten religiösen Aussagen und durch die Verneinung eines »sachlich notwendigen Zusammenhang(s)« (170) zwischen beiden Größen; dabei habe er die »Differenzierung zwischen erlebnishaftem Glaubensgrund und den Glaubensgedanken W. Herrmanns oder zwischen Religion und Weltanschauung, wie sie die ›Religionsgeschichtliche Schule‹ vornahm«, so verschärft, »daß eine inhaltliche Bestimmung der Religion *selbst* [und eine christliche Weltanschauung, vgl. 172] . . . letztendlich ausgeschlossen bleiben muß. Allein so« – und das heißt zugleich: in einer »extreme(n) Diastase der Religion selbst . . . von der Kultur, einschließlich der Sittlichkeit« – »läßt sich der geschichtsfreie Charakter des religiösen Erlebnisses konsequent durchhalten« (170).

Was Kochs Diagnose über die Intention des Aufsatzes angeht, so ist dazu das Nötige schon gesagt: Für Bultmann potenzierte sich keineswegs »in dem Faktum der urchristlichen Eschatologie« die »Beunruhigung« (168) oder die »wachsende Belastung . . ., die der Theologie durch den historischen Relativismus« entsteht (166), sondern umgekehrt: Die längst gelegte hermeneutisch-theologische Basis verspricht von vornherein und erweist denn auch ihre Tragfähigkeit

---

[17] Dazu s. u. S. 288–290.
[18] Theologie unter den Bedingungen der Moderne, daraus die folgenden Zitate.

selbst gegenüber jenem Faktum, das für andere durchaus beunruhigend und belastend gewirkt haben mag.

Weiter ist an Kochs Darstellung – ganz abgesehen von den *Bewertungen:* man *kann* ja in der Tat, wie Koch, Bultmanns Religionsverständnis für katastrophal verfehlt halten – die Frage zu richten, ob nicht zur *Beschreibung* dieses Religionsverständnisses statt der durchweg von Koch benutzten Kategorie der *Trennung* (bzw. Lösung, Abstraktion, Diastase, Scheidung) die Kategorie der *Unterscheidung* sachgemäßer wäre, die freilich dazu nötigen würde, die durch »Unterscheidung« konstituierten *Relationen* wahrzunehmen und zu würdigen. Koch erspart sich das. Nur so ist zu erklären, daß er, der den Religionsgeschichtlern einen empfindlichen Mangel an Verstehen bzw. an Verstehenswillen vorwerfen zu sollen meinte[19], zwar vermerkt, Bultmann habe »die eschatologische Hoffnung als Bewußtseinshaltung aus dem intentionalen Konnex mit einem religiösen Inhalt« gelöst (169), habe einen »sachlich notwendigen Zusammenhang« zwischen »Religion als Erlebnis, das in sich der Geschichte enthoben ist«, und »religiösen Aussagen, die der geschichtlichen Veränderung unterworfen sind«, verneint (170), daß er aber Bultmanns ausdrückliche Reflexion auf die Fähigkeit des eschatologischen Bewußtseins, in eschatologischen Vorstellungen, Gedanken und Aussagen sittliche und religiöse Inhalte zum Ausdruck zu bringen, ignoriert.

Nur aus der Freudigkeit Kochs zur Feststellung »extreme(r) Diastase(n)« (170) ist es weiterhin zu erklären, daß er bei Bultmann eine »diastatische Scheidung« – also prononciert *nicht* eine Unterscheidung, die noch Beziehungen zuläßt! – »der Religion selbst von der Kultur und der Sittlichkeit« diagnostiziert (172). Es ist aber für Bultmann nicht der *abseits* von Natur, Kultur, Sittlichkeit lebende, sondern der je in bestimmtem »psychische(n) Zustand«, der je *auf* erreichtem kulturellen Niveau, der je *unter* der sittlichen Forderung befindliche Mensch, in dessen »Beziehung ... zum Transzendenten« das »Wesen der Religion« besteht.[20] Dieses Verhältnis wird »weder durch vernünftige Erwägungen noch durch natürliche Notwendigkeiten *hergestellt*« – aber das heißt doch nicht, daß es diese nicht *betrifft*[21]; sondern es wird hergestellt »durch Erlebnisse, die dem Menschen außerhalb Vernunft und Natur geschenkt werden« – und das heißt wiederum nicht, daß verkürzend diese *ab-extra*-Erlebnisse an sich statt der durch sie konstituierten und in ihnen realisierten Transzendenzbeziehung des konkreten Menschen für das »Wesen der Religion« ausgegeben werden dürfen, wie sowohl Koch als auch Ellermeier als auch Stegemann tun[22]. *In der Welt* – und nie

---

[19] Vgl. oben S. 235.

[20] Bedeutung der Eschatologie, 81 (vgl. oben S. 266 Anm. 5).

[21] Bultmann expliziert in »Religion und Kultur« – wie schon in der Predigt »Diesseits- und Jenseitsreligion« – den »Dualismus« als »Spannung«, was unter dem uns hier beschäftigenden Gesichtspunkt das genaue Gegenteil zu einer »diastatischen Scheidung« ist.

[22] Ellermeier, 79: »... wenn nämlich Religion definiert wird als ›Erlebnisse, die dem Menschen ...‹«; Koch, 172: »jenes Erlebnis der Abhängigkeit von dem ›Transzendenten‹, das [statt richtig: *die*] Bultmann ›als das Wesen der Religion‹ beschrieb«; Stegemann, 35: Religion

anders als *in* der Welt –, aber nicht *aus* der Welt stammend: dieser johanneische Dualismus (vgl. Joh 17,13–17) scheint mir für Bultmanns Religionsverständnis charakteristisch zu sein. Zweifellos betont Bultmann, wie schon in der 1914er Predigt »Diesseits- und Jenseitsreligion«, sehr stark das Jenseitsmoment in der Religion; dadurch verneint er ein Religionsverständnis, nach dem die durchaus nicht zu leugnenden Relationen der Religion zu der dem Menschen als Natur gegebenen und seiner Vernunft in Wissenschaft, Sittlichkeit und Kunst aufgegebenen Welt *anders* als durch den schlechthinnigen *Gegensatz* hindurch bestimmt werden, in dem die »göttliche. . . Welt« einerseits und »die ganze diesseitige Welt« des Menschen andererseits, »Gottes Welt« einerseits und »diese Welt des Leids und der Sünde« *und* »diese Welt der Güter und sittlichen Aufgaben« andererseits zueinander stehen. Trifft dies zu, so kann behauptet werden, daß es die Schleiermacher und Herrmann folgende[23] fundamental-theologische Konzentration auf das Wesen der Religion und die Integration dieser Besinnung in die Arbeit des historischen Theologen ist, die den Neutestamentler Bultmann zu einem der profiliertesten Vertreter »dialektisch« redender Theologie werden läßt.

Je deutlicher sich dieses Denken der Relationen (Gottes Welt / diese Welt; Religion / Natur und Kultur usw.) *aus dem Gegensatz* als eine Grundfigur im theologischen Denken des frühen Bultmann – nicht erst 1917, sondern im Grunde von Anfang an! – erweist, desto untauglicher erscheint die Rede von »Rudolf Bultmanns Wende von der liberalen zur dialektischen Theologie«[24]. Diese Formel ist m. E. ganz ungeeignet, die Entwicklung der Theologie Bultmanns auch nur einigermaßen adäquat zum Ausdruck zu bringen. Was ihre Glieder »liberale Theologie« und »dialektische Theologie« betrifft, so müßte genau bezeichnet werden, in bezug worauf (und worauf nicht!) hier von »liberal«[25] und »dialektisch« geredet wird. Vollends der Ausdruck »Wende« hat aus der Debatte zu verschwinden; die Assoziation, die er einfach hervorrufen *muß* – *subita conversio* –, führt in die Irre. Längst ist bekannt, wie sehr sich in Bultmanns Denken Anliegen »liberaler« Theologie durchhalten; der Aufweis, daß er schon lange vor den 1920er Jahren – nach meiner

ist »kontingentes, individuelles ›Erleben‹«. Im Brief an R. Otto vom 6. 4. 1918 (dazu s. u. S. 276–278) sagt BULTMANN zwar selbst: »Im Gegensatz zur Teilnahme an der humanen Kultur, zu Wissenschaft, Sittlichkeit und Kunst, an denen wir als Vernunftwesen teilnehmen, ihre Welten mitbauend, mitformend nach den überindividuellen Gesetzmäßigkeiten jener drei Gebiete[,] . . . ist die Religion Erleben«, präzisiert diese Formulierung aber durch folgende Erläuterung und Fortsetzung: »d. h. [Religion ist] auf das Individuum und sein eigentümliches Leben statt auf die überindividuelle Vernunft gestellt, und sie *besteht* in der *Beziehung* des individuellen Lebens zu einer jenseitigen Wirklichkeit des Lebens« (Ms. 8; bei SCHÜTTE, Religion und Christentum, 137; Hervorhebungen von mir).

[23] »Schleiermacher und Herrmann folgend«, d. h. wesentlich: in der Nachfolge des unter den Bedingungen neukantianischer Vernunftlehre rezipierten Schleiermacher der »Reden«.

[24] Dies der Titel des Aufsatzes von BERND JASPERT in: DERS. (Hg.), Werk, 25–43.

[25] Die Identifizierung »liberaler Theologie« mit dem Typus der »Jesus-Theologie«, gegen die Bultmann sich 1920 wendet (vgl. unten Abschnitt 6 dieses Kapitels), – JASPERT (vgl. vorige Anm.) folgt dieser üblich gewordenen Identifikation unbesehen – läuft Gefahr, die bleibend legitimen Anliegen liberaler Theologie, etwa ihren Protest gegen die intellektualistische Verengung des Glaubensbegriffs, zu diskreditieren.

Auffassung von Anfang an und dann mit zunehmendem Nachdruck, wie er erstmals in solcher Deutlichkeit in der Predigt »Diesseits- und Jenseitsreligion« vom 12. 7. 1914 sichtbar wird – die Relation Gott/Welt aus ihrem Gegensatz heraus und insofern »dialektisch« denkt, sollte von der anderen Seite her dazu beitragen, der Vorstellung von einer »Wende« Bultmanns den Abschied zu geben.

2.3 Zur Stellung des Aufsatzes zwischen den früheren und den späteren Arbeiten

Die Auseinandersetzung mit den Interpretationen Ellermeiers und Kochs hat uns jeweils schon mitten in die Frage hineingeführt, in welcher Beziehung Bultmanns Eschatologie-Aufsatz zu seinen früheren Arbeiten und zu denen der 1920er Jahre steht, m. a. W., welchen Entwicklungsstand in Bultmanns hermeneutisch-theologischem Denken er markiert. Was die Verbindung nach *rückwärts* betrifft, so fanden wir, daß Bultmanns »Abarbeitung« der urchristlichen Eschatologie grundsätzlich mit Hilfe derselben geschichtstheoretischen und hermeneutischen Kategorien erfolgt, die wir auch schon in seinen Arbeiten bis 1912/13 antrafen: Eschatologie als zeitbedingte Einkleidung der neutestamentlichen als *der* christlichen Religion, als eine Hülle, die der nun unter dem Begriff des »Psychischen« gefaßten seinerzeitigen Atmosphäre entspricht und gerade in ihr sich als sachlich ausdrucksfähig, tauglich, berechtigt, geschichtlich notwendig erweist. Jedoch nicht nur von der neu eingeführten Kategorie des »Psychischen« her ist zu bezweifeln, daß Bultmanns Marburger Antrittsvorlesung von 1912 (»Die Bedeutung der Eschatologie für das Urchristentum«[26]) im Aufsatz von 1916/17 ohne eingreifendere Änderungen auf uns gekommen ist, denn in den früheren Arbeiten, so etwa im RGG-Artikel über die Urgemeinde von 1913[27], kann Bultmann unter Berufung auf F. Chr. Baur noch unbefangen von der geschichtlich sich realisierenden »Idee«, von dem geschichtlich sich realisierenden »Prinzip des Christentums« reden[28]; er wendet dort also auf die urchristliche *Religion* die idealistische Geschichtsbetrachtung an, die er 1916/17 ausdrücklich auf die religiösen *Aussagen* beschränkt und, mit einem Verweis auf eine Veröffentlichung E. Troeltschs von 1916, für die im Sinne Schleiermachers verstandene *Religion selbst* ablehnt: Religion im eigentlichen Sinn, als die von jenseits her konstituierte Beziehung des einzelnen Menschen zum Jenseits, hat keine Geschichte, Religionsgeschichte gibt es nur als Geschichte ihrer kulturgeschichtlich bedingten Explikationen und wird so zu einem Zweig der allgemeinen Kulturgeschichte, deren Fortschritt in Wissenschaft, Sittlichkeit und Kunst eben auch eine zunehmend klare Selbstexplikation der Religion ermöglicht. Die Veränderung in Bultmanns Denken zwischen 1912/13 und 1916/17 besteht also *nicht* darin, daß er die idealistische Geschichtsbetrachtung aufgegeben hätte,

---

[26] Vgl. oben S. 38 mit Anm. 34 und 36.

[27] Hier werden »die eschatologische Gemeinde, der Messias« in geläufiger Weise als »zeitgeschichtliche Schranke«, als »Schale«, die den »Kern: Jesu Geist« umhülle, bezeichnet (RGG[1] V, 1523).

[28] Ebd.

sondern darin, daß er deren Anwendbarkeit auf das, was im eigentlichen Sinn Religion zu heißen verdient, unter Berufung auf die Schleiermacher-Herrmannsche Religionsauffassung nun ausdrücklich negiert und sie auf die geschichtlich bedingten religiösen Aussagen beschränkt. Dadurch ist dem geschichtlichen Explikationsprozeß der christlichen Religion eine etwaige Offenbarungsqualität, die Bultmann nie positiv behauptet hatte, definitiv abgesprochen. Die Veränderung gegenüber den Arbeiten von 1912/13 beruht also nicht auf einem Neuansatz, sondern lediglich auf einer längst angebahnten klärenden Differenzierung, die bestimmte von der (Hegel-)Baurschen Geschichtstheologie inspirierte *Formulierungen* korrigiert. Was sich in der 1914er Predigt abzeichnete, nimmt deutlichere Konturen an: Die theologische Arbeit – auch die historisch-theologische! – bestimmt sich von ihrem zentralen Gegenstand her, von der »Religion« als einer auf kontingentem Erleben bzw. kontingenter Offenbarung beruhenden, an der Gesetzmäßigkeit einer Entwicklung nur mittelbar über ihre Explikationsbedingungen teilhabenden Transzendenzbeziehung der einzelnen Menschen her. Als Gewährsmann für das Verständnis von Wesen und Leben der Religion tritt Schleiermacher immer deutlicher in den Vordergrund.

Nicht nur die Beziehung des Eschatologie-Aufsatzes nach rückwärts, sondern auch die nach *vorwärts* scheint eher von Kontinuität denn von Diskontinuität bestimmt zu sein. Wie wir sahen, zeichnet sich im Eschatologie-Aufsatz und in den vorher schon besprochenen Texten von 1905, 1906 und 1914 eine dialektische, die Relationen aus dem ursprünglichen Gegensatz begreifende Verhältnisbestimmung von Religion und Kultur ab, in deren Hintergrund wiederum das Schleiermacher-Herrmannsche Verständnis der Religion steht, nach dem sie ein Nein und ein Ja zur Kultur enthält. Dies unter anderem scheint Schmithals im Blick zu haben, wenn er ausführt, bereits in Bultmanns Eschatologie-Aufsatz zeige sich »der neue Ansatz in der für ihn bezeichnenden Weise«, d. h. so, daß Bultmann diesen »›Neuansatz‹ als kritische Kontinuität mit W. Herrmann (und F. Schleiermacher) sowie mit der religionsgeschichtlichen Fragestellung« beurteile.[29] Mit Recht setzt Schmithals das Wort »Neuansatz«, wo er es auf Bultmann bezieht, in Anführungszeichen; denn was Bultmann in den folgenden Jahren zum Mit-Exponenten der »neuen« Theologie werden läßt, beruht nach dem, was wir bisher sahen, bei Bultmann selbst nicht auf einem Neuansatz in seinem Denken, sondern auf der zunehmenden fundamental-theologischen Konzentration auf die ihn von Anfang an beschäftigende Frage nach Ursprung, Wesen und Lebensbeziehungen der Religion. »A change is under way, hardly a revolution as yet, but a least a transition« – allenfalls so weit kann J. D. Smarts Charakterisierung von »Bultmann in 1917« beigepflichtet werden.[30] Wenn er aber fortfährt, diese Veränderung bzw. dieser Übergang sei »provoked not so much by any rediscovery of revelation in Scripture as by an experience of revelation in the

---

29 SCHMITHALS, *Art.* Bultmann, 389.
30 SMART, Divided Mind, 73.

tragedy of wartime«[31], so muß diese Diagnose in ihrem negativen Teil modifiziert, in ihrem positiven Teil abgewiesen werden: Wenn auch nicht geradezu »rediscovery of revelation in Scripture«, so enthält die Konzentration auf die Frage wahrer Religion doch eine streng offenbarungstheologische Orientierung, die sich für Bultmann an der Schrift bewährt und *aufgrund* deren er in der Pfingstpredigt 1917, auf die Smart sein Urteil stützt, anhand des selbstgewählten Textes 1 Kor 2,9–12 – also des Textes, den er bei der Examens-Exegese zum Anlaß einer Grundlagenbesinnung über Glauben und Wissen genommen hatte! – *theo*logischen Durchblick durch die Erfahrung des Krieges zu gewinnen und zu vermitteln sucht.

3. Abweisung des »psychologischen« Mißverständnisses der Religion: Brief an Rudolf Otto vom 6. 4. 1918

Diente im Eschatologie-Aufsatz die Besinnung auf das Wesen der Religion zur Bestimmung von Aufgabe und Grenzen einer Geschichte der neutestamentlichen Religion und blieb hier die Orientierung an Schleiermacher unausdrücklich, so dient in Bultmanns brieflicher Auseinandersetzung mit Rudolf Ottos Buch »Das Heilige« vom 6. 4. 1918[1] das – wohl zu verstehende! – Schleiermachersche Religionsverständnis (Gefühl schlechthinniger Abhängigkeit) ausdrücklich als der kritische Maßstab, anhand dessen Bultmann Ottos Religionsauffassung als ein psychologisches Mißverständnis beurteilt: Durch seine Beschreibung angeblich spezifisch religiöser Gefühlszustände[2] verfehle Otto das Wesen der Religion. »Im Gegensatz zur Teilnahme an der humanen Kultur, zu Wissenschaft, Sittlichkeit und Kunst, an denen wir als Vernunftwesen teilnehmen, ihre Welten mitbauend, mitformend nach den überindividuellen Gesetzmäßigkeiten jener drei Gebiete«, bestehe Religion in der auf das »Erleben, d. h. auf das Individuum und sein eigentümliches Leben statt auf die überindividuelle Vernunft« gestellten »Beziehung des individuellen Lebens zu einer jenseitigen Wirklichkeit des Lebens, wobei als ›Jenseits‹ unser gesamter durch die Sinne vermittelter Erfahrungsstoff in seiner Formung durch die drei Richtungen der Vernunft zu gelten hat.[3] Diese Wirklichkeit wird vom Ich erlebt in dem Gefühl

---

[31] Ebd.

[1] BULTMANNS Brief an R. Otto vom 6. 4. 1918 ist veröffentlicht in: SCHÜTTE, Religion und Christentum, 130–139. Die folgenden Zitate, mit dem Original (Ms. 797/757 der Universitätsbibliothek Marburg) verglichen und nach ihm gelegentlich stillschweigend korrigiert, werden nach der Druckfassung nachgewiesen. – BULTMANN schrieb den Brief »in erster Linie«, um sich »selbst Klarheit über die bei der Lektüre aufsteigenden Gedanken – κατηγοροῦντες ἢ καὶ ἀπολογούμενοι – [zu] verschaffen« (130).

[2] Vgl. BULTMANNS Charakterisierung des eschatologischen Bewußtseins als des religiös indifferenten psychischen Zustands einer Epoche in: Bedeutung der Eschatologie, 80.

[3] Diesen Nebensatz (»wobei als ›Jenseits‹ … zu gelten hat«) vermag ich nicht sicher zu deuten. Ich bin versucht, *gegen* den Wortlaut zu interpretieren: ›wobei als die *diesseitige* Wirklich-

der schlechthinigen Abhängigkeit, wobei« – dies nun speziell gegen Otto –
»›Gefühl‹ weder einen psychischen Zustand noch die Urteilskraft der ästhetischen Vernunft bedeutet, vielmehr einen Bewußtseinsinhalt aussagt, ein Selbstbewußtsein ist (vgl. Schleiermacher)« (137). Fürs Detail verweise ich auf die
Interpretation des Briefes, die ich innerhalb des Aufsatzes »Rudolf Bultmanns
Berufung auf Friedrich Schleiermacher vor und um 1920« vorgelegt habe.[4] Hier
hebe ich nur hervor:

1. Der Brief dokumentiert die anhaltend intensive Bemühung Bultmanns um
ein theologisch sachgemäßes Verständnis dessen, was in Wahrheit Religion zu
heißen verdient; schon die Ausführlichkeit und die Sorgfalt der Auseinandersetzung mit Otto unterstreichen die These, daß dies für Bultmann *das* Thema jener
Jahre ist.

2. Bultmann grenzt die im Anschluß an Schleiermacher verstandene Religion
mit Herrmann gegen das – als solches gänzlich akzeptierte! – neukantianische
System der Vernunft bzw. der Kultur[5] und gegen die – zu Unrecht ebenfalls auf
Schleiermacher sich berufende und gänzlich zu verwerfende! – neukantianische
Religionsphilosophie Natorps ab, derzufolge »die Erfassung einer jenseitigen
Welt in der Religion«, ihr Transzendenzanspruch, eine Projektion der Psyche
und »demnach einfach Illusion« ist (134); diesem Verdikt verfällt Ottos Reli-
gionsverständnis.[6]

3. Demgegenüber insistiert Bultmann auf dem Erkenntnismoment der Religion, versteht sie als eine von jenseits der Vernunft her konstituierte »geistige
Haltung der Objektsbeziehung«, deren Gegenstand – »die jenseitige Wirklichkeit« – freilich ein »Mysterium« sei, »sofern sie nicht rational faßbar ist, sondern
sich ›offenbart‹, sich immer neu entschleiert und in positivem Sinn Geheimnis
ist: immer neuen Reichtum an Lebensinhalt birgt« (138).[7]

4. Stätte dieser Offenbarung sind nicht »die psychischen Zustände, unter

---

keit, der gegenüber jene jenseitige Wirklichkeit jenseitig ist, unser gesamter durch die Sinne
vermittelter Erfahrungsstoff in seiner Formung durch die drei Richtungen der Vernunft zu
gelten hat‹. Doch ist solche Interpretation gegen den Wortlaut natürlich bedenklich. Eine
Interpretation *mit* dem Wortlaut, ihn ergänzend, würde statt auf verschiedene Wirklichkeitsebe-
nen auf die unterschiedlichen Modi abheben, in denen sich der Mensch zu seiner Wirklichkeit
verhält: einerseits – als »Vernunftwesen« – »mitformend, mitbauend«, andrerseits – als »Individuum« – spezifisch »religiös«, existentiell erlebend; hiernach wäre zu interpretieren: ›wobei als
›Jenseits‹ unser gesamter durch die Sinne vermittelter Erfahrungsstoff in seiner Formung durch
die drei Richtungen der Vernunft zu gelten hat, *sofern er vom Individuum* – etwa als ›Gefühl‹ oder
›Anschauung des Universums‹ (Schleiermacher) – *existentiell erlebt wird‹*. Beide Interpretationen
ergeben einen Sinn, beide können auf Analogien in sachlich benachbarten Texten (v. a.: »Dies-
seits- und Jenseitsreligion« und »Religion und Kultur«) verweisen. Ich verzichte auf eine
eindeutige Entscheidung.
[4] In: Jaspert (Hg.), Werk, 3–24.
[5] Näheres hierzu s. u. Abschnitt 4 dieses Kapitels.
[6] Vgl. Evang, Berufung, 10f.
[7] Hierzu vgl. die Pfingstpredigt 1917 »Vom geheimnisvollen und vom offenbaren Gott«,
VW, 135–147.

denen dies Abhängigkeitsgefühl und die Verehrung des Mysterium vorhanden sind« – diese »sind unendlich verschieden und prinzipiell gleichgültig« –, sondern ist das »Bewußtsein«, welches »in den Beziehungen zur diesseitigen Welt und in der Teilnahme an der Formung des Erfahrungsstoffes durch die Vernunftkräfte seinen Inhalt hat und darin nicht nur aktiv seine Arbeit an objektiven, sachlichen Größen erfährt, sondern [›darin‹, nicht da*neben!* – dies gegen Koch[8]] zugleich seinem individuellen Leben einen Inhalt zuströmen fühlt, der ihm die Sicherheit eines eigenen, ›jenseitigen‹ Lebens schenkt« (138 f.).

4. »*Religion und Kultur*«: *Vortrag/Abhandlung 1919/1920*

In der Mitte 1920 in ChW erschienenen Abhandlung »Religion und Kultur«[1], die auf einen Anfang 1919 in Breslau gehaltenen Vortrag zurückgeht[2], hat Bultmann die Ergebnisse seines Nachdenkens über Religion zu systematischer Darstellung gebracht, welche als Grundlagenbesinnung in den Nachkriegsauseinandersetzungen um die Neuordnung von Staat und Kirche und ihres Verhältnisses zueinander zugleich dezidierte Stellungnahmen zu den praktischen Aufgaben (kirchen-)politischer Gestaltung enthält. Der zeitgenössische Problemhorizont ist präsent in der die Abhandlung als ihr Nerv durchziehenden Frage nach der Kulturbedeutung der Religion[3]. Wir gehen zuerst dem Gedankengang ausführlich nach (4.1) und treten dann in ein Gespräch mit Roger A. Johnson ein, der anhand der Abhandlung »Religion und Kultur« Bultmanns Verwurzelung im Marburger Neukantianismus dargestellt hat (4.2).

4.1 Gedankengang

1. »Das Zeugnis der *Geschichte* spricht anscheinend für die Kulturbedeutung der Religion, denn aus dem Schoße der Religion oder zum mindesten im engsten Zusammenhang mit ihr, von ihren Kräften getrieben und befruchtet, haben die großen Gebiete der Kultur den Anfang ihrer Entwicklung genommen.« Bultmann zeigt dies für die Geschichte der Wissenschaft, der Kunst und der Sittlichkeit (11–13).

2. Aber: »Die Geschichte lehrt weiter, daß auf allen Gebieten des geistigen Lebens sich die *Emanzipierung der Kultur von der Religion* vollzieht.« Ein Überblick über die Wissenschafts-, Kunst- und Sittlichkeitsgeschichte »bietet . . . als Ergebnis die *Autonomie der geistigen Kultur*« (13–15).

3. Autonom sind die Wissenschaft, die Kunst und – was Bultmann im Blick

---

[8] S. o. S. 272 f.

[1] ChW 34, 1920, 417–421.435–439.450–453, im folgenden zitiert nach dem Wiederabdruck in: MOLTMANN (Hg.), Anfänge II, 11–29.

[2] Vgl. EVANG, Berufung, 14 f.

[3] Vgl. v. a. den Beginn des Anfangs- und des Schlußabschnitts, 11 und 27; es erstaunt, daß SCHULTZ, Flucht, 144 f., die aktuellen politischen Bezüge übersehen zu haben scheint.

auf die »in den Kämpfen um das Verhältnis von Staat und Kirche« offenbar gewordene »Verständnislosigkeit« mit einem ersten Rekurs auf Schleiermacher und mit dem Hinweis darauf, daß »nicht selten . . . *die Religion in der Geschichte der geistigen Kultur* [sogar] *hemmend gewirkt*« habe, besonders betont – auch die Sittlichkeit als »die methodische Entfaltung der menschlichen Vernunft«; für diese Entfaltung (= für die Kultur) sei die »*Aktivität* des menschlichen Geistes«, der »Charakter der Notwendigkeit und Allgemeingültigkeit« ihrer objektiven Gestaltungen – sie »geht . . . *methodisch* vor sich« – und somit der »Charakter des *Überindividuellen*« wesentlich (15–17).

4. Der Gedankengang dieses Abschnitts besteht in drei Schritten. Erstens: Religion steht ihrem Wesen nach im Gegensatz zur Kultur; sie besteht, als »Bewußtsein schlechthiniger Abhängigkeit«, im »*Sich-Schenkenlassen*«, ihre »Erkenntnisse und Gedanken . . . haben schlechthin nur *individuelle Geltung*«, da sie – das ist »der Grundunterschied von der Kultur« – überhaupt »*nicht in objektiven Gestaltungen vorhanden (ist) wie die Kultur, sondern im Verwirklichtwerden, d.h. in dem, was mit dem Individuum geschieht. Sein Werden, sein Leben ist ihr Sinn*« (17–19). Zweitens: »*Die Religion ist neutral gegenüber den Gestaltungen der Kultur*«, gegenüber der Wissenschaft (Religionsunterricht als Erziehung »zur Religion oder in der Religion« und Religionsphilosophie sind »widersinnig und unmöglich«), gegenüber der Kunst, gegenüber der Sittlichkeit (Religion enthält keine Motive zu sittlichem Handeln; sie ist »*Privatsache* und hat *mit dem Staat nichts zu tun*«; das »Ideal« ist nicht die rechtlich organisierte »Volkskirche, sondern kleine lebendige Gemeinschaften, Freikirchen, über deren Rahmen hinüber die wahrhaft Frommen zu der einen unsichtbaren, wahren Kirche gehören«); für die Neutralität der Religion gegenüber Wissenschaft und Sittlichkeit werden umfangreiche Zitate aus Schleiermachers »Reden« ins Feld geführt[4] (19–22). Drittens: Es gibt »*keine Geschichte der Religion*«, die Momente ihres Erlebens – »sie sind da oder sind nicht da, und sie sind prinzipiell immer die gleichen« – »bilden keinen gesetzlichen Zusammenhang weder der Kausalität noch der Teleologie«, ihre »Objektivierungen« bilden »einen geschichtlichen Zusammenhang . . . nur innerhalb der Geschichte der Kultur« (22 f.). Fazit: Religion ist »*kein Kulturfaktor*« in dem Sinn einer »geistige(n) Macht, die Geschichte schafft und die in den objektiven Gestaltungen der Kultur ihre Existenz hat« (23 f.).

---

[4] Für die Neutralität der Religion gegenüber der Kunst als dem ästhetischen Gebiet der menschlichen Vernunft fehlen Schleiermacher-Zitate nicht zufällig; denn dieses Gebiet hatte Schleiermacher nicht *als solches*, d.h. in der starren Definition unter dem neukantianischen System der Vernunft, im Blick, was BULTMANN dazu nötigt, das in der Frömmigkeitsformel Schleiermachers gemeinte »Gefühl« nicht nur von einem psychischen Zustand, sondern auch von der ästhetischen Urteilskraft scharf zu unterscheiden (vgl. »Religion und Kultur«, 17 f. 18, sowie Brief an R. Otto vom 6. 4. 1918, 137). Vgl. schon Bultmanns Brief an H. Feldmann vom 2./3. 11. 1916: »Die Abgrenzung von Kunst und Religion ist eine sehr schwierige Sache, und gerade sie bleibt bei Schleiermacher, so klar er die Religion gegen Sittlichkeit und Wissenschaft abgrenzt, immer im Dunkeln.«

5. Lief der bisherige Gedankengang auf eine strikte Scheidung zwischen Religion und Kultur hinaus, so nehmen die folgenden Abschnitte unter der Frage nach einer Rechtfertigung der Religion vor der Kultur mögliche positive Beziehungen in den Blick. Sie gründen in der notwendigen Bezogenheit der Kultur auf die Natur, an der der Mensch – »nicht nur Vernunftwesen, sondern auch Naturwesen« – partizipiert, die er – jeder einzelne Mensch individuell – als spannungsvoll und in der er sich selbst als lebendiges, nach »Reichtum des Lebens« und Sinn, d. h. nach dem Innewerden einer im Geschehen waltenden einheitlichen Macht bzw. nach einem qualifizierten Schicksal sich sehnendes Ich erlebt. Erfüllung dieses Sehnens kann weder von der Kultur noch von der Natur als den Polen der erlebten Spannung her erwartet, sondern nur als »Schenkung« von jenseits her »erlebt« werden, als »Innewerden einer Macht, die solches Schicksal des Ich will und wirkt, und die das Ich also als die Macht über alles Wirkliche erlebt . . ., die das Ich reich und lebendig Macht, die es erlöst von der Natur und vom Streben seiner selbst« – einer Macht, der es sich in freier Selbsthingabe unterwirft (»Erlebnis *schlechthiniger Abhängigkeit*«). Demnach setzt Religion die »Teilnahme an der Kultur« und das »Wurzeln in den Lebenskräften der Natur« voraus, und sie lebt – als »eigentliche Religion . . . nur in den Augenblicken des Erlebens vorhanden« und auch so nur im Wechsel »zwischen Glaubensgedanken und Arbeitsgedanken« – vorwiegend »in Sehnsucht, im Drängen über die Wirklichkeit der Natur und Kultur hinaus«, jenseits deren das Ich »der Wirklichkeit seines Lebens . . . im Erleben gewiß« zu werden sucht (24–27).

6. Unter diesem Gesichtspunkt einer Erfüllung des menschlichen Daseins – »was den Menschen zum Menschen macht« – ist »nicht eigentlich die Religion gerechtfertigt vor der Kultur, sondern *die Kultur gerechtfertigt durch die Religion*« als deren notwendige, aber begrenzte Voraussetzung, die zu vergöttlichen oder auf einer bestimmten Stufe zu verabsolutieren bedeutet, das »Ich des Menschen« zu entleeren, »die Stimme seiner Sehnsucht zum Schweigen zu bringen«, ihn »der Frage des eigenen Sinnes und Zweckes zu überheben«. Als Ausdruck des berechtigten Protestes gegen einen Kulturtotalitarismus und zugleich der Sehnsucht »nach religiöser Neugeburt« will Bultmann – in Analogie zur urchristlichen Eschatologie wie zur romantischen Reaktion auf die Aufklärung (vgl. 26) – die moderne Dichtung Dostojewskis und Werfels sowie die Tatsache des Kommunismus verstanden wissen, der »nur durch Anerkennung seines inneren Rechtes« als eines Protests gegen die menschenvernichtende »Verabsolutierung der Kultur« »innerlich überwunden« werden könne. Besteht auch die Pflicht zur Mitarbeit am Neuaufbau des Staates als des Inbegriffs »aller Kulturarbeit und Kulturwerte« – sie hat sich zu vollziehen in dem Bewußtsein und der Staat hat sich selbst zu verstehen in der Begrenzung, daß menschliches »Leben« und »Glück, das so zu heißen verdient«, nicht Sache der Kulturarbeit und des Staates sind, sondern – »nur eine religiöse Neugeburt kann uns retten« – »als Geschenk« von jenseits her empfangen werden müssen: »Höher als Schaffen steht das Erleben« (27–29).

4.2 Bultmanns philosophische Verwurzelung im Marburger Neukantianismus: Darstellung und Präzisierung der Interpretation Roger A. Johnsons

Zur Interpretation der von Bultmann selbst offenbar sehr hoch eingeschätzten[5] Abhandlung »Religion und Kultur« ziehen wir die 1974 erschienene gründliche Untersuchung von Roger A. Johnson »The Origins of Demythologizing. Philosophy and Historiography in the Theology of Rudolf Bultmann«[6] heran, welche das Ziel verfolgt »to lay bare the structure of Bultmann's concept of myth and the philosophical foundations for his theology by an historical analysis of the origins of his thought« (6 f.). »Religion und Kultur« ist der Basistext, an dem Johnson in einem ersten Hauptkapitel (»Chapter Two: The Philosophical Origins of Demythologizing: Marburg Neo-Kantianism«, 38–86) den Marburger Neukantianismus, speziell seine Lehre von der Vernunft (»epistemology«), als die das theologische Denken Bultmanns bleibend prägende philosophische Grundorientierung (»fundamental conceptual structure«, 73) aufweist.

Was die Präsenz der neukantianischen *Vernunftlehre* und *Kulturphilosophie* betrifft, so kommt Johnson zu folgendem Resultat, das wir durch weitere eingeschobene Zitate und durch Erläuterungen verdeutlichen: »Bultmann... gives to Neo-Kantian epistemology a fundamental role in his own theology. For Bultmann, as for other Neo-Kantians, the object given for thought has become the objectified construct of thought determined by an appropriate principle of law. [Mit der durch den Neukantianismus vorgenommenen Eliminierung jedweder ›data given for thought independently of thought itself‹[7] – ›thought is grounded only in itself‹ – hängt zusammen, daß es ›is not to be confused through any accidental connection with the individual psychological consciousness of the thinker‹ (46); vgl. Bultmann: ›Ihr Recht als Größen der Kultur erweisen alle Gestaltungen nicht durch die Beziehung zu ihrem psychischen Ursprung, sondern in ihrer Bindung in die Gesetzmäßigkeit ihres Vernunftgebietes‹[8].] Mathematics provides the model for all cultural creativity, and history is understood as consistent with the noetic model of mathematical sciences. [›It is therefore a rationalist, not an empiricist, understanding of history that comes to expression under these categories of objectification and law‹ (56).] In contrast with Kant, Bultmann and other Neo-Kantians extend the sphere of Reason to encompass morality and art. [›For the history of theology, this Neo-Kantian reinterpretation of reason was of great influence. It necessarily drove theology out of a

---

[5] Bultmann wollte sie nicht nur als Artikel in ChW, sondern auch als gesonderte Broschüre erscheinen lassen, vgl. EVANG, Berufung, 14.

[6] SHR 28, Leiden 1974. Erst nach Erscheinen meines Aufsatzes »Rudolf Bultmanns Berufung ...« bin ich auf diese wichtige Arbeit JOHNSONS aufmerksam geworden, die zu den erhellendsten Arbeiten über Bultmanns Theologie zu zählen ist. Vgl. aber unten S. 324 Anm. 135.

[7] Vgl. 49: »Kant's insistence that knowledge include evidence of the senses has been systematically rejected by the Neo-Kantians.«

[8] Religion und Kultur, 17.

dependent relationship upon morality and culture and into a more autonomous understanding of its own foundations in revelation‹ (59) – eine für Bultmanns Theologie entscheidende Bewegung, die er nicht erst unter dem Einfluß Karl Barths vollzieht, sondern die durch seine Schülerschaft zu W. Herrmann von Anfang an als Voraussetzung gegeben ist (vgl. ebd.).] But with this all-encompassing vision of Reason and its objectifications, what then is the role of religion? What sphere does it occupy in human life? To answer this question is to introduce a wholly new perspective; for to speak of religion is to speak strictly and exclusively of the individual and his experience« (65).

Für neukantianische *Religionsphilosophie* ist charakteristisch »the fundamental differentiation between the categories of ›*Individuum*‹ and ›*Gegenstand*‹« (66) bzw. »between the individual and the [lawfully] objectified contents of consciousness« (67). Ganz auf dieser Linie – »establishing the meaning of ›*Individuum*‹ through its antithetical relationship with the objectified contents of consciousness« – bewegt sich Bultmann in seiner Abhandlung: »The individual is the interior, subject side of consciousness, present only in the mode of *Gefühle* or *Erlebnis*«, und um es überhaupt wahrnehmen zu können, »one must turn to religion, since it is precisely in this mode of experience that man's being as individual is realized« (69). In diesem Verständnis, nach dem Individuum und Religion sich gegenseitig bedingen, fallen auf seiten der Religion »the conventional sociological, theological, and historical dimensions« ebenso außer Betracht wie auf seiten des Individuums »[the] somatic, social, and psychic dimensions« (70). Für »Gefühl« – die Neukantianer übernehmen diese Kategorie ausdrücklich von Schleiermacher[9] – bzw. »Erlebnis« gilt: »Just as the object has become pure object, with no determination from the individual subject's psychic data of sensation, so has the subject of *Gefühle* become pure subject, distinguished by the absence of any object. *Gefühle* thus acquires its technical meaning as a mode of consciousness which is objectless« (71). Die Geltung dieser Aussage, von Natorp her gewonnen und für ihn zweifellos zutreffend, muß freilich für Bultmann unbedingt modifiziert werden, was Johnson unterläßt. Er deutet Bultmanns Substitution des Wortes »Gefühl« durch »Erlebnis« bzw. »Bewußtsein« (sc. schlechthinniger Abhängigkeit)[10] als den Versuch, das Mißverständnis auszuschließen, »Gefühle« bedeute »a special form of consciousness, like esthetic feeling, rather than . . . the [objectless] ground of consciousness« (72). Der Brief Bultmanns an R. Otto vom 6. 4. 1918 zeigte uns aber deutlich, daß Bultmanns Vorliebe für die Bewußtseins- statt für die Gefühlskategorie sich nicht nur dem Abgrenzungserfordernis gegenüber der ästhetischen Urteilskraft

---

[9] JOHNSONS Anmerkung: »Bultmann (in this essay), Natorp, Cohen and Herrmann quote extensively from *Über die Religion. Reden an die Gebildeten unter ihren Verächtern,* but not from *Der Christliche Glaube* except for the purpose of criticism« (70 f. Anm. 5) trifft für Bultmann nicht zu, vgl. EVANG, Berufung, bes. 13 und 18.

[10] Vgl. Religion und Kultur, 17 f.25, außerdem R. BULTMANN, Karl Barths »Römerbrief« in zweiter Auflage, 131.

verdankt, sondern auch der theologischen Notwendigkeit, im Widerspruch zu Natorp (!) das *Erkenntnismoment* der Religion festzuhalten, sie als »geistige Haltung der Objektsbeziehung« mit dem »Anspruch, das Absolute erfaßt zu haben«, zu verstehen und gelten zu lassen[11], wie Bultmann denn auch in »Religion und Kultur« völlig unbefangen von den »Erkenntnisse(n) und Gedanken der Religion« spricht[12]. Bultmann folgte, wie Johnson selbst feststellt, Natorp *nicht* in »his rejection of transcendence, or any referent beyond the immediacy of the feeling of the individual«[13]. Was im Brief an R. Otto deutlicher zum Ausdruck kommt, findet Johnson doch auch in »Religion und Kultur«: »There is a continuing reference to that transcendent power which is apprehended in experience, freeing the self to be itself while giving itself up in abandon« (70).

In drei Perspektiven bringt Johnson zusammenfassend die für Bultmanns Theologie eigentümliche Denkstruktur (»pattern of thought«) zur Sprache, in der sich »the two sides of Bultmann's Neo-Kantian legacy« manifestierten (73). 1. Grundkennzeichen ist und bleibt »[the] pattern of antithetical concepts«, worin sich »the dualistic structure which pervades the whole of his theology« ausdrückt. Die Gegensatzpaare Vernunft/Individuum und Gefühl (Erlebnis)/Objektivierung signalisieren »a dualism which ... is epistemological in its foundation, but ... extended troughout the full range of man's being in the world and before God« (74) – ein ontologischer Dualismus. 2. »From the point of view of the existing individual« weist dieser Dualismus »a pattern of subordination and dynamic movement toward a subject-centered unity which includes and overcomes the dualism« auf (76). Jedoch – 3. – »Bultmann's dualism is never genuinely overcome«. Die der Vernunft zugeschriebenen Dimensionen menschlichen Daseins können niemals »for man's own existence« zurückgewonnen werden (77). Die im Sinne des Neukantianismus verstandene Vernunft entscheidet *a priori* über »the limits and possibilities of religion and man's being as individuality« (78).

Abschließend notiert und interpretiert Johnson in dem hier von uns referierten Kapitel als fundamentale Differenz zwischen Bultmann und den philosophischen Neukantianern Bultmanns »systematic deontologizing of reason« (79 f.). Gegenüber der Wirklichkeit der Vernunft – Neukantianismus: Sein gründet in der Vernunft – ist die im Erleben des Individuums erfaßte Wirklichkeit die eigentliche Wirklichkeit, welche jene (dis-)qualifiziert: »not the bearer of Being – but the threat to Being«. Als ersten Faktor dieser radikalen Auflösung der

---

[11] Vgl. Brief BULTMANNS an R. Otto vom 6. 4. 1918, 134.138, außerdem EVANG, Berufung, 13, sowie oben S. 277.

[12] Religion und Kultur, 18. Für die Abgrenzung gegenüber psychischen Zuständen verstellt sich JOHNSON selbst den Blick dadurch, daß er statt »Gefühl« permanent »Gefühle« schreibt.

[13] JOHNSON, Origins, 70. Vgl. die Predigt »Diesseits- und Jenseitsreligion«, VW, 110: »Gibt es Religion, so gibt es sie nur jenseits alles menschlichen Denkens, jenseits aller Humanität« – eine Absage an NATORPS in seiner Schrift »Religion innerhalb der Grenzen der Humanität« skizzierte Religionsphilosophie.

»connection between reason and Being« nennt Johnson die durch das »social-existential and intellectual trauma« des Ersten Weltkriegs (80) ausgelöste philosophisch-theologische Neubesinnung (»turn away from old patterns of thought ... toward the irrational and the individual«, 81), die bei Bultmann in seiner Pfingstpredigt 1917 zum Ausdruck komme; während Natorp und Cohen auf die offenkundige Krise des »comprehensive and rigid rational schema for interpreting man's social and cultural existence« (80) durch eine »critique and reinterpretation of their earlier epistemology« reagiert hätten (83), wäre Bultmann strikt bei ihr geblieben und hätte statt dessen der Attacke des Irrationalen durch die radikale Entontologisierung der objektivierenden Vernunft Rechnung getragen. Diese – »Bultmann's ontological inversion of pre-war Neo-Kantianism« – sei zwar *veranlaßt* vor allem durch die Kriegserfahrung, aber sachlich *begründet* in der durch W. Herrmann an Bultmann vermittelten »Lutheran anthropology adapted to the late nineteenth-century social-cultural situation« (84), namentlich der Parallelisierung der lutherischen Dichotomie von Werken und Glauben mit der neukantianischen von Vernunft und Gefühl: »Bultmann's particular adaptation of Lutheran soteriology and anthropology has found in the dualism of the Neo-Kantian schema a congenial ally« (86). Diese Verbindung halte sich durch in Bultmanns Theologie; sie limitiere auch seine Wahrnehmung der Philosophie Heideggers, die als eigenständige Weiterführung der Ansätze zu begreifen sei, mit denen insbesondere Paul Natorp um 1920 über das alt gewordene »pre-war Neo-Kantian understanding of the nature of reason and being« (83) hinauszukommen bestrebt gewesen sei.

Durch den Aufweis der Faktoren, die sich im später ausgeführten Entmythologisierungskonzept auswirken, zeichnet Johnson ein weithin schlüssiges Bild von den Voraussetzungen und den entscheidenden Weichenstellungen des Bultmannschen Denkens. Was das vorstehend referierte Kapitel betrifft, so ist weder der bestimmende Einfluß neukantianischer »epistemology« auf die fundamental-theologische Orientierung des frühen Bultmann noch die Perseveranz bestimmter hierher stammender Prämissen für das Ganze seiner Theologie zu bezweifeln. Es sind jedoch einige Präzisierungen am Platz. Daß Bultmann im Widerspruch namentlich zu Natorp das Erkenntnismoment der Religion betont, kam schon zur Sprache. Weiter ist die Rolle, die Johnson der Kriegserfahrung für die von ihm so genannte Entontologisierung der Vernunft bei Bultmann zuweist, außerdem diese Bezeichnung selbst kritisch in Frage zu stellen. Ich möchte statt von Entontologisierung der Vernunft lieber von ihrer Relativierung sprechen: Die durch die Vernunft in ihren drei Gebieten konstituierte bzw. geformte Wirklichkeit wird von der im Erleben sich offenbarenden Wirklichkeit her relativiert. Und nicht der Weltkrieg hat Bultmann zu dieser Relativierung geführt, wie Johnson aufgrund der bisherigen Quellenlage (v. a. Pfingstpredigt 1917) und unter Mißachtung des doch auch in diesem Punkt anzunehmenden frühen Einflusses W. Herrmanns auf Bultmann meinte vermuten zu dürfen; vielmehr finden wir diese Relativierung bei Bultmann von Anfang an vor.

Präsent ist sie schon in dem oben[14] besprochenen Schluß-Exkurs seiner Examens-Exegese von 1906, der ja in auffälliger Strukturparallele zu »Religion und
Kultur« steht: Dort waren es Wissen und Glauben, wissenschaftliches und
religiöses Erkennen, die zunächst unter der Kronzeugenschaft Kants und Schleiermachers scharf geschieden wurden, um dann unter dem Primat des religiösen
Erkennens in eine positive Beziehung gesetzt zu werden. Eine noch deutlichere,
die Bezeichnung »Entontologisierung der Vernunft« in der Tat nahelegende
Sprache spricht sodann der ebenfalls schon mehrfach zitierte[15] Brief von 1908, in
dem Bultmann anknüpfend an Herrmann ausführt, der religiöse Mensch befinde
sich notwendig in einem Dualismus: »Wenn wir durch unser Denken konstatieren, daß ein Ereignis durch die Umstände notwendig herbeigeführt ist, und
wenn wir es als eine Tat Gottes erklären, so sagen wir etwas diametral Entgegengesetztes. Es ist Selbstbetrug, sich einzubilden, das Gesetzmäßige sei das Religiöse. So kommt man nur zu einer ästhetischen, nicht zu einer religiösen
Weltanschauung. Wir müssen den Mut haben, die Erfahrungswelt als Schein
aufzufassen, d. h. aber, wir können über den Dualismus nicht heraus, denn in
unserm Denken und Handeln fassen wir sie notgedrungen als etwas Reales auf.
... Die religiöse Überzeugung [kann man] ... weder aus der Erfahrungswelt
ableiten noch überhaupt mit ihr vereinen. Die einzige Stellung, die aus der
religiösen Überzeugung auf die Erfahrungswelt sich ergibt, ist die: die Erfahrungswelt als Mittel zu benutzen für das Wachstum des eigenen inneren Lebens.«[16] Was angesichts dieser Sätze immerhin noch von einer Relativierung
statt von einer Annullierung der Vernunftwirklichkeit zu sprechen erlaubt, ist
ihre Funktionalisierung als Bedingung für das »Wachstum des eigenen inneren
Lebens«, in welchem sich die Teilhabe des Menschen an der »religiösen« Wirklichkeit realisiert. Diese qualifiziert die Teilnahme des Menschen an der »Welt, in
der wir leben«, am »Diesseits« der Natur und Kultur, als eine Teilnahme »ὡς
μή«, d. h. ohne soteriologisches Eigengewicht, wohl aber mit soteriologischer
Referenz insofern, als dieses Diesseits »als ein Geschenk« hingenommen wird,
»in dessen Gebrauch Jenseitskräfte uns offenbar werden« – so in der Predigt
»Diesseits- und Jenseitsreligion« am Vorabend des Ersten Weltkriegs.[17] Im
Vergleich zu dieser Predigt markiert die Abhandlung »Religion und Kultur«
unter dem hier in Frage stehenden Gesichtspunkt keinen sachlichen Fortschritt
oder Umschwung, der durch die Kriegserfahrung veranlaßt wäre. Bultmanns
religiöse Kulturkritik hat, wie Johnson richtig sieht, ihre theologische Wurzel in
dem Tatbestand der Rechtfertigung des Menschen ohne des Gesetzes Werke
allein durch den Glauben, ja, sie läßt sich als eine unter den philosophischen
Bedingungen des Neukantianismus vorgenommene Neuformulierung des negativen Teils der Rechtfertigungslehre verstehen, in der Bultmann von vornher-

---

[14] S. 253–256.
[15] Vgl. oben S. 125 f. und 256.
[16] Brief an W. Fischer vom 25. 10. 1908.
[17] VW, 114.

ein Herrmann folgte. Insofern und weil nun aber unter dieser theologischen
Perspektive für Bultmann die seinsmäßige Vormacht der sich entfaltenden Vernunft von Beginn an nur als *gebrochene* in Betracht kam, konnte er – ja mußte er
geradezu – sympathisieren mit antirationalen, die Irrationalität des »Lebens«
positiv wahrnehmenden vitalistischen Zeitströmungen in Kunst (Expressionismus), Literatur (Dostojewski, Werfel, Rilke, der neu verstandene Shakespeare,
Spitteler u. a.), Philosophie (Lebensphilosophie), im allgemeinen Lebensgefühl
(z. B. Jugendbewegung) – mit Strömungen, in denen statt der objektivierenden
Vernunft »Leben und Erleben« den ontologischen Vorrang beanspruchten. »Leben«, das, wonach alle letzten Endes verlangen, »wird uns geschenkt im Erleben«, bilanziert Bultmann am Ende der Predigt »Leben und Erleben« im Marburger Studentengottesdienst am 23. 6. 1912; er fährt fort: »Und soll ich nun
noch vom religiösen Erlebnis im besonderen sprechen? Oder von Gottes Wirken
in unserem Leben und Erleben? Oder habe ich das nicht schon getan? Wir wollen
doch nur daran denken, daß Menschen, die das Höchste von Gott aussagen
wollten, ihn nannten: den *lebendigen* Gott.«[18] Den Gedanken von der religiösen
Potentialität des erlebten Lebens, zu dem Bultmann in dieser Predigt von der
jugendbewegten Betrachtung Marburger Studentendaseins her gelangt, finden
wir in der 1917er Pfingstpredigt im Kontext der Kriegsbetrachtung wieder:
»Was ist denn Gott, wenn nicht die unendliche Fülle aller Lebensmächte . . .? Was
sind denn die Lebensmächte, . . . wenn nicht die Mächte des unendlichen Gottes
. . .?«[19] Und wie Bultmann hier die Gewinnung von »Ruhe und Sicherheit«
angesichts solchen Lebenskräftegedränges von der Wahrnehmung der in ihnen
waltenden einheitlichen Macht abhängig macht[20], so heißt es dann in »Religion
und Kultur«, im – wohlverstandenen – Grunde sei »jedes Erleben religiös; es
wird zur Religion im eigentlichen Sinn, indem es zum Bewußtwerden, zum
Genießen dieses Lebensgesetzes wird, zum Innewerden einer Macht, die solches
Schicksal des Ich will und wirkt, und die das Ich also als die Macht über alles
Wirkliche erlebt« (25).

Durch diesen Rückblick dürfte deutlich geworden sein, daß das, was Johnson
Bultmanns »systematic deontologizing of reason« nennt (79 f.), keinesfalls ur-
sächlich auf die Kriegserfahrung zurückzuführen, ja, nicht einmal von ihr veranlaßt ist. Dazu stimmt die Selbstaussage Bultmanns von 1928, »der Krieg als
solcher« sei für ihn »kein erschütterndes Erlebnis« gewesen; hätten »für viele die
Eindrücke des Krieges die Veranlassung zu einer Revision ihrer Daseinsbegriffe[!]« gegeben – für ihn nicht. Und um das Vorurteil, »daß der Krieg meine
Theologie beeinflußt hat«, zu entkräften, verweist Bultmann auf schlüsselartige
Einsichten in Shakespeare und Dostojewski: »Es war längst vor dem Kriege und
vor Barth, übrigens auch längst vor meiner Kierkegaardlektüre.«[21]

---

18 Ebd., 95.
19 Ebd., 138.
20 Vgl. ebd., 138 f. 146 f.
21 Ein Brief Rudolf Bultmanns an Erich Foerster [1928], veröffentlicht unter diesem Titel

Wieder steht uns die Kontinuität im Denken Bultmanns vor Augen. Mit im Zentrum dieses Denkens steht von Anfang an die Überzeugung von der Autonomie der Vernunft – und ihrer Begrenzung auf die »diesseitige« Welt, was im Vergleich zum Neukantianismus ihre ontologische Relativierung bedeutet. Glauben und Wissen, religiöses und wissenschaftliches Erkennen, Religion und Kultur stehen in einem als »dialektisch« zu bezeichnenden Verhältnis zueinander: Es ist durch einen ursprünglichen Gegensatz und durch die intentionale Aufhebung dieses Gegensatzes im Leben des Individuums unter dem Primat der transrational erfaßten religiösen Wirklichkeit charakterisiert.[22] Zunehmend bedient sich Bultmann des starren, Wissenschaft, Sittlichkeit und Kunst umfassenden neukantianischen Schemas der gesetzmäßig objektivierenden Vernunft. Zunehmend bedient er sich andererseits der von Herrmann übernommenen, seinerzeit zur Modevokabel werdenden Kategorie des Erlebens, durch die er – nicht nur von der Theologie her – den transrationalen Horizont bezeichnet sieht, innerhalb dessen menschliches Dasein die ihm entsprechende Erfüllung faktisch sucht (»Sehnsucht«) und finden kann.

Es verrät ein groteskes Mißverständnis, wenn Traugott Koch Bultmann in »Religion und Kultur« veranlaßt sieht, »den möglichen Selbstgewinn ganz in den Gegenpol zur Sittlichkeit, in die Natur zu verlegen«[23]; vielmehr handelt es sich doch darum, daß Bultmann durch die Relativierung der – durch Überhöhung und Verabsolutierung bedrohten – kulturellen Aktivität des Menschen auf ihren notwendigen Gegenpol, die Natur, hin die Polarität aufzeigt, in der sich menschliches Leben faktisch bewegt und in der es auf den »Selbstgewinn« aus ist. Deshalb gesteht »Bultmanns Begriff des ›Lebens‹, aus dem« – wie Koch formuliert – »das Individuum sein ›Erleben‹ gewinnt«, auch *nicht* »seinen naturalistischen Charakter nun offen ein«, es kommt *nicht* zu einer »naturalistische(n) Bestimmung des religiösen Subjekts«[24]. Man wundert sich, warum Koch Bultmanns Formulierungen von der »Spannung zwischen Natur und Kultur«[25], von der »Teilnahme an der Kultur« als einer »Voraussetzung« für Religion[26], von der Kultur als einer »Richtung«, die »in diesem Sinne zum menschlichen Geistesleben« – auch dieses gehört zum »Leben«! – »notwendig gehört« und ohne die »das Ich ebenso inhaltsarm wird wie bei ihrer Verabsolutierung«[27], – warum er

---

von W. SCHMITHALS in: JASPERT (Hg.), Werk, 70–80, Zitate 72–74. Zu Kierkegaard vgl. unten S. 339 mit Anm. 17.

[22] Diese Dialektik, die schon für das theologische Denken der wichtigsten systematisch-theologischen Lehrer Bultmanns, Th. Haerings und W. Herrmanns, charakteristisch ist und die Bultmann von vornherein immunisierte gegen einen theologisch begründeten »Kulturprotestantismus«, hat wohl auch W. STEGEMANN im Blick, wenn er in »Religion und Kultur« ein »Grundgerüst (›dialektisch‹-)theologischer Einsichten« findet (Denkweg, 40, vgl. 39).

[23] KOCH, Theologie unter den Bedingungen der Moderne, 186.

[24] Ebd.

[25] Religion und Kultur, 28.

[26] Ebd., 26.

[27] Ebd., 28.

diese Formulierungen einfach ignoriert und den Eindruck suggerieren will, Bultmann sei, der rational-kulturellen Skylla (die für Koch nicht Skylla ist!) entronnen, der naturalistischen Charybdis verfallen. Die guten Gründe, die man gegen die Absage an eine als »kulturprotestantisch« vielleicht eher diffamierte als angemessen charakterisierte theologische Richtung haben mag, gewinnen durch derlei offensichtliche Karikaturen jedenfalls nicht an Gewicht.

5. »Religion und Sozialismus«: Aufsatz 1922

Noch einmal hat sich Bultmann eigenthematisch zum Verhältnis von Religion und Kultur geäußert: Im Mai 1922 meldet er sich unter dem Titel »Religion und Sozialismus« zu dem zwischen Adolf Allwohn und Conrad Schmidt in den Sozialistischen Monatsheften zutagegetretenen Dissens in der Beurteilung des Verhältnisses beider Größen zueinander zu Wort.[1] Bultmann versucht, dieses Verhältnis »von der Seite der religiösen Anschauung aus zu beleuchten und darüber hinaus den Sinn des Glaubens zu zeigen«[2].

Jesu Vorstellung des Gottesreichs ist eschatologisch. Sie ist »ein zeitgeschichtliches und kulturgeschichtliches Gewand«, ja, aber *nicht* für »das Menschheitsideal der sittlichen Gemeinschaft« (Sozialismus), sondern »für eine religiöse Idee«: Sie drückt »die eigentümliche Stellung der Religion zur ›Welt‹, zum Diesseits« aus (442 f.).

»Als das Eigentümliche der Religion« bezeichnet Bultmann »eine bestimmte negative Stellung zum Diesseits oder, positiv ausgedrückt, den Glauben[,] ein *Jenseits,* eine göttliche Welt zu erfassen, der gegenüber das Diesseits versinkt« (443).

Das Jenseits der Religion ist weder eine »mit den Farben weltlichen Glücks« ausgemalte Zukunft noch – wie Bultmann in teilweise wörtlicher Entsprechung zur Predigt »Diesseits- und Jenseitsreligion« von 1914 ausführt[3] – »das Jenseits der *Kultur«*, für das die Beziehung auf das Diesseits wesentlich ist (443 f.).

Vielmehr redet die Religion, der das »menschliche Kulturleben mit seinem Ineinander von Stoff und Idee, von Diesseits und Jenseits, das Diesseits« ist, »von einem Jenseits im absoluten Sinn, von einem ›ganz Andern‹ ... Die Welt des ›ganz Andern‹ ist die Sphäre, in der ein Teil des Menschen zu seiner Erfüllung kommt, der in der Welt der Kultur keine Stelle hat«, nämlich sofern er als

---

[1] R. BULTMANN, Religion und Sozialismus, in: Sozialistische Monatshefte, 28. Jg., 58. Bd., 1922 I (Heft vom 15. Mai 1922), 442–447. In einem Brief an M. Rade vom 16. 1. 1920 hatte Bultmann geäußert, in dem Fall, daß Rade den Aufsatz »Religion und Kultur« nicht in ChW aufnehmen wolle, wolle er »versuchen, ihn in den Sozialistischen Monatsheften drucken zu lassen«.

[2] Religion und Sozialismus, 442; BULTMANNS Formulierung »Sinn des Glaubens« erinnert an seine Äußerung zur Terminologie (Religion/Glaube) in der im selben Frühjahr verfaßten Rezension zu Barths »Römerbrief«, vgl. MOLTMANN (Hg.), Anfänge I, 120.

[3] Vgl. Religion und Sozialismus, 443, mit VW, 107!

einzelner »ein Ganzes, ein Erfülltes, ein Letztes ist«. Religion »will dem Menschen ein Leben schenken, in dem er Erfüllung hat, in dem er das Letzte erreicht, in dem sein Sein sinnvoll ist« (444).[4]

Von daher ergibt sich der prinzipielle Unterschied der Kulturgemeinschaft, die »die nach Zwecken organisierte Gemeinschaft der Arbeit, der Weltgestaltung« ist, von der religiösen Gemeinschaft, die Menschen »in der Gemeinsamkeit ihres Seins, in dem Wissen um das Letzte im Menschen« verbindet, sich am reinsten in »Andacht und Kultus« darstellt und sich in einem die einzelnen Menschen in ihrer religiösen Potentialität meinenden »Liebeswirken« ausdrückt (445).

Für die Stellung der Religion zum Diesseits ist zunächst klar die gegenseitige Unabhängigkeit zwischen Religion und Kultur. Im Blick auf die Geschichte konkretisiert Bultmann: »Wesentlich ist der Religion nicht das Motiv der Weltumgestaltung ... Wesentlich ist ihr aber auch nicht die konservative Bejahung irgendwelcher wirtschaftlicher oder staatlicher Zustände ... Wesentlich ist ihr aber auch nicht Weltflucht und Askese«.[5] Sondern Religion impliziert »eine ganz bestimmte Negation, die erst die Folge eines positiven Besitzes ist« und »mit einer positiven Stellungnahme zum Diesseits, zur Kultur Hand in Hand gehen kann«: Sie stellt an die Kultur, der der Mensch als Angehöriger der menschlichen Gemeinschaft verpflichtet bleibt und ohne die seine geistige Lebendigkeit erstirbt, die Sinnfrage, erinnert die Kultur an ihre Begrenztheit, ihre Insuffizienz zur Erfüllung menschlichen Lebens. Der einzelne Mensch muß in den Spannungen zwischen Religion und Kultur »den Weg zwischen seiner innern Anteilnahme an der Weltgestaltung und seiner innern Freiheit von der Welt« finden, und das heißt: »den Sinn seines individuellen Daseins finden« (445–447).

Aus alldem folgt, daß die Idee des Sozialismus nicht aus der Religion abgeleitet werden kann. Als Vertreter der »Idee der sittlichen Weltgestaltung« fordert der Sozialismus mit Recht »die Hingabe des Menschen an die Menschheit« – sofern »er nicht wähnt[,] für das Letzte im Menschen die Erfüllung zu bringen«. Gerade durch die Anerkennung dieser Begrenzung wird sich der Sozialismus »die Kraftquelle der Religion erschließen«: Zu Hingabe und Opfer, der »größte(n) Kraft der Weltgestaltung«, ist gerade der Mensch fähig, »der im Letzten sicher ist, der die innere Freiheit von der Welt gewonnen hat« (447).

Nur wenige abschließende Bemerkungen zu diesem Text. Er unterstreicht erstens die von uns mehrfach angesprochene Dialektik, die das Verhältnis von Religion und Kultur im Verständnis Bultmanns bestimmt. Denn er läßt deutlicher noch als die früheren Texte das Anliegen erkennen, die grundlegende

---

[4] Hier verweist BULTMANN, wie in »Religion und Kultur«, auf Immermann, Werfel, Dostojewski, vgl. 444 f.

[5] Hierzu vgl. E. TROELTSCHS Unterscheidung zwischen dem »ideale(n), von der religiösen Idee ausgehende(n) Gedanke(n) der soziologischen Struktur überhaupt« (= religiöse Gemeinschaft) und den historischen Konsequenzen, die »sozialkonservative oder sozialrevolutionäre Folgerungen« gewesen sind (Soziallehren, 51, vgl. 72–83).

Differenz zwischen beiden Größen nicht in einer beziehungslosen Diastase
enden zu lassen, sondern auch zu einer positiven Verhältnisbestimmung zu
kommen: Das in dem Nein – die Religion ist kein Kulturfaktor – liegende Ja
kommt in dem, was es meint, klarer zum Ausdruck: »daß das Spannungsver-
hältnis zwischen beiden Geistesmächten lebendig bleibt« (447), und: daß die
Freiheit von der Welt zum Engagement für die Welt befähigt.[6] Zweitens: Der
Text impliziert eine dezidierte Stellungnahme zu den religiös-sozial(istisch)en
Programmen und Aspirationen seiner Zeit; es wäre interessant und für den
Kenner sicherlich nicht schwer, aus ihm einen – kritischen – Diskussionsbeitrag
zu extrapolieren, was hier jedoch nicht versucht werden soll. Hervorgehoben
werden soll drittens, daß Bultmann, der die eschatologischen Vorstellungen des
Neuen Testaments weiterhin für das zeit- und kulturgeschichtliche »Gewand«
einer *religiösen* Idee hält, dieses Gewand nicht einfach ablegt, nachdem er seinen
sachlichen Gehalt festgestellt hat, sondern sich seiner terminologisch neu bedient, indem er prononciert vom »Letzten« im Menschen spricht, für das nicht
die Kultur, sondern die Religion zuständig sei. Es verstärkt sich hierdurch der
Zweifel, daß Ellermeier recht habe, wenn sie im Verständnis der Eschatologie
bei Bultmann zwischen dem Eschatologie-Aufsatz von 1917 und dem Ethik-
Aufsatz von 1924 eine *sachliche* – und nicht lediglich terminologische – Veränderung behauptet.[7]

6. *»Ethische und mystische Religion im Urchristentum«: Vortrag 1920*

Auf der Jahrestagung der »Freunde der Christlichen Welt« in Eisenach hielt
Bultmann am 29. 9. 1920 den Vortrag »Ethische und mystische Religion im
Urchristentum«[1]. Er erregte damals nicht geringes Aufsehen. Wir dokumentie-
ren einleitend knapp die ermittelbaren äußeren Daten.

Den »Freunden« werden in Nr. 68 der »Vertraulichen Mitteilungen« vom 10. 7. 1920
Bultmanns und Gogartens Zusagen für Vorträge annonciert[2] und überdies mitgeteilt:
»Auf alle Fälle wird die Tagung wichtig. Bultmanns und Gogartens Reden werden sich

---

    [6] Vgl. TROELTSCH, Soziallehren, 979: »Das Jenseits ist die Kraft des Diesseits.« Und: »Der
Gedanke des Gottesreiches der Zukunft, der nichts anderes ist als der Gedanke der endgültigen
Verwirklichung des Absoluten, . . . erhebt über die Welt, ohne die Welt zu verneinen.« Vgl.
außerdem BULTMANNS Anzeige von W. BOUSSET, Wir heißen euch hoffen. Betrachtungen über
den Sinn des Lebens, hg. v. MARIE BOUSSET, Gießen 1923, in ChW 37, 1923, 789: Im Titel dieser
Betrachtungen spreche sich »das Doppelte« aus, das für Boussets »Haltung« bezeichnend sei:
»Die Richtung des Blicks hinaus über ›die Welt des Scheins und der Täuschungen‹, über das ›in
Raum und Zeit zerstreute Dasein zur Einheit des Lebens in Gott‹, ›aus der Zeit in die Ewigkeit‹.
Und zugleich der Mut, den der Mensch von solchem Standpunkt außerhalb der Welt gewinnt,
der Mut, das Leben der Verantwortung und der Tat zu leben, in das Gott uns gestellt hat.«
    [7] Vgl. oben S. 270f.
    [1] ChW 34, 1920, 725–731.738–743, Wiederabdruck in: MOLTMANN (Hg.), Anfänge II,
29–47.
    [2] »An die Freunde«, Nr. 68 vom 10. 7. 1920, 733.

beinahe wie Referat und Korreferat verhalten, sie wachsen aus verschiedener Wurzel auf einander zu.«[3] Martin Rade, Autor dieser Zeilen, hat also frühzeitig Kenntnis vom voraussichtlichen Inhalt nicht nur des Bultmannschen, sondern auch des Gogartenschen Vortrags »Die Krisis der Kultur«[4] erhalten. In den Septemberheften der ChW[5] wird das Programm der Tagung mitgeteilt, aus dem die Vortragstermine für Bultmann (29.9.) und Gogarten (30.9.) hervorgehen.[6]

Bultmanns Vortrag fand schon in der anschließenden Debatte ein eher kritisches Echo.[7] Auf seine Veröffentlichung in ChW hin schrieb Paul Wernle einen empörten Brief an M. Rade, der ihn Bultmann zur Kenntnis gab.[8] Bultmann nahm Stellung dazu in einem ausführlichen Brief an M. Rade vom 19. 12. 1920; eine geplante literarische Konfrontation Wernles und Bultmanns über den historischen Jesus in ChW kam nicht zustande.

Auch Hans von Soden stellte kritische Anfragen zu Bultmanns Vortrag, auf die Bultmann brieflich am 23. 12. 1920 kurz, am 3. 4. 1921 ausführlich einging.

Aus Bultmanns Brief an Hans von Soden vom 20. 2. 1921 geht hervor, daß Adolf Jülicher (zunächst) und Rudolf Otto bei der Regelung der Nachfolge Heitmüllers in Marburg »gegen mich (waren) wegen des Eisenacher Vortrags!«

In den »Vertraulichen Mitteilungen« Nr. 70 vom 10. 5. 1921 lesen die »Freunde der Christlichen Welt« über die für den 3. 10. 1921 vorgesehene Aussprache im Freundeskreis: »An Stoff fehlt es nicht. Viererlei wird verlangt. 1. Fortsetzung der Debatte über Bultmanns ›Jesus‹ . . .«[9]

Bultmanns Ausführungen zu Jesus waren es in erster Linie, die die Kritik auf sich zogen. Was hatte Bultmann auf der Wartburg vorgetragen?

Wir skizzieren zunächst den Gedankengang des Vortrags (6.1). Im Unterschied zu der Behandlung des Eschatologie-Aufsatzes und der Abhandlung »Religion und Kultur«, wo wir an bereits vorliegende Interpretationen anknüpften und einzelne Aspekte, die von unserer Leitfrage nach Bultmanns Konzentration auf das Thema wahrer Religion nicht direkt angezielt wurden, nur streiften oder auch vernachlässigten, gehen wir hier vom Text des Vortrags selbst aus und befragen sukzessive seine einzelnen Teile und Elemente nach ihrer Herkunft, nach den Beweggründen Bultmanns, sie in dieser Weise aufeinander zu beziehen, und nach dem Sinn, den sie in ihrer Bezogenheit aufeinander ergeben (6.2). Am Schluß steht der Versuch, die in dem vorliegenden Vortrag und in den zuvor besprochenen Arbeiten sich meldende Grundintention Bultmanns systematisch darzustellen (6.3).

---

[3] Ebd., 744.

[4] Zum Titel dieses Vortrags vgl. den Hinweis von JASPERT, Wende, 40 Anm. 55.

[5] ChW 34, 1920, 576 u. ö.

[6] Die in ChW 34, 1920, 770 enthaltene und dann im Nachdruck (MOLTMANN [Hg.], Anfänge II, 5) übernommene Terminangabe »1. Oktober 1920« für Gogartens Vortrag muß gemäß den Programm-Ankündigungen in ChW und dem Bericht »Unsere Wartburgtagung« (»An die Freunde«, Nr. 69 vom 4. 11. 1920, 754–762) in »30. September 1920« geändert werden.

[7] Vgl. »An die Freunde«, Nr. 69 vom 4. 11. 1920, 755f. (Debattenredner: Gustav Krüger, Martin (?) Dibelius, Hartmann (Solingen), Karl König, Heinrich Weinel).

[8] Vgl. die bei JASPERT, Wende, 28–38, veröffentlichten Briefe Paul Wernles und R. Bultmanns.

[9] »An die Freunde«, Nr. 70 vom 10. 5. 1921, 772.

6.1 Gedankengang

Der Vortrag ist in zwei Hauptteile gegliedert: Auf eine »Geschichtliche Darstellung« (Abschnitte 1.–2., 29–39[10]) folgt die Beschreibung der »Aufgaben der Selbstbesinnung auf Grund der geschichtlichen Erkenntnis« (Abschnitte 3.–8., 40–47).

1. Der erste Abschnitt der geschichtlichen Darstellung behandelt »das alte Geschichtsbild und seine Auflösung«: Hatten F. Chr. Baur und seine Nachfolger die urchristliche Religionsgeschichte »als eine *einheitliche, gradlinige* Entwicklung« der sittlichen Religion Jesu verstanden (Reich-Gottes-Verkündigung Jesu; Rechtfertigungslehre des Paulus), so wurde neuerdings erkannt, daß mit dem Hellenismus »in die Geschichte der christlichen Religion alsbald ein ganz andersartiger Faktor« eingetreten sei, und zwar nicht erst jenseits des Neuen Testaments (Harnack), auch nicht erst mit Paulus (Wrede), sondern schon vor Paulus »gleich mit dem Übergang der christlichen Predigt vom palästinensischen auf den hellenistischen Boden« (Reitzenstein und Wendland, Bousset und Heitmüller). Es stehen einander gegenüber nicht in erster Linie Personen (Jesus, Paulus), »sondern Gemeinden: die palästinensische und das hellenistische Urchristentum« (29–32).

2. Sodann illustriert Bultmann »die Lage des geschichtlichen Problems«, d. h. die aufgezeigte *Diskontinuität,* zunächst an vier Beispielen. Erstens: Während in den durch die palästinensische Gemeinde überlieferten Einzelstücken *Jesus* »als der eschatologische Bußprediger und Prophet der kommenden Gottesherrschaft, als Weisheitslehrer und Rabbi« erscheint, erscheint er in dem durch die hellenistische Gemeinde geschaffenen Christus-Mythus »als der Gottmensch«, sein Leben als »die Epiphanie des himmlischen Gottessohnes« (Mk) bzw. als »die Offenbarung des himmlischen Logos für die, die schauen können« (Joh). Mit ihrem Interesse am historischen Jesus und seiner »Religion« habe die »liberale Theologie« auf die »palästinensische Tradition« zurückgegriffen, während die »moderne Frömmigkeit« (d. i. die hinsichtlich der Funktion der Person des historischen Jesus für die gegenwärtige Religion postliberale!) wieder nach dem hellenistischen Christus-Mythus verlange, der im übrigen in der Geschichte der christlichen Kirche fast allein wirksam gewesen sei. Zweitens: Der mythische Christus der hellenistischen Gemeinde ist zugleich der *kultische,* der Kyrios Christos, während für die palästinensische Gemeinde »Jesus der Prophet und Lehrer und vor allem der demnächst kommende ›Menschensohn‹« ist; die palästinensische Eschatologie »verblaßt«. Drittens: Weder geht die *Bekehrung des Paulus* auf die Einwirkung palästinensischer Tradition zurück, noch ist sie das Ergebnis einer sittlichen Entwicklung, noch ist die – einer solchen nach dem mißverstandenen Schema Röm 7 korrespondierende – Rechtfertigungslehre der Kern seiner Theologie; vielmehr erscheint die Bekehrung des Paulus als »das ekstatische Erlebnis eines hellenistischen Juden, das ihn in den Bann des Kyrios-

---

10 Zitiert nach dem Wiederabdruck in: MOLTMANN (Hg.), Anfänge II, 29–47.

kults der hellenistischen Gemeinde zog«. Viertens: Der von Troeltsch beschriebene und letztlich auf die Verkündigung Jesu zurückgeführte spezifische *Typus der christlichen Gemeinde* bis zum Beginn der Neuzeit (»rein religiöse Gemeinschaft«, »spezifisch religiöse Ethik« . . .) ist in Wahrheit erst repräsentiert in – und gründet demnach geschichtlich auf – den hellenistischen Gemeinden; demgegenüber bestimmt »bei Jesus . . . nicht der Gottesgedanke [bzw. die religiös erfaßte Wirklichkeit] den Inhalt und das Motiv der sittlichen Forderung, sondern umgekehrt erhält der Gottesgedanke seinen Inhalt durch das Bewußtsein der sittlichen Forderung, genau wie bei den großen Propheten Israels, deren Tat die Reinigung der volkstümlichen Gottesvorstellung vom Bewußtsein der sittlichen Forderung des Rechts und der Gerechtigkeit aus war«. Daraus folgt, »daß Jesus als Abschluß und Erfüllung in die Geschichte des Judentums hineingehört«, das Urchristentum »eine jüdische Sekte (ist), wenn man so will«, »während mit Paulus und der hellenistischen Gemeinde etwas Neues beginnt«: »das ›Christentum‹ als selbständige geschichtliche Größe«.

Bei aller Diskontinuität geschichtlich *verbunden* ist das nach alledem als »mystisch-kultische Religion« zu bezeichnende hellenistische Christentum mit dem als »ethische Religion« zu charakterisierenden palästinensischen Urchristentum erstens durch die als Heilsgestalt verstandene Person Jesu von Nazareth, zweitens durch die (allmählich verblassende) Eschatologie, drittens durch die Übernahme des Alten Testaments und der palästinensischen Jesus-Tradition, viertens durch Personen (hellenistische Judenchristen) und Institutionen (Formen der hellenistischen Synagogengemeinden). Insbesondere Paulus kommt hier in Betracht, einmal hinsichtlich des von ihm gewahrten Zusammenhangs mit Jerusalem (Kollekte), zum anderen hinsichtlich der in seinen Briefen vorliegenden »eigenartige(n) *Verbindung von ethischer und mystischer Religion*«: Gründet Paulus auch das Heil »auf die Heilstatsachen, von denen der Christus-Mythus redet, und auf den Glauben, der diese Heilstatsachen anerkennt, sich ihnen unterwirft«, und »ist es der ›Geist‹, der den Paulus der Gotteskindschaft [›im pneumatischen Erleben‹] versichert« (=mystische Religion), so ist ihm der *Geist* »doch auch wieder eine sittliche Macht«, *Christus* »auch die Kraft, . . . deren er inne wird . . . in seiner inneren Geschichte als sittliche Persönlichkeit, in seinem Schicksal, das er unter seiner Aufgabe erlebt«, *Gott* »der Willensgott des Alten Testaments, der Geschichte und Schicksal von Welt und Menschen regiert« (= ethische Religion) (32–39).

3. Die Erörterung der den zweiten Hauptteil bestimmenden Frage, »was die Geschichte uns für unsere Gegenwart lehrt«, leitet Bultmann durch die Thematisierung der abschätzigen »Beurteilung der historisch-kritischen Arbeit durch die moderne Frömmigkeit« ein. Hier unterscheidet er, indem er ausdrücklich zur »liberalen Theologie« sich rechnet und die begrenzte kirchliche Notwendigkeit solcher Arbeit vorweg postuliert, zwei Typen. Den einen, zu dem auch die »reine Mystik« zu zählen sei, sieht er in einer Frömmigkeit, die »den Zusammenhang mit den geschichtlichen Mächten überhaupt zerreißen will und die

Geschichte ganz in Mythus umdeutet«; als Repräsentanten dieses »mit Recht« als »Gnostizismus« bezeichneten Typus führt Bultmann Karl Barth mit seiner (ersten) Römerbriefauslegung an. Der andere Typus, der »in Gogarten eindrucksvoll repräsentiert« sei, betone gerade die Geschichtsbezogenheit der Religion, lehne aber »mit Recht« ab, »daß unser Zusammenhang mit der Geschichte auf möglichst genauer Kenntnis der Geschichte, auf der historisch-kritischen Arbeit beruhen müßte«, ferner – ebenfalls »mit Recht« –, »daß eine Epoche oder eine Person der Vergangenheit, habe sie auch klassischen Charakter, einer Religionsgemeinschaft als normative Grundlage dienen könne« (40 f.).

4. Der »Bedeutung dieser Beurteilung« ist der nächste Abschnitt gewidmet. Erstens: Historisch-kritische Theologie kann nicht »die Frömmigkeit ... begründen«, sondern soll »zur Selbstbesinnung ... führen, den geistigen Bestand des Bewußtseins klären und reinigen ... helfen«. So führe ja die historisch-kritische Erforschung und »Erkenntnis des Unterschiedes palästinensischen und hellenistischen Urchristentums« vor Augen eine – und stehe im Grunde selbst in einer – Analogie zu der »Bewegung in der modernen Frömmigkeit, die sich von der ethisch oder moralistisch gerichteten Auffassung des protestantischen Christentums speziell Ritschlscher Prägung abwendet und eine starke Hinneigung zur Mystik zeigt«; sie führe also zu – und sei im Grunde selbst ein Akt der – Selbstbesinnung. Zweitens: Die durch die »liberale Theologie« vorgenommene Erhebung der »Religion« Jesu zur »normative(n) Form des Christentums« bedeute als Option für das palästinensische Christentum eine Option für ein Noch-nicht-Christentum, dem »eine eigene soziologische Form, ... Mythus und Kultus« abgehe – wie auch der »liberalen Theologie« selbst (41 f.).

5. Zur »Bedeutung von Kultus und Mythus für die religiöse Gemeinschaft« führt Bultmann aus, sie seien »nicht die Religion« selbst, sondern die je und je geschichtlich bedingte, aber auch je und je »notwendige Form für die Existenz einer religiösen Gemeinschaft«. Geschichtlich bedingt, d. h.: nicht zeitenübergreifend normativ, nicht künstlich erneuerbar – diesem Urteil verfällt Barths »willkürliche Zustutzung des paulinischen Christusmythus«. Notwendige Form, das führt nicht nur zu der Frage, wie diese unter den Bedingungen der Gegenwart aussehen könnte oder müßte, sondern darüber hinaus zu der tieferen Frage: »Welche Religion fühlen wir in uns lebendig?«, und noch elementarer: »Was gilt uns eigentlich als die Wirklichkeit Gottes? worin schauen, worin erleben wir ihn? worin offenbart er sich uns?« Die Selbstbesinnung zeigt: »Wir kranken daran, daß wir nicht als religiöse Gemeinschaft klar und sicher hinweisen können auf das, was uns die deutliche Offenbarung Gottes ist« (43 f.).

6. Bultmann antwortet für die »ethische Religion«: Gott offenbart sich »dem Menschen in seinen Erlebnissen unter dem Gehorsam des Guten« (»innere Geschichte«, »Schicksal«, »Erfüllung seines Seins«), und zwar offenbart er sich als das gegenüber der sittlichen »Welt des Guten« »›ganz Andere‹« (R. Otto). Statt solcher ethischen Religion habe die »liberale Theologie« einem *religiös gefärbten Moralismus* gehuldigt – wie denn in der erhaltenen Überlieferung vom

historischen Jesus, an dem sie sich orientiere, »das eigentlich Religiöse eine relativ geringe Rolle« spiele und, »wie es naivem Denken stets eigentümlich ist, ... die verpflichtende Macht des Guten unter der mythischen Vorstellung eines fordernden und strafenden, eines verzeihenden und lohnenden Gottes« erscheine. »Religiöser Moralismus und ethische Religion« – so die Überschrift dieses Abschnitts – sind also wohl zu unterscheiden (44 f.).

7. »Der heutige Ruf nach Mystik« – nächster Abschnitt – sei zwar verständlich als Ausdruck des »Verlangen(s) nach religiösem Leben überhaupt«, müsse sich aber klar sein über sich selbst: Will man Gott wirklich »im Jenseits von Welt und Geschichte ... schauen« – hier drohen ein »pessimistischer Dualismus« (Orthodoxie, Positive) oder ein »pantheistischer Naturalismus« (Monismus, Liberalismus) –, oder will man Gott »in seiner [sc. des einzelnen Menschen] inneren Geschichte des Kämpfens und Wachsens im Gehorsam unter das Gute« erleben? Jedenfalls müsse der Protestantismus über die alleinige Verkündigung der religiösen »Gesinnungsethik Jesu« hinauskommen, müsse »das Spezifische des religiösen Lebens kennen und zum Bewußtsein bringen«, müsse »von der Offenbarung Gottes reden können und für sie den mythischen und kultischen Ausdruck finden« (46).

8. Der »Schluß«: Nicht die »Ausdrucksmittel« (Kultus und Mythus), nicht die »psychischen Zustände« sind »ausschlaggebend für eine Religion«, sondern »nur *der geistige Inhalt einer Religion, die Wirklichkeit, die ... als Gott bezeichnet*« wird, sei es – in der Mystik – »die Ruhe und Stille, das leere ›Sein‹, in das die Seele selbstvergessen gleitet«, sei es – in der ethischen Religion – »der schaffende Lebenswille, der uns in unserm Schicksal als Kämpfer im Gehorsam unter das Gute zur Erfüllung unseres inneren Lebens reifen läßt« (47).

6.2 Interpretation

Was aus dem Vortrag selbst deutlich genug hervorgeht, stellt Bultmann in seinem Brief an M. Rade vom 19. 12. 1920, in dem er sich mit Paul Wernles empörter Stellungnahme auseinandersetzt[11], noch einmal klar: »daß meine Ausführungen in erster Linie eine kritische Selbstbesinnung sein wollen«; er habe seine »Anschauung auf dem Wege der Selbstkritik errungen ...«, und ich will nichts anderes, als den, der mir zuhören will, zur Selbstkritik führen«. Und zwar seien Selbstbesinnung und Selbstkritik aus der theologischen »Situation notwendig entstanden, die Wernle selbst mit hat gestalten helfen« – aber natürlich nicht nur Wernle, sondern die ganze *corona* der verehrten (und, bei aller Kritik, weiterhin verehrten!) theologischen Lehrer, die in diesem Vortrag unter der Signatur »liberaler Theologie« versammelt werden. *Daß*, wie Bultmann 1928[12] zu der Frage »nach der Genesis unsrer Theologie« erklärt, »die innere Auseinandersetzung mit der Theologie unsrer Lehrer« die Hauptrolle gespielt habe, läßt

---

[11] Veröffentlicht bei Jaspert, Wende, 30–33; die folgenden Zitate von 30 und 32.
[12] Im Brief an E. Foerster, s. Schmithals, Brief, Zitat 74.

sich wohl an keiner anderen Arbeit Bultmanns so verdeutlichen wie an »Ethische und mystische Religion im Urchristentum«. Doch liegt es auch hier nicht offen zutage, sondern bleibt – bedingt sowohl durch die Zustimmung zu den historischen Forschungsergebnissen der Lehrer als auch durch die verständliche Zurückhaltung in namennennender Kritik – unausdrücklich im Hintergrund. Zur Interpretation des Vortrags unter der Fragestellung nach der Entwicklung der Theologie Bultmanns scheint es mir deshalb besonders wichtig zu sein, in Bultmanns Darlegungen auch die Punkte unausgesprochener Auseinandersetzung und Neuorientierung aufzuspüren und namhaft zu machen; die Briefe Bultmanns an M. Rade und H. v. Soden bedeuten dafür eine willkommene Interpretationshilfe.

6.2.1 Die »geschichtliche Darstellung« – Schwerpunkt: Historischer Jesus

Mit dem einleitenden Forschungsbericht zur Geschichte des Urchristentums bezieht Bultmann Position an der Seite Boussets und Heitmüllers, und auch an einen länger zurückliegenden Forschungsbeitrag Jülichers wird erinnert[13]. Schon diese Position erklärt einen Teil der Verärgerung, die aus P. Wernles Briefen an M. Rade[14] über den »Bultmannschen Unsinn« spricht, welcher »einen Tiefpunkt der Entgleisung kritischer Forschung« bedeute: »Der Methode nach setzt er [Bultmann] sämmtliche noch so problematische Auffstellungen von Bousset & leider auch Heitmüller als fertige Dogmen voraus, die ausser der Diskussion stehen & deren Begründung sich nicht mehr lohnt«. Natürlich konnte es Wernle nicht gefallen, daß Bultmann in seinem kurzen Überblick von Wernles Bestreitung der Bousset-Heitmüllerschen Auffassung[15] keine Notiz gab.[16] Dafür, daß Wernle dies als einen »Schülerstandpunkt, der eines Forschers nicht würdig ist«, wertet und überdies die Tatsache, daß »Heitmüller Bultmann sich zum Nachfolger wünschen konnte«, sich nur so erklären kann, daß auch bei Heitmüller »das Persönliche & Kliquenhafte über alles andere gesiegt« habe, reicht freilich die von Bultmann vertretene Auffassung von der Geschichte des Urchristentums als Erklärung allein nicht aus; hierfür ist vor allem die von Bultmann angedeutete Charakterisierung Jesu in Betracht zu ziehen, auf die

---

[13] Vgl. 32 mit Anm. 4, dazu Jülicher, Paulus und Jesus, bes. 13 und 56. Mit seiner Erinnerung an Jülicher folgt Bultmann W. Heitmüller, der in seinem bahnbrechenden Aufsatz »Zum Problem Paulus und Jesus« (ZNW 13, 1912, 320–337) erklärt hatte: »Es war in der Debatte über Paulus und Jesus von großer Wichtigkeit, als nachdrücklich geltend gemacht wurde, daß man Paulus nicht unmittelbar neben Jesus, sondern neben die Urgemeinde stellen müsse« (326, vgl. ebd., Anm. 1).

[14] Briefe P. Wernles an M. Rade vom 6. 12. 1920 und vom 13. 2. 1921, veröffentlicht in Jaspert, Wende, 28 f. und 33–35; die folgenden Zitate von 29 und 34.

[15] Vgl. P. Wernle, Jesus und Paulus, ZThK 25, 1915, 1–92; dazu W. Heitmüller, Jesus und Paulus, ebd., 156–179, und W. Bousset, Jesus der Herr. Nachträge und Auseinandersetzungen zu Kyrios Christos, FRLANT 25 (N.F. 8), Göttingen 1916.

[16] Daß Bultmann davon sehr wohl Notiz *genommen* hatte, zeigt sein Bericht »Die neutestamentliche Forschung im 20. Jahrhundert«, Oldenburgisches Kirchenblatt 25, 1919, 121.

alsbald einzugehen ist, außerdem der Umstand, daß Wernle von Bultmanns »Geschichte der synoptischen Tradition« noch nichts wissen konnte. Diese eigene Arbeit steht als das Hauptargument hinter dem Satz des Vortrags, daß »die Analyse der synoptischen Evangelien ... – vor allem seit Wellhausen – immer deutlicher gezeigt (habe), wie wenig Sicheres wir von Jesus wissen, und wie sehr die Evangelien in erster Linie ein Zeugnis der palästinensischen Gemeinde sind« (32). Vor allem steht diese eigene Arbeit hinter dem ersten Beispiel, das Bultmann zur Illustration der »Lage des geschichtlichen Problems« im zweiten Abschnitt seines Vortrags anführt, den Ausführungen zur »Erzählung vom Leben Jesu« (32f.); man vergleiche mit ihnen nur den »Schluß«-Teil der »Geschichte der synoptischen Tradition«, wo Bultmann diese Geschichte literargeschichtlich beurteilt.[17] Bultmann erklärt in seinem Brief an M. Rade vom 19. 12. 1920 selbst, daß er in diesem Buch »Rechenschaft über die kritische Begründung« seines Standpunkts ablege.[18] In dem zweiten Beispiel, »Der Kyrioskult« (33), werden die Ergebnisse von Boussets »Kyrios Christos«[19], im dritten, »Die Bekehrung des Paulus« (33f.), die von Heitmüllers gleichnamigem Beitrag zur Herrmann-Festschrift 1917[20] kurz zusammengefaßt.

Das vierte Beispiel, »Die soziologische Struktur des Urchristentums« (34f.), ist nicht ein reines Referat, sondern eine Auseinandersetzung mit dem das »Evangelium« (sc. Jesu) betreffenden Abschnitt aus Ernst Troeltschs »Soziallehren der christlichen Kirchen und Gruppen«[21].

Der im Zusammenhang von Bultmann nicht erläuterte Begriff der »soziologischen Struktur« meint bei Troeltsch[22] ganz allgemein die soziologische, d. h. gemeinschaftsbildende Auswirkung jedes beliebigen Phänomens, im speziellen Fall die eigene soziologische »Idee des Christentums und deren Ausbau und Organisation« (14, vgl. 5). Sie ergibt sich nach Troeltsch aus der »rein religiöse(n) Predigt« Jesu, die in der »Ankündigung der großen Endentscheidung, des Kommens des Gottesreiches als des Inbegriffes der vollendeten Gottesherrschaft«[23] und in dem Ruf, sich auf sie zu bereiten, besteht (34f.). Wie »die Predigt Jesu und die Bildung der neuen Religionsgemeinde keine Schöpfung einer sozialen Bewegung ist« (15), »das Aufkommen des Christentums nicht aus der Sozialgeschichte, wohl aber aus der Religionsgeschichte des Altertums zu verstehen« ist (25), so fehlt auch »jedes Programm einer sozialen Erneuerung, an seiner Stelle steht die Forderung[,] innerhalb der noch fortdauernden Ordnungen der Welt in der rein religiösen Gemein-

---

[17] ¹1921, 225–229; ²ᶠᶠ·1931 ff., 393–400 – hier gegenüber der ersten Auflage »kerygmatisch« akzentuiert.

[18] Bei JASPERT, Wende, 32.

[19] W. BOUSSET, Kyrios Christos. Geschichte des Christusglaubens von den Anfängen des Christentums bis Irenäus, FRLANT 21 (N.F. 4), Göttingen 1913.

[20] W. HEITMÜLLER, Die Bekehrung des Paulus, ZThK 27, 1917, 136–153.

[21] E. TROELTSCH, Die Soziallehren der christlichen Kirchen und Gruppen [1912], Tübingen ³1923 = GS I; dort bes. 16–58. Am 7. 5. 1917 hatte Bultmann im »Theologischen Verein« Breslau einen Vortrag über »Troeltschs Auffassung vom Urchristentum in seinen Soziallehren« gehalten, vgl. Brief an H. Feldmann vom 6./8./9. 5. 1917.

[22] Vgl. Soziallehren, 34.39.49.51. Auf TROELTSCHS Soziallehren beziehen sich auch die folgenden Seitenangaben im Text.

[23] Vgl. ebd., 35: Das Gottesreich ist »der Inbegriff aller ethischen und religiösen Ideale«.

schaft der Liebe und in der Arbeit der Selbstheiligung sich zu bereiten auf das Kommen des Gottesreiches« (48).

Bultmann sieht hier »das sittliche Ideal und die soziologische Struktur der hellenistischen Gemeinden«, nicht aber diejenigen der Predigt Jesu und des palästinensischen Urchristentums zutreffend beschrieben.[24] Die mystische Formel: »Gott und die Menschenseele, die in Gemeinschaft mit ihm unendlichen Wert gewinnt«, gelte *nicht* für die Verkündigung Jesu[25] – damit ist der religiösen Hochschätzung des historischen Jesus in der »liberalen Theologie« die Axt an die Wurzel gelegt. Was aber gilt für die Verkündigung Jesu? Grundsätzlich fordert Bultmann, Jesus und seine Verkündigung dürften nicht, wie es bei Troeltsch geschehe, »von der folgenden hellenistischen Entwicklung, sondern nur von der vorhergehenden jüdischen Entwicklung aus verstanden werden«, d. h. konkret: in der »Antithese . . . zur gesetzlichen Ethik des Judentums«, in dessen Geschichte er deshalb »als Abschluß und Erfüllung« hineingehöre.[26]

Mit dieser Forderung bewegt sich Bultmann auf dem von Julius Wellhausen im Schlußteil seiner »Einleitung in die drei ersten Evangelien« von 1905[27] gewiesenen Weg: »Das Evangelium bedeutet ebenso viel wie das Christentum. Jesus war kein Christ, sondern Jude.« Schon in der Formulierung, der Disjunktion von »Jesus« und »Evangelium«, gibt sich diese Aussage als Widerspruch gegen A. Harnacks[28] (und vieler ihm Folgender) Konzeption vom »Evangelium Jesu« zu erkennen, wie sie auch Troeltschs Darstellung beherrscht. Wellhausen protestiert gegen die Erhebung des historischen Jesus zum »religiösen Princip«: »Für das was mit dem Evangelium [in dem *per definitionem* – ›das Evangelium bedeutet ebenso viel wie das Christentum‹ – der Verkündiger zunächst einmal der Verkündigte ist!] verloren geht, ist der historische Jesus, als Grundlage der Religion, ein sehr zweifelhafter und ungenügender Ersatz. Ohne seinen Tod wäre er überhaupt nicht historisch geworden.« Jesus »verkündete keinen neuen Glauben«, und »der Glaube, daß er das religiöse Ideal sei«, stammt nicht von ihm selbst, sondern erst »aus dem Christentum«. Kurz: Die im Namen des wahren bzw. des modernen Christentums erfolgende Berufung auf den historischen Jesus enthält in sich einen Widerspruch. Worin bestand nun aber nach Wellhausen das Spezifische der Verkündigung Jesu, der »kein Christ, sondern Jude« war?

---

[24] Ethische und mystische Religion, 34; damit sieht Bultmann bei Troeltsch die »soziologische Struktur« *dessen* zutreffend beschrieben, was nach seinem eigenen qualifizierten Verständnis »Religion« zu heißen verdient.

[25] Ethische und mystische Religion, 34f. Zu der auf A. Harnack zurückweisenden »Formel ›Gott und die Menschenseele . . .‹«, die ich in der von BULTMANN, 34f., als Zitat angeführten Fassung nicht bei TROELTSCH finde – dort aber ähnliche Formulierungen –, vgl. noch HEITMÜLLER, Jesus, 124.

[26] Ethische und mystische Religion, 34f.

[27] J. WELLHAUSEN, Einleitung in die drei ersten Evangelien, Berlin 1905, 113–115; alle folgenden Wellhausen-Zitate von diesen Seiten.

[28] Ich verweise pauschal auf die erste Hälfte der Vorlesungsreihe A. HARNACKS »Das Wesen des Christentums« (»Das Evangelium«).

»Er lehrte den Willen Gottes tun. Der Wille Gottes stand für ihn wie für die Juden im Gesetz und in den übrigen heiligen Schriften, die dazu gerechnet wurden. Doch wies er einen anderen Weg ihn zu erfüllen als den, welchen die jüdischen Frommen nach Anleitung ihrer berufenen Führer für den richtigen hielten und peinlich befolgten. . . . Er legte an die Statute einen übergeordneten Maßstab an und beurteilte sie nach ihrem inneren Wert, nämlich ob sie das Leben der Menschen förderten oder hemmten. . . . Er forderte Reinheit des Herzens, und Leistungen, die nicht Gott, sondern den Menschen zu gute kamen. Denn eben diese sehe Gott als sich geleistet an und darin bestehe der wahre Gottesdienst – die Moral blieb religiös motivirt und unabhängig von dem variablen Götzen Kultur. Man wird durchaus an die alten Propheten erinnert, aber für diese gab es das schriftliche Gesetz noch nicht und die Menschensatzungen, die von ihnen bekämpft wurden, standen noch nicht in einem heiligen Buch. Das Eigentümliche ist, daß auch Jesus durch das Gesetz sich nicht eigentlich beengt und bedrückt fühlt . . . In der Tat steht er überall, wo es darauf ankommt, dem Gesetz, ohne dagegen zu rebelliren, doch ganz unbefangen und frei gegenüber und ist weiter über das Judentum hinausgeschritten als irgend einer seiner Vorgänger, auch darin, daß er das Aufhören des Tempelkultus und der jüdischen Gemeinde weissagte. Man kann sich nicht wundern, daß es den Juden so vorkam, als wollte er die Grundlagen ihrer Religion zerstören. Seine Absicht war das freilich nicht, er war nur zu den Juden gesandt und wollte innerhalb des Judentums bleiben – vielleicht auch deshalb, weil er das Ende der Welt für nahe bevorstehend hielt. Der Schnitt erfolgte erst durch die Kreuzigung, und praktisch erst durch Paulus. Er lag aber in der Consequenz von Jesu eigener Lehre und seinem eigenen Verhalten. Man darf das Nichtjüdische in ihm, das Menschliche, für charakteristischer halten, als das Jüdische.«

Der historische Jesus muß in seinem Jude-Sein und aus ihm heraus verstanden werden. Hierin konnte sich Bultmann nicht nur auf Wellhausen, sondern auch etwa auf A. Jülicher berufen:

»Jesus ist nicht als Herold einer neuen Religion aufgetreten, er wollte bloß mit der alten Ernst gemacht wissen«.[29]

Und auch Jülichers Beurteilung des »Überjüdischen« in Jesus kommt mit der Wellhausens ziemlich überein:

»Jesu Wurzeln strecken sich tief hinein in jüdischen Boden, er hat sich genährt mit allen Lebensmitteln, die die alttestamentliche Religion ihm bot; aber seine Wipfel ragen weit hinaus über das Höchste, was in jenem Walde je gewachsen war, in überjüdische Regionen«.[30]

Nun fällt aber auf, daß Bultmann Erwägungen über das »Überjüdische« (o. ä.) an Jesus nicht anstellt. »Jesus (gehört) als Abschluß und Erfüllung in die Geschichte des Judentums hinein«[31] – mit dieser These, die der seit Wellhausen noch erheblich vertieften Einsicht in den Abstand zwischen Jesus und der (hellenistischen) Gemeinde entspricht, hält Bultmann im Grunde den Satz Wellhausens: »Jesus war kein Christ, sondern Jude« noch entschiedener fest, als Wellhausen selbst es getan hatte. Die Formulierung »Abschluß und Erfüllung«

---

[29] JÜLICHER, Die Religion Jesu, 48.
[30] Ebd., 53.
[31] Ethische und mystische Religion, 35.

erinnert mehr als an Wellhausen an den Satz A. Schweitzers, »daß Jesus, als historische Persönlichkeit, nicht als Anfänger eines Neuen, sondern als die Enderscheinung des eschatologisch-apokalyptischen Spätjudentums zu betrachten« sei.[32] Aber auch nur die Formulierung! Denn Bultmann sieht im Zusammenhang seines Vortrags von dem eschatologischen Charakter der Verkündigung Jesu völlig ab[33] und ist ganz an seiner ethischen Verkündigung orientiert. Darin folgt er grundsätzlich Wellhausen (und wieder Jülicher[34]), jedoch mit einer bedeutsamen Nuancierung. Hatten Wellhausen und Jülicher für Jesus eine religiöse Motivierung der Moral behauptet[35], so findet Bultmann in der ethischen Verkündigung Jesu keine religiös motivierte Ethik, sondern gerade umgekehrt einen von der sittlichen Forderung her bestimmten Gottesgedanken: »Nicht der Gottesgedanke (bestimmt) den Inhalt und das Motiv der sittlichen Forderung, sondern umgekehrt erhält der Gottesgedanke seinen Inhalt durch das Bewußtsein der sittlichen Forderung«; bei Jesu ethischer Verkündigung verhalte es sich »genau wie bei den großen Propheten Israels, deren Tat die Reinigung der volkstümlichen Gottesvorstellung vom Bewußtsein der sittlichen Forderung des Rechts und der Gerechtigkeit aus war.«[36] Damit entfernt sich Bultmann von der bei Wellhausen vorausgesetzten Auffassung der Propheten (religiös motivierte Moral) und nähert sich der von Troeltsch an anderer Stelle als »gründliche Mißdeutung der Propheten und ... Verkennung des Wesens der von ihnen gemeinten Sittlichkeit« inkriminierten Auffassung des Prophetismus, nach der dieser Jahwe auf »den Thron der sittlichen Weltordnung« erhoben habe; »das wäre eine Art Kantischer Religionsphilosophie vor Kant und vor der Stoa, noch nationalistisch gebunden und in anthropomorpher Bildlichkeit und Gegenständlichkeit befangen, welche Hülle nur abgestreift zu werden braucht, um die reine sittliche Menschheitsreligion darunter hervortreten zu lassen.«[37] In der Tat: Bultmanns Darstellung der ethischen Verkündigung Jesu gemahnt an Kant[38],

---

[32] SCHWEITZER, Geschichte der Leben-Jesu-Forschung, 65.

[33] Dies entspricht der Überzeugung BULTMANNS, daß es sich bei den eschatologischen Vorstellungen Jesu und des Urchristentums nicht um das »geschichtlich Wesentliche« handle, vgl. Bedeutung der Eschatologie, 83, außerdem Religion und Sozialismus, 443.

[34] Vgl. JÜLICHER, Die Religion Jesu, 61: »Das Neue, das ihn [sc. Jesus] erfüllt, beschränkt sich auf die Religion und Ethik, genauer, es liegt in der Einheit von beidem, denn Jesus hat die Versittlichung der Religion bis zum Ende geführt und der Sittlichkeit im ganzen Umfange die religiösen Triebkräfte gesichert.«

[35] WELLHAUSEN, Einleitung, 113: »die Moral blieb religiös motivirt«; JÜLICHER, Die Religion Jesu, 61: »... der Sittlichkeit im ganzen Umfange die religiösen Triebkräfte gesichert« (vgl. vorige Anm.).

[36] Ethische und mystische Religion, 35.

[37] TROELTSCH, Ethos, 15.

[38] Daß Jesus, wie BULTMANN in seinem Vortrag formuliert, »im Gegensatz zum Judentum nicht Werke, sondern die gute Gesinnung, Wahrhaftigkeit und Unbedingtheit des Gehorsams unter das Gute« fordere (35), ist freilich Gemeingut in der »liberalen« Jesus-Theologie. Jedoch: »Die Lehre, daß man das Gute nur um des Guten willen tun müsse, kennt das Evangelium nicht. Es heißt immer und überall in ihm: das Gute tun um Gottes willen, das Gute tun um des ewigen Zieles willen, das Gott dem Menschen gesteckt ... Im Kern des Evangeliums steht

und es scheint der von Troeltsch vornehmlich gemeinte Hermann Cohen zu
sein, der hier stark auf Bultmanns Verständnis des Prophetismus eingewirkt
hat.[39] Anders als Troeltsch versteht dieser den Prophetismus *nicht* als »die
Religion eines personhaften, überweltlichen Willensgottes und der in Gemeinschaft mit ihm sich bildenden menschlichen Persönlichkeit«, die prophetische
Ethik *nicht* als eine »theistisch-religiöse Ethik«, die »indifferent gegen . . . alle
ethischen Werte (ist), die außerhalb der persönlichen Gottbezogenheit des einzelnen und der gegenseitigen Gottverbundenheit der Gemeinde liegen«[40], sondern
gerade umgekehrt: der Prophetismus habe den »Mythos«, d. h. die Orientierung
an dem »Verhältnis zwischen Mensch und Gott« (vgl. bei Troeltsch: persönliche
Gottbezogenheit, gegenseitige Gottverbundenheit) überwunden, indem er den
»Gedanke(n) Gottes«[41], und zwar des einzigen Gottes, »auf Grund des Verhältnisses zwischen Mensch und Mensch« habe entstehen lassen[42]; hierfür beruft
sich Cohen vor allem auf Micha 6,8.[43]

»Nicht von Gott rückwärts zu den Menschen, sondern von den Menschen aufwärts zu
Gott« (32). »Der Gedanke des einzigen Gottes (kam) in dem Gedanken der Sittlichkeit, in
dem Gedanken des Guten zur Entdeckung . . . Damit ist die Religion entstanden; die
Religion im Unterschiede vom Mythos« (34). »Darin liegt die Ursprünglichkeit, die
Eigenart des neuen, des einzigen Gottes, daß er hervorgeht aus dem Verhältnis zwischen
Mensch und Mensch, hervorgeht aus dem Gedanken der Sittlichkeit« (35). »Gott hat sein
Wesen ausschließlich in der Sittlichkeit. . . . Nur als Ideal der menschlichen Handlung darf
das Wesen Gottes gedacht werden« (42).

Mit der durch diese Zitate aus Cohens »Betrachtung zur Grundlegung der
Religionsphilosophie« angezeigten Sicht des ursprünglichen und grundlegenden
prophetischen Judentums, neben dem für Cohen übrigens als Vorstufe des
Christentums auch das griechische Judentum mit seiner Verknüpfung religiöser
Motive mit Motiven der griechischen Erkenntnis und damit seiner mythischen
Anfälligkeit in Betracht kommt (vgl. 39), – mit dieser Sicht des Prophetismus
kommt Bultmanns Schilderung der ethischen Verkündigung Jesu ziemlich über-

---

nicht das blutleere Gebilde des sittlichen Gesetzes, sondern die unerschütterliche Überzeugung
von dem Ziel und der Vollendung des einzelnen persönlichen Lebens in Gott« (BOUSSET, Jesus,
59); Jesu ethische Verkündigung ist also ausdrücklich religiös begründet (vgl. ebd., 69). Den bei
aller Kant-Nähe immer noch größeren *Abstand* zu Kant hebt auch A. JÜLICHER hintergründig
hervor: »Der Katechismus Jesu . . . besteht aus zwei Sätzen: Handle immer so, daß man das
seinem Vater ähnliche Kind Gottes in dir erkennt, und: Bist du des Vaters unwürdig geworden
oder in Sorge, du könntest es werden, so bete zu ihm, und er wird dir verzeihen oder dich aus
der Gefahr erretten« (Die Religion Jesu, 67).

[39] Vgl. HERMANN COHEN, Religion und Sittlichkeit. Eine Betrachtung zur Grundlegung der
Religionsphilosophie, Berlin 1907; die folgenden Zitate hieraus sind bei COHEN z. T. hervorgehoben.

[40] So TROELTSCH, Ethos, 25.

[41] Ist es Zufall, daß Bultmann in seinem Vortrag ebenso prononciert vom Gottes*gedanken*
spricht, wie COHEN es in seiner Schrift tut?

[42] COHEN, Religion und Sittlichkeit, 33.

[43] Vgl. ebd., 32.

ein. Sein Vorwurf an Troeltsch, dieser habe Jesus nicht in der echt prophetischen Antithese zur jüdischen Gesetzlichkeit verstanden, trifft freilich nicht ganz zu: Auch Troeltsch sieht »im Christentum oder besser in der Jesuspredigt« den alten Prophetismus noch einmal aufleben und sich verjüngen.[44] Bultmanns Widerspruch gegen Troeltsch betrifft vielmehr im Kern das Verständnis des Wesens des Prophetismus, dessen Ethik nach Cohen nicht im Gottesgedanken, sondern dessen Gottesgedanke umgekehrt im Gedanken des Guten gründet. Wieweit Bultmann die Verkündigung Jesu, indem er sie anhand des jüdisch-philosophischen Religionsverständnisses Cohens beschreibt, historisch und sachlich zutreffend und erschöpfend beschreibt, kann hier auf sich beruhen. Unbedingt bemerkenswert ist aber, daß Cohen, der in seiner Schrift von 1907 mit der prophetischen Entdeckung des in der sittlichen Forderung gründenden Gedankens des einen und einzigen Gottes die Religion, die diesen Namen verdient, trotz ihrer Bestimmung, sich am Ende ganz in Sittlichkeit aufzulösen[45], historisch und sachlich allererst *beginnen* läßt, im Zuge seines weiteren Nachdenkens über Religion zu erheblichen Modifikationen gelangt. Das Individuum und mit ihm die früher dem »Mythos« anheimgegebene Gott-Mensch-Relation rückt in den Mittelpunkt des Interesses.[46] Wir können hier nicht ins Detail gehen und bringen statt dessen ein Zitat aus Cohens Schrift »Der Begriff der Religion im System der Philosophie« von 1915[47], das ein weiteres bezeichnendes Licht auf Bultmanns in seinem Vortrag vertretene Jesus-Auffassung wirft. Im Zusammenhang der Ausführungen über die in den Psalmen sich aussprechende »Sehnsucht nach Gott« bemerkt Cohen: »Um es paradox auszudrücken, würde ich sagen: die *Propheten* haben noch gar nicht eigentlich Religion geschaffen, sondern nur Sittlichkeit. So sehr ist ihr Gott der Gott der Gerechtigkeit, der zwar auch der Gott der Liebe ist, aber das letztere nur, weil er Recht und Gerechtigkeit liebt.« (Wie hatte Bultmann in seinem Vortrag die »Tat« der Propheten charakterisiert? Als »Reinigung der volkstümlichen Gottesvorstellung vom Bewußtsein der sittlichen Forderung des Rechts und der Gerechtigkeit aus«![48]) Cohen fährt fort: »Die Religion der Propheten ist daher noch immer nur die Religion der Sittlichkeit. *Erst mit den Psalmen verwandelt sich die Sittlichkeit in Religion.* Mit den Psalmen erst offenbart sich das menschliche Individuum in seiner Korrelation, in seiner Sehnsucht zu Gott. ... Jetzt ... entsteht erst die Korrelation zwischen Mensch und Gott, in der wir das Grundverhältnis der Religion erkennen.«

Es ist deutlich: Wer Jesus als »eine Erscheinung innerhalb des Judentums«[49], und zwar nach dem Muster der Propheten, und die Propheten nach der Auffas-

---

[44] TROELTSCH, Ethos, 26.
[45] Vgl. COHEN, Religion und Sittlichkeit, 68 ff.
[46] Vgl. KLEIN, *Art.* Cohen, 1847.
[47] PhilArb 10/1, Gießen 1915, 100. Dieses Buch hatte Bultmann im Frühjahr 1916 gelesen, vgl. Brief an H. Feldmann vom 21. 4. 1916.
[48] Ethische und mystische Religion, 35.
[49] Ethische und mystische Religion, 36.

sung Cohens und die Religion nach dem Verständnis des alten Cohen (und erst recht nach dem Schleiermacher-Herrmannschen Verständnis, dem der alte Cohen sich immerhin annähert!) begreift, *der* wird über die Verkündigung Jesu urteilen: »noch immer nur die Religion der Sittlichkeit«, und das heißt: »nicht eigentlich Religion«. Und der gerät auch unentrinnbar ins theologische Gedränge, wenn ihm der theologische Anspruch begegnet, die Religion des geschichtlichen Jesus sei – in all ihrer zeitgeschichtlichen Bedingtheit – *die,* sei die *christliche,* sei *unsere* Religion, und seine religiöse Persönlichkeit sei die Quelle, aus der sie sich ewig speist. In diesem Gedränge finden wir Bultmann im Jahr 1920.

Es kündigt sich vorher schon an. Blicken wir zurück auf den Bericht über »die neutestamentliche Forschung im 20. Jahrhundert«, den Bultmann im Jahr 1919 für das Oldenburgische Kirchenblatt schrieb[50]! Auch dort schon wird die »Einsicht in den fundamentalen Unterschied zwischen dem palästinensischen und hellenistischen Urchristentum« als die »tiefstgreifende Erkenntnis über die Geschichte des Urchristentums« bezeichnet. Auf dem »hellenistischen Boden entsteht, so paradox es zunächst klingen mag, eine neue Religion«. Aus dieser Erkenntnis erwüchsen »neue Probleme . . ., von deren Lösung bisher nicht die Rede sein kann, ja die noch nicht einmal voll erkannt sind«.[51] Daß diese neuen Probleme nicht nur die historische Erforschung der »Person und Verkündigung Jesu« und des palästinensischen Urchristentums einerseits, des hellenistischen Christentums andererseits betreffen (vgl. 121), läßt der Schlußabschnitt des Forschungsberichts immerhin ahnen: »Ich habe ein Bild zu geben versucht, in welcher Richtung sich die Forschung bewegt. Welche Konsequenzen sich daraus für die systematische Gestaltung des christlichen Glaubens und für die praktische Verkündigung ergeben, sind Probleme, die für sich von den dazu Berufenen durchdacht sein wollen. Der Neutestamentler hat bei seiner Arbeit sich nur die geschichtliche Erkenntnis zum Ziel zu machen und treibt sie in dem Vertrauen, daß alle Arbeit, die der Wahrheit dient, Frucht tragen muß« (122).

Wie der Vortrag »Ethische und mystische Religion im Urchristentum« zu erkennen gibt, spricht in diesen Schlußsätzen der Neutestamentler *als* Neutestamentler bzw. zieht er sich als solcher – genauer: als Forschungsberichterstatter – mit an Wrede erinnernder Gebärde[52] aus der Affaire, einer Affaire, die ihn als Theologen – Systematiker und Prediger – zutiefst betrifft und der er sich stellt, wenn er im 1920er Vortrag fragt, »was die Geschichte uns für unsere Gegenwart lehrt« (40). Doch folgen wir, ehe wir uns Bultmanns Behandlung dieser Frage zuwenden, zunächst weiter der »geschichtlichen Darstellung«!

Bultmann faßt die beiden geschichtlichen Größen Jesus/palästinensisches Ur-

---

[50] Oldenburgisches Kirchenblatt 25, 1919, 115 f. 119–122.

[51] Ebd., 121, dort z. T. hervorgehoben. Vgl. BOUSSET, Kyrios Christos, Vorwort (⁶1964) IX: »Hier auf diesem Gebiete stehen wir in den Anfängen einer neuen Arbeit von weitreichenden noch garnicht ganz absehbaren Erfolgen und Konsequenzen.« Vgl. außerdem R. BULTMANN, Urchristliche Religion (1915–1925), ARW 24, 1926, 85 ff.

[52] Vgl. WREDE, Aufgabe und Methode, 9.

christentum und hellenistisches Christentum unter die Begriffe »ethische« und »mystische« Religion. Damit bedient er sich geläufiger religionstypologischer Kategorien der systematischen Religionswissenschaft.[53] Er bestimmt sie anhand der jeweils leitenden Gottesvorstellung: hier »der heilige Wille des Guten, die Wirklichkeit, die im Gehorsam gegen das Gute erfaßt wird«, dort die der »Welt« dualistisch gegenüberstehende »überweltliche Wesenheit«, die der Fromme »in wunderbaren Erlebnissen, ... in Ekstase und wunderbarer Gottesschau, in pneumatischen Erlebnissen und kultischen ›Handlungen‹« erfaßt (36). Und erneut: Religionsgeschichtlich geurteilt gehören Jesus und das palästinensische Urchristentum ins Judentum, während erst auf hellenistischem Boden »das ›Christentum‹ als selbständige geschichtliche Größe, als eine religiöse Gemeinschaft mit eigenen Formen des Mythus und Kultus und des Gemeinschaftslebens beginnt« (ebd.). In dieser religionstypologisch explizierten religionsgeschichtlichen Periodisierung bzw. Abtrennung kommt zugleich ein (religions-)soziologischer Gesichtspunkt zum Zuge, der vor allem von Ernst Troeltsch geltend gemacht wurde: die Gemeinschafts- und Kultbedürftigkeit der Religion.[54] Die Entdeckung der zentralen Bedeutung des Christuskults erst in der hellenistischen Gemeinde findet in diesem »sozialpsychologischen Gesetz«[55] ein zusätzliches Argument für das Urteil, daß nicht schon in Jesus und im palästinensischen Urchristentum, sondern erst auf hellenistischem Boden das »Christentum« als eine neue Religion auf den Plan getreten sei. Freilich, wenn Bultmann für die Eigenständigkeit der neuen Religion außer auf den Kultus auch auf den Mythus verweist, so fußt er nicht auf Troeltsch, der 1911 in der Frontstellung gegen die Bestreiter der Geschichtlichkeit Jesu im pejorativen Sinne vom Mythus spricht: Das »Symbol des christlichen Glaubens«, nämlich Jesus, müsse in »geschichtlicher Tatsächlichkeit« wurzeln und dürfe nicht lediglich »mythischen« Charakters sein.[56] Bultmann kann kaum zehn Jahre später den »Mythus« in die »sozialpsychologische« Gesetzlichkeit einbeziehen – eine religiöse Gemeinschaft braucht den Mythus –, da die bezeichnete Frontstellung Troeltschs sich erledigt hat und der »Christus-Mythos« (statt der Christus-Mythe!) ins Zentrum des Interesses getreten ist – der Christus-Mythos, in dem Bultmann in der »Geschichte der synoptischen Tradition« das einheitsstiftende »Schema« der als »Kultlegenden« zu verstehenden Evangelien sieht.[57] Wir kommen in Kürze darauf zurück.

Blicken wir endlich auf die Passage, in der Bultmann in seinem Vortrag das Augenmerk auf die Momente der *Kontinuität* innerhalb der von Diskontinuität

[53] Vgl. FABRICIUS, *Art.* Typen der Religion, *passim,* außerdem schon SCHLEIERMACHER, Glaube I, 59–64 (§ 9), sowie WEINEL, Biblische Theologie des Neuen Testaments, bes. [1]17–31 (§§ 4f.).
[54] Vgl. – nach SCHLEIERMACHER, Glaube I, 41 (§ 6, Ls.) – TROELTSCH, Bedeutung, 146 ff.
[55] Vgl. TROELTSCH, Bedeutung, 148.
[56] Ebd., 150 f.
[57] [1]1921, 227.

gekennzeichneten Geschichte des Urchristentums richtet (36–39), so fällt auf, daß die beiden Aspekte, unter denen er die Person des Paulus besonders hervorhebt, im weiteren Verlauf des Vortrags keine Rolle mehr spielen. Das gilt einmal für die Stellung des Paulus innerhalb der urchristlichen Entwicklung (38), und das gilt zum andern für die in seinen Briefen vorliegende »eigenartige Verbindung von ethischer und mystischer Religion« (38 f.); so sieht Bultmann gegen Ende des Vortrags zugunsten der Klarheit der »Frage der Selbstbesinnung, um die es sich zunächst handelt«, ausdrücklich von einer Erörterung des Problems ab, »ob sich beide Typen der Religion in einer höheren Einheit finden« – freilich nicht, ohne mögliche »Übergänge«, »Kombinationen«, »Verwandtschaft« anzudeuten (46). Die beiden Aspekte lassen sich aber als Anzeige der Richtung verstehen, in der sich Bultmann in den folgenden Jahren um das Verständnis des Paulus bemüht: Als Historiker des Urchristentums widmet er sich dem »Verhältnis des Urchristentums zur hellenistischen Synagoge« – so der Titel seines im Sommersemester 1921 in Gießen und Marburg gehaltenen Seminars; hierbei ging es unter anderem um die »Tatsache, daß Paulus innerhalb des hellenistischen Urchristentums eine *Reaktion* darstellt; das tut er nicht, weil er unter dem Einfluß palästinensischen Christentums stände, sondern als hellenistischer *Jude*«[58]. Als Interpret der paulinischen Theologie greift Bultmann besonders im Seminar des Wintersemesters 1923/24 und in dem daraus entstandenen Aufsatz »Das Problem der Ethik bei Paulus«[59] das in der religionstypologisch formulierten »Verbindung von ethischer und mystischer Religion« beschlossene Problem als Frage nach der sachlichen *Einheit* von Indikativ und Imperativ ganz neu auf; hier bekennt sich Bultmann übrigens ausdrücklich zu der sachlichen Mittelpunktstellung der Rechtfertigungslehre in der paulinischen Theologie, ohne die Möglichkeit eines polemisch-apologetischen Entstehungszusammenhangs auszuschließen.[60]

6.2.2 »Die Aufgaben der Selbstbesinnung auf Grund der geschichtlichen Erkenntnis«

Dieser zweite Teil des Vortrags hat zwei Schwerpunkte. Zunächst thematisiert Bultmann – prinzipiell – das Verhältnis von »Frömmigkeit und Geschichte« (6.2.2.1); anschließend optiert Bultmann – materiell – in Abgrenzung gegen einen religiösen Moralismus für wahre Religion und in Abgrenzung gegen deren mystischen Typus für deren ethischen Typus: »Ethische (statt mystische) Religion (statt Moralismus)« (6.2.2.2).

[58] Brief an H. v. Soden vom 3. 4. 1921. Vgl. überhaupt die Seminarthemen in Marburg in den Jahren 1921 ff. – sie sind sämtlich diesem Fragenkreis gewidmet (s. o. S. 94 f.).
[59] Wieder abgedruckt in: R. BULTMANN, Exegetica«, 36–54.
[60] Vgl. ebd., 53 Anm. 11.

6.2.2.1 Schwerpunkt I: Frömmigkeit und Geschichte

Mit der Thematisierung der »Aufgaben der Selbstbesinnung auf Grund der geschichtlichen Erkenntnis« überschreitet Bultmann die im Forschungsbericht von 1919 noch eingehaltene Grenze zwischen dem historischen/neutestamentlichen und systematisch-theologischen Feld. Einen für die Sicht des Historikers typischen Reflex dieser Grenzüberschreitung haben wir in dem Votum Gustav Krügers, des Gießener Kollegen Bultmanns, mit dem er die auf den Vortrag folgende Debatte eröffnet: Wie sein Gießener Vorgänger Wilhelm Bousset habe Bultmann »es verstanden, Wissenschaftliches und Religiöses zu verbinden.[61] Bultmanns Fragestellung ist nicht mehr eine historische, sondern eine systematische, gegen die der Historiker das Mißtrauen hat, daß der Verfasser sein eigenes Ich mit hineinträgt.«[62] Formulieren wir es noch etwas präziser: Es ist nicht eine ausschließlich historische Fragestellung im engen Sinn, sondern die historische wird in den Dienst einer das Interesse an der Erkenntnis gewesener Fakten und Verläufe transzendierenden – »transhistorischen« – systematisch-theologischen Fragestellung genommen, in der sich eine gegenwärtig bedrängende praktische Lebensfrage, die nach der Wirklichkeit und Gestalt heutiger Religion, zum Ausdruck bringt. Dieser Frage ist der systematische Teil des Vortrags gewidmet. Der Einstieg in diesen Teil zeigt jedoch, daß strittig geworden ist, ob überhaupt und – wenn – warum und wie auf dem Weg historischer Erkenntnis Aufschluß und Wegweisung für gegenwärtige Lebensfragen zu gewinnen ist. Deshalb also beginnt Bultmann mit Überlegungen zur »Beurteilung der historisch-kritischen Arbeit durch die moderne Frömmigkeit« und zur »Bedeutung dieser Beurteilung«.[63]

»Man« habe, so Bultmann, »die moderne Richtung der Frömmigkeit, die sich von der geschichtlichen Arbeit abwendet, als Gnostizismus bezeichnet« (40). »Man«, das ist Adolf Jülicher, der in seiner Rezension der ersten Auflage von Barths »Römerbrief« im Juli 1920[64] mit dieser Kategorie die »Verleugnung der Geschichte«, die »Pietätlosigkeit gegenüber dem Großen in der Vergangenheit« charakterisiert hatte; Barth habe solche Verleugnung in seinem »Römerbrief« vollzogen, während Gogarten sie in »Zwischen den Zeiten«[65] nur beschlossen habe. Mit dieser Charakterisierung hatte Jülicher in despektierlicher Absicht an einen geläufigen Sprachgebrauch angeknüpft.

---

[61] Vgl. BULTMANNS oben S. 248 mitgeteilte Bousset-Charakterisierung aus ChW 37, 1923, 789!

[62] »An die Freunde«, Nr. 69 vom 4. 11. 1920, 755.

[63] Ethische und mystische Religion, 40 ff.

[64] A. JÜLICHER, Ein moderner Paulus-Ausleger, ChW 34, 1920, 453–457.466–469, wieder abgedruckt in: MOLTMANN (Hg.), Anfänge I, 87–98; das folgende Zitat von 97, vgl. 94 f.

[65] F. GOGARTEN, Zwischen den Zeiten, ChW 34, 1920, 374–378, wieder abgedruckt in: MOLTMANN (Hg.), Anfänge II, 95–101.

So hatte etwa Heitmüller – nach dem Vorgang Reitzensteins u. a. – im Jahr 1912 Paulus als »Gnostiker« bezeichnet, dessen in unmittelbarer Offenbarung gründende Religion eine (vermeintlich) »geschichtslose« sei – »wie könnte er von der ›Geschichte‹ abhängig sein?« –[66], und so hatte Bultmann in einer vor dem Krieg geschriebenen Buchanzeige es als »charakteristisch für bestimmte romantisch gerichtete Strömungen unseres gegenwärtigen Geisteslebens« hingestellt, »daß man sich wieder für Gnosis und Gnostizismus zu interessieren und an ihren Dokumenten zu erbauen beginnt«, und das Spezifische des Gnostikers so beschrieben, daß er »die Fülle seiner Gesichte in die Geschichte hineinliest« und »die geschichtlichen Tatsachen kraft seiner geistigen Auslegung als Wille und Bild seiner hochfliegenden Spekulation zu betrachten vermag«[67].

Hätte Bultmann in seinem Vortrag lediglich der Anwendung des Begriffs »Gnostizismus« auf den sich in Barths »Römerbrief« zu Wort meldenden Frömmigkeitstypus zugestimmt, so hätte er den Namen Adolf Jülichers, wie vorher schon einmal[68], sicherlich genannt. Daß er ihn verschweigt, ist wohl darin begründet, daß er durch seine Ablehnung der Anwendbarkeit der Kategorie »Gnostizismus« auf Gogarten nicht in offenen Widerspruch zu Jülicher treten wollte, dessen »Römerbrief«-Rezension Gogarten einen Monat zuvor in ChW entgegengetreten war.[69]

Daß einige Monate später erst die Druckfahnen der »Geschichte der synoptischen Tradition« den durch Bultmanns Vortrag verärgerten Jülicher dazu bewegen konnten, der *primo-loco*-Postierung Bultmanns (*pari passu* mit W. Bauer) auf der (zweiten) Liste für die Marburger Heitmüller-Nachfolge zuzustimmen[70], läßt Bultmanns Zurückhaltung an dieser Stelle auch unter diesem (freilich wohl unvorhergesehenen) Gesichtspunkt als tunlich erscheinen. Als Geste einer – in der Sache begründeten – Reverenz an Jülicher darf denn auch die Jülichers Rezension betreffende Anmerkung in Bultmanns im Frühjahr 1922 geschriebener Besprechung der zweiten »Römerbrief«-Auflage Barths gelesen werden, wenngleich hier noch andere Faktoren mitspielen[71]; immerhin revozierte Bultmann hier ausdrücklich seine Zustimmung zum Gnostizismus-Vorwurf Jülichers an Barth.[72]

Wohl nur aus der angedeuteten Rücksicht auf Jülicher heraus nimmt Bultmann in seinem Wartburg-Vortrag auch nicht ausdrücklich Bezug auf Gogartens Replik an Jülicher, die Ende August 1920 unter dem Titel »Vom heiligen Egoismus des Christen« in ChW erschienen war.[73] Dort hatte Gogarten mit hier nicht weiter zu verfolgendem Bezug auf Jülichers Barth-Rezension erklärt, daß doch wohl auch Jülicher »nicht aus Nächstenliebe gegen die Alten und längst Verstor-

---

[66] HEITMÜLLER, Zum Problem Paulus und Jesus, 324.

[67] ChW 30, 1916, 38 f.

[68] Ethische und mystische Religion, 32 mit Anm. 4.

[69] F. GOGARTEN, Vom heiligen Egoismus des Christen. Eine Anwort auf Jülichers Aufsatz: »Ein moderner Paulusausleger«, ChW 34, 1920, 546–550, wieder abgedruckt in: MOLTMANN (Hg.), Anfänge I, 99–105.

[70] Vgl. Brief Bultmanns an H. v. Soden vom 20. 2. 1921.

[71] Vgl. MOLTMANN (Hg.), Anfänge I, 141 Anm. 4, dazu Brief K. BARTHS an Bultmann vom 14. 4. 1922, in: THYEN, Bultmann, 46–49, bes. 48 mit Anm. 8, sowie Postkarte BULTMANNS an K. Barth vom 25. 5. 1922, in: Barth-Bultmann-Briefwechsel, 4 f., bes. 5 mit Anm. 7.

[72] Vgl. MOLTMANN (Hg.), Anfänge I, 124.

[73] Vgl. oben Anm. 69; das folgende Zitat nach dem Wiederabdruck, 99.

benen die Probleme der historischen Forschung löst, sondern um auf die schweren, lastenden Fragen der geistigen Krisis, in der wir leben, eine entscheidende Antwort zu finden. Ob man das auf dem Wege der historischen Forschung kann, ist allerdings die Frage, die, soviel ich weiß, die historische Forschung seit ihrem Beginn begleitet hat und die jedenfalls noch nicht endgültig bejaht worden ist.« Exakt um dieser akut strittigen, von Gogarten hier prinzipiell formulierten Frage willen sahen wir Bultmann den »systematischen« Teil seines Vortrags mit einer Reflexion auf die diesbezügliche Leistungsfähigkeit historisch-kritischer Arbeit beginnen.

Nicht auf Gogartens Jülicher-Replik, sondern auf sein »wundervolle(s) ... Büchlein ›Religion weither‹« von 1917[74] greift Bultmann im folgenden zurück. Auf dieses Buch können wir hier nur eingehen unter den Aspekten, die sich aus Bultmanns Vortrag ergeben. Warum Bultmann es »wundervoll« finden mußte, könnte am besten gezeigt werden, wenn man es neben seine beiden Predigten aus dem Jahr 1917[75] stellte – die Entsprechungen, z. T. bis in die Formulierungen hinein, sind frappant, ohne daß literarische Abhängigkeit des einen vom anderen wahrscheinlich wäre.

Für Bultmann kann der Vorwurf des »Gnostizismus« in dem geläufigen Verständnis der Geschichtslosigkeit Gogarten deshalb nicht treffen, weil dieser mit Nachdruck die Geschichtsbezogenheit der Religion betont, freilich eine Bezogenheit, die das »Wissen der Geschichte« im Sinne historisch-kritischer Erkenntnis als eine erbärmliche, schlechterdings insuffiziente intellektualistische Verengung erscheinen läßt. »Geschichte« im herkömmlichen Sinn, Historie, ist für Gogarten nur die wissensmäßige Abstraktion, die äußere chronologische Verknüpfung des Vergangenen, das seiner eigentlichen Bedeutung nach organisch zu unserem Leben gehört, den gegenwärtig wirklichen, jedoch bewußtseinstranszendenten Grund unseres Lebens bildet: »Für unser Wissen ist das die Geschichte ... In Wahrheit ist es das Ganze unseres Lebens« (59). Religion könnte dann »geschichtslos« sein, »wenn wir, die wir Religion haben oder haben wollen, geschichtslos wären. Das sind wir nicht und können wir nicht sein. ... Wir tragen sie [die Geschichte] ... in uns, wir sind sie selbst. ... Wo aber die Ewigkeit uns anrührt, da weckt sie alles, was wir sind, ... was wir sind von Anbeginn der Welt, und da stehen wir vor ihr nicht als die, die heute sind und gestern nicht waren, und morgen nicht mehr sein werden; da stehen wir vor ihr als die, die waren, ›ehe denn Abraham war‹« (68 f.).

Nun gibt es für Gogarten »Individualitäten«, »Seltene und Hohe, denen wurde so viel Kraft aus der Ewigkeit, daß ihres Wesens Grenze überstrahlt wird von dem Licht, das aus ihnen leuchtet, so wie der Sonne Kreis zergeht in ihren eigenen Strahlen. Das Leben dieser Seltenen ist es, das zum Mythos wird. Ihrer Individualität Grenze wird bei aller Bestimmtheit, die ihr bleibt, so weit gezogen, daß sie an Stelle jener reichsten und weitesten Individualität treten kann, die wir Geschichte nennen. ... Was in der Geschichte gebreitet liegt über viele Jahrhunderte und zerteilt ist in Tausende von Einzelleben, das schließt sich in diesen Individualitäten zu einer einzigen großen Gestalt zusammen ... Darum werden uns wohl immer« – nicht die Geschichtsforschung, sondern – »nur die Menschen, deren Leben zum Mythos (das ist die Gestalt gewordene Geschichte) werden kann, die Geschichte deuten und uns zeigen, woher wir kommen aus der Ewigkeit und wohin wir in

---

[74] F. Gogarten, Religion weither, Jena 1917; vgl. in Bultmanns Vortrag 45 Anm. 7.
[75] R. Bultmann, VW, 135–147.148–162.

ihr gehen«. »Denn darum suchen wir die Geschichte, weil wir hoffen, daß sie uns zeigen kann, woher wir kommen und wohin wir gehen, nicht nur aus den Jahrhunderten und in die Jahrhunderte, sondern aus der Ewigkeit und in die Ewigkeit, und daß hell ist in ihr und reine Wirklichkeit, was in uns selbst nur dunkel lebt« (72–74).

Deshalb: »Es gibt für die Religion keine Geschichte als Wissen von etwas Gewesenem, es sei denn, man wisse von ihr, wie der Mythos es tut«: nicht das, was war, auch nicht das, was nach ihrem Vorbild sein soll, sondern das, »was von ihr heute ist, wirkt und schafft«, und zwar »in uns«. »Redet der Mythos von der Geschichte . . . dann redet er von uns« (65 f.).

Daß mit dieser durch die Zitate umrissenen Sicht der Geschichte und des Mythos für Bultmann nicht alle das Verhältnis von historischer und systematischer Theologie betreffenden Fragen beantwortet sind, bedarf nicht vieler Worte; so fällt es, um nur das anzumerken, schwer, aus Gogartens Ausführungen überhaupt einen »religiösen« Sinn historisch-kritischer Arbeit abzuleiten, die Bultmann, wie er gleich zu Beginn seines zweiten Vortragsteils bemerkt, nach wie vor für eine kirchliche Aufgabe hält.[76] Zugleich ist aber deutlich das enorme Potential an Anregungen, das der historische Theologe, der auf systematisch-theologischem Feld zentral mit dem irrationalen Wesen der Religion und ihrer Wirklichkeit befaßt ist, aus Gogartens Darlegungen über Geschichte und Mythos empfangen kann – ja empfangen muß, insofern und weil sie hier im Kontext einer Auffassung religiöser Existenz erscheinen, die in wesentlichen Punkten mit seinen eigenen Überzeugungen übereinkommt: Individualität und Erlebnis, Jenseitsbezogenheit, Transzendenz gegenüber Intellekt und Moral, Realisierung schöpferischer Lebensfülle – das sind ein paar Stichworte, die das andeuten mögen. Aus diesem größeren Zusammenhang ist denn auch der von Bultmann in seinem Vortrag zitierte, gegen die vermeintliche Geschichtslosigkeit der Religion gerichtete Satz Gogartens zu verstehen, Religion sei »so wenig ohne Geschichtserlebnis zu denken, daß man fast von ihr sagen kann, sie selbst sei das Erleben der Geschichte«[77] – man ist unwillkürlich an Bultmanns Satz aus »Religion und Kultur« erinnert, in einer bestimmten Hinsicht sei »jedes Erleben religiös«, nämlich dann, wenn das Erleben als ein Sich-zu-eigen-Machen des Geschehens verstanden werde, in das man gestellt ist und das dadurch aufhöre, »ein verworrenes und verwirrendes, sinnloses Geschehen« zu sein.[78] Also: Mit dem Etikett des Gnostizismus im geläufigen Sinn ist die »moderne Richtung der Frömmigkeit« nicht zu erledigen bzw. kann sich die herkömmliche historisch-kritisch arbeitende Theologie nicht einfach aus der Affaire ziehen; die an sie gestellte Anfrage reicht tiefer.

Beachtet man den Kontext, in dem Gogartens Absage an eine geschichtslose Religion steht, so zeigt sich, daß er der Forderung nach einer solchen in dem Maße Verständnis entgegenbringt, als sie gegen die »in liberal-theologischen

[76] Ethische und mystische Religion, 40.
[77] Religion weither, 67, vgl. Ethische und mystische Religion, 40.
[78] Religion und Kultur, 25.

Kreisen« vertretene Auffassung protestiert, »daß die Religion an die Geschichte
gebunden werden müsse«, die ihr den nötigen Halt gebe, speziell an »die
Geschichte Jesu und im besonderen (an) . . . die Persönlichkeit Jesu«[79]. Solchem
Protest gibt Bultmann mit Gogarten recht: Der Zusammenhang der Frömmigkeit mit der Geschichte beruht nicht auf der historisch-kritischen Arbeit (Gogarten: »Wissen der Geschichte«), und: Keine Epoche oder Person der Vergangenheit kann einer Religionsgemeinschaft als »normative Grundlage« dienen, auch
der »historische Jesus« nicht.[80] Mit dem Gesichtspunkt der »Religionsgemeinschaft« greift Bultmann über Gogarten – ohne diesen eigentlich zu verlassen –
auf Troeltsch zurück, was auch die Erläuterung dokumentiert, derzufolge »nur
in Größen, die sich über Zeit und Geschichte erheben, in Mythos und Kultus«,
der »Gehalt einer Religion« zum Ausdruck komme.[81] Dem Kultus, den
Troeltsch[82] als »sozialpsychologisches« Erfordernis der Religion verstehen gelehrt hatte, stellt Bultmann in eben diesem Sinn den »Mythos« an die Seite,
nachdem namentlich Gogarten dieses Wort von der ihm bei Troeltsch anhaften-
den Patina der Nichthistorizität befreit, es also als einen positiven Begriff zurückgewonnen hatte: Das Leben der Menschen, das »zum Mythos wird«, ist
»ganz ihr eigenes historisches . . . Aber es ist zugleich in erfüllter Form das weite
Leben, das vor uns allen war und das uns trägt und das nun in uns wieder
auferstehen will. Und darin ist es uns allen gleich. Nur daß in ihm erfüllte
Wirklichkeit ist, was in uns als Sehnsucht lebt; in ihm sehen wir unser eigenes
Leben hell und klar, das in uns aus Dunkelheit nach Erlösung ruft.«[83] Auf die
»sozialpsychologische« Funktion des Mythos kommt Gogarten selbst am
Schluß seines Buches zu sprechen: »Die Religion ist nicht nur in ihrer Praxis
sozial, sondern erst recht in ihrem Glauben, ihrem Mythos. Sie steht und fällt
damit, daß sie in ihrem Mythos – das ist die Form ihres Denkens, es ist ein
Denken in Gleichnissen und Gestalten – den religiösen Erfahrungen und Anschauungen ihrer Gläubigen den Einen großen Ausdruck gibt.«[84] Daß Bultmann, wo Troeltsch vom Kultus, Gogarten vom Mythos (vgl. Troeltsch:
»Symbol«) spricht, von Kultus *und* Mythos spricht, hat seinen Grund vor allem
im Blick auf das hellenistische Christentum, in dessen Zentrum eben der Kyrios-
kult und der Christus*mythos* stehen.

Zurück zur Frage der historisch-kritischen Arbeit! Bultmann referiert zwei
Vorwürfe an die »›liberale Theologie‹ (zu der auch ich mich rechne[85]) . . . 1.

---

[79] Religion weither, 62.
[80] Ethische und mystische Religion, 40 f.
[81] Ebd., 41.
[82] Vgl. TROELTSCH, Bedeutung, 146 ff.
[83] GOGARTEN, Religion weither, 61.
[84] Ebd., 79.
[85] Die Tatsache, daß BULTMANN sich hier ausdrücklich zur »liberalen Theologie« rechnet,
offenbart aufs deutlichste die Untauglichkeit der Formel »Rudolf Bultmanns Wende von der
liberalen zur dialektischen Theologie« zur präzisen Bezeichnung der mit ihr gemeinten Entwicklung in der Theologie Bultmanns, sofern man sie – wie JASPERT, Wende, tut – aus

Allgemein, daß die historisch-kritische Arbeit zur Voraussetzung der Frömmigkeit gemacht werde; 2. speziell, daß ein bestimmter Geschichtsabschnitt und eine bestimmte Person, der ›historische Jesus‹, als normativ angesehen würden« (41). Bultmann hatte beiden Vorwürfen im Gogarten-Referat grundsätzlich schon stattgegeben. Zum ersten Vorwurf, »historisch-kritische Arbeit zur Voraussetzung der Frömmigkeit« zu machen, läßt Bultmann es »dahingestellt« bleiben, »wieweit er die einzelnen Vertreter der ›liberalen Theologie‹ trifft« – wieder vermeidet er eine namennennende Auseinandersetzung. Seine These lautet positiv: »Die Aufgabe der historisch-kritischen Theologie« kann nur – »wie es die Aufgabe aller Theologie ist« – die sein, »zur Selbstbesinnung zu führen, den geistigen Bestand des Bewußtseins klären und reinigen zu helfen« (41). Hiermit formuliert Bultmann ein essential seiner Theologie, auf das wir schon im dritten Kapitel dieser Arbeit zu sprechen kamen.[86] Im Brief an Hans von Soden vom 3. 4. 1921 liest sich das so: »Vertreten habe ich *immer*[87] den Standpunkt, daß die religionsvergleichende Arbeit der Akt der ἀνάμνησις ist, den eigenen Besitz zu klären, – einen Besitz, der freilich vorhanden sein muß, wenn die Arbeit überhaupt möglich sein soll.«

Wir fügen zwei weitere (ebenfalls im dritten Kapitel schon angeführte[88]) Belege aus früherer Zeit an. In der Predigt über 1 Kor 7,29–31 (»Was bedeutet uns der Glaube an die Zukunft?«) vom 10. 12. 1911 fragt Bultmann: »Wie können wir zu solchem Glauben an die Zukunft kommen? Kann uns die Betrachtung der Geschichte ihn wirklich verleihen?« und antwortet: »Ich glaube nicht, daß sie die Kraft hat, ihn zu erwecken, sie vermag nur den vorhandenen stärken.«[89] Und im Vortrag »Theologische Wissenschaft und kirchliche Praxis« vom 29. 9. 1913 heißt es: »Die historische Wissenschaft kann sich nicht einbilden, . . . daß ihre Ergebnisse das Christentum begründeten. . . . Sie muß sich stets erinnern, daß geschichtliche Forschung nicht möglich ist ohne Erleben.[90] . . . Wer nicht im lebendigen Zusammenhang einer Geschichte steht, kann sie nicht schreiben.«[91]

Die Ausdrucksweise, deren sich Bultmann in diesen Sätzen zur Bezeichnung der positiven Seite der Sache bedient – Klärung und Reinigung des geistigen Bestandes des Bewußtseins, Klärung des vorhandenen eigenen Besitzes, Erweckung von Glauben –, ist mehr oder weniger geprägt. Ich vermute, daß Formulierungen Albert Schweitzers aus seiner »Geschichte der Leben-Jesu-Forschung« hier eingewirkt haben, welches Werk ja, worauf in Kürze näher einzugehen ist, in engem Sachzusammenhang mit dem historisch-systematischen Vortrag Bultmanns steht. Schweitzer attackiert den Gedanken der modernen »Geschichts-

---

Bultmanns vorliegendem Vortrag als einem Dokument der bereits vollzogenen »Wende« herleitet! Vgl. im übrigen oben S. 273 f. mit Anm. 25.

[86] Vgl. oben S. 192 f. mit Anm. 43 und S. 231 f. mit Anm. 22, ferner S. 255 bei Anm. 18.

[87] Hervorhebung von mir.

[88] Vgl. oben S. 193 Anm. 43 und S. 232 mit Anm. 21 (u. ö.).

[89] R. BULTMANN, VW, 74.

[90] Vgl. hierzu HERRMANN, Not, 24: »Nichts in der Geschichte kann uns angehören, als das, was wir selbst erleben.«

[91] Oldenburgisches Kirchenblatt 19, 1913, 125 f., dort z. T. hervorgehoben.

theologie«, »daß wir mit geschichtlicher Erkenntnis ein neues lebenskräftiges Christentum aufbauen und geistige Kräfte in der Welt entbinden können«, und stellt dagegen die These, daß »geschichtliche Erkenntnis wohl Klärung vorhandenen geistigen Lebens bringen, aber nie Leben wecken kann«.[92] Bultmann hatte diese Sätze nicht nur in den beiden Auflagen des Buchs von 1906 und 1913 gelesen, die er beide besprochen hatte[93], sondern auch in Jülichers Vortragsreihe »Neue Linien in der Kritik der evangelischen Überlieferung« von 1906, wo sie zitiert und wie folgt zurückgewiesen werden: »Vergebens suche ich unter den von Schweitzer bekämpften Forschern nach solchen, die von ihren geschichtlichen Forschungen schöneren und höheren Erfolg erwarten, als den einer Klärung *vorhandenen* geistigen Lebens ... Mit den Ergebnissen geschichtlicher Arbeit, mittelst kritischer Wissenschaft, religiöses Leben *wecken* zu können, hat man sich vor der Ära Schweitzer nicht eingebildet.«[94] NB: Hier spricht sich die Einsicht in die »religiöse« Insuffizienz historischer Forschung und ihrer Ergebnisse als eine der »liberalen« Theologie eigene und durchaus bewußte Überzeugung aus – man wird jedenfalls nicht gut daran tun, die klassische vierzehnte unter Adolf von Harnacks berühmten »Fünfzehn Fragen an die Verächter der wissenschaftlichen Theologie unter den Theologen« von 1923[95], die sich ja zentral um das hier verhandelte Problem drehen, für die allseitig erschöpfende Formulierung dessen zu halten, was »liberale Theologie« an diesem Punkt überhaupt zu sagen wußte.[96]

Ich übergehe nun zunächst Bultmanns Bemerkungen zu der Frage, was die »Selbstbesinnung« angesichts der neu gesehenen Urchristentumsgeschichte er-

---

92 SCHWEITZER, Geschichte der Leben-Jesu-Forschung, 621.

93 Vgl. MPTh 5, 1908/09, 157.159f., und ChW 28, 1914, 643f.

94 JÜLICHER, Neue Linien, 3.

95 Wieder abgedruckt in: MOLTMANN (Hg.), Anfänge I, 323–325.

96 Auch A. HARNACK wußte in dieser Sache mehr zu sagen, als man ihn im Umkreis und unter dem Einfluß der »dialektischen Theologie« hat sagen lassen, vgl. z. B. den Schluß der ersten Vorlesung über das »Wesen des Christentums«: »Zum Schluß lassen Sie mich noch einen wichtigen Punkt kurz berühren: absolute Urteile vermögen wir in der Geschichte nicht zu fällen. Dies ist eine Einsicht, die uns heute – ich sage mit Absicht: heute – deutlich und unumstößlich ist. Die Geschichte kann nur zeigen, wie es gewesen ist, und auch, wo wir das Geschehene durchleuchten, zusammenfassen und beurteilen, dürfen wir uns nicht anmaßen, absolute Werturteile als Ergebnisse einer rein geschichtlichen Betrachtung abstrahieren zu können. Solche schafft immer nur die Empfindung und der Wille; sie sind eine subjektive Tat. ... Wie verzweifelt stünde es um die Menschheit, wenn der höhere Friede, nach dem sie verlangt, und die Klarheit, Sicherheit und Kraft, um die sie ringt, abhängig wären von dem Maße des Wissens und der Erkenntnis!« (GTB 227, ¹1977, 22) Hierauf etwa hätte JÜLICHER in seiner Antwort an SCHWEITZER verweisen können. – In einer gewissen Analogie zu JÜLICHERS Reaktion auf SCHWEITZER im Jahr 1906 reagiert im Jahr 1924 Wilhelm Heitmüller auf BULTMANNS Kritik an der »liberalen Theologie«, die er Heitmüller gegenüber brieflich und dann in seinem Vortrag »Die liberale Theologie und die jüngste theologische Bewegung« (GuV I, 1–25) öffentlich geäußert hatte. Dieser Reaktion Heitmüllers, für die ich auf die zahlreichen Briefe Heitmüllers an Bultmann vom April 1924 verweise, trägt BULTMANN Rechnung in seinem Nachruf auf Heitmüller in ChW 40, 1926, 209–213, vgl. die oben S. 248 mitgeteilte Passage von ebd., 211.

gebe, und schließe die Erörterung des zweiten, die normative Funktion des »historischen Jesus« für die Frömmigkeit betreffenden Vorwurfs an. Im Grunde geht Bultmann in seinem Vortrag gar nicht weiter auf ihn ein, sondern setzt seine Berechtigung voraus: Der »historische Jesus« *kann* keine normative Geltung haben. Bultmann steigt also nicht, nun unter dem zentralen christologischen Aspekt, neu in die prinzipielle Diskussion zum Verhältnis von Offenbarung und Geschichte ein, sondern er unterläuft sie gewissermaßen mit dem neuesten historischen Argument, die »liberale Theologie« habe, indem sie im Protest gegen die normative Geltung des »paulinische(n) Christentum(s) in seiner kirchlich dogmatischen Fassung« die »Religion Jesu« als normativ hingestellt habe, eine *vorchristliche* Erscheinung zur Norm gemacht; deshalb habe sie auch, wie Bultmann in sozialpsychologischer Perspektive hinzufügt, nur »innerhalb einer anderen kirchlichen Gemeinschaft«, nämlich »im Rahmen einer überkommenen Kirchlichkeit«, mit deren Kultus und Mythus existieren können (42).

Für sich genommen geben diese »Argumente« zur Frage der Normativität der Person und Religion Jesu für die christliche Religion nicht zu erkennen, welche Auseinandersetzungen ihnen vorausgegangen und in welchem weiteren Zusammenhang sie deshalb einzuordnen und zu verstehen sind. Um diesen Zusammenhang zu erkennen, ziehen wir Bultmanns Brief an M. Rade vom 19. 12. 1920 heran, in dem er zu P. Wernles Attacke auf ihn Stellung nimmt. »Ich (bin) mir bewußt«, erklärt Bultmann dort, »nicht als Tempelzerstörer ausgezogen zu sein, sondern meine Anschauung auf dem Wege der Selbstkritik errungen zu haben«.[97] Dieser Weg kann als ein Prozeß allmählicher Entfremdung von der Jesus-Frömmigkeit der »liberalen Theologie« beschrieben werden bzw., genauer, als der Prozeß, in dem Bultmann Klarheit über die von Anfang an verspürte Distanz zu dieser Frömmigkeit gewann. Für seinen Verlauf war nach Bultmann die Auseinandersetzung mit Troeltsch, Herrmann und den »Quellen« von besonderer Bedeutung; an seinem Ende stehen die Sätze: »Ich mußte die Jesus-Frömmigkeit der ›liberalen Theologie‹ für eine Selbst-Illusion halten«, und: »Man muß die Frömmigkeit von der m. E. gänzlich unhaltbaren Bindung an die Geschichte befreien, in der sie die ›liberale Theologie‹ festhalten wollte. Das war in Wahrheit doch eine Bindung an geschichtliche Erkenntnis u. an geschichtliche Wissenschaft.«[98] Ich versuche, den Weg Bultmanns zu diesen Überzeugungen seinem Ausgangspunkt und seinen wichtigsten Stadien nach zu skizzieren.

Am Schluß seiner bereits angesprochenen Vortragsreihe »Neue Linien in der Kritik der evangelischen Überlieferung« von 1906 kommt Adolf Jülicher, der in Sachen des historischen Jesus als die maßgebende Autorität für den Studenten Bultmann gelten darf, noch einmal auf die anfängliche Auseinandersetzung mit A. Schweitzer zurück: »Man (kann) mit geschichtlichem Wissen nicht neues religiöses Leben *schaffen*«, aber es hat seinen Wert »zur Reinigung und Befreiung

---

[97] Der Brief bei JASPERT, Wende, 30–33, Zitat 32.
[98] Ebd., 31.

des religiösen Lebens«.[99] Dem fügt er, im Blick auf »die neue Epoche in der Leben-Jesu-Forschung«, als einen »Wunsch« hinzu, es möge sich durchsetzen »die friedliche Trennung von Frömmigkeit und Geschichtswissenschaft, nicht im Sinne der Antithese, sondern auf Grund herzlichen Vertrauens: beide sich ihrer Schranke bewußt, beide einander als gleichberechtigt anerkennend, aber eine jede handelnd ausschließlich nach ihren eigenen Gesetzen.« Diese Forderung nach »Trennung« wird hier, anders als die äquivoke Bultmanns von 1920, nicht primär um des Wesens der Frömmigkeit, sondern um der Reinheit geschichtlichen Erkennens willen erhoben. Dasselbe Ethos – Reinheit der geschichtlichen Erkenntnis – klingt auch in dem Bericht durch, den Bultmann im Herbst 1905 von seiner Beschäftigung mit den Synoptikern gibt: »Jesu Persönlichkeit ward mir etwas klarer und immer imponierender. Im einzelnen ist vieles unkenntlich teils durch die Quellen, teils durch die Tradition.« Daß er mit »Tradition« nicht die synoptische, sondern die der kirchlich-theologischen Gewöhnung meint, scheint mir aus der Fortsetzung hervorzugehen: »Den Blick sich unbefangen zu halten – auch in ganz indifferenten Fragen –, ist ungeheuer schwer.«[100] Unter dem Gesichtspunkt des reinen geschichtlichen Verständnisses begrüßt Bultmann im Jahr 1906 Jülichers Darstellung Jesu in der »Kultur der Gegenwart«[101] als »großartig«[102]. Im Juli 1906 berichtet er seinem Freund E. Teufel: »Herrmann nannte neulich Jülichers Jesusbild und dasjenige von Wellhausen in dessen israelitischer und jüdischer Geschichte die beiden besten, die wir hätten. Freilich hatte er an beiden auszusetzen, daß sie zu wenig den Grundsatz befolgt ›*Christum cognoscere, hoc est: beneficia eius cognoscere*‹. Doch ist dies der Punkt, an dem ich Herrmann in diesem Sinne nicht folgen kann. Lese ich ein Christusbild wie das Jülichers, so werden mir seine ›*beneficia*‹ am klarsten. Aber daß ein Historiker einen anderen Grundsatz befolgen müßte als allein den, darzustellen, wie er Jesu Bild als *Historiker* sieht, kann ich nicht einsehen. Dann wird auch jeder finden, was ihm als *Menschen* in Jesus als *beneficium* entgegentritt.«[103]

Zur Interpretation dieser Herrmann-Kritik ziehen wir noch heran jene Äußerung Bultmanns von 1908 über gewisse »Unklarheiten« bei Herrmann, »besonders über das Verhältnis von Religion und Geschichte«.[104] Das ist m. E. so zu verstehen, daß Bultmann, dem die Person Jesu eine geschichtliche Erscheinung und *als solche* ein Gegenstand historischer Erforschung und Erkenntnis ist – wissenschaftlicher Erkenntnis, von der er sich durchaus Klärung, Reinigung, Stärkung des eigenen geistigen bzw. religiösen Lebens verspricht, – daß Bultmann diese geschichtliche Erscheinung nicht als eine unmittelbar religiöse Ge-

---

[99] JÜLICHER, Neue Linien, 76; das folgende Zitat ebd.
[100] Brief an W. Fischer vom 8. 10. 1905.
[101] JÜLICHER, Die Religion Jesu, 42–69.
[102] Brief an W. Fischer vom 3. 9. 1906.
[103] Brief an E. Teufel vom 25. 7. 1906.
[104] Brief an W. Fischer vom 21. 12. 1908.

wißheit entzündende Tatsache der gegenwärtigen Wirklichkeit verstehen kann, wie Herrmann es tut. Auch, ja gerade Herrmann vertritt die Überzeugung: »Die lebendige Religion wurzelt ganz und gar in dem, was der Fromme selbst erlebt«, nicht auf »Bemühungen historischer Beweise«[105]. Was Bultmann an Herrmann als unklar und deshalb als verfehlt ansieht, ist, von der Seite der Religion her gesehen, die Behauptung der unmittelbaren glaubenerweckenden Erlebbarkeit der dem Suchenden aus der evangelischen Überlieferung entgegentretenden Person Jesu, die doch einer vergangenen Geschichte angehört, und, von der Seite der Geschichte her gesehen, die eine reine geschichtliche Erkenntnis vorweg regulierende und die Bemühung darum deshalb im Grunde entwertende soteriologische Perspektive der *»beneficia«*. Was die geschichtliche Erscheinung Jesus für gegenwärtige Religion bedeutet – und, kein Zweifel, für den jungen Bultmann *hat* sie eine Bedeutung –, das entscheidet sich für ihn nicht im Vorfeld geschichtlicher Erkenntnis oder an ihr vorbei, sondern in ihrem Vollzug. In diesem Sinne ist etwa die Bemerkung zu verstehen, daß sich das »Ringen« mit dem »historische(n) Bild Jesu« um dessen willen lohne, was es uns »gewahr werden läßt« – das Gott-Schauen[106] –, in diesem Sinne auch die gelegentlichen Zielbestimmungen der wissenschaftlichen Arbeit an den Synoptikern: »der Person Jesu nahe zu kommen«[107], »den Geist Jesu aus der urchristlichen Ueberlieferung verspür(en)«[108]. Den Jesus, dessen Persönlichkeit, Religion, Geist sich der historischen Erkenntnis erschließt, welche durch die in der synoptischen Überlieferung beginnende kirchlich-dogmatische Tradition zurückfragt, *den* hat Bultmann denn auch als einen, der »Leben entzündet«[109], im Blick, wenn er 1920 erklärt: »Auch ich habe damals gemeint, daß diese Jesus-Verkündigung die rechte Predigt des Evangeliums für unsere Zeit sei, und in den Predigten, die ich in den ersten Jahren nach meiner Studienzeit gehalten habe, habe ich in diesem Sinne zu predigen versucht.«[110] Wir sahen aber an der analysierten Ostermontagspredigt von 1907 und dann an der Predigt »Diesseits- und Jenseitsreligion« von 1914, daß Bultmann von Anfang an in der soteriologischen Jesus-Emphase zurückhaltender war als W. Herrmann.[111]

Was ist es dann, das Bultmann sich »seinerzeit gegen die Auffassung der Person Jesu« sträuben ließ, »die Troeltsch 1911 in der kleinen Schrift über die Bedeutung der Geschichtlichkeit der Person Jesu vertrat«[112]?

---

[105] HERRMANN, Der Begriff der Offenbarung, ²1908, 22.
[106] MPTh 5, 1908/09, 160.
[107] Ebd., 156, vgl. 154.
[108] ChW 24, 1910, 698.
[109] Ebd.
[110] Brief an M. Rade vom 19. 12. 1920, bei JASPERT, Wende, 30.
[111] Vgl. oben S. 167–170 und S. 260f.
[112] Brief an M. Rade vom 19. 12. 1920, bei JASPERT, Wende, 30.

Die Aussage dieses Vortrags Troeltschs, auf den wir mehrfach schon Bezug genommen haben, ist folgende[113]: »Die von der Gegenwart zu denkende Beziehung des christlichen Gottesglaubens auf die Person Jesu« ist *nicht* »eine im Wesen der christlichen Idee unabänderlich und ewig eingeschlossene«; sie ist aber *auch nicht nur* »eine zufällige, rein historischfaktische, eine pädagogisch schwer entbehrliche«; sondern sie ist eine »sozialpsychologisch« begründete Notwendigkeit, d. h. in ihr realisiert sich das jeder Religion innewohnende Bedürfnis nach »Gemeinschaft« und »Kultus«, näherhin das darin eingeschlossene Bedürfnis nach einem »konkreten Mittelpunkt«, einem »maßgebenden Urbild«, für das in »geistig-ethischen« Religionen »Propheten und Stifterpersönlichkeiten« in Frage kommen. In der christlichen Religion bildet Jesus als »das Symbol des christlichen Glaubens überhaupt« das »Zentrum und Haupt der Gemeinde, den Beziehungspunkt alles Kultus und aller Gottesanschauung«, wobei es »von wahrer Bedeutung« ist, daß dieses Symbol nicht lediglich ein »Mythos« ist, sondern »auf dem festen Grunde wirklichen Lebens« steht, daß »ein wirklicher Mensch so gelebt, gekämpft, geglaubt und gesiegt hat«. Zwar ist es – gegen Herrmann – nicht so, »daß die Heilsgewißheit des Individuums erst durch die Gewißwerdung an Jesus gewonnen werden könne«; wohl aber gibt es einen »tragenden und stärkenden Lebenszusammenhang des christlichen Geistes« nur in der »Sammlung um Jesus«, die auf die historisch-kritische Feststellung nicht der »Einzelheiten«, wohl aber der »Tatsächlichkeiten der ganzen Erscheinung Jesu« und der »Grundzüge seiner Predigt und seiner religiösen Persönlichkeit« angewiesen ist.

Wogegen Bultmann sich anfänglich sträubt, ist sicherlich die Substitution der prinzipiellen Begründung der Zentralstellung des geschichtlichen Jesus für den christlichen Glauben durch die – erheblich »rangniedrigere« – »sozialpsychologische«; in deren Konsequenz mußte sich ja auch die Frontstellung gegen die christologische »Orthodoxie«, in der sich die »liberale« Theologie ihres Rechts und ihrer Aufgaben vergewisserte, in ihrem Charakter wandeln und meldete sich die Notwendigkeit einer theologischen Neubesinnung an, die auf die Dauer – *mit* Troeltsch – nicht auf der prinzipiellen Zentralstellung des historischen Jesus für den Glauben beharren noch sich – *gegen* Troeltsch – mit dessen historischem Pragmatismus begnügen konnte. Die Neubesinnung – »Selbstkritik«, »Selbstbesinnung« –, in der wir Bultmann in seinem Wartburg-Vortrag von 1920 begriffen sehen, geht in wesentlichen Teilen auf die von Troeltsch ausgegangenen Anstöße zurück. Besonders griffig zeigt sich das in folgenden – fast konfessorischen – Ausführungen Bultmanns in seinem Brief an M. Rade vom 19. 12. 1920: »Es ist mir jetzt ganz klar, daß der ›historische Jesus‹, von dem die liberale Theologie lebte, genau so eine Symbolisierung ihres eigenen geistigen Gehaltes war, wie es einst der Christus für alle früheren Generationen war. Vom wirklichen geschichtlichen Jesus hat wohl kaum je ein Frommer die Kraft seines religiösen Lebens empfangen. Ich muß alle Aussagen, die das behaupten, als eine großartige Selbst-Illusion ansehen. Heitmüllers Satz (Jesus S. 162) ›sein Bild ist Symbol und Träger aller religiösen u. sittlichen Güter u. Erkenntnisse‹[114] ist das

---

113 Die folgenden Zitate aus TROELTSCH, Bedeutung, 142–152.

114 Bultmann nimmt hier Bezug auf den im Anhang von HEITMÜLLER, Jesus (vgl. oben S. 55 bei Anm. 128), abgedruckten Vortrag »Jesus von Nazareth und der Weg zu Gott« (149–178), den Heitmüller 1913, zwei Jahre nach TROELTSCHS Vortrag über die Bedeutung der Geschicht-

einfache Zugeständnis dieser Tatsache. Ich bin weit entfernt, die religiöse Bedeutung solchen Symbols zu bestreiten, vertrete sie vielmehr nachdrücklich (so
sind meine Sätze über den Mythos in Eisenach gemeint). Aber ich halte es für
eine Pflicht der Ehrlichkeit, sich darüber klar zu werden u. sich von der Selbsttäuschung zu befreien, als lebe man vom geschichtlichen Jesus.«[115] So hatte
schon Troeltsch den »Zusamenhang geschichtlicher Vorbereitungen und Aus-
wirkungen« an das Symbol Jesus heran- bzw. in es hineingezogen, hatte »die
Ausdeutung des Christusbildes aus der ganzen vorausgehenden und folgenden
Geschichte« mit allem, »was in ihm zusammenströmte und ... was in ihn
hineingelebt und hineingeliebt worden ist im Laufe der Jahrtausende«, legitimiert.[116] Und daran konnte Gogarten anknüpfen, als er – im Horizont der
Unterscheidung von Gesetz und Evangelium – den historisch ermittelbaren
Jesus, zu dem man sich im Sinne der Nachfolge Christi verhalte, wie folgt
relativierte: »Aber mächtiger und stärker war immer das andere, das, was der
Mythos von diesem Manne zu berichten hat, der Gottes Sohn, der nicht Vorbild,
nicht ›Gesetz‹ ist, sondern der die Welt neu machte und als Kraft in ihr lebt.«[117] In
derselben Bahn bewegt sich auch Bultmanns Antwort auf Hans von Sodens
Frage, »ob die Weltgeschichte den Irrtum begangen haben könne, für Stifter und
Heros der höchstentwickelten ethischen Religion einen Menschen anzusehen,
der vielleicht selbst gar nicht dies Niveau erreicht hat . . .: *Einen* Irrtum hat die
Geschichte sicher begangen, indem sie den Jesus von Nazareth als Heros der
christlichen Religion ansieht, während es in Wahrheit der Κύϱιος Χϱιστός des
Kultus ist, dessen Gestalt in allen Epochen der Entwicklung aus eigenem Gute
bereichert wird. Luther und Schleiermacher stehen doch nicht, wie sie meinen,
unter dem Einfluß Jesu von Nazareth, sondern unter dem Einfluß des Christus
der Kirche, des paulinischen (hellenistischen) Christus-Mythos, des Johannes-
evangeliums. Einer Darstellung, wie weit der geschichtliche Jesus (oder selbst:
wie weit die synoptischen Evangelien) in der Geschichte der Kirche gewirkt
haben, sehe ich mit Spannung und höchstem Interesse entgegen. In der Verehrung des Christus wird sie [sc. die erfragte Wirkung] sich schwerlich ja anders als
episodisch nachweisen lassen bis auf die ›liberale Theologie‹.«[118]

Mag Bultmann sich erst allmählich dazu verstanden haben, Troeltschs Auffassung von Jesus als dem »Symbol des christlichen Glaubens überhaupt« beizu-
pflichten – in anderer Hinsicht war sein anfängliches Sich-Sträuben gegen
Troeltsch von vornherein ein Sich-Sträuben gegen gute Gründe. Ist es doch
namentlich W. Herrmann, gegen dessen Jesus-Theologie Troeltsch sich wendet,
worin sich für diesen das Veto D. F. Strauß' gegen die unvereinbare Spannung

---

lichkeit Jesu für den Glauben, vor demselben Forum, der Schweizerischen Christlichen Studen-
ten-Konferenz in Aarau, gehalten hatte.
[115] Bei Jaspert, Wende, 31.
[116] Troeltsch, Bedeutung, 154f.
[117] Gogarten, Religion weither, 64.
[118] Brief an H. v. Soden vom 3. 4. 1921.

zwischen »Schleiermachers geschichtlicher Kritik« und dem »Jesusglauben seiner Glaubenslehre«, außerdem die Attacke der Religionsgeschichtlichen Schule
gegen die Spannung zwischen »Ritschls Christusbild« und der »doch von ihm
anerkannte(n) historisch-kritische(n) Forschung« wiederholt: »Auch Herrmanns Rede von ›der Tatsache Christus‹, die doch nicht wie andere Tatsachen
festgestellt, sondern nur vom Glauben gesehen werden kann, ist ein dunkler und
mystischer Ausdruck für die gleiche Gewaltsamkeit und für einen historisch-
kritisch denkenden Menschen nahezu unverständlich.«[119] Bultmann *konnte* dies
gar nicht anders denn als eine Bestätigung für die von ihm von Anfang an
empfundene »Unklarheit« Herrmanns lesen, und er mußte sein Sich-Sträuben
aufgeben in dem Maß, als er den inneren Grund für die Herrmannsche Unklarheit, nämlich die emphatisch und mit prinzipiellem Anspruch auf den geschichtlichen Jesus sich gründende Frömmigkeit und Theologie, als für sich selbst nicht
nachvollziehbar erkannte, als er, wie er 1920 formuliert, »einsah, daß ich von der
Wärme fremden Feuers gelebt hatte, daß mir in Wahrheit diese Art der Frömmigkeit fremd sei, d. h. daß die Person des geschichtlichen Jesus für mein inneres
Leben kaum etwas oder nichts bedeute«[120]. Und in diesem Klärungs- bzw.
Selbstaufklärungsprozeß spielte denn auch jene schon von Troeltsch apostro-
phierte »Wirkungslosigkeit« der liberalen Jesus-Theologie »gegenüber dem allgemeinen modernen Denken« eine Rolle[121]; in dieser Richtung schreibt Bultmann 1920: »Es kam hinzu die immer erneute Frage, warum die moderne
Jesusverkündigung der Wernle etc so gut wie ganz ohne Wirkung in unserem
geistigen Leben bleibe, warum ich z. B. bei meinen nicht-theologischen Freunden, mit denen ich mich innerlich verbunden wußte, schlechterdings gar kein
Verständnis für diese Frömmigkeit fand.«[122]

Wir deuteten in anderem Zusammenhang schon an[123] und erinnern hier nur
daran, daß Bultmanns systematische bzw. – wie wir im Blick auf das Folgende
auch sagen können – »prinzipielle« oder »religionsphilosophische« Bemühung
um das Wesen der Religion in dem Maße zunimmt, als für ihn die innere
Überzeugungskraft einer auf das geschichtliche Bild Jesu, seine Persönlichkeit
und Religion rekurrierenden Jesus-Theologie schwindet.

Als eine wichtige Station auf dem »Wege der Selbstkritik«, den Bultmann in
seinem Brief an M. Rade vom 19. 12. 1920 schildert, muß auch die 1913
erschienene zweite Auflage von Albert Schweitzers »Geschichte der Leben-Jesu-
Forschung« angesehen werden. Daß Bultmann Schweitzer weder im Vortrag
noch im Brief nennt, muß kein Gegenargument sein; zwar wird man für diese
Einschätzung kaum darauf verweisen dürfen, daß Bultmann in seinem Vortrag
die Personalisierung der Sachauseinandersetzung weitgehend vermeidet, wohl

---

119 Troeltsch, Bedeutung, 144.
120 Brief an M. Rade vom 19. 12. 1920, bei Jaspert, Wende, 30.
121 Troeltsch, Bedeutung, 145.
122 Brief an M. Rade vom 19. 12. 1920, bei Jaspert, Wende, 30 f.
123 Vgl. Evang, Berufung, 21.

aber darauf, daß einige der für Bultmann wichtigen Thesen Schweitzers sich auch in Gogartens »Religion weither« finden und daß sie dort in einer Form vorliegen, die von den »Schwächen« des Schweitzerschen Werks nicht belastet ist. Bultmanns Rezension der »Geschichte der Leben-Jesu-Forschung« in ChW 28, 1914, 643 f., spricht eine deutliche Sprache. Die »Schwächen«: »die ›konsequente Eschatologie‹, die souveräne Verachtung der synoptischen Kritik und manche Einseitigkeit des Urteils« werden dort nur im Vorübergehen genannt. Alles Gewicht liegt auf der Wahrnehmung des der »religionsphilosophischen« Hauptfrage gewidmeten Abschnitts innerhalb des für die zweite Auflage hinzugekommenen Kapitels »Die Diskussion über die Geschichtlichkeit Jesu«.

Bultmann urteilt: »Vieles, was hier gesagt ist, halte ich für das Beste, was in dem Streit vorgebracht wurde; die Uebersicht über die Motive, über die Situation hüben und drüben, manche Formulierung, die den Nagel auf den Kopf trifft, – all das ist prachtvoll zu lesen. Aber freilich, ein beruhigendes Buch ist es doch nicht geworden. Der Verfasser will im Gegenteil aus falscher Ruhe wecken. Mit Recht stellt er beim Problem der Geschichtlichkeit Jesu die prinzipielle – er sagt ›religionsphilosophische‹ – Frage in den Vordergrund, die Frage nach der Bedeutung des geschichtlichen Jesus für das Christentum der Gegenwart. Diese Frage brennend gemacht zu haben, ist ein Verdienst der Bestreiter der Geschichtlichkeit Jesu. Die Frage aber lautet nicht nur: Wie setzen wir uns mit der Möglichkeit des ungeschichtlichen Jesus auseinander? sondern auch: Was ist uns der allzugeschichtliche Jesus? Das naive Vertrauen in die Wirksamkeit des Bildes Jesu, wie es die Geschichtswissenschaft zeichnet, ist im Verschwinden. Was kann der wirklich geschichtliche Jesus mit all seinem Fremdartigen unserem Glauben sein? Die Stimmen mehren sich, die eine religionsphilosophische Begründung des Glaubens fordern, und der Verfasser erhebt diese Forderung nachdrücklich. Die harten Urteile, die er in diesem Zusammenhang über die Ritschlsche Theologie fällt, bedaure ich, aber ich halte seine Ausführungen gerade in ihrer Einseitigkeit für außerordentlich geeignet, um die Probleme, in denen wir stehen, zum Bewußtsein zu bringen.«

Schweitzer hatte seine »religionsphilosophische« These vor allem auf die »rein logisch« niemals auszuschließende Möglichkeit der »Ungeschichtlichkeit Jesu« gestützt; notwendig bleibt »jede geschichtliche Behauptung« eine prinzipiell falsifizierbare »Hypothese«. Deshalb: »Die Religion muß über eine Metaphysik, das heißt eine Grundanschauung über das Wesen und die Bedeutung des Seins, verfügen, die von Geschichte und überlieferten Erkenntnissen vollständig unabhängig ist und in jedem Augenblick und in jedem religiösen Subjekt neu geschaffen werden kann« (512 f.). Dem entsprechend muß »die moderne Theologie ... von der gemachten Geschichte zur wirklichen, von der historisierenden Theologie zur wirklichen Religion zurückkehren, ... im tiefsten und edelsten Sinne gnostisch werden, historisch forschen und denken, aber nicht in der Geschichte steckenbleiben, die Religion auf den Geist gründen und diese dann von der Überlieferung Besitz ergreifen lassen« (515). In einer solchen Bewegung zur »wirklichen«, zur »unmittelbaren, von jeder historischen Begründung unabhängigen Religion« (512) sehen wir Bultmann in Predigten und systematischen Versuchen über das Wesen der Religion zunehmend begriffen, und die Richtung dieser Bewegung fanden wir schon in Äußerungen aus seiner Studentenzeit angezeigt. Stärker noch als von der aktuellen Infragestellung der Geschichtlichkeit Jesu ist aber diese Bewegung in Bultmanns Theologie angetrieben worden von dem, was Schweitzer die »Eventualität der ›allzu großen Geschichtlichkeit‹« Jesu nennt (516), von der Möglichkeit, durch geschichtliche Forschung auf einen Jesus zu treffen, der religiös nicht zu verwenden ist (vgl. 515 ff.). Schweitzer hatte angesichts der Frage, »ob die Persönlichkeit Jesu trotz alles Fremdartigen, durch das sie in Widerspruch zu unseren Anschauungen steht, eine Bedeutung für unsere Religion haben kann«, und unter der Voraussetzung, »daß die Religion ihrem Wesen nach von jeglicher Geschichte unabhängig ist« (519), formuliert: »Der Herr kann immer nur ein Element der Religion sein; nie aber darf er als Fundament ausgegeben werden« (513). Materiell bestimmt sich das Verhältnis zu Jesus als »ein Verstehen von Wille zu Wille« (627); »als ein gewaltiger Geist« bringt er »Motive des Wollens und Hoffens, die wir und unsere Umgebung in uns tragen und bewegen, auf eine Höhe und zu einer Klärung . . ., die sie, wenn wir auf uns allein angewiesen wären und nicht unter dem Eindruck seiner Persönlichkeit ständen, nicht erzielen würden, und daß er so unsere Weltanschauung, trotz aller Verschiedenheit des Vorstellungsmaterials, dem Wesen nach der seinen gleichgestaltet und die Energien wachruft, die in der seinigen wirksam sind« (624). Unter den hinter seinem »Vorstellungsmaterial« liegenden »gewaltigen Willen beugen wir uns und suchen ihm in unserer Zeit zu dienen, daß er in dem unsrigen zu neuem Leben und Wirken geboren werde und an unserer und der Welt Vollendung arbeite. Darin finden wir das Eins-Sein mit dem unendlichen sittlichen Weltwillen und werden Kinder des Reiches Gottes« (628).

Wir stehen hiermit an einem Punkt größter Nähe zwischen Schweitzer und Bultmann[124], und es ist exakt der Punkt, an dem die unüberbrückbare Kluft zwischen beiden am deutlichsten wird. Schweitzer und Bultmann beschreiben Jesus als einen religiösen Moralisten. Schweitzer: »Jesus selber ist, man vergesse es nicht, seinem Wesen nach ein Moralist und Rationalist, der in der spätjüdischen Metaphysik lebte« (629). Bultmann: »In den am meisten charakteristischen Aussagen [sc. Jesu] erhält der Gottesgedanke seine Bestimmung durch den Gedanken des Guten. Gottes Wille ist die Forderung des Guten, wie vorhin ausgeführt.«[125] Außerdem noch im Brief an Hans von Soden vom 3. 4. 1921: »Die ›liberale Theologie‹ hat jedenfalls seine [sc. Jesu] Frömmigkeit als religiösen Moralismus beschrieben, – offenbar nicht ausreichend, aber auch nicht absolut unzutreffend. Sofern er mit den Propheten verwandt ist, war er jedenfalls religiöser Moralist, denn was waren Amos und Jesaias anders als religiöse Moralisten – von ihren psychischen Erschütterungen und ihren künstlerischen Qualitäten wie von ihren mythologischen Begriffen abgesehen?« Die Konse-

---

124 Zum Verhältnis zwischen beiden vgl. E. GRÄSSER, Albert Schweitzer und Rudolf Bultmann. Ein Beitrag zur historischen Jesusfrage, in: JASPERT (Hg.), Werk, 53–69.
125 Ethische und mystische Religion, 44.

quenzen aus dieser Erkenntnis lauten aber bei Schweitzer und Bultmann sehr verschieden. Während für Schweitzer – religiöser Moralist par excellence, der er selbst ist! – der die spätjüdische Metaphysik hoch überragende Geist Jesu auf eine formal an das Herrmannsche Verständnis der unmittelbaren Vermittlung erinnernde Weise (»Eindruck seiner Persönlichkeit«, 624) den sittlichen Willen befeuert und Jesus in dieser Funktion ein schwer entbehrliches Element der sittlichen Reich-Gottes-Religion bleibt, *entfällt* für Bultmann aufgrund seines Verständnisses der Religion als der von jenseits her konstituierten, die durch die menschliche Vernunft konstituierten Gebiete der Logik/Wissenschaft, Ethik/Sittlichkeit, Ästhetik/Kunst schlechterdings transzendierenden absoluten Transzendenzbeziehung jegliche religiöse Relevanz des historischen Jesus, insofern und weil er als religiöser Moralist erkannt und anders denn als religiöser Moralist gar nicht erkennbar ist.[126] »Ich glaube, daß wir vom Gottesglauben Jesu – d. h. was für ihn das ›Ganz andere‹ bedeutete« und was also, wie wir ergänzen können, nach dem qualifizierten Religionsverständnis Bultmanns von spezifisch religiöser Relevanz wäre – »kaum noch eine Erkenntnis gewinnen können.« So an Hans von Soden am 3. 4. 1921, ähnlich an Martin Rade am 19. 12. 1920: »Es kam hinzu die immer erneute Durchforschung der Quellen, die mich zu dem Eingeständnis nötigte, daß wir von der Religion des historischen Jesus kaum etwas wissen.«[127] In der Differenz dessen, was *hier* nach Schweitzer, *dort* nach Bultmann Religion zu heißen verdient, wurzelt demnach die Differenz zwischen beiden in der Einschätzung einer etwaigen Bedeutung des geschichtlichen Jesus für heutiges Christentum, und hier hat denn wohl auch der verwunderliche Umstand, daß Bultmann sich in seinem Vortrag und den ihm folgenden Briefen nicht ausdrücklich auf Schweitzer bezieht, seinen eigentlichen Grund.

Jesus als »religiöser Moralist« – das ist der Jesus, wie er sich für Bultmann in seinen charakteristischen Aussagen darstellt. In dem Schlußvotum der an den Vortrag anschließenden Debatte sah Bultmann sich veranlaßt, ein Mißverständnis auszuräumen: »Ich habe mein Geschichtsbild bewußt einseitig gezeichnet. Ich habe nicht sagen wollen, daß der historische Jesus nicht Religion gehabt hätte, behaupte aber, daß wir von den spezifisch religiösen Erlebnissen Jesu sehr wenig wissen und daß seine echten Worte den Eindruck des Moralismus machen.«[128] In diesem Zusammenhang sei nur eben hingewiesen auf Bultmanns ebenfalls 1920 erschienenen Aufsatz »Die Frage nach dem messianischen Bewußtsein Jesu und das Petrus-Bekenntnis«[129], der – Spezial-Resultat jener »immer erneute(n) Durchforschung der Quellen« – die Unerkennbarkeit der Per-

---

[126] In diesem Sachzusammenhang wird Bultmann im Jahr 1919 gegenüber R. Liechtenhan geäußert haben, »er würde gern einen Vortrag über die Unbrauchbarkeit des historischen Jesus halten«, wie P. WERNLE im Brief an M. Rade vom 13. 2. 1921 berichtet, vgl. bei JASPERT, Wende, 34.

[127] Bei JASPERT, Wende, 31.

[128] »An die Freunde«, Nr. 69 vom 4. 11. 1920, 756.

[129] ZNW 19, 1919/20, 165–174, wieder abgedruckt in: R. BULTMANN, Exegetica, 1–9.

sönlichkeit und »Religion« Jesu auch in diesem Punkt mit Wrede gegen die maßgeblichen Jesus-Autoren der »liberalen Theologie« (Bousset, Jülicher, Heitmüller, Wernle) behauptet. Wernles Reaktion darauf: »Wie ich höre, hat Bultmann jetzt in der ZtschrNW auch das Petrusbekenntnis glücklich kritisch wegrasiert, es ist System in dieser Jesusentleerung.«[130] Für Wernle werden durch solche Rasuren die Grundlagen heutiger Frömmigkeit erschüttert, für Bultmann besteht diese Gefahr aufgrund der prinzipiellen Unabhängigkeit der Frömmigkeit von geschichtlicher Erkenntnis nicht, und für ihn besteht denn auch kein Grund, sich auf »das Mühselige u. Krampfhafte der Versuche« einzulassen, »die Bedeutung des historischen Jesus für unsern Glauben zu retten«, wofür Bultmann im Brief an M. Rade vom 19. 12. 1920 auf Bousset und Heitmüller verweist.[131] Hatte sich Bultmann solcher positiven Versuche längst entschlagen – als Musterbeispiel einer zurückhaltend-symbolischen »Verwendung« Jesu im Sinne Troeltschs bzw. Gogartens darf etwa eine Passage in der Pfingstpredigt 1917 gelten[132] –, so kündigt sich die 1920 offenbar werdende prinzipielle Ablehnung der auf den historischen Jesus rekurrierenden Frömmigkeit deutlich an in der in ChW 33, 1919, 468 f., erschienenen Besprechung des »Leben Jesu« von Walther Classen.

Bultmann bezweifelt, daß »das vom Verfasser geschaute Jesusbild seine Kraft vom geschichtlichen Jesus« bezieht, und fragt, ob nicht an die Stelle des wegen der »trümmerhaften Ueberlieferung« kaum zu zeichnenden »Bild(es) der Persönlichkeit Jesu« das »Persönlichkeitsideal des deutschen Idealismus« getreten, ob nicht »Jesu Frömmigkeit« als ein »ethische(r) . . . Idealismus« gezeichnet ist. Bultmann glaubt nicht, »daß solche Charakteristik für den geschichtlichen Jesus bezeichnend ist« – es ist eine jener Darstellungen, die Bultmann im Brief an Hans von Soden vom 3. 4. 1921 »offenbar nicht ausreichend, aber auch nicht absolut unzutreffend« nennt, und seine eigene »bewußt einseitig(e)« Darstellung Jesu als eines religiösen Moralisten im Vortrag steht ja selbst in dieser Darstellungstradition, freilich versehen mit dem Signum der religiösen Indifferenz. Und dies: die mit der Abständigkeit des historisch erkennbaren geschichtlichen Jesus von heutigem Leben und Glauben gegebene religiöse Indifferenz liefert denn auch den entscheidenden Maßstab für Bultmanns Kritik an Classen. Wenn man denn schon »zum neuen Bilde für ewige Wahrheit einen Lebenslauf alter Vergangenheit« als Stoff wählen zu sollen meint – Bultmann hat hier stärkste Vorbehalte gegen eine Darstellungsart, die ihren Zwittercharakter von historischer und »symbolischer« Sicht nicht durchschaut –, und wenn unter dieser Voraussetzung auch zuzugestehen sei: »Das subjektive Moment [sc. des Verfassers] läßt sich nicht ausschalten und soll auch nicht ausgeschaltet werden«, dann sollte man von einer solchen Darstellung, wenn schon nicht historische Treue, so doch wenigstens Gegenwartsrelevanz erwarten dürfen. Solche – man darf wohl sagen – »symbolische Potenz« fehlt dem besprochenen »Leben Jesu«. Ethisch: »Ich zweifle . . ., ob wirklich ein inneres Recht vorliegt, die ›ewige Wahrheit‹ dieses Lebensideals in ein ›neues Bild‹ vom Leben Jesu zu fassen. Enthält das Bild, das Classen zeichnet, genug konkreten Inhalt für eine Zeit, deren sittliche Energie um die Lösung ganz konkreter Aufgaben ringt, sodaß es für sie eine Quelle der Kraft sein könnte?« Religiös: »Genügt das Bild andrerseits

---

130 Brief an M. Rade vom 13. 2. 1921, bei JASPERT, Wende, 34.
131 Bei JASPERT, Wende, 31.
132 Vgl. R. BULTMANN, VW, 146.

für eine Zeit, deren religiöses Sehnen nicht am Gottesbegriff eines sittlichen Idealismus und Optimismus genug hat, sondern nach einem Gotterleben in geheimnisvollen Tiefen des Schicksals geht?«

Also auch hier schon *in nuce:* Unter dem Anspruch einer in der Tiefe eigenen Lebens und Erlebens wurzelnden, die Wirklichkeit des »ganz anderen« erfassenden und deshalb ihren Namen verdienenden Religion verfällt der historische Jesus, soweit er überhaupt erkennbar ist, der religiösen Indifferenz, verfällt die liberale Jesus-Theologie und Frömmigkeit dem Urteil: »großartige Selbst-Illusion«.

6.2.2.2 Schwerpunkt II: Ethische (statt mystische) Religion (statt Moralismus)

Wir wenden uns zurück zum Vortrag »Ethische und mystische Religion im Urchristentum«. Bultmann hatte gefragt, »was die Geschichte uns für unsere Gegenwart lehrt« (40), und sich vor einer materialen Beantwortung dieser Frage dem prinzipiellen Problem zugewandt, welcher Art aus der Geschichte zu ziehende Lehren überhaupt sein können und welcher Art nicht: Historische Arbeit führt zur Selbstbesinnung, trägt zur Klärung und Reinigung des Bewußtseins bei; sie ist nicht Voraussetzung noch liefert sie Begründungen oder Normen gegenwärtiger Frömmigkeit. Wir haben uns, in Fühlung mit authentischen Aussagen Bultmanns über seine sich klärende Wahrnehmung des mit dem »historischen Jesus« zusammenhängenden theologischen Fragenkomplexes, die wesentlichen Stationen des Weges vergegenwärtigt, auf dem Bultmann zur Klarheit über diesen Sachverhalt gelangt ist. Was erbringt nun der Sache nach die »Selbstbesinnung auf Grund der geschichtlichen Erkenntnis«?

Bultmann stellt eine Parallelität zwischen der Erkenntnis des hellenistischen Urchristentums und der »Bewegung in der modernen Frömmigkeit« mit ihrer »Hinneigung zur Mystik« fest, läßt aber die Frage nach Ursache und Folge offen. Die Parallelität wird anschaulich in der Opposition gegen Ritschl: Hatte Troeltsch – wie natürlich auch andere – die Entstehung der Religionsgeschichtlichen Schule als »naturgemäße Reaktion gegen die Gewaltsamkeit Ritschls« bezeichnet[133], so charakterisiert Bultmann in seinem Vortrag von der anderen Seite her die moderne Frömmigkeitsbewegung als Abwendung »von der ethisch oder moralistisch gerichteten Auffassung des protestantischen Christentums speziell Ritschlscher Prägung« (41). Es liegt auf der Hand, daß die historische Erkenntnis der Urchristentumsgeschichte bzw. ihres dem ethischen gegenüberstehenden mystischen Religionstypus eine Selbstbesinnung *dem* geradezu abfordern *mußte,* der den »geistigen Bestand des Bewußtseins« (ebd.) mit Hilfe der aus der Tradition Ritschlscher Theologie stammenden Kategorien sich klarzumachen gewohnt war. Daß dies auf Bultmann in hohem Maß zutrifft, ist keine Frage; Bultmanns Bedauern über »die harten Urteile«, die Schweitzer

---

133 TROELTSCH, Bedeutung, 144.

»über die Ritschlsche Theologie fällt«[134], dokumentiert dies ebenso wie die Antwort, die Bultmann im Brief vom 3. 4. 1921 auf die Frage Hans von Sodens gab, woher denn er selbst – Bultmann –, »wenn Jesus nur als religiöser Moralist zu bezeichnen sei, von der ethischen Religion wisse . . .: zunächst, weil ich im Zusammenhang der Kirchengeschichte stehe, die von der Reformation ihren Ausgang genommen hat, speziell aus der Anschauung Luthers, aus der Ritschl-schen Theologie, besonders aus Herrmann, aber schließlich auch aus dem Ver-ständnis des Paulus.«

Ethische Religion, die wirklich *Religion* ist – wie gelangen wir zu ihr? So könnte man das leitende Interesse der aus der geschichtlichen Erkenntnis sich ergebenden Selbstbesinnung beschreiben. Der Weg dieser Selbstbesinnung durchläuft zwei ineinanderliegende Fragenkreise, die jeweils durch ein Wesens-merkmal echter Religion gekennzeichnet sind. Der äußere Fragenkreis betrifft »Kultus« und »Mythus« als »notwendige Form für die Existenz einer religiösen Gemeinschaft« (43). Für die Gesichtspunkte, die in diesem Fragenkreis von Belang sind, stehen auf »religionsphilosophisch«-theologischer Seite die Namen Troeltsch (Kultus) und Gogarten (Mythos), auf religionsgeschichtlicher Seite die Namen Bousset (Kyrios-Kult) und – unter anderen – Bultmann selbst (Christus-Mythos). Von beiden Seiten her gilt der Satz: »Das Christentum als selbständige religiöse Gemeinde hat erst da seine Existenz, wo es sich eine eigene soziologische Form, wo es sich Mythus und Kultus geschaffen hat« (42). Als Bedingung dafür, daß »liberale Theologie« für eine ethische Religion, die wirk-lich den Namen verdient, stehe, ergibt sich für Bultmann, daß sie »eigene neue Ausdrucksformen für die religiöse Gemeinschaft, Kultus und Mythus« finden müsse (ebd.). Da man aber weder »einen alten Kultus und Mythus . . . künstlich erneuern« (Barth-Kritik) noch »künstlich einen neuen schaffen« könne, bleibe, »ehe priesterliche oder prophetische Naturen schöpferisch neugestalten« (vgl. Schleiermacher, Troeltsch, Gogarten), nur dies: »daß man an die gegenwärtige geschichtliche Situation anknüpft, sie weiterbildet, indem man rücksichtslos abschneidet, was veraltet und unwahrhaftig geworden ist, und einfügt, was sich zwingend geltend macht« (43).[135] Auf dieser Linie liegt Bultmanns schon frü-

---

[134] ChW 28, 1914, 644; vgl. SCHWEITZER, Geschichte der Leben-Jesu-Forschung, 514.

[135] Angesichts der Qualitäten des Buches von JOHNSON, The Origins of Demythologizing, ist es besonders bedauerlich, daß er sich durch eine gründliche Fehlübersetzung dieses Ab-schnitts das Verständnis von »Ethische und mystische Religion« verbaut (vgl. ebd., 103 ff.). JOHNSON liest, unbekümmert um den Wortlaut, ganz aus der Perspektive des Entmythologisie-rungsaufsatzes: »However, one may creatively reform older priestly or prophetic traditions by entering into the present historical situation, and by unfolding the older tradition in the new situation. To do this, one must carefully cut away all that has become obsolete and untrue and join together that which is genuinely urgent« (104). Der folgende Satz BULTMANNS: »Darüber aber ist in diesem Zusammenhang nicht zu handeln; vielmehr ist hier die Aufgabe der Selbstbe-sinnung noch einen Schritt weiter zu führen« (Ethische und mystische Religion, 43) liest sich bei JOHNSON, Origins, so: »In a matter like this, what is involved is not action: rather, one is concerned to lead self-reflection one step further« (104).

her[136] mitgeteilter, am Schluß dieser Untersuchung noch einmal in den Blick zu nehmender Programmentwurf für die weiterzuführende »Christliche Welt« von 1921; an dieser Stelle genüge der Hinweis auf das Pathos der Wahrhaftigkeit, das – vornehmstes Erbe der »liberalen Theologie« – ein Kennzeichen Bultmannscher Rede geblieben ist.

Durch den äußeren Fragenkreis der Selbstbesinnung, der durch »Kultus und Mythus« als »notwendige Form für die Existenz einer religiösen Gemeinschaft« gekennzeichnet ist, stößt Bultmann hindurch zu dem inneren Fragenkreis: »Welche Religion fühlen wir in uns lebendig?« Die ethische Jesu und der palästinensischen Urgemeinde innerhalb des Judentums? Die mystische des hellenistischen Christentums? Doch so darf im Grunde nach der Zurückweisung der normativen Funktion geschichtlicher Epochen und Personen die Antwort auf die Frage nach der Religion selbst gar nicht vorstrukturiert werden; deshalb: »Was gilt uns eigentlich als die Wirklichkeit Gottes? worin schauen, worin erleben wir ihn? worin offenbart er sich uns?« (44) Frömmigkeit gründet nicht in der Geschichte, sondern in eigenem, gegenwärtigem Erleben, d. h. in der je ursprünglichen Offenbarung Gottes – unter dieser Voraussetzung wird so gefragt. Der »religiös gefärbte... Moralismus« (ebd.) der »liberalen Theologie«, dem die religiöse Hochschätzung des historischen Jesus korrespondiert, kann nicht als ethische Religion im eigentlichen Sinne gelten. (Zum Ausdruck des »religiös gefärbten Moralismus« ist übrigens noch einmal Gogarten zu vergleichen, der von der mit der Geschichte verbundenen, auf sie gestützten Religion bemerkt hatte: »Man bekommt dann entweder eine religiös gefärbte Historie oder eine historisch unterbaute Moral. Das hat aber beides nichts mit Religion zu schaffen.«[137]) Der Ausweg ist nun aber nicht die Einkleidung solchen Moralismus' in »besondere psychische Zustände der Erschütterung oder Begeisterung« – der Weg Rudolf Ottos, wie Bultmann ihn verstand[138] –, sondern, sofern es sich um ethische Religion handeln soll, die im Gehorsam unter das Gute erlebnishaft sich vollziehende Erfassung einer jenseitigen Wirklichkeit, des gegenüber der »Welt des Guten« noch einmal »ganz anderen«. »In der Religion«, so klärt Bultmann den Unterschied zwischen religiösem Moralismus und ethischer Religion, »handelt es sich nicht um das Tun, sondern um das Sein« (45), um die Erfüllung nicht der sittlichen Forderung, sondern des Seins. Darin ist sie *Religion; ethische* Religion ist sie insofern, als sie sich realisiert unter dem »Gehorsam des Guten« (44), in »Arbeit und Kampf« (45), in der »inneren Geschichte des Kämpfens und Wachsens im Gehorsam unter das Gute« (46). Bei Paulus ist »solches eigentlich religiöse Erleben ... zu wundervollem Ausdruck gekommen«. Bultmann läßt – irenisch – offen, wie weit wir es »bei Jesus wahrnehmen

---

[136] S. o. S. 87.
[137] GOGARTEN, Religion weither, 69.
[138] Die scharfe Opposition zwischen beiden in den 1920er Jahren kommt vor allem an der Jesus-Frage zum Austrag, vgl. oben S. 97 f.

können« (45); wir entnahmen bereits zitierten Äußerungen, daß Bultmann in diesem Punkt sehr skeptisch dachte.

Wie Gogarten der Forderung nach einer »geschichtslosen« Religion zwar mit Blick auf die Geschichtlichkeit menschlichen Daseins widersprach, ihr aber doch in ihrem Charakter als Protest gegen eine sich aufs Historische stützende (vermeintliche) Religion einen positiven Sinn abgewinnen konnte, so gesteht Bultmann dem »heutige(n) Ruf nach Mystik« eine *particula veri* insofern zu, als sich in ihm das über einen »religiös gefärbten Moralismus« hinauswollende »Verlangen nach religiösem Leben überhaupt« melde. Mit dem »Gott der Mystik« aber, der nicht »der Willensgott (ist), der im Schicksal waltet und im Gehorsam unter das Gute verehrt und als gnädiger Vater erfahren wird«, kann Bultmann letztlich nichts anfangen. Er will Gott nicht »im Jenseits von Welt und Geschichte«, diese verlassend, sondern »in Welt und Schicksal« als den gegenüber Natur und Kultur »ganz anderen«, Jenseitigen schauen, der nicht das personifizierte Sittengesetz, sondern »der schaffende Lebenswille« ist, »der uns in unserm Schicksal als Kämpfer im Gehorsam unter das Gute zur Erfüllung unseres inneren Lebens reifen läßt« (46 f.). Gott als »der schaffende Lebenswille« – das ist für Bultmann »der geistige Inhalt« der ethischen Religion, »die Wirklichkeit, die er [sc. der Fromme] als Gott bezeichnet«[139]. Und diese erst ganz am Schluß gegebene Antwort auf die Frage nach dem, was uns eigentlich als die Wirklichkeit Gottes gelte (vgl. 44), charakterisiert Bultmann selbst im Brief an Hans von Soden vom 3. 4. 1921 wie folgt: »Den Inhalt des Erlebnisses des ›Ganz anderen‹ anzugeben ... habe ich mich in dem Aufsatz ›Religion und Kultur‹ und im Eisenacher Vortrag z. T. bemüht, ohne behaupten zu wollen, daß es mir bisher gelungen ist.«

6.3 Die Grundintention: Daß wirkliche Religion neu Platz greife!

Wir sind mit unserer Interpretation des Wartburg-Vortrags relativ eng an seinem Text entlanggegangen und haben seine wichtigsten Fragestellungen ausgeleuchtet, indem wir die Faktoren aufgewiesen haben, die auf Bultmanns Denken, wie es sich hier zeigt, besonders eingewirkt haben. Es könnte der Eindruck entstanden sein, als habe diese Art mehrdimensionaler Interpretation die im Vortrag selbst vorliegende Stringenz der Argumentation verwirrt. Diesem Eindruck gegenüber wäre aber darauf hinzuweisen, daß es Bultmanns »Selbstbesinnung auf Grund der geschichtlichen Erkenntnis«, also dem zweiten Vortragsteil selbst, an innerer Stringenz mangelt. Es gelingt Bultmann nur unzureichend, die historischen, systematisch-theologischen und gegenwartspraktischen Fragestellungen in einem folgerichtigen Gedankengang aufeinander zu beziehen. Symptomatisch dafür ist schon das Fehlen einer orientierenden Exposition, symptomatisch ist ferner die Inkongruenz des Vortragstitels mit den in ihm verhandelten eigentlichen Problemen, symptomatisch ist end-

---

[139] Ethische und mystische Religion, 47, dort z. T. hervorgehoben.

lich, daß die Abschnittsgliederung des Vortrags mit hoher Wahrscheinlichkeit erst nachträglich vorgenommen wurde; bei dieser Arbeit – die »Fertigstellung« des Manuskripts war »meine erste Arbeit am Schreibtisch in Giessen«[140] – mag Bultmann (noch einmal) deutlich geworden sein, was er im Dezember 1920 Rade »einzugestehen« bereit war: »daß mein Eisenacher Vortrag in seiner Form ungeschickt war«.[141]

Wir versuchen deshalb zum Schluß, aus dem Vortrag und den ihn umgebenden Äußerungen Bultmanns das ihn um 1920 leitende – treibende! – theologische Hauptinteresse noch einmal in systematischer Form zu skizzieren und anschließend die Funktion, die der Vortrag in diesem Interesse wahrnimmt, zu bestimmen.

Bultmanns Grundintention richtet sich darauf, *daß wirkliche Religion neu Platz greife*. Wirklich und neu, das heißt: in einer Weise, die seinem in den Jahren zuvor erarbeiteten bzw. geklärten qualifizierten Verständnis von Religion als der von Gott her durch seine im »Erleben« erfaßte Offenbarung konstituierten Jenseitsbeziehung des Menschen, zunächst des einzelnen Menschen, entspricht. *Negativ* bedeutet das: Religion muß sich hinsichtlich des ihr eigentümlichen Wesens und Ursprungs ihrer Verschränkung mit allem, was dem Gebiete der menschlichen Vernunft und ihrer (objektivierenden) Aktivität angehört, entwinden; sie muß sich in ihrer prinzipiellen Unabhängigkeit von der Kultur durchschauen und etablieren, wobei das Augenmerk speziell auf das Gebiet der Sittlichkeit/Moral und der historischen Erkenntnis fällt. *Positiv* kann das aber nun nicht bedeuten, daß Religion sich in besonderen psychischen, sei es prae-, sei es sub-, sei es suprakulturellen Erscheinungen realisieren und so ihrer Unabhängigkeit vergewissern müsse; psychische Zustände sind religiös indifferent, sie »können sich mit jeder echten Religion verbinden, wie sie auch ohne Religion vorhanden sein können«[142]. Vielmehr kann ein neues Platzgreifen wirklicher Religion im qualifizierten Sinn nur bedeuten, ein neues (oder erneuertes) Wissen und Redenkönnen von Gott als dem jenseitigen Beziehungspunkt des Menschen zu gewinnen, von Gottes Offenbarung zu wissen und reden zu können als von dem, was uns »als die Wirklichkeit Gottes« gilt (44) und insofern den »geistige(n) Inhalt« (47) der Religion bildet. Bultmanns Interesse an neuem Platzgreifen wirklicher Religion ist das Interesse an solchem neuen Wissen und Redenkönnen von Gott als der sich im Erleben des Menschen offenbarenden Wirklichkeit.

Nun macht sich dieses Interesse geltend in einer ganz bestimmten geschichtlichen Situation, von der her es eine ganz bestimmte Prägung empfängt. Die geschichtliche Situation ist u. a. gekennzeichnet durch das Vordringen einer mystischen Strömung innerhalb des Protestantismus und durch die Notwendigkeit protestantischer Neuorganisation.

---

[140] Brief BULTMANNS an M. Rade vom 20. 10. 1920, bei JASPERT, Wende, 28 Anm. 10.
[141] Brief an M. Rade vom 19. 12. 1920, bei JASPERT, Wende, 32.
[142] Ethische und mystische Religion, 47; vgl. auch die unten S. 329 Anm. 144 mitgeteilte Passage aus Bultmanns Brief an H. v. Soden vom 3. 4. 1921.

Die *Mystik* (bzw. eine sich zu ihr hinneigende Religiosität, vgl. 41), verstanden als Abwendung »von der ethisch oder moralistisch gerichteten Auffassung des protestantischen Christentums speziell Ritschlscher Prägung« (ebd.), scheint nun die aufgestellten Bedingungen echter Religion zu erfüllen. Jedenfalls ist in ihr, negativ, die Unabhängigkeit der Religion von der Kultur, speziell von der Sittlichkeit und von der historischen Erkenntnis, realisiert. So läßt Bultmann denn auch die Mystik als einen Typus echter Religion gelten.[143] Gleichwohl favorisiert Bultmann sie nicht. Und zwar ist es der *Modus,* in dem sich jene notwendige Unabhängigkeit in der Mystik vollzieht, der ihn diesen Weg nicht beschreiten läßt. Die Unabhängigkeit der Religion von der Sittlichkeit bedeutet nämlich für ihn *keine Diastase,* deren Konsequenz »ein pessimistischer Dualismus« wäre, »der in Welt und Schicksal nicht das Walten Gottes wahrzunehmen vermag, sondern der das Weltgeschehen als trügerischen Schein oder als das Spiel teuflischer Mächte ansieht« (46). Und: Die Unabhängigkeit der Religion von der historischen Erkenntnis bedeutet für ihn ebenfalls *keine Diastase,* deren Konsequenz ein »pantheistischer Naturalismus« wäre, »der Gott in dem ewig gleichschwebenden Leben der Natur schaut, die geschichtslos ist« (ebd.). Vielmehr: Bultmann intendiert einen Typus von Religion, in welchem sich die Unabhängigkeit der Religion von der Kultur (und wiederum speziell: von der Sittlichkeit und von der historischen Erkenntnis) nicht als ein Auseinanderfallen beider Größen realisiert, als hätten sie partout nichts miteinander zu tun, sondern als spannungsvolle Polarität beider Größen, in der sowohl ihrer Heterogenität (Vernunft hier, Erleben bzw. Offenbarung dort) als auch dem Umstand Rechnung getragen wird, daß sie beide ihre Realität in *einem* menschlichen Bewußtsein haben. Das ist der Typus, den Bultmann »ethische« Religion nennt, die im Gegenüber zum mystischen Religionstypus auch die »geschichtliche« genannt werden kann. Diesem Typus entspricht es, wenn zugleich die Angewiesenheit der Religion auf geschichtliche Erkenntnis bestritten *und* an der historisch-kritischen Arbeit als einer für die Kirche wesentlichen Aufgabe festgehalten wird. Diesem Typus entspricht es sodann, wenn zugleich die Religion als die natürliche Vollendung der Sittlichkeit bestritten *und* an der Geltung der sittlichen Forderung *auch* um des religiösen Gotterlebens willen festgehalten wird. Je nach der Frontstellung, in der Bultmann sich äußert, liegt der Hauptakzent entweder auf der Heterogenität – so in »Religion und Kultur« in der Frontstellung gegen die landläufig beschworene (und geschichtlich aktuelle) Reklamierung der Religion als »Kulturfaktor« – oder auf der Relationalität – so in der kritisch mit der Mystik sich auseinandersetzenden Passage in »Ethische und mystische Religion«.[144] Aber in keinem Fall fällt die Polarität gänzlich auseinander oder gänz-

---

[143] Im Unterschied zu W. HERRMANN, vgl. Verkehr, 15 ff.

[144] KOCH, Theologie unter den Bedingungen der Moderne, 191, bemerkt zu »Ethische und mystische Religion«: »Prägnanter wird nun herausgestellt, daß es der Mensch unter der sittlichen Forderung ist, dem das religiöse Erlebnis zuteil wird« – richtig, doch muß auch erkannt werden, warum das hier so ist und warum das in »Religion und Kultur«, ohne dort zu

lich ineinander; wie wir gelegentlich schon sagten, handelt es sich um ein dialektisches Verhältnis. In diesem Sinne spricht Bultmann im Jahr 1922 selbst in seiner »Römerbrief«-Rezension im Blick auf »Glaube und Logos«, »Gott und Welt« von einem »dialektischen Gegensatz . . . von Nein und Ja«[145].

Neben der mystischen Strömung nannten wir als ein zweites Moment der ganz bestimmten geschichtlichen Situation, in der sich Bultmanns Interesse an einem neuen Platzgreifen von Religion geltend macht und die sich in seiner Formulierung auswirkt, die Notwendigkeit *protestantischer Neuorganisation*. Mit diesem allgemeinen Ausdruck visieren wir zwei z. T. ineinanderliegende Bereiche an, erstens die Neuorganisation des Protestantismus als Kirche nach Wegfall des landesherrlichen Kirchenregiments, zweitens die mehrdimensionale, nämlich politische und kirchenpolitische, theologische und organisatorische Diffusion innerhalb des von den »Freunden der Christlichen Welt« repräsentierten, je nach Perspektive modernen oder schon wieder aus der Mode gekommenen protestantischen Christentums. Hatte Bultmann den ersten Bereich in »Religion und Kultur« im Sinne einer radikalen Trennung von Kirche und Staat in den

---

fehlen, nicht so war. Daß KOCH das nicht erkannt hat, zeigt nicht nur die Fortsetzung: »Die naturalistische Komponente verschwindet weitgehend« (ebd.) – die war so, wie KOCH sie beschreibt, sowieso nie da –, sondern auch und v. a. die Anmerkung: »Die diastatische Isolation von Religion und Sittlichkeit (Kultur) wird mithin weiter verfolgt« (II, 57 Anm. 62). *So* eben nicht: Bei Bultmann führt, wie gezeigt, die Heterogenität beider Größen nicht, wie in der Mystik, zur »diastatische(n) Isolation«. Eine solche leitet KOCH, ungeachtet der Frontstellungen, aus der Beobachtung her: »Im Blick auf den *Inhalt* der Religion wird entscheidend, daß er *nicht* ethisch definiert ist« (192). Das freilich ist richtig. Eine ethische Definition des Inhalts der Religion würde aber für Bultmann bedeuten, Gott durch Welt zu definieren. Dies *nicht* zu tun – und auch nicht, was auf etwa dieser Linie liegt, Albert Schweitzer zu folgen –, hatte Bultmann nicht nur neukantianisch regulierte systematisch-theologische Gründe, sondern auch: biblische. – Zur Heterogenität von Religion und Sittlichkeit im Verständnis Bultmanns vgl. die Briefpassage (an H. v. Soden vom 3. 4. 1921), die zugleich noch einmal Licht wirft auf die Differenz zwischen Bultmann und Otto: »Ich komme auf einen anderen Ihrer Angriffspunkte, wenn ich den Unterschied [sc. zwischen ›Gemeinschaft‹ und ›Gemeinde‹, vgl. unten S. 330] so formuliere, daß der Beziehungspunkt der Gemeinde das ›Ganz andere‹, der der (kulturellen) Gemeinschaft (wenn es sich um eine *geistige* Gemeinschaft handelt) eine Idee ist, z. B. die Idee des Guten, die für eine sittliche Gemeinschaft das τέλος, den Zweck im höchsten Sinne bedeutet. Und diese Unterscheidung zwischen dem ›Ganz anderen‹ und der Idee des Guten scheint mir nicht ›spintisierend‹ zu sein, sondern evident und fundamental; sie ist überhaupt das Beste in Ottos ›Heiligem‹. Ihre Gegenfrage: wenn jemand die Idee des Guten als das ›Ganz andere‹ erlebt, wäre zu beantworten: Dann hat er noch nicht erfaßt, was das ›Ganz andere‹ bedeutet. Dies hat Otto freilich auch nur durch den Hinweis auf die psychischen Vorgänge, die sich mit dem Erlebnis des ›Ganz anderen‹ verbinden können (m. E. nicht müssen) zu illustrieren vermocht, ohne den Inhalt des Erlebnisses des ›Ganz anderen‹ anzugeben. Hierum habe ich mich in dem Aufsatz ›Religion und Kultur‹ und im Eisenacher Vortrag z. T. bemüht, ohne behaupten zu wollen, daß es mir bisher gelungen ist. Ein Mißverständnis kann jedenfalls nur dann entstehen, wenn man den Begriff des Erlebens nur in psychologischen Kategorien (wie Otto) auffaßt; dann entsteht der Schein, als wäre die Erfassung der Idee des Guten ein ›Erlebnis‹, während sie in Wahrheit Sache der (sittlichen) Erkenntnis ist, gleichgültig unter welchen psychischen Vorgängen einem Menschen diese Erkenntnis aufgehen kann.«

[145] MOLTMANN (Hg.), Anfänge I, 134 und 137.

Blick gefaßt, so in »Ethische und mystische Religion« den zweiten; »wir ... als religiöse Gemeinschaft«, sagt Bultmann hier (44), und dieses »Wir« umfaßt, indem es den versammelten Freundeskreis direkt bezeichnet, zugleich den Typus des Gegenwartschristentums, als dessen Exponent sich die kirchlich verpflichtete liberale Theologie in Abgrenzung nach links (freisinniger Liberalismus, Monismus und Verwandtes) und rechts (»Orthodoxe«, Positive) verstand. In diesen Bereichen konkretisiert sich für Bultmann die Frage der religiösen Gemeinschaft, die er, in Übereinstimmung mit seinem individualistischen Religionsbegriff, ohne Schwierigkeiten im Anschluß an Schleiermacher[146] und Troeltsch[147], der seinerseits auf Schleiermacher fußt, zu behandeln vermag. In der religiösen Gemeinschaft hat sich die in der religiösen Idee selbst implizierte »soziologische Struktur« auszuwirken, und darin ist und bleibt die religiöse Gemeinschaft prinzipiell unterschieden von einer auf Zwecke gerichteten Kulturgemeinschaft. Wir erinnern an die bereits referierte diesbezügliche Passage des Aufsatzes »Religion und Sozialismus«[148] und geben hier einen Abschnitt aus Bultmanns Brief an Hans von Soden vom 3. 4. 1921 wieder, der diesen Komplex behandelt: »Mein Religionsbegriff ist nun freilich individualistisch, ohne daß er eine Gemeinschaft der religiösen Individuen als religiöses Gut ausschließt.« »Als religiöses Gut« – das heißt: Religion ohne Gemeinschaft ist defizitär, wie denn schon Troeltsch in der »Gemeinschafts- und Kultlosigkeit ... die eigentliche Krankheit des modernen Christentums und der modernen Religiosität überhaupt« gesehen hatte.[149] Bultmann fährt fort: »Aber diese Gemeinschaft, die ich lieber als ›Gemeinde‹ bezeichne, bedeutet etwas prinzipiell anderes als eine auf gemeinsames Handeln und Zwecke gestellte Gemeinschaft irgendwie kultureller Art. Der ›Genuß‹ des religiösen Gutes der ›Gemeinde‹ ist auch nicht an Raum und Zeit gebunden wie kulturelle (auch sittliche) Gemeinschaften« – deutet Bultmann damit den in Kultus (z. B. in alten Liturgien, dem gottesdienstlichen Gebrauch der alten Lutherübersetzung[150] usw.) und Mythos zum Ausdruck kommenden Transzendenzcharakter der Religion an? »Wieweit in der Kirchengeschichte die Kirche wirklich eine ›Gemeinde‹ bedeutet und wieweit eine Gemeinschaft, die irgendwelche Zwecke verfolgt, scheint mir ein erwägenswertes Problem zu sein.« Ein Doppeltes ist festzuhalten: Gemeinde existiert als religiöse Gemeinschaft religiöser Individuen; die Krise einer solchen Gemeinschaft ist deshalb nicht letztlich als Krise ihrer Existenzformen, sondern als Krise der in ihr lebendigen (oder verkümmerten) Religion selbst zu begreifen: »Wir kranken daran, daß wir nicht als religiöse Gemeinschaft klar und sicher hinweisen können auf das, was uns die deutliche Offenbarung Gottes ist.«[151] Und: Es kann nie die Aufgabe der als »Gemeinde« im religiös qualifizierten Sinn verstan-

---

146 Vgl. Schleiermacher, Reden, [1]174 ff.; ders., Glaube I, 41 ff. (§ 6).
147 Vgl. die schon angeführten Passagen aus Troeltsch, Bedeutung, Soziallehren und Ethos.
148 S. o. S. 289.
149 Troeltsch, Bedeutung, 147.
150 Hierzu vgl. oben S. 153 mit Anm. 124.   151 Ethische und mystische Religion, 44.

denen Kirche sein, selbst politisch zu handeln – es sei denn, daß sie in Theologie und Verkündigung als ihren Exponenten eine ihre Grenzen vergessende Kultur, zu der die Politik gehört, an ihre Grenzen erinnert, so daß sie also allenfalls *via negativa,* als Kulturkritik, politisch wirkt. Die der ethischen Religion entsprechende religiöse Gemeinschaft ist also für Bultmann nicht die politische (oder politisierende) Kirche! Wohl aber sind die religiösen Individuen – nicht als solche, sondern – sofern sie der »menschl. societas« angehören und also unter der sittlichen Forderung des Guten stehen, zum politischen Handeln, zur Wahrnehmung politischer Verantwortung, verpflichtet.[152]

Bultmann will, daß wirkliche Religion neu Platz greife, wirkliche Religion verstanden als ein das Bewußtsein des wirklichen Menschen, der Natur- und Kulturwesen ist und sein und bleiben soll, bestimmendes, sein Sein erfüllendes, gemeindebildendes Innewerden und Innesein der jenseitigen Wirklichkeit Gottes, des »ganz anderen« – so läßt sich Bultmanns lebenspraktische, systematisch-theologisch reflektierte Grundintention, wie sie sich aus den Schriften und Äußerungen um 1920 erheben läßt, zusammenfassen. Das Rätsel des Vortrags »Ethische und mystische Religion« ist gelöst, wenn gezeigt werden kann, daß und wie er sich dieser Grundintention einordnet. Ich meine: In der Frontstellung gegen das in der »liberalen Theologie« übliche Insistieren auf der bzw. Festhalten an der religiösen Gegenwartsbedeutung des historischen Jesus (also nicht gegen »liberale Theologie« an sich, nämlich sofern sie gegen ein gesetzliches Glaubensverständnis das Panier der Freiheit erhebt) führt Bultmann hier die für die ethische/geschichtliche Religion im Unterschied zur Mystik und zu einem religiösen Moralismus/(1924:) Geschichtspantheismus[153] charakteristische Polarität durch, in der die Heterogenität von Religion und historischer Erkenntnis auf der einen Seite, ihre Relationalität auf der anderen Seite zueinander stehen, wobei das Schwergewicht auf dem Pol »Relationalität« liegt.

Unter dem Gesichtspunkt der *Heterogenität* ist völlig gleichgültig, zu welchen Ergebnissen die historische Erforschung Jesu und des Urchristentums führt – konstitutiv bzw. normativ für heutige Religion können sie als historische Erkenntnisse historischer Fakten ohnehin nicht sein. »Ungeschickt«, jedenfalls der Klarheit des Vortrags nicht zuträglich ist sicherlich, daß Bultmann in ihm diese Seite der Polarität nicht so unmißverständlich verdeutlicht hat wie dann im Brief an M. Rade vom 19. 12. 1920 (Befreiung der Frömmigkeit »von der m. E. gänzlich unhaltbaren Bindung an die Geschichte«[154]) und später – 1924 – im Vortrag »Die liberale Theologie und die jüngste theologische Bewegung«, wo Bultmann Ernst Troeltsch vorwirft, der Konsequenz der von ihm behaupteten Unabhängigkeit des Glaubens von der Geschichte ausgewichen zu sein, indem

---

[152] Vgl. Brief BULTMANNS an K. Barth vom 9. 1. 1924, Barth-Bultmann-Briefwechsel, 24 f., außerdem oben S. 113–118.

[153] So in R. BULTMANN, Die liberale Theologie und die jüngste theologische Bewegung, GuV I, 5 u. ö.

[154] Bei JASPERT, Wende, 31.

er – ihr zum Trotz – an einer »Abhängigkeit« des Glaubens »von Gelehrten und Professoren, oder besser gesagt, von dem allgemeinen Gefühl historischer Zuverlässigkeit, das durch den Eindruck wissenschaftlicher Forschung sich erzeugt«, festgehalten habe.[155]

Unter dem Gesichtspunkt der *Relationalität* kann es aber keinesfalls darum gehen, dem prinzipiell Ausgeschlossenen nun doch durch die historische Kellertür wieder Eingang zu verschaffen: Weder Jesus und die palästinensische Urgemeinde *noch* das hellenistische Christentum *noch* auch Paulus, bei dem Bultmann die Bedingungen der von ihm intendierten wirklichen Religion am meisten erfüllt sieht, können heutige Religion normieren. Sondern: Es kann nur, soll aber auch darum gehen, daß im Medium historischer Erkenntnis das gegenwärtige religiöse Bewußtsein größere Klarheit über sich selbst gewinnt. Hier, wo historische Erkenntnis zu gegenwärtiger Religion bzw. Frömmigkeit in der positiven Relation – nicht der Konstitution, sondern – der Aufklärung, Reinigung, allenfalls auch (Be-)Stärkung steht, – hier liegt der Schwerpunkt von Bultmanns Vortrag. In der Sache klärt sich vor allem durch die (sich selbst als *Teil*-Erkenntnis durchsichtige) Erkenntnis Jesu als eines religiösen Moralisten der zugleich defiziente und illusionäre Charakter einer moralistischen Frömmigkeit, die sich scheinbar dem historischen Jesus verdankt, in Wahrheit aber sich selbst in ihn hineinprojiziert, ihn also zu einem Symbol ihrer selbst macht und diese Symbolisierung nicht durchschaut. Der defiziente und illusionäre Charakter solcher Frömmigkeit klärt sich weiter durch die historische Erkenntnis der »mystischen« Religion des hellenistischen Christentums mit seinem Kultus und Mythus. Nicht, daß Religion in der Gegenwart in diesem Typus Platz greifen müsse, nicht, daß dessen Kultus und Mythus für heutige Frömmigkeit maßgeblich wären! Wohl aber führt jene historische Erkenntnis zur Selbstbesinnung auf das Vorhandensein oder Nichtvorhandensein, auf den eigentlich religiösen oder nur religionsfarbenen Charakter gegenwärtiger Religion überhaupt – dies vor allem! –, gegenwärtiger Religionsgemeinschaft überhaupt, gegenwärtigen Kultus' und Mythus' als notwendiger Existenzformen solcher Gemeinschaft überhaupt – »zur *Selbstbesinnung*«, wie Bultmann 1922 grundsätzlich formuliert, »auf die Motive und Kräfte, auf den Grund unseres Lebens«. Das ist das »letzte. . . Ziel« historischer Arbeit, »in dem sie mit der auf anderem Wege wandernden Systematik zusammentrifft«.[156] Der Vortrag »Ethische und mystische Religion im Urchristentum«, im Zusammenhang mit den ihn umgebenden Arbeiten Bultmanns gelesen, gibt von solchem Zusammentreffen eine eindrückliche Anschauung. Systematische Reflexion und historische Arbeit konvergieren in einer Selbstbesinnung, deren Thema die intendierte, der Wirklichkeit des der Welt gegenüberstehenden Gottes und der Wirklichkeit des in der Welt lebenden und in ihr von dem jenseitigen Gott betroffenen Menschen wahrhaftig entsprechende Religion ist.

---

[155] GuV I, 3; vgl. TROELTSCH, Bedeutung, 152.

[156] R. BULTMANN, Karl Barths »Römerbrief« in zweiter Auflage, 142.

Schluß

Wir stehen am Ende unserer Untersuchung über den jungen Rudolf Bultmann und blicken zurück. Unter vier Gesichtspunkten bzw. in vier einander zum Teil überschneidenden Perspektiven haben wir die Frühzeit Bultmanns in den Blick gefaßt.

Unter biographischem Aspekt haben wir, *erstens,* seinen akademischen Weg vom Studenten zum Professor der Theologie dargestellt: die Studienzeit in Tübingen, Berlin und Marburg 1903–1906, die theologische Prüfung und die einjährige Unterrichtstätigkeit als Kandidat am Oldenburger Gymnasium 1906/07, die neunjährige Repetentenzeit in Marburg 1907–1916, in die die Promotion zum Lizentiaten der Theologie (1910), die Habilitation für das Fach Neues Testament (1912) und die acht Privatdozentensemester WS 1912/13 – SS 1916 fallen, sodann die als Extraordinarius für Neues Testament in Breslau verbrachten Jahre 1916–1920, das kurze Jahr 1920/21 als Nachfolger W. Boussets in Gießen und schließlich die ersten Semester nach der Rückkehr als Ordinarius in die akademische Heimat, Marburg (1921 ff.) – eine unspektakuläre und, was besonders die Berufungen nach Gießen und Marburg betrifft, glücklich gefügte akademische Laufbahn.

An ihrem Beginn steht die Prägung durch einige überragende Lehrer. Karl Müller, der Tübinger Kirchenhistoriker, ist es vor allen anderen, der Bultmann in die Arbeitsweisen der historischen Wissenschaft einführt; bei ihm erfährt Bultmann anfänglich jene »*Erziehung zur Kritik,* d. h. zur Freiheit und Wahrhaftigkeit«, die er 1924 – dem legitimen Ethos und Pathos »liberaler Theologie« selber verhaftet – zu deren wirklich »großen Verdienste(n)« rechnet.[1] Neben Karl Müller in Tübingen der Systematiker Theodor Haering, dessen Theologie »ihre spezifische Färbung ... aus der Verknüpfung grundlegender Einsichten Ritschls mit Erfahrungen und Interessen pietistischer Frömmigkeit« gewinnt[2]; er »nimmt alles so durchaus persönlich, bei ihm ist nichts tote Formel«[3], es ist der Glaube selbst, der sich in seiner Theologie – als »Glaubenslehre« – wie in seinen Predigten in Bultmann imponierender Weise ausspricht.[4] In Berlin sodann Adolf Harnack und Hermann Gunkel: Harnack faszinierend als Souverän

---

[1] GuV I, 2.
[2] H. FISCHER, *Art.* Haering, 349.
[3] Brief Bultmanns an W. Fischer vom 7. 7. 1905.
[4] Vgl. Briefe an E. Teufel vom 25. 7. 1906 und 25. 3. 1907.

über seinen geschichtlichen Stoff[5] und zugleich befremdlich in der persönlichen
und sachlichen Distanz, in der der Student den Gelehrten erlebt – der Student,
der, was das *Persönliche* betrifft, in Tübingen die Bereicherung des unmittelbaren
Austauschs mit den Lehrern erfahren hatte und der *sachlich* an einer im theologisch stichhaltigen Verständnis evangelischen Glaubens zureichend fundierten
und *daraus* resultierenden Überwindung des Traditionalismus in Theologie und
Kirche existentiell interessiert ist[6]; Gunkel, der Bultmann in die alttestamentliche Literaturgeschichte und in das Verfahren religionsgeschichtlicher Befragung
der biblischen Texte, d. h. vor allem: in die Kunst, sie auf das in ihnen sich
aussprechende religiöse Leben hin zu befragen, einführt und der Bultmanns
Hauptgewährsmann für die religionsgeschichtliche Exegese wird. In Marburg
schließlich Johannes Weiß und Adolf Jülicher, Johannes Bauer und Wilhelm
Herrmann, später dann Wilhelm Heitmüller: Johannes Weiß, den Bultmann
(vielleicht auch: *der* Bultmann) um seines spezifisch exegetischen Ethos wie um
seiner künstlerischen Kompetenz willen schätzen lernt, initiiert Bultmanns wissenschaftliche Beschäftigung mit dem Verhältnis zwischen Christentum und
Griechentum; Adolf Jülicher, wegen des Gewichts seiner wissenschaftlichen
Arbeit und der Autorität seiner Person von Bultmann von Anfang an hoch
verehrt, ermöglicht, fördert und betreut die Habilitation; Johannes Bauer be-
stärkt die Lust aufs Predigen und ihre Orientierung am biblischen Text; bei
Wilhelm Herrmann findet Bultmann das Wesen echter Religion vorbildlich
erfaßt; Wilhelm Heitmüller wird in der Repetentenzeit Bultmanns wichtigster
Gesprächspartner und setzt sich nachdrücklich für Bultmanns Berufungen nach
Breslau, Gießen und Marburg ein.

Heitmüller ist es auch, der Bultmann nach seiner Habilitation für die Mitarbeit
an der »Theologischen Rundschau« gewinnt, nachdem sich Bultmann schon seit
Beginn der Repetentenzeit als Rezensent und Forschungsberichterstatter in der
»Christlichen Welt« – im Auftrag Martin Rades – und in der »Monatsschrift für
Pastoraltheologie« – sicherlich auf Betreiben Rudolf Günthers – betätigt hat, und
zwar mit rasch zunehmender Freiheit zum eigenen, kritischen Urteil und zur
wissenschaftlichen Polemik. Rudolf Bultmann als *Rezensent* – das wäre schon
ein eigenes Kapitel in einer umfassenden Werkbeschreibung wert!

Dasselbe gilt mehr noch von Rudolf Bultmann als *Prediger;* seit seiner Kandi-
datenzeit in Oldenburg nimmt Bultmann die Predigtaufgabe gern, relativ häufig
und immer gründlich wahr.

Rudolf Bultmann als Schüler seiner Lehrer, als Rezensent, als Prediger – in

---

5 Vgl. hierzu die kritischen Bemerkungen in ThR 18, 1915, 148.
6 Im Bericht an W. Fischer (Brief vom 25. 10. 1908) über eine Debatte auf der Jahrestagung
der »Freunde der Christlichen Welt« 1908 in Eisenach erklärt Bultmann: »Mir war es bedauerlich, daß (außer Wernle) keiner von den Rednern die Fähigkeit hatte, wirklich klar zu zeigen,
was Religion ist; das Irrationale in ihr aufzuweisen.« Daß unter diesen Rednern auch Harnack
war, wirft ein Licht auf das Defizit, das Bultmann schon als Student in Berlin bei Harnack
empfand.

Stichworten erinnern wir ergänzend noch, indem wir hier den *Forscher* und *Autor* ausklammern, an den erfolgreichen theologischen *Lehrer,* den wir als einen für seine Hörer interessierten, offenen, kritischen Gesprächspartner kennenlernten; ferner an den unter den Marburger Privatdozenten verschiedener Fächer und seit der Breslauer Zeit vor allem von Hans von Soden geschätzten *Kollegen* und *Freund;* endlich auch an den *Staatsbürger,* der sich nach dem Krieg in Zusammenarbeit besonders mit den Breslauer Pfarrern Ernst Moering und Wilhelm Gottschick auf dem Gebiet der Volksbildung engagiert und damit eine nach seinem Verständnis grundlegende politische Aufgabe wahrnimmt.

Zweitens haben wir die kirchliche Orientierung des jungen Rudolf Bultmann untersucht und dabei gefunden, daß er – in Auseinandersetzung auch mit seiner eigenen religiösen Sozialisation und seiner kirchlichen Herkunft – seit sehr früher Zeit im Namen des recht verstandenen evangelischen Glaubens gegen ein in der Kirche weithin herrschendes, im Erbe der »Orthodoxie« stehendes »intellektualistisches« Mißverständnis des Glaubens protestiert und insofern von Beginn an als ein aus der Mitte reformatorischer Theologie heraus argumentierender Kritiker der real existierenden Kirche zugunsten einer ihrem Wesen besser entsprechenden Kirche gelten kann. Zugunsten der Kirche – das zeigte sich nicht zuletzt an Bultmanns entschlossener Abgrenzung gegen den Typus kirchlich distanzierter oder anti-kirchlicher liberalistisch-monistischer Religiosität.

Schon während der Studienzeit visiert Bultmann mit besonderer Aufmerksamkeit den »gebildeten Laien« an, den es durch die Modernisierung der Kirche im Zeichen von »Freiheit und Wahrhaftigkeit« für Religion und Kirche zurückzugewinnen gelte. Eine wichtige Rolle in diesem Prozeß spielen für Bultmann die »Christliche Welt« und ihr sie tragender, an der Basis in Ortsgruppen wirksamer Freundeskreis; in ihnen vor allem verkörpert sich das »moderne Christentum«, welches sich, befördert auch durch publizistische Unternehmungen zur religionsgeschichtlichen Breitenaufklärung, in der Kirche durchsetzen und in die Gesellschaft hineinwirken soll.

Zentrale Aufgabe der Kirche ist für Bultmann die Predigt, die er in Schleiermachers Tradition als eine dem biblischen Text verpflichtete Selbstaussprache der in Prediger und Gemeinde lebendigen, zu klärenden und zu belebenden Religion versteht; neben diesem Predigtverständnis finden sich aber ebenfalls sehr früh Elemente der später ins Zentrum der homiletischen Rechenschaft rückenden kerygmatischen Grundlegung (Stichworte: »Verkündigung«, »Anstoß«, »Entscheidung«).

Drittens haben wir, hauptsächlich gestützt auf Texte bis ca. 1913, Bultmanns Verständnis von den Aufgaben und Verfahren biblischer Exegese analysiert. Exegese soll verstehen, was die Texte *selbst* und *eigentlich* sagen, muß deshalb in bezug auf ihre Ergebnisse voraussetzungslos sein und sich vollziehen in der

Unterscheidung des Gesagten vom Modus seines Gesagtseins. Sie muß sich
ferner vollziehen in der Wechselwirkung zwischen dem Verstehen des einzelnen
– worin sie *als* Exegese im engeren Sinn ihr eigenes letztes Ziel hat (vgl. J. Weiß) –
und dem Verstehen der Gesamtaussage eines Textes; dazu bedarf es eines inneren
Verhältnisses des Exegeten zu der Sache des Textes, und das heißt, sofern es sich
um die biblischen Texte als Explikationen religiösen Lebens handelt, der eigenen
religiösen Lebendigkeit des Auslegers (vgl. H. Gunkel). Als Neuexplikation der
lebendigen neutestamentlichen Religion liegt die christliche Glaubenslehre wie
die Predigt der Möglichkeit nach in der Konsequenz biblischer Exegese. Im
Hintergrund dieses Exegeseverständnisses fanden wir die vor allem in dem
Programm W. v. Humboldts repräsentierte idealistische Geschichtsschreibungstradition; die Namen F. Chr. Baur und W. Wrede stehen für die als Einheit
zu begreifende – als einheitliche geschichtliche Größe aber gerade problematisch
gewordene – Urchristentumsgeschichte und für die als urchristliche Religionsgeschichte zu entwerfende Theologie des Neuen Testaments.

Viertens haben wir, vor allem in den Aufsätzen und Vorträgen der Jahre 1916/
17–1920, die Durchführung des in den früheren Kapiteln mehrfach schon berührten zentralen systematisch-theologischen Themas des jungen Bultmann
verfolgt: seine Bemühung um die Bestimmung dessen, was in Wahrheit Religion zu heißen verdient. Texte aus der Studentenzeit belegen, daß Bultmann von
Anfang an mit Herrmann die paulinisch-reformatorische Grundunterscheidung
von Werken und Glauben in (neu-)kantianisch-Schleiermacherschen Bahnen,
nämlich im Sinne der Autonomie der Vernunft (in ihren drei Gebieten) und
damit der Kultur einerseits, der Religion andererseits versteht. Dabei wird
freilich Kants Moraltheologie abgewiesen und wird Schleiermachers Religionsverständnis doppelt abgeschottet: an seiner »kulturoffenen« Flanke gegen ein
»ästhetisches« Mißverständnis, d. h. gegen die Verwechslung oder Vermischung
der Religion mit der ästhetischen Urteilskraft, und, hinsichtlich der dem Illu-
sionsverdacht unterliegenden Realität der Gottesbeziehung und des eigentümlichen Wissens darum, gegen ein »psychologisches« Mißverständnis. Positiv
versteht Bultmann Religion als Beziehung des Menschen zu Gott als dem
gegenüber den vernunft-konstituierten Bereichen der Kultur (Wissenschaft,
Sittlichkeit, Kunst) »ganz anderen«, eine Beziehung, die auf individuellem
Erleben der Wirklichkeit Gottes bzw. auf erlebter Offenbarung beruht. So
schroff Bultmann nun auch, und zwar schon vor dem Krieg, die Ursprungs-
und Wesensverschiedenheit von Religion und rationaler Kultur betont, so vermeidet er doch durchweg, und zwar auch nach dem Krieg, die vollständige
Isolierung beider Größen voneinander: In den meisten der untersuchten Texte
fanden wir, mit wechselnder Akzentuierung und in verschiedenen Konkretio-
nen, Heterogenität *und* Relationalität ausgesagt: die unausweichliche, bleibende
»Spannung« zwischen Religion und Kultur. In alledem folgt Bultmann grundsätzlich dem Religionsverständnis Wilhelm Herrmanns. Kündigt sich auch in

dem vom Redner »Über die Religion« entliehenen Pathos, mit dem Bultmann
vor allem in »Religion und Kultur« Moral und Religion auseinanderdividiert,
und in der begrenzten Anerkennung der Mystik als eines Typus echter Religion
in »Ethische und mystische Religion« eine Distanzierung von dem Herrmannschen »Wege zum Glauben« an, der durch den »vernunftbegründeten Gehorsam
unter das Sittengesetz« hindurch in die »Verzweiflung, die das Ende dieses
Weges ist«, führt[7], so signalisieren doch die Optionen für die Teilnahme an der
humanen Kultur und zumal für den »Gehorsam unter das Gute«[8] in den beiden
genannten Vorträgen, daß man von ihnen aus an diesem Punkt lediglich Modifikationen gegenüber Herrmann, nicht aber eine Abkehr von ihm behaupten
kann. Anders ist es, wie wir gesehen haben, an einem anderen Punkt: in der
Frage nach der Bedeutung des geschichtlichen Jesus für gegenwärtige Religion.
An diesem Punkt sagt Bultmann – in gewisser Hinsicht mit Herrmann gegen
Herrmann (und gegen viele andere) – nein, wobei zwei Argumente konvergieren: erstens das prinzipielle, neuerdings von Troeltsch, Schweitzer und Gogarten (mit verschiedenen konstruktiven Intentionen) vertretene Argument der
notwendigen Unabhängigkeit der Religion von geschichtlicher Begründung
und Normierung, zweitens das – neben dem ersten streng genommen entbehrliche, aber unter den gegebenen Umständen explosivere! – Argument, daß historisch-kritische Jesus-Forschung es angesichts der Quellen nicht weiter als bis
zum Bild eines Moralisten bringe, dem eigentlich religiöse Qualifikationen
abgehen. Sofern der historische Jesus Quelle und Norm gegenwärtiger Religion
faktisch *ist,* verdient diese den Titel *Religion* nicht; es handelt sich um religiös
gefärbten *Moralismus.* Sofern es sich aber um wirkliche *Religion* handelt, die sich
auf Jesus beruft, beruft sie sich nicht auf den *historischen* Jesus und erst recht nicht
auf ihn als auf ihre *Quelle* und *Norm* – behauptet sie das, so unterliegt sie einer
Illusion –, sondern sie beruft sich auf Jesus als auf ein (im besten Fall) gemein-
schafts- und kultstiftendes *Symbol,* einen *Mythos.*

Ausgerüstet mit einem in den Jahren zuvor in engem Anschluß an den Redner
»Über die Religion« und unter deutlicher Einwirkung Troeltschs und Gogartens
intensiv reflektierten Religionsbegriff, überzeugt von der Unerkennbarkeit der
Religion des historischen Jesus, bestimmt von der Pflicht zu absoluter Wahrhaf-
tigkeit – so tritt Bultmann im Jahr 1920 vor den »Freunden der Christlichen
Welt« als Prophet kritischer Selbstbesinnung auf, als theologischer Aufklärer im
Interesse einer »religiöse(n) Neugeburt«[9], die er nicht »machen« kann, der er
aber an seinem Teil durch die Entlarvung von Selbsttäuschungen und durch
Klärung der Bedingungen, unter denen sie stattfinden könnte, zur Wirklichkeit
helfen will.

---

[7] Die Formulierungen aus: R. BULTMANN, Karl Barths »Römerbrief« in zweiter Auflage,
135.
[8] Ethische und mystische Religion, 147.
[9] Religion und Kultur, 29.

Als ein weiteres Zeugnis solchen Bemühens um Klärung im Umkreis der
»Christlichen Welt« muß auch der im ersten Kapitel dieser Arbeit[10] mitgeteilte
Programmentwurf gelesen werden, den Bultmann im Herbst 1921 verfaßte und
in die Diskussion über die Fortführung der »Christlichen Welt« und ihren Kurs
einbrachte. Wir nehmen die Thesenreihe zum Schluß noch einmal kurz in den
Blick. Entscheidend für das richtige Verständnis des Textes als einer Positionsbestimmung *Bultmanns* ist, zwischen seinem Verfasser – Bultmann – und *dem,* in
dessen Namen der Verfasser zu sprechen beansprucht – der »Christlichen Welt«
(ihres Herausgebers, ihres Freundeskreises) –, zu unterscheiden. Entscheidend
ist dies zumindest für das Verständnis der ersten Thesenreihe (»Neu sehen wir
. . .«). Denn was Bultmann hier formuliert, ist für ihn selbst keineswegs »neu«
im Sinn grundstürzender Revisionen, sondern, wenn überhaupt, nur im Sinn
inzwischen erreichter größerer Klarheit oder stärkerer Betonung.

Was die jeweils *ersten* Thesen beider Reihen betrifft, die das Verhältnis von
Gottes Wirken und Geschichte bzw. von Religion und (Geschichts-)Wissen-
schaft behandeln, so sahen wir früher, daß Bultmann selbst niemals einen
theologischen Historismus derart, wie er ihn hier ablehnt, positiv vertreten hat,
sondern daß der qualitative Unterschied zwischen historischer/wissenschaftli-
cher und glaubensbegründender Erkenntnis von früh an zu seinen theologischen
Basisüberzeugungen gehört[11] – ebenso wie der »religiöse« Sinn (geschichts-)
wissenschaftlicher Arbeit, den Bultmann im hermeneutischen Gespräch mit
Karl Barth 1922ff. nachdrücklich vertreten wird.[12]

Die jeweils *zweiten* Thesen beider Reihen betreffen das »Verhältnis zur Kultur«. Auch hier kann von einer neuen Sicht *Bultmanns* keine Rede sein. Er
wiederholt die »dialektische« Verhältnisbestimmung von Religion und Kultur,
die er in der Predigt »Diesseits- und Jenseitsreligion« vom 12. 7. 1914 erstmals in
solcher Klarheit formuliert und seither mehrfach geäußert hat. Lebensreichtum,
Seinsgewinn wird von der »Spannung« zwischen der »Aufgabe im Diesseits«
und dem »Ziel im Jenseits, in Gott«, erwartet.

Nein und Ja – die jeweils *dritten* Thesen – auch zur Mystik: Ja zu ihr als der
Vergegenwärtigung dessen, was von Gott geschenkt *ist,* weiterhin nein zu ihr als
einer Methode, sich eigenmächtig in den Besitz dessen zu bringen, was nur als
Geschenk erwartet und empfangen werden kann. Die »Mystik« wird rechtferti-
gungstheologisch limitiert und so legitimiert. In dieser Klammer hat sie auch bei
Bultmann, der das Herrmannsche Kriterium zur Abweisung der Mystik: die
notwendige Geschichtsbindung der Religion (sc. an den geschichtlichen Jesus)[13]

---

[10] Vgl. oben S. 87.

[11] Vgl. oben S. 310–312 mit Anm. 86–96.

[12] So schon im Schlußabschnitt von »Karl Barths ›Römerbrief‹ in zweiter Auflage« (»8. Das
Verhältnis zum Text«, 140–142), auf den Barth dann im Vorwort zur dritten Auflage des
»Römerbriefs« ausführlich eingeht (vgl. [11]1976, XIX–XXII).

[13] Vgl. HERRMANN, Verkehr, 15ff.; auch HAERING, Glaube, 501.

zunächst als Unklarheit empfindet und sich seine Unhaltbarkeit zunehmend klar macht, eine hauptsächlich in den Predigten aufweisbare Tradition[14], die sich vor allem in den Michelchen-Andachten des Jahres 1922 fortsetzen wird.[15]

Viertens endlich zum Verständnis des Gemeindegottesdienstes: Das »Wort« soll, gut reformatorisch, sein Zentrum sein und bleiben, aber nicht als Belehrung, sondern, gut Schleiermacherisch, als eine religiöses Leben belebende Aussprache religiösen Lebens. Ich verweise auf das zu Bultmanns Predigtverständnis schon Gesagte und auf die am Ende des zweiten Kapitels dieser Arbeit zitierte Passage aus einem Brief Bultmanns vom 24. 5. 1917.[16]

An diesem letzten Punkt zeigt sich noch einmal sehr klar, wie stark sich Bultmann in seiner Besinnung auf Ursprung und Wesen, Bedeutung und Gestalt der von ihm intendierten wirklichen Religion an grundlegenden Bestimmungen Schleiermacherscher Theologie orientiert hat – und zwar gegen 1920 hin mit zunehmender Intensität. Diese Orientierung gerade an Schleiermacher – und, was ausdrücklich erwähnt sei, *nicht* etwa (oder doch nur erst ganz am Rande) an Kierkegaard[17] – ist einer der wesentlichen Faktoren, die Bultmann zu einem der Exponenten der religiösen und theologischen Neubesinnung am Beginn der 1920er Jahre werden ließen. Sie steht ja in frappierendem Kontrast zu Karl Barths etwa gleichzeitiger *Abkehr* von Schleiermacher. Dieser Kontrast kommt 1922 zum Ausdruck, als Bultmann Barths »Römerbrief« »in eine Linie mit Werken wie Schleiermachers ›Reden über die Religion‹« stellt[18], Barth seinerseits Schleiermacher aus der zur Orientierung »empfohlenen Ahnenreihe« ausschließt[19] und dadurch Bultmann zu der Erklärung veranlaßt: »*Ich* meinerseits rechne Schleiermacher in die Ahnenreihe Jeremia-Kierkegaard. Ja wirklich.«[20]

Das aber: der Kontrast in Sachen Schleiermacher, der die Anfangskonstellation des Gesprächs zwischen Bultmann und Barth mitprägt und der in diesem Dialog fortwirkt, – das ist ein anderes Kapitel, das in einer Untersuchung über die Frühzeit Rudolf Bultmanns weder zu entwerfen noch gar zu schreiben ist.

---

[14] Vgl. z. B. den Schluß der Predigt »Diesseits- und Jenseitsreligion« vom 12. 7. 1914, VW, 114.

[15] Vgl. bes. die Andacht »Nacht« vom 18. 2. 1922, VW, 194–197.

[16] Vgl. oben S. 335 und 174f.

[17] Bultmanns Kierkegaard-Lektüre setzt mit hoher Wahrscheinlichkeit erst *nach* 1920 ein, vgl. den Brief an E. Foerster von 1928 (bei SCHMITHALS, Brief, 74) und den Brief an R. Schumann vom 27. 6. 1973, in dem Bultmann erklärt, vor der Begegnung mit Heidegger von Kierkegaard nur »Furcht und Zittern« und »Der Begriff der Angst« gelesen zu haben; er habe diese Bücher der Bibliothek seines Vaters entnommen – m. E. am wahrscheinlichsten nach dessen Tod im Frühjahr 1919.

[18] R. BULTMANN, Karl Barths »Römerbrief« in zweiter Auflage, 119.

[19] K. BARTH, Das Wort Gottes als Aufgabe der Theologie, 205.

[20] Brief BULTMANNS an K. Barth vom 31. 12. 1922, Barth-Bultmann-Briefwechsel, 12.

Quellen- und Literaturverzeichnis

Das *Quellenverzeichnis* (A.) enthält im ersten Teil (I.) eine Zusammenstellung der für das erste Kapitel dieser Arbeit herangezogenen unveröffentlichten Dokumente zur Biographie des jungen Rudolf Bultmann in chronologischer Reihenfolge. Der zweite Teil (II.) führt die – veröffentlichten und nicht veröffentlichten – Arbeiten Rudolf Bultmanns gegliedert nach ihrem literarischen *genus* und innerhalb dieser Rubriken in chronologischer Reihenfolge an; dabei ist nur für den in dieser Arbeit untersuchten Zeitraum bis ca. 1920 relative Vollständigkeit angestrebt:

1. Selbständige Veröffentlichungen (Monographien, Vorlesungen, Kommentare);
2. Aufsätze, Abhandlungen, Artikel, Vorträge u. ä.;
3. Forschungsberichte, Rezensionen u. ä.;
4. Zu Personen und ihren Werken (Nachrufe, Geleit- und Vorworte u. ä.);
5. Predigten und Verwandtes;
6. Korrespondenz;
7. Autobiographisches;
8. Sonstiges.

Das *Literaturverzeichnis* (B.) ist in der üblichen Weise alphabetisch gegliedert.

Im Text oder in den Anmerkungen der Arbeit verwendete *Kurztitel* werden, wo es hilfreich erscheint, bei den betreffenden Titeln nachgewiesen *(»KT«)*.

Die *Abkürzungen* folgen in der Regel dem von SIEGFRIED SCHWERTNER zusammengestellten Abkürzungsverzeichnis zur TRE, Berlin und New York 1976.

A. Quellen

I. Dokumente zur Biographie des jungen Rudolf Bultmann

Zu Kapitel I, 1.1: Auszug aus einer Schülerliste des Gymnasiums Oldenburg, Archiv des Alten Gymnasiums Oldenburg (vgl. oben S. 7 Anm. 10)

Zu Kapitel I, 1.2: Studentenakte Rudolf Bultmann bei der Universität Tübingen, Universitätsarchiv Tübingen, Sign. 40/33, Nr. 100

Zu Kapitel I, 1.3: Studentenakte Rudolf Bultmann bei der Universität Berlin, Humboldt-Universität zu Berlin – Archiv –, Best. Abgangszeugnisse vom 1.–20. September 05, Bl. 52

Zu Kapitel I, 1.4: Manuale der Universitätsquästur Marburg, Hessisches Staatsarchiv Marburg, Best. 305ᵃ, Nr. (296–)297, acc. 1963/13 (vgl. oben S. 20 Anm. 80)
und:
Abgangszeugnis Rudolf Bultmann, Universität Marburg, als Anlage in der Promotionsakte Rudolf Bultmann bei der Theol. Fakultät der Universität Marburg (s. u. zu Kapitel I, 2.2)

Zu Kapitel I, 1.5: Prüfungsakte Rudolf Bultmann beim Ev.-Luth. Oberkirchenrat Oldenburg, »B. XXIX–316. Oberkirchenrath. Acta betreffend Prüfung des Kandidaten der Theologie Rudolf Karl *Bultmann* aus Wiefelstede. *1906.* Best. 250 N° 316.«
und:
Personalakte Rudolf Bultmann beim Ev.-Luth. Oberkirchenrat Oldenburg, »B. XXIXª–316. Oberkirchenrath. Personalien der Kandidaten und Pfarrer. Acta betreffend den Kandidaten der Theologie Rudolf Karl *Bultmann* aus Wiefelstede. *1906.* Best. 250 N° 316.«

Zu Kapitel I, 1.6: Akten über die Lehrtätigkeit Rudolf Bultmanns am Gymnasium Oldenburg, Niedersächsisches Staatsarchiv Oldenburg, Best. 160–1, Sign. 1067, Fasc. II: »Oberschulkollegium. Gymnasium zu Oldenburg. Acta betreffend den Lehrplan 1899–1933«, hier Nummern 25.26.29.

Zu Kapitel I, 2.1: Akten über die Repetententätigkeit Rudolf Bultmanns an der Stipendiatenanstalt Marburg, Hessisches Staatsarchiv Marburg, Best. 305ª, Nr. 673, acc. 1950/9 und Best. 307ª, Nr. 9, acc. 1950/1

Zu Kapitel I, 2.2: Promotionsakte Rudolf Bultmann bei der Theol. Fakultät der Universität Marburg, Hessisches Staatsarchiv Marburg, Best. 307ª, Nr. 63, acc. 1950/1

Zu Kapitel I, 2.3: Habilitationsakte Rudolf Bultmann bei der Theol. Fakultät der Universität Marburg, Hessisches Staatsarchiv Marburg, Best. 307ª, Nr. 24, acc. 1950/1

II. Arbeiten Rudolf Bultmanns

1. Selbständige Veröffentlichungen (Monographien, Vorlesungen, Kommentare)

Der Stil der paulinischen Predigt und die kynisch-stoische Diatribe, FRLANT 13, Göttingen 1910 (Mit einem Geleitwort von HANS HÜBNER. Nachdruck der 1. Auflage von 1910, Göttingen 1984) *(KT: Stil)*

Die Exegese des Theodor von Mopsuestia [1912], posthum hg. v. HELMUT FELD und KARL HERMANN SCHELKLE, Stuttgart u. a. 1984 (Kopie des Ms. im Nachlaß Bultmann, UB Tübingen) *(KT: Exegese)*

Die Geschichte der synoptischen Tradition, FRLANT 29 (NF 12), Göttingen [1]1921, [2]1931, [9]1979

Jesus, Die Unsterblichen 1, Berlin [1]1926, [2]1929, . . . Tübingen 1983 (UTB 1272)

Theologische Enzyklopädie [1926/1936], hg. v. E. JÜNGEL und K. W. MÜLLER, Tübingen 1984

Das Evangelium des Johannes, KEK 2, Göttingen [10(1)]1941, [21(12)]1986

Das Urchristentum im Rahmen der antiken Religionen, ErasB, Zürich [1]1949, [5]1986

Theologie des Neuen Testaments, Tübingen [1](1948–)1953, [9](hg. v. OTTO MERK) 1984

Geschichte und Eschatologie [engl. 1957], Tübingen [1]1958, [3]1979

Jesus Christus und die Mythologie. Das Neue Testament im Licht der Bibelkritik [amerik. 1958], Furche-Stundenbuch 47, Hamburg [1]1964, Gütersloh [6]1984 (GTB 47); auch in: GuV IV, 141–189 (s. u. unter Nr. *2*)

Die drei Johannesbriefe, KEK 14, Göttingen [7(1)]1967, [8(2)]1969

Der zweite Brief an die Korinther, hg. v. E. DINKLER, KEK Sonderband, Göttingen 1976

2. Aufsätze, Abhandlungen, Artikel, Vorträge u. ä.

a) Sammlungen

Exegetica. Aufsätze zur Erforschung des Neuen Testaments [1919–1964], ausgewählt, eingeleitet und hg. v. ERICH DINKLER, Tübingen 1967

Glauben und Verstehen. Gesammelte Aufsätze [1924–1965], Bd. I–IV, Tübingen [8]1980 (I), [5]1968 (II), [3]1965 (III), [3]1975 (IV), [4]1984 (IV mit Register für I–IV von M. LATTKE, s. Lit.-Verz. *s.n.* LATTKE) *(KT: GuV I–IV)*

b) Einzeltitel

Abhandlung über 1. Kor. 2,6–16, Wissenschaftliche Hausarbeit zur Ersten Theologischen Prüfung beim Ev.-Luth. Oberkirchenrat Oldenburg, 1906, unveröffentlichtes Ms. mit Korrekturbemerkungen im Archiv des Ev.-Luth. OKR Oldenburg, B. XXIX–316

Katechisationsentwurf über Matth. 13,31–33, Hausarbeit zur Ersten Theologischen Prüfung beim Ev.-Luth. Oberkirchenrat Oldenburg, 1906, unveröffentlichtes Ms. mit Korrekturbemerkungen im Archiv des Ev.-Luth. OKR Oldenburg, B. XXIX–316

Das religiöse Moment in der ethischen Unterweisung des Epiktet und das Neue Testament, ZNW 13, 1912, 97–110.177–191 *(KT: Epiktet)*

Art. Urgemeinde, christliche, RGG[1] V, 1913, 1514–1523 *(KT: Urgemeinde)*

Was läßt die Spruchquelle über die Urgemeinde erkennen? Oldenburgisches Kirchenblatt 19, 1913, 35–37.41–44 *(KT: Spruchquelle)*

Theologische Wissenschaft und kirchliche Praxis, Oldenburgisches Kirchenblatt 19, 1913, 123–127.133–135

Die Bedeutung der Eschatologie für die Religion des Neuen Testaments, ZThK 27, 1917 (= Festgabe für Wilhelm Herrmann zu seinem 70. Geburtstag [am 6. 12. 1916], 76–87 *(KT: Bedeutung der Eschatologie)*

Religion und Kultur [1919], ChW 34, 1920, 417–421.435–439.450–453, wieder abgedruckt in: MOLTMANN (Hg.), Anfänge II, 11–29

Die Weltanschauung der Aufklärung (S. 1–8), Exzerpt der »Reden« Schleiermachers (S. 9–20), unveröffentlichtes Ms. von 1919, im Nachlaß Bultmann, UB Tübingen (vgl. oben S. 64, Anm. 3)

Vorträge/Vortragsreihe über Todes-, Jenseits- und Unsterblichkeitsvorstellungen vom Alten Orient bis zum Deutschen Idealismus, unveröffentlichte Mss. von 1919 (?), im Nachlaß Bultmann, UB Tübingen (vgl. oben S. 74f.)

Die Frage nach dem messianischen Bewußtsein Jesu und das Petrus-Bekenntnis, ZNW 19, 1919/20, 165–174, wieder abgedruckt in: Exegetica, 1–9

Ethische und mystische Religion im Urchristentum, ChW 34, 1920, 725–731.738–743, wieder abgedruckt in: MOLTMANN (Hg.), Anfänge II, 29–47 *(KT: Ethische und mystische Religion)*

Religion und Sozialismus, Sozialistische Monatshefte, 28. Jg., 58. Bd., 1922/I, 442–447

Die liberale Theologie und die jüngste theologische Bewegung, ThBl 3, 1924, 73–86, wieder abgedruckt in: GuV I, 1–25

Das Problem der Ethik bei Paulus, ZNW 23, 1924, 123–140, wieder abgedruckt in: Exegetica, 36–54

Welchen Sinn hat es, von Gott zu reden? ThBl 4, 1925, 129–135, wieder abgedruckt in: GuV I, 26–37

Das Problem einer theologischen Exegese des Neuen Testaments, ZZ 3, 1925, 334–357, wieder abgedruckt in: MOLTMANN (Hg.), Anfänge II, 47–72

Analyse des ersten Johannesbriefes, in: Festgabe für A. Jülicher, 1927, 138–158, wieder abgedruckt in: Exegetica, 105–123

Neues Testament und Mythologie. Das Problem der Entmythologisierung der neutestamentlichen Verkündigung, in: R. BULTMANN, Offenbarung und Heilsgeschehen, BEvTh 7, München 1941, 27–69, wieder abgedruckt in: KuM I, [5]15–48; Nachdruck der 1941 erschienenen Fassung, hg. v. E. JÜNGEL, BEvTh 96, München 1985

Das Problem der Hermeneutik, ZThK 47, 1950, 47–69, wieder abgedruckt in: GuV II, 211–235

Zum Problem der Entmythologisierung [1952], KuM II, 179–208

Echte und säkularisierte Verkündigung im 20. Jahrhundert, Univ. 10, 1955, 699–706, wieder abgedruckt in: GuV III, 122–130

Allgemeine Wahrheiten und christliche Verkündigung, ZThK 54, 1957, 244–254, wieder abgedruckt in: GuV III, 166–177

Jesus Christus und die Mythologie [amerik. 1958], (s. o. unter Nr. 1), wieder abgedruckt in: GuV IV, 141–189

Das Verhältnis der urchristlichen Christusbotschaft zum historischen Jesus, SHAW.PH 1960/3, Heidelberg 1960, wieder abgedruckt in: Exegetica, 445–469

Zum Problem der Entmythologisierung, KuM VI/1, 1963, 20–27, wieder abgedruckt in: GuV IV, 128–137

3. Forschungsberichte, Rezensionen u. ä.

C. F. G. HEINRICI, Der literarische Charakter der neutestamentlichen Schriften, 1908, ChW 22, 1908, 378

Licht vom Osten [= Besprechung des gleichnamigen Buches von A. DEISSMANN, 1908], MPTh 5, 1908/09, 78–82

Die neutestamentliche Forschung 1905–1907, MPTh 5, 1908/09, 124–132.154–164

P. WERNLE, Paulus als Heidenmissionar, [2]1909, ChW 23, 1909, 814

H. J. HOLTZMANN – W. BAUER, Evangelium, Briefe und Offenbarung des Johannes, [3]1908, ChW 23, 1909, 814

E. Petersen, Die wunderbare Geburt des Heilandes, 1909; J. Weiss, Christus. Die Anfänge des Dogmas, 1909, ChW 23, 1909, 814

Die Bibel, ausgewählt, 1909, ChW 24, 1910, 90 f.

F. Ziller, Die moderne Bibelwissenschaft und die Krisis der evangelischen Kirche, 1910, ChW 24, 1910, 689

J. Weiss, Jesus im Glauben des Urchristentums, 1910, ChW 24, 1910, 861

Ein jüdisch-christliches Psalmbuch aus dem ersten Jahrhundert. Besprochen von R. B. [= Besprechung der gleichnamigen Ausgabe der Oden Salomos von J. Flemming/A. Harnack, 1910], MPTh 7, 1910/11, 23–29

Die Schriften des Neuen Testaments und der Hellenismus [= Besprechung von HNT, 1906 ff., und anderer religionsgeschichtlicher Arbeiten], ChW 25, 1911, 589–593

A. Deissmann, Paulus, 1911, ChW 25, 1911, 1178

Das Gilgamesch-Epos, neu übersetzt von Arthur Ungnad und gemeinverständlich erklärt von Hugo Gressmann [1911]. Besprochen von Lic. R. B., MPTh 8, 1911/12, 189–193

Vier neue Darstellungen der Theologie des Neuen Testaments [= Besprechung der neutestamentlichen Theologien von H. J. Holtzmann, ²1911; H. Weinel, 1911; P. Feine, ²1911; A. Schlatter, 1909/10], MPTh 8, 1911/12, 432–443

A. Schweitzer, Geschichte der Paulinischen Forschung von der Reformation bis auf die Gegenwart, 1911; R. Knopf, Paulus, 1909; E. Vischer, Der Apostel Paulus und sein Werk, 1910, ChW 26, 1912, 605

F. Baumgarten, F. Poland, R. Wagner, Die hellenische Kultur, ³1912, ChW 26, 1912, 1203

C. Tillier, Mein Onkel Benjamin; W. M. Thackeray, Die Geschichte des Henry Esmond, von ihm selbst erzählt; F. M. Dostojewski, Schuld und Sühne, ChW 26, 1912, 1206

P. Rosegger, Mein Weltleben. Neue Folge, 1914, ChW 27, 1913, 1188 f.

C. Lemonnier, Ein Dorfwinkel, 1913, ChW 27, 1913, 1192

G. A. Van den Bergh van Eysinga, Die holländische radikale Kritik des Neuen Testaments, 1912; E. Klostermann, Die neusten Angriffe auf die Geschichtlichkeit Jesu, 1912; A. Schweitzer, Geschichte der Leben-Jesu-Forschung, ²1913; J. Weiss, Synoptische Tafeln zu den drei älteren Evangelien, 1913; W. Bauer, Das Leben Jesu im Zeitalter der neutestamentlichen Apokryphen, 1909, ChW 28, 1914, 643 f.

P. Feine, Einleitung in das Neue Testament, 1913, ThR 17, 1914, 41–46 (Rubrik: »Neues Testament. Einleitung. I.«)

P. Wendland, Die urchristlichen Literaturformen, 1912; J. Weiss, *Art.* Literaturgeschichte des NT, 1912; E. Norden, Agnostos Theos, 1913, ThR 17, 1914, 79–90 (Rubrik: »Neues Testament. Einleitung. II.«)

H. Gunkel, Reden und Aufsätze, 1913, ThR 17, 1914, 90

Antwort [auf P. Feines »Erwiderung«, vgl. ThR 17, 1914, 122–125], ThR 17, 1914, 125–130

W. W. Jaeger, Besprechung von E. Norden, Agnostos Theos (Göttinger Gelehrte Anzeigen 1913, 590–592), ThR 17, 1914, 163f.

W. H. S. Jones, A Note on the Vague Use of ϑεός (The Classical Review 17, 1913, 252–255), ThR 14, 1917, 164

Neutestamentliche Studien, Georg Heinrici zu seinem 70. Geburtstag dargebracht, 1914, ThR 17, 1914, 360

L. Pirot, L'Oeuvre exégétique de Théodore de Mopsueste, 1913, ThLZ 39, 1914, 363f., wieder abgedruckt in: R. Bultmann, Exegese, Anhang, 134f.

F. Barth, Einleitung in das Neue Testament, ³1914, ThR 18, 1915, 147

A. v. Harnack, Die Entstehung des Neuen Testaments und die wichtigsten Folgen der neuen Schöpfung, 1914, ThR 18, 1915, 147f.

J. Behm, Der Begriff Διαϑήϰη im N.T., 1912; E. Lomeyer, Diatheke, 1913, ThR 18, 1915, 264–267 (Rubrik: »Neues Testament. Neutestamentliche Theologie«)

J. B. Aufhauser, Antike Jesus-Zeugnisse, 1913, ThLZ 40, 1915, 260

J. Behm, Die Bekehrung des Paulus, 1914, ThLZ 40, 1915, 356

W. Köhler, Die Gnosis, 1911; C. Barth, Die Interpretation des Neuen Testaments in der Valentinianischen Gnosis, 1911, ChW 30, 1916, 38f.

H. Weinheimer, Geschichte des Volkes Israel, Bd. II, 1910, ChW 30, 1916, 434

Von der Mission des alten Christentums [= Besprechung von: A. v. Harnack, Mission und Ausbreitung des Christentums in den ersten drei Jahrhunderten, ³1915; H. Lietzmann, Petrus und Paulus in Rom, 1915], ChW 30, 1916, 523–528

A. Pott, Das Hoffen im N.T. in seiner Beziehung zum Glauben, 1915, ThR 19, 1916, 113–117 (Rubrik: »Neues Testament. Biblische Theologie. I.«)

G. P. Wetter, Charis, 1913; ders., Phos, 1915; ders., Die »Verherrlichung« im Johannesevangelium, 1915, ThR 19, 1916, 117–126 (Rubrik: »Neues Testament. Biblische Theologie. II.«)

J. Kögel, Zum Gleichnis vom ungerechten Haushalter, 1914, ThLZ 41, 1916, 525

E. Stange, Die Eigenart der johanneischen Produktion, 1915, ThLZ 41, 1916, 532–534

E. J. Goodspeed (Hg.), Die ältesten Apologeten, 1914, Berliner Philologische Wochenschrift 36, 1916, 129–131

G. P. Wetter, Phos, 1915, Berliner Philologische Wochenschrift 36, 1916, 1172–1175

J. Sickenberger, Kurzgefaßte Einleitung in das Neue Testament, 1916, ThLZ 42, 1917, 44

H. Schumacher, Christus in seiner Präexistenz und Kenose nach Phil. 2,5–8, 1. Teil, 1914, ThLZ 42, 1917, 338f.

C. Burrage, Nazareth and the Beginning of Christianity, 1914, ThLZ 42, 1917, 364

J. v. Walter, Die Sklaverei im Neuen Testament, 1914, ThLZ 42, 1917, 467f.

O. Procksch, Petrus, 1917, ThLZ 43, 1918, 5

TH. SOIRON, Die Logia Jesu, 1916, ThLZ 43, 1918, 246

J. WRZOL, Die Echtheit des zweiten Thessalonicherbriefes, 1916, ThLZ 43, 1918, 268

W. CLASSEN, Leben Jesu, ²1919, ChW 33, 1919, 468 f.

W. SCHMID, Geschichte der griechischen Literatur, 2. Teil, 2. Hälfte (HKAW VII/2,2), 1913, ChW 33, 1919, 550

F. BAUER, Paulus, 1917, ThLZ 44, 1919, 5

K. DEISSNER, Paulus und Seneca, 1917, ThLZ 44, 1919, 5

F. SPITTA, Die Auferstehung Jesu, 1918, ThLZ 44, 1919, 124 f.

M. DIBELIUS, Die Formgeschichte des Evangeliums, 1919, ThLZ 44, 1919, 173 f.

Die neutestamentliche Forschung im 20. Jahrhundert, Oldenburgisches Kirchenblatt 25, 1919, 115 f.119–122

H. J. CLADDER, Unsere Evangelien, ThLZ 45, 1920, 198

P. KETTER, Die Versuchung Jesu nach dem Berichte der Synoptiker, 1918, ThLZ 45, 1920, 199

K. L. SCHMIDT, Die Pfingsterzählung und das Pfingstereignis, 1919, ThLZ 45, 1920, 199 f.

J. BEHM, Der gegenwärtige Stand der Frage nach dem Verfasser des Hebräerbriefes, 1919, ThLZ 45, 1920, 247

J. MAIWORM, Bausteine der Evangelien zur Begründung einer Evangelienharmonie, 1918, ThLZ 45, 1920, 267 f.

E. STANGE, Paulinische Reisepläne, 1918, ThLZ 45, 1920, 293

K. L. SCHMIDT, Der Rahmen der Geschichte Jesu, 1919, Wochenschrift für Klassische Philologie 37, 1920, 209–212.241–247

Karl Barths »Römerbrief« in zweiter Auflage, [1922], ChW 36, 1922, 320–323.330–334.358–361.369–373, wieder abgedruckt in: MOLTMANN (Hg.), Anfänge I, 119–142

W. BOUSSET, Wir heißen Euch hoffen, 1923, ChW 37, 1923, 789

G. DALMAN, Orte und Wege Jesu, ²1921, ThBl 2, 1923, 123–125

A. DEISSMANN, Licht vom Osten, ⁴1923, ChW 38, 1924, 488–490

H. HARTMANN, Jesus, das Dämonische und die Ethik, ²1923, ThBl 3, 1924, 162 f.

G. KRÜGER, Der Historismus und die Bibel, 1925; E. PETERSON, Was ist Theologie?, 1925, ChW 39, 1925, 1061 f.

E. FASCHER, Die formgeschichtliche Methode, 1924, ThLZ 50, 1925, 313–318

KARL BARTH, »Die Auferstehung der Toten« [1924], ThBl 5, 1926, 1–14, wieder abgedruckt in: GuV I, 38–64

Urchristliche Religion (1915–1925), ARW 24, 1926, 83–164

(zusammen mit HANS VON SODEN:) Zur Einführung, ThR NF 1, 1929, 1–4

A. v. HARNACK, Einführung in die alte Kirchengeschichte, 1929, ChW 44, 1930, 182f.

4. Zu Personen und ihren Werken (Nachrufe, Geleit- und Vorworte u. ä.)

Nachruf auf Dr. Leonhard Frank (12. 8. 1884–8. 7. 1917) Der Ammerländer [= Zeitung von Westerstede/Oldb.] 57, Nr. 162 vom 14. 7. 1917, S. 2 Sp. 3

Buchanzeige von: W. BOUSSET, Wir heißen Euch hoffen, 1923, ChW 37, 1923, 789

Wilhelm Heitmüller, ChW 40, 1926, 209–213

Johannes Weiß zum Gedächtnis, ThBl 18, 1939, 242–246 (Auszug daraus in: R. BULTMANN, Geleitwort zu J. WEISS, Die Predigt Jesu vom Reiche Gottes, Göttingen ³1964, V f.)

Nachruf auf Hans von Soden, Marburger Presse vom 9. 10. 1945

Geleitwort zu: A. v. HARNACK, Das Wesen des Christentums, Neuauflage ... 1950, VII–XVI

Vorwort zu: H. v. SODEN, Urchristentum und Geschichte I, 1951, V–IX

Geleitwort zur fünften Auflage von: W. BOUSSET, Kyrios Christos, Göttingen ⁵1964, ⁶1967, V f.

5. Predigten und Verwandtes

a) Sammlungen

Das verkündigte Wort. Predigten – Andachten – Ansprachen 1906–1941, in Zusammenarbeit mit MARTIN EVANG ausgewählt, eingeleitet und hg. v. ERICH GRÄSSER, Tübingen 1984 *(KT: VW)*

Marburger Predigten [1936–1950], Tübingen ²1968 *(KT: MP)*

b) Einzeltitel

Predigt über Phil. 2,12 und 13, Hausarbeit zur Ersten Theologischen Prüfung beim Ev.-Luth. Oberkirchenrat Oldenburg, 1906, Ms. mit Korrekturbemerkungen im Archiv des Ev.-Luth. OKR Oldenburg, B. XXIX–316, veröffentlicht in: VW, 1–7 (vgl. ebd., Anhang 2. Gesamtübersicht..., 324 Nr. 1)

Predigten 1907ff., Mss. teils im Original, teils in Kopie im Nachlaß Bultmann, UB Tübingen, teils veröffentlicht in: VW, 8ff. (vgl. ebd., Anhang 2. Gesamtübersicht..., 313–342 Nr. 2ff.)

Vom geheimnisvollen und vom offenbaren Gott. Pfingstpredigt 1917, ChW 31, 1917, 572–579, wieder abgedruckt in: VW, 135–147

Gott in der Natur, ChW 36, 1922, 489–491.513f.553f.

Unruhe und Ruhe, ChW 36, 1922, 569f.

Vom Beten, ChW 36, 1922, 593f.

Vom Schicksal, ChW 36, 1922, 609f.

6. Korrespondenz

R. Bultmann an *Karl Barth:* 63 Briefe und Karten 1922–1966, in: Jaspert (Hg.), Barth-Bultmann-Briefwechsel

Karl Barth an R. Bultmann: 35 Briefe und Karten 1923–1963, in: Jaspert (Hg.), Barth-Bultmann-Briefwechsel, Brief vom 14. 4. 1922 in: Thyen, Bultmann, 46–49

Johannes Bauer an R. Bultmann: 4 Postkarten 1908–1914, im Nachlaß Bultmann, UB Tübingen

R. Bultmann an *Walter Bauer:* 3 Briefe 1916–1933, im Nachlaß Bultmann, UB Tübingen

Walter Baumgartner an R. Bultmann: ca. 90 Briefe und Karten 1916–1969, im Nachlaß Bultmann, UB Tübingen

Adolf Bonhöffer an R. Bultmann: 2 Briefe 1912, im Nachlaß Bultmann, UB Tübingen

R. Bultmann an *Wilhelm Bousset:* 1 Brief 1920, im Nachlaß Bultmann, UB Tübingen

Wilhelm Bousset an R. Bultmann: 2 Karten 1920, im Nachlaß Bultmann, UB Tübingen

R. Bultmann an *Helene Feldmann:* ca. 40 Briefe und Karten 1915–1917 (nicht vollständig), im Besitz der Familie Bultmann

R. Bultmann an *Walther Fischer:* ca. 85 Briefe und Karten 1904–1969 (der letzte Brief vom 10. 8. 1969 an die Witwe Walther Fischers), davon ca. 75 aus der Zeit bis 1920, in Kopie im Nachlaß Bultmann, UB Tübingen, Originale im Besitz von Rudolf Smend, Göttingen (vgl. Bultmann Lemke, Nachlaß, 198 Anm. 3)

R. Bultmann an *Erich Foerster:* 1 Brief 1928, in: Schmithals, Brief, 71–80

Leonhard Frank an R. Bultmann: ca. 70 Briefe und Karten 1903–1917, im Nachlaß Bultmann, UB Tübingen

Wilhelm Gottschick an R. Bultmann: ca. 50 Briefe und Karten 1909–1957, im Nachlaß Bultmann, UB Tübingen

Rudolf Günther an R. Bultmann: ca. 40 Briefe und Karten 1911–1934, im Nachlaß Bultmann, UB Tübingen

Hermann Gunkel an R. Bultmann: 20 Briefe und Karten 1909–1924, im Nachlaß Bultmann, UB Tübingen

R. Bultmann an *Theodor Haering:* 1 Brief 1927, auszugsweise mitgeteilt in: H. Haering, Theodor Haering 1848–1928, 400 Anm. 277

Theodor Haering an R. Bultmann: 3 Postkarten 1917, 1925, 1928, im Nachlaß Bultmann, UB Tübingen

R. Bultmann an *Adolf von Harnack:* Briefkarte 18. 2. 1930, im Nachlaß Harnack, Deutsche Staatsbibliothek Berlin/DDR, Handschriftenabteilung/Literaturarchiv

Nicolai Hartmann an R. Bultmann: 37 Briefe und Karten 1914–1920, im Nachlaß Bultmann, UB Tübingen

Carl Friedrich Georg Heinrici an R. Bultmann: 1 Brief 1910, im Nachlaß Bultmann, UB Tübingen

Wilhelm und Else Heitmüller an R. Bultmann: ca. 130 Briefe und Karten 1909–1931, im Nachlaß Bultmann, UB Tübingen

Christian Jensen an R. Bultmann: 26 Briefe und Postkarten 1912–1923, im Nachlaß Bultmann, UB Tübingen

R. Bultmann an *Adolf Jülicher:* 3 Briefe von 1916, 1921, 1927, im Nachlaß Jülicher, UB Marburg, Ms. 695/294–296

Adolf Jülicher an R. Bultmann: 8 Briefe und Karten 1909–1929, im Nachlaß Bultmann, UB Tübingen

Karl Müller an R. Bultmann: 8 Briefe und Karten 1908–1925, im Nachlaß Bultmann, UB Tübingen

Hermann Noltenius an R. Bultmann: ca. 50 Briefe und Karten 1906–1957, im Nachlaß Bultmann, UB Tübingen

R. Bultmann an *Rudolf Otto:* Brief 6. 4. 1918, im Nachlaß Otto, UB Marburg, Ms. 797/ 757, veröffentlicht bei SCHÜTTE, Religion und Christentum, 130–139

Rudolf Otto an R. Bultmann: 1 Karte, 1 Brief 1916–1921, im Nachlaß Bultmann, UB Tübingen

Friedrich Pfister an R. Bultmann: ca. 30 Briefe und Karten 1915–1934, im Nachlaß Bultmann, UB Tübingen

R. Bultmann an *Martin Rade:* ca. 55 Briefe und Karten 1913–1937, im Nachlaß Rade, UB Marburg, Ms. 839, Brief vom 20. 8. 1936 in der Sammlung Autographa der Deutschen Staatsbibliothek Berlin/DDR, Handschriftenabteilung/Literaturarchiv; Briefe und Karten von 19. 12. 1920; 1. 1. 1921; 8. 3. 1921; 24. 3. 1921 veröffentlicht bei JASPERT, Wende, 30–33.33.36f.37f.

Martin Rade an R. Bultmann: 1 Karte, 1 Brief 1919–1926, im Nachlaß Bultmann, UB Tübingen

R. Bultmann an *Rainer Schumann:* Brief 27. 6. 1973, im Besitz des Empfängers

R. Bultmann an *Hans von Soden:* ca. 35 Briefe und Karten 1920–1934, im Nachlaß Bultmann, UB Tübingen

Hans von Soden an R. Bultmann: ca. 10 Briefe und Karten 1919–1942, im Nachlaß Bultmann, UB Tübingen

R. Bultmann an *Eberhard Teufel:* 8 Briefe 1904–1908, im Besitz der Familie Bultmann

Eberhard Teufel an R. Bultmann: ca. 115 Briefe und Karten 1908–1952, im Nachlaß Bultmann, UB Tübingen

R. Bultmann an *Verlag Vandenhoeck & Ruprecht,* Göttingen: 6 Briefe 1924–1926, im Verlags-Archiv, Göttingen

Verlag Vandenhoeck & Ruprecht, Göttingen, an R. Bultmann: 6 Briefe 1918–1926, Briefe vom 27. 11. 1918 und vom 23. 6. 1920 als Rückseiten von Ms.-Blättern im Nachlaß Bultmann, UB Tübingen (27. 11. 1918: vgl. oben S. 71 Anm. 52; 23. 6. 1920: Ms.-Blatt 5 der Gießener Predigt vom 5. 6. 1921 [= Nr. 49]), die übrigen Briefe als Durchschläge im Verlags-Archiv, Göttingen; weitere Briefe im Nachlaß Bultmann, UB Tübingen

Johannes Weiß an R. Bultmann: 9 Briefe und Karten 1908–1914, im Nachlaß Bultmann, UB Tübingen

Paul Wurster an R. Bultmann: 1 Brief 1912, im Nachlaß Bultmann, UB Tübingen

Einige weitere briefliche Quellen: s. o. S. 61 Anm. 146, S. 74 Anm. 76 und 77, S. 90 Anm. 27, S. 92 Anm. 39

7. Autobiographisches

Vita, Anlage zum Gesuch um Zulassung zur Ersten Theologischen Prüfung vom 23. 3. 1906 beim Ev.-Luth. Oberkirchenrat Oldenburg, Prüfungsakte Rudolf Bultmann (s. o. S. 341 zu Kapitel I, 1.5)

Curriculum vitae, Anlage zum Gesuch um Zulassung zur Promotion vom 14. 3. 1910 bei der Theol. Fakultät der Universität Marburg, Promotionsakte Rudolf Bultmann (s. o. S. 341 zu Kapitel I, 2.2)

Chronik, in Kopie im Nachlaß Bultmann, UB Tübingen

Autobiographische Bemerkungen [28. 1. 1959], in: Barth-Bultmann-Briefwechsel, Dokumentenanhang Nr. 39, 313–321

»Mein Verhältnis zu Marburg ...« [Autobiographische Skizze vom Frühsommer 1969], in: Barth-Bultmann-Briefwechsel, Dokumentenanhang Nr. 40, 322–324

8. Sonstiges

»Herr v. Zastrow mag den Kopf geschüttelt haben ...«, Zuschrift »(18) ... R B«, in: »An die Freunde«, Nr. 29 vom 1. 8. 1909, 298 f. (Rubrik: »Weiteres aus Briefen«)

Zur Frankfurter Tagung, in: »An die Freunde«, Nr. 78 vom 5. 11. 1924, 853 f.

B. Literatur

ACHELIS, ERNST CHRISTIAN, Lehrbuch der Praktischen Theologie, Bd. I, Leipzig ²1898
DERS., Praktische Theologie, GThW 6, Tübingen und Leipzig ⁴·⁵1903
BARTH, HANS-MARTIN, *Art.* Apostolisches Glaubensbekenntnis II. Reformations- und Neuzeit, TRE 3, 1978, 554–566
BARTH, KARL, Karl Barth – Rudolf Bultmann. Briefwechsel 1922–1966, hg. v. BERND JASPERT, Karl Barth GA V/1, Zürich 1971 *(KT: Barth-Bultmann-Briefwechsel)*
DERS., Ein Briefwechsel zwischen K. Barth und A. v. Harnack [1923], in: MOLTMANN (Hg.), Anfänge I, 323–347
DERS., Karl Barth – Eduard Thurneysen. Briefwechsel Bd. II: 1921–1930, bearbeitet und hg. v. E. THURNEYSEN, Karl Barth GA V: Briefe, Zürich 1974 *(KT: Barth-Thurneysen-Briefwechsel)*
DERS., Rudolf Bultmann. Ein Versuch, ihn zu verstehen, ThSt 34, Zollikon-Zürich 1952 *(KT: Rudolf Bultmann)*
DERS., Der Christ in der Gesellschaft [1919], in: MOLTMANN (Hg.), Anfänge I, 3–37
DERS., Der Römerbrief, Bern 1919 (Unveränderter Nachdruck der ersten Auflage von 1919, Zürich 1963)

DERS., Der Römerbrief, elfter, unveränderter Abdruck der neuen Bearbeitung von 1922, Zürich 1976

DERS., Autobiographische Skizze, Münster 26. 3. 1927, in: Barth-Bultmann-Briefwechsel, 301–311

DERS., Das Wort als Aufgabe der Theologie [1922], in: MOLTMANN (Hg.), Anfänge I, 197–218

BARTSCH, HANS-WERNER (Hg.), s. Kerygma und Mythos

BAUER, JOHANNES, F. L. Steinmeyers Bedeutung für die Predigt der Gegenwart, MKP 3, 1903, 405–414.444–455.495–513

DERS.,Art. Homiletik, RGG¹ III, 1912, 123–131

DERS., Die Kultuspredigt, in: CURT HORN (Hg.), Grundfragen des evangelischen Kultus, Neue Folge von »Kultus und Kunst«. Beiträge zur Klärung des evangelischen Kultusproblems, Berlin o. J. (1927/28), 80–94

DERS., Predigten über Worte Jesu, Tübingen und Leipzig, 1903

BAUMGARTEN, OTTO, Art. Christentum. Seine Lage in der Gegenwart, RGG¹ I, 1909, 1681–1690

DERS., Art. Frenssen, Gustav, RGG¹ II, 1910, 1055–1058

DERS., Art. Kirchlichkeit 2.3, RGG¹ III, 1912, 1492–1494

DERS., Predigt-Probleme. Hauptfragen der heutigen Evangeliumsverkündigung, Tübingen und Leipzig, 1904

BAUMGARTNER, WALTER, Rudolf Bultmann. Zum 70. Geburtstag, ThR NF 22, 1954, 1f.

BEINTKER, MICHAEL, Die Gottesfrage in der Theologie Wilhelm Herrmanns, ThA 34, Berlin 1976 *(KT: Gottesfrage)*

Neue Deutsche Biographie, hg. v. der Historischen Kommission bei der Bayerischen Akademie der Wissenschaften, Bd. I (A–) bis Bd. XIV (–LOC), Berlin 1953–1985

BITZIUS, ALBERT, Predigten, Bd. I–VII, aus dem Nachlaß hg. v. E. HEGG und E. LANGHANS, Bern 1884–1903

BLANK, REINER, Analyse und Kritik der formgeschichtlichen Arbeiten von Martin Dibelius und Rudolf Bultmann, ThDiss 16, Basel 1981

BONHÖFFER, ADOLF, Epiktet und das Neue Testament, RVV 10, Gießen 1911 (Neudruck Berlin 1964)

DERS., Epiktet und das Neue Testament, ZNW 13, 1912, 281–292

BOOZER, JACK S. und MARTIN KRAATZ, Rudolf Otto (1869–1937)/Theologe und Religionswissenschaftler, in: SCHNACK (Hg.), Marburger Gelehrte, 362–389

BORNHAUSEN, KARL, Art. Moering, Ernst, RGG² IV, 1930, 146f.

BORNKAMM, GÜNTHER, In Memoriam Rudolf Bultmann *20. 8. 1884 †30. 7. 1976, NTS 23, 1977, 235–242

BOUSSET, WILHELM, Unser Gottesglaube, RV V/6, Tübingen 1908

DERS., Jesus, RV I/2–3, Halle a. S. 1904 (Tübingen ³1907)

DERS., Jesus der Herr. Nachträge und Auseinandersetzungen zu Kyrios Christos, FRLANT 25 (NF 8), Göttingen 1916

DERS., Kyrios Christos. Geschichte des Christusglaubens von den Anfängen des Christentums bis Irenäus, FRLANT 21 (NF 4), Göttingen 1913 (²1921, ⁵1964, ⁶1967)

DERS., Das Wesen der Religion. Dargestellt an ihrer Geschichte, Lebensfragen 28, Tübingen ⁴1920

BOUTIN, MAURICE, Relationalität als Verstehensprinzip bei Rudolf Bultmann, BEvTh 67, München 1974 *(KT: Relationalität)*

BRAKELMANN, GÜNTER, Der deutsche Protestantismus im Epochenjahr 1917, Politik und Kirche. Studienbücher zur kirchlichen Zeitgeschichte 1, Witten 1974

BRÜCKNER, MARTIN, Besprechung von: R. BULTMANN, Stil, ThJber 30 [1910] I, 330

BULTMANN, ARTHUR, Staat – Kirche – Religion [–] Schule, Oldenburg 1919

BULTMANN LEMKE, ANTJE, Der unveröffentlichte Nachlaß von Rudolf Bultmann. Ausschnitte aus dem biographischen Quellenmaterial, in: JASPERT (Hg.), Werk, 194–207 *(KT: Nachlaß)*

BUSCH, EBERHARD, Karl Barths Lebenslauf. Nach seinen Briefen und autobiographischen Texten, München ³1978

CLEMEN, CARL, *Art.* Text und Textgemäßheit, RGG¹ V, 1913, 1159–1161

COHEN, HERMANN, Der Begriff der Religion im System der Philosophie, PhilArb X/1, Gießen 1915

DERS., Religion und Sittlichkeit. Eine Betrachtung zur Grundlegung der Religionsphilosophie, Berlin 1907

DIECKMANN, BERNHARD, »Welt« und »Entweltlichung« in der Theologie Rudolf Bultmanns. Zum Zusammenhang von Welt- und Heilsverständnis, BÖT 17, München u. a. 1977

DILTHEY, WILHELM, Die Entstehung der Hermeneutik (1900), GS 5, Leipzig und Berlin 1924, 317–338

DINKLER, ERICH, Rudolf Bultmann als Lehrer und Mensch, KiZ 14, 1959, 257–261 (vgl. 289–291)

DERS., Einleitung zu: R. BULTMANN, Exegetica, ebd., IX–XXIII

DERS., Hans Freiherr von Soden (1881–1945). Neutestamentler und Kirchenhistoriker, in: SCHNACK (Hg.), Marburger Gelehrte, 501–522

DÖRRIES, BERNHARD, Die Botschaft der Freude. Ein Jahrgang Evangelien-Predigten, Göttingen 1903

DERS., Das Evangelium der Armen. Ein Jahrgang Predigten, Göttingen ³1904

DREWS, PAUL, Die Predigt im 19. Jahrhundert. Kritische Bemerkungen und praktische Winke, VTKG 19, Gießen 1903

ELLERMEIER, HILDEGARD, Karl Barth Rudolf Bultmann. Die »dialektische« Grundlegung und ihre hermeneutische Relevanz, Diss. theol. Marburg (1970) 1974

ERDMANN, KARL DIETRICH, Die Weimarer Republik, Bd. 19 von: Gebhardt, Handbuch der deutschen Geschichte, 9., neu bearbeitete Auflage, hg. v. HERBERT GRUNDMANN, dtv 4219, München ³1982

EVANG, MARTIN, Rudolf Bultmanns Berufung auf Friedrich Schleiermacher vor und um 1920, in: JASPERT (Hg.), Werk, 3–24 *(KT: Berufung)*

FABRICIUS, CAJUS, *Art.* Typen der Religion, RGG¹ V, 1913, 1401–1419

FEINE, PAUL, Erwiderung, ThR 17, 1914, 122–125

FELD, HELMUT und KARL HERMANN SCHELKLE, Einleitung zu: R. BULTMANN, Exegese, ebd., 13–16

FISCHER, HERMANN, *Art.* Haering, Theodor (1848–1928), TRE 14, 1985, 348–351

FISCHER-APPELT, PETER, Wilhelm Herrmann (1846–1922), in: GRESCHAT (Hg.), Theologen des Protestantismus I, 181–197

FRENSSEN, GUSTAV, Dorfpredigten. Gesamtausgabe. (Ein vollständiger Jahrgang), Göttingen o. J. (= I ⁹1905; II ⁸1906; III ⁵1905)

An die Freunde. Vertrauliche d. i. nicht für die Oeffentlichkeit bestimmte Mitteilungen, Nr. 1–111, hg. v. MARTIN RADE, Marburg 1903–1934 *(KT: »An die Freunde«)*

Gedenkfeier für Rudolf Bultmann 1884–1976. Reden anläßlich der 100. Wiederkehr des Geburtstages von Rudolf Bultmann am 2. September 1984 in Oldenburg (Oldb), hg. v. der Stadt Oldenburg, Kulturdezernat, Oldenburg 1985 *(KT: Gedenkfeier für Rudolf Bultmann)*

GOGARTEN, FRIEDRICH, Vom heiligen Egoismus des Christen. Eine Antwort auf Jülichers

Aufsatz: ›Ein moderner Paulusausleger‹ [1920], in: MOLTMANN (Hg.), Anfänge I, 99–105

DERS., Die Krisis unserer Kultur. Vortrag, gehalten am 1. Oktober [30. September!] 1920 auf der Wartburg, in: MOLTMANN (Hg.), Anfänge II, 101–121

DERS., Religion weither, Jena 1917

DERS., Zwischen den Zeiten [1920], in: MOLTMANN (Hg.), Anfänge II, 95–101

GOLDAMMER, KURT, Friedrich Heiler (1892–1967)/Theologe und Religionshistoriker, in: SCHNACK (Hg.), Marburger Gelehrte, 153–168

GOTTSCHICK, JOHANNES, Ethik, Tübingen 1907

DERS., Homiletik und Katechetik, hg. v. R. GEIGES, Tübingen 1908 *(KT: Homiletik)*

DERS., Die Lehre der Reformation von der Taufe. Ein theologisches Gutachten zum Bremer Taufstreit, HCW 56, Tübingen 1906

DERS., Die Textgemässheit und verwandte homiletische Fragen, MKP 5, 1905, 67–72.208–219

GOTTSCHICK, WILHELM, *Art.* Gottschick, Johannes Friedrich, RE³ 23, 1913, 579–587

GRÄSSER, ERICH, Einleitung zu: R. BULTMANN, VW, ebd., V–XIII

DERS., Albert Schweitzer und Rudolf Bultmann. Ein Beitrag zur historischen Jesusfrage, in: JASPERT (Hg.), Werk, 53–69

DERS., Albert Schweitzer als Theologe, BHTh 60, Tübingen 1979

GREMMELS, CHRISTIAN, Martin Rade (1857–1940)/Theologe und Politiker, in: SCHNACK (Hg.), Marburger Gelehrte, 403–418

GRESCHAT, MARTIN, Der deutsche Protestantismus im Revolutionsjahr 1918/19, Politik und Kirche. Studienbücher zur kirchlichen Zeitgeschichte 2, Witten 1974

DERS. (Hg.), Theologen des Protestantismus im 19. und 20. Jahrhundert, Bd. I und II, Urban-TB 284 und 285, Stuttgart u. a. 1978

[GÜNTHER, RUDOLF, Anmerkung zu den Studentengottesdiensten an der Universität Marburg], MPTh 9, 1912/13, 142 Anm. 1

GUNKEL, HERMANN, Die Grundprobleme der israelitischen Literaturgeschichte, in: DERS., Reden und Aufsätze, 29–38

DERS., Reden und Aufsätze, Göttingen 1913

DERS., Zum religionsgeschichtlichen Verständnis des Neuen Testaments, FRLANT 1, Göttingen 1903 *(KT: Verständnis)*

DERS., Ziele und Methoden der alttestamentlichen Exegese, MKP 4, 1904, 521–540 (unter dem Titel »Ziele und Methoden der Erklärung des Alten Testaments« wieder abgedruckt in: DERS., Reden und Aufsätze, 11–29) *(KT: Ziele)*

HACKMANN, HEINRICH, *Art.* Heidenmission: III. Geschichtlich, mit Tabelle I: Missionsgesellschaften, RGG¹ II, 1910, 1979–2000 mit 1999–2012

HAERING, HERMANN, Theodor Haering 1848–1928. Christ und systematischer Theologe. Ein Lebens- und Zeitbild, Stuttgart 1963

HAERING, THEODOR, Der christliche Glaube (Dogmatik), Calw und Stuttgart ¹1906 *(KT: Glaube)*

DERS., Das christliche Leben (Ethik), Calw und Stuttgart ²1907 *(KT: Leben)*

DERS., Zeitgemäße Predigt, Göttingen 1902

HÄRLE, WILFRIED, *Art.* Dialektische Theologie, TRE 8, 1981, 683–696

HARMS, HANS-HEINRICH, Schlußwort, in: Gedenkfeier für Rudolf Bultmann, 29–31 *(KT: Schlußwort)*

HARMS, HUGO, Ereignisse und Gestalten der Evangelisch-Lutherischen Kirche in Oldenburg 1520–1920. Ihre obrigkeitliche Gestalt. Ihre Wandlung zur Gemeindekirche, o. O. (Oldenburg) 1966

VON HARNACK, ADOLF, Ein Briefwechsel zwischen K. Barth und A. von Harnack [1923], in: MOLTMANN (Hg.), Anfänge I, 323–347

DERS., Das Wesen des Christentums, Neuauflage zum fünfzigsten Jahrestag des ersten Erscheinens. Mit einem Geleitwort von RUDOLF BULTMANN, Stuttgart 1950 (Mit einem Geleitwort von WOLFGANG TRILLHAAS, GTB-Siebenstern 227, Gütersloh [1]1977)

HARTMANN, FRIDA und RENATE HEIMSOETH (Hgg.), Nicolai Hartmann und Heinz Heimsoeth im Briefwechsel, Bonn 1978

HASENHÜTTL, GOTTHOLD, Der Glaubensvollzug. Eine Begegnung mit Rudolf Bultmann aus katholischem Glaubensverständnis, Koin. 1, Essen 1963

HEIMSOETH, HEINZ (und INGEBORG HEIDEMANN), Nicolai Hartmann (1882–1950) / Professor der Philosophie, in: SCHNACK (Hg.), Marburger Gelehrte, 142–152

HEINRICI, GEORG, *Art.* Hermeneutik, biblische, RE[3] 7, 1899, 718–750

HEITMÜLLER, WILHELM, Die Bekehrung des Paulus, ZThK 27, 1917 (= Festgabe für W. Herrmann), 136–153

DERS., Gott schauen und Gott suchen. Rede im Studentengottesdienst in Marburg gehalten, MPTh 9, 1912/13, 142–151

DERS., Jesus, Tübingen 1913

DERS., *Art.* Jesus Christus. I.–III., RGG[1] III, 1912, 343–410

DERS., Jesus von Nazareth und der Weg zu Gott, in: DERS., Jesus, 149–178

DERS., Jesus und Paulus, ZThK 25, 1915, 156–179

DERS., Zum Problem Paulus und Jesus, ZNW 13, 1912, 320–337

HENKE, PETER, *Art.* Gogarten, Friedrich (1887–1967), TRE 13, 1984, 563–567

HERRMANN, ULRICH, *Art.* Dilthey, Wilhelm (1833–1911), TRE 8, 1981, 752–763

HERRMANN, WILHELM, Gesammelte Aufsätze, hg. v. F. W. SCHMIDT, Tübingen 1923

DERS., Der Begriff der Offenbarung, 2., verbesserte Auflage des als III. Folge der Vorträge der theologischen Konferenz zu Gießen 1887 erschienenen Vortrags, in: DERS., Offenbarung und Wunder, 4–26

DERS., Offener Brief an den Konsistorialpräsidenten Freiherrn von Schenk zu Schweinsberg, Mitglied des Abgeordnetenhauses zu Berlin, ChW 27, 1913, 417–421

DERS., Ethik, GThW V/2, Tübingen [5]1913, Neudruck 1921

DERS., Die mit der Theologie verknüpfte Not der evangelischen Kirche und ihre Ueberwindung, RV IV/21, Tübingen 1913 *(KT: Not)*

DERS., Offenbarung und Wunder, VTKG 28, Gießen 1908

DERS., Schriften zur Grundlegung der Theologie, Teil I: Mit Einleitung und Anmerkungen / Teil II: Mit Anmerkungen und Registern hg. v. PETER FISCHER-APPELT, TB 36/I–II, München 1966 (I), 1967 (II) *(KT: Schriften)*

DERS., Der Verkehr des Christen mit Gott. Im Anschluß an Luther dargestellt, Tübingen [7]1921 *(KT: Verkehr)*

HOFFMANN, HEINRICH, *Art.* Deutschland: III. Neue Zeit (seit 1648), RGG[1] I, 1909, 2122–2128

HÜBNER, HANS, Rückblick auf das Bultmann-Gedenkjahr 1984, ThLZ 110, 1985, 641–652 *(KT: Rückblick)*

VON HUMBOLDT, WILHELM, Ueber die Aufgabe des Geschichtschreibers [1821], Werke in fünf Bänden, Bd. I: Schriften zur Anthropologie und Geschichte, Darmstadt [3]1980, 585–606

JASPERT, BERND (Hg.), Karl Barth – Rudolf Bultmann. Briefwechsel 1922–1966, s. bei BARTH, KARL

DERS., Heinrich Hermelink (1877–1958) / Kirchenhistoriker, in: SCHNACK (Hg.), Marburger Gelehrte, 194–209

DERS., Rudolf Bultmanns Wende von der liberalen zur dialektischen Theologie, in: DERS. (Hg.), Werk, 25–43 *(KT: Wende)*

DERS. (Hg.), Rudolf Bultmanns Werk und Wirkung, Darmstadt 1984 *(KT: Werk)*

JENSEN, OLE, Theologie zwischen Illusion und Restriktion. Analyse und Kritik der existenz-kritizistischen Theologie bei dem jungen Wilhelm Herrmann und bei Rudolf Bultmann. Mit einer dänischen Zusammenfassung, BEvTh 71, München 1975

JOHNSON, ROGER A., The Origins of Demythologizing. Philosophy and Historiography in the Theology of Rudolf Bultmann, SHR 28, Leiden 1974 *(KT: Origins)*

JÜLICHER, ADOLF, Einleitung in das Neue Testament, GThW III/1, Tübingen [5.6]1906

DERS., Die Entmündigung einer preußischen theologischen Fakultät in zeitgeschichtlichem Zusammenhange, Tübingen 1913 *(KT: Entmündigung)*

(DERS.), Festgabe für Adolf Jülicher zum 70. Geburtstag 26. Januar 1927 [hg. v. R. BULTMANN und H. v. SODEN], Tübingen 1927

DERS., Neue Linien in der Kritik der evangelischen Überlieferung, Vorträge des Hessischen und Nassauischen theologischen Ferienkurses 3, Gießen 1906 *(KT: Neue Linien)*

DERS., Paulus und Jesus, RV I/14, Tübingen 1907

DERS., Ein moderner Paulus-Ausleger [1920], in: MOLTMANN (Hg.), Anfänge I, 87–98

DERS., Die Religion Jesu und die Anfänge des Christentums bis zum Nicaenum, in: J. WELLHAUSEN u. a., Die christliche Religion mit Einschluß der israelitisch-jüdischen Religion, Die Kultur der Gegenwart I/4, Berlin und Leipzig 1906, 41–128 *(KT: Die Religion Jesu)*

DERS., Selbstdarstellung, in: RWGS 4, Leipzig 1928, 159–200

JÜNGEL, EBERHARD, Karl Barth, in: SCHOLDER/KLEINMANN (Hgg.), Protestantische Profile, 337–352

DERS., Art. Barth, Karl (1886–1968), TRE 5, 1980, 251–268

DERS., Glauben und Verstehen. Zum Theologiebegriff Rudolf Bultmanns. Vorgetragen am 20. Oktober 1984, SHAW.PH 1985/1, Heidelberg 1985

KAFTAN, JULIUS, Dogmatik, GThW V/1, Tübingen [5.6]1909

KANTZENBACH, FRIEDRICH WILHELM, Art. Harnack, Adolf von (1851–1930), TRE 14, 1985, 450–458

Kerygma und Mythos I. Ein theologisches Gespräch, hg. v. HANS-WERNER BARTSCH, ThF 1, Hamburg-Bergstedt [5]1967 *(KT: KuM I)*

Kerygma und Mythos. Ein theologisches Gespräch, Bd. II, hg. v. HANS-WERNER BARTSCH, ThF 2, Hamburg-Bergstedt [2]1965 *(KT: KuM II)*

Kerygma und Mythos VI/1. Entmythologisierung und existentiale Interpretation, ThF 30, Hamburg-Bergstedt 1963 *(KT: KuM VI/1)*

Kirchenrat Bultmann †, [Nachruf], Oldenburgisches Kirchenblatt 25, 1919, 51

KLATT, WERNER, Hermann Gunkel. Zu seiner Theologie der Religionsgeschichte und zur Entstehung der formgeschichtlichen Methode, FRLANT 100, Göttingen 1969 *(KT: Gunkel)*

KLAUCK, HANS-JOSEF, Adolf Jülicher – Leben, Werk und Wirkung, in: SCHWAIGER (Hg.), Historische Kritik, 99–150

KLEIN, GÜNTER, Rudolf Bultmann (1884–1976), in: GRESCHAT (Hg.), Theologen des Protestantismus II, 400–419

KLEIN, JOSEPH, Art. Cohen, Hermann (1842–1918), RGG[3] I, 1957, 1846f.

KOCH, TRAUGOTT, Theologie unter den Bedingungen der Moderne. Wilhelm Herrmann, die »Religionsgeschichtliche Schule« und die Genese der Theologie Rudolf Bultmanns, 2 Bände, Habilitationsschrift bei der Ev.-Theol. Fakultät der Ludw.-Maximilians-Universität München (maschinenschriftlich), [1970]

Konrad, Joachim, Zu Form und Gehalt der Marburger Predigten Rudolf Bultmanns, ThLZ 82, 1957, 481–494 *(KT: Form und Gehalt)*

Kraatz, Martin, s. bei Boozer, Jack S.

Kracke, Arthur (Hg.), Freideutsche Jugend. Zur Jahrhundertfeier auf dem Hohen Meißner 1913, Jena 1913

Kreck, Walter, Karl Barth (1886–1968), in: Greschat (Hg.), Theologen des Protestantismus II, 382–399

Krug, Karl Gerhard, Die Hessische Stipendiatenanstalt im Wandel der Geschichte, in: Die Hessische Stipendiatenanstalt zu Marburg 1529–1979, hg. v. der Hausgemeinschaft des Collegium Philippinum, Marburg ¹1979, 11–27 *(KT: Stipendiatenanstalt)*

Kümmel, Werner Georg, Besprechung von: H. Braun, An die Hebräer, HNT 14, Tübingen 1984, ThLZ 111, 1986, 595–598

Ders., Rudolf Bultmann als Paulusforscher, in: Jaspert (Hg.), Werk, 174–193

(Ders.), Glaube und Eschatologie. FS für Werner Georg Kümmel zum 80. Geburtstag, hg. v. Erich Grässer und Otto Merk, Tübingen 1985

Ders., Adolf Jülicher (1857–1938) / Theologe, Neutestamentler und Kirchenhistoriker, in: Schnack (Hg.), Marburger Gelehrte, 240–252

Ders., Das Neue Testament. Geschichte der Erforschung seiner Probleme, OA III/3, München 1958

Ders., Das Neue Testament im 20. Jahrhundert. Ein Forschungsbericht, SBS 50, Stuttgart 1970

Kwiran, Manfred, Index to Literature on Barth, Bonhoeffer and Bultmann, ThZ.S 7, Basel 1977

Lanczkowski, Günter, Art. Heiler, Friedrich (1892–1967), TRE 14, 1985, 638–641

Lattke, Michael, Register zu Rudolf Bultmanns Glauben und Verstehen Band I–IV, Tübingen 1984

Leitzmann, Albert, Einleitung zu: Wilhelm von Humboldt, Über die Aufgabe des Geschichtschreibers. Mit einer Einleitung von A. L., Insel-Bücherei 269, Leipzig o. J., 3–6

Lenin, Wladimir Iljitsch, Staat und Revolution. Die Lehre des Marxismus vom Staat und die Aufgabe des Proletariats in der Revolution, Werke 25, Berlin ⁶1981, 393–507

Lueken, Wilhelm, Art. Oldenburg, Großherzogtum, RGG¹ IV, 1913, 943–947

Mahlmann, Theodor, Art. Herrmann, Wilhelm (1846–1922), TRE 15, 1986, 165–172

Marlé, René, Bultmann und die Interpretation des Neuen Testaments, KKTS, Paderborn 1959

Mehlhausen, Joachim, Art. Geschichte/Geschichtsschreibung/Geschichtsphilosophie VII/2. 19.–20. Jahrhundert, TRE 12, 1984, 643–658

Mehnert, Gottfried, Evangelische Kirche und Politik 1917–1919. Die politischen Strömungen im deutschen Protestantismus von der Julikrise 1917 bis zum Herbst 1919, Beiträge zur Geschichte des Parlamentarismus und der politischen Parteien 16, Düsseldorf 1959

Merk, Otto, Die Apostelgeschichte im Frühwerk Rudolf Bultmanns, in: Jaspert (Hg.), Werk, 303–315 *(KT: Apostelgeschichte)*

Ders., Zu Rudolf Bultmanns Auslegung des 1. Thessalonicherbriefes, in: (Kümmel), Glaube und Eschatologie, 189–198 *(KT: Auslegung 1 Thess)*

Ders., Art. Bibelwissenschaft II. Neues Testament, TRE 6, 1980, 375–409

Moering, Ernst, Ein Buch vom neuen Glauben. Die Zersetzung des alten Glaubens. Die Formung neuen Glaubens. Allgemeinverständlich dargestellt, Breslau 1919

Ders., Kirche und Männer. Eine grundsätzliche Untersuchung über die Unkirchlichkeit der Männer und die Mittel zu ihrer Überwindung, PThHB 21, Göttingen 1917

DERS., Theophanien und Träume in der biblischen Literatur. Auf ihre Darstellungsform untersucht, Diss. theol. Heidelberg, Göttingen 1914

DERS., In ungemessene Weiten. Kanzelreden, 2 Bände, Breslau 1922 *(KT: Kanzelreden I/ II)*

MOLTMANN, JÜRGEN (Hg.), Anfänge der dialektischen Theologie, Teil I: Karl Barth. Heinrich Barth. Emil Brunner, Teil II: Rudolf Bultmann. Friedrich Gogarten. Eduard Thurneysen, TB 17/I–II, München ⁴1977 (I), ³1977 (II) *(KT: Anfänge I/II)*

MÜLLER, HANS-PETER, Hermann Gunkel (1862–1932), in: GRESCHAT (Hg.), Theologen des Protestantismus II, 241–255

MÜLLER, KARL, Aus der akademischen Arbeit. (»Selbstdarstellung«), in: DERS., Aus der akademischen Arbeit. Vorträge und Aufsätze, Tübingen 1930, 1–44 *(KT: Selbstdarstellung)*

MÜLLER, KARLHEINZ, Das Judentum in der religionsgeschichtlichen Arbeit am Neuen Testament. Eine kritische Rückschau auf die Entwicklung einer Methodik bis zu den Qumranfunden, Judentum und Umwelt 6, Frankfurt a. M. und Bern, 1983

DERS., Die religionsgeschichtliche Methode. Erwägungen zu ihrem Verständnis und zur Praxis ihrer Vollzüge an neutestamentlichen Texten, BZ NF 29, 1985, 161–192

NATORP, PAUL, Religion innerhalb der Grenzen der Humanität. Ein Kapitel zur Grundlegung der Sozialpädagogik, Tübingen ²1908

NAUMANN, FRIEDRICH, Gotteshilfe. Gesammelte Andachten, Bd. I–VII, Göttingen 1896–1902

NEUBAUER, REINHARD, Heinrich Frick (1893–1952) / Theologe, in: SCHNACK (Hg.), Marburger Gelehrte, 75–90

NIEBERGALL, FRIEDRICH, Zwei moderne Prediger, MKP 4, 1904, 282–291.336–341

NITZSCH, FRIEDRICH AUG. BERTH., Lehrbuch der evangelischen Dogmatik, 2 Bände, 3. Auflage bearbeitet von HORST STEPHAN, Sammlung theologischer Lehrbücher, Tübingen 1911 (I) und 1912 (II)

OTTO, RUDOLF, Das Heilige. Über das Irrationale in der Idee des Göttlichen und sein Verhältnis zum Rationalen [1917], Beck'sche Sonderausgaben, München 1971

PEERLINCK, FRANZ, Rudolf Bultmann als Prediger. Verkündigung als Vollzug seiner Theologie, ThF 50, Hamburg-Bergstedt 1970

Die Prediger des Herzogtums Oldenburg seit der Reformation, [Band I, besorgt von JOHANNES RAMSAUER] Oldenburg 1909, Band II: Für die Zeit vom 1. Juli 1903 bis zum 1. April 1940, zusammengestellt von H. IBEN, Oldenburg 1941

PRESSEL, WILHELM, Die Kriegspredigt 1914–1918 in der evangelischen Kirche Deutschlands, APTh 5, Göttingen 1967

PREUSCHEN, ERWIN, Besprechung von: R. BULTMANN, Epiktet, und A. BONHÖFFER, Epiktet, ThJber 32 [1912] I, 405 f.

RADE, MARTIN, Die Behandlung der verschiedenen theologischen Richtungen an den preußischen evangelisch-theologischen Fakultäten, in: »An die Freunde«, Nr. 56 vom 8. 7. 1916, 639–644

RAMSAUER, HELENE, Rudolf Bultmann als Mensch und Lehrer, in: Gedenkfeier für Rudolf Bultmann, 11–17 *(KT: Rudolf Bultmann)*

RATHJE, JOHANNES, Die Welt des freien Protestantismus. Ein Beitrag zur deutsch-evangelischen Geistesgeschichte. Dargestellt an Leben und Werk von Martin Rade, Stuttgart 1952

Theologische Realenzyklopädie, hg. v. G. KRAUSE und G. MÜLLER, Bd. 1–15, Berlin und New York, 1977–1986

Regulativ für die Stipendiaten-Anstalt zu Marburg vom 11. Februar 1849, Marburg o. J. *(KT: Regulativ)*

Die Religion in Geschichte und Gegenwart. Handwörterbuch in gemeinverständlicher Darstellung, hg. v. F. M. SCHIELE und L. ZSCHARNACK, Bd. I–V, Tübingen 1909–1913

Dass., Handwörterbuch für Theologie und Religionswissenschaft, 2., völlig neu bearbeitete Auflage, hg. v. H. GUNKEL und L. ZSCHARNACK, Bd. I–V sowie Registerband (bearb. v. OSKAR RÜHLE), Tübingen 1927–1933

Dass., Handwörterbuch für Theologie und Religionswissenschaft, 3., völlig neu bearbeitete Auflage, hg. v. KURT GALLING, Bd. I–VI sowie Registerband (bearb. v. WILFRID WERBECK), Tübingen 1957–1965

RENDTORFF, TRUTZ, Ernst Troeltsch (1865–1923), in: GRESCHAT (Hg.), Theologen des Protestantismus II, 272–287

RÖSSLER, DIETRICH, Das Problem der Homiletik, ThPr 1, 1966, 14–28

ROTHERT, HANS-JOACHIM, Gewißheit und Vergewisserung als theologisches Problem. Eine systematisch-theologische Untersuchung, Göttingen 1963

RÜHLE, OSKAR, *Art.* Günther, Rudolf, RGG[2] II, 1928, 1526

SCHÄFER, ROLF, Johannes Gottschick und Theodor Haering – zwei Sozialethiker der Ritschlschen Schule, in: MARTIN BRECHT (Hg.), Theologen und Theologie an der Universität Tübingen. Beiträge zur Geschichte der Ev.-Theol. Fakultät, Contubernium. Beiträge zur Geschichte der Eberhard-Karls-Universität Tübingen 15, Tübingen 1977, 379–394

SCHELKLE, KARL HERMANN, s. bei FELD, HELMUT

SCHIELE, FRIEDRICH MICHAEL (†), *Art.* Volksbücher, religionsgeschichtliche, RGG[1] V, 1913, 1721–1725

SCHLEIERMACHER, FRIEDRICH, Der christliche Glaube. Nach den Grundsätzen der evangelischen Kirche im Zusammenhange dargestellt, 7. Auflage, 1. Band, hg. v. MARTIN REDEKER, Berlin 1960 *(KT: Glaube I)*

DERS., Über die Religion. Reden an die Gebildeten unter ihren Verächtern, In ihrer ursprünglichen Gestalt. Mit fortlaufender Übersicht des Gedankenganges neu hg. v. RUDOLF OTTO, Göttingen [6]1967 (PhB 255, hg. v. H.-J. ROTHERT, Hamburg 1958, Nachdruck 1967) *(KT: Reden)*

SCHMIDT, JOHANN MICHAEL, *Art.* Bousset, Wilhelm (1865–1920), TRE 7, 1981, 97–101

SCHMIDT, MARTIN, s. bei STEPHAN, HORST

Schmithals, Walter, Besprechung von: WOLFGANG STEGEMANN, Denkweg, ThLZ 105, 1980, 372–374

DERS., Ein Brief Rudolf Bultmanns an Erich Foerster, in: JASPERT (Hg.), Werk, 70–80 *(KT: Brief)*

DERS., *Art.* Bultmann, Rudolf (1884–1976), TRE 7, 1981, 387–396 *(KT: Art. Bultmann)*

DERS., Glaubensgewißheit bei Rudolf Bultmann, Berliner Theologische Zeitschrift. ThViat NF 2, 1985, 317–332

DERS., Der Pietismus in theologischer und geistesgeschichtlicher Sicht, Pietismus und Neuzeit IV, 1977/78, 235–301

DERS., Die Theologie Rudolf Bultmanns. Eine Einführung, Tübingen [2]1967

DERS., Johannes Weiß als Wegbereiter der Formgeschichte, ZThK 80, 1983, 389–410 *(KT: Johannes Weiß)*

DERS., Das wissenschaftliche Werk Rudolf Bultmanns, in: Gedenkfeier für Rudolf Bultmann, 19–28 *(KT: Das wiss. Werk)*

SCHNACK, INGEBORG (Hg.), Marburger Gelehrte in der ersten Hälfte des 20. Jahrhunderts, Veröffentlichungen der Historischen Kommission für Hessen in Verbindung mit der Philipps-Universität Marburg 35: Lebensbilder aus Hessen. Erster Band, Marburg 1977 *(KT: Marburger Gelehrte)*

SCHNEEMELCHER, WILHELM, Adolf von Harnack (1851–1930), in: GRESCHAT (Hg.), Theologen des Protestantismus I, 198–212

DERS., *Art.* Christliche Welt und Freunde der Christlichen Welt, RGG³ I, 1957, 1737–1739

SCHOLDER, KLAUS und DIETER KLEINMANN (Hgg.), Protestantische Profile. Lebensbilder aus fünf Jahrhunderten, Königstein/Ts. 1983

SCHOTT, ERDMANN, *Art.* Schaeder, Erich, RGG³ V, 1961, 1381

SCHÜTTE, HANS-WALTER, Religion und Christentum in der Theologie Rudolf Ottos, TBT 15, Berlin 1969 *(KT: Religion und Christentum)*

SCHULTZ, ALFRED, Flucht vor der Politik? Zur Bedeutung des politischen Momentes von Theologie beim frühen Barth und Bultmann, Diss. theol. Marburg 1980 *(KT: Flucht)*

SCHWAIGER, GEORG (Hg.), Historische Kritik in der Theologie. Beiträge zu ihrer Geschichte, SThGG 32, Göttingen 1980 *(KT: Historische Kritik)*

SCHWEITZER, ALBERT, Geschichte der Leben-Jesu-Forschung, Bd. I/II, GTB-Siebenstern 77/78, Gütersloh ³1977

SIMONS, EDUARD, *Art.* Konfirmanden-Unterweisung und Konfirmation. I. Geschichtlich und praktisch, RGG¹ III, 1912, 1634–1652

DERS., Die Konfirmation, Lebensfragen 23, Tübingen 1909

DERS., Konfirmation und Konfirmanden-Unterricht, Tübingen 1900

DERS., Prediger-Professoren? ChW 31, 1917, 305–309

SMART, JAMES D., The Divided Mind of Modern Theology. Karl Barth and Rudolf Bultmann 1908–1933, Philadelphia (Penns.) 1967 *(KT: The Divided Mind)*

VON SODEN, HANS (zusammen mit RUDOLF BULTMANN), Zur Einführung, ThR NF 1, 1929, 1–4

DERS., Das Ende der evangelischen Volkskirche Preußens? Betrachtungen zum Abschlußentwurf der neuen Kirchenverfassung für die altpreußische Landeskirche, Berlin o. J. (1922)

DERS., Urchristentum und Geschichte. Gesammelte Aufsätze und Vorträge, hg. v. HANS VON CAMPENHAUSEN, Bd. I: Grundsätzliches und Neutestamentliches, mit einem Vorwort von RUDOLF BULTMANN, Tübingen 1951 *(KT: Urchristentum und Geschichte I)*

STEGEMANN, WOLFGANG, Der Denkweg Rudolf Bultmanns. Darstellung der Entwicklung und der Grundfragen seiner Theologie, Stuttgart u. a. 1978 *(KT: Denkweg)*

STEINMANN, ALFONS, Besprechung von: R. BULTMANN, Stil, BZ 9, 1911, 217

STEINMANN, THEOPHIL, *Art.* Monismus, RGG¹ IV, 1913, 463–466

STEPHAN, HORST und MARTIN SCHMIDT, Geschichte der evangelischen Theologie in Deutschland seit dem Idealismus, 3., neubearbeitete Auflage, GLB, Berlin und New York 1973

STRECKER, GEORG, *Art.* Bauer, Walter (1877–1960), TRE 5, 1980, 317–319

DERS. (Hg.), Theologie im 20. Jahrhundert. Stand und Aufgaben, UTB 1238, Tübingen 1983

STROHM, THEODOR, Friedrich Gogarten (1887–1967), in: GRESCHAT (Hg.), Theologen des Protestantismus II, 331–349

STUHLMACHER, PETER, Adolf Schlatter (1852–1931), in: GRESCHAT (Hg.), Theologen des Protestantismus II, 219–240

THYEN, HARTWIG, Rudolf Bultmann, Karl Barth und das Problem der »Sachkritik«, in: JASPERT (Hg.), Werk, 44–52.

TROELTSCH, ERNST, Die Absolutheit des Christentums und die Religionsgeschichte und zwei Schriften zur Theologie, Siebenstern 138, München und Hamburg 1969 *(KT: Absolutheit)*

DERS., Die Bedeutung der Geschichtlichkeit Jesu für den Glauben (1911), in: DERS., Absolutheit, 132–162 *(KT: Bedeutung)*

DERS., Die Dogmatik der »religionsgeschichtlichen Schule«, GS 2, Tübingen 1913, 500–524

DERS., Das Ethos der hebräischen Propheten, Logos 6, 1916/17, 1–28 *(KT: Ethos)*

DERS., Ueber historische und dogmatische Methode in der Theologie, GS 2, Tübingen 1913, 729–753

DERS., Die Soziallehren der christlichen Kirchen und Gruppen, 3. Aufl., GS 1, Tübingen 1923 *(KT: Soziallehren)*

DERS., Wesen der Religion und der Religionswissenschaft, GS 2, Tübingen 1913, 452–499

UHSADEL, WALTER, Art. Jugendbewegung I. Geschichte und Bedeutung . . . II. Jugendbewegung und ev. Kirche, RGG³ III, 1959, 1013–1018.1018–1020

VERHEULE, ANTHONIE F., Wilhelm Bousset. Leben und Werk. Ein theologiegeschichtlicher Versuch, Amsterdam 1973

Verzeichnisse der Vorlesungen an den Universitäten Tübingen: SS 1903 – SS 1904; Berlin: WS 1904/05 – SS 1905; Marburg: WS 1905/06 – SS 1906, WS 1912/13 – WS 1916/17, WS 1921/22 – WS 1923/24; Breslau: WS 1916/17 – WS 1920/21, Zwischen-Semester Februar bis April 1919; Gießen: WS 1920/21 – SS 1921

VISCHER, EBERHARD, Besprechung von: R. BULTMANN, Stil, ThR 16, 1913, 259f.

VORSTER, FRIEDRICH, Zum Predigtband von Rudolf Bultmann, VF 1956/57, 1957/59, 55–59 *(KT: Predigtband)*

WEINEL, HEINRICH, Biblische Theologie des Neuen Testaments. Die Religion Jesu und des Urchristentums, GThW III/2, Tübingen 1911

WEISS, JOHANNES, Die Aufgaben der Neutestamentlichen Wissenschaft in der Gegenwart, Göttingen 1908 *(KT: Aufgaben)*

DERS., Der erste Brief an die Korinther, KEK 5, Göttingen 9(1)1910 (= 2. Neudruck 1977)

DERS., Art. Literaturgeschichte des NT, RGG¹ III, 1912, 2175–2215

DERS., Die Nachfolge Christi und die Predigt der Gegenwart, Göttingen 1895

DERS., Paulus und Jesus, erweiterter Sonderabdruck aus MPTh, Berlin 1909

DERS., Die Predigt Jesu vom Reiche Gottes, Göttingen 1892; 2., neubearbeitete Auflage, Göttingen 1900 (= ³1964)

DERS., Das Problem der Entstehung des Christentums, ARW 16, 1913, 423–515 *(KT: Problem der Entstehung)*

DERS. (Hg.), Die Schriften des Neuen Testaments neu übersetzt und für die Gegenwart erklärt, Bd. I/II, Göttingen ²1907 (I), ²1908 (II) *(KT: SNT I/II)*

DERS., Das Urchristentum, hg. und ergänzt v. RUDOLF KNOPF, Göttingen 1917

WELLHAUSEN, JULIUS, Einleitung in die drei ersten Evangelien, Berlin 1905

WENDLAND, PAUL, Urchristliche Literaturformen, HNT I/2, Tübingen 1912, 257–404

WILBRAND, W., Besprechung von: R. BULTMANN, Stil, ThRv 10, 1911, 273f.

WINDISCH, HANS, Besprechung von: R. BULTMANN, Epiktet, und A. BONHÖFFER, Epiktet, ThJber 32 [1912] I, 192f.

WINTZER, FRIEDRICH, Die Homiletik seit Schleiermacher bis in die Anfänge der ›dialektischen Theologie‹ in Grundzügen, APTh 6, Göttingen 1969 *(KT: Die Homiletik seit Schleiermacher)*

WONNEBERGER, REINHARD, Art. Gunkel, Hermann (1862–1932), TRE 14, 1985, 297–300

WREDE, WILLIAM, Über Aufgabe und Methode der sogenannten neutestamentlichen Theologie, Göttingen 1897 *(KT: Aufgabe und Methode)*

DERS., Paulus, RV I/5–6, Tübingen 1906

VON ZASTROW, CONSTANTIN, Die Theologie der Christlichen Welt in Laienbeurteilung. Eisenach, den 6. Oktober 1908, in: »An die Freunde«, Nr. 27 vom 8. 2. 1909, 257–270

Namenregister

Nicht aufgenommenen sind die Namen von Autoren der Antike, Herausgebern und Briefempfängern.

Beiträge zur historischen Theologie

Herausgegeben von Johannes Wallmann

45 Hans D. Betz
Der Apostel und die sokratische Tradition
1972. IV, 157 Seiten. Broschur.

44 Manfred Hoffmann
Erkenntnis und Verwirklichung der wahren
Theologie nach Erasmus von Rotterdam
1972. XIV, 294 Seiten. Broschur. Leinen.

43 Ulrich Mauser
Gottesbild und Menschwerdung
1971. VII, 211 Seiten. Broschur. Leinen.

42 Johannes Wallmann
Philipp Jakob Spener und die Anfänge
des Pietismus
2. Aufl. 1986. XIII, 384 Seiten. Broschur.
Leinen.

41 Rolf Schäfer
Ritschl
1968. VIII, 220 Seiten. Broschur. Leinen.

40 Hans H. Schmid
Gerechtigkeit als Weltordnung
1968. VII, 203 Seiten. Broschur. Leinen.

39 Hans Frhr. von Campenhausen
Die Entstehung der christlichen Bibel
1968. VII, 393 Seiten. Leinen.

38 Siegfried Raeder
Die Benutzung des masoretischen Textes
bei Luther in der Zeit zwischen der ersten
und zweiten Psalmenvorlesung (1515–1518)
1967. VIII, 117 Seiten. Broschur.

37 Hans D. Betz
Nachfolge und Nachahmung Jesu Christi
im Neuen Testament
1967. VII, 237 Seiten. Broschur.

36 Martin Brecht
Die frühe Theologie des Johannes Brenz
1966. VIII, 331 Seiten. Leinen.

35 Karlmann Beyschlag
Clemens Romanus und der
Frühkatholizismus
1966. VII, 396 Seiten. Broschur. Leinen.

34 Wilhelm F. Kasch
Die Sozialphilosophie von Ernst Troeltsch
1963. IX, 283 Seiten. Broschur.

33 Gerhard Krause
Studien zu Luthers Auslegung der Kleinen
Propheten
1962. IX, 417 Seiten. Broschur. Leinen.

32 Thomas Bonhoeffer
Die Gotteslehre des Thomas von Aquin als
Sprachproblem
1961. III, 142 Seiten. Broschur. Leinen.

31 Siegfried Raeder
Das Hebräische bei Luther, untersucht bis
zum Ende der ersten Psalmenvorlesung
1961. VII, 406 Seiten. Broschur. Leinen.

30 Johannes Wallmann
Der Theologiebegriff bei Johann Gerhard
und Georg Calixt
1961. VII, 165 Seiten. Broschur.

29 Rolf Schäfer
Christologie und Sittlichkeit in
Melanchthons frühen Loci
1961. VIII, 171 Seiten. Broschur.

28 Wilfrid Werbeck
Jakobus Perez von Valencia
1959. 273 Seiten. Broschur.

27 Gerhard Koch
Die Auferstehung Jesu Christi
2. Aufl. 1965. V, 338 Seiten. Broschur.

25 Hartmut Gese
Der Verfassungsentwurf des Ezechiel
(Kapitel 40–48) traditionsgeschichtlich
untersucht
1957. VIII, 192 Seiten. Broschur.

22 Christoph Senft
Wahrhaftigkeit und Wahrheit
1956. XII, 171 Seiten. Broschur.

20 Heinz Kraft
Kaiser Konstantins religiöse Entwicklung
1955. X, 289 Seiten. Broschur.

18 Werner Jetter
Die Taufe beim jungen Luther
1954. X, 372 Seiten. Broschur.

17 Hans Conzelmann
Die Mitte der Zeit
6. Aufl. 1977. VIII, 242 Seiten. Leinen.

15 Karl Elliger
Studien zum Habakuk-Kommentar vom
Toten Meer
1953. XIII, 203 Seiten. Broschur.

14 Hans Frhr. von Campenhausen
Kirchliches Amt und geistliche Vollmacht in
den ersten drei Jahrhunderten
2. Aufl. 1963. X, 339 Seiten. Leinen.

J.C.B. Mohr (Paul Siebeck) Tübingen